Bernhard Nette

»Vergesst ja Nette nicht!«

Der Bremer Polizist und Judenreferent Bruno Nette

Bernhard Nette, 1946 in Hamburg geboren, studierte von 1968 bis 1973 Geschichte und Germanistik an der Universität Hamburg. Nach Forschungs- und Lehrtätigkeit an der Universität Oxford/Balliol College (1974-1976) und Mitarbeit am Aufbau des Instituts für Friedensforschung und Sicherheitspolitik an der Universität Hamburg (1972-1974) war er von 1978 bis 2011 Lehrer, anfangs an einem Gymnasium, später an einer Gesamtschule in Hamburg-Bergedorf. Er war von 1995 bis 2010 Mitglied des Landesvorstands der GEW Hamburg und von 1994 bis 1997 Chefredakteur der hlz – Zeitschrift der GEW Hamburg.

Veröffentlichungen u.a. zur Wehrmachtsausstellung, zur Geschichte des NS Lehrerbundes und der GEW in Hamburg (u.a., zusammen mit Stefan Romey: Die Lehrergewerkschaft und ihr »Arisierungserbe«. Die GEW, das Geld und die Moral. Hamburg 2010).

Bernhard Nette

»Vergesst ja Nette nicht!«

Der Bremer Polizist und Judenreferent Bruno Nette

VSA: Verlag Hamburg

Gedruckt mit finanzieller Unterstützung der Gewerkschaft Erziehung und Wissenschaft (GEW) Hamburg (Antirassismus-Fonds) und der GEW Bremen.

www.vsa-verlag.de

Lektorat: Marion Fisch
Umschlagfoto: Bruno Nette in alliierter Untersuchungshaft, 1945 (Foto: Privatbesitz);
Hintergrund: Aus der schriftlichen Aussage (mit dem titelgebenden Zitat, 3. Z. v. u.) von Johanne Winter, geb. Neumann-Neitzel, vom 5.2.1948.
Staatsarchiv Bremen, 4, 66-I, Akte Bruno Nette, 1887/12/22, Blatt 92.
Druck und Buchbindearbeiten: CPI books GmbH, Leck
ISBN 978-3-89965-763-0

Inhalt

Einführung

Die Zahl der Menschen, an deren Verfolgung und Ermordung Bruno Nette, mein Großvater väterlicherseits, direkt beteiligt war, beläuft sich auf über achthundert. Zwischen 1940 und 1945 war er Gestapobeamter in Bremen und von November 1941 bis zu seiner Verhaftung im April 1945 (mit einer Unterbrechung 1943/44) der Bremer Judenreferent. Er organisierte die Deportationen der von den Nazis (nach rassistischen Kriterien) als jüdisch klassifizierten Menschen aus Bremen und dem Regierungsbezirk Stade. In der Klageschrift des Öffentlichen Klägers bei der Spruchkammer Bremen gegen Bruno Nette von 1948 wurden Zahlen der Deportierten genannt.[1] Die Angaben über die Anzahl der Rückkehrer wurden 1948 von der Israelitischen Gemeinde Bremen vorgelegt.[2]

17.11.1941: **570 Menschen** nach Minsk verschleppt. Betroffen: »Volljuden« und ihre Familienmitglieder. Ausnahmen: Kranke, über 65-Jährige, »arisch Versippte«, Juden, »die sich um das Vaterland verdient gemacht hatten«.
Zurückgekehrt: **6.**

23.7.1942: **300 Menschen** in das KZ Theresienstadt verschleppt. Betroffen: Kranke und arbeitsunfähige Juden und »Geltungsjuden« über 18 Jahre.
Zurückgekehrt: **15.**

1943: **ca. 25 Menschen** als »Juden« oder »Geltungsjuden« in das KZ Theresienstadt verschleppt (Angabe: Israelitische Gemeinde).
Zurückgekehrt: **unbekannt.**

13.2.1945: **87 Menschen** in das KZ Theresienstadt verschleppt (Angabe: Israelitische Gemeinde, 1948). Betroffen: »Volljuden«, »Geltungsjuden«, »arisch versippte Juden«, auch Kinder, alle »zum Arbeitseinsatz«.
Zurückgekehrt: **86.**

Völlig exakte Zahlen konnten nie ermittelt werden. Nicht enthalten in der Aufstellung sind die Bremer Juden, die bis 1941 emigrierten und später aus dem Emigrationsland deportiert und ermordet wurden. Es fehlen außerdem die jüdischen Opfer der »Euthanasie«, also der systematischen Ermordung von Menschen mit geistigen und körperlichen Behinderungen, außerdem diejenigen, die Selbstmord begingen,

---

[1] Senator für politische Befreiung, der öffentliche Kläger bei der Spruchkammer Bremen: Klageschrift gegen Bruno Nette, 16.11.1948. SAB, 4, 66-I, Akte Bruno Nette, 1887/12/22, Blätter 176ff.

[2] Israelitische Gemeinde Bremen: Brief an die Spruchkammer Bremen, 16. November 1948. SAB, 4, 66-I, Akte Bruno Nette, 1887/12/22, Blatt 180.

und die Opfer anderer Verfolgungsmaßnahmen, z.B. der Einlieferung in diverse andere Konzentrations- und Vernichtungslager. Die Zahl der Opfer unter den Roma und Sinti ist nicht genau bekannt.[3]

Zeugenaussagen oder Dokumente über die Rolle, die mein Großvater bei dem organisatorischen Mordgeflecht in Bremen spielte, sind nur vereinzelt erhalten. Die Gestapo Bremen hatte alle entsprechenden Akten Ende März 1945 hektisch im Hof hinter ihrem Gebäude *Am Wall 199* verbrannt. Erhalten sind vor allem die Akten und Zeugenaussagen vom Verfahren gegen Bruno Nette vor der 1. Bremer Spruchkammer im März 1949 bzw. vor der Berufungskammer im Herbst 1949.[4]

Zur Vorbereitung hatte der Investigator M. Meier vom Bremer Denazification Division des Office of Military Government (U.S.) (kurz: OMGUS) in seinem kleinen Büro im Haus des Reichs, Zimmer 551, Aussagen von überlebenden Zeugen gesammelt. Befragt wurden »arische« Verwandte, vor allem aber rassisch Verfolgte, die die Nazis als »Halbjuden« oder »Volljuden« in »privilegierter Ehe« klassifiziert hatten und ab Herbst 1944 in Zwangsarbeitslager oder in das KZ Theresienstadt verschleppen ließen. Im Zimmer 551 machten aber auch die NS-Täter ihre Aussagen. Hier gab mein Großvater Bruno Nette wie schon vorher im britischen Interniertenlager Fallingbostel den treu-ernsten und kooperationsbereiten Beamten.

Die Spruchkammer-Akten sind im Staatsarchiv Bremen erhalten. Die bei den zwei Massen-Deportationen nach Minsk 1941 und nach Theresienstadt 1942 als Juden ermordeten Menschen aus Bremen und Umgebung waren freilich endgültig verstummt. Knapp 85% der überlebenden Zeugen aber belasteten Bruno Nette teilweise erheblich, berichteten aus der alltäglichen Verfolgungshölle, auch aus der Zeit zwischen den Deportationen, erinnerten sich an Beleidigungen, Drohungen und Schikanen bei den Verhören, daran, wie energisch Bruno Nette gegen die Menschen, die in »privilegierter Mischehe« lebten, vorging und »Arier« zur Scheidung von den als jüdisch klassifizierten Ehepartnern zwingen wollte. Hatte er Erfolg, welch mörderische Folgen! Dazu kam immer wieder seine fast pornografisch zu nennende Lust an der Verfolgung von »Rassenschande«. Dem entsprach allenfalls sehr bedingt das Bild des korrekten Beamten, das Bruno Nette von sich und für sich nach 1945 entwarf. Dass ca. 15% der Zeugen ihn nicht belasteten, sondern teilweise sogar entlasteten, lag daran, dass sie aus den Reihen derjenigen Überlebenden stammten, die erst ab Herbst 1944 deportiert wurden – sonst hätten sie nicht überlebt –, und dass Bruno Nette einige wenige von ihnen wegen des Herannahens der Alliierten vorsichtiger behandelte – aus Eigennutz.

---

3 Schätzungen gehen von mehr als 300 Personen allein aus Bremen aus (www.spurensuche-bremen.de/die-lage-der-sinti-und-roma, abgerufen am 27.1.2017). Die Hamburger Zahlen zum Vergleich: Die Gesamtzahl der ermittelten Opfer von Juden und Roma und Sinti, die vom Hannoverschen Bahnhof/Hamburg deportiert wurden, beträgt über 6.000. Die tatsächliche Gesamtzahl der jüdischen Opfer wird aber auf annähernd 10.000 geschätzt. Vgl. Apel/Bajohr 2005, S. 10f.

4 SAB, 4, 66-I, Akte Bruno Nette, 1887/12/22.

Wer war dieser Bruno Nette, mein Großvater väterlicherseits? Ja, er war Polizist. Aber wie konnte er zu einem der NS-Gewaltigen Bremens werden? Wie war seine Jugend? Was erlebte er im Ersten Weltkrieg, in der Weimarer Republik? Ich gehöre zu der Generation der Enkel, die gleich nach dem Zweiten Weltkrieg geboren wurden. Wir suchen immer noch Antworten auf die Frage, wie unsere engsten Vorfahren und Verwandten zu Tätern werden konnten. Wir besuchen bei Tageslicht die Stätten ihrer Untaten und nachts schütteln uns Angstattacken. Ich interviewte meinen Vater und meinen Onkel, Bruno Nettes Söhne, las in alten Familiendokumenten und erfuhr, dass mein Großvater in eine proletarische Großfamilie hineingeheiratet hatte. Die Brüder und Schwestern meiner Großmutter Theda und ihre Ehepartner benahmen sich an ihren Arbeitsplätzen menschlich und solidarisch gegenüber den Sklavenarbeitern »aus dem Osten«. Sie verachteten den angeheirateten Gestaposchergen.

Bruno Nette wurde am 29. April 1945 von den Briten verhaftet[5] und später nach Bremen in das US-kontrollierte Bremer Internierungslager Riespott überstellt. Er sei dringend verdächtig, *crime against humanity* begangen zu haben. Seit 1945 lautete die deutsche Übersetzung *Verbrechen gegen die Menschlichkeit,* »als hätten es die Nazis lediglich an Menschlichkeit fehlen lassen, als sie Millionen in die Gaskammern schickten, wahrhaftig das Understatement des Jahrhunderts«, bemerkte Anfang der 1960er Jahre Hannah Arendt. *Verbrechen gegen die Menschheit* müsse es heißen.[6] Im März 1949 versammelten sie sich alle im ersten Stock des großen Gebäudes *Am Wall 158*, wo die Spruchkammer tagte, die Opfer und die Täter, dazu deutsche Demokraten, US-Besatzungsoffiziere, fürchterliche Juristen, Denunzianten, jüdische Funktionäre, Helden und Schurken, alle! Hören wir ihnen zu. Und lauschen wir auch den sozialdemokratischen Eltern meines schreibtischmörderischen Großvaters, der außerdem ganz privatim seine erste Ehefrau Theda, meine Großmutter, in den Tod trieb. Sein kommunistischer Schwager, mein Großonkel, wollte dem Bremer Gestaposchergen an ihrem offenen Grab an den Kragen – 1940! »Du bist schuld, du Hund!«

Hamburg/Bremen, 2017 *Bernhard Nette*

---

[5] Vgl. Request for Approval of Release from 3 Civilian Internment Camp, Walsrode, 6.1.1948. SAB, 4, 66-I, Akte Bruno Nette, 1887/12/22, Blatt 89 (blau notiert).

[6] Arendt 2004, S. 399.

Kapitel 1: Bruno Nette – kein Nazi?

Bremer Milchfrauen

Als Kind traf ich meinen Bremer Großvater Bruno Nette nur wenige Male. Er lächelte selten und war für mich ein grauer Herr, das heißt, ein älterer Herr in einem gut geschneiderten grauen Anzug mit Weste aus dem gleichen Stoff. Erst sehr viel später erfuhr ich, dass der jüdische Schneider Kurt Grünberger diesen Anzug für meinen Großvater hatte fertigen müssen und dafür angeblich aus der Haft entlassen worden war.[1]

Ungefähr 1952 habe ich als Sechsjähriger einige Tage bei ihm und seiner zweiten Ehefrau, der Tante Mieze, wie sie sich selbst nannte, verbracht. Sie war ganz nett zu mir. Sie roch nach Mottenkugeln und nach Kölnisch Wasser, fremd und ein bisschen altertümlich für einen sechsjährigen Jungen. An dem Garderobenständer hing ihr Fuchspelz herab, mit spitzer räudiger Schnauze. Auf der polierten Marmorplatte ihres Vertikos, wie sie den mit einem Aufsatz versehenen Zierschrank zu nennen pflegte, lagen Haarbürsten und ein Handspiegel mit blank geputzten und ziselierten Silbergriffen, daneben stand eine bauchige Kristallflasche mit eingeschliffenem Glasstöpsel. Was für ein Reichtum, dachte ich Knirps, der in Hamburgs Trümmern aufwuchs. Wo sie das alles wohl her hat, die Tante Mieze?

Sie schickte mich eines Tages zum Milchholen im Laden an der Ecke. Das kannte ich von zu Hause, bekam also auch in Bremen eine kleine Henkelkanne aus Blech oder Aluminium in die Hand gedrückt und die Milchfrauen standen auch hier hinter dem Tresen und gossen mit großen Schöpflöffeln die Milch in die Kannen, ohne einen einzigen Tropfen zu verschütten. Dabei plauderten sie mit den vielen Frauen im Laden, die sich immer wieder an dem kleinen Jungen mit seiner leeren Milchkanne vorbeidrängelten. Ein fröhliches Nachbarschaftstreffen mit viel Lachen und Lärm. Endlich kam ich an die Reihe. »Na, mien Jung, wat willst du denn?« »Milch«, piepste ich. »Ja, da bist du hier ganz richtig. Wie heißt du denn?« Die Milchfrau nahm meine Kanne hoch. »Bernhard«, antwortete ich brav. »Ja, nur Bernhard, oder hat mien lütten Schieter auch noch einen Nachnamen?« Ich guckte sie vorsichtig an. »Ich heiße Bernhard Nette«, antwortete ich überraschend laut und mutig. Augenblicklich verstummte das Stimmengewirr. Nur der Henkel schlug leise klirrend an meine leere Kanne, als die Milchfrau sie energisch auf den Tresen knallte. »Nettes werden hier nicht bedient!«, sagte sie schließlich in die Stille hinein.

Ich trottete zurück. Opa Bruno saß im Sessel und las Zeitung. Er strich mir über die Fassonschnitt-Haare und sagte nur: »Es gibt auch woanders Milch.« Merkwür-

---

[1] Lothar Grünberger, der Sohn von Kurt Grünberger, Bericht. SAB, 4, 66-I, Akte Bruno Nette, 1887/12/22, Blatt 237.

1952, von links: vorne Bernhard (sechs Jahre) und Dieter Nette (vier Jahre), hinten »Tante Mieze«, Bernhards Mutter Wiebke Nette, Bruno Nette

digerweise war ich nicht empört über die Milchfrau. Dafür hatten all die eben noch schwatzenden Frauen zu einhellig geschwiegen. Wieder zu Hause in Hamburg berichtete ich das Erlebnis meiner Mutter. »Ja, ja«, sagte sie, »es gab da mal einen Nette-Prozess in Bremen. Und die Milchfrau mochte deinen Opa wohl nicht.« Sie übrigens auch nicht.

In der Bremer Böttcherstraße

1987 besuchte ich mit meiner Hamburger Oberstufenklasse Bremen und traf unerwartet erneut auf meinen Großvater. Ich war 41 Jahre alt und er schon seit 27 Jahren tot. Wir gingen auch in die touristisch umschwärmte Böttcherstraße. Die mittelalterlich anmutende Erker- und Giebelarchitektur stammte nicht etwa, wie viele Touristen annehmen, aus alten Backsteingotik-Zeiten, sondern war entworfen und erbaut worden in den 1920er Jahren von dem deutschtümelnden Mäzen und Unternehmer Ludwig Roselius (1884-1943), von dem Bildhauer und Architekten Bernhard Hoetger (1874-1949) und von dem Ideengeber Herman Wirth (1885-1981), einem der vielen selbsternannten Stifter einer verquasten neuheidnisch-nordischen Religion.[2] »Die Neubelebung und Erstarkung reiner deutschen Geistigkeit!« Das,

[2] Vgl. Strohmeyer 1993, S. 7.

Eingang zur Böttcherstraße in Bremen: Hitler als »Lichtbringer«

so dachten die drei germanischen Neuheiden, musste auch den siegreichen Nazis gefallen.

Sie irrten. Quer über dem Eingang der Böttcherstraße prangte vor unseren Augen ein Fassadenrelief, ein fliegender Engel, etwas ungelenk ein Schwert schwingend. Bernhard Hoetger hatte diese Bronzefigur 1936 eilends schaffen müssen, weil er und Odin-Anbeter Roselius, um es im Jargon der schlagenden Studentenverbindungen auszudrücken, bei den Nazis »in Bierverschiss geraten« waren. Hitler persönlich hatte die »Böttcherstraßenkultur« verurteilt. Hoetgers Bremer Denkmal für die November-Revolution auf dem Friedhof des Arbeiterstadtteils Walle war von den Nazis bereits abgerissen worden. Und nun das vernichtende Urteil des »Führers« über die archaisierende Böttcherstraße, die nicht der imperialen Neoklassizismus-Ästhetik der neuen Berliner Welteroberer entsprach. Roselius suchte sich und seinen Künstler Hoetger mit Blut- und Boden-Geschwafel zu retten. »Ich war immer der Ansicht, dass rein arische Künstler, die ihren Stammbaum einwandfrei für Hunderte von Jahren nachweisen können, kraft ihres Blutes gar nichts anderes schaffen können als deutsche Werke«,[3] schrieb er, und ließ von Hoetger 1936 über dem Böttcherstraßen-Tor eben jenen herabschwebenden Engel anbringen, einen vergoldeten »Lichtbringer«. »Die dort jetzt angebrachte große Bronze stellt den Sieg unseres Führers über die Mächte der Finsternis dar.«[4]

Adolf Hitler, der »Führer und Reichskanzler«, ein altjüdischer Erzengel? Dass der Sieg des Gewaltigen über die Finsterlinge dargestellt wurde, des Unterdrückers über die Unterdrückten, versöhnte den Führer keineswegs. Albert Speer ließ nach Rücksprache mit seinem Herrn die gesamte Böttcherstraße – nein, nicht abreißen, sondern – unter Denkmalschutz stellen, als Lehrbeispiel für »entartete Kunst«. Bis heute darf deshalb der Führerkitsch – vermutlich der einzige in ganz Deutschland

---

[3] Zitiert nach Strohmeyer 1993, S. 76.

[4] Roselius an den Bremer Nazi-Bürgermeister Heider, 18. 9.1936. Zitiert nach Strohmeyer 1993, S. 77.

– in fein geputztem güldenen Glanze erstrahlen. Welch Bremer Paradoxon! Meine Klasse und ich haben diese Hitlerbronze jedenfalls gebührend bestaunt und mit dem barocken Hamburger St. Michael verglichen, der hoch oben über der Elbe an der Eingangstür zum Hamburger Wahrzeichen, dem Michel, das gleiche Spiel betreibt: aufrührerische Teufelsbrut erstechen.

In der Böttcherstraße gab es damals noch eine gute Buchhandlung. Ich stöberte in der Bremen-Abteilung herum. Mir fiel das Buch »Bremen im 3. Reich« von Inge Marßolek und René Ott in die Hände. Beim Durchblättern fand ich den Namen meines Großvaters. Ganz zufällig. Ich suchte weitere Textstellen mit »Bruno Nette«. Es waren viele. Jetzt erst erfuhr ich, dass er im Zweiten Weltkrieg Gestapo-Beamter und Bremer Judenreferent gewesen war.

Kriminalobersekretär Bruno Nette sei ein Sachbearbeiter gewesen, »der human dachte und für viele Juden sein Möglichstes tat«.[5] Voller Erstaunen las ich: »Wir haben, wenn man so will, versucht, einigen Menschen, die in Bremen nach der NS-Zeit in Acht und Bann getan wurden, Gerechtigkeit widerfahren zu lassen.« Dazu habe auch Bruno Nette gehört.[6] Er habe im Gegensatz zu seinen Vorgesetzten die Juden nicht als Feinde betrachtet. Mein Großvater, der Judenreferent und zugleich so etwas wie ein Judenfreund?

Hauffs Märchen

Ludwig Roselius war ein völkischer Narr, aber er half auch seinem »halbjüdischen« Bremer Rechtsanwalt Dr. Wilhelm Nolting-Hauff gegen die Nazis. Nolting-Hauff war mütterlicherseits ein Nachfahre des berühmten deutschen Romantik-Dichters Wilhelm Hauff, der von 1802 bis 1827 lebte, also nur 25 Jahre alt wurde. Es war die Zeit, als konservativ-antisemitische Kräfte in deutschen Landen die napoleonische Befreiung der Juden rückgängig machen wollten. Auch in Bremen bemühte sich der Bürgermeister Johann Smidt um »die völlige Austreibung der Kinder Israels« aus seiner Stadt, dies sei eine »angelegentliche Staatssorge«.[7] 1826 hatte er sein Ziel erreicht, bis auf zwei von Hannover übernommene »Schutzjuden« gab es keine Juden mehr in Bremen.

Wilhelm Hauff hatte Kunstmärchen veröffentlicht, die in Deutschland sehr populär werden sollten. Der zweite von drei Bänden erschien in seinem Todesjahr im »Märchenalmanach für Söhne und Töchter gebildeter Stände auf das Jahr 1827« und enthielt auch »Abner, der Jude, der nichts gesehen hat«.[8] Hauff ließ einen ägyptischen Sklaven eine Geschichte aus dem marokkanischen Reich des fiktiven Kaisers Muley Ismael erzählen.

---

5 Marßolek/Ott 1986, S. 341.

6 Ebd., S. 19.

7 Vgl. Meier-Hüsing/ Otten 2003.

8 Hauffs Märchen 2012, S. 211-231.

»Juden, wie du weißt, gibt es überall«, begann er seine Erzählung, und fuhr fort: »Und sie sind überall Juden: pfiffig mit Falkenaugen für den kleinsten Vorteil begabt, verschlagen, desto verschlagener, je mehr sie misshandelt werden, ihrer Verschlagenheit sich bewusst und sich darauf etwas einbildend. Dass aber doch zuweilen ein Jude durch seine Pfiffe zu Schaden kommt, bewies Abner, als er eines Tages zum Tore von Marokko hinaus spazieren ging. Er schreitet einher, mit der spitzen Mütze auf dem Kopf, in den bescheidenen, nicht überaus reinlichen Mantel gehüllt, nimmt von Zeit zu Zeit eine verstohlene Prise aus der goldenen Dose, die er nicht gerne sehen lässt, streichelt sich den Knebelbart, und trotz der umherrollenden Augen, welche ewige Furcht und Besorgnis und Begierde, etwas zu erspähen, womit etwas zu machen wäre, keinen Augenblick ruhen lässt, leuchtet Zufriedenheit aus seiner Miene: er muss diesen Tag gute Geschäfte gemacht haben, und so ist es auch. Er ist Arzt, ist Kaufmann, ist alles, was Geld einträgt; er hat heute einen Sklaven mit einem heimlichen Fehler verkauft, wohlfeil eine Kamelladung Gummi gekauft und einem reichen kranken Mann den letzten Trank, nicht vor seiner Genesung, sondern vor seinem Hintritt bereitet.«

Verschlagen, schmutzig, ein betrügerischer Kaufmann mit gierig umherrollenden Augen, ein Scharlatan, der ein Arzt zu sein vorgab und um des eigenen finanziellen Vorteils willen den Kranken den Tod brachte. Wilhelm Hauff glaubte seine Juden zu kennen. 1938, 111 Jahre später, verwandelten die Nazis seine erfundenen Anklagen in brutale Folterpraktiken. Der Oldenburger Heinrich Hirschberg berichtete über die Behandlung der auf dem Appellplatz des KZ Sachsenhausen angetretenen erschöpften Menschen durch die SS-Wachmannschaften. In dieses KZ waren am 11. November 1938, unmittelbar nach der Reichspogromnacht, auch 178 jüdische Bremer männlichen Geschlechts verschleppt worden. Fünf Personen waren bereits ermordet worden.[9] Ein SS-Mann »interessierte« sich für die Berufe der Gefangenen. »Für jeden Beruf, den man nannte, gab er seinen Kommentar. Ein Kaufmann war bei ihm ein Betrüger, ein Arzt – ein Mörder, ein Rechtsanwalt – ein Rechtsverdreher, ein Apotheker – ein Giftmischer, ein Schriftsteller – ein Hetzer usw.«[10]

»Er muss gute Geschäfte gemacht haben.« So Wilhelm Hauff über den von ihm erfundenen betrügerischen Juden Abner. Ein gewisser Adolf Hitler sagte am 30. Januar 1939 vor dem Reichstag über die Juden: »Was dieses Volk aber heute besitzt, hat es sich auf Kosten des nicht so gerissenen deutschen Volkes durch die übelsten Manipulationen erworben. Wir machen heute nur wieder gut, was dieses Volk selbst verschuldet hat.«[11]

Auch an dem gerissenen Juden Abner wurde »Wiedergutmachung« exerziert. In Hauffs Märchen war ein kaiserliches Pferd davongelaufen. Niemand hatte es ge-

---

[9] Es handelte sich um das Ehepaar Adolph und Martha Goldberg, Leopold Sinasohn, Selma Zwienicki und Heinrich Rosenblum. Vgl. Rübsam 1988.

[10] Hirschberg 2009, S. 21f.

[11] Diese und in der Folge die weiteren Zitate Hitlers, Görings und Goebbels' nach: Herbert 2014.

sehen, auch der zufällig in der Gegend lustwandelnde Abner nicht. Aber er konnte den Stallknechten das entlaufene Pferd mit seinen Hufeisen »von vierzehnlötigem Silber« und den »Stangen des Gebisses von dreiundzwanzigkarätigem Golde« völlig richtig beschreiben, weil er Silberspuren am Boden und Goldspuren am hervorstehenden Felsen erkannt hatte. Ein Jude roch ja sozusagen Silber und Gold, »muss ich doch den Strich kennen von jeglichem Metall, sei es echt oder unecht«. Wohin der imperiale Zossen gelaufen war, wusste freilich auch er nicht. Also nahm man der Einfachheit halber an, er hätte das Pferd gestohlen. Der großmächtige Kaiser ließ dem »halb pfiffig, halb ängstlich Lächelnden« erst einmal eine tüchtige Bastonade verpassen. »Abner mochte schreien oder winseln, seine Unschuld beteuern oder versprechen, alles zu erzählen, wie es sich zugetragen«, ihm wurden die Fußsohlen blutig geschlagen.

Ein getretener Hund winselt. Menschen nicht, sie weinen. Wilhelm Hauff aber lässt den Juden winseln. 114 Jahre später, am 27. November 1941, wurden die Bremer Juden offiziell darüber informiert, dass sie sich auf die Deportation »in den Osten« vorzubereiten hätten, wo sie beim Wiederaufbau zerstörter Städte wie Minsk benötigt würden. In Wirklichkeit fuhren sie in den Tod, und das ahnten die meisten von ihnen. Die nationalsozialistische »Bremer Zeitung« titelte an jenem 27. Januar 1941: »Klägliches Gewinsel der Juden«.[12]

Der gefolterte Abner musste zusätzlich 50 Goldstücke herausgeben, als sich seine Unschuld herausstellte, wurde aber eneut mit verdoppelter Bastonade – 100 Hieben auf die Fußsohlen – bedacht, als dem großmächtigen Kaiser ein Sklave weggelaufen war, und musste eine doppelte Goldstrafe – 100 Zechinen – zahlen.

Nach der Reichspogromnacht 1938 befahl der großmächtige Göring, dass die überlebenden deutschen Juden eine »Judenvermögensabgabe« von einer Milliarde Reichsmark aufbringen mussten.

Am Ende ließ Wilhelm Hauff den kaiserlichen Spaßmacher von der Leine. Er durfte den misshandelten und ausgeraubten Abner verspotten. Der Jude sollte einfach nicht mehr aus dem Haus gehen, vor allem nicht nachts, er, der Spaßmacher wolle ihn immer eine Stunde, bevor dem Kaiser wieder etwas abhanden käme, warnen, gegen ein gutes Trinkgeld. Über den Namen dieses Spaßmachers, der seine schlechten Witze auf Kosten des Unglücklichen riss, mochte Wilhelm Hauff lange nachgedacht haben, bis er endlich auf die Lösung kam. Schnuri! Der Name gemahnte so gemütlich an Schnurre oder an Schnurrpfeiferei, was etwas altertümlich schweizerisch klang und, übersetzt, einen spaßigen Einfall meinte.

Ein wahrhaft spaßiger Einfall war es, dem Juden zu raten, sich zum Schutz vor der folternden und raubenden Obrigkeit in seiner Kammer zu verstecken. Ab 1939 wurden die Juden in Deutschland in den »Judenhäusern« zusammengepfercht. Sie durften – Wilhelm Hauffs elender Witzbold Schnuri ließ lieb grüßen – ab 1. September 1939 nach 20.00 Uhr ihre Häuser nicht mehr verlassen. In ihren überfüllten Kammern waren sie jederzeit für die Obrigkeit greifbar.

---

[12] Rohdenburg 2009, S. 30f.

Der von Wilhelm Hauff 1827 erfundene raffgierig-boshafte Kaiser Muley Ismael war freilich ein wahres Muster an Mitleid, vergleicht man ihn mit den Nazis. Über die deutschen Juden ergoss sich eine Flut an Häme und Bedrückungen: Parkbänke verboten, Kinos verboten, Schwimmbäder verboten, Autofahren verboten, Telefone verboten, Radios verboten, Haustiere verboten, um nur einige wenige Beispiele aus der nicht enden wollenden, schier unglaublichen Liste der reichsdeutschen Infamie zu nennen. Und die »Beutel« der Juden wurden zugunsten des Deutschen Reiches total ausgeplündert.[13] Die Bremer Behörden hatten schon drei Jahre vor dem Mordtransport nach Minsk auf Grundlage der »Verordnung über den Einsatz jüdischen Vermögens« vom 3. Dezember 1938 den Verkauf jüdischen Grundbesitzes in die Wege geleitet. Und vom 21. Februar 1939 an mussten alle Juden Gegenstände aus Gold, Silber oder Platin sowie Edelsteine und Perlen ersatzlos abliefern. Am Dienstag, den 4. November 1941, verschickte das Reichsfinanzministerium einen umfangreichen Erlass an alle Oberfinanzpräsidenten des Deutschen Reiches zur Regelung des eingezogenen Vermögens abgeschobener Juden. »Alles Eigentum, Konten, Bargeld und Wertgegenstände sind hiermit beschlagnahmt«, so der Deportationsbefehl. Am Dienstag, den 18. November 1941, am Tag der Abfahrt, mussten die Opfer auf dem Bahnhof bei dem demütigenden Durchwühlen ihres Gepäcks durch Zollbeamte und Gestapo schließlich ein offizielles Dokument unterschreiben: »Ich, der unterzeichnende Jude, bestätige hiermit, ein Feind der Deutschen Regierung zu sein und als solcher kein Anrecht auf das von mir zurückgelassene Eigentum, auf Möbel, Wertgegenstände, Konten oder Bargeld zu haben. Meine deutsche Staatsbürgerschaft ist hiermit aufgehoben und ich bin vom ... November ab staatenlos.«

Mein Opa Bruno Nette, der neu ernannte Judenreferent der Gestapo, war einer, der damals am Bahnhof die Aufsicht hatte.

Wilhelm Hauff hat mit seinem fatalen Märchen die böse Zukunft im 20. Jahrhundert nicht erschnuffelt. Er hat einfach so dahergeplappert, wie ihm und vielen anderen guten Menschen in deutschen Landen und in ganz Europa der antisemitische Schnabel gewachsen war. Sein Nachfahre Wilhelm Nolting-Hauff, bis 1933 von Bremen aus international tätiger Wirtschafts- und Patentanwalt, schilderte im Mai 1945 in zwei (englisch formulierten) Schreiben an Major Watson von der britischen oder US-Besatzungsmacht sein Schicksal als »Halbjude« unter den Nazis in Bremen.[14]

»I have Jewish ancestors from the side of my father, the law court was shut for me since the 22. April 1933, although, from the side of my mother, I am member of an

---

[13] Einzelheiten zur Ausplünderung der Bremer Jüdinnen und Juden 1938 bis 1941, vgl. Günther Rohdenburg: Die Deportation nach Minsk. In: Rohdenburg 2009, S. 29, 32, 35, 37.

[14] Dr. Wilhelm Nolting-Hauff, Rechtsanwalt, vom Berufsverbot durch die Nazis betroffener »Halbjude«, Brief an Major Watson, 15.5.1945. SAB, 4, 66-I, Akte Bruno Nette, 1887/12/22, Blätter 2 bis 8 (rot notiert).

Wilhelm Nolting-Hauff (1902-1986), Bremer Finanzsenator, 1957

old German family, the well known poet Wilhelm Hauff is one of my ancestors.«[15]

Nach Nazi-Kriterien »Halbjude«, wurde er am 22. April 1933 sofort aus der Bremer Anwaltskammer ausgeschlossen. Er war vor 1933 für den Roselius-Konzern und für Kaffee Hag tätig gewesen. Obwohl er als Rechtsanwalt nicht mehr arbeiten durfte, berief ihn Ludwig Roselius, damals Chef von Kaffee Hag, zum Management Direktor (Syndikus) in seinem Gesamtkonzern, der Seehandel A.G. Am 30. Oktober 1944 wurde Wilhelm Nolting-Hauff von der Gestapo Bremen verhaftet, und zwar, wie er schrieb, aufgrund eines Geheimbefehls des Reichsführers SS, Heinrich Himmler, im Rahmen der »special action ›J‹, in which all half Jews and all arian men, who had Jewish wives, had to do hard labour. I was transported into the ›camp for education to work‹ Farge, a kind of concentration camp. The people called the camp Farge generally the ›Männervertilgungslager‹ (camp of destruction of men), because of the cruel treatment of the prisoners and the bad and inefficient food – a soup of cabbage unfit for eating and three little slices of bread with 15 g fat.«[16]

Er sei, so schrieb er an Major Watson, zusammen mit seinen 40 Bremer Leidensgenossen, die alle jüdische Vorfahren hatten wie er oder die mit jüdischen Frauen verheiratet gewesen waren, in das Arbeitslager Duingen in der Nähe eines großen Außenlagers des KZ Buchenwald (Lenne/Ruhr bei Holzminden) verlegt worden, wo unter unsäglichen Bedingungen Produktionsanlagen für die V1- und V2-Waffen gebaut werden sollten. Beim Herannahen der alliierten Streitkräfte floh er am 8. April 1945 und kehrte nach Bremen zurück.

1946 berichtete er in seinem Buch »IMI's, Chronik einer Verbannung« über seine Verfolgung von 1933 bis 1945. Die amtliche Abkürzung »J.M.I.« stand für »jüdischer

---

[15] »Ich habe väterlicherseits jüdische Vorfahren, das Gericht war mir seit dem 22. April 1933 versperrt, obwohl ich mütterlicherseits Mitglied einer alten deutschen Familie bin, der bekannte Wilhelm Hauff ist einer meiner Vorfahren.«

[16] »(...) im Rahmen der ›Sonderaktion J‹, in der alle Halbjuden und Arier, die mit jüdischen Frauen verheiratet waren, schwere Arbeit verrichten mussten. Ich wurde in das ›Arbeitserziehungslager‹, eine Art Konzentrationslager, transportiert. Es wurde allgemein das ›Männervertilgungslager‹ genannt, wegen der grausamen Behandlung der Gefangenen und des schlechten und unzureichenden Essens – eine ungenießbare Kohlsuppe und drei kleine Brotscheiben mit 15 g Fett.«

Mischling I. Grades« und wurde ein von den Nazis quasi gesetzlich sanktioniertes Schimpfwort. Die Häftlinge änderten es in »IMI«. Für sie war es ein Ehrenname.

Der IMI Dr. Nolting-Hauff wurde 1945 von der US-Besatzungsmacht als Bremer Finanzsenator eingesetzt. In diesem Zusammenhang schrieb er wohl auch den oben zitierten handschriftlichen Brief vom 15.5.1945 an Major Watson. Er bekleidete dieses Amt unter Bürgermeister Wilhelm Kaisen bis 1962.[17] Ab 1951 war er auch Mitglied der FDP. Er starb 1986, hochgeachtet, mit dreiundachtzig Jahren.

In diesem Buch wird er uns noch einmal begegnen, weil er sich in den 1950er Jahren weigerte, allen ehemaligen und verurteilten Bremer Gestapo-Beamten, also auch meinem Großvater, wieder staatliche Pensionen, wenn auch nur zu 60%, auszahlen zu lassen. Der Finanzsenator sperrte sich freilich vergeblich, seine Senatskollegen überstimmten ihn, an ihrer Spitze Bürgermeister Kaisen.

Ein letztes Mal zurück zu seinem Vorfahren, dem »well known poet« Wilhelm Hauff. Dieser war nämlich nicht nur ein antisemitischer Dichter, er war auch ein deutscher Plagiator, hatte abgeschrieben beim französischen Erbfeind: bei François Marie Arouet, besser bekannt als Voltaire (1694-1778). Der große Aufklärer veröffentlichte 1748 eine philosophische Schrift unter dem Titel »Zadig oder das Schicksal. Eine orientalische Geschichte«.[18] Darin enthalten war ein Kapitel mit der Überschrift »Der Hund und das Pferd«. Und dieses Kapitel war bis hin zu lächerlichen Einzelheiten identisch mit »Abner, der Jude, der nichts gesehen hat«. Hauff hatte schlicht Sujet, Handlung und Dramatik übernommen, freilich mit einem entscheidenden Unterschied: Zadig, die Hauptfigur von Voltaire, »der die Wahrheit Sagende«, also ein Aufklärer, war tugendhaft, weise, reich und durchlief eine Stationenkette von Unglücksfällen, unter anderem auch jene durch Hauff wieder aufgenommene Geschichte von dem entlaufenen imperialen Zossen. Die immer und überall vorzufindende Dummheit, das Leugnen der Vernunft und die Verächtlichmachung der Wissenschaften, dazu staatliche Korruption, klerikale Bosheit und die ganz persönliche Gier vieler Menschen bedrohten Zadig. An seinem unwandelbar guten Charakter aber und seiner Klugheit, die allen Menschen half, prallten sämtliche bösen Machenschaften ab.[19] Hauff verfälschte die Figur des edlen Aufklärers und setzte an seine Stelle die des raffgierigen und gerissenen Juden. Hauff stahl nicht nur Voltaires kleines Meisterwerk, er verzerrte auch den aufklärerischen Impetus. Die deutsche Romantik hatte ihre finsteren Seiten, zuhauf, möchte man mit einem billigen Wortspiel sagen.

Dass der junge Dichter im selben Jahr 1827 mit »Jud Süß« eine weitere jüdische Hassfigur schuf, sei nur am Rande erwähnt. Hatte Lion Feuchtwanger 1925 noch versucht, Hauffs antisemitische Botschaft umzudeuten, so ließ Goebbels 1940 den Regisseur Veit Harlan den wirkungsmächtigen und perfiden Film gleichen Namens produzieren. Viele großdeutsche Kinogänger werden angesichts des gemeinen

---

17 Vgl. Lindemann 2009, S. 43, 92f., 94f., 98.

18 Voltaire 1964, S. 13-17 (»Der Hund und das Pferd«).

19 Ebd., S. 78f.

»Jud Süß«, einer der übelsten antisemitischen Hetzfilme (1940), basierte auf der gleichnamigen Novelle von Wilhelm Hauff

und blonde deutsche Unschuld verführenden Finanzjuden die Massenerschießungen »im Osten« für gerechte deutsche Rache gehalten haben, ebenso die Erstickungs-Lastwagen, die Giftkammern, die auflodernden Scheiterhaufen, den Völkermord.

Der Bremer Kaufmann Ludwig Roselius, Erfinder des koffeinfreien Kaffees, Anhänger völkisch-nordischen Gedankenguts, förderndes Mitglied der SS, schützte den Nachfahren Wilhem Hauffs, einen »Halbjuden«. Das war mehr, als die meisten Bremer wagten.

Und mein Bremer Großvater? Kriminalobersekretär Bruno Nette, so schrieben Marßolek und Ott – und ich las es im Stehen in jener Bremer Buchhandlung in der Böttcherstraße – sei ein Sachbearbeiter gewesen, »der human dachte und für viele Juden sein Möglichstes tat«.[20] Mein Großvater, ein zweiter Roselius? Ich glaubte es nicht.[21]

Zurück in Hamburg bekam ich nachts Panikattacken. »Warum tust du dir das an«, fragte mich meine Frau am Frühstückstisch, »dein Großvater war ein Nazi-Verbrecher, oder? Was willst du mehr wissen?«

»War nicht zu vermeiden«

Im Oktober 2002 überredete ich meinen über 80-jährigen Vater Günther Nette, Brunos Sohn, mir mehr zu erzählen. Er war ein eher konservativer Sozialdemokrat, ohne in der Partei aktiv zu sein. Er empfand sich »Schmiddel«, also dem späteren Bundeskanzler Helmut Schmidt, den er aus dem Nachkriegsstudium in Hamburg kannte, sehr nahe. Unmittelbar vor seinem Tod, quasi als Vermächtnis an seine Söhne und Enkelinnen und Enkel, redete er über seine Bremer Kindheit, seine Jugend im NS-Staat und über seine Zeit als junger Soldat »in Russland«. Er wurde im Dezember 1921 geboren, drei Jahre nach dem Ende des Ersten Weltkriegs, und er

[20] Marßolek/Ott 1986, S. 341.

[21] Auch Marßolek/Ott schrieben (ebd., S. 447), dass die »Herabstufung von Gestapomännern wie Bruno Nette ... von ›Belasteten‹ zu ›Minderbelasteten‹ (Nette) ... sich als ... problematisch« darstelle.

war gerade elf Jahre alt geworden, als die Nazis an die Macht gebracht wurden. Als er noch nicht ganz 18 Jahre alt war, begannen sie den Zweiten Weltkrieg. Günther Nettes Generation wurde geopfert. Er überlebte schwer verwundet und traumatisiert.

Seine auf Tonband dokumentierten Berichte bilden einen wichtigen Teil dieses Buches, trotz all der berechtigten Vorbehalte, die man gegenüber »oral history« haben muss,[22] denn »Madame Erinnerung ist eine große raffinierte Simulantin«.[23] Wo nötig, habe ich die Erzählungen meines Vaters mit den ihnen widersprechenden geschichtlichen Fakten konfrontiert. Als familiäres Zeitdokument sind sie freilich unersetzbar und spiegeln zudem auch das kollektive Gedächtnis seiner Generation wider. Sie erlauben einen Blick in die gemeinsame Geschichtsinterpretation einer Generation, deren Angehörige unmittelbar nach dem Ersten Weltkrieg geboren wurden.

Ob sein Vater ein Nazi-Verbrecher gewesen sei, fragte ich also 2002 meinen damals schon todkranken Vater.

Günther Nette: »Mein Vater ein Nazi? Nein, das war er nicht. Was er tat, musste er tun. Mein Vater war Leiter der Geheimen Staatspolizei in Vegesack, dann in Bremen Leiter des Judenreferats. Obwohl er mit den Juden Skat gespielt hat und das Ärgste verhütet hat, darüber sind Dokumente da, ist es nach dem Kriege so gewesen, dass viele Juden plötzlich aufgestanden sind und ihn bezichtigt haben, er sei ein großes Schwein gewesen, ein großer Nazi. Das ist er ganz gewiss nicht gewesen. Er war kein großer Nazi. Er ist zur Gestapo hingekommen, weil er ungefähr 100 Mark mehr kriegte im Monat. Nach dem Krieg dann wollte man ihn als Hauptschuldigen einstufen. Man hat ihn zunächst mal natürlich sofort festgesetzt, als die Alliierten kamen. Juden, die noch da waren, und auch die, die wieder zurückkamen, die spuckten Gift und Galle, was ich ihnen nicht übel nehmen kann, und wollten ihn also unbedingt vernichten. Aber es gab eine ganze Reihe Juden, die das ganz anders sahen. Die sagten, der war gar nicht so, der hat uns beschützt, wo er konnte, der hat also versucht, nicht wahr, das Ärgste abzuwenden. Und das hat er auch bestimmt getan, das war kein schlechter Mensch. Ich hab oft mit ihm im Krieg auch darüber gesprochen, der war kein Nazi.

Bernhard Nette: Er war mit zuständig für die Belegung der Todeszüge nach Minsk und Theresienstadt. Das steht auch in den Dokumenten.

Jaja, das ist richtig, das ist ja richtig, aber das war seine Pflicht, das musste er tun. Wenn er das nicht getan hätte, hätte man ihn ins KZ gebracht. So einfach war das.

Naja.

---

[22] Günther Nette, Interview mit Bernhard Nette, Oktober 2012. Tonbandaufnahme und maschinenschriftlich transkribierter Text im Besitz des Autors.

[23] Banville 2014, S. 12.

Ja, du magst das glauben oder nicht, es ist so gewesen. Es ist so, der hat das nicht ganz freiwillig gemacht. Er hat, wie gesagt, die Juden auch privat getroffen, was er nicht durfte, das war streng verboten, und er hat vor allem mit den jüdischen Obmännern einen Kuhhandel gemacht: ›Was mach ich nun, was machen wir nun?‹, nicht wahr. Es gab Auflagen vom Reichssicherheitshauptamt in Berlin, an denen konnte er nicht vorbei. Und sein damaliger Vorgesetzter hat ausgesagt, er wäre ein sehr lascher Beamter gewesen, hätte seine Pflicht nicht besonders ernst genommen.

Nach dem Krieg gab es einen Nette-Prozess, oder?

Einen langen Prozess, ja. Da war ein Jude, Katz hieß er wohl, das war ein Scharfmacher damals, der wollte alle vernichten, nicht wahr, die irgendwie mit dem Naziregime zu tun hatten.

Einen Judenreferenten anzuklagen, war ja vielleicht verständlich.

War nicht zu vermeiden.

(Bernhard Nette lacht kurz) War nicht zu vermeiden, das glaube ich auch.

Ja, das ist richtig. Aber Katz hat die schärfsten Strafen gefordert. Aber die Richter haben das nicht mitgemacht. Es sind viele schriftliche Zeugnisse gekommen, aus Amerika und so weiter, ob die bestellt waren oder nicht, weiß ich nicht, die Juden waren damals außer Rand und Band, und sie wollten sich rächen, sie wollten blutige Rache haben für alles, was ihrem Volk angetan wurde. Was ich auch verstehen kann, ich bin ja nicht unmenschlich. Aber meinen Vater hat es dann bös erwischt, denn so schlecht, wie er zunächst dargestellt war, war er nicht. Und das hat dann auch die Spruchkammer am Ende erkannt. Er ist von dem Anklagevertreter in diesem Spruchkammer-, es war ein Sondergericht, war ja keine normale Justiz, die gab's ja da auch gar nicht, das waren sogenannte Spruchkammern, und da konnten die härtesten Strafen verhängt werden, und dieser Ankläger hat also die härteste Strafe, die vorgesehen war, nämlich viele Jahre Arbeitslager gefordert, obwohl mein Vater da auch schon älter war. Er ist dann aber nicht als Hauptschuldiger eingestuft worden, sondern als Belasteter Gruppe 2, und man hat ihm die Hälfte seines Vermögens eingezogen, man hat ihn aus dem Dienst entfernt. Nach zwei Jahren hat er aber seine Pension wieder gekriegt, nicht voll, aber zu zwei Dritteln, sonst hätte er ja gar nicht leben können.«

Zwei Wochen nach diesem Gespräch war mein Vater tot. Er hatte übrigens seit früher Jugend seinen Vater gehasst und hat ihn am Ende des eigenen Lebens doch entschuldigt.

Bruno Nette war kein Nazi, sagte sein Sohn. Hatten Marßolek und Ott doch recht?

Kapitel 2: Spuren in Bremen

Im Staatsarchiv

Freitag, der 14. Februar 2014, abends auf dem Bremer Hauptbahnhof. Den ganzen Tag hatte ich die Stadt durchstreift. In acht Minuten sollte mein Zug nach Hamburg kommen. Ich fröstelte. Ich hatte mich mit einem kalten Menschen beschäftigt und wurde selber kalt.

Der Zug fuhr ein. Und die anderen? Theda, meine Großmutter, Brunos geschiedene Ehefrau? Ihre Geschwister in den Familien Schumann, Frerichs und Lange? Statt des Gestapobeamten Bruno Nette hätten sie es verdient, dachte ich, dass man an sie erinnerte, an die sozialdemokratischen und die widerständigen kommunistischen Arbeiter von der Vulkan-Werft, von der AG Weser und in der Weberei von Varel, an den kommunistischen Müllermeister Carsten Nienstädt aus Kirchseelte, Schwiegervater der jüngeren Schwester meiner Großmutter.

Morgens hatte ich den belebten Bremer Hauptbahnhof durchquert und war in den kalten Wintertag gegangen, um meinen Großvater zu suchen. Die Sonne schien. Ich musste eine Hochstraße auf Betonstelzen unterqueren. »Dich will ich loben, Hässliches / Du hast so was Verlässliches«, sang Robert Gernhardt.[1] Schließlich gelangte ich zu den alten Wallanlagen. Rechts lag eine Windmühle. Ich ging nach links, am Wallgraben entlang, vorbei an idyllischen zweistöckigen Bremer Stadthäusern. Ich wollte zum Bremer Staatsarchiv.

Geboren 1946 in Hamburg, der großen Schwester Bremens, 67 Jahre alt, pensionierter Lehrer, bereits Großvater zweier Enkel, hatte ich die meiste Zeit meines Lebens an der Elbe verbracht. »SCHEISS HSV!« las ich auf einem Aufkleber, angebracht an einem Wegweiser am Rudolf-Hilferding-Platz. Der ehedem ruhmreiche Hamburger Sportverein drohte gerade zum ersten Mal in seiner Geschichte abzusteigen. Den klebewütigen Bremern war ihr Fäkal-Spott verziehen, beschloss ich, obwohl die gloriosen Zeiten von Werder Bremen auch schon der Vergangenheit angehörten. Jaja, die Bremer und die Hamburger.

Dann stand ich am Contrescarpe vor dem prächtigen Gebäude der Finanzsenatorin Bremens. Es war das »Haus des Reichs«, wie auf einem Hinweisschild stand. Was ich in dem Augenblick nicht wusste, war, dass hier ab 1947 das Verfahren gegen meinen Großvater vorbereitet worden war.

Hier fand er statt, der Aufstieg und Fall der »Norddeutschen Wollkämmerei und Kammgarnspinnerei AG«! Die »Nordwolle« war Anfang der 1930er Jahre der größte Wollkonzern Europas, geleitet von den Brüdern Gustav Carl und Friedel Lahusen, die dieses kolossale Kontorhaus ab 1928 hatten errichten lassen. »Nordwolle«! Der

---

[1] Zitiert bei Elke Schmitter: Tauben auch dort. In: Spiegel 39/2015, S. 123.

Bremen, »Haus des Reichs«, Foto von 2014

Inbegriff deutschen Reichtums, deutscher industrieller Tüchtigkeit, Solidität und Kreditwürdigkeit. 1931 der Konkurs. Verdacht auf Konkursverschleierung! Die Danat-Bank und das private Bankhaus Schröder krachten zusammen, wegen der Nordwolle-Affäre, und befeuerten die damalige Wirtschaftskrise. Der bremische Staat geriet an die Grenze der Zahlungsunfähigkeit.

Das riesige neoklassizistische Gebäude wurde 1934 von der Reichsfinanzverwaltung übernommen. Seit damals trägt es den Namen »Haus des Reichs«. Überall im Deutschen Reich bereitete das Reichsfinanzministerium mit gewagten Finanzoperationen den nächsten Krieg vor. Vor allem plünderte es die deutschen Juden aus, unter zynischem Rückgriff auf eine scheinbar völlige unhinterfragbare Legalität. Die ehrbaren Finanzbeamten und ihre Zöllnergehilfen wurden nie für diesen größten staatlichen Raub in der deutschen Geschichte zur Rechenschaft gezogen.

Dann überließ man das »Haus des Reichs« Carl Röver, dem NSDAP-Aktivisten, Parvenu und Antisemiten, der es aufgrund dieser Eigenschaften zum Reichsstatthalter und Gauleiter für Bremen und Oldenburg gebracht hatte. Das »Haus des Reichs« wurde seine Bremer Residenz. Die Nazis mussten das Gebäude nach dem Mai 1945 sozusagen umständehalber der Besatzungsmacht abtreten. Die US-Militärbehörden ließen hier in ihrer Bremer Befehls- und Verwaltungszentrale auch wichtige NS-Prozesse vorbereiten.

Ich ging weiter zum benachbarten Staatsarchiv. Eine Woche vorher hatte ich per E-Mail Bruno Nettes Entnazifizierungsakten aus dem Bestand der Spruchkammerakten des bremischen »Senators für politische Befreiung« von 1947 bis 1949 bestellt.[2] Sie lagen jetzt für mich im großen Leseraum des Staatsarchivs bereit.

[2] SAB, 4/66, Akte Bruno Nette, 1887/12/22, Bd. 1-4.

Aber es war noch zu früh. Ein paar Schritte weiter betrachtete ich die herrschaftliche Villa Contrescarpe 22, Sitz des Senators des Inneren. Hier also hatte vom 9. Mai 1947, nach der Verkündigung des Bremer Entnazifizierungsgesetzes,[3] der Befreiungssenator zusammen mit dem Spruchkammerapparat bis 1949 seine schwierige Arbeit geleistet. Vor der Villa standen klassizistische steinerne Frauenfiguren, sogenannte Karyatiden, den antiken Figuren des Erechtheion-Tempels auf der Akropolis in Athen nachempfunden. Die Karyatiden, die Mädchen aus Karyai, hatten zur ewigen Erinnerung an die Schande ihrer Stadt Karyai, die sich in den Perserkriegen dem östlichen Feind angeschlossen hatte, als Sklavinnen schwere Lasten tragen müssen. Die versteinerten Frauenfiguren erinnerten an sie. Säulengleich mussten sie fortan Balkone, Erker und Portale stützen.

Das alles hatte ich in den 1950er Jahren im gymnasialen Geschichtsunterricht gelernt, als wir den edlen Kampf der Griechen gegen die Perser, »die Barbaren im Osten«, in allen Einzelheiten durchnahmen und als uns zugeraunt wurde, auch der tapfere Kampf der Unsrigen gegen die »bolschewistisch-asiatischen Horden« sei beileibe noch nicht beendet, sondern 1945 nur unterbrochen worden. »Das nächste Mal mit den Amis, Jungs!« Das »jüdisch-bolschewistische Untermenschentum« ließ man im Unterricht allerdings weg. Die Juden kamen überhaupt nicht vor, höchstens insofern, als dem »Führer« diesbezüglich einige und – leider Gottes – möglicherweise kriegsentscheidende Fehler unterlaufen waren. Vor der Villa Contrescarpe 22 standen die Karyatiden nun allein da, befreit von ihrer Last. Irgendwie symbolisch für den ehemaligen Sitz des Befreiungssenators, dachte ich.

Der Magazin-Turm des Staatsarchivs ragte in Bremens blassen Morgenhimmel. Weil es immer noch etwas zu früh war, schlenderte ich langsam in eine kleine gebogene Straße hinein, Fedelhören genannt, und betrachtete die Auslagen der Antiquitäten-, Wein- und Münzläden. Etwas blitzte golden in der Frühsonne auf dem Bürgersteig. Ein Stolperstein. Für Adele Feist, Jahrgang 1876, deportiert am 23.7.1942 nach Theresienstadt, »tot 11.12.1942«. Eine Putzmacherin und Rentnerin, erfuhr ich später aus dem vorzüglichen Buch von Günther Rohdenburg über die Bremer »Judendeportationen«, das ich am selben Tag im Archiv käuflich erwarb.[4]

Stolperstein für Adele Feist in der Straße Fedelhören, Foto von 2014

---

[3] Das Gesetz zur Befreiung von Nationalsozialismus und Militarismus vom 9. Mai 1947. Vgl. Hesse 2005, S. 57ff.

[4] Rohdenburg 2009, S. 231.

Punkt zehn Uhr betrat ich das Staatsarchiv. Man gab mir drei prall gefüllte Aktenordner. Ich könne alles, was ich wolle, einscannen und auf einen Stick speichern. Für nur ein paar Cent die Seite. Das tat ich nun, stundenlang, zum Missvergnügen anderer Benutzer des Leseraums. »Sind Sie endlich fertig?«, fragte eine hektische Dame mittleren Alters. »Ja, ist gleich zu Ende«, antwortete ich, was glatt gelogen war, ich war noch nicht einmal mit dem ersten der drei Ordner durch, und wenn sie mich noch lange störte, dann würde mir nicht einmal mehr auffallen, dass ganze Papierstapel doppelt vorhanden waren und ja wohl nur ein Mal gescannt werden mussten, was mich dann aber in »Tüdel«, also durcheinanderbringen und alles noch weiter verzögern würde. »Ich kann Sie aber vorlassen, wenn Sie nur wenig haben.« »Nein, eine halbe Stunde benötige ich auch.« Ich drückte vor Schreck den falschen Knopf und schnaubte: »Ja, dann, meine Dame, müssen Sie entschuldigen. Jetzt hab ich vielleicht alles gelöscht und muss von vorne wieder anfangen, nur weil Sie mich ablenkten. Das kommt dabei heraus. Es geht doch um meinen Opa, und an der Fülle der Dokumente und Berichte und Vernehmungsprotokolle und Briefe und Abrechnungen, von den kleinen Notizen, die man zu mehreren auf die Glasplatte legen kann, ganz zu schweigen, das mögen Sie hier sehen, er war nicht irgendwer, mein Opa. Da, sehen Sie, da fällt ein kleines Foto heraus, wie aus der Verbrecherkartei, das war er, im Mantel mit Schal, es muss kalt gewesen sein, als man ihn fotografierte, vermutlich gleich im April 1945, eine Krawatte, hohe Stirn, glatt zurückgekämmte Haare, schmal funkelnde Augen hinter den kreisrunden Brillengläsern, die schwarz eingefasst sind, er hält eine Art Schiebebrett vor seine Brust, die Ziffern 209 sind eingeschoben, vermutlich sind es dieselben deutschen Polizei-Schiebebretter, die noch kurz zuvor die Menschen, die er selbst verhaftet hatte, beim Polizeifotografen hatten halten müssen. Ein schmaler Mund mit halbmondförmigen tiefen Furchen vom seitlichen Nasenrand zu den Mundecken, insgesamt etwas grau und grimmig, finden Sie nicht auch?«

»Können Sie nicht schneller?« »Ich geb mir ja schon Mühe, aber Sie sehen doch, dass damals, zwischen 1947 und 1949, da muss das Papier knapp gewesen sein, man beschrieb es häufig beidseitig, so dass ich beim Scannen höllisch aufpassen muss, dass ich nichts vergesse. Und dann die superdünnen Durchschlagpapiere, die knittern so leicht, muss man häufig erst mal rüberstreichen.« Die Dame ging schnellen Schrittes an ihren Leseplatz zurück und überließ mich meinem Scan-Schicksal.

Und plötzlich las ich mich fest. Sieh mal an, mein Opa wurde am 27. April 1945 von einer britischen *arresting unit* verhaftet. Ja, und auch den Transport, in den die Näherin und Rentnerin Adele Feist hineingezwungen wurde, um in Theresienstadt ermordet zu werden, hatte er als Ausführender zu verantworten gehabt. Später las ich bei Günther Rohdenburg, dass die bremischen Nazi-Behörden über den »Transport« nach Theresienstadt am 23. Juli 1942 erfreut waren, weil auf diese Weise das jüdische Altersheim geleert worden war, sodass es endlich als Behördenunterkunft genutzt werden konnte.[5] Und da, ein Lebenslauf des Internierten Bruno Nette, plötz-

[5] Vgl. auch: Rohdenburg 2009, S. 131.

lich lag er vor mir. 1941 war er Nachfolger eines gewissen Wilhelm Parchmann geworden, zuständig für das »Judenreferat«. Bruno Nette, der neue Judenreferent. Erst mal bis Oktober 1943. War das nicht die mörderischste Zeit?

Und richtig, hier, ein Bericht über die Zusammenstellung des Transportes nach Minsk 1941. Das war seine erste direkte Beteiligung am Massenmord. Was sagte er da in dieser Aussage, abgetippt auf durchscheinend dünnem Papier? Er hätte nicht gewusst, was da im Osten passierte. Hätte gedacht, die müssten da nur arbeiten, die Juden. Arbeiten? Kleinkinder zum Arbeitseinsatz? Durfte man Menschen einfach aus ihrem Leben herausreißen und wie ein Paket, wie ein Stück Vieh »verschicken«? Nach einem Jahr Pause sei er wieder Judenreferent von Bremen und Umgebung geworden, vom November 1944 bis zum 27. April 1945. Dann aber! Alle Akten verbrennen. Bis endlich die Briten kamen und ihn hopps nahmen.

Ich musste mich beeilen, musste noch so viel scannen. Aber das hier wollte ich doch noch lesen, es war so kurz und präzise. Ein gewisser Ernst Fritsche schrieb am 9. Mai 1948 an den Senator für politische Befreiung in Bremen, Contrescarpe 22/23, der Villa mit den befreiten Karyatiden. Es ging um den letzten Transport nach Theresienstadt. Wann war das? Mein Gott, noch im Februar 1945! »Bruno Nette ist m.E. ein Mann, der mit einer ausgesuchten Höflichkeit, wie es bei mir der Fall war, die härtesten Dinge eröffnen konnte und sich daran weidete, wenn dem Zuhörer das Herz vor Schmerz brechen wollte. Diesen Eindruck hatte ich, als er mir bekannt gab, dass meine Frau in einigen Wochen nach Theresienstadt verschickt werden würde.«[6]

Später erfuhr ich aus meinen gescannten Unterlagen mehr. Ernst Fritsche hatte sich trotz aller Drohungen und Schikanen des Judenreferenten Nette nicht von seiner jüdischen Ehefrau Ernestine Fritsche, geboren am 19. August 1887 als Ernestine Kerbel, getrennt. Das rettete ihr letztlich das Leben. Aber namenlose Schrecken für die Eheleute von 1933 bis zu den letzten Kriegstagen! Demütigende Verhöre, Brüllereien und zum Schluss auch »dank« meines Großvates für ihn Zwangsarbeit im berüchtigten Arbeitserziehungslager der Gestapo Bremen beim Bau des U-Boot-Bunkers Farge, während sie auf den letzten mörderischen »Transport« mit 55 weiteren Opfern geschickt wurde. Die Abfahrt war für den 14. Februar 1945, 3 Uhr morgens angesetzt.[7] Die verängstigten Menschen waren vorher mit dem schriftlichen Hinweis gepeinigt worden, »dass die Transportteilnehmer auch bei Fliegeralarm pünktlich zu erscheinen haben. Nichterscheinen wird mit strengen staatspolizeilichen Maßnahmen geahndet.« Fliegeralarm hieß zu Beginn des Jahres 1945 in Bremen, dass es Bomben regnete! Kein Grund, nicht um 3 Uhr morgens zum Besteigen des Todeszuges zu erscheinen. »Judenfreund« Bruno Nette musste ja auch früh aufstehen, um dabei zu sein.

Ernestine Fritsche überlebte. Die Rote Armee befreite sie. Aber was muss sie gelitten haben.

---

6 Ernst Fritsche, Brief vom 9.5.1948. In: SAB, 4, 66-I, Akte Bruno Nette, 1887/12/22.

7 Vgl. Rohdenburg 2009, S. 138.

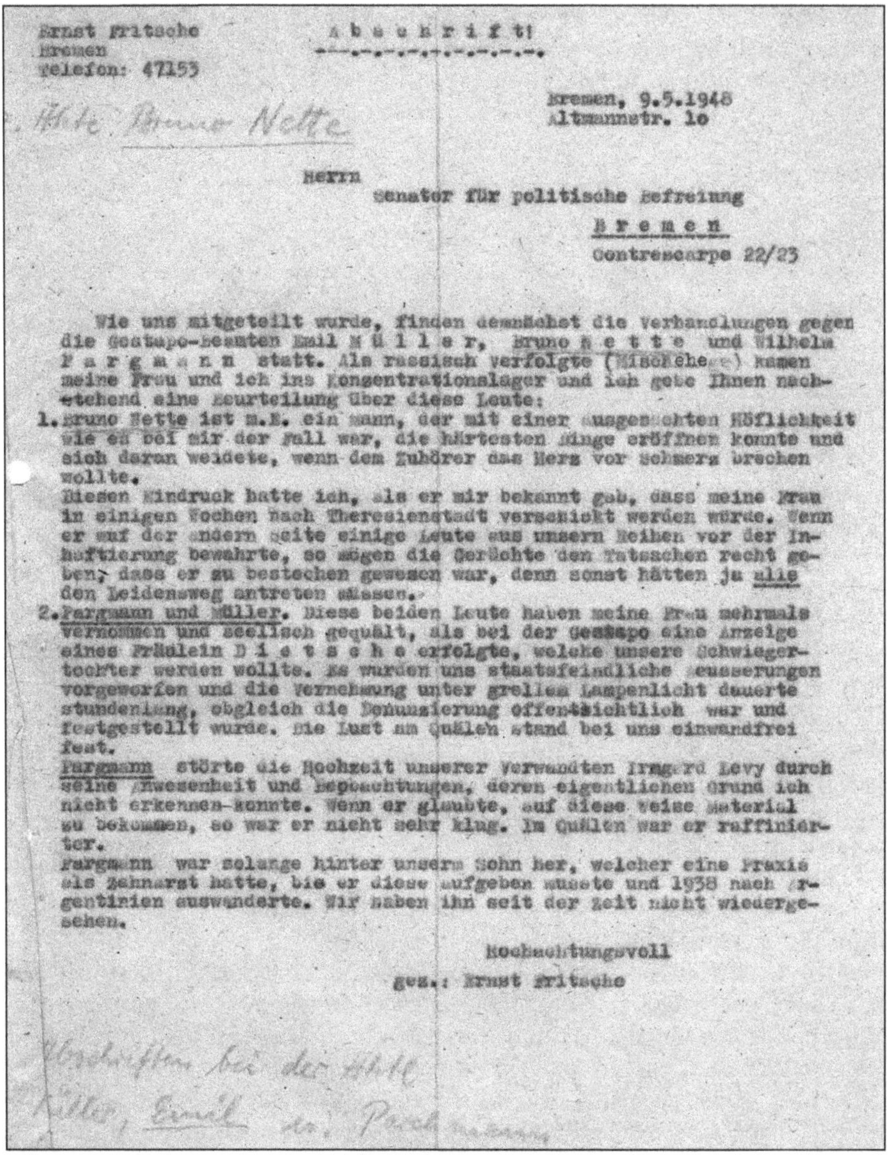

Ernst Fritsche
Bremen
Telefon: 47153

Abschrift!

Bremen, 9.5.1948
Altmannstr. 10

Herrn
Senator für politische Befreiung
Bremen
Contrescarpe 22/23

Wie uns mitgeteilt wurde, finden demnächst die Verhandlungen gegen die Gestapo-Beamten Emil Müller, Bruno Nette und Wilhelm Pargmann statt. Als rassisch Verfolgte (Mischehe) kamen meine Frau und ich ins Konzentrationslager und ich gebe Ihnen nachstehend eine Beurteilung über diese Leute:

1. Bruno Nette ist m.E. ein Mann, der mit einer ausgesuchten Höflichkeit wie es bei mir der Fall war, die härtesten Dinge eröffnen konnte und sich daran weidete, wenn dem Zuhörer das Herz vor Schmerz brechen wollte.
Diesen Eindruck hatte ich, als er mir bekannt gab, dass meine Frau in einigen Wochen nach Theresienstadt verschickt werden würde. Wenn er auf der andern Seite einige Leute aus unsern Reihen vor der Inhaftierung bewahrte, so mögen die Gerüchte den Tatsachen recht geben, dass er zu bestechen gewesen war, denn sonst hätten ja alle den Leidensweg antreten müssen.
2. Pargmann und Müller. Diese beiden Leute haben meine Frau mehrmals vernommen und seelisch gequält, als bei der Gestapo eine Anzeige eines Fräulein Dietsche erfolgte, welche unsere Schwiegertochter werden wollte. Es wurden uns staatsfeindliche Aeusserungen vorgeworfen und die Vernehmung unter grellem Lampenlicht dauerte stundenlang, obgleich die Denunzierung offensichtlich war und festgestellt wurde. Die Lust am Quälen stand bei uns einwandfrei fest.
Pargmann störte die Hochzeit unserer Verwandten Irmgard Levy durch seine Anwesenheit und Beobachtungen, deren eigentlichen Grund ich nicht erkennen konnte. Wenn er glaubte, auf diese Weise Material zu bekommen, so war er nicht sehr klug. Im Quälen war er raffinierter.
Pargmann war solange hinter unserm Sohn her, welcher eine Praxis als Zahnarzt hatte, bis er diese aufgeben musste und 1938 nach Argentinien auswanderte. Wir haben ihn seit der Zeit nicht wiedergesehen.

Hochachtungsvoll
gez.: Ernst Fritsche

Ernst Fritsche über Bruno Nette, 9. Mai 1948

Allmählich ermüdeten meine Augen. Nur noch lesen, was Amandus Dierks am 8. September 1947 an die Spruchkammer schrieb, dachte ich, und erreichte meinen Tiefpunkt. »Der ehemalige Gewaltige von Bremen« wurde mein Großvater hier genannt. Er habe »sehr viele Menschenleben, die er kaltblütig dem qualvollen Tode entgegenführte, auf dem Gewissen«. Und gebrüllt habe mein bestechlicher Großvater im Februar 1945: »Die Juden müssen ausgerottet werden und Sie als Arier ebenfalls, weil Sie jüdisch versippt sind (...)!«[8]

Ich konnte nicht mehr weiterlesen.

Ruhrstraße 13

Endlich war ich fertig. Ich zahlte viel Geld für den kleinen Stick mit Hunderten und Aberhunderten Dokumenten und verließ erschöpft, körperlich und seelisch, das Archiv. Draußen schien immer noch eine winterlich milchige Sonne.

Am späteren Nachmittag setzte ich meinen Spaziergang durch Bremen fort. Ich hatte mir vorgenommen, das großelterliche Häuschen anzugucken, in dem mein Vater mit seinen beiden jüngeren Brüdern aufgewachsen war. Ruhrstraße Nummer 13. Auf dem Stadtplan sah es ganz nahe aus. Es wurde aber ein längerer Fußweg und das war gut so. Ich brauchte Erholung und frische Luft. Der Weg führte mich durch äußerst nette Straßen in Bremens Osten. Lauter Stadthausreihen, viele Fahrräder, altes Pflaster, bimmelnde Straßenbahnen, mehrere Treppenstufen hoch zu den Hauseingängen.

Da, das Klinikum Bremen Mitte. Ein Monstrum. Eine unendlich lange Reihe spitzer Eisenstangen an der Bismarckstraße. Und ganz hinten, ganz am Ende, wo die Eisenstangen um die Ecke bogen, immer noch in Reih und Glied, gegenüber dem alten Fernsprechamt Hansa, entdeckte ich die Prof.-Hess-Kinderklinik. Hatte ich den Namen Hess nicht eben gerade in den Akten gelesen? Richtig, ja, der Kinderarzt! Der »Halbjude«, den Bruno Nette irgendwie verschonte. Er habe sich als Judenreferent, hatte ich gelesen, bemüht, »unnötige Härten zu vermeiden, sondern bin den Juden, soweit ich es nur irgend verantworten konnte, oft auch trotz aller entgegenstehenden dienstlichen Vorschriften behilflich gewesen.« Er könne u.a. eine Erklärung von Professor Hess vorlegen.[9]

Ein Dankesbrief von Professor Dr. Rudolf Hess? Den hatte ich doch gerade gelesen und dann gescannt.

»Herr Kriminalinspektor Nette wurde mir bekannt, als ich im Zuge der Gestapoaktion gegen die sog. jüd. Mischlinge ersten Grades mehrfach vor dieser Behörde erscheinen musste. Ich kann von ihm sagen, dass er als einziger in dem Gestapogebäude einen anständigen und menschlichen Ton gegen die Vorgeladenen hatte. Er hat auch alles, was in seinen Kräften stand, versucht, mich für die Ärztekammer, d.h. für die Tätigkeit als Arzt freizubekommen, als die anderen ›Mischlinge‹ zur Handarbeit in einer hiesigen Fabrik zusammengezogen waren. Man hatte den Eindruck, dass er nach sachlichen Gesichtspunkten verfuhr und sich

---

[8] Amandus Dierks, Brief an die Israelitische Gemeinde Bremen, 12. Mai 1948. SAB, 4, 66-I, Akte Bruno Nette, 1887/212/22, Blatt 128 (blau notiert).

[9] Bruno Nette 1947 gegenüber dem Staatsanwalt bei der Spruchkammer Benefeld/Bomlitz im Zivilinternierungslager Fallingbostel. SAB, 4, 66-I, Akte Bruno Nette, 1887/12/22, Blatt 3/11.

nicht von der üblichen Parteihetze leiten ließ. (...) Ich wurde 1933 durch die Partei aus meinem Amt als Chefarzt der Kinderklinik entfernt, durch allerlei üble Maßnahmen verfolgt und 1944 im Lager Farge eingesperrt.«[10]

Diese Äußerung fiel sehr positiv für den ehemaligen Judenreferenten Bruno Nette aus. Wer nur hatte Recht? Der nach 1945 wieder eingesetzte ehemals »halbjüdische« Chefarzt der Bremer Kinderklinik? Oder Ernst Fritsche und Amandus Dierks? Oder alle drei?

Am ehemaligen Bremer Ostrand im Stadtteil Hastedt erreichte ich schließlich die Siedlung »Klein Mexiko« mit der Ruhrstraße. Sie standen noch, die kleinen Reihenhäuser aus den späten 1920er Jahren. Renoviert, teilweise bunt bemalt, winzige gepflegte Vorgärten, viele kleine und einige Mittelklasse-Autos.

Ich fragte ein paar ältere Bewohner nach meinen Großeltern, nach Theda und Bruno Nette, und nach Günther, Rudi und Alfred Nette, ihren drei Söhnen. »Ach so, 1936 schon weg, die – wie hießen sie gleich? – die Nettes? Naja, mein Herr, da war ich noch gar nicht auf der Welt.«

»Ich auch nicht«, sagte ich, und bedankte mich.

Die Zeit nach dem Ersten Weltkrieg erlebten die Menschen als eine schier unfassbare Kette von Krisen: Novemberrevolution, mörderische Freikorps- und Reichswehreinsätze (in Berlin, Bremen, Hamburg, Oberschlesien, Bayern und Thüringen, Ruhrgebiet), französische Ruhrbesetzung, Hyperinflation. Kapp-Putsch, Hitler-Putsch, Feme-Morde an linken Politikern, bewaffneter Aufstand der KPD (in Hamburg), dazu der Versailler Friedensvertrag, von fast allen als Schanddiktat empfunden. Der Kriminalpolizist Bruno Nette und seine Frau Theda Nette hatten ab 1923 zuerst in der Weißenburgerstraße 19 gewohnt. Dann zog die wachsende Familie 1928 in das neuerbaute Reihenhäuschen in der Ruhrstraße 13. In diesem Jahr, das man später zum letzten der »goldenen 20er Jahre« in der Weimarer Republik zählte, feierte mein Großvater seinen 40. Geburtstag, meine Großmutter Theda wurde 38, und mein Vater Günther kam mit seinen sechs Jahren gerade zur Schule. Der dreijährige Rudi wird begeistert durch das Vorgärtchen und den gepflasterten Hinterhof gehüpft sein, während der kleine Alfred, 1927 geboren, hier die ersten Schritte seines Lebens tat.

Das Endreihenhaus der Familie Nette war so schmal, dass auf die Frontseite nebeneinander nur ein zweiflügeliges Fenster und eine schmale Eingangstür passten. Es gab einen kleinen harten Vorgarten. Unter dem für ein Siedlerhaus typischen Satteldach befand sich für die Kinder ein Mansardenzimmer mit einer kleinen Gaube. Das winzige dreiflügelige Giebelfensterchen blickte hinunter auf die Ruhrstraße.

Kürzlich stellte mir der Bremer Verleger und Autor Jan Frey Unterlagen zu Klein Mexiko zur Verfügung.[11] 337 Kleinsthäuser erbaute die Stadt Bremen zwischen 1927

---

[10] Schreiben von Prof. Rudolf Hess vom 9.3.1947. SAB, 4, 66-I, Akte Bruno Nette, 1887/12/22, Blatt 5.

[11] Vgl. Timm/Dünzelmann/Rathjen 1990, S. 85-91. Vgl. a. Gumpert 1999, S. 16-21; Architekturkammer der Freien Hansestadt Bremen (und andere) 1988. Rundweg 2, Station 53.

Zeitweise Wohnsitz der Nettes: Klein Mexiko, Ruhrstraße 13, 1957

und 1929 hier für ärmere Familien mit mindestens vier Kindern. Die reine Wohnfläche ohne Flur betrug 58 qm. Monatlich mussten die kinderreichen Familien zwischen 39 und 45 Reichsmark Miete zahlen. Vor allem während der Wirtschaftskrise fiel es vielen Familien schwer, diese Summe aufzubringen. Der durchschnittliche Industriearbeiterlohn betrug 65 Pfennige pro Stunde, bei einer 48-stündigen Wochenarbeitszeit waren das 135,20 RM im Monat – so man nicht arbeitslos wurde.

»Klein Mexiko war bekannt für die überwiegend kommunistisch-demokratische Gesinnung seiner Bewohner. Schon vor dem Machtantritt Hitlers 1933 war die Siedlung deshalb besonderen Kontrollen und Angriffen der Nazis ausgesetzt.«[12] Die schwer bewaffnete Bremer Polizei stand aufseiten der Nazis, als diese sich im Februar 1933 trauten, in Klein Mexiko eine große Kundgebung abzuhalten. 1928 bis 1931 kamen auf die 337 Haushalte zehn mit Angehörigen des Polizei- und Justizapparats. Der frühere KPD-Funktionär Georg Gumpert nahm an, dass die in Klein Mexiko wohnenden Polizisten und Kriminalpolizisten mithalfen, alle Kommunisten in der Siedlung zu denunzieren und zu registrieren.[13] Es ist sehr wahrscheinlich, dass auch der Kriminalbeamte Bruno Nette sich daran beteiligte. Durfte er deswegen mit weniger als vier Kindern in Klein Mexiko wohnen?

Bruno Nette verließ die Familie 1932 wegen einer anderen Frau, der »Tante Mieze«, und zog in die Manteuffelstraße 31 unter deren Wohnung. Theda Nette

[12] Timm/Dünzelmann/Rathjen 1990, S. 89f.

[13] Vgl. das Interview mit Georg Gumpert (1999), S. 17 und S. 19.

blieb mit den Kindern in der Ruhrstraße 13. 1936 nahm der Scheidungsrichter ihr den 14-jährigen Günther und den zwölfjährigen Rudi weg und steckte sie zum Vater Bruno und der Tante Mieze, die inzwischen nach Vegesack in die Kimmstraße 1 umgezogen waren. Meine Großmutter Theda erhielt von ihrem Ex-Ehemann so gut wie keine finanzielle Unterstützung. Sie wusch in der Weser die Wäsche der Wohlhabenden und verdiente etwas Geld mit Nähen.

Bruno Nette fasste 1948 die Ehetragödie so kurz wie möglich zusammen: »1936, nachdem ich meinen vierjährigen Ehestreit beendet hatte und meine Ehe geschieden war, wurde ich nach Vegesack versetzt, wo ich als alleiniger Kriminalbeamter Dienst tat.«[14]

Die beiden älteren Brüder Günther und Rudolf Nette beschrieben mir später ihre Kinderjahre in der Ruhrstraße ausführlicher.[15]

Günther Nette (2002): »Ich bin am 1. Dezember 1921 in Bremen geboren worden, in bitterer Kälte. Wie meine Mutter mir sagte, war alles tief verschneit und vor allem vereist. Der Hamme-Findorff-Kanal (Hamme-Oste-Kanal), auf dem sonst von Worpswede die Torfschiffe kamen, war zugefroren. Über meine ersten Jahre kann ich nicht viel sagen, meine Mutter war sehr sehr rührend um mich besorgt. 1924 kam dann der Rudi, mein Bruder, der heute noch lebt. Meine Mutter war eine herbe Frau. Sie hatte aber ein goldenes Herz, hat gekämpft wie eine Löwin für ihre Kinder, während mein Vater das etwas leichter nahm. Alfred ist dann noch später gekommen, er ist 1927 geboren. Und meine Mutter musste sehr früh alleine mit uns fertig werden, weil mein Vater auszog. Wir bewohnten so ein kleines Reihenhäuschen in der Ruhrstraße Nr. 13. Mir kam es, als ich es in 1950er Jahren noch einmal sah, plötzlich sehr klein vor. Wir haben uns da als Jungen, als Kinder, aber sehr wohl gefühlt. Meine Mutter konnte ausgezeichnet kochen, hatte aber nur wenig Geld und musste äußerst sparsam damit umgehen. Mein Vater hat sich – nach meiner Meinung – sehr früh abgesetzt. Ich hab das als Kind erlebt, dass sie sich sehr gestritten und gezankt haben, es war sehr heftig oft, und ich hab ... als der Älteste kriegte auch ich meinen Teil ein bisschen davon ab.

Bernhard Nette: Inwiefern?

Naja, bei den kleinsten Kleinigkeiten kriegte ich mit dem … wurde ich verhauen oder in den Keller gesperrt. Naja, ich war auch wohl kein besonders braver Junge, ich hab versucht, immer auch meine Kräfte einzusetzen, und vorlaut war ich mitunter wohl auch. Das wurde damals eben bestraft. So war das.

B.N.: Haben dich beide Eltern geschlagen?

---

[14] Aussage Bruno Nette, 24. Juni 1948. SAB, 4, 66-I, Akte Bruno Nette 1887/12/22, Blatt 97/1 (blau notiert).

[15] Günther Nette: Interview mit Bernhard Nette, Oktober 2002. Rudolf Nette: Interview mit Bernhard Nette, 2012, dazu eigene schriftliche Erinnerungen.

Nein, mein Vater hat ... äh ... hat sehr viel heftiger geschlagen, blindlings oft, er hat sich nie beherrschen können, er konnte sich überhaupt schlecht beherrschen.

Die Scheidung deiner Eltern, wie war das für euch?

Ja, die Scheidung meiner Eltern, die ging über Jahre hin. Und mit Schmutz wurde da geworfen, besonders vonseiten meines Vaters, der hat meine Mutter so in die Zange genommen, dass sie immer ganz nervös war, traurig, geweint hat sie, sie hat schwer darunter gelitten und wir Kinder mit. Ich hab mich immer hinter meiner Mutter versteckt, wenn Zoff war, und hab sie umklammert, dass ihr ja nichts geschah. Sie war voller Kummer und mochte zum Schluss nicht mehr leben. Das hat sie mir auch ein paar Mal gesagt. Sie hat nachts wüste Träume gehabt, hat geschrien im Bett und ich hab das ja gehört.«

Auch mein Onkel Rudolf Nette erinnerte sich (2013):
»Mein Vater hat mir die ganze Kindheit versaut! Ein Choleriker! Zornig! Ein Tyrann. Er schlug uns grün und blau, mit dem Stock, im Keller. Er hat auch seine Frau Theda, unsere Mutter, verprügelt. Sie hat aus Angst schließlich immer bei uns Kindern unter dem Dach geschlafen und die Tür fest verriegelt. Mein Vater brach die Türe eines Nachts auf und meine Mutter floh vor den entsetzten Kindern durch das

Theda Nette, geb. Schumann, mit den Söhnen (v. l.): Rudolf, Alfred, Günther, 1934

Mansardenfensterchen, lief über das Dach, rutschte aus, fiel hinunter in den Vorgarten und brach sich ein Bein. Wenn er meine Mutter verprügelte, klammerten wir Kinder uns immer an sie. Einmal hat er ihre Nähmaschine, mit der sie sich mühselig etwas zu ihrem Lebensunterhalt dazu verdiente, weil er ihr nur ganz wenig Geld gab, die Treppe hinuntergeworfen. Die Maschine war nicht mehr zu gebrauchen. Trotzdem bin ich und mein älterer Bruder Günther nach dem Auszug des Vaters aus der Ruhrstraße 13 immer wieder zu seiner neuen Adresse in die Manteuffelstraße gegangen. Unter Tränen haben wir ihn angefleht: ›Komm zurück, Vati.‹ Da war er schon mit der Tante Mieze liiert gewesen.«

Bei Ehescheidungen galt damals noch das Verschuldensprinzip. Danach wäre Bruno Nette schuldig gesprochen worden, weil er lange vor der Scheidung schon mit einer neuen Frau, der Tante Mieze, zusammenlebte. Dass er sich trotzdem im Scheidungsprozess durchsetzte und so gut wie keinen Unterhalt zahlen musste und dass er sogar die beiden älteren Söhne zugesprochen bekam, ist mehr als erstaunlich. Aber er kannte Mittel und Wege, auf denen er erreichte, dass ihn niemand wegen »gebrochener Ehe« anzeigen konnte. Vor allem benachbarte Juden in Vegesack bekamen das zu spüren. Karl Bruck, seit 1942 Leiter der Reichsvereinigung der Juden in Deutschland, Bezirksstelle Bremen, der mit ihm zusammenarbeiten musste und ihn gut kannte, behauptete 1948: »Es ist allgemein bekannt, dass Nette mit den Vegesacker Juden und auch Mischlingen, wie z.B. Neitzel, Jacobsohn, besonders hart verfuhr. Ich vermute, dass er vielleicht befürchtete, von diesen Leuten in seiner Ehescheidungsklage irgendwie belastet werden zu können.«[16]

Als ich nun im Februar 2014 vor der Ruhrstraße 13 stand, war das schmale Eckhäuschen vereint worden mit dem Nachbarhäuschen. Den schmalen Giebelerker, aus dem meine Großmutter Theda in Panik geflohen war, hatte man verbreitert und erhöht. Das mittlere Fallrohr war bunt bemalt wie die Strümpfe von Pippi Langstrumpf. Es waren andere Zeiten. Am Ende der Ruhrstraße stand ein graues Ungetüm aus Beton. Kein wirklicher Hochbunker, eher so ein niedrig geduckter, finsterer Geselle. Zwei hochgelegene Eingänge, das musste damals fix gehen, wenn Alarm kam. Diese Gegend wurde heftig bombardiert, schließlich befand sich in Hastedt ein Zweigwerk der Focke-Wulf-Flugzeugwerke.

An der Flanke des Bunkers verblassten Wandmalereien, Volkskunst der 1970er Jahre, Ästhetik der Friedensbewegung. Ein Junge öffnete hungrig seine leere Brottasche und wurde von einem gewaltigen Kanonenrohr bedroht. Das hätten mein Vater Günther, mein Onkel Rudolf oder mein Onkel Alfred sein können, die hier aufwuchsen. Sie waren immer hungrig. Günther Nette musste aus dieser damals kinderreichen kleinen Bremer Straße bis nach Minsk und Stalingrad und Charkow marschieren. Er fror und schwitzte und schoss und wurde beschossen und verlor sein rechtes Knie dabei. Sein jüngerer Bruder Rudolf wurde von hier bis in das

---

[16] Karl Bruck, Aussage am 22. Juni 1948. SAB, 4, 66-I, Akte Bruno Nette, 1887/12/22, Blatt 137 (blau notiert).

fischreiche Bergen in Norwegen geschickt. Ihm geschah nichts, jedenfalls nichts Körperliches. Den jüngsten der drei Brüder, Alfred, verschlug es am Ende der großdeutschen Zeiten noch an die kalte pommersche Ostseeküste und er wurde nicht einmal 18 Jahre alt. Das war alles absurd. Hungerleider aus winzigen Siedlungsreihenhäusern marschierten gegen Ihresgleichen und gegen noch ärmere Menschen in Bauernhütten. Und ein Kriminalbeamter prügelte Frau und Kinder und trieb seine Mitmenschen in den Tod.

In den 1930er Jahren lebten in Hastedt über 110 Juden. »Von ihnen überlebten an die 40, zumeist aus der zweiten Generation, den Holocaust.«[17] Mit anderen Worten, 70 jüdische Nachbarn von Bruno Nette waren ermordet worden. Er war unmittelbar daran beteiligt. Im Krieg lebte er als einer der »Gewaltigen« Bremens mit Tante Mieze längst sehr viel feudaler, in der Kirchbachstraße 17c. Die rechtmäßigen Eigentümer der eleganten Möbel waren tot. Es waren Bremer Juden gewesen.

»Meine Mutti ist tot!«

Meine Großmutter Theda Nette, geborene Schumann, zog zum Schluss in eine Kellerwohnung in der Roonstraße 1, wo sie sich als Hausmeisterin und als Pflegerin einer älteren Dame einen kärglichen Lohn verdiente.

Bernhard Nette: »Hattest du da immer Kontakt zu deiner Mutter?

Günther Nette: Aber ja! Ich bin immer dem Heulen nahe gewesen, wenn ich bei ihr angekommen bin.

Ging es ihr nicht mehr gut?

Naja, sie hat dann, weil sie noch weniger Geld kriegte, noch mehr gearbeitet, so außerhalb, geputzt. Sie hat sich umgebracht. 1940. Uns allen stand das Wasser in den Augen.«

Rudolf Nette berichtete im Jahr 2013 als fast 90-Jähriger von diesem 29. September 1940:

»Ich war gerade 16 Jahre alt, war schon in der Lehre, als ich meine Mutter in ihrer Kellerwohnung fand. Sie hatte sich in ihrer Wohnstube erhängt. Ich rannte zum Sportverein, zu Willi Lange, meinem Cousin, der wenig später U-Bootfahrer wurde. Ich schrie und heulte. ›Meine Mutti ist tot!‹«

Zeitungsausriss vom Oktober 1940:

»Plötzlich und unerwartet verschied unsere liebe, treusorgende Mutter, Tochter, Schwägerin und Tante Theda Nette, geb. Schumann, im 51. Lebensjahr. In tiefem Schmerz: Günther Nette, Rudolf Nette, Alfred Nette und Anverwandte. Die Auf-

---

[17] Dünzelmann 1995, S. 129f.

Theda Nette in ihrer Kellerwohnung in der Roonstraße 1, 1940

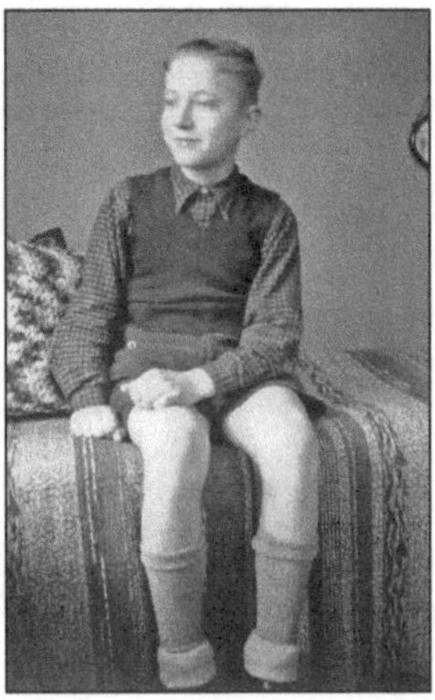

Günther, Rudolf und Alfred Nette, ebenfalls in der Roonstraße 1, 1940

bahrung ist im Beerdigungsinstitut ›Pietät‹, Humboldtstraße 190, erfolgt; wohin zugedachte Kranzspenden erbeten werden. Die Trauerfeier findet am Donnerstag, 3. Oktober, vormittags 11 Uhr, in der Kapelle des Riensberger Friedhofes statt.«

Bruno Nettes Name fehlte. Ebenso der von Tante Mieze. Aber der Ex-Ehemann kam trotzdem zur Beerdigung. Er stand an dem offenen Grab, in dem auch er zwanzig Jahre später beigesetzt werden sollte.

Rudolf Nette (2013): »Als meine Mutter auf dem Riensberger Friedhof begraben wurde, war da auch mein Vater Bruno Nette. Er wurde von meinem Onkel August Schumann, einem der Brüder meiner Mutter, böse beschimpft. ›Du bist Schuld, du Hund!‹ Die Frerichs und die Schumanns und die Langes hätten meinen Vater fast verprügelt und in die offene Grube gestoßen. Dabei war er Gestapo-Beamter und sie waren sogenannte Staatsfeinde, also Kommunisten und Sozialdemokraten.

Aber mein Vater hat nichts gegen seine roten Schwager unternommen. Er hat sie sogar ab und zu vor Razzien auf der Vulkan-Werft gewarnt. ›Lasst euch morgen nicht mit euren Mist-Flugblättern erwischen!‹ Ja, so war das auch in der Familie. Aber mein Vater war wirklich Schuld am Tod meiner Mutter, da hatte Onkel August schon Recht. Mein Vater hatte meine Mutter verlassen. Dazu hatte er ihr die Kinder weggenommen und der Tante Mieze ausgeliefert, er hatte ihr nur Alfred gelassen. Meine Mutter hatte gewusst, wie es uns bei der bösen Stiefmutter erging, und es brach ihr das Herz, dass sie kaum etwas dagegen unternehmen konnte.«

»Der liebe Heimgegangene«

Bruno Nette heiratete am 27. Juni 1936 die 39-jährige Tante Mieze, die eigentlich Marie Christine Lampe hieß. Man brauchte ihre Geburtsurkunde, die ihrer Eltern und Großeltern und Urgroßeltern usw. wohl für den »Ariernachweis«, vor allem, wenn man einen Kriminalbeamten und zukünftigen Gestapobeamten heiratete. Von der Hochzeit bis zu den Nürnberger Rassengesetzen sollten damals zwar noch drei Monate vergehen, aber es war schon klar, dass ein Staatsbeamter keine »Voll«- oder »Halb«- oder »Geltungsjüdin« heiraten sollte.[18]

Der Ministerialdirigent im Reichsinnenministerium, Wilhelm Stuckart, schrieb 1938: »Dabei ist, wie der Führer sagt, der nordrassische Mensch vielleicht nicht in seinen geistigen Eigenschaften an sich am größten, sondern im Ausmaß der Bereitwilligkeit, alle Fähigkeiten in den Dienst der Gemeinschaft zu stellen.«[19] Er war einer der Mitverfasser der Nürnberger Gesetze und am 20. Januar 1942 Teilneh-

---

[18] Vgl. Kapitel 7, in dem diese Nazikategorien erläutert werden.

[19] Stuckart/Schiedermair: Rasse und Gesetzgebung (1938). In: Pauer-Studer/Fink 2014, S. 420.

mer an der Wannseekonferenz, auf der die »Endlösung der Judenfrage« organisatorisch vorbereitet wurde.[20]

War mein Großvater in diesem Sinne ein »nordrassischer Mensch«? Etwas dumm, aber gehorsam? Geistig beschränkt, nein, das war er sicherlich nicht. Er beteiligte sich an dem großen Menschheitsverbrechen, solange der Staat alles zum Dienst an der Gemeinschaft erklärte. Es war für ihn wie für viele Deutsche eine Frage des Gehorsams. Ob Bruno Nette glaubte, er kämpfe gegen eine »durch und durch minderwertige« Rasse (Stuckart), oder ob er für bare Münze nahm, dass eine Vermischung mit dem Judentum »zu einer Zerreißung der deutschen Seele« (Stuckart) führen würde, mit einem Wort, ob er den ganzen mörderischen Schwachsinn glaubte, das weiß niemand. Wollte der Judenreferent Bruno Nette die deutsche Seele zusammenflicken? Das ist völlig unerheblich. Er gehorchte seinen Oberen und genoss seine fast totale Macht über Menschen.

Bruno Nette hatte sich seit 1943, also nach der Kapitulation der 6. Armee bei Stalingrad, mit berufstypischen Todesahnungen des Gestapo-Schergen beschäftigt und behelligte mit seinen Befürchtungen auch die, die es am wenigsten von ihm hören wollten. »Wir bekämpfen nicht Ihre Frau, weil sie Herrmann heißt, sondern wir bekämpfen das gesamte jüdische Blut, wenn wir den Krieg verlieren, hängen die uns alle auf«, sagte er Anfang Oktober 1944 zu Michael Herrmann, dessen jüdische Frau Betty er kurz zuvor aus »privilegierter Mischehe« hatte abholen lassen.[21] Bruno Nette aufhängen? Gar an den nächsten Baum, wie er es 1943 gegenüber einer anderen Zeugin befürchtete?[22]

Oder doch lieber die Guillotine? Denn auch damit kannte er sich aus. Elfriede Heinemann berichtete als Zeugin am 2. Juni 1948, sie habe die Möglichkeit gehabt, ihren Ehemann, der als »Halbjude« im Oktober 1944 verhaftet worden war, im Lager Farge zu besuchen. Dort erfuhr sie von dem Schicksal der Lily Karmann. Diese »war aufgrund einer defaitistischen Äußerung durch die Gestapo verhaftet, verurteilt und enthauptet worden. Als besonders schwerwiegend wurde bei der Verurteilung in Rechnung gestellt, dass sie Halbjüdin war.« Georg Karmann, Lilys Bruder, habe man im Haus der Bremer Gestapo zugeflüstert, dass Bruno Nette an der Enthauptung Lily Karmanns schuld gewesen sei. Und zur Ehefrau von Georg Karmann habe Bruno Nette zynisch gesagt: »Dass Ihrer Schwägerin die Rübe abgehackt worden war, hat sie selber Schuld.«[23]

Immerhin fürchtete er die tödliche Rache der Alliierten und vor allem der Juden. Aber er machte sich definitiv zu viel Sorgen um das eigene kostbare Leben.

---

[20] Von den Alliierten als Kriegsverbrecher verurteilt, machte Wilhelm Stuckart in der jungen Bundesrepublik schnell wieder Karriere.

[21] Michael Herrmann, Brief vom 4.10.1947 an den Bremer Senator für politische Befreiung und an die Spruchkammer. SAB, 4, 66-I, Akte Bruno Nette, 1887/12/22, Blatt 94/2.

[22] Aussage Getrud Händler vom 4. Juni 1948. SAB, 4, 66-I , Akte Bruno Nette, 1887/12/22, Blatt 111 (blau notiert).

[23] SAB, 4, 66-I, Akte Bruno Nette, 1887/12/22, Blatt 106.

Erst 1960 starb er friedlich in einem Krankenhausbett. Seine zweite Ehefrau unterzeichnete die Todesanzeige für ihren Mann, den Kriminal-Obersekretär a.D. Bruno Nette, ganz offiziell mit ihrem Kätzchennamen »Mieze Nette«.

Pastor H. Jarck redete. Niemals wird mehr gelogen als am Grab.

»Unser lieber Entschlafener war mit dem Erreichen der Altersgrenze in den wohlverdienten Ruhestand getreten und wir müssen dankbar sein, dass er bis zum letzten Jahre verhältnismäßig rüstig war«, sagte der wackere Pastor.[24] »Unser lieber Entschlafener merkte, daß es mit ihm zuende ging, aber er hat nicht geklagt. Die letzten fünf Tage war er noch im Krankenhaus, aber die Kräfte des Herzens waren verbraucht.« Er hatte für den Abschluss seiner Predigt das Kirchenlied »Der Herr der Ernte winket« ausgesucht und die kleine Trauergemeinde musste schleppend mitsingen: »Dein Rat hat ihn geleitet, / o Herr, oft wunderbar./ Dein Schutz hat ihn begleitet / in Not und in Gefahr. / Mit deines Geistes Stärke / hast du sein Tun gelenkt, / zu langem Tagewerke / ihm Kraft und Frucht geschenkt.«

Der Herr der Ernte hat Bruno Nettes Tun gelenkt? Zu langem Tagewerke? Ihm Frucht geschenkt? Ach, mein Gott, es war Massenmord, Herr Pastor.

Unverdrossen ging Pastor Jarck auf das irdische Wirken des lieben Entschlafenen ein: »Ihr wisst, was das Leben unseres lieben Heimgegangenen an Freud und Leid, an Hoffnungen und Enttäuschungen umschließt, und wie schwer er es in manchen Jahren hatte, bis er endlich im Jahre 1948 wieder mit den Seinen vereint und schließlich in seine alten Rechte wieder eingesetzt wurde.«[25] Ja, schon gut, der liebe Entschlafene bekam Pensionszahlungen. Was – wenn überhaupt – mag der Gottesmann sich dabei gedacht haben?

»Sein ganzer Stolz«, so der Pastor schließlich, »waren die vier Enkelkinder, und ihr wisst, wie sehr er an ihnen hing.« Eines der Enkelkinder, und zwar das älteste, war ich und ich hatte von einer wie auch immer gearteten besonderen Zuneigung Bruno Nettes zu mir nichts bemerkt. Allerdings hing auch ich nicht sonderlich an ihm. Bei der Beerdigung 1960 war ich – obwohl bereits 14 Jahre alt – nicht anwesend. Meine Eltern wollten es nicht. Sie haben es mir nicht verboten, aber ich wusste es.

Bruno Nettes Urne wurde auf dem Riensberger Friedhof beigesetzt, und zwar in der Reihengrabstelle »Y 1035«. Dort lag seit 1940 auch der inzwischen zusammengesunkene Sarg mit den sterblichen Überresten seiner ersten Ehefrau, Theda Nette. Darüber war jetzt Platz für die Asche ihres gewalttätigen Ex-Ehemanns. Im Herbst 2015 habe ich mir die Grabstelle neben der großen Blutbuche zeigen lassen. Riensberg, ein ausnehmend schöner Friedhof.

Und der Pastor H. Jarck? Er lebte von 1907 bis 1966. Bis 1945 war er Pastor in Seehausen gewesen. »Weil er offenbar ein strammer Nazi gewesen war, bekam er nach '45 keine Pfarrstelle mehr, sondern wurde zunächst in den Wartestand ver-

---

[24] H. Jarck, Pastor (Bremen 1, Föhrenstraße 51): Aus der Trauerrede für den Kriminalobersekretär Bruno Nette, Bremen, Paschenburger Straße 22. Hektografiertes Exemplar, im Eigentum des Verfassers.

[25] Alle Zitate aus Pastor Jarcks Trauerrede, a.a.O.

setzt und anschließend bis zu seinem Tod mit diversen Vertretungsaufträgen versehen«, schrieb mir Pastor Ingbert Lindemann, Verfasser des Buches »Die H. ist Jüdin«.[26] Passt.

Der kolossale Geselle

Es dunkelte schon, als ich den Weg zurück in die Bremer Innenstadt ging. Die Straßen haben merkwürdige Namen in Bremen, z.B. *Am Schwarzen Meer*. Ich versichere, ich habe kein Meer gesehen. Die Ukraine ist weit und weiter noch Russland. In Charkow oder Charkiv wurde zur selben Zeit geschossen. Mein Vater hat dort auch geschossen, vor 71 Jahren, nördlich von Charkow, auf Männer und Frauen. Aber deswegen hieß das hier in seiner Heimatstadt Bremen bestimmt nicht *Am schwarzen Meer*.

»Lieber Bernhard! Du schreibst, du wärest die Straße ›Am schwarzen Meer‹ gelaufen und hättest kein Meer gesehen. Konntest du auch nicht. In meiner Kindheit waren dort Wiesen und dort lief ein Pferd, ein schwarzes, eine Mähre. Im Volksmund ist daraus ›Am schwarzen Meer‹ geworden.«

Das schrieb mir Onkel Rudi in seiner Weihnachtspost 2015.

Die Straße V*or dem Steintor* kann ich besonders empfehlen. Eine wunderbar beschwingte Straße, alles wieder nett aufgebaut nach der Verteidigung »bis zur letzten Patrone«, die der seit 1942 eingesetzte NSDAP-Gauleiter Paul Wegener 1945 befohlen hatte, während sich das XXX. Korps der 2. Britischen Armee unter der Führung von Lieutenant General Brian Gwynne-Horrocks auf der anderen Weserseite darauf vorbereitete, an mehreren Stellen über den Fluss zu setzen. Als die britischen Jagdbomber hier schossen und die britischen Kanonen von drüben brüllten, erst da wurde die Gestapo endgültig an ihrem beamteten Tun gehindert.

Und die Menschen waren freundlich und gut gelaunt. Ich überflog das mitgebrachte Hamburger Abendblatt, Hellmuth Karasek störte sich darin an einem Foto von Gerhard Schröders Geburtstag, auf dem, so Karasek wörtlich, »der Altkanzler selig und offenbar alkoholselig um den Hals seines Freundes Putin in Petersburg hing«. Na, ich wollte ja nicht pingelig sein, der gute Schröder hatte sich ja wohl schlecht wie Tante Miezes Fuchspelz um Putins Hals geschlungen. Ich schmiss das Hamburger Abendblatt, mit dem man sich in Bremen sowieso nicht sehen lassen sollte, in den nächsten Müllkübel.

Der *Ostertorsteinweg* führte auf die alten Wallanlagen zu. Und richtig, rechts und links standen die alten Torwachen. Klassizistische Gebäude. Die eine Wache, so las ich an einem Schild, war das alte Detentionshaus, das Gefängnis. Auch die Gestapo wütete hier. Und dann, plötzlich, es dunkelte schon, tauchte ein schwarzer Riese vor mir auf.

---

[26] Lindemann 2009. Ders.: Mail an Bernhard Nette, 27.11.2014.

Das Bremer Polizeigebäude, 2014

Ich stand vor dem Polizeihaus, um 1908 erbaut.[27] Die hochdrohenden Zwillingstürme erinnerten an mittelalterliche Trutzarchitektur. Unwillkürlich schauderte es mich. Das beginnende 20. Jahrhundert hatte der heranpolternden staatlichen Allmacht eine furchteinflößende Felsquader-Architektur verpasst. Hinter diesen Mauern residierte der wilhelminische Staat. Das Freikorps Caspari und die Division Gerstenberg, die auf ihren Panzerwagen den Totenkopf und die gekreuzten Knochen führten, siegten gegen die bewaffnete Rätemacht. Die Konterrevolution fand in Bremen am 4. Februar 1919 statt. Die »Gerstenberger« ermordeten erst in Bremen und dann in Berlin auf Befehl von Gustav Noske aufständische Arbeiter.[28] Und in diesen festungsähnlichen Türmen fand die Bremer politische Polizei in der Weimarer Republik wieder ihren angestammten Platz – unter Leitung des Freikorpsführers Walter Caspari. Der Feind stand immer noch links, er wurde karteimäßig genau erfasst und ab und zu verhaftet, eingeschüchtert und terrorisiert. Aus der Zentralpolizeistelle entstand die Geheime Staatspolizei Bremen. »Dabei war in Bremen das Ausmaß der institutionellen Kontinuität trotz aller Gleichschaltung besonders groß, denn diese zuletzt als ›Zentralpolizeistelle‹ firmierende politische Polizei bestand bereits seit der Niederschlagung der Räterepublik in Bremen 1919 und galt von Anfang an als besonders gut organisierte und effektiv arbeitende Behörde.«[29] Die heran-

27 Aschenbeck 1996, S. 53.

28 Vgl. Rose 1934.

29 Marßolek/Ott 1986, S. 176.

nahenden heldenhaften Zeiten benötigten dringend eine gut gepflegte Staatsfeindekartei und für die zukünftige Gestapo ein Reservoir tatkräftiger Polizeibeamter.

Das ganze Machtensemble aus quaderverblendetem Beton hatte sich tief in das jahrhundertealte Zentrum der Freien Hansestadt hineingefressen, bis zum Bremer Dom und dem alten Rathaus. Und irgendwo am Fuße des mächtigen, wenn auch kriegsbedingt gewaltig angeschlagenen Polizei- und Justizbollwerks stand Bruno Nette am 27. April 1945 auf einer Treppe, wie die Familiensaga zu wissen glaubt. Er trug statt des eleganten, von einem jüdischen Schneider genähten zivilen Anzugs mit dem verräterischen Loch am Revers, wo eben noch das Hakenkreuz sich eingebohrt hatte, eine erst Anfang 1945 an die Gestapo ausgegebene grüne Polizeiuniform und erwartete die siegreichen Briten. Korrekt wollte er die geheimstaatspolizeilichen Amtsgeschäfte übergeben, natürlich ohne die verbrannten Akten, etwas Vorsicht musste schon sein. Alle anderen Gestapomänner waren geflohen. Er nicht. War er naiv? Fühlte er keine Schuld? Hatte er doch keine Angst vor der jüdischen Rache? Oder hatte er vorgesorgt? Vielleicht wollte er sich den Alliierten ja auch nur als ein im Dienst ergrauter und aufrechter Kriminalist für weitere treue Dienste anbieten. Die humorlosen Briten nahmen ihn ohne viel Federlesens fest.

Nebenan, auf der Bastion der alten Befestigungsanlagen direkt an der Weser, saß Heinrich Heine, aus Bronze natürlich. Ich begrüßte ihn. Ich glaube, er hätte die aus Hastedt heranrückenden britischen Befreier freudestrahlend mit in den Ratsweinkeller genommen. Früher hatte er hier wild gesungen, als er nach einem Zechgelage wieder hinaustaumelte.

Hallelula! Wie lieblich umwehen mich
Die Palmen von Beth El!
Wie duften die Myrrhen von Hebron!
Wie rauscht der Jordan und taumelt vor Freude! –
Auch meine unsterbliche Seele taumelt,
und ich taumle mit ihr und taumelnd
bringt mich die Treppe hinauf, ans Tageslicht,
der brave Ratskellermeister von Bremen.

Der brave Ratskellermeister von Bremen!
Siehst du, auf den Dächern der Häuser sitzen
Die Engel und sind betrunken und singen;
Die glühende Sonne dort oben
Ist nur eine rote, betrunkene Nase,
die Nase des Weltgeists;
und um die rote Weltgeistnase
dreht sich die ganze, betrunkene Welt.

Heinrich Heine 1827.
Aus: Buch der Lieder/Die Nordsee, »Im Hafen« (Auszug)

Kein freudetaumelnder Jordan rauschte mehr, als die Briten kamen, die Düfte der Myrrhen von Hebron waren verweht und die Palmen von Beth El abgeholzt. Angststarr und ernüchtert hatten die betrunkenen Heine'schen Engelchen in Bremens Luftschutzkellern gesessen. Keine rotzfrechen Lieder mehr auf Bremens zertrümmerten Dächern. Und erst die glühende Sonne über Bremens Ruinen, die rote betrunkene Nase des britischen und amerikanischen Weltgeistes! Die Befreier schnappten sich die legendären alten Weinflaschen im Ratskeller, wischten nicht einmal den Staub der Geschichte ab und schlugen ihnen die Hälse ab. Sie gurgelten und erbrachen den unbezahlbar alten Wein in hohem Bogen. Der besoffene Weltgeist spuckte ganz profan Essig in den Staub dieser kaputten Stadt.

Ich trank im Ratskeller vor den großen weltberühmten Fässern guten Rotwein und ließ die Bremer Räterepublik und Harry Henri Heinrich Heine hochleben. Dann schlummerte ich ein. Mir träumte, Tante Mieze säße an meinem Tisch. Ein Gespenst! An ihrem Finger blitzte es, als sie ihr Weinglas hob. Sie beugte sich mir vertraulich entgegen und sprach also: »Frau Pieper drängte mir einen Ring mit einem Aquamarin auf, damit sie von der Deportation zurückgestellt werden würde. Mein Mann hat von dieser Angelegenheit nie etwas erfahren. Frau Pieper wurde auch nicht deportiert. Nach dem Zusammenbruch holte sie sich den Ring wieder und ich ließ mir eine Quittung ausstellen.«[30] Sie weinte über die Undankbarkeit der Menschen.

»Es war, meine liebe Tante Mieze, ein Brillantring. Hast du das vergessen? Du hättest ihn, sagten Frau Pieper und Karl Bruck, vorsorglich bei der Nachbarin versteckt, nicht wahr?«

Mein Onkel Rudi stand plötzlich hinter ihr, auch er ein schäumendes Weinglas in der Hand. Er sprach zu ihr, schnarrend wie eine aufgezogene Puppe und von oben herab: »Ich habe dich alte Hexe nach deinem Tod 1982 einscharren lassen. Du warst eine böse Stiefmutter.« Man sollte nie kleine Kinder quälen, dachte ich. Er prostete mir zu und lachte sehr laut und immer lauter in meinen Traum hinein. Ich wunderte mich noch, war er doch sonst ein so leiser, höflich-verschmitzter Mann – und wachte auf. Das verfluchte gellende Lachen.

Auch zu Tante Miezes Beerdigung ging ich nicht. Meine Mutter brachte mir hinterher ein kleines Fläschchen »Echt Kölnisch Wasser 4711« mit, das sei mein großväterliches Erbe. Ich roch den Duft und erinnerte mich plötzlich an Tante Mieze und an die Bremer Milchfrauen.

---

[30] Marie (»Mieze«) Nette, Aussage am 22. Juni 1948. SAB, 4, 66-I, Akte Bruno Nette, 1887/12/22, Blatt 136 (blau notiert).

Kapitel 3: Sergeant Bruno Nette

Aus Eisleben in die Welt

Der sozialistisch-pazifistische Rechtsanwalt und scharfzüngige Mitstreiter von Carl von Ossietzky und Kurt Tucholsky in der alten »Weltbühne«, Kurt Hiller, der vor den Nazis nach England geflohen war, gehörte fast zum selben Jahrgang wie Bruno Nette. Er wurde 1885 in Berlin als Sohn assimilierter jüdischer Eltern geboren. Damals habe es keine Kühlschränke gegeben, erinnerte er sich 1969, kurz vor seinem Tod, für die Wohlhabenden sei morgens im Sommer der Eismann mit Eisblöcken gekommen. Es gab keine Zentralheizung, Telefon nur für Fürstlichkeiten, einige Minister und Millionäre, in den Wohnungen die damals hochmoderne Gasbeleuchtung, sonst nur blakende Petroleumlampen und Stearinkerzen auf dem Nachttisch. Erst 1896 kam die Elektrische auf, 1902 in Berlin die Hochbahn. Omnibusse wurden von Gäulen gezogen, von Motorvehikeln keine Spur. Kino? Radio? Später! Und Gott, so sei die allgemeine Überzeugung gewesen, habe es eben sichtlich so eingerichtet, dass zwar Vogel und Schmetterling fliegen könnten, nicht aber Nashorn und Mensch.[1]

In dieser Zeit wuchs auch Bruno Nette auf. Am 22. Dezember 1887 in Eisleben (im heutigen Sachsen-Anhalt) geboren und evangelisch getauft und erzogen, ahnte er als kleiner Junge bestimmt nichts von der ungeheuren gesellschaftlichen und technischen Dynamik und von den sich entfaltenden Katastrophen des 20. Jahrhunderts.

Franz Moritz Nette, Brunos Vater, ein Schneidermeister, lebte von 1844 bis 1910, seine Mutter Friederike *Adeline* Bertha Nette von 1846 bis 1918. Die beiden hatten 1867 geheiratet. Da war Adeline 21 Jahre alt. Sie bekam innerhalb der nächsten 20 Jahre, d.h. bis zur Geburt ihres Zweitjüngsten Bruno im Jahr 1887, bereits zwölf Kinder! Insgesamt gebar sie zehn Söhne und drei Töchter. 1948 wusste Bruno Nette, inzwischen in US-Internierungshaft, nur mehr von einem noch lebenden Bruder,[2] der 1957 starb. Drei seiner Brüder waren im Ersten Weltkrieg gefallen.[3]

Ein Foto von 1889: Klein-Bruno sitzt auf dem Schoß seiner 44-jährigen Mutter Adeline. Sie lächelt herb, fast etwas spöttisch.

---

[1] Hiller 1969, S. 24.

[2] Dr. med. Rolf Ulrich, Hauptgesundheitsamt, Ergebnis der medizinischen Untersuchung von Bruno Nette, 3.6.1948. SAB, 4, 66-I, Akte Bruno Nette, 1887/12/22, Blatt ohne Nummerierung.

[3] Pastor H. Jarck: Aus der Trauerrede für den Kriminalobersekretär Bruno Nette (hektografiertes Exemplar). 1960, S. 2.

Als Zivilinternierter beschrieb er sein Leben.[4] Er besuchte die Bürgerschule in Eisleben vom 6. bis zum 14. Lebensjahr und musste in der Eislebener Schneidermeister-Familie schon als Kind »schwer mitarbeiten«.[5] Bei seinem Vater sollte er das Schneiderhandwerk lernen, wurde aber lieber Müller und ging nach der Lehrzeit zunftmäßig zwei Jahre auf Wanderschaft. Am 1. Oktober 1909 zum Ulanen-Regiment 19 in Gardelegen eingezogen, diente er dort vier Jahre.

Es gibt ein Vorkriegs-Foto, das den eleganten Müllergesellen mit einem seiner Brüder zeigt. Unternehmungslustig blickt er, nicht so griesgrämig, wie ich ihn vierzig Jahre später kennenlernte.

Im US-Internierungslager erinnerte sich Bruno Nette auch an die politische Ausrichtung seines Elternhauses. »Aber ich, als alter Kriminalbeamter und aus sozialdemokratischer Familie stammend, wusste ganz genau, wie ich mich zu verhalten hatte. Ich habe wegen der Bearbeitung der jüdischen Angelegenheiten manches Kopfzerbrechen gehabt, weil mir diese Sache im Innern zuwider war.«[6] Immerhin schien der Vater gewisse prophetische Gaben besessen zu haben. Nach seiner eigenen dreijährigen Lehre, so berichtete Bruno Nette, habe ihm sein Vater, der sozialdemokratische Schneidermeister, 1905 zum Abschied

Bruno Nette mit seiner Mutter Friederike Adeline Bertha Nette, 1889

Der 18-jährige Bruno Nette (hinten) mit dem jüngsten Bruder, 1905

[4] Bruno Nette, Aussage am 24.6.1948. SAB, 4, 66-I, Akte Bruno Nette, 1887/12/22, Blatt 97.

[5] Sitzungsprotokoll der Berufungskammer Bremen, Aussage Bruno Nette am 20.9.1949. SAB, 4, 66-I, Akte Bruno Nette, Bd. 4, 1887/12/22, Blatt 355.

[6] Aussage Bruno Nette am 24.6.1948, SAB, 4, 66-I, a.a.O.

gesagt: »Als anständiger Mensch gehst du weg, und brauchst als Lump nicht wiederkommen.«[7]

Frohgemut soll Bruno auf die Walz gegangen sein. Bis in die Niederlande führte den feschen und, wie es in der Familie hieß, lustigen Müllergesellen aus Mitteldeutschland sein Weg, und als er durch Bremen kam und sich für einen Abend auf einem Dienstbotentanzfest im Bürgerpark amüsieren ging, traf er sie, Theda Gesine Schumann aus Ostfriesland, in Bremischen Haushaltsdiensten stehend, gerade 20 geworden, zwei Jahre jünger als er, sehr ernst, sehr schön, sehr arm.

1916, mitten im Ersten Weltkrieg, heirateten meine Großeltern.

Gardelegen 1913 und 1945

Bruno Nette wurde unmittelbar vor dem Krieg bremischer Schutzmann, was sich sicherlich nicht mit irgendwelchen sozialdemokratischen Neigungen vertrug. Auch seine militärische Laufbahn wies ihn besonders zu Kriegsende als einen staatstreuen Untertanen aus. Aber erst einmal wurde er vom 5. Oktober 1909 bis zum 30. September 1913 bei der 2. Eskadron des Ulanen-Regiments »Hennings v. Treffenfeld« (Altmärkisches) Nr. 16 in Gardelegen ausgebildet. »Da habe ich ein Jahr gewaltige Senge bekommen von den Dreijährigen«, berichtete er später. »Im dritten Jahr wurde ich dann Gefreiter und der Rittmeister trat an mich heran, ich sollte Pferde zureiten.«[8] Er erlangte schließlich den Rang eines Sergeanten, also eines Unteroffiziers bzw. Feldwebels. In seinem abschließenden Führungszeugnis wurde ihm bescheinigt, er habe »sich während dieser Dienstzeit sehr gut geführt«.[9]

Das Ulanenregiment Nr. 16 wurde 1866 gestiftet und war benannt nach einem General, der unter dem Großen Kurfürsten von Brandenburg an der Schlacht von Fehrbellin (1675, Sieg der Brandenburger über schwedische Truppen) teilgenommen hatte. Mit der Namensgebung wurde das Regiment nach seinem erfolgreichen Einsatz im Deutsch-Französischen Krieg 1870/71 in besonderer Weise in die preußisch-deutsche Tradition aufgenommen. Zu dieser Tradition schien auch das Quälen junger Rekruten zu gehören. Das Zureiten des späteren Gestapo-Manns hatte begonnen.

Bruno Nette stellte sich am Schluss seiner Dienstzeit als Sergeant der Ulanen dem Fotografen Brockhaus in Gardelegen. Kaiserlich straffe Haltung. Unter seinen immer ein wenig eng stehenden Augen ein wilhelminisch hochgezwirbelter Bart. Die linke Hand mit den zusammengefalteten weißen Handschuhen stützte

---

[7] Sitzungsprotokoll der Berufungskammer Bremen, Aussage Bruno Nette am 20.9.1949. SAB, 4, 66-I, a.a.O.

[8] Sitzungsprotokoll der Berufungskammer Bremen, Aussage Bruno Nette am 20.9.1949. SAB, 4, 66-I, a.a.O.

[9] Führungszeugnis für den Unteroffizier Waldemar Bruno Nette, Gardelegen, 20. September 1913. Im Besitz des Verfassers.

sich auf einen geraden Säbel. Er trug den damals üblichen Waffenrock der Ulanen, die sogenannte Ulanka, eine Jacke mit einem Plastron genannten Brustbesatz. Der fesch etwas schräg getragene Tschapka-Helm erinnerte an die heute noch gebräuchlichen polnischen Militärschirmmützen mit dem viereckigen Deckel, der »Rogatywka«. Am linken Deckelrand befand sich vorschriftsmäßig das »National«, die Kokarde in den preußischen Farben Schwarz-Weiß, dahinter, abnehmbar in eine Hülse gesteckt, wallte gleich einer aufsteigenden und dann herabfallenden Wasserfontäne ein gewaltiger Federbusch.

»Was für ein Bild von einem Mann«, mochte er über sich selbst gedacht haben, »das Leben hat Großes mit mir vor«.

»Die Platten bleiben für Nachbestellungen aufbewahrt.« Dieses Versprechen auf der Fotorückseite zerbrach, wie so viele andere auch. Der »guten alten Kaiserzeit«, dem diese Generation lange nachtrauern würde, folgten deutsche Katastrophen, die sich die damals jungen Leute nicht einmal in ihren wüstesten Albträumen vorstellen konnten. Und doch, das waffenblitzende Foto des jungen Bruno Nette ließ ahnen, was bevorstand. Nicht einmal ein Jahr danach begann der Erste Weltkrieg. Statt Säbel, Stoßlanze und Kurzkarabiner regierten Maschinengewehre, Gasgranaten, Flugzeuge und Panzer. Die blitzenden Uniformen hatten ausgedient. Die Ulanen an der Westfront wurden als normale Infanterie in die Schützengräben gesteckt. Nur an der Ostfront operierten noch größere deutsche Kavallerieverbände.

Gleich nach dem Ersten Weltkrieg wurde das stolze Ulanen-Regiment »Hennings von Treffenfeld« aufgelöst.

Als Sergeant im Ulanenregiment Nr. 16, Gardelegen, 1909

Aber die Gebäude der Kavallerieschule Gardelegen blieben stehen. Man hatte nicht auf den Schriftsteller Bernhard Kellermann gehört, der 1920 seinen Helden im Roman »Der 9. November« ausrufen ließ: »Ja, dahinschreiten werden die Brüder, und auf dem blutigen Schutt dieser armen Erde werden sie eine neue Welt errichten! Schleift die Kasernen, werden sie rufen, zerbrecht sie, schleift sie! Ihr Gestank verpestet Europa und die Erde. Schleift sie und steckt sie in Brand! Sie, die Brutstätten der Sklaven und Sklavenvögte. Täglich schänden sie millionenfach die menschliche Würde, Millionen von Sklaven, Hunderttausende von Sklavenvögten, die die Peitsche schwingen, brüten die Verruchten jährlich in Europa aus. In die fernsten Dörfer, Steppen und Wälder senden sie versklavte und geschändete Gehirne, in denen der unschuldige und reine Gedanke des Göttlichen vernichtet wurde. Ämter, Schulen, Kirchen, Fabriken und das weite Land überschwemmen sie mit Sklavenvögten, verdorben und blind vom Dünkel, so daß sie den Bruder in ihrem Nächsten nicht mehr zu erkennen mögen.«[10]

Als sich am 13. April 1945 einer der Bremer Sklavenvögte, Bruno Nette, gerade in seinem versklavten Gehirn überlegte, wie er den letzten, den allerletzten Deportationszug nach Theresienstadt organisieren könnte, waren in Gardelegen mehrere Todesmärsche mit KZ-Häftlingen aus halb Europa und andere Gefangenentransporte zusammengetrieben worden.[11] Provisorisches Ziel war die leerstehende, ehemals kaiserliche Kaserne, in der Bruno Nette neben dem Kriegshandwerk auch seine stolze Untertanenhaltung gelernt hatte und die wie alle anderen Kasernen leider nicht geschleift worden war – im Gegenteil, man hatte überall im Großdeutschen Reich tüchtig neue bauen lassen!

Nun war allerdings von der einen Seite die US-Armee im Anmarsch und von der anderen Seite die sowjetische Rote Armee. Der NSDAP-Kreisleiter und SS-Obersturmbannführer Gerhard Thiele gab den Mordbefehl. Da rottete es sich gehorsam und tollwütig zusammen, Funktionäre der NSDAP, SS-Wachmannschaften, Mitglieder der Waffen-SS, Soldaten der Luftwaffe, Angehörige einer Fallschirmjägereinheit, Polizisten, Hitlerjungen, Volkssturmmänner, Angehörige des Reichsarbeitsdienstes und des technischen Notdienstes, örtliche Feuerwehrleute und Kapos, die man zuvor freigelassen und in Wächteruniformen gesteckt hatte, Greise und bartlose Jungs – und sie alle trieben die entkräfteten eintausendundsechzehn Häftlinge aus den Elendszügen in eine Scheune am Rande des Städtchens, in die sogenannte Isenschnibber Feldscheune, verriegelten sie, zündeten sie mittels Benzin an und schossen mit Maschinengewehren und Panzerfäusten und Signalmunition und Phosphorgranaten und auch Karabinern aus dem Ersten Weltkrieg hinein.

Einen Tag später erreichte die US-Armee Gardelegen, erschoss an Ort und Stelle zwanzig der beteiligten SS-Männer und zwang die Bewohner Gardelegens, die Häft-

[10] Kellermann 1920, S. 279.

[11] »Von den im Januar 1945 mehr als 700.000 registrierten KZ-Häftlingen kamen bis Kriegsende etwa 300.000 ums Leben.« (Herbert 2014, S. 542) Viele Zivilisten, darunter Jugendliche, jagten die entkräfteten Menschen und beteiligten sich an den Morden. Vgl. Blatman 2011.

lingsleichen würdig zu bestatten. Oberst George P. Lynch, Stabschef der 102. US-Infanteriedivision, sagte zu den auf Befehl der US-Soldaten angetretenen Einwohnern: »Einige werden sagen, die Nazis seien für diese Verbrechen verantwortlich. Andere werden auf die Gestapo verweisen. Aber die Verantwortung liegt bei keinem von beiden – es ist die Verantwortung des gesamten deutschen Volkes.«[12] Oberst Lynch sagte auch den am 25.4.1945 zu einer Trauerfeier angetretenen Einwohnern Gardelegens: »You have lost the respect of the civilised world.«[13]

Gerhard Thiele, der oberste massenmörderische Sklavenvogt von Gardelegen, starb 1994 friedlich in seinem eigenen Bett. Er wurde nie zur Verantwortung gezogen.

»Wie sehe ich aus?«

Am 1. Oktober 1913 wurde der verdiente Gardelegener Ulanen-Unteroffizier Waldemar Bruno Nette von der Freien Hansestadt Bremen als Schutzmann angestellt. Er hatte die Polizistenlaufbahn eingeschlagen, da, wie er später sagte, »im Müllerhandwerk kein Fortkommen war«.[14] Bruno Nette legte dazu noch am 1. Mai 1914 den Staatsbürgereid ab: »Ich will dem Bremischen Freistaat treu und hold und der Obrigkeit und den Gesetzen gehorsam sein. Meine Pflichten als Staatsbürger will ich redlich erfüllen und, wenn ich in öffentlichen Angelegenheiten mitzuwirken habe, keine andere Rücksicht walten lassen, als die auf das gemeine Beste. So wahr helfe mir Gott!«[15]

Jahresgehalt: 1.700 Mark. Später seien bis zu 2.500 Mark zu erwarten.[16] Ein kleiner, aber sicherer Verdienst. Wollten Bruno Nette und Theda Schumann jetzt heiraten?

Der erste große Krieg kam dazwischen. Der 1940 geborene Geschichtswissenschaftler Wolfram Wette schrieb später: »Ein dezidierter Wille zum Krieg, zumal zum Angriffskrieg, war in der Julikrise 1914 bei den europäischen Großmächten keineswegs allgegenwärtig, wohl aber in der österreichischen und in der deutschen Führung. Der preußisch-deutsche Militarismus mit seinem absoluten Übergewicht des Militärischen war etwas durchaus Spezifisches und nicht etwa nur die deutsche Version einer allgemeinen europäischen kriegerischen Kultur.«[17]

Viele Deutsche glaubten an die Verteidigungslüge. Sie vergiftete die deutsche Nation bis über den Zusammenbruch des Dritten Reichs 1945 hinaus. Und wenn man schon zu wissen glaubte, inbrünstig wissen zu müssen glaubte, dass Deutschland

---

[12] Friedmann 2011.

[13] Zit. n. Kutschka/Landau 2005.

[14] Aussage Bruno Nette am 24.6.1948. SAB, 4, 66-I, Akte Bruno Nette, 1887/12/22, Blatt 97.

[15] Freie Hansestadt Bremen, Staatsbürger-Eid Waldemar Bruno Nette, 1. Mai 1910. Im Besitz des Verfassers.

[16] Freie Hansestadt Bremen, Anstellungsurkunde, 1. Oktober 1913. Im Besitz des Verfassers.

[17] Wette 2014, S. 91-101.

Husar Bruno Nette (re.) zu Beginn des Ersten Weltkriegs in Wandsbek

mitten im Frieden vom Feind überfallen worden war, so war es nach der traumatischen Niederlage 1918 sehr einfach, einen Schuldigen an allem – am Kriegsausbruch, an der Niederlage, am Kommunismus, am Finanzkapitalismus, an der Weltwirtschaftskrise, an der Arbeitslosigkeit, an allem eben – auszumachen. Der Jud war's! Auch Bruno Nette wurde in diesen Malstrom gestrudelt.

»Den Weltkrieg 1914 bis 1918 machte ich von Anfang bis Ende an der Front mit.«[18] Eigentlich war der Bremer Polizist u.k., d.h. unabkömmlich, gestellt. »Ich konnte es aber nicht übers Herz bringen, dass die Familienväter an die Front zogen und ich in der Heimat sitzen sollte. Ich habe mich freiwillig gemeldet.«[19]

---

18 Aussage Bruno Nette am 24. Juni 1948. SAB, 4, 66-I, Akte Bruno Nette, 1887/12/22, Blatt 97.

19 Sitzungsprotokoll der Berufungskammer Bremen, Aussage Bruno Nette am 20.9.1949. SAB, 4, 66-I, Akte Bruno Nette, 1887/12/22, Blatt 335 (blau notiert).

Er kam nicht wieder nach Gardelegen, sondern erst einmal zu den Wandsbeker Husaren in Wandsbek-Marienthal bei Hamburg. Das Husaren-Regiment »Königin Wilhelmina der Niederlande (Hannoversches) Nr. 15« kleidete den bremischen Schutzmann neu ein: kobaltblaue Uniform mit gelb getroddelter fünffacher Schnürung über der Jacke, der sogenannten Attila. Sehr bald sollten auch die altertümlichen Husaren-Uniformen aus den Zeiten der leichten Kavallerie ausgetauscht werden gegen das Feldgrau. Der Unteroffizier Bruno Nette posierte etwas staksig vor einem Busch, vermutlich im kleinen Park vor der Kaserne, wo seit 1938 – bis heute – ein bronzener Husar als Meldereiter trabt.

Bruno Nette ließ von diesem Foto aus dem Park Postkarten machen und schrieb an seine Verlobte Theda Schumann in Bremen, Am Dobben 146. Er nannte sie nicht Theda, sondern Tea.

»Wandsbek, d. 21.9.1914. Meine liebe Tea! Vorhin bekam ich meine Karten, der andere ist auch ein Bremer Schutzmann. Wie sehe ich denn als Husar aus? Aber lache nicht, du Fr…s. *(auch im Original mit Pünktchen; vielleicht Frechdachs? B.N.)* Ich hab immer auf deinen Brief gewartet, bis jetzt hab ich noch keinen bekommen. Nun Gute Nacht liebe Maus. Grüß Anni noch. Viele Grüße von deinem Bruno.«

Anni war die Schwester der »lieben Maus«. Und er hatte die leichte Befürchtung, dass Theda ihn ein bisschen lächerlich finden könnte. War sie lachlustig? Neckte sie ihn gern? Das wird er ihr später gründlich austreiben.

Jetzt war er also ein Husar. Später, Ende der 1920er Jahre, wird man in Deutschland nostalgisch einen Schlager trällern, der den erotischen Charme der Husarenuniform aus der guten alten Kaiserzeit »mit leiser Wehmut« besang. Robert Stolz schrieb zu einem Text von Fritz Rotter die Melodie. »Leutnant warst du einst bei den Husaren, / als wir jung und glücklich waren. / Denkst du noch daran zurück?«[20]

Bruno Nette blieb nicht lange Husar, sondern wurde Dragoner. 1914 musste er an die Westfront, sein Regiment war beteiligt an der Schlacht an der Marne und galoppierte durch die blutgetränkten Ebenen von Flandern, im später so bezeichneten Wettlauf an die englische Kanalküste, wo bei Nieuport die belgische Küste erreicht wurde, wo Gräben ausgehoben wurden und der Stellungskrieg begann. Dort brauchte man weder reitende Dragoner, noch Husaren oder Ulanen. Dort brauchte man für die nächsten vier Jahre sich in den sumpfigen Boden festkrallendes menschliches Fleisch, Futter für Kanonen auf beiden Seiten.

Von 1915 an wurde Bruno Nette an der deutsch-russischen Front in Polen und im Baltikum eingesetzt. Dort wurde noch geritten und Land erobert bis zur Ukraine im Süden und bis zum Baltikum im Norden. Dem Unteroffizier Nette, jetzt Dragoner der 4. Eskadron des Dragoner-Regiments Nr. 17 (Großherzoglich Mecklenburgisches Dragoner-Regiment 17), wurde am 6. Oktober 1915 das Eiserne Kreuz II. Klasse verliehen.[21] Auf einem Kriegsfoto sind 41 Offiziere und Unteroffiziere

---

[20] Lied und Marsch 1929, Musik: Robert Stolz, Text: Fritz Rotter.

[21] »Vorläufiges Besitzzeugnis über das Eiserne Kreuz II. Klasse ... Osten, den 27.2.1916«. Im Besitz des Verfassers.

Hochzeit im dritten Kriegsjahr: Bruno Nette und Theda Schumann, 1916

seines Dragoner-Regiments Nr. 17 sowie in der vordersten Reihe zwei Zivilisten in drei Reihen sitzend versammelt, alle ernst blickend. Auf der Rückseite sind von allen 41 mit Bleistift vermerkten Namen zehn als gefallen markiert, zwei als schwer verwundet. Sergeant Bruno Nette sitzt ganz vorn rechts.

Er wurde auch verwundet und kam 1916 nach Bremen ins Lazarett an der Stader Straße.[22] Bremen ehrte seinen aus der Hölle kurzzeitig zurückgekommenen Schutzmann. »Der Senat der Freien Hansestadt Bremen verleiht hiermit dem Unteroffizier Bruno Nette im Dragoner-Regiment Nr. 17, 4. Eskadron, das Hanseatenkreuz. Beschlossen Bremen, in der Versammlung des Senats vom 7. März 1916.«[23]

---

[22] Jarck 1960, S. 2.

[23] Originaldokument vom 7.3.1916 im Besitz des Verfassers.

Seine Verlobte Theda verdiente ihren Lebensunterhalt immer noch als Haus- und Küchenmädchen. Laut Zeugnis der Bremerin »Frau Arthur G. Will« war sie ehrlich, ordentlich, gewissenhaft und kochte sehr gut. Ein ähnliches Zeugnis hatte ihr 1911 schon eine Frau A. Reinartz aus Varel ausgestellt.

Eine kurze Zeitungsanzeige: »Bruno Nette, Sergeant d.R., Tea Nette, geb. Schumann, kriegsgetraut. Bremen, den 25. Mai 1916, Goethestraße 7.« Auch erhalten ist das Foto mit Bruno, das Band des neu verliehenen Eisernen Kreuzes am zweiten oberen Uniformknopf, und Theda, vor ihm sitzend, gestreifte Bluse, weißer Kragen und langer Rock, noch immer schmal und ernst, ein schwarzes Samtband um den Hals. Bruno umfasst ihre rechte Hand, der Verlobungsring blitzt in die Kamera.

»Ich bin dann zur Infanterie gekommen. (...) Ich war Offiziersstellvertreter und habe immer im Schützengraben gelegen. Wir waren beim Sturm (den Angriffstruppen; B.N.) und lagen immer im Dreck. 1918 bin ich dann zurückgekommen.«[24] Immer im Dreck? Dazu kommen wir gleich noch.

Bernhard Kellermann

Bernhard Kellermann (1879-1951), ein Korrespondent des einflussreichen liberalen Berliner Tageblatts, war im Kaiserreich und in der Weimarer Republik ein sehr erfolgreicher Schriftsteller. Dass er auch von revolutionsbegeisterten jungen Arbeiterinnen und Arbeitern gern gelesen wurde, haben mir 1972 Emmi und Paul Hoffmann erzählt. Paul war lange Zeit als Hamburger Kommunist im KZ Neuengamme eingekerkert worden. Emmi und Paul hatten sich 1923 Bücher von August Bebel, Ferdinand Lassalle, Lenin und Karl Liebknecht gekauft, die sie über die gesamte Zeit des Nationalsozialismus hinweg auf dem Dachboden trotz Verfolgung und Durchsuchungsaktionen vor den Nazis versteckten. Zu den Schätzen gehörte auch Kellermanns Roman »Der 9. November« von 1920. Sie schenkten mir das gerettete Exemplar, das die Nazis verbrannt hätten, wenn es in ihre Hände gefallen wäre.

Eine der Hauptfiguren des Romans war der Student Ackermann. Kellermann ließ ihn als verwundeten Soldaten während des Kriegswinters 1917/18 durch das abendliche Berlin gehen.

»Dies ist die Stunde, dachte er – ja, dies ist die Stunde, da die Sterbenden noch einmal die Augen aufschlagen, um den hohen Himmel zu grüßen. Erinnerst du dich – dieser Blick aus schlafschweren Augen? Dies ist die Stunde, da die Verwundeten gierig das scheidende Licht mit ihren fiebernden Augen trinken, denn einen Augenblick später kommt schon die Nacht mit ihren Ungewißheiten, dem Gewimmer, Stöhnen und Miauen im Krankensaal.

Dies ist die Stunde, da die Gefangenen in all den hundert Lagern, von *Menschen* errichtet, um *Menschen* gefangenzuhalten, noch einmal an den Stacheldrähten ent-

---

[24] Sitzungsprotokoll der Berufungskammer Bremen, Aussage Bruno Nette am 20.9.1949. SAB, 4, 66-I, Akte Bruno Nette, 1887/12/22, Blatt 335 (blau notiert).

Bernhard Kellermann (4. v. l.) mit einer Delegation deutscher Kulturschaffender in Leningrad, 1948, u.a. mit Günther Weisenborn (2. v. l.), Wolfgang Harich (5. v. l.), in der Mitte Anna Seghers und Stephan Hermlin (re. hinter ihr)

langstreichen, wie Tiere, bevor man sie in ihre Höhlen zurückjagt, da die Hände von Hunderttausenden von gefangenen Menschentieren sich verkrampfen um den kalten Draht. Ja, dies ist die Stunde des schrecklichen Sterbens – in Flandern und Frankreich, in Italien, in Mazedonien und der Türkei, überall in dieser ganzen verfluchten Welt. Dies ist die Stunde, da das Elend der ganzen Welt sich vertausendfacht – da das Gespenst des menschlichen Elends sich riesengroß über die Erde erhebt. (...) Erst Lügner, dann Räuber, dann Mörder – das sind die Völker Europas geworden! Dunkel rauscht die Menschheit dahin, ein Strom in der Finsternis, der nicht sein Ziel kennt (...).

Wie Hunderttausende der armen Teufel aller Nationen hatte er in dem Wahne gelebt, einer heiligen Sache zu dienen. (...) Plötzlich, in einer Nacht im Bahnhofslazarett von Sedan – er erinnerte sich noch deutlich dieser entsetzlichen Nacht voller Stöhnen und Gejammer – sah er Europas wahres Gesicht! Es war das Haupt der Medusa! Bis ins Mark entsetzt, starrte er in diese furchtbare Maske – Lüge, Lüge, Lüge! Jede Linie Lüge! Verbrechen, Habgierde, Heuchelei, Schamlosigkeit, das war Europa, nichts sonst. Die europäischen Großstaaten hatten das Raubritterwesen ins Gigantische gesteigert. Gestützt auf ihre Heere und Flotten plünderten sie die Erde, versklavten sie alle Völker des Erdballs, gelbe, braune, schwarze – um sich endlich, argwöhnisch und gierig, gegenseitig selbst zu zerfleischen. (...) Entsetzliche Verwirrung der Geister! Wer förderte sie? Wer zog Nutzen aus ihr? Die herrschenden und die besitzenden Klassen. (...)

1914, im Spätherbst – deutlich erinnerte er sich dessen – begannen die Fronten zu fraternisieren. Man kam zusammen – plauderte, tauschte Kleinigkeiten, diese armseligen Kleinigkeiten des europäischen Sklaven – ganz von selbst keimte in den Herzen der einfachen Soldaten die Kameradschaft und Liebe empor. Eine Versammlung einfacher Feldsoldaten hätte in drei Tagen Frieden geschlossen. Die Gewaltigen duldeten es – aber sobald Nachschub und Munition wieder gesichert waren, befahlen sie den europäischen Sklaven, sich wieder gegenseitig zu zerfleischen. (...)

Europa war ein eiterndes Geschwür, das die Erde vergiftete. Oft schien es Ackermann, als habe Gott sein Antlitz abgewandt: das einzige, was euch gebührt, vollzieht es: schlachtet euch gegenseitig, Haubitzen, Mörser, Gase, Fliegerbomben – geht unter – rasch, rasch, verschwindet (…).

Da begann – unerwartet – aus dem Osten ein Licht zu strahlen (…).«[25]

Dünaburg – Dwinsk – Daugavpils

Kellermanns Romanfigur Ackermann wurde vom militärischen Geheimdienst des Kaiserreichs verfolgt und ermordet.

Natürlich gab es diese Geheimpolizei. Bruno Nette kannte sie genau. Für ihn begann kein Licht aus dem Osten zu strahlen. Die Oktoberbotschaft der zweiten russischen Revolution, »Frieden!«, beeindruckte ihn nicht. Er jagte die Menschen, die das Licht sahen und dem »Feind« die Hände reichen wollten. Alles Defätisten und Spione!

Er beendete seine Militärzeit im Ersten Weltkrieg bei der Feldpolizei, den berüchtigten Kettenhunden. Laut Dokumenten war er »vor 5.5.1918 Feldpolizeibeamter« und wurde im Mai 1918 sogar Mitglied der Geheimen Feldpolizei, in deren Reihen nur einzelne besonders »verlässliche« Soldaten aufgenommen wurden. Der »Herr feldpolizeiliche Beamte Nette« wurde vom Leutnant und Feldpolizeikommissar Schoenherr im Auftrag des Armeehauptquartiers ab 18. September 1918 auch ganz offiziell in den Etat der Geheimen Feldpolizei versetzt und verblieb dort bis zum 29. November 1918.[26] Zwei Ausweise der Geheimen Feldpolizei beim Armeeoberkommando Dünaburg für Bruno Nette vom 24. Oktober 1918 sind erhalten. Beide wurden nicht nur von einem Major Brandt vom Generalkommando und Chef des Generalstabes beim Armeeoberkommando Dünaburg unterzeichnet, sondern unter anderem auch von den Soldaten Lange und Otto für den Soldatenrat in Dünaburg.[27] Inzwischen hatte ja die Novemberrevolution stattgefunden. Aber nicht überall waren die Soldatenräte revolutionär gesonnen.

Die Geheime Feldpolizei war im Ersten Weltkrieg direkt den Armeeoberkommandos unterstellt und bestand in der Regel aus einem Feldpolizeikommissar, sechs Polizisten sowie zwei Trainsoldaten. Man kann sicherlich behaupten, dass Bruno Nette nicht ohne Grund zu dieser kleinen und vom Armeeoberkommando handverlesenen Truppe versetzt worden war. Sympathien für die deutsche Revolution oder gar für die Bolschewiki hat man bei ihm sicherlich nicht finden können.

---

[25] Kellermann 1920, S. 194-199 (gekürzt).

[26] Im Originalschreiben des Leutnants der Res. und Feldpolizeikommissars A.O.K. 8, Schoenherr, vom 29. November 1918 werden diese Daten bestätigt. Vgl. auch Schreiben der Geheimen Feldpolizei, Armee Abteilung D, vom 27. September 1918. Beide Dokumente im Besitz des Verfassers.

[27] Unterlagen und Ausweise im Besitz des Verfassers.

Giltig auch zur Nachtzeit.

K. H. Qu., den 24. Oktober 1918.

Geheim

AUSWEIS.

Inhaber dieses Ausweises ist der Feldpolizeibeamte

Nette

von der Geheimen Feldpolizei beim Armee-Oberkommando 8 Dünaburg.

Alle Behörden werden ersucht, ihn bei seiner Tätigkeit (aktiven Nachrichten-dienst, Gefangenenvernehmung, Beschlagnahmung, Spionageabwehr usw.) in jeder Weise zu unterstützen. Sämtliche in seiner Begleitung befindlichen Militär- und Zivilpersonen werden durch ihn legitimiert und bedürfen keines besonderen Ausweises. Er ist berechtigt Zivil zu tragen, Telegramme aufzugeben und mit den in seiner Begleitung befindlichen Zivilpersonen militärische Beförderungsmittel aller Art, einschließlich Urlauberzüge zu benutzen.

Auf Verlangen des Feldpolizeibeamten sind alle Zivil- und Militärpersonen einschließlich Offiziere und Militärbeamte im Offiziersrange verpflichtet, sich über ihre Person auszuweisen.

Vermerk:

Nette und seine Begleiter bedürfen keines Entlausungsscheines.

Giltig bis zum 31. Dezember 1918

Von Seiten des Generalkommandos.
Der Chef des Generalstabes.

Brandt
Major.

Oktober 1918: Ausweis der Geheimen Feldpolizei für Bruno Nette

Auf einem Ausweis ist »Giltig auch zur Nachtzeit« vermerkt, und zwar in dieser Schreibweise. Es stand wohl keine deutsche Schreibmaschine zur Verfügung oder aber ein jiddisches Wort hatte sich in das Dokument verirrt. Was waren die Aufgaben der Geheimen Feldpolizei? Laut Ausweis wurden alle Behörden ersucht, Nette »bei seiner Tätigkeit (aktiver Nachrichtendienst, Gefangenenvernehmung, Beschlagnahme, Spionageabwehr usw.) in jeder Weise zu unterstützen. Sämtliche in seiner Begleitung befindlichen Militär- und Zivilpersonen werden durch ihn legitimiert und bedürfen keines besonderen Ausweises. Er ist berechtigt Zivil zu tragen, Telegramme aufzugeben und mit den in seiner Begleitung befindlichen Zivilpersonen militärische Beförderungsmittel aller Art, einschließlich Urlauberzüge zu benutzen. Auf Verlangen des Feldpolizeibeamten sind alle Zivil- und Militärpersonen einschließlich Offiziere und Militärbeamte im Offiziersrange verpflichtet, sich über ihre Person auszuweisen.« Zum Schluss enthält sein Ausweis einen eher skurrilen Passus: »Vermerk: Nette und seine Begleiter bedürfen keines Entlausungsscheines.« Dass der Geheime Feldpolizist zu polizeilichen Amtshandlungen berechtigt ist, wird in dem zweiten Ausweis in deutscher, polnischer, lettischer und russischer Sprache wiederholt.

25 Jahre später, im Jahr 1943, kam Bruno Nette in Begleitung seines zweiten Sohnes Rudolf aus Bamberg, wo beide Günther Nette im Lazarett besucht hatten. Sie fuhren in einem D-Zug der Reichsbahn nach Bremen zurück. D-Züge waren nur für Offiziere vorgesehen. Plötzlich, so erzählte mein Onkel Rudi später, hätten zwei Feldpolizisten, immer noch »Kettenhunde«, das Abteil betreten, um den dreisten und nicht-D-Zug-befugten Unteroffizier Rudolf Nette festzunehmen. Bruno Nette zückte seinen Gestapo-Ausweis und gab seinen Sohn als Gefangenen aus. Unter vielen Ehrenbezeugungen seien die »Kettenhunde« schleunigst abgezogen. Immer noch durfte ein Zivil tragender Geheimpolizist mit den in seiner Begleitung befindlichen Person militärische Beförderungsmittel aller Art, einschließlich Urlauberzüge, benutzen.

Die alte livländische Stadt Dünaburg (russisch auch Dwinsk), eine wichtige Grenzfestung des Russischen Reichs seit Napoleons Einmarsch 1812, heißt heute Daugavpils und liegt im äußersten Südosten von Lettland. Vor dem Ersten Weltkrieg stellten die Juden mit 46% den größten Teil der damals knapp 80.000 Einwohnerinnen und Einwohner. Dünaburg war am 19. Februar 1918 von kaiserlich-deutschen Truppen besetzt worden. Sieben Monate später, am 24. Oktober 1918, als dem Unteroffizier Bruno Nette die Urkunde als Mitglied der Geheimen Feldpolizei ausgestellt wurde, war der Erste Weltkrieg schon fast zu Ende. Die Novemberrevolution fegte wenig später das deutsche Kaiserreich hinweg, der russische Zar war bereits im Februar 1917 abgesetzt worden, im russischen Reich regierte nach der Oktoberrevolution 1917, soweit der Bürgerkrieg es zuließ, der Rat der Volkskommissare unter Leitung von Lenin und der Bolschewiki. Im Dezember 1918 marschierten Truppen der neuen Roten Armee in Dünaburg ein. Lettland wurde kurzfristig eine Räterepublik. Es ist klar, dass die preußisch-deutsche Armeeführung glaubte, die seit 1914 bestehende Geheime Feldpolizei jetzt erst recht zu benötigen. Die russisch-revolutionären Gedanken waren auch unter deutschen Soldaten ansteckend.

Leutnant Schoenherr, Leiter der Geheimen Feldpolizei beim Armeeoberkommando 8, stellte Bruno Nette am 29. November 1918 ein Führungszeugnis aus, handschriftlich, denn die deutsche Armee rückte offensichtlich in aller Eile aus Dünaburg ab. Bruno Nette sei bis zum Ende des Krieges immer im Außendienst tätig gewesen. »Nette war zwar nur kurze Zeit bei der geheimen Feldpolizei, hat aber während dieser Zeit alle ihm übertragenen Arbeiten zur größten Zufriedenheit ausgeführt. Seine Führung war dienstlich und außerdienstlich ohne Tadel.«[28]

Tadellos bewährt, der Mann! Lernte er hier sein Handwerk für die Geheime Staatspolizei? Ist aus den knappen und lückenhaften Spuren über Bruno Nettes Teilnahme am Ersten Großen Krieg ablesbar, wie er zu einem der großen Bremer

---

[28] Leutnant Schoenherr, Feldpolizeikommissar und Leiter der Geh. Feldpolizei A.O.K., früher Armee Abtlg. D: Bericht über den Feldpolizeibeamten Nette, 29. November 1918. Im Besitz des Verfassers.

Täter werden konnte? Sein Leben hatte ab 1909, als er im stolzen Ulanen-Regiment »Hennings von Treffenfeld« zum ersten Mal von älteren »Kameraden« drangsaliert wurde, eine Entwicklung genommen, die nach Unheil roch und nach Blut.

Bleibt nachzutragen, dass 1920 die Stadt Dünaburg von polnischen und lettischen Truppen eingenommen und nach dem Frieden von Riga (1921) der neuen Republik Lettland zugeschlagen wurde. Ab 1940 kamen die baltischen Staaten, also auch Lettland, im Gefolge des Hitler-Stalin-Pakts unter sowjetische Herrschaft. Damals war immer noch ein Viertel der nur noch 45.000 Einwohner von Dünaburg jüdisch. Ab Sommer 1941 zwangen die angreifende deutsche Wehrmacht unter dem Kommando Erich von Mansteins, dem wir später als Feldmarschall noch einmal begegnen werden, und die sofort nachrückende SS-Einsatzgruppe A nicht nur die Juden Dünaburgs, sondern auch alle Juden aus der Umgebung in ein Ghetto in der Festung am Fluss. Die deutschen Besatzungstruppen und lettische Hilfspolizisten ermordeten in schneller Folge fast die gesamte jüdische Bevölkerung.[29] Am 1. Mai 1942 wurde das Ghetto endgültig vernichtet und aufgelöst. Als die Rote Armee am 27. Juli 1944 Dünaburg zurückeroberte, lebten von den ehemals etwa 16.000 jüdischen Bewohnern nur noch 20.[30] Sie hatten sich verstecken können.

Nach seiner Rückkehr verlieh das Versorgungsamt Bremen dem »ehemaligen Sergeant(en) Bruno Nette« am 21. Mai 1920 die Dienstauszeichnung II. Klasse.[31] Er wurde 1920 erneut als Schutzmann und kurze Zeit später als Kriminalpolizist in die Abteilung für Kapitalverbrechen übernommen, die als eine Eliteabteilung der Kripo galt.

Entweder schon vor dem Krieg oder kurz danach schloss er sich dem rechtskonservativen und antisemitischen »Kyffhäuser-Bund der deutschen Landes-Krieger-Verbände« an. Der Bund kämpfte bereits vor dem Ersten Weltkrieg gegen die »vaterlandslosen Gesellen« der SPD, verklärte nach 1918 den Mythos des Frontsoldatentums, vertrat die Dolchstoßlegende und arbeitete mit dem »Stahlhelm« und später der NSDAP zusammen. Am 10. Januar 1922 wurde Bruno Nette die »Kriegsgedenkmünze 1914/18« des Kyffhäuser-Bundes »für ehrenvolle Teilnahme am Weltkriege 1914/18« verliehen, das Besitzzeugnis unterzeichnete der Ehrenpräsident und ehemalige Generalfeldmarschall von Hindenburg höchstpersönlich, der als Reichspräsident 1933 Hitler zum Kanzler berief.

Eine Auszeichnung des Kyffhäuser-Bundes konnten die proletarischen Verwandten seiner Ehefrau, die Familien Schumann, Frerichs und Lange, nicht vorweisen, und auch in der Familie des Müllers Nienstädt in Kirchseelte hielt man wenig von Kriegervereinen. Ihnen wollen wir uns jetzt zuwenden.

---

[29] Der weltberühmte russisch-amerikanische Maler Mark Rothko (1903-1970; geboren als Marcus Rothkowitz) stammt aus Dünaburg/Daugavpils. Seine jüdische Familie war schon vor dem Ersten Weltkrieg wegen zahlreicher antisemitischer Pogrome aus dem zaristischen Russland in die USA ausgewandert.

[30] Andere Quellen sprechen von 14.000 jüdischen Opfern in Dünaburg.

[31] Verleihungsurkunde im Besitz des Verfassers.

Kapitel 4: Eine Jugend 1930 bis 1940

»Die Vareler«

Theda Nette, geb. Schumann, kam (wie ihr späterer Ehemann Bruno Nette) aus einer kinderreichen Familie. Ihre Mutter war die Näherin Frauke Schumann (Oma Schumann), geboren 1869 als Frauke Ukena in dem ostfriesischen Ort Tannenhausen bei Aurich als erstes Kind einer Arbeiterfamilie. Fraukes Taufzeugen waren zwei Dienstmägde. Sie heiratete den Arbeiter Herrmann *Eilert* Schumann, geboren 1857 in Hesel in Ostfriesland in der Nähe von Leer als Sohn eines Schusters. Das Ehepaar bekam dreizehn Kinder. Frauke und Eilert Schumann zogen um 1900 nach Varel. Seitdem lebten sie dort mit einem Teil der Familie.

In meiner Familie sprach man, schon als ich ganz klein war und gar nichts damit anfangen konnte, hochachtungsvoll von ihnen. »Die Vareler«! Lange Zeit dachte ich, es müsse sich bei diesem wohlklingenden Namen um eine besonders bedeutsame Art Ordensgemeinschaft handeln, wo gut zu leben war. Letztlich war es das auch. »Die Vareler« (auch wenn einige von ihnen in Bremen wohnten) widerstanden nämlich, so gut es ging und manchmal deutlich darüber hinaus, dem Nationalsozialismus. Ein kleines Bollwerk der Humanität. Und »Oma« Frauke Schumann war so etwas wie die Stammmutter. Ihr Ehemann Eilert Schumann starb bereits als 60-Jähriger, 1917, in den Zeiten des Ersten Weltkriegs.

Oma Schumann war zwölf Jahre jünger, sie überlebte ihn um fast ein halbes Jahrhundert. Ohne dass sie es wollte, wurde ihr von den Nazis das Mutterkreuz in Gold *»für überdurchschnittliche Gebärleistung«* verliehen. Manchmal trug sie es. Am 5. Februar 1962 feierte sie noch ihren 95. Geburtstag. Erneut gratulierte ihr die Zeitung »Der Gemeinnützige« als einer der ältesten Einwohnerinnen Varels. Da war ihre Tochter Theda, meine Großmutter, schon 22 Jahre tot. Und auch der ehemalige Schwiegersohn Bruno Nette, der in ihrer Familie verhasst war, lag bereits seit zwei Jahren unter der Erde.

Die Tafel 1 ermöglicht einen Überblick über die »Vareler«. Auffällig ist, dass alle männlichen Mitglieder, ob direkte Söhne oder angeheiratete Schwiegersöhne, Facharbeiter waren und entweder der SPD angehörten oder der KPD – bis auf Bruno Nette. Er hatte mitten im Ersten Weltkrieg in eine Großfamilie eingeheiratet, die mit der revolutionären Arbeiterbewegung sympathisierte. Spätestens nach dem Ersten Weltkrieg tat sich ein tiefer Riss zwischen dem späteren Gestapo-Beamten und der übrigen Familie seiner Frau auf. Und diese Familie war zahlreich: vier Schwestern und vier Brüder!

Meine Großmutter Theda, die älteste der Schwestern, war 1889 in Walle geboren worden und starb, wie im zweiten Kapitel beschrieben, 1940.

Tafel 1: Kommunistische, sozialdemokratische und antifaschistische Verwandte von Theda Nette, geb. Schumann, der ersten Ehefrau des Gestaposchergen Bruno Nette

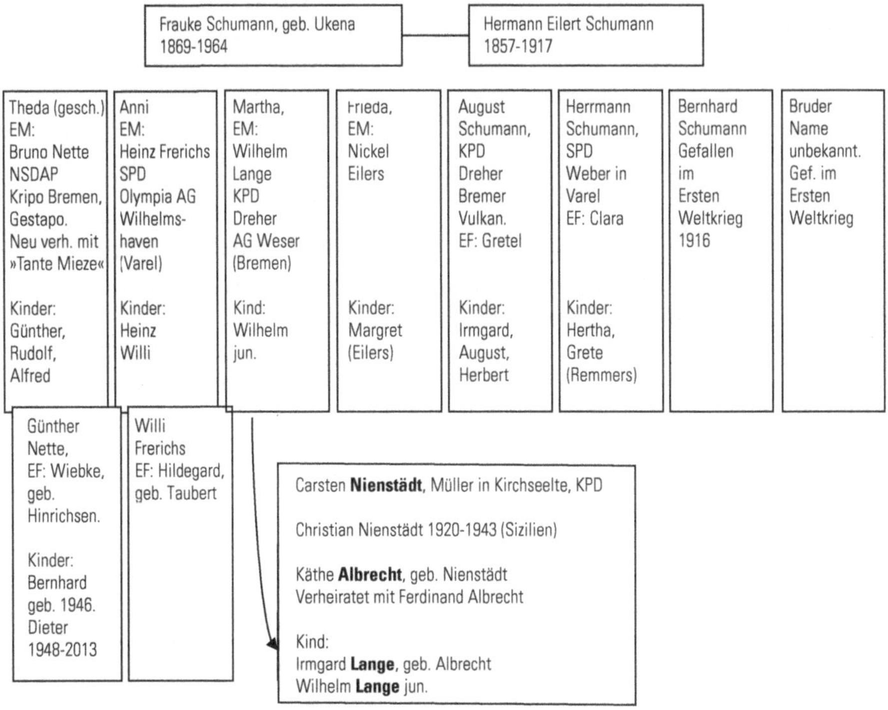

Oben: Oma Schumann und ihr Mann, die Eltern der acht Geschwister.

In den schmalen hohen Kästen: Die »Vareler« – die vier Schumann-Schwestern und die vier Schumann-Brüder. Dazu die Generation ihrer Kinder, die in den 1920er Jahren geboren wurden und die im Text erwähnt werden; dazu (in Ausschnitten in den mittleren hohen Kästen) deren Kinder und Enkel, zu denen u.a. der Buchautor gehört.

Im Extrakasten unten rechts: Carsten Nienstädt, Müller aus Kirchseelte (KPD) und seine Kinder Christian Nienstädt und Käthe Albrecht (geb. Nienstädt). Käthes Tochter Irmgard Lange (geb. Albrecht) heiratete Wilhelm Lange jun., den Enkel der kommunistischen »Vareler« Martha (geb. Schumann) und Wilhelm Lange.

Anni Schumann, die in der Familie sehr beliebte »Tante Anni«, war verheiratet mit Heinz Frerichs, einem überzeugten »Sozi«. Er arbeitete lange bei den Olympia-Werken in Wilhelmshaven. Über Tante Anni schrieb mein Onkel Rudi mir 2015: »Sie hatte im Alter ständig starke Kopfschmerzen und wurde im Krankenhaus untersucht. Man gab ihr einen Brief für den Hausarzt mit. Sie hat ihn natürlich aufgemacht. In ihm stand, dass Krebsgeschwüre die Schmerzen verursachen würden. Daraufhin hat sie den Freitod gesucht.« Ihre Söhne Heinz und Willi waren eng mit meinem Vater Günther Nette befreundet.

Willi heiratete 1946 Hildegard Taubert, die vielfache Urgroßmutter werden sollte. 2015 notierte sie ihren Lebenslauf für mich auf einem Blatt Papier. 1938 absolvierte sie in Hohenstein/Ostpreußen eine Lehre in einem Schuhgeschäft, 1941 starb ihre Mutter, sie selber musste dann für vier jüngere Geschwister sorgen. Ihre Flucht aus Ostpreußen begann am 20. Januar 1945, 1946 heiratete sie Willi Frerichs in Varel, bis 1952 war sie in der Kindererziehung tätig, dann bis 1959 in einem Vareler Betrieb (Alfred Unger) und von 1960 bis 1993 bei der Firma Almers Nordwestdeutschland/Varel beschäftigt. Ihr Mann Willi musste jahrelang stempeln gehen und starb früh an Krebs. Eine deutsche Familie im 20. Jahrhundert.

Die dritte der vier Schwestern war Martha Schumann. Sie war verheiratet mit Wilhelm Lange, der als angesehener Spezialist (Dreher) auf der Bremer Werft »AG Weser« (Deschimag, Deutsche Schiffs- und Maschinenbau AG) arbeitete. Er blieb bis zu seinem Tod 1943 Mitglied in der KPD.

Martha Schumann arbeitete im Zweiten Weltkrieg zwangsverpflichtet auf der Bremer Werft AG Weser und teilte ihr Brot mit Zwangsarbeitern, was streng verboten war. Ihr 1923 geborener Sohn hieß auch Wilhelm Lange, wurde im Zweiten Weltkrieg U-Bootfahrer und heiratete schließlich Irmgard Albrecht, geborene Lange (1930). Sie wurde später Krankenschwester und Hebamme. Wilhelm und Irmgard Lange bekamen einen Sohn, den sie Wilhelm nannten.

Von jenem Wilhelm Lange (jun.), Sohn des kommunistischen Drehers auf der Werft AG »Weser« (vgl. Tafel 1), führt eine Spur zu Franz Stapelfeldt. Dieser fungierte bis zum Ende des Zweiten Weltkriegs als Generaldirektor der Werft und wurde nach Kriegsende als ehemaliger Wehrwirtschaftsführer und wegen angeblicher Unterstützung der NSDAP für neun Monate im britischen Internierungslager

Anni, geb. Schumann, und Heinz Frerichs (SPD) in den 1930er Jahren

Wilhelm Lange (KPD) und Martha Lange, geb. Schumann, mit Sohn Willi, 1935

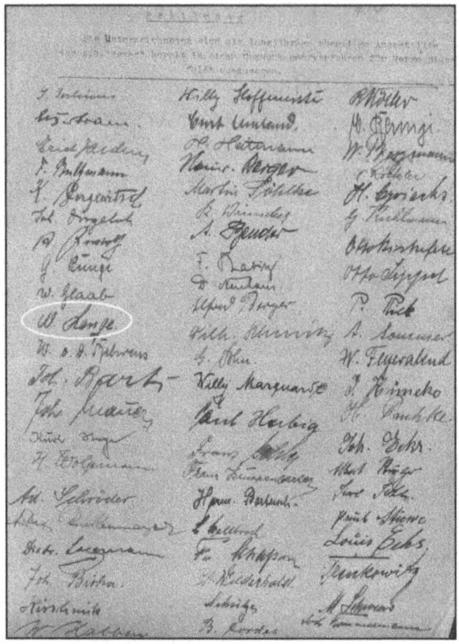

Die erste Seite der Erklärung von 85 ehemaligen Angestellten der »AG Weser«, darunter Wilhelm Lange (jun.), für ihren ehemaligen Chef Franz Stapelfeldt (1947)

Westertimke[1] interniert.[2] Er erhielt vor seinem Verfahren vor der Spruchkammer (ein Sonderausschuss untersuchte seine Aktivitäten in der Nazizeit) viele ihn unterstützende Zuschriften. Sie füllen im Bremer Staatsarchiv drei Aktenordner und unterscheiden sich von den ansonsten üblichen »Persilscheinen« in Ton und Aufrichtigkeit. Die Verfasser bescheinigten ihm, dass er lange vor 1938 (»Sudetenkrise« und Münchener Abkommen, Reichspogromnacht) nicht nur keinerlei Sympathien für die Nazis gezeigt, sondern politisch und rassisch Verfolgten in mannigfacher Weise geholfen hatte. Er war Teil der bürgerlichen Opposition gegen den Nationalsozialismus gewesen, die von der Gestapo als »Rechtsopposition« (in Bremen war der entsprechende Gestapo-Referent vom Oktober 1943 bis zum November 1944 Bruno Nette) verfolgt wurde (vgl. Kapitel 5 unter »Der Bremer Judenreferent« und Kapitel 11 unter »Der öffentliche Kläger Udo Meinecke«). 1947 unterzeichneten 85 ehemalige langjährige Angestellte der »AG Weser« eine Erklärung, dass sie bereit

[1] Westertimke, Gemeinde im niedersächsischen Landkreis Rotenburg (Wümme), Kriegsgefangenenlager im Zweiten Weltkrieg, danach britisches Internierungslager (CIC, Civil Internment Camp).

[2] Informationen zu Franz Stapelfeldt: Marßolek/Ott 1986, S. 397-402. Außerdem: SAB, 4,66-I-10733-10736, Akte Franz Stapelfeldt.

seien, für ihren früheren Generaldirektor auszusagen.[3] Einer der Unterzeichner war mit großer Wahrscheinlichkeit Wilhelm Lange (jun.). Seine Tochter Irmgard Lange erkannte kürzlich die Unterschrift. Ein Wehrwirtschaftsführer und Rüstungsprofiteur und der Sohn einer kommunistischen Arbeiterfamilie, welch überraschende Kombination! Eine solche Allianz war möglich nur gegen die alle Grenzen sprengenden völkermörderischen Verbrechen der Nazis. Eines war klar: Es wäre Wilhelm Lange (jun.) nicht einmal im Traum eingefallen, für seinen Onkel Bruno Nette eine Ehrenerklärung abzugeben.

Auch seine Ehefrau Irmgard Lange, geborene Albrecht, kam aus einer Familie, die mit den Nazis rein gar nichts am Hut hatte. Anfang 2014 erzählte sie mir in ihrem gastlichen Haus, dass auch ihre Mutter Käthe Albrecht, geborene Nienstädt, wie die gleichaltrige Martha Lange bei der AG Weser im U-Bootbau zwangsverpflichtet wurde und dass auch Käthe Albrecht Essen an die Zwangsarbeiter weitergab. Beide Frauen kamen schließlich aus kommunistischen Familien. Käthe Albrechts Vater, Irmgards Großvater, war Carsten Nienstädt, Müllermeister in einem Dorf namens Kirchseelte bei Delmenhorst im Landkreis Oldenburg. Er gehörte der KPD an und verbot seiner Enkelin, zum NS-Jungvolk zu gehen. »Irmgard, und du kommst da nicht hin!« In der Reichspogromnacht 1938 wurden dem kommunistischen Müller Nienstädt alle Scheiben des Mühlenhauses eingeschlagen, vielleicht weil man in dem Dorf keinen Juden fand und sich deshalb an dem Reichsfeind Carsten Nienstädt austoben wollte. Das Bett der Enkelin, so erinnerte sich Irmgard, lag hinterher voller Glassplitter. Der Sohn des Müllers, Christian Nienstädt, wurde am 6.10.1920 geboren. Er fiel am 25.7.1943, mit 22 Jahren, als Fallschirmjäger in Sizilien.[4] Ein SA-Leiter und zwei SA-Männer erschienen daraufhin bei der Mühle, um den »Heldentod« des Müllersohnes zu vermelden. »Raus!«, habe Carsten Nienstädt gebrüllt, »ihr kommt nicht über meine Türschwelle!« Danach habe er lange bitterlich um seinen Sohn geweint.

Für den Überfall auf die Sowjetunion 1941 habe er nur ein Wort übrig gehabt: »Wahnsinn!« Im Ersten Weltkrieg war er als kaiserlicher Soldat selbst in Russland eingesetzt gewesen. »Ich kenne das Riesenland.« Seine Enkelin Irmgard berichtete, dass er über Hitler gesagt habe: »Was der sich einbildet, dieser Dummkopf, dass er das große Russland besiegen will.« Die Zwangsarbeiter, die in der Mühle arbeiten und in einem Lager hausen mussten, holte er abends heimlich in sein Mühlenhaus und verpflegte sie. Dafür wurde er von der Gestapo verhaftet. Er kam erst im Januar 1944 wieder frei, »sehr verändert!«, wie seine Enkelin sagte.

Über Thedas vierte Schwester, Frieda Schumann, ist wenig bekannt.

---

[3] SAB, 4,66-I-10733, Akte Franz Stapelfeldt, Blatt 115 (rot notiert).

[4] Christian Nienstädt, Obergefreiter, geb. 6.10.1920 in Kirchseelte, gefallen am 25.7.1943, provisorisch beigesetzt in Catania, umgebettet mit weiteren 1.513 gefallenen deutschen Soldaten in die Kriegsgräberstätte Motta, St. Anastasia. Vgl. Volksbund deutscher Kriegsgräberfürsorge. Gräbersuche online (www.volksbund.de/graebersuche.html).

August (KPD) und Gretel Schumann mit den Kindern August, Herbert, Irmgard, in den 1930er Jahren

Zu den vier Schumann-Schwestern gehörten auch vier Brüder. Zwei fielen, wie man es verharmlosend zu nennen pflegt, im Ersten Weltkrieg vor Verdun. Einer war Bernhard Schumann. Nach ihm bekam mein Vater Günther 1921 seinen Zweitnamen. Auch mein Vorname leitet sich damit letztlich von Bernhard Schumann her.

August Schumann, der älteste der überlebenden Brüder, war verheiratet mit seiner Gretel. Er war auf der Bremer Vulkan-Werft Spezialist für das Drehen von Schiffsantriebswellen, unter anderem für Schnellboote. Im Zweiten Weltkrieg musste er nicht an die Front, weil er wie sein Schwager Wilhelm Lange auf der AG Weser als unabkömmlicher Spezialist galt. Auch Marßolek und Ott bestätigen den Sonderstatus von hochspezialisierten Drehern auf den Bremer Werften, die sich sogar einen gewissen Widerstandsgeist leisten konnten.[5] August Schumann gehörte zur KPD und arbeitete aktiv in der Vegesacker Betriebsgruppe mit, auch in der Nazizeit. Er habe Flugblätter auf der Werft verteilt und mit anderen Genossen Zwangsarbeiter unterstützt, sie einzeln heimlich mit nach Hause genommen, sie verpflegt und ihnen selbst gezogenes Gemüse mitgegeben, wurde mir von meinem Onkel Rudi erzählt. »Der rote Reichstag tagt schon wieder«, kommentierten den Nazis nahe stehende Arbeiter, wenn sie die Kommunisten und die Sozialdemokraten der Werft beieinander stehen sahen.[6]

Der zweite überlebende Bruder war der großgewachsene Hermann Schumann, verheiratet mit Clara. Er war Weber in einem Vareler Betrieb und galt als beherzter »Sozi«, auch im Hitlerreich. Ihre Kinder hießen Hertha und Grete, letztere später verheiratete Remmers. Mein Vater hielt lebenslang engen Kontakt zu seiner Cousine Grete.

Es muss noch einen vierten Bruder gegeben haben. Er beging Selbstmord, übrigens ebenso wie seine beiden Schwestern Theda, also meine Großmutter, und Tante Anni.

---

5 Marßolek/Ott 1986, S. 280.

6 Ebd., S. 501.

Es waren bitterarme Menschen, sie bissen sich durch harte Hungerzeiten, überlebten Nazi- und Kriegskatastrophen. Aber sie entschieden sich in Zeiten der legalisierten Unmenschlichkeit und Barbarei für die Menschlichkeit, anders als ihr Schwager Bruno Nette. Auch sie, die Schumanns, Frerichs, Langes und Nienstädts, sind meine Vorfahren.

Die damals jungen Söhne freilich kämpften für Hitler-Deutschland, Carsten Nienstädts Sohn Christian auf Sizilien, Willi Lange als (überlebender) U-Bootfahrer, Willi Frerichs im Afrika-Korps und sein Freund, mein Vater Günther Nette, in Russland. Die jungen »Vareler«, geboren Anfang der 1920er Jahre, wurden tief in den Nazi-Sumpf hineingezogen. Ihre Eltern vermochten sie nur wenig vor den braunen Rattenfängern zu schützen.

Auf die »Vareler« ließ mein Vater nie etwas kommen. Als Kind war Varel für ihn ein humanes Ereignis und ein Ferienparadies. Bis zu seinem Tod schwärmte er von den fröhlichen und menschlichen »Varelern«, deren Leben für ihn das Gegenteil darstellte zu dem, was er und sein Bruder Rudi mit seinem gewalttätigen Vater und der »bösen Tante Mieze« teilen mussten.

Die Mütter: Theda Nette mit ihrer Schwester Anni Frerichs in Varel, 1930er Jahre

Die Söhne: Willi Frerichs und Günther Nette (l., mit NS-Studentenbund-Abzeichen), 1939/40

Günther Nette: »In den großen Ferien wusste ich in Bremen nichts anzufangen und hatte das große Glück, dass meine Mutter mich immer zu den Verwandten nach Varel schickte, damit ich ein bisschen frische Luft kriegte, weil ich doch ein bisschen blass war und ein bisschen abgemagert, es hatte mich, was da zu Hause passierte, sehr mitgenommen. Wenigstens fünf oder sechs Jahre hindurch war ich fast jeden Sommer in Varel. Meine Mutter setzte mich kleinen Jungen am Bremer Hauptbahnhof in die Bahn und hat dem Schaffner gesagt, in Varel muss er raus, da wird er abgeholt. Und das klappte auch. Meine Tante Anni, die ich sehr mochte, oder Onkel Heini holten mich ab. Sie hatten zwei Söhne, Heinz und Willi. Heinz war älter als ich und er beschützte uns Jüngere so ein bisschen. Er war ein ganz phantastischer Mensch, genau wie sein Vater, sowas treuherzig Redliches und Liebes. Er war in der Rugby-Mannschaft, Varel hatte damals eine bedeutende Rugby-Mannschaft, und das war ein sehr ruppiger Sport und ich hab oft zugeguckt und gedacht, Mensch, lieber nicht. Aber der war auch sehr viel stabiler als ich.

Bernhard Nette: Und hast du auch deine Großmutter, ›Oma Schumann‹, besucht?

Ja, das war nun sehr wichtig, das war immer ein Schlüsselerlebnis. Ich hab meiner Großmutter zwar manchmal ein bisschen Kummer gemacht, dann konnte sie auslangen, sie ließ sich das nicht gefallen und war sehr streng, aber dann war sie auch wieder herzensgut. Sie hat mich prächtig verpflegt und hat mir sonst alle Freiheiten gelassen, die ein Junge braucht.

Und ich war dann den ganzen Tag über mit meinem Vetter Willi unterwegs, mit dem ich auch nach dem Krieg noch oft zusammengekommen bin, der leider jetzt verstorben ist. Als ich das letzte Mal da war, wirkte er schon sehr abgemagert, aber wir haben noch von alten Zeiten geredet und haben uns gefreut, haben uns in die Arme genommen. Was waren das doch für schöne Zeiten in der Jugend.

Er war ja später im Krieg auch beim Afrikakorps. Die kriegten also diese schönen Khaki-Uniformen, wurden besonders ausgebildet, besonders geschult, und dann hab ich überlegt: Willst du da auch hin? Nö. Ich hätte hinkönnen. Wenn ich mich gemeldet hätte, hätten die mich sofort mitgenommen. Ich wollte aber nicht. Ich hab gedacht, bleib du man mal schön hier. Was willst du da in Afrika? Das Beste, was mir hätte passieren können, wäre gewesen, wie Willi bei El Alamein oder so gefangen genommen zu werden und nach Amerika zu kommen. Willi hat Baumwolle pflücken müssen, was auch kein Zuckerschlecken war. Aber er ist lebend davongekommen und gut zu essen gab es da auch. Na, hat er mir jedenfalls erzählt.

Varel liegt am Jadebusen, da gibt es so große Wiesenflächen, die bei höherer Flut überschwemmt werden, aber das geschieht nicht oft, und das war unser Betätigungsfeld. Ja, also, und dann haben wir eines Tages so große Säcke gefunden auf den Feldern, voller Mohnkörner. Wir haben uns die Taschen vollgestopft und haben noch unsere Taschentücher genommen und noch mal ordentlich was reingepackt und mitgenommen. Und unsere Tante Anni und meine Oma, die waren gar nicht so begeistert darüber, die sagten ›Wenn das rauskommt!‹, nicht wahr. Och, das konnte gar nicht rauskommen. Meine Tante Anni, die furchtbar nett war, das war die liebste Tante, die ich hatte, backte dann wunderbaren Kuchen, Mohnkuchen. Und Willi und ich, wir beide aßen dann entsprechend. Ja, das sind schöne, sehr schöne Erinnerungen.

Und der Vareler Hafen war auch noch da, sehr interessant, da wurde Fisch angelandet, vor allen Dingen Krabben, die mussten wir dann kaufen und mitbringen und die wurden dann ausgepult von Tante Anni oder meiner Mutter, die kam dann natürlich auch öfter mal dahin. Und dann haben wir frische Krabben verputzt, so was Gutes, ha!, Mann, war das schön! Oder auch Fisch. Ganz frisch, direkt angelandet.

Ich hatte da auch zwei Cousinen, Hertha und Grete Schumann. Ihr Vater Herrmann war einer der Brüder meiner Mutter. Die wohnten in der Nähe des Schwimmbades, und da ich eine Wasserratte war, haben wir uns mit ihnen da sehr oft aufgehalten und waren sehr lustig und vergnügt. Mit meiner Cousine Grete, sie heißt heute Remmers, habe ich neulich gerade telefoniert. Und sie war ganz traurig, als ich ihr sagte, dass ich Krebs habe und dass ich wohl nicht wieder nach Varel kommen würde. Sie hat mir noch Mut zugesprochen.

Auf jeden Fall war das immer eine wunderschöne Zeit in Varel und ich hab schlapplange Tränen geheult, wenn ich wieder nach Hause musste. Da ging das Elend mit meinem Vater wieder los.«

Der Hunger, die Mutter und die böse Stiefmutter

Durch die mündlichen Erinnerungen der Brüder Günther und Rudi zieht sich der Hunger und der tägliche Kampf um das Essen wie ein schmerzender Unterton.

Günther Nette (2002): »Meine Mutter hatte es sehr schwer. Sie war in jungen Jahren eine wunderhübsche Frau. Mein Vater war eigentlich auch schön. Er konnte auch ein guter Vater sein, er hat uns drei Kindern dann, obwohl er gar nicht mehr bei uns wohnte, Fahrräder gekauft. Kleidung allerdings hat er uns nur vom Trödler gekauft.«

Auch mein *Onkel Rudi* erinnerte sich (2013), wenig versöhnlich: »Von unserer Schule aus machten wir einen Ausflug in den Harz. Die Eltern sollten zahlen. Mein Vater, der schon nicht mehr bei uns wohnte, wollte nicht zahlen. Aber Tante Mieze, mit der er schon zusammen lebte, die bekam von ihm einen Pelzmantel. Ja, so war das.«

Günther und Rudi Nette nutzten ab 1932 ihre Fahrräder.

Günther Nette (2002): »Nachdem er ausgezogen war, haben wir ihn öfter besucht, mit den Fahrrädern. Unsere Mutter hat uns auch fahren lassen, niemals was dagegen gesagt, und ich weiß, als sie starb, oder kurz vorher, hab ich sie noch gesprochen und da hat sie im Schlaf noch ›Bruno! Bruno! Bruno!‹ gerufen, ihren Mann noch gerufen. Sie hat es nie verwunden, dass er sie verlassen hat. Aber mein Vater hatte thüringisch leichtes Blut, während meine Mutter aus Ostfriesland kam und sehr ernst war. Sodass meine Cousinen hinterher gesagt haben, wir haben immer ein bisschen Angst vor deiner Mutter gehabt, sie war immer so streng. Das war sie auch. Aber uns hat sie verwöhnt, wo sie nur konnte, auf ihre Weise, und sie hat sich für uns aufgeopfert.

Bernhard Nette: Hat sie Geld verdienen können?

Sie hat mal hier und da sauber gemacht. Zwischenzeitlich war sie auch Wäscherin. So im Freien, an der Weser, schrubbte sie die Bettlaken anderer Leute und spülte sie in der Weser und häufig genug kam sie mit blutigen und blaugefrorenen Händen zurück. Und sie war, wie ich schon sagte, streng, sie hat uns auch oft streng bestraft, drei Jungen waren schwer zu bändigen. Das Geld war äußerst knapp, sie hatte Sorgen über Sorgen, und es gab in der Zeit, als ich vielleicht so zwölf war, schon ein Winterhilfswerk, da war Hitler ja schon da, etwa 1934, und da kriegte sie Gutscheine über Margarine, damals kostete das Pfund Margarine im Konsum 25 Pfennig, die mussten wir dann holen, wir kamen mit so einem kleinen Bollerwagen an und haben auch noch Kartoffeln mitnehmen können, so knapp war es bei uns. Es gab in Bremen am Steintor eine Brotfabrik, da konnte man Eckenbrote kriegen, die waren nicht zu verkaufen, sondern die kriegte man so über den Fabriktisch für den halben Preis. Und ich musste dann Wurstschmalz kaufen, an einer bestimmten Stelle, war auch sehr billig, und für meine Mutter dann etwas Butter, sie mochte das gerne, und etwas Orangenmarmelade, die liebte sie, kriegten wir natürlich auch was von ab. Meine Mutter hat alles mit uns geteilt, niemals etwas nur für sich zurückgehalten. Sie konnte übrigens ausgezeichnet kochen, hatte Kochen gelernt, sie konnte aus Nichts was machen. Sie hat sehr bescheiden gelebt, sie hat wie eine Sklavin gearbeitet, um uns durchzubringen, wir waren ziemlich alleine, und dann dieses Hin und Her zwischen Vater und Mutter. Und in der Schule hab ich auch meine Schwierigkeiten gehabt, ich war unkonzentriert, weil ich mit meinen Gedanken immer ganz woanders war. Mich hat der Streit zu Hause am meisten mitgenommen. Meine Brüder nicht so, den kleinen sowieso nicht, der Alfred war ja noch klein.

Hattest du manchmal Sehnsucht nach dem Vater?

Nein, nie. Ich hab heute noch größte Hochachtung und eine unwiderstehliche Liebe zu meiner Mutter, die 1940 schon gestorben ist, mit etwas über 50 Jahren, weil sie ausgeblutet war. Mein Vater hat sich nicht um sie gekümmert, der hat sich dann mit einer anderen Frau verbunden, sie geheiratet.

Tante Mieze.

Ja, das war die sogenannte Tante Mieze. Und als er sie geheiratet hatte und 1935 nach Vegesack versetzt wurde – die Scheidung hat über fünf Jahre gedauert, die Anwälte haben gut dran verdient –, hat mein Vater, der ja viel beschlagener war in diesen Dingen, das dann so hingekriegt, dass meine Mutter noch weniger Unterhaltsgeld bekam, weil die großen Jungen, also Rudi und ich, nach Vegesack ziehen mussten. Wir mussten weg von der Mutter und zu meinem Vater und zur bösen Tante Mieze.

Aber ihr wolltet nicht.
Wir wollten nicht.

Seid ihr gefragt worden?
Wir sind gefragt worden, wir haben gesagt, wir wollen da bleiben, wo wir sind. Aber das nützte nichts. Und den Alfred, weil er so klein war, den wollte die Tante Mieze sowieso nicht, hätte sie nur Arbeit von gehabt, der blieb dann bei meiner Mutter, so hatte sie wenigstens noch einen von uns bei sich.

Sie blieb in Bremen?
Ja. Ach, das muss 1935 gewesen sein und das war so unerquicklich. Ich war schon sehr selbständig damals, ich hab mir damals immer ein bisschen Geld verdient mit allerhand kleinen Arbeiten und dadurch konnte ich manchmal mit der Eisenbahn von Vegesack nach Bremen reinfahren, dann eine Viertelstunde Fußweg und ich war bei meiner Mutter. Da bin ich also immer sehr gern gewesen, und sie hat sich immer sehr gefreut.

Wie oft warst du bei ihr? Einmal in der Woche? Jeden Tag?
Nein, ich bin nur … das durfte ich nicht, ich musste ja immer abends zurück sein. Ja, ich bin auch mal über Nacht dageblieben, das war dann nicht ganz recht, dass ich das tat, aber das war mir eben egal. Ich hatte sowieso ein sehr schlechtes Verhältnis zu meiner Stiefmutter, Rudi noch schlechter. Unsere Stiefmutter drangsalierte uns, wo sie nur konnte. Rudi noch mehr als mich.

Was hat sie getan?
Sie ließ uns hungern. Wir aßen nicht zusammen mit meinem Vater, das gab es nur Sonntags mal, weil mein Vater darauf bestand, alltags nie. Wenn ich zur Arbeit auf die Werft ging, dann kriegte ich also so trockenes Brot mit und dann war da so Stinkerkäse drauf, weißt du, dieser billigste Harzerkäse, bisschen Margarine aufgekratzt, und wenn ich damit zur Frühstückspause rauskam, konnte ich das nicht essen, es war schrecklich, ich hab die Fische damit gefüttert. Und abends gab es Haferflockensuppe, da schwammen die dicken Maden drin.

Also, ich habe immer was geklaut. An sich durfte ich zum Beispiel nicht an die Butter ran, für uns gab es nur die billigste Margarine. Und dann hab ich so ein halbes Pfund Butter genommen, das Papier, womit sie heute noch eingewickelt wird, so ganz vorsichtig auseinandergefaltet, auf jeder Seite ein Stück abgeschnitten und eine Scheibe Brot genommen – Brot durfte ich nehmen, aber trocken – und dann hab ich mir da ordentlich Butter drauf gemacht, hab mir ein bisschen Marmelade organisiert, das wusste ich auch, wo die war, und dann wurde ich eben einmal auch satt.

Bruno Nette und seine zweite Ehefrau, »Tante Mieze«, 1942

War Tante Mieze eigentlich nur dumm? Oder hartherzig und geizig? Was war sie eigentlich?

Sie mochte uns nicht. Sie wollte uns eigentlich los sein. Warum mein Vater uns zu sich genommen hat, weg von unserer Mutter, obwohl er wusste, dass wir bei Tante Mieze gar nicht gut aufgehoben waren, weil sie uns gar nicht wollte, das weiß ich nicht. Es ging wohl ums Geld, er wollte meiner Mutter das Geld für unseren Unterhalt nicht geben, das wollte er selbst haben. Ja. Wir hatten oben zwei kleine Kammern in Vegesack, nicht beheizbar, im Winter war es da scheußlich kalt.

Rudi ging es bei der Tante Mieze ganz besonders schlecht. Er hatte noch viel mehr Hunger als ich. Zu Hause bei unserem Vater und bei Tante Mieze kriegte er nichts. Er war ein ganz kleines schmales Hemd damals. Und er ist dann in Vegesack eines Tages zwischen dem Nebenhaus und unserem Einzelhaus durchgeschlüpft. Wir wussten, dass da an unserem Haus ganz oben so ein kleines Fenster war, dahinter lag Tante Miezes Vorratskammer. Sie war von innen zur Küche hin abgeschlossen. Aber das Fenster war immer ein bisschen geöffnet. Und da hat er sich hochgehievt, ist rein in die Kammer und dann hat er sich satt gegessen. Und wer hat das entdeckt? Die Tante Mieze. Oh nein! Erst mal hat er von ihr Prügel gekriegt und abends von meinem Vater auch noch. Entsetzlich! Ganz schlimm! Heute noch kann ich ihm das nicht verzeihen. Der Junge hatte wirklich großen Hunger und er musste sich auch mal richtig satt essen. Und ich hab dann auch gemotzt und mich dazwischen gesteckt und hab mir auch Prügel eingefangen.«

Auch mein Onkel Rudi erzählte von diesen Schreckenszeiten.

Rudolf Nette (2013): »Als ich und mein Bruder Günther zu meinem Vater und zu Tante Mieze nach Vegesack ziehen mussten, ging es uns sehr schlecht. Immer Hunger und Prügel.

Eines Tages hat sie mich zum Feinkostladen um die Ecke in der Gerhard-Rohlfs-Straße geschickt, ich sollte einen ganz speziellen Käse holen, den sie so gern mochte. Wir durften davon nichts essen. Der Mann im Laden sagte, dass er diesen Käse nicht hätte, aber einen ganz ähnlichen und genauso teuer. Den gab er mir mit. Zu Hause habe ich ihn abgegeben. Da hat sich die Tante Mieze unheimlich aufgeregt, hat rumgezetert, das hätte ich absichtlich gemacht, den falschen Käse mitzubringen. Sie hat sich abends bei meinem Vater beschwert. Der hat mich in den Keller gestoßen und mit einem dicken Stock halb tot geprügelt.

Meine Mutter konnte sich Fahrten von Bremen nach Vegesack zu uns, ihren Söhnen, nicht leisten. Selbst als sie einmal als Aushilfsköchin gearbeitet hat, reichte der Lohn nicht einmal dafür. Wenn sie mich in Vegesack besuchen wollte, ging sie zu Fuß, erst die 20 Kilometer hin und dann dieselbe Strecke wieder zurück. Ich war zwölf Jahre alt. Wenn meine Mutter kam, brachte sie mir Essen mit, meist einen geräucherten Hering, einen Bückling, in Zeitungspapier. Sie wusste, wie dreckig es mir ging. Ich hab das dann immer heimlich an der Weser gegessen und einen Teil des Herings für die nächsten Tage im Strandsand zwischen Büschen vergraben.

Mit zwölf Jahren habe ich mir an der Lesum mit einem Messer die Pulsadern aufgeschnitten, an der rechten Hand. Meine Kindheit war sehr grausam. Die böse Tante Mieze ließ uns hungern. Und unser Vater guckte zu. Er tat alles, aber nur für sie. Sie beide liebten sich, irgendwie.«

Vegesack heute

Mitte November 2014 schlenderte ich durch Vegesack. Der sonnige Tag spiegelte sich im Hafenwasser an der Lesummündung. Daneben eine Kaimauer an der Weser mit der Auffahrt zur Fähre. Wo der halb verhungerte zwölfjährige Rudi Nette seinen Hering im Sand versteckt hatte, war jetzt alles Stein und Beton. Vegesack erhob sich von der Lesummündung über dem Geesthang hoch über die Weser. Hübsche Gassen, aufgeputzte Häuser. Ein weißgestrichenes altes zweistöckiges Backsteinhaus fiel mir auf. Halbrunde Metallrippenfenster, darunter halb verwischt eine alte Schrift: »Buchbinderei«. Hatte sie schon mein Vater als Jugendlicher gesehen, er, der so sehr nach Bildung strebte? Knapper Mittelschulabschluss, das war, was sein Vater, der ehemalige Müllergeselle und Weltkriegs-Sergeant, als Kriminalbeamter in Vegesack ihm grade noch zugestehen wollte. Aber Günther wollte mehr.

In einem Schreibwarengeschäft sah ich einen überdimensionierten Kolbenfüllfederhalter an der Decke hängen, mindestens eineinhalb Meter lang. Ein »Pelikan«! Günther Nette kaufte sich in den 1950er Jahren ein solch grün-marmoriertes, schlankes Rohr, an der Schraubkappe der golden geschwungene Klipp und der goldene Doppelring, genau wie bei dem Riesenteil, das da oben baumelte. Auf die goldene Pelikan-Feder 585 14 Karat war er sehr stolz. Das Ganze war sein Geschenk an sich selbst gewesen, als er sein Ziel erreicht hatte. Er war Lehrer geworden. Nun gehörte das gute Stück mir. Ich erbte nicht nur diesen Teil seines Lebens. Mit dem »Pelikan« brachte ich auf Dutzenden Papierblättern Ordnung in die abgespeicherte Dokumentenmenge aus dem Staatsarchiv Bremen oder notierte – wie jetzt – was ich in Vegesack sah.

Ich schlenderte durch eine Straße, die zum Hang hoch über der Weser führt. Überall geschwungene Weihnachts-Dekoration über den Straßen. An einer Ecke, bunt bemalt, »Selma die Kuh«, das lebensgroße Acryl-Maskottchen der gleichnamigen Eckkneipe.

»Herzlich willkommen im Stadtgarten Vegesack. Die gegenseitige Rücksichtnahme und der Respekt gegenüber Mitmenschen, Pflanzen und Tieren sind Voraussetzung für einen erholsamen und angenehmen Aufenthalt.« Unterschrift: »Stadtgarten Verschönerungsverein für Vegesack und Umgebung e.V.« Die geschwungene Treppe hinunter in den Park an der Weser war gesperrt, Arbeiter werkelten da unten herum. »Eines Tages habe ich hier im Stadtgarten«, erzählte mir Onkel Rudi am selben Abend, »alle Schilder mit den deutschen und lateinischen Bezeichnungen für Bäume, Büsche und Blumenbeete umgesteckt. Nichts stimmte mehr hinterher. Das gab große Aufregung. Die Rüpel wurden sogar in der Zeitung gesucht.« Er lachte. »Der Rüpel war ich. Die haben lange gebraucht, das wieder richtig hinzukriegen.«

Ach, Onkel Rudi, du hast als Junge der Botanik also irreführende Namen gegeben. Über deinen Kinderstreich regten sich damals die guten Vegesacker Bürger auf, sonntags am Kaffeetisch. Über ganz andere verbale Rüpeleien nicht. Studierte und promovierte Juristen fabulierten handschriftlich, vielleicht mit einer Pelikan-Goldfeder, vom »Ferment der Dekomposition«, hochgelehrt, wie sie sich einbildeten, und sie meinten Menschen. Jüdische Menschen. Für dergleichen wie meinen Großvater übersetzten sie ihren intellektuellen Rotz in »blutmäßige Vermischung rassefremder Elemente und Zersetzung des deutschen Blutes« oder, weil man sich das leichter merken konnte, in »Rasseschande«. Die Mehrheit der guten Volksgenossen in Vegesack – und in Bremen und überall in deutschen Landen – hielt diese Aufforderung zum mordslustigen Tanz bald für völlig normal.

Bei der Reichstagswahl am 31. Juli 1932, ein halbes Jahr vor der Machtübertragung an Hitler, erhielt die NSDAP in Vegesack 37,6% der abgegebenen Stimmen. Das war das zweitbeste Ergebnis in ganz Bremen. Zum Vergleich: Die SPD erhielt in Vegesack nur noch 22%. Aber selbst in der letzten, schon nicht mehr wirklich freien Wahl im März 1933 – die KPD war bereits verboten und die NSDAP hatte hemmungslos den staatlichen Verfolgungs- und Verleumdungsapparat angeworfen, konnten die Nazis in Vegesack zwar mit 40,8% triumphieren, aber zur absoluten Mehrheit reichte es trotzdem nicht.

Dann stand ich vor dem Haus in der Kimmstraße 1. Hier wohnte der Kriminalbeamte Bruno Nette mit seiner Tante Mieze und den beiden Brüdern Günther und Rudolf zwischen 1935 und 1940. Tante Mieze war sehr zufrieden mit dem ehemaligen Standesamt von Vegesack, es hatte zwei Säulen am Eingang, und sie wurde als Gattin des örtlichen Sicherheitschefs sogar einmal von den Frauen der Honoratioren zum Kaffee in das Haus des Werftbesitzers Lürssen eingeladen, aber dann nicht mehr, sie habe sich wohl nicht benehmen können, meinte Onkel Rudi etwas rachsüchtig. Das Haus sah aus wie ein kleiner griechischer Tempel. Ich fragte eine Nachbarin von gegenüber, ob sie wüsste, welche Bewandtnis es damit habe, bekam als Antwort aber nur ein freundliches, zugleich ungläubiges Kopfschütteln. Aber

Vegesack, Kimmstraße 1 (vorne), Wohnhaus von Bruno Nette, Tante Mieze, Günther und Rudolf Nette, Foto von 2014

Frau Sandra Stierle, die jetzige Bewohnerin im Haus Nr. 1, ließ mich hinein. Sie war sehr nett, wusste natürlich auch nichts von der Geschichte des Hauses. Ob sie sich jetzt gruseln müsse, fragte sie mit einem Lächeln. Natürlich nicht, sagte ich, Häuser nehmen den Ungeist ja nicht auf, das ist ein Ammenmärchen. Ich machte ein Foto vom Keller, keine Holzscheite lagen mehr zum Prügeln bereit, und von der ehemaligen Speisekammer, das kleine Fensterchen war wirklich sehr hoch angebracht. Ein artistisches Kunststück von dir als kleiner schmaler Hecht, mein lieber Onkel Rudi, da durchzuklettern. »Ja, ich hatte so einen großen Hunger, das kannst du dir gar nicht vorstellen. Die böse Tante Mieze hat mich dann gefunden. Oh je! Da gab es die ersten Prügel. Und abends mein Vater!«

An der Ecke Kimmstraße/Gerhard-Rohlfs-Straße, lieber Onkel Rudi, gibt es übrigens keinen Käsehändler mehr, ich habe mal nachgeschaut. Und Tante Mieze ist lange tot, hast sie selber »verscharrt«, wie du mir sagtest.

Auf der Lürssen-Werft

Günther Nette (2002): »Also die größte Freude für mich war die Mitgliedschaft im CVJM, dem Christlichen Verein Junger Männer. Meine Mutter nahm uns jeden Sonntag, als wir noch kleiner waren, an die Hand und dann marschierten wir in die Kirche. Sie war ein bisschen fromm, war wohl auch ihr Trost. So bin ich in diesen Verein gekommen, das war aber gar nicht so schrecklich christlich. Wir hatten da so Führer, kann man sagen, oder so Leiter, die also mit uns Fahrten machten, mit dem Fahrrad oder auch mit der Bahn und dann zu Fuß, Quartier im Stroh beim Bauern. Wir waren eine Gruppe von zehn bis zwölf Jungen. Das war sehr schön.

1935 wurden wir in das Jungvolk übernommen. Wir waren alle schrecklich traurig, wir wollten nicht ins Jungvolk, wie hatten von Hitler sowieso keine Ahnung.

Und dann bin ich also erst mal im Spielmannszug gewesen, Heini Behrens war unser Tambourmajor, der wohnte damals im Schwachhauser Ring, kam aus guten Haus, und er versammelte uns da bei sich im Haus, zum Musizieren und unsere kameradschaftlichen Gefühle ausleben, aber irgendwann hatte ich dazu auch keine Lust mehr, dann bin ich mal eine Zeit lang in einer Bastelgruppe gewesen, Segelflugzeuge bauen, da hab ich denn gesägt und gefeilt. Und dann ging es ja nach Vegesack zu meinem Vater und meiner Stiefmutter. Dort bin ich 1935 von der Schule weg gleich in die Lehre gekommen, Maschinenschlosserlehre.

Bernhard Nette: Wie lange warst du in der Schule?
Bis zur 9. Klasse.

Wollte dein Vater nicht, dass du weiter zur Schule gingst?
Ich durfte die Mittelschule nicht mehr beenden. Meine Mutter hatte sich darum bemüht, dass ich überhaupt auf die Mittelschule kam, sie musste Schulgeld bezahlen und das fiel ihr sehr schwer. Ich habe übrigens ein sehr gutes Verhältnis zu meinem Grundschullehrer gehabt, Den hab ich später noch während des Krieges besucht. Ich hab ihm sehr viel zu verdanken, das war ein ganz begnadeter Lehrer. Die fünf, sechs intelligenteren Schüler hat er immer nach den Stunden bei sich behalten und hat dann Wettdiktate schreiben lassen oder Wettrechnen, Rechenarbeiten schreiben lassen, er setzte 50 Pfennig aus für die beste Leistung und dann abgestuft, 20 Pfennig und 10. Ich war immer dabei, mit Begeisterung, mochte im Grunde gern lernen. Aber oft waren meine Gedanken ganz woanders.

Und wo warst du in der Lehre?
Auf der Lürssen-Werft in Vegesack. Ich wurde Schiffsmaschinenschlosser. Und dann bin ich also über die Werft zur Marine-Hitlerjugend gekommen, die Marine-HJ ist dann meine Heimat geworden, da hab ich also beinahe Tag und Nacht zugebracht, zu Hause war ich nur noch selten. Mit vielen Freunden und Kameraden haben wir unsere Boote, unsere Kutter, in Schuss gebracht, uns Kupferbleche besorgt, gezimmert, Segel geflickt, kalfatert und dafür gesorgt, dass die Boote durch den Winter kamen. Und im Frühling ging es los. Da haben wir dann entweder gesegelt oder gepullt. Das hat mir gut getan, ich hab da sehr viel Kraft bekommen. Ich hatte natürlich immer Hunger, hatte aber schon etwas Geld und hab mir mal was zu essen gekauft. Ich bekam ja auch fünf Mark Lehrlingsgeld pro Woche, die musste ich meinem Vater allerdings bis auf eine Mark Taschengeld abgeben.«

Der junge Günther Nette, der immer hungrige und wissbegierige Sohn einer Mutter, die Dienstmädchen aus Ostfriesland gewesen war, hatte zwar vor allem gute Verbindungen zum sozialdemokratisch-kommunistsischen Milieu seiner Onkel und Tanten mütterlicherseits gehabt. Aber die NS-Zeit bot ihm, dem Kind aus armem

Lürssen-Werft in Vegesack 1939, am Ufer zwei Schnellboote

Hause, Abenteuer, Selbstverwirklichung und Kameradschaft in der Marine-HJ. Was er erlebte, war Gemeinschaft im guten Sinne, dazu Abstand zu seinem Vater und der bösen Stiefmutter. Das war zwar in mehrerer Hinsicht widersprüchlich, denn die für ihn erst einmal so hilfreiche NS-Gesellschaft manifestierte sich ja auch in seinem verhassten Vater Bruno Nette, der ein entscheidender Vertreter des Nazis-Terrors in Bremen wurde. Konnte der junge Günther diese Widersprüche nicht erkennen? Und die Verfolgung der Juden? Offensichtlich kümmerte sie ihn nicht. Später, als junger Student, schlief er unter einem Hitler-Foto. Das NS-System bot dem jungen Mann die Chance zum sozialen Aufstieg, selbst im Krieg. Er konnte ohne Abitur und nur aufgrund persönlicher Tapferkeit sogar Offizier werden, etwas, was im Kaiserreich und in der Weimarer Republik mit dem überkommenen Standesdünkel völlig undenkbar gewesen wäre. Dass das Regime Kanonenfutter benötigte, bestätigte nur die schreckliche Widersprüchlichkeit, die sich dem jungen Mann erst spät und dann nur zum Teil erschloss, zu deprimierend schienen die an sich notwendigen Konsequenzen gewesen zu sein. Was ihm letztlich bis an sein Lebensende blieb, war eine tief versteckte Scham, mitgemacht zu haben, aber auch die Selbstentlastung, als Junge keine Schuld auf sich geladen zu haben. »Wir waren viel zu jung, als Hitler an die Macht kam, war ich zwölf Jahre alt!« Vor allem aber blieb ihm ein Leben lang das nagende Gefühl, selbst betrogen worden zu sein, einer betrogenen Generation anzugehören. Seinen Vareler Cousins und seinem Bruder wird es nicht anders ergangen sein.

Drei Konstanten in seinem Leben blieben: Die Liebe zu seiner Mutter, der Zorn und der Hass auf seinen Vater und auf die böse Stiefmutter mit all den schlimmen psychischen Folgen und der Ehrgeiz, voranzukommen und es allen zu zeigen.

Günther Nette (2002): »Und ich wollte nach der Lehre zur Ingenieursschule. Dann hab ich meinen Vater schließlich so weich geklopft, dass er gesagt hat, gut, ich werde dich unterstützen. Und zwar hat er das deswegen gemacht, weil ein Gestapo-Kollege auch einen Sohn hatte, der zur Ingenieursschule gegangen war. Da wollte mein Vater nun nicht nachstehen. Da hat er mir das versprochen und hat es auch gehalten.

Bernhard Nette: Was hast du damals auf der Werft gelernt?

Ich hab bei kleinen Schiffen den Motor auswechseln oder reparieren müssen. Bei großen Schiffen, wir haben Schnellboote und sowas gebaut, da hab ich also die großen Motoren, die von MAN kamen, mit einbauen dürfen, da musste ich mit so einem Stahlschaber die unebenen Stellen auf den Fundamenten für den Motor wegschaben, das war eine sehr harte Arbeit. Dann hab ich auch eine Zeitlang in der Schmiede gearbeitet, hart zuschlagen müssen, eine sehr schmutzige Arbeit, aber ich hab da was gelernt. Dann war ich in der Kupferschmiede, da wurden solche Rohre gebogen, die wurden mit Pech gefüllt und dann warmgemacht, erst mal gebogen und dann wurden die Falten so wieder rausgehämmert, die mussten ganz faltenfrei sein, das waren die Auspuffrohre. Dann hab ich Wasserleitungen mit gebaut, Bipolar, das war damals so ein Kunstwerkstoff, wurde für Wasserleitungen auch an Bord gebraucht. Och, ich bin eigentlich überall rumgekommen. Vor allen Dingen bin ich auch an Maschinen gekommen, ich hab an der Drehbank das Drehen gelernt, Fräsen, das war schon wichtig. Dann kam die Zeit, wo ich das Gesellenstück zu machen hatte.

Was musstest du da herstellen?

Das war so ein komplizierter Hebelmechanismus, nach einer Zeichnung Teile herstellen, z.B eine Feder ziehen und drehen und dann härten, die musste genau passen und die richtige Spannung haben, damit dieser ganze Mechanismus gut funktionierte. Naja, die Prüfung hab ich dann hinter mich gebracht, und dann kam auch schon das Jahr 1938. Da bin ich noch weiter in der Marine-HJ gewesen. Ich hab dann, weil ich gut zeichnen konnte, auf einer größeren Werft in Bremen als Zeichner gearbeitet, Sehrohre für U-Boote zeichnen, nichts Bedeutendes. Und, ja, dann war es schließlich soweit, dass ich zur Ingenieursschule wollte. Also, erst mal hab ich ein Probesemester machen müssen, weil ich die Mittelschule ja nicht ganz zu Ende gebracht hatte, da hab ich mich ordentlich am Riemen gerissen, das hat mir Spaß gemacht. Obwohl ich früher in der Schule in Mathematik eher eine Sechs gekriegt hatte, hat es mir jetzt Spaß gemacht. Ich bin dann nachher sogar Mathematiker geworden. Erstaunlich, nicht? Jedenfalls kriegte ich tatsächlich die Aufnahme in die Ingenieursschule hin und kam in das erste Semester, mit 17¾ Jahren.

Aber ich durfte immer noch nicht studieren, jetzt von Staats wegen nicht, denn ich musste erst den Arbeitsdienst ableisten.«

Die Widersprüche in der Nazi-Gesellschaft, hier erlebte er sie zum ersten Mal hautnah und jetzt nicht mehr im familiären Rahmen, sondern »von Staats wegen«.

Himmelstoß im Reichsarbeitsdienst

Der gebürtige Osnabrücker Schriftsteller Erich Maria Remarque veröffentlichte 1929 seinen Weltkriegs-Roman »Im Westen nichts Neues«. Innerhalb weniger Monate wurden in Deutschland 1,2 Millionen Exemplare verkauft. Remarque machte die Figur des Unteroffiziers Himmelstoß, im Zivilleben ein Briefträger, unsterblich. Der Prototyp des sadistischen Rekrutenschleifers blieb im Gedächtnis vieler, vor allem männlicher Leser haften. Besonders beliebt war die Racheaktion der Rekruten, unmittelbar bevor sie an die Front mussten.

»Wir wussten, in welcher Kneipe er jeden Abend saß. Wenn er von dort zur Kaserne ging, musste er durch eine dunkle, unbebaute Straße. Dort lauerten wir ihm hinter einem Steinhaufen auf. Ich hatte einen Bettüberzug bei mir. Wir zitterten vor Erwartung, ob er auch allein sein würde. Endlich hörten wir seinen Schritt, den kannten wir genau, wir hatten ihn oft genug morgens gehört, wenn die Tür aufflog und ›Aufstehen!‹ gebrüllt wurde. (...) Da blitzte schon sein Koppelschloss. Himmelstoß schien etwas angeheitert zu sein; er sang. Ahnungslos ging er vorüber. Wir fassten das Betttuch, machten einen leisen Satz, stülpten es ihm von hinten über den Kopf, rissen es nach unten, so dass er wie in einem weißen Sack da stand und die Arme nicht heben konnte. Das Singen erstarb. Im nächsten Moment war Haie Westhus heran. (...) Er stellte sich genussreich in Positur, hob den Arm wie einen Signalmast, die Hand wie eine Kohlenschaufel und knallte einen Schlag auf den weißen Sack, der einen Ochsen hätte töten können. Himmelstoß überschlug sich, landete fünf Meter weiter und fing an zu brüllen. Auch dafür hatten wir gesorgt, denn wir hatten ein Kissen bei uns. Haie hockte sich hin, legte das Kissen auf die Knie, packte Himmelstoß da, wo der Kopf war, und drückte ihn auf das Kissen. Sofort wurde er im Ton gedämpfter. Haie ließ ihn ab und zu mal Luft schnappen, dann kam aus dem Gurgeln ein prachtvoller heller Schrei, der gleich wieder zart wurde. Tjaden knöpfte jetzt Himmelstoß die Hosenträger ab und zog ihm die Hosen herunter. (...) Es war ein wunderbares Bild: Himmelstoß auf der Erde, über ihn gebeugt, seinen Kopf auf den Knien, Haie mit teuflisch grinsendem Gesicht und vor Lust offenem Maul, dann die zuckende, gestreifte Unterhose mit den X-Beinen, die in der herunter geschobenen Hose bei jedem Schlag die originellsten Bewegungen machten, und darüber wie ein Holzhacker der unermüdliche Tjaden. (...) Endlich stellte Haie Himmelstoß wieder auf die Beine und gab als Schluss eine Privatvorstellung. Er schien Sterne pflücken zu wollen, so holte seine Rechte aus zu einer Backpfeife. Himmelstoß kippte um. Haie hob ihn wieder auf, stellte ihn sich parat

Reichsarbeitsdienst, vorne Günther Nette, 1939

und langte ihm ein zweites, erstklassig gezieltes Ding mit der linken Hand. Himmelstoß heulte und flüchtete auf allen Vieren. Sein gestreifter Briefträgerhintern leuchtete im Mond. Wir verschwanden im Galopp. (...) Er hat nie herausgekriegt, wem er die Sache verdankte.«[7]

1938 traf Günther Nette beim Reichsarbeitsdienst auf seinen Himmelstoß.

Günther Nette (2002): »In der Nähe von Bremervörde, Oldendorf hieß das Nest, da war so ein Waldlager vom Reichsarbeitsdienst mit Baracken für ungefähr 180 junge Männer. Wir haben da einen Unterführer gehabt, das war ein verkrachter Seemann, der wollte seine Machtgelüste austoben, das konnte er dort auch. Überall unter Hitler konnte, wer Machtgelüste hatte und in die richtige Stellung kam, sich austoben. Und da hat er unsere ganze Stube getriezt. Wir haben z.B. Stiefel gehabt, die waren so hart, nicht wahr, dass man mit dem Hammer drauf schlagen konnte, die kriegtest du nicht weich. Wir sollten sie weich machen. Putz- und Flickstunde, ähhh, nee, geht nicht, bis das hier wehtat, die Haut. Der wollte uns triezen, ja. Oder er guckte in irgendeinen Spind rein und riss alles raus. Dann hat er uns nachts rausgeholt, Koppel um das Nachthemd, Helm auf, wir hatten schon Stahlhelme, und dann waren da Bäume, so Kiefern, da mussten wir raufklettern ›Auf die Bäume, ihr Affen!‹, hat er denn gebrüllt, ›und nun singt mal: Vom Himmel hoch, da komm ich her.‹ Und denn

7 Remarque 1928, S. 51-54.

haben wir gesagt: Warte, das zahlen wir dir heim, uns behandeln wie den letzten Dreck, da hast du dich aber verrechnet! Und dann wussten wir, er hatte eine Freundin da irgendwo im Dorf, und kam dann immer so ein bisschen weinselig wieder zurück und sang vor sich hin. Und er hatte ja länger Ausgang als wir, wir mussten um zehn immer da sein, und er konnte um zwölf nach Hause kommen. Dann kam der Unterführer rein ins Lager. Es war schon dunkel. Im Schatten der Bäume haben wir uns verteilt. Und einer von uns hatte einen großen Kohlensack aufgetrieben, und dann sind wir ihn von hinten angesprungen, Kohlensack rüber, und dann hat er Senge gekriegt, aber nicht nur mit den Fäusten, da sind auch Knüppel dabei gewesen. Der war lazarettreif, fast. Den haben wir da liegengelassen, der hat kaum noch gewimmert. Den Kohlensack haben wir ihm abgenommen, schnell, und sind verschwunden. Uns konnte man nix beweisen.«

Merkwürdig, die beiden Szenen ähneln sich in Anlage und vielen zentralen Einzelheiten. Die Himmelstoßszene hatte sich in das kollektive Gedächtnis der beiden Generationen, die den Ersten und den Zweiten Weltkrieg erlebt haben, so tief eingegraben, dass sie später als eigenes Erleben erinnert wurde. Remarques Buch, das die Nazis dem Feuer übergeben hatten, konnte so weiter seine Wirkung entfalten. Die Himmelstoß-Szene stand für das nachträgliche Verlangen ganzer Landser-Generationen, nicht nur Untertan gewesen zu sein, sondern es den Schleifern auch mal richtig heimgezahlt zu haben, wenn auch nur ganz im Geheimen. Die entlastende Prügelsuppe à la Don Quichotte als literarischer Wachtraum.

Und Bruno Nette? Auch ein kleiner Himmelstoß? Findet sich hier die Antwort auf die Frage, warum er so werden konnte, wie er nun einmal wurde? Erst Schliff beim Militär, dann selber Unteroffizier und Schleifer und geheimer Feldpolizist? Ein bisschen Macht als Schutzmann, dann mehr Macht als »Kriminaler« und schließlich Herr über andere Menschen, über deren Arbeitsplätze, deren Gesundheit, über ihre Ehen und ihre Kinder und schließlich über ihr Leben und ihren Tod? Nicht zu vergessen die familiäre Macht über die eigenen Kinder und die Ehefrau?

Träumte auch er ganz im Geheimen davon, seinen Peinigern beim Militär und seinen Vorgesetzten bei der Polizei und bei der Gestapo ein erstklassig gezieltes Ding zu verpassen? Wie Sterne pflückend seine Rechte auszuholen zur gewaltigen Backpfeife? Und wurde es dann doch nur seine Rache an den wehrlosen Menschen, die der allmächtige Nazi-Staat ihm vor die Füße warf? Statt es den Himmelstoßens des Deutschen Reichs mal ordentlich und voller Mannesmut zu zeigen, begann der fanatisierte Kleinbürger Bruno Nette, die jüdischen Mitbürger, Männer und Frauen, vom Säugling bis zum Greis, zu quälen. Ein gehorsamer Diener. Elend! Und wie feig.

»Der Umgangston Nettes uns gegenüber«, berichtete 1948 der ehemalige bremische Leiter der »Reichsvereinigung der Juden in Deutschland«, Karl Bruck, »war der eines preußischen Feldwebels«.[8]

---

[8] Aussage von Karl Bruck am 22. Juni 1948. SAB, 4, 66-I, Akte Bruno Nette, 1887/12/22, Blatt 137 (blau notiert).

Kapitel 5: Von der Kriminalpolizei zur Gestapo

Er war wie sie

Will man Bruno Nette, meinen obrigkeitshörigen Großvater, politisch und persönlich verstehen, ja, will man ihn ernst nehmen, so muss man noch einmal zum Ersten Weltkrieg zurückgehen. Sollte ein kleiner Polizist, der im Weltkrieg seine Unteroffiziersknochen hinhalten musste, es besser wissen als ein großer Teil der Elite seines Landes?

Das Deutsche Kaiserreich hatte sich als Staat verstanden, in dem Recht und Ordnung zu herrschen hatten und das sich außenpolitisch seinen Platz an der Sonne erkämpfen wollte. Die herrschende Elite aus Adel und Großbürgertum schwankte zwischen Hybris angesichts der schnellen und staunenswerten Entfaltung Deutschlands auf wirtschaftlichem, wissenschaftlichem, kulturellem und militärischem Gebiet und einem tiefsitzenden, aus langer geschichtlicher Erfahrung herrührenden Unterlegenheitsgefühl gegenüber den etablierten Weltmächten. Beides zusammen führte zu der im Bürgertum weit verbreiteten Überzeugung von der geschichtlichen Sonderrolle Deutschlands in der Welt und zur Ablehnung des westlichen Parlamentarismus.

In seiner großbürgerlichen Münchener Villa beschwor der spätere Literatur-Nobelpreisträger Thomas Mann die erotisch berauschte Unterwerfung des deutschen Geistes unter die »Macht«.[1] Er verherrlichte mitten im Ersten Weltkrieg in seiner – 1919 erschienenen – antiaufklärerischen Streitschrift »Betrachtungen eines Unpolitischen« das, was er als deutsches Wesen ansah. Das deutsche Volk dürfe niemals im »Glauben an die Gerechtigkeit seiner Weltansprüche« wanken. »Ich bekenne mich tief überzeugt, dass das deutsche Volk die politische Demokratie niemals wird lieben können, aus dem einfachen Grunde, weil es die Politik selbst nicht lieben kann, und dass der vielbeschriene ›Obrigkeitsstaat‹ die dem deutschen Volk angemessene, zukömmliche und von ihm im Grunde gewollte Staatsform ist und bleibt.«[2] Ein erbitterter Kampf der tiefen deutschen Kultur gegen die flache welsche Zivilisation finde statt, ein Kampf auf Leben und Tod. »Der Unterschied von Geist und Politik enthält den von Kultur und Zivilisation, von Seele und Gesellschaft, von Freiheit und Stimmrecht, von Kunst und Literatur; und Deutschtum, das ist Kultur, Seele, Freiheit, Kunst und *nicht* Zivilisation, Gesellschaft, Stimmrecht, Literatur.«

Der Unterschied »von Seele und Gesellschaft« ... Ach, das gute deutsche Bürgertum, ob es nun in der Maske des feingeistigen Dichters auftrat oder in der des akkuraten Juristen, hatte es nun einmal mit »der« Seele. Wie drückte sich jener unselige Jurist, Judenhasser und Staatssekretär im Reichsinnenministerium, Wilhelm

[1] Mann 1919, S. XXVII.

[2] Ebd., S. XXXIIf.

Stuckart[3] sich noch aus? Die blutmäßige Vermischung mit dem Judentum führe zur Zerreißung der deutschen Seele. Sein Mitarbeiter, der »Rassereferent im Innenministerium« Bernhard Lösener, verfasste eine Durchführungsverordnung und war 1937 Mitverfasser eines Standard-Kommentars zu den rassistischen Gesetzen. Diese rational juristische Verwaltung des Inhumanen und Irrationalen wurde für die Gestapo und damit auch für meinen Großvater zur offiziellen Standardlektüre.

Die Starjuristen, aber auch die Stardichter, sie alle faselten hochgemut von »deutscher Seele«. Und die früheren Unteroffiziere und späteren Gestapo-Judenreferenten? Studierten die Kommentare und machten bereitwillig die Drecksarbeit. Von »Seele« redeten sie nicht, aber sie verstanden den mörderischen Kern.

Hätte Thomas Mann, wenn er dem Unteroffizier und Geheimen Feldpolizisten Bruno Nette begegnet wäre, diesen als Ausbund deutscher Kultur, deutscher Seele, deutscher Freiheit gar betrachtet? Und umgekehrt: Wäre es Bruno Nette zuzumuten gewesen, es besser zu wissen als der weltberühmte Dichter? Und wäre ihm zuzumuten gewesen, es später, im Zweiten Weltkrieg, besser wissen zu können als die jugendlich frischen Top-Juristen im Reichsinnenministerium und mörderischen Verwaltungshengste im Reichssicherheitshauptamt? Schwierige Fragen des Enkels!

Doch! Ja, es wäre ihm zuzumuten gewesen! Allen wäre es zuzumuten gewesen. Die Verwandten von Brunos Ehefrau waren ja auch gegen die Inhumanität der vaterlandsbesoffenen Nationalisten und später der Nazis bis zu einem gewissen Grade gefeit. Und auch ein Thomas Mann fand nach dem Ersten Weltkrieg zurück zum bürgerlichen Humanismus und wurde sogar einer der großen deutschen Antifaschisten, der 1944 – selbst kein Kommunist oder gar Stalinist – den Antibolschewismus, von dem der Faschismus so lange gelebt habe, zur »Grundtorheit unserer Epoche« erklärte.

Bruno Nette mag sich wenig um die ideologische Überhöhung des Deutschen Kaiserreichs gekümmert haben, aber er blieb in seinem wilhelminischen Polizistenhirn den Unteroffiziers-Idealen treu: Gehorsam gegenüber der Obrigkeit und den Gesetzen, dazu ein freudig untertäniger Hass auf die vaterlandslosen Gesellen der Sozialdemokratie. Das alles hatte er sicherlich schon bei den Ulanen gelernt. Was noch fehlte, war der völkische Hass auf die Juden. Den mag er sich im Baltikum bei der Abwehr des »jüdischen Bolschewismus« am Ende des Ersten Weltkrieges geholt haben, eine lebenslange Infektion, an der nicht nur der zukünftige Judenreferent erkrankte, sondern so viele andere mit ihm.

---

[3] Wilhelm Stuckart, geboren 1902, mit 17 Jahren Mitglied des Freikorps von Epp, Mitglied der NSDAP seit 1922, Staatssekretär im Reichsinnenministerium, Mitverfasser der Nürnberger Rassengesetze und 1936 zusammen mit Hans Globke Autor des »*Kommentars zur deutschen Rassengesetzgebung*«. Als einer der zentralen Planer und Organisatoren der »Endlösung der Judenfrage« wurde er 1947 im Wilhelmstraßenprozess von US-Richtern als Kriegsverbrecher verurteilt, wenn auch nur zu drei Jahren, zehn Monaten und 20 Tagen Haft, was genau seiner Haft ab seiner Festnahme im Mai 1945 entsprach. Zum Prozessende war er frei. Der als »ardent Jew-hater« verurteilte Kriegsverbrecher wurde 1950 von deutschen Behörden als »Mitläufer« eingestuft – er musste 500,- DM Strafe zahlen.

Es gab auch andere Stimmen. Heinrich Mann, die geschmähte Zielfigur seines Bruders Thomas in dessen »Betrachtungen eines Unpolitischen«, verfasste noch vor dem Ersten Weltkrieg seinen Roman »Der Untertan«. »Mit der Figur seines ›Helden‹ Diederich Heßling hat er – wir gebrauchen seine Worte – ›die Vorgestalt des Nazi‹ enthüllt, der das Zeitalter für Jahrzehnte prägen würde.«[4]

Diederich Heßling darf am Schluss des Romans im Jahr 1914 ein Kaiser-Ehrenmal einweihen. Der Höhepunkt seiner Untertanenkarriere! In seiner Rede setzt er »die Seele des deutschen Wesens« – hier war sie wieder, die »Seele« – mit der »Verehrung der Macht, der überlieferten und von Gott geweihten Macht, gegen die man nichts machen kann«, gleich. Dann aber erlebt Diederich Heßling ein himmlisches Strafgericht. Ein Gewitter tobt heran und verwüstet den staatstragenden Festakt. Die hölzerne Zuschauertribüne bricht zusammen. Diederich erblickt von seinem Rednerpult aus das, »was über alle Begriffe war: das Gehege, das schwarzweißrot behangene rund um den Volkspark, zusammengebrochen, nieder gelegt durch das Gewicht der auf ihm Lastenden, und dann dies Drunter und Drüber, dies Umeinanderkugeln, Sichaufhäufen und Abrutschen, dies Kopfstehen und Dem-anderen-sich-ins-Gesicht-Setzen – und dies Gefegtwerden von den Peitschen der Höhe, unter Strömen Feuers, diesen Kehraus, wie der einer betrunkenen Maskerade, Kehraus von Edel und Unfrei, vornehmstem Rock und aus dem Schlummer erwachtem Bürger, einzigen Säulen, gottgesandten Männern, idealen Gütern, Husaren, Ulanen, Dragonern und Train!«[5]

Der wilhelminische Staat ging hier erst einmal literarisch unter. Noch war es nur eine satirische Vision.

Aber mit dem Ersten Weltkrieg fegten tatsächlich die apokalyptischen Reiter, die Heinrich Mann vorausgesehen hatte, heran. Die alte Ordnung löste sich auf, eine Ordnung, in der auch Bruno Nette groß geworden war und in deren Dienste einzutreten er sich gerade angeschickt hatte.

In der Zeitspanne von 1909 bis 1945 spielte sich ein Großteil von Bruno Nettes beruflichem und privatem Leben ab, das scheinbar so geordnet und kleinbürgerlich abgesichert begonnen hatte und zum Schluss, nach zwei Weltkriegen, mit seiner privaten Brutalität und seiner persönlichen Teilnahme an den Menschheitsverbrechen der Nazis endete. Da hatte er längst alles verloren, seine Ehre, seine Würde, sein Menschentum. Die Sieger, die britischen Befreier, sperrten ihn ein wie ein wildes Tier.

Aber gegen all die Theoretiker des deutschen Sonderweges, des Hasses auf die »fremdvölkischen« Polen mit ihrer »polnischen Wirtschaft«, auf die »Horden des russischen Kolosses«, auf die »degenerierten Franzosen« und auf das »perfide Albion«, all die Rauner von deutscher Sendung, deutschem Sonderweg, deutscher Überlegenheit und der unsterblichen deutschen Seele, was war Bruno Nette gegen

---

[4] Alfred Kantorowicz, Heinrich Mann. Der Untertan. Zeit online, 16.3.1979, www.zeit.de/1979/12/der-untertan (letzter Abruf 2.2.2017).

[5] Heinrich Mann 1964, S. 361.

diese Kakophonie der Hurra-Imperialisten 1914 bis 1918? Ein Mitläufer war er. Einer von Millionen. Zum Schluss freilich bereits ein Greifer mit der Kette seines Staates um den Hals. Ein besonders gefährlicher Untertan.

Und später? Im Zweiten Weltkrieg? Was war der kleine Kriminalobersekretär in Gestapodiensten Bruno Nette gegen die Revanche- und Vernichtungskrieger, gegen all die mörderischen Ostraum- und Westraumplaner, Umsiedler, die Kindermörder und Kinderdiebe, die Unwertesleben-Erklärer und Unnütze-Fresser-Totmacher, was war er gegen all die KZ-Architekten und Ostraum-Professoren, gegen all die Menschenversuchsärzte und Völkerausplünderer und all die Judenwürger mit dem Strick, der Kugel, den Auspuffgasen, dem scharfgeschliffenen Spaten und dem Zyklon B – was war Bruno Nette gegen diese radikalisierte, noch in tausend Jahren verfluchte Bande? Wieder ganz kleines Karo? Ein ganz unbedeutendes, ein gehorsamst blakendes Licht?

So hätte er es gern gehabt. Hinterher.

Nix da.

Er war wie sie. Und sie waren wie er.

Der Kriminalpolizist

1918 geschah er, der große Kehraus von Husaren, Ulanen, Dragonern und Train. Schluss mit dem Geheimen Feldpolizisten und den blitzenden Unteroffizierslitzen.

Wer wollte bestreiten, dass der junge Bremer Schutzmann Bruno Nette 1913 nicht ansatzweise den Vorsatz hatte, dereinst den Höllenfeuern von Minsk, Theresienstadt und Auschwitz die jüdischen Opfer aus Bremen zuzutreiben? Das hätte auch er sich in seinen schlimmsten Albträumen nicht vorstellen können. Freilich, Tote hatte er im Ersten Weltkrieg genug gesehen. Blut und Leid, Zerstörung und Tränen und immer wieder sinnlose Gewalt. Dazu der eigene Schmerz, eigene Wunden, eigenes Blut. Hatten sich hier die Ringe um sein Herz gelegt, dreifach aus Eisen? Die geheime Furcht und all die schlechten Träume und die zutiefst beunruhigenden Angstattacken mögen ihn fortan begleitet haben. Er war gerade mal 31 Jahre alt, als er nach Bremen zurückkehrte.

1920 war er wieder Schutzmann, bald darauf wurde er zur Bremer Kriminalpolizei versetzt. Darauf war er stolz. Über seine Arbeit sagte er 1947: »Ich habe, solange ich in Bremen bei der Kriminalpolizei tätig war, vornehmlich das Dezernat für Kapitalverbrechen (Mord, Totschlag, Raub, Erpressung, Einbruchdiebstahl und Falschmünzerei) bearbeitet.«[6] Er konnte mit Verbrechern, die er jagte, auch mal, wie er behauptete, ein Bierchen trinken.

Seine Vorgesetzten hielten ihn für einen außerordentlich befähigten Kriminalbeamten. Sein damaliger Vorgesetzter, Kriminalrat Meyer, bestätigte: »Nette war

6 Aussage Bruno Nette am 7. Mai 1947 im Zivilinterniertenlager Fallingbostel. SAB, 4, 66-I, Akte Bruno Nette, 1887/12/22, Blatt 3/11.

in der Abteilung Kapitalverbrechen mein bester Mitarbeiter.« Er sei ein Philantrop gewesen, »und über die Intelligenz war auch die Treue bei ihm vorbildlich«.[7]

Wie erlebte der ehemalige Weltkriegssoldat die Anfänge der Weimarer Republik? Im katastrophalen Jahr 1923 war sein erstes Kind noch nicht ganz zwei Jahre alt, seine Frau schon wieder schwanger, die drei Menschen lebten in einer kleinen Mietwohnung. Nur 16 Jahre später, 1939, und doch bereits in einer völlig veränderten Welt, schrieb der 32-jährige Sebastian Haffner (1907-1999) im Londoner Exil über dieses Jahr 1923:[8]

»Einer ganzen deutschen Generation ist damals ein seelisches Organ entfernt worden: ein Organ, das dem Menschen Standfestigkeit, Gleichgewicht, freilich auch Schwere gibt, und das sich je nachdem als Gewissen, Vernunft, Moral oder Gottesfurcht äußert. Eine ganze Generation hat damals gelernt – oder zu glauben gelernt –, dass es ohne Ballast geht. (…) Kein Volk der Welt hat etwas erlebt, was dem deutschen ›1923‹-Erlebnis entspricht. Den Weltkrieg haben alle erlebt, die meisten auch Revolutionen, soziale Krisen, Streiks, Vermögensumschichtungen, Geldentwertungen. Aber keins die phantastische, groteske Übersteigerung von alledem auf einmal, die 1923 in Deutschland stattfand. Keins diesen gigantischen karnevalistischen Totentanz, dieses nicht endende blutig-groteske Saturnalienfest, in dem nicht nur das Geld, in dem alles entwertet wurde.« Damals sei das entstanden, was dem Nazismus seinen Wahnsinnszug gab: die kalte Tollheit, die hochfahrend hemmungslose, blinde Entschlossenheit zum Unmöglichen; die Auffassung, dass »Recht ist, was uns nutzt«, und »Das Wort unmöglich gibt es nicht«. Offenbar, so der junge Haffner, lägen Erlebnisse dieser Art jenseits der Grenzen dessen, was Völker ohne seelischen Schaden durchmachen können.

Dies traf wohl auch auf Bruno Nette zu, den Angehörigen der Weltkriegsgeneration, noch mehr jedoch auf seinen späteren Gestapo-Chef Erwin Schulz aus der wilden, nur wenige Jahre jüngeren Generation der Weltkriegsjugend. Auf ihn wird noch zurückzukommen sein.

1936 wurde der vorbildliche Polizist Bruno Nette in die bremische Exklave Vegesack an der Mündung des Flüsschens Lesum in die Weser versetzt. Der bedeutende Fischereihafen und die aufstrebende Industrie- und Schiffsbauregion verlangte, so werden die Bremer regierenden Nazis gedacht haben, einen tüchtigen bewährten Kriminalbeamten. Drei Jahre später, also 1939, wurde Vegesack mit bisher preußischen Gemeinden zusammengelegt und bildet seitdem einen neuen, mit Bremen direkt zusammenhängenden nördlichen Stadtteil.

---

7 Kriminalrat Meyer (pensioniert): Aussage vor der Spruchkammer Bremen. Vgl.: Spruch der 1. Spruchkammer Bremen gegen Bruno Nette, 15.3.1949. SAB, 4, 66-I, Akte Bruno Nette, 1887/12/22, Blatt 2.

8 Haffner 2002, S. 54f.

In Vegesack war er der alleinige Kriminalbeamte, leistete aber bereits Amtshilfe für die Bremer Gestapo.[9] Viel riskieren im Beruf wollte er nicht mehr und er wollte auch auf keinen Fall seine Pensionsansprüche verlieren, wie er später aussagte. Das hatte er erlebt, andere Kollegen, Sozialdemokraten zumeist, waren gleich im März 1933 aus dem Dienst geworfen worden. Viele der »Blauen«, der Schutzpolizisten mit Einzeldienst in den Revieren, waren ja gewerkschaftlich organisiert gewesen. Der Leiter der Polizei-Gewerkschaft (Landesverband bremischer Polizeibeamter) war der mit ihm fast gleichaltrige Polizeimeister Franz Noch gewesen. Die Gewerkschaft hatte u.a. »die völlige Entmilitarisierung der Exekutivpolizei und Verwendung der Polizei lediglich als Hüter der Ordnung und zur Durchführung und Aufrechterhaltung der Staatsgesetze« gefordert.[10]

Und dann, 1933, war er weg vom Fenster, der Franz Noch! Entlassen als Polizeibeamter aufgrund des § 4 des Gesetzes zur Wiederherstellung des Berufsbeamtentums! Dass dieser Franz Noch 1945 zum Leitenden Polizeidirektor befördert werden und von 1947 bis 1951 die Bremer Polizei als Leitender Polizeidirektor sogar führen würde, konnte doch niemand ahnen. Bruno Nette jedenfalls nicht. Die meisten Sozialdemokraten und natürlich die Kommunisten, die man gleich 1933 verhaftet hatte, das wusste Bruno Nette selbstverständlich, kamen in das berüchtigte Lager auf dem Gelände der Firma Mißler (bis September 1933) und wurden von der SS schwer misshandelt. Franz Noch selber wurde später, nach dem Bombenanschlag auf Adolf Hitler am 20. Juli 1944, in das gefürchtete Arbeitslager Farge eingeliefert.

Das hatte er nun davon, wird sich Bruno Nette gedacht haben, was mischte sich der Sohn eines Arbeiters auch in die Politik ein?

Aber er, Bruno Nette! Auf ihn warteten in der zweiten Hälfte seines Berufslebens noch einmal große Aufgaben. Eine alles überschäumende Nazi-Propagandawelle bündelte seine katastrophalen Lebenserfahrungen. Ein Führerstaat entstand, der den Katastrophen nachträglich ein in doppeltem Sinn aufhebendes Ziel gab, das nicht nur den Polizisten Bruno Nette tief befriedigte! Ein Staat, der denen, die wie er mittaten, ungeahnte Macht über Menschen gab!

Der Zug, mit dem die Bremer Juden 1941 nach Minsk fahren mussten, wurde, so der Überlebende Martin Spanier, »begleitet von der Bremer Schutzpolizei, die sich sehr human verhielt«:[11] Offensichtlich hatte sich die Bremer Schutzpolizei auch 1941 noch nicht ganz den verrohten Gebräuchen der SS angeglichen. Das galt allerdings nur solange, wie ihre Mitglieder nicht selber bei Massenmordaktionen »im Osten« eingesetzt wurden, wie das Reserve-Polizei-Bataillon 101, das sich aus Hamburger Ordnungspolizisten zusammensetzte und an der Ermordung von min-

---

[9] Diese und die folgenden Informationen beruhen auf: Office of Military Government for Bremen, Denazification Division, Bericht des alliierten Investigators vom 28. Juni 1948. SAB, 4, 66-I, Akte Bruno Nette, 1887/12/22, Blätter 99/1ff.

[10] Schneider 2011, S. 64.

[11] Martin Spanier, Bericht 1986 an Günther Rohdenburg, in: Rohdenburg 2009, S. 49.

Polizisten des Bremer Reservebataillons 105 brennen 1941 bei Leningrad ein Dorf nieder

destens 38.000 Juden in Polen direkt beteiligt war:[12] Diese »ganz normalen« Polizisten gewöhnten sich sehr schnell an ihre grauenhafte »Arbeit«.

Auch die beiden Bremer Polizeibataillone 105 (Aufstellung 1939) und 303 (Aufstellung 1940) beteiligten sich an dem Niederbrennen von russischen Dörfern (»Partisanenbekämpfung«) und besonders aktiv an der Vernichtung der europäischen Juden, wie Karl Schneider in seinem 2011 erschienenen Buch »Auswärts eingesetzt« akribisch nachweist. Die Offiziere bestanden aus aktiven Polizeibeamten oder bewährten Polizeireservisten, während die Mannschaften Wehrpflichtige der Jahrgänge 1909 bis 1912 waren. Das Bataillon 303 zog 1941 eine blutige Spur quer durch die Ukraine und beteiligte sich am 28./29. September 1941 am Massenmord an Juden in der Schlucht von Babi Jar nahe Kiew. Sie halfen, die 33.771 Männer, Frauen und Kinder, die entsprechend der akribischen Zählung der deutschen Mörder erschossen wurden, aus den Häusern zu treiben und zur Schlucht zu jagen.

Offensichtlich erfuhren auch die braven Bremer Schutzpolizisten, die als Begleitmannschaften in den Zügen nach Auschwitz mitfuhren, bereits 1942, was mit den Juden passierte. »Obwohl allen im Bataillon klar war, dass die Juden in Auschwitz ermordet wurden, begleiteten sie weitere Transporte, wenn auch teilweise auf Anordnung. Die meisten lockten die Erholungstage und der ›Erholungswert‹.«[13]

Nur der Bremer Judenreferent selber, mein Großvater Bruno Nette, wusste angeblich von rein gar nichts. Hinterher.

Einige der Bremer SS-Schläger wurden zur Gestapo und zur Kriminalpolizei versetzt, was den gestandenen Kripo-Beamten Bruno Nette nach eigenem Bekunden dann auch wieder ärgerte. Sie seien völlig inkompetent gewesen. Sie seien – so

[12] Browning 2009.

[13] Ebd., S. 351.

würde man heute sagen – uniformgeile Schlägertypen gewesen, die auch Mutter und Vater umgebracht hätten, wenn man es ihnen befohlen hätte.

War Bruno Nette also anders als die SS-Typen? Der bessere Polizist?

Vergleichen wir zwei fast gleichaltrige Polizisten in Bremer Diensten: Bruno Nette und Franz Noch. Beide aus ähnlichen sozialen Schichten stammend. Beide ehemalige Soldaten aus dem Ersten Weltkrieg. Beide bereits kurz vor dem Ersten Weltkrieg bremische Schutzmänner. Beide in den Krieg befohlen, der eine als Husar, der andere als Matrose. Beide ausgezeichnet mit dem Eisernen Kreuz zweiter Klasse und dem Bremer Hanseatenkreuz. Aber dann war Schluss mit den Gemeinsamkeiten. Bruno Nette wurde Geheimer Feldpolizist und trat in den Kyffhäuser-Bund ein. Franz Noch dagegen trat 1920 in die SPD ein, wurde in der Weimarer Republik SPD-Bürgerschaftsabgeordneter in Bremen und bis 1932 leitendes Mitglied im Reichsbanner Schwarz-Rot-Gold. Von seinen Polizeivorgesetzten (Caspari) wurde er immer wieder gemaßregelt, auch, weil er auf Streife SA-Schläger festnahm. Der eine Polizist, Bruno Nette, gehorchte den Nazis, Franz Noch, der andere, wurde von ihnen hinausgeworfen. Die Lebensspanne, die ihnen zur Verfügung stand, um sich für die Humanität oder aber für die Unmenschlichkeit zu entscheiden, war gleich lang. Bruno Nette starb 1960, Franz Noch starb 1961.

Auch Bruno Nette entschied sich. Der altgediente Kriminalist beantragte am 20. September 1936, also kurz vor seinem 50. Geburtstag und möglicherweise im Zusammenhang mit seiner Versetzung nach Vegesack, seine Aufnahme in die NSDAP. Er wurde Mitglied mit Wirkung vom 1. Mai 1937.[14] Mitgliedsnummer: 4804592:[15] Damit war er ein sog. 37er PG, das heißt, er konnte erst 1937 in die Partei eintreten, weil die NSDAP im Mai 1933 eine allgemeine Mitgliederaufnahmesperre verhängt hatte, die abgesehen von einigen Sonderregelungen erst 1937 gelockert wurde. Für Parteianwärter gab es unabhängig vom Datum des Aufnahmeantrags mit dem 1. Mai 1937 ein gemeinsames einheitliches Aufnahmedatum.

Vor dem Machtantritt der Nazis waren von den rund 1.800 Angehörigen der Bremer Schutzpolizei 22 Mitglieder der NSDAP, zwischen dem Januar und dem Mai 1933 traten weitere 32 Schutzpolizisten der Partei bei. Bei den etwa 150 Kriminalbeamten betrugen die vergleichbaren Zahlen zehn (vor 1933) und weitere 17 (bis zum Mai 1933). Nach Aufhebung der NSDAP-Aufnahmesperre im Mai 1937 stellten 700 Bremer Polizeibeamte einen Antrag, unter ihnen war auch Bruno Nette.[16] Sein monatlicher Mitgliedsbeitrag betrug zwei Reichsmark. Vergleicht man das monatliche Nettogehalt des damaligen Kriminalbeamten von knapp 300, - Reichsmark mit dem heutigen Durchschnittsverdienst eines mittleren Beamten, so entsprach das einem monatlichen Mitgliedsbeitrag von etwa 20,- Euro.

---

[14] Zusammenfassender Bericht über Bruno Nette, Anklageschrift, Herbst 1948. SAB, 4, 66-I, Akte Bruno Nette, 1887/12/22, drei Blätter ohne handschriftliche Nummerierung.

[15] 7771 Document Center O.M.G.U.S. – APO 742 – U.S. Army. NSDAP Records, Routine Check Slip vom 6. Januar 1947. SAB, 4, 66-I, Akte Bruno Nette, 1887/12/22, Blatt II, 16.

[16] Statistik bei: Schneider 2011, S. 323.

Es wird auf ihn kein unzumutbarer Druck ausgeübt worden sein, den von einem Kripo-Beamten erwarteten Schritt in die Partei zu tun, sonst hätte er es nach 1945 zu seiner Verteidigung vorgebracht. 1937, zeitgleich mit seinem Eintritt in die NSDAP, wurde er auch Mitglied in der NSV (Nationalsozialistische Volkswohlfahrt). Die Fürsorgeorganisation der NSDAP übernahm die Wohlfahrtsaufgaben, die zuvor meist kirchliche Organisationen ausgeführt hatten. Nach eigenen Angaben bekleidete er weder in der Partei noch in der NSV ein Amt und übte in ihnen keine Tätigkeit aus, auch keine ehrenamtliche.[17] Das wurde ihm im ersten Verfahren vor der Spruchkammer (April 1949) positiv angerechnet. Bruno Nette beteuerte nach der Befreiung vom Nationalsozialismus mehrfach, mehr habe er mit den Nazis nicht zu tun gehabt. Dass er sich sogar bis zum Schluss geweigert habe, in die SS einzutreten, wiederholte er unablässig, fast wie sein Mantra.

Am 26. September 1938, nur eineinhalb Monate vor der Reichspogromnacht, verlieh der Führer und Reichskanzler Adolf Hitler »im Namen des deutschen Volkes dem Kriminalbezirkssekretär Bruno Nette, Vegesack, als Anerkennung für 25-jährige treue Dienste in der Polizei die Polizei-Dienstauszeichnung erster Stufe«. Die Auszeichnung, eine Art Sitzfleischorden für loyale Dienste, war am 30. Januar 1938 zum fünften Jahrestag der Machtergreifung (»aus Anlass der fünften Wiederkehr des Tages der nationalen Erhebung«) von Hitler für alle beamteten Polizisten mit entsprechendem Dienstalter gestiftet worden. Vereinfacht ausgedrückt: Man musste ein bisschen was tun für die Jungs, damit sie weiter loyal die Drecksarbeit vor Ort machten, zumal die Nazis mit den Polizeibeamten noch viel vorhatten.

Das persönliche Dankesschreiben bewahrte Bruno Nette sorgfältig auf. Sammler von Nazi-Devotionalien würden viel Geld springen lassen für die eigenhändige Unterschrift des Führers. Vielleicht benutzte auch er eine Pelikan-Goldfeder. Oder irgendein österreichisches Edelgerät? Vermutlich war's nur ein banaler Unterschriftenautomat.

In Zeiten der Reichspogromnacht

»Ich möchte kein Jude sein in Deutschland.«
Hermann Göring am 12. November 1938,
drei Tage nach der Reichspogromnacht am 9. November 1938[18]

Am 11. November 1938 wurden im Zusammenhang mit der Reichspogromnacht mindestens 178 Bremer jüdische Bürger männlichen Geschlechts in das KZ Sachsenhausen deportiert, darunter auch der spätere Leiter der bremischen Jüdischen Ge-

[17] Vgl. *Bruno Nette:* »Meldebogen auf Grund des Gesetzes zur Befreiung von Nationalsozialismus und Militarismus vom 5.3.1946«, unterschrieben am 30.1.1948. SAB, 4, 66-I, Akte Bruno Nette, 1887/12/12, ohne handschriftliche Blattnummer.

[18] Zit. n. Herbert 2014, S. 384.

meinde, Carl Katz. Fünf Personen waren bereits ermordet worden.[19] Der Oldenburger Deportierte Heinrich Hirschberg berichtete später über den Marsch in das KZ:

»Es begann eine Hetzjagd von unerhörter Brutalität. Der Zug brachte 938 Juden von 14 bis 82 Jahren. (...) In Reihen von zu fünf Mann wurden die Leute im Laufschritt getrieben. Wir sollten auch Schritt halten und schön geordnet laufen. Die vorne liefen, wurden immer wieder angetrieben und dann wieder angehalten, so dass die Nachdrängenden oder Nachgedrängten aufeinander fielen, und wenn 20 bis 30 Mann hingefallen waren, wurden sie mit Kolbenschlägen und Fußtritten hochgetrieben. Die Bewachungsmannschaften schrien ständig wie die Besessenen, schlugen wie wild auf die Gefangenen ein. Es wurden Beine gestellt. Ständig lagen 20 bis 30 Mann auf dem Boden; die Nachgedrängten gingen über sie hinweg. Viele bluteten und schrien entsetzlich. (...) Als wir endlich erschöpft am Appellplatz des Lagers ankamen, sahen wir viele Tausende Gefangene in Zivilkleidung, die auch an diesem 11. November angekommen waren. Die Begleitmannschaft übergab uns der Bewachungsmannschaft des Lagers. Alles SS-Leute, entmenschte Sadisten, deren Vergnügen darin zu bestehen schien, wehrlose Menschen zu quälen, zu martern und zu peinigen. (…) So durchgeschwitzt, wie wir da standen, mussten wir die Kopfbedeckung ablegen, und wer etwa einen Wollschal hatte, musste den abnehmen. Rockkragen durften nicht hochgeklappt werden. Alles fing gleich an zu husten. Bald stellten sich Kälte und Durst ein. Aber um uns kümmerten sich nur die SS-Leute, die uns hänselten und uns erzählten, dass wir morgen alle erschossen werden. In der Nacht vom 11. auf den 12. November 1938 war die Menschenschinderei auf dem Appellplatz im KZ Sachsenhausen anlässlich der Reichspogromnacht noch lange nicht zu Ende. (…) Es war inzwischen Mitternacht geworden und wir standen immer noch draußen. (...) Dann hieß es: ›Ihr friert ja, wir wollen wieder einen Laufschrittmarsch machen.‹ Dieser Laufschrittmarsch kostete zwei unserer Kameraden das Leben. Der schwer herzleidende Löwenstein, etwa 60 Jahre alt, aus Emden, fiel sofort tot hin. Der Zweite war kurz darauf das Opfer des Marsches: Herr Ludwig Weiß aus Bremen, früher Besitzer eines Kaufhauses in Varel in Oldenburg ...«[20]

Zur selben Zeit war Rudolf Nette, mein späterer Onkel Rudi, 14 Jahre alt geworden. Man schickte den schmächtigen und unterernährten Jungen weit weg nach Barnstorf, ein kleines Landstädtchen auf halber Eisenbahnstrecke zwischen Bremen und Osnabrück, durch das die Hunte fließt, ein linksseitiger Nebenfluss der Weser.

Rudolf Nette (2013 in einem Schreiben an seine Familie): »Im April 1938 kam ich als 14-Jähriger in die Lehre bei dem Elektromeister Fritz Hohnstedt in Barnstorf. Er war gleichzeitig Klempnermeister, und so wurden nicht nur Elektroarbeiten ausgeführt, sondern auch Tiefbrunnen gebohrt, Selbsttränkeanlagen auf Bauernhöfen ins-

---

[19] Es handelte sich um das Ehepaar Adolph und Martha Goldberg, Leopold Sinasohn, Selma Zwienicki und Heinrich Rosenblum. Vgl. Rübsam 1988.

[20] Hirschberg 2009, S. 21f.

talliert und Dachrinnen selbst gefertigt. Der Meister war verheiratet und hatte eine etwa sechsjährige Tochter. (...) Wir, mein Bruder Günther und ich, bekamen eine sehr böse Stiefmutter. So war ich froh, als ich in Barnstorf in eine familiär-harmonische Atmosphäre kam. Ich bekam Kost und Logis. Das gute Essen war ich nicht gewohnt und als ich Magenbeschwerden hatte, verordnete der Arzt mir Tabletten. Er rief dann aber noch den Meister an und sagte ihm, er solle mir nicht so viel zu essen geben. Wenn in der bäuerlichen Familie Geburtstage waren, musste ich mit, als wenn ich zur Familie gehörte.

Sonntags sollte ich oft mit der Hitlerjugend marschieren. Dann setzte der Meister aber immer Sonntagsarbeit an. Nur sonntags konnte der Strom im Dorf abgeschaltet werden, weil dann Schlachter und Bäcker nicht arbeiteten. Ich musste dann im Dorf die Freileitungen mit reparieren, neue Masten setzen und Isolatoren erneuern. Im Nachhinein möchte ich glauben, dass der Meister für Hitler nicht viel übrig hatte.

In der Mitte von Barnstorf wohnte ein sogenannter Viehjude, in einem alten Bauernhaus mit Strohdach. In der Reichskristallnacht steckten SA-Leute das Strohdach an und führten den Viehjuden und seine Haushälterin *(es war die Schwester; B.N.)* unter Gejohle zum Bahnhof. Es hieß, dass sie nach Diepholz gebracht wurden *(sie wurden nach Bremen gebracht; B.N.)*. Was aus ihnen geworden ist, habe ich nicht

Das Haus der jüdischen Familie Fränkel, Barnstorf, in einem Artikel der Diepholzer Kreiszeitung, 11.9.2009

Barnstorf, Friedrich-Plate-Straße, 2015: Hier stand das reetgedeckte Haus der Familie Fränkel

erfahren. Im brennenden Bauernhaus stand ein SA-Mann oben in der Luke und schmiss sogenannte Matzen, also Gebäck für jüdische Feiertage, auf die Leute unten. Dann pinkelte er vor aller Augen in den Schornstein. Ich weiß noch, dass Meister Fritz Hohnstedt den Kopf schüttelte und sich wegdrehte.

Da am Bauernhaus der Hauptmast der Freileitungen stand und durch den Brand stromführende Leitungen herunterfallen konnten, musste ich schnell Steigeisen holen, auf den Mast steigen und den Strom abschalten. Der Meister gab mir von unten Anweisungen. Als ein Feuerwehrmann den Wasserstrahl auf mich lenkte, um mich vor den Flammen zu schützen, schob der Meister ihn schnell weg. Ich hätte leicht einen Stromschlag bekommen können.«

Die Barnstorfer Juden, von denen Rudolf Nette berichtete, waren Julius Fränkel, geboren am 21. Oktober 1885, und seine Schwester Pauline Fränkel, geboren am 16. Dezember 1889. Sie kamen aus einer Familie mit vier Kindern. Ihr Vater Adolf Fränkel lebte von 1856 bis 1930 in Barnstorf, ihre Mutter Johanne, geb. Goldschmidt, von 1851 bis 1932. Es gab eine ältere Schwester, Frieda Fränkel, sie wurde 1887 in Barnstorf geboren und starb 1943 in Hamburg. Der jüngste Bruder, Hugo Fränkel, 1895 auch in Barnstorf geboren, fiel mit 22 Jahren 1918 in Noyon in Frankreich. Bei der Verteibung der Geschwister aus ihrem Barnstorfer Elterhaus, die der 14-jährige Sohn des Bremer Judenreferenten mit angesehen hatte, hetzte der Lehrer des Ortes seine Schülerinnen und Schüler auf, sich an der Verhöhnung der Geschwister Fränkel und an der Zerstörung ihres Hauses zu beteiligen.[21]

Julius und Pauline Fränkel mussten in das Bremer »Judenhaus« ziehen, vermutlich in der Löningstraße 3, und gerieten 1941 in die Fänge von Bruno Nette. Sie wurden wie die zweite jüdische Viehhändlerfamilie in Barnstorf, Familie Gärtner, am 18. November 1941 von Bremen nach Minsk in den Tod deportiert.

Das »Diepholzer Kreisblatt« schrieb am 4. Oktober 1939: »Hoffentlich geht der Verkauf des Wohnhauses auch bald in Ordnung, damit alle Spuren der jüdischen Vergangenheit weggewischt werden.« Die lokale Nazizeitung meinte das Haus der Familie Gärtner.

Dieser Wunsch nach Vergessen und Schlussstrich ging nicht in Erfüllung, dank der zwei beharrlichen Schülerinnen Kristina Kruse und Chantal Heidenreich von der Christian-Hülsmeyer-Schule. »Wir sollten nicht nur so durch das Leben stol-

---

[21] 2015 erinnerte die Zeitbild-Stiftung, die die bundesweite Initiative »Jugendgewalt vorbeugen« unterstützt, an das Schicksal der Barnstorfer Juden: »Das plötzliche Verbot des Handels mit Juden traf die jüdischen Familien hart und bedeutete einen herben finanziellen Einschnitt. Das traf besonders auf die Fränkels und die Familie Gärtner zu, die von Beruf Viehhändler waren. (...) Wie Barnstorf die Reichspogromnacht erlebte, war (...) erschreckend und und befremdlich, denn sogar der Lehrer wies seine Klasse an, sich an der Zerstörung des Fränkel-Hauses zu beteiligen. Pauline und Julius Fränkel wurden unter Gejohle ins Spritzenhaus gesperrt. Beide wurden kurz danach nach Bremen zwangsevakuiert. Von der Löningstraße 3, dem Judenhaus in Bremen, wurden die Fränkels 1942 (in Wirklichkeit 1941; B.N.) nach Minsk ins Konzentrationslager deportiert.«

Rudolf Nette 1939 in Barnstorf

pern, sondern Zivilcourage zeigen und Unrecht nicht einfach hinnehmen«, sagten sie der »Diepholzer Kreiszeitung«, die vermutlich die Nachfolgerin der Nazi-Zeitung »Diepholzer Kreisblatt« war.[22]

Am 10. September 2009 verlegte Gunter Demnig auf Anregung der Schülerinnen Stolpersteine in Erinnerung an Julius und Pauline Fränkel vor dem Platz, an dem einst ihr Elternhaus gestanden hatte (Ecke Langstraße – Friedrich Plate Straße, heute Platz vor der »Kleinen Markthalle«).

Nur drei Wochen später, am 2. November 2009, wurden die Stolpersteine von Unbekannten zerstört. Inzwischen wurden die Stolpersteine erneuert.

Rudolf Nette kehrte nie wieder in sein väterliches Elternhaus zurück. 2013 schrieb er:

»Nach 1½ Jahren Lehrzeit wurde Meister Hohnstadt eingezogen. Er kam nur noch an Wochenenden nach Hause. Ich habe noch einige Wochen alleine weitergearbeitet. Dann sagte mir aber ein Elektromeister aus Donsdorf, dass ich keine Gesellenprüfung ablegen könne, wenn der Meister nicht bei der Lehre zugegen war. So habe ich in Bremen bei der Firma Louis Saemann noch 1½ Jahre weitergelernt. Da ich zu meiner Stiefmutter nicht zurück wollte, habe ich mir in Findorf in der Admiralsstraße eine kleine Dachkammer gemietet. Im Winter musste ich oft mit einem Hammer das Eis im Wassereimer aufschlagen, damit ich mich waschen konnte. Wenn Fliegeralarm war, bin ich aus Müdigkeit nicht in den Keller gegangen. Aber als eine Bombe ein Nachbarhaus zerstörte und mir der Putz von der Decke ins Bett fiel, habe ich auch im Keller Schutz gesucht.

In Bremen waren mir die Elektrolehrlinge weit voraus. Ich musste mich tüchtig auf den Hosenboden setzen. Ich besorgte mir Fachbücher. In meiner kalten Dachstube konnte ich nicht lernen. So ging ich zum Hauptbahnhof. Dort gab es zu der Zeit noch einen beheizten Warteraum. An einem Abend kamen zwei Hitlerjungen, die sollten überprüfen, ob sich Jugendliche auf dem Bahnhof herumtreiben. Sie schickten mich weg. Einige Tage später bekam ich einen Brief in die Admiral-

[22] »Nicht nur so durch das Leben stolpern«. In: Kreiszeitung, Verlagsgesellschaft Diepholz, 11.9.2009, S. 25.

sstraße, der an meine Erziehungsberechtigten gerichtet war. Sie wurden ermahnt, mehr auf mich aufzupassen und mehr für meine Gesundheit zu sorgen.

Die Gesellenprüfung habe ich fünf Mal mit ›gut‹ bestanden. Darauf war ich sehr stolz, denn ein Drittel der Lehrlinge haben die Prüfung nicht bestanden. Man muss bedenken, dass ich praktisch mit 16 Jahren alle Dinge meines Lebens selbst ordnen musste, z.B. Kleidung, Essen usw. Die Gesellen gaben mir oft von ihrem warmen Essen, das ihnen ihre Frauen mittags brachten. Von meinem Vater bekam ich nur 50 Mark monatlich.

Oft sehe ich mit Freude, wie heute Kinder von ihren Eltern mit viel Liebe und Güte großgezogen werden. Dann kommen bei mir auch viele traurige Gedanken hoch.«

In Vegesack war August Worthmann als Polizeiwachtmeister im Vegesacker Revier 21 eingesetzt, als auch hier die Synagoge brannte. Worthmann erinnerte sich im Jahr 1948 (?) an die Vorbereitungen zur Reichspogromnacht in seiner Wache. Es sei zwischen einem höheren SA-Mann und einem der Polizeibeamten »von einer bevorstehenden Aktion gesprochen (worden). ... Jedenfalls weiß ich, dass entweder dieselbe Nacht oder einige Nächte später die Scheiben in dem Geschäft Salm (Jude) eingeschlagen wurden.«[23]

Bruno Nette war als Kripobeamter in Vegesack am Geschehen während der Reichspogromnacht in seinem Dienstbereich beteiligt. Vor der Berufungskammer IV in Bremen gab er 1949 zu: »1938 beim Judenpogrom war ich in Vegesack. Ich wurde nachts angerufen und man sagte mir, dass die SA-Leute bei den Juden die Scheiben einschlügen.«[24] Er habe die SA-Leute daraufhin verhaften wollen, eine völlig unglaubwürdige Behauptung.

Der Elekroobermonteur Leopold Sinasohn lebte damals in Platjenwerbe, einer kleinen Ortschaft etwas nördlich von Bremen-Lesum bzw. westlich von Bremen-Vegesack.[25] 1933 hatte er als Jude Berufsverbot auf der Werft AG Weser bekommen, wo er für die Aufsicht der Montage von elektrischen Schiffsanlagen verantwortlich gewesen war. Er war einer der vielen hoch qualifizierten Industriehandwerker, die auf den Dörfern wohnten und etwas Land zur Eigenversorgung bearbeiteten. Wie vier weitere jüdische Mitbürger in Bremen und Umgebung wurde er anlässlich der Reichspogromnacht von Nazis in der Nacht vom 9. auf den 10. November 1938 ermordet. Die SA-Mörder gingen frei aus.

Sein Sohn Paul Sinasohn versuchte am Morgen nach dem Mord sein Elternhaus zu betreten. Polizisten versperrten ihm den Zugang. »Im benachbarten Gasthaus Bellmer waren in einem Klubraum Kriminalpolizisten, Vertreter der Staatsanwaltschaft, aber auch SA-Funktionäre, darunter der Lesumer Bürgermeister, zu einer Lagebesprechung versammelt. Auch hier wurde Paul Sinasohn barsch abgewie-

---

[23] August Worthmann, Polizeioberwachtmeister, Aussage vermutlich 1948. SAB, 4, 66-I, Akte Bruno Nette, 1887/12/22, Blatt 170 (blau notiert).

[24] Berufungskammer IV Bremen, Protokoll der öffentlichen Sitzung vom 20.9.1949. SAB, 4, 66-I, Akte Bruno Nette, 1887/12/22, Blatt 356 (blau notiert).

[25] Alle Angaben zu Leopold Sinasohn aus: Rübsam 1988, ab S. 52.

sen, als er um Auskunft über den Verbleib seines Vaters bat. ›Wir wissen nicht, wo sich Ihr Vater befindet. Machen Sie, dass Sie hinauskommen!‹ Die SA-Leute fühlten sich von dem aufgeregten, erbarmungswürdigen jungen Mann belästigt, der anschließend für zwei Wochen in Gestapo-Haft genommen wurde.«[26]

An dieser Besprechung am 10. November 1938, deren wichtigster Zweck es offensichtlich war, den Mord an Leopold Sinasohn zu vertuschen, nahm mit großer Wahrscheinlichkeit auch der Vegesacker Kripo-Beamte und Teilzeit-Gestapomann Bruno Nette teil. Als er 1940 endgültig zur Bremer Gestapo wechselte, wusste er genau, auf welch mörderisches Geschäft er sich einließ. Und er hatte in Vegesack seine neue Leidenschaft entdeckt.

Jagen. Juden jagen!

»Vergesst ja Nette nicht!« Die Familie Neitzel-Neumann

Die verzweigte jüdische Familie Neitzel (auch: Neitzel-Neumann bzw. Neumann, gen. Neitzel) aus Aumund und Vegesack erlebte sehr früh Bruno Nettes Verfolgungspraktiken. Da war er noch Kriminalbeamter, arbeitete der Gestapo allerdings schon zu. Er »erforschte« besonders eifrig die jüdische Abstammung seiner Vegesacker Mitbürger, insbesondere die der Familie Neitzel-Neumann. In einer Vernehmung von 1947 charakterisierte er das als Nebentätigkeit, als »Personalbogenaufnahme, kleinere Zeugenvernehmungen und kleinere Feststellungen für die Gestapo«.[27] Alles ganz harmlos also? Wir werden sehen.

Die verwickelten verwandtschaftlichen Verhältnisse in der Doppelfamilie Neitzel-Neumann sind am besten anhand des auf der folgenden Seite abgedruckten Schaubildes zu erkennen. Aus dem bürokratisch-mörderischen Irrsinn der Nazis, die die Menschen als »(Voll-)Juden«, »Halbjuden« oder »Geltungsjuden« einstuften, ergaben sich in den Spruchkammerakten zu »Bruno Nette«[28] Hinweise auf ihren Verwandtschaftsgrad, ergänzt durch Informationen von Rohdenburg und Sommer aus ihrem »Erinnerungsbuch für die als Juden verfolgten Einwohner Bremens«.[29]

Bei Ida Neumanns Sohn Arthur Neumann, genannt Neitzel, hatte es Bruno Nette leicht. Da dessen beide Eltern nach Nazi-Kriterien Juden waren, wurde er zusammen mit seiner jüdischen Frau Rebecka und dem gemeinsamen 16-jährigen Sohn Julius vom neuen Judenreferenten im November 1941 in den Todeszug nach Minsk gesteckt. Alle drei wurden dort ermordet.

Vor der Abfahrt wurde ihr Gepäck akribisch durchgewühlt. Darüber berichtete nach dem Krieg Rosa Wolff (geb. 1873), die als einzige ihrer Familie die Depor-

---

[26] Ebd., S. 80f.

[27] Aussage Bruno Nette vor dem Staatsanwalt Werner, öffentlicher Ankläger bei der Spruchkammer Benefeld/Bomlitz, 7. Mai 1947. SAB, 4, 66-I, Akte Bruno Nette, 1887/12/22, Blatt 3/11.

[28] Rohdenburg/Sommer 2006.

[29] Zur Familie Neumann, gen. Neitzel, vgl. Rohdenburg 2009, S. 187, 212, 239.

Tafel 2: Die Doppelfamilie Neitzel-Neumann aus Vegesack und Aumund
(»Rasse«-Bezeichnungen entsprechend den Nazi-Kriterien)

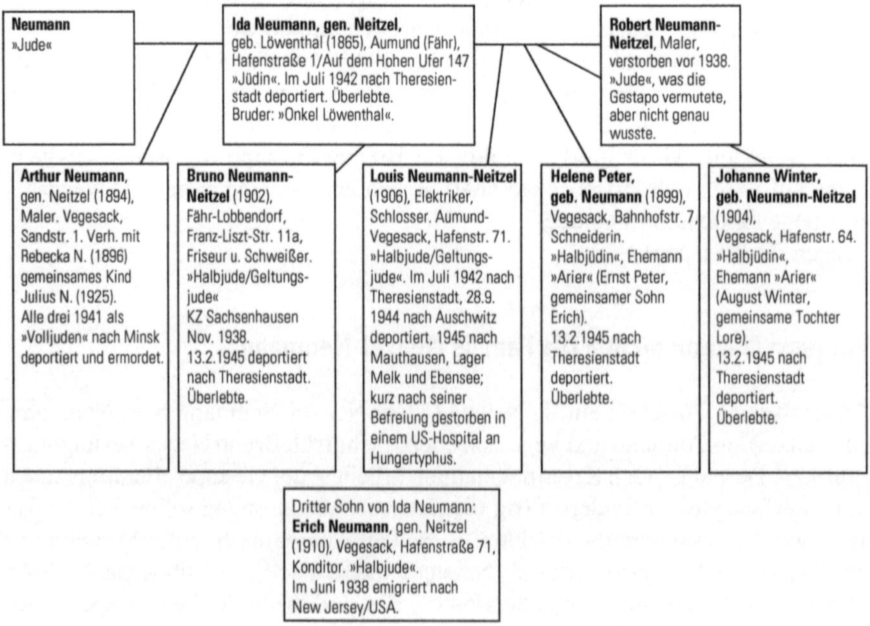

tation nach Theresienstadt überlebte: »Es wurde uns gestattet, RM 10,- bares Geld mitzunehmen sowie ich glaube 30 kg Gepäck. Wir wurden in Bremen untersucht, wer auch nur einen Pfennig mehr bei sich hatte, wurde misshandelt. (...) Mein Mann und meine Kinder sind in Auschwitz vergast worden.«[30]

Es wurde klar, dass Bruno Nette auch den jüngeren der beiden anderen (Halb-) Brüder in den Tod schicken wollte. »Als mein ältester Bruder (Halbbruder; B.N.) Arthur Neumann zum Sammelpunkt des Transportes nach Minsk antrat«, berichtete die Schwester Johanne Winter 1948, »wollte Nette natürlich wissen, wo Louis Neumann-Neitzel sei, ob er nicht angetreten sei usw. Mein ältester Bruder wollte Nette davon überzeugen, dass Louis, der ja kein Jude sei,[31] nicht für den Transport in Frage käme. Nette sagte nur: ›Das weiß ich besser, den kriegen wir auch noch.‹ Am 21.6.1942 wurde Louis nach Theresienstadt verschickt. Durch Freunde erfuhren wir, dass sein Weg von hier aus über Auschwitz, Mauthausen, Melk und

[30] Rosa Wolff: Aussage. SAB, 4, 66-I, Akte Bruno Nette, 1887/12/22, Blatt 170 (blau notiert).

[31] Er wurde erst ab dem 10.5.1942, d.h. ein halbes Jahr nach der Deporation vom 17.11.1941, vom NS-Staat als sogenannter Geltungsjude eingestuft. »Geltungsjuden« waren »Halbjuden«, denen die NS-Verfolger eine Nähe zur jüdischen Religion nachweisen konnten, wodurch sie als »Volljuden« galten.

Gepäckkontrolle in Hamburg vor der ersten Deportation nach Lodz im Oktober 1941, Zeichnung von Ingrid Wecker, die als Helferin der Hamburger Jüdischen Gemeinde den Deportierten zur Seite stand. In Bremen spielten sich im November 1941 vor der Deportation nach Minsk bzw. im Juli 1942 nach Theresienstadt ähnlich herzzerreißende Szenen ab.

Ebensee führte und er noch nach der Kapitulation verstarb, sehr wahrscheinlich an Hungertyphus.«[32]

Spätestens seit 1939, vermutlich aber schon früher, wollte der Vegesacker Kripobeamte auch seinen Nachbarn Louis Neumann-Neitzel wie ein Wild jagen und zur Strecke bringen. Die angestrebte Beute: »Geltungsjude«! Es sollte Bruno Nettes erstes Bravourstück werden, stellte M. Meier, der Investigator für das Office of Military Government for Bremen, Denazification Division, im Mai 1948 fest.[33]

Die Verfolgungskonstruktion des »Geltungsjuden«, das war etwas für ehrgeizige Polizisten. Als »Geltungsjude überführt« zu sein, bedeutete im Regelfall Verfolgung, ab 1942 häufig genug auch Ermordung. »Geltungsjuden« waren »Halbjuden«, denen die Gestapo-Jäger »mosaische Religion« oder Nähe dazu nachweisen konnten. Sie waren ab 1942 denselben Verfolgungsbestimmungen und Maßnahmen

---

[32] Vgl. Johanne Winter, Aussage vom 22. Mai 1948. SAB, 4, 66-I, Akte Bruno Nette, 1887/12/22, Blatt 73, ebenso Blatt 78.

[33] M. Meier, Investigator, Aktennotiz vom 29. Mai 1948. SAB, 4, 66-I, Akte Bruno Nette, 1887/12/22, Blatt 99/7.

unterworfen wie »Volljuden«. 1941 waren sie zwar noch von der Deportation nach Minsk zurückgestellt worden,[34] aber am 23. Juli 1942 wurden auch die Bremer »Geltungsjuden« auf »Transport« nach Theresienstadt geschickt. Die meisten kamen um.

Es war nicht immer ganz einfach, religiöse Überzeugungen und Gefühle der Verfolgten oder deren Eltern nachzuweisen. Und nachweisen musste es der deutsche beamtete Kriminalist, der wie Bruno Nette auf professionelle Ehre hielt. Es galt, Verwandte, Nachbarn und die jüdischen Funktionäre zu befragen und einzuschüchtern, in den Akten der jüdischen Gemeinden zu wühlen und durchaus einen gewissen Eifer zu entwickeln. Vielleicht gab es ja auch, sozusagen als Hilfskonstruktion, »Rassenschande« zu entdecken?

Bruno Nette breitete 1948 seine Version vom Verhör des 32-jährigen »halbjüdischen« Louis Neumann-Neitzel mit einem gewissen professionellen Behagen aus.[35] »Er war mit einem deutschblütigen Mädchen aus Lemwerder verlobt. Hierbei wurde auch die Frage akut, ob Neumann-Neitzel Geltungs- oder Volljude war. Nach Rücksprache mit seinem Onkel, dem Juden Löwenthal in Vegesack, erklärte mir dieser, dass sein Schwager, also der Vater des betroffenen N., Volljude gewesen sei. Er war lange Jahre Vorbeter in der Synagoge in Bremen-Aumund. (…) Dies genügte nicht, um N. als Volljuden zu erklären, aber nach dem Gesetz war er Geltungsjude, weil er 1935 beim Erlass der Nürnberger Gesetze noch der mosaischen Religion angehörte.« Noch bei seinem eigenen Verhör im Jahr 1948 musste er nachträglich schmunzeln über die verzweifelten Rettungsversuche seiner Opfer: »Neitzels versuchten alles, um den Beweis zu führen, dass ihr Vater arischer Abstammung war und sie somit nicht Geltungsjuden waren. Sie legten auch dementsprechende Urkunden vor, zwecklos, weil das Gesetz vorschrieb, dass, wer vor Verkündung der Gesetze mosaischer Religion war, Geltungsjude war.«

Die Schwester Johanne Winter gab 1948 wieder, wie ihr jüngerer Bruder Louis dieses »Rassenschande«-Verhör erlebte. Ihr handschriftlicher Brief ist erhalten und wird auf der folgenden Doppelseite abgedruckt.[36]

»Außerdem hat Nette meinen Bruder Louis Neumann-Neitzel im Jahre 1939 *(am 22. Mai 1948 sagte die Zeugin aus, der Vorfall habe sich Ende August 1938 abgespielt, diese Zeitangabe ist plausibler; B.N.)* geholt und wollte ihn der Rassenschande überführen. Damals war Nette noch in Vegesack tätig. Auch die damalige Braut meines Bruders war von Nette geholt worden beziehungsweise *(er hatte sie; B.N.)* kommen lassen. Unter anderem hat Nette Louis Neumann-Neitzel ein Schriftstück zum Unterschreiben vorgelegt, hatte aber seine Hand darauf, so dass er nicht sehen konnte, was er unterschreiben sollte. Als mein Bruder den Wortlaut

---

[34] 1939 lebten in Deutschland noch rund 330.000 Juden und 64.000 »jüdische Mischlinge ersten Grades«, 7.000 »Geltungsjuden« und 42.000 »jüdische Mischlinge 2. Grades« mit nur einem jüdischen Großelternteil. Vgl. Meyer 2002, S. 162.

[35] Bruno Nette, Aussage am 24.6.1948, SAB, 4, 66-I, Akte Bruno Nette, 1887/12/22, Blatt 97.

[36] Johanne Winter, geb. Neumann-Neitzel, schriftliche Aussage vom 5.2.1948. SAB, 4, 66-I, Akte Bruno Nette, 1887/12/22, Blatt 92.

lesen wollte, sagte Nette, das sei nicht nötig. Louis weigerte sich dann, die Unterschrift zu geben, ohne das Schriftstück gelesen zu haben. Darauf hat Nette ihn geschlagen. Auch hat Nette gesagt, er solle man eingestehen, Fräulein Finkenstedt *(Louis' Braut; B.N.)* hätte schon eingestanden, was auch nicht wahr war. Als Nette ihm nichts beweisen konnte, hat er ihn wieder laufen lassen müssen. Mein Bruder kam direkt von Nette zu mir. Er war so fertig, dass er sich sogleich hinlegte und vorerst gar nicht reden konnte. Durch diese Fälle hatte unsere ganze Familie ganz besonders Angst in all den Sachen vor Nette. Als mein Bruder (Louis; B.N.) von Theresienstadt nach Auschwitz musste, hat er noch gesagt, vergesst ja Nette nicht. Leider ist er aus dem KZ nicht zurückgekehrt.«

Dem Investigator M. Meier lagen zwei Briefe vor, wonach Louis Neitzel-Neuman sich 1945 »in einem amerikanischen Hospital befand, schwer krank und infolge der erlittenen KZ-Haft völlig entkräftet.«[37] Er starb dort.

Und der Bruder Bruno Neumann-Neitzel? Blieb er verschont? Nein, auch ihn habe Bruno Nette brutal verfolgt, so seine Schwester Johanne Winter in ihrem handschriftlichen Brief. Er habe mit amtlicher Erlaubnis in Württemberg gearbeitet. 1943 habe Bruno Nette ihn plötzlich telegrafisch zurückbeordert. »Als Genannter sich darauf bei Nette meldete, hat Nette sehr gewütet und ihn unter anderem gefragt, was sein Vater war. Mein Bruder antwortete ihm: ›Maler‹, da er der Meinung war, Nette wollte den Beruf wissen. Darauf hat Nette ihm mit der Faust ins Gesicht geschlagen und dabei gesagt: ›Du Hund, du weißt genau, was ich wissen will, Vorbeter war er. Ich bring dich noch dahin, wo ich dich hinhaben will.‹ Da mein Bruder sich zu keinerlei Handlungen hinreißen ließ, konnte Nette ihm noch nichts anhaben, was er bestimmt vorhatte.«

Der Bremer Judenreferent konnte Bruno Neumann-Neitzel, den er zwar als »Geltungsjuden« überführt hatte, der aber anderweitig geschützt war, vermutlich durch eine »arische« Ehefrau«, vorerst nicht auf »Transport« schicken. Aber immer wieder versuchte er aus den beiden Brüdern herauszuprügeln, dass ihr Vater »Vorbeter«, also Jude, gewesen sei. Bruno Neumann-Neitzel musste am 13.2.1945 wie seine Schwestern, die auch in »privilegierter Ehe«, d.h. mit einem »arischen Ehemann und einem gemeinsamen Kind lebten, unter den wachsamen Augen Bruno Nettes noch die letzten Bremer Viehwaggons nach Theresienstadt besteigen.

Sowohl Carl Katz, der damalige Leiter der Reichsvereinigung der Juden in Deutschland, Bezirksstelle Bremen, und Vorsitzender der bremischen Jüdischen Gemeinde, als auch seit 1942 sein Nachfolger, Karl Bruck,[38] bestätigten, dass es nicht nötig gewesen wäre, die Brüder und Schwestern zu »Geltungsjuden« zu erklären. »Nette hatte also keinen vollgültigen Beweis für seine Behauptungen. Wenn er human hätte handeln wollen, wie er es von sich behauptet, dann hätte er in die-

[37] Schriftliche Bemerkung des Investigators M. Meier. SAB, 4, 66-I, Akte Bruno Nette, 1887/12/22, Blatt 91.

[38] Vernehmung von Karl Bruck am 30. September 1948. SAB, 4, 66-I, Akte Bruno Nette, 1887/12/22, Blatt 157 (blaue Nummerierung).

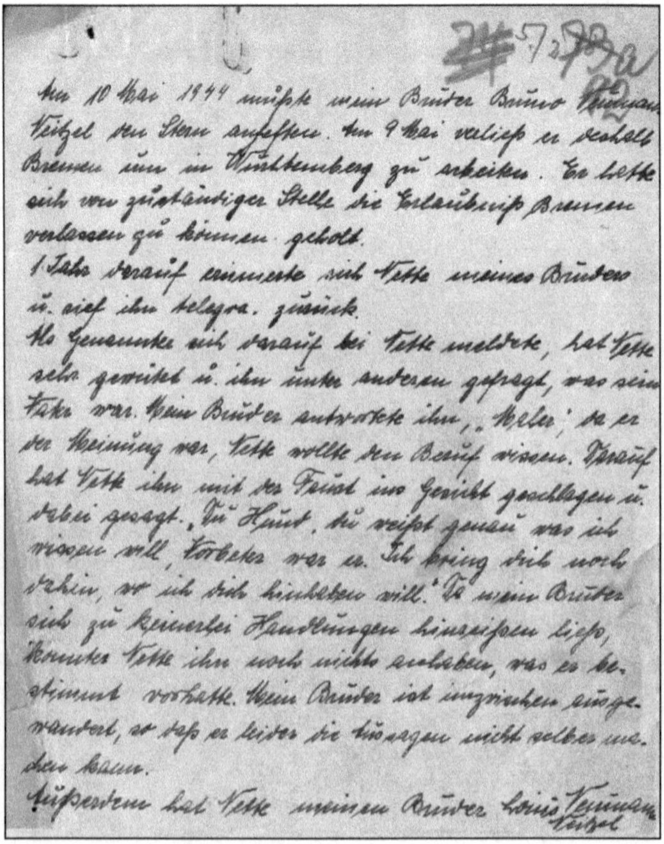
Am 10 Mai 1944 mußte mein Bruder Bruno Neumann-
Neitzel den Stern aufstecken. Am 9 Mai verließ er deshalb
Bremen um in Württemberg zu arbeiten. Er hatte
sich von zuständiger Stelle die Erlaubnis Bremen
verlassen zu können geholt.
1 Jahr darauf erinnerte sich Nette meines Bruders
u. rief ihn telegra. zurück.
Als Genannter sich darauf bei Nette meldete, hat Nette
sehr gewütet u. ihn unter anderen gefragt, was sein
Vater war. Mein Bruder antwortete ihm „Maler" da er
der Meinung war, Nette wollte den Beruf wissen. Darauf
hat Nette ihn mit der Faust ins Gesicht geschlagen u.
dabei gesagt: „Du Hund, du weißt genau was ich
wissen will, Vorbeter war er. Ich bring dich noch
dahin, wo ich dich hinhaben will." Da mein Bruder
sich zu keinerlei Handlungen hinreißen ließ,
konnte Nette ihn noch nicht erleben, was er be-
stimmt vorhatte. Mein Bruder ist inzwischen ausge-
wandert, so daß er leider die Aussagen nicht selber ma-
chen kann.
Außerdem hat Nette meinen Bruder Louis Neumann-Neitzel

Johanne Winter, geb. Neumann-Neitzel, schriftliche Aussage vom 5.2.1948

sem Falle bestimmt von einer Verhaftung absehen können.«[39] Karl Bruck bestätigte auch, dass Bruno Nette im Fall Neitzel »eine Backpfeife ausgeteilt« habe. Und er wusste auch, warum er, der sonst »nur« im persönlich-familiären Umfeld zum brutalen Schläger werden konnte, die Beherrschung verloren hatte. Bruno Nette habe, wie oben bereits erwähnt, ein persönliches Motiv für seine Jagd auf die Neitzel-Gebrüder gehabt. »In die Augen springend ist das Verhalten von Nette zu der Zeit, als er von der Kripo aus die Gestapodienstleitstelle in Vegesack übernahm. Derzeit lebte Nette mit seiner ersten Frau in Scheidung. Es ist allgemein bekannt, dass N. mit den Vegesacker Juden und auch Mischlingen, wie z.B. Neitzel, Jacobsohn, besonders hart verfuhr. Ich vermute, dass er vielleicht befürchtete, von diesen Leuten in seiner Ehescheidungsklage irgendwie belastet werden zu können.«[40]

---

[39] Carl Katz: Aussage am 2.10.1948. SAB, 4, 66-I, Akte Bruno Nette, 1887/12/22, Blatt 160.

[40] Aussage von Karl Bruck am 22. Juni 1948. SAB, 4, 66-I, Akte Bruno Nette, 1887/12/22, Blatt 137.

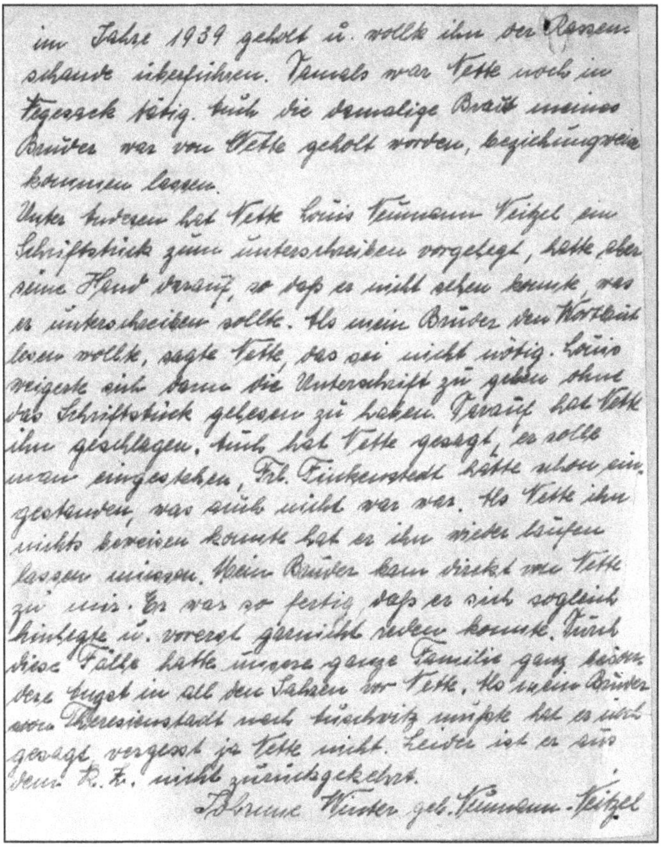

im Jahre 1939 geholt u. wollte ihn der Rassenschande überführen. Damals war Nette noch in Vegesack tätig. Auch die damalige Braut meines Bruders war von Nette geholt worden, beziehungsweise kommen lassen.
Unter anderem hat Nette Louis Neumann-Neitzel ein Schriftstück zum unterschreiben vorgelegt, hatte aber seine Hand darauf, so daß er nicht sehen konnte, was er unterschreiben sollte. Als mein Bruder den Wortlaut lesen wollte, sagte Nette, das sei nicht nötig. Louis weigerte sich dann die Unterschrift zu geben ohne das Schriftstück gelesen zu haben. Darauf hat Nette ihn geschlagen. Auch hat Nette gesagt, er solle man eingestehen, Frl. Finkenstedt hätte schon eingestanden, was auch nicht war war. Als Nette ihm nichts beweisen konnte hat er ihn wieder laufen lassen müssen. Mein Bruder kam direkt von Nette zu mir. Er war so fertig, daß er sich sogleich hinlegte u. vorerst garnicht reden konnte. Durch diese Fälle hatte unsere ganze Familie ganz besonders Angst in all den Jahren vor Nette. Als mein Bruder von Theresienstadt nach Auschwitz mußte hat er noch gesagt vergeßt ja Nette nicht. Leider ist er aus dem K.Z. nicht zurückgekehrt.
Johanne Winter geb. Neumann-Neitzel

Briefende: »Als mein Bruder von Theresienstadt nach Auschwitz musste, hat er noch gesagt, vergesst ja Nette nicht. Leider ist er aus dem K.Z. nicht zurückgekehrt.«

Der korrekte Kriminalbeamte hat also möglicherweise seine Position für seinen privaten Scheidungskrieg ausgenutzt und eine jüdische Familie in der Vegesacker Nachbarschaft verfolgt, die ihm auch nach dem Ende seines Scheidungsprozesses immer noch gefährlich werden konnte, weil sie hätte bezeugen können, dass er bereits vor der offiziellen Scheidung mit der Tante Mieze zusammenwohnte. Er hätte für die geschiedene Ehefrau Theda und für seine drei Söhne Unterhalt zahlen müssen.

Zu beweisen ist das nicht mehr. Aber es würde zu seinem sonstigen privaten Verhalten passen. Für Theda, die Mutter der Kinder und Ex-Ehefrau, war sein Verhalten und die Wegnahme der beiden älteren Söhne ein nicht zu ertragendes Unrecht. Für die Söhne war es eine Katastrophe, unter der sie ihr ganzes Leben litten. Für seine neue Ehefrau Tante Mieze war es eine Belastung, sie sollte für fremde Kinder sorgen, die sie nicht wollte, und sie wurde zur bösen Stiefmutter. Für Louis Neitzel aber bedeutete es letztlich den elenden Tod. Zu Recht waren seine letzten überlieferten Worte: »Vergesst ja Nette nicht!«

Für den Investigator M. Meier ergab sich aus dem Übereifer des Bruno Nette im Jahr 1938 noch eine ganz andere Schlussfolgerung.[41]

»Es taucht die Frage auf, weswegen N. als Kriminalbeamter mit solchem Elan an die Sache heranging. Sie ist leicht zu beantworten, denn er wurde ja 1940 als Sachbearbeiter des Judenreferats von der Gestapo übernommen. (...) Vorbedingung hierzu war jedoch der zu erbringende Nachweis der Eignung; dazu dienten die Brüder Neitzel.« Bruno Nette wollte sich als talentierter Judenjäger empfehlen? Wenn es so war – und nichts spricht dagegen –, enttäuschte er die Gestapo-Oberen nicht.

Geben wir zum Schluss der Schneiderin Helene Peter das Wort, der Schwester des Bruderpaares.[42] Sie war mutig genug, in die Bremer Gestapo-Höhle zu gehen und Tacheles zu reden.

»Mit Nette kam ich Ende Mai 1942 in Berührung. Das war, als mein Bruder Louis nach Theresienstadt verschickt werden sollte. Ich wurde bei Nette vorstellig, um ihm ins Gewissen zu reden, weil er meinen Bruder unrechtmäßig verschicken wollte. Uns war es nämlich gelungen, den Nachweis zu führen, dass mein Vater Robert Neumann-Neitzel arischer Abstammung war, was allerdings nicht ganz der Wahrheit entsprach. Aber die beschafften Papiere wiesen es aus. Das schien uns zu genügen, um uns vor der Deportation zu schützen. Nette war anderer Meinung. Er sagte: ›Wenn wir feststellen, dass ihr Juden seid, dann stimmt das.‹ Und das trotz der vorliegenden amtlichen Papiere. Mein Bruder wurde deportiert. Er ist heute tot. Wir, meine Schwester Johanne Winter und mein Bruder Bruno und ich, mussten den Namen Sarah bzw. Israel annehmen. Wir wurden somit zu Juden gestempelt. (...) Wir alle hatten den Eindruck, dass es Nette direkt ein Sport war, meine Brüder Bruno und Louis zu jagen, wie ein Jäger das Wild. (...) Nette hat uns allen das Leben zur Hölle gemacht. Wenn er nur gewollt hätte, hätte alles ganz anders sein können, aber die beschafften Urkunden über die Abstammung meines Vaters waren für ihn einfach nicht maßgebend. Meinen Bruder hat er auf dem Gewissen.«

Hinterher bestritt Bruno Nette alle Vorwürfe und betonte, er habe lediglich den Befehlen des Reichssicherheitshauptamtes (RSHA) gehorchen müssen. Dennoch hatte er nach eigenen Aussagen Spielräume, die er aber erst ab Herbst 1944 nutzte, natürlich nur in ihm genehmen Einzelfällen. »Ich habe nicht eine, sondern viele Anzeigen einfach in den Papierkorb geworfen. Auf Vorhalt: Das war durchaus möglich; denn die Registratur war bei der Gestapo äußerst mangelhaft. Die oberen Beamten hatten keine Ahnung von dem Geschäftsgang. Wenn da Akten verschwanden, fiel das überhaupt nicht auf.«[43]

---

[41] Bericht des Investigators M. Meier vom 28. Juni 1948. SAB, 4, 66-I, Akte Bruno Nette, 1887/12/22, Blatt 7 (blau notiert).

[42] Helene Peter, Aussage am 1. Juni 1948. SAB, 4, 66-I, Akte Bruno Nette, 1887/12/22, Blatt 100 (blau notiert) oder 98 (rot notiert).

[43] Aussage Bruno Nette vom 7. Mai 1947. SAB, 4, 66-I, Akte Bruno Nette, 1887/12/22, Blatt 11-13.

Hans Calmeyer war zwischen 1941 und 1945 als NS-»Rassereferent« in den besetzten Niederlanden eingesetzt. Ähnlich wie mein Großvater in Bremen musste er sich um »rassische Zweifelsfälle« kümmern. Bis zum Herbst 1943 nahm Calmeyer, der für weitaus mehr Juden »zuständig« war als mein Großvater, rund 5.700 sogenannte Abstammungsüberprüfungen vor. Zwei Drittel davon entschied er zugunsten der anfragenden Juden. Calmeyer akzeptierte gefälschte Erklärungen über »arische« Mütter, simple Bestätigungen aus Synagogen, dass die Betroffenen nie Mitglieder der jüdischen Gemeinde gewesen seien, und andere halbwegs plausible Belege. Einem Drittel der anfragenden Juden stand allerdings Deportation und Ermordung bevor. »Wer Menschen rettet, ist ein Held. Wer Menschen tötet, ist ein Mörder. Wer Menschen rettet und andere in den Tod schickt – was ist der?«, wurde abschließend im Spiegel gefragt, der über ihn berichtet hatte.[44] »Ein Verzweifelter.« So habe sich Calmeyer selbst gesehen. Er entkam der vom RSHA im März 1944 angeordneten Verfolgung, weil die Alliierten zu schnell vorrückten. Tausenden hatte er das Leben gerettet.

Und mein Großvater! Er akzeptierte nicht mal das eine Papier der Familie Neumann-Neitzel, ja, nicht einmal, wie später noch am Beispiel von Marie Huntemann zu sehen sein wird, ein Gutachten des Reichssippenamtes.[45] »Neitzels«, tönte er 1948 und wir lasen es schon mit Schaudern, »versuchten alles, um den Beweis zu führen, dass ihr Vater arischer Abstammung war und sie somit nicht Geltungsjuden waren. Sie legten auch dementsprechende Urkunden vor, zwecklos ...«

Vergesst ja Nette nicht!

Erwin Schulz und Bruno Nette

1940 wechselte Bruno Nette zur Gestapo und zog mit Tante Mieze zurück nach Bremen. 1941 übernahm er das »Judenreferat«. Mitglied der gefürchteten und geheimnisumwitterten Gestapo zu sein, das war etwas anderes, als im Außenbezirk Vegesack auf sich allein gestellt als Kriminalbeamter zu arbeiten. Sein Arbeitsplatz war jetzt *Am Wall Nr. 199* in der Bremer Innenstadt. Bestens bewährt hatte er sich ja bereits, 1938, bei der Jagd auf Vegesacker Juden. Die unprofessionelle Haltung der »SS-Jungspunde« in der Gestapo war ihm allerdings etwas zuwider, wie er nach 1945 zum Besten gab, natürlich nicht ohne die Absicht, sich selbst zu entlasten. »Diese waren aber nicht wie ich von der Kriminalpolizei gekommen. (...) Ihre Leistungen waren auch dementsprechend.«[46]

---

44 Spiegel 15/2015. Der Artikel bezog sich auf: Middelberg 2015.

45 Vgl. Kapitel 8.

46 Bruno Nette, Aussage vor dem Staatsanwalt Werner, öffentlicher Ankläger bei der Spruchkammer Benefeld/Bomlitz, 7. Mai 1947. SAB, 4, 66-I, Akte Bruno Nette, 1887/12/22, Blatt 3/11-3/13, hier 3/11.

»Mit Unlust und Widerwillen habe ich bei Stapo gearbeitet.«[47] Auf seinem Meldebogen zur Entnazifizierung schrieb Bruno Nette unter der Kategorie »Bemerkungen«, »dass ich als Berufsbeamter vom Reichssicherheitshauptamt gegen meinen Willen von der Kripo zur Stapo versetzt wurde«.[48] Letztlich habe er bei der Gestapo sowieso nur Nachteile gehabt, klagte er 1949. Er sei nicht einmal befördert worden.[49]

Carl Katz erinnerte sich im Herbst 1948 anders. »Nette hat mir persönlich seinerzeit erzählt, dass er 1940 zwischen Gestapo und Kripo wählen konnte. Er hätte sich freiwillig für die Gestapo entschieden.«[50]

Auch Günther Nette ging 2002 davon aus, dass sein Vater freiwillig zur Gestapo gewechselt war, weil er dort ungefähr 100 Mark mehr im Monat verdiente. Das bezog sich wohl nur auf die Aufwandsentschädigung, die bei der Gestapo höher lag als bei der Kripo. Das Gehalt blieb das gleiche. Als Kriminalassistent erhielt Bruno Nette 1932 ein Bruttojahreseinkommen von 3.000 RM, 1934, nach der Beförderung zum Kriminalsekretär, von 3.500 RM und ab 1938, als Kriminalobersekretär bei der Kripo, von 4.000 RM. Dabei blieb es auch bei der Gestapo. Das entsprach 333,- RM pro Monat.[51]

Er habe sich über zu viel zusätzliche Arbeit für die Gestapo beschwert, die er in Vegesack neben seinen eigentlichen kriminalpolizeilichen Aufgaben zu erledigen hatte, behauptete Bruno Nette in Internierungshaft. Und deshalb sei 1939 Erwin Schulz, der junge Regierungsrat und Leiter der Bremer Gestapo, persönlich bei ihm in Vegesack aufgetaucht und habe ihn nach Bremen zurückgeholt, zur Gestapo. »Er kannte mich von früher her, als er im Ausbildungsgange in Bremen in meinem Dezernat gewesen war.«[52]

Sie kannten sich also, die zwei Polizisten, die fast beispielhaft für einen Teil der bremischen Polizeigeschichte stehen, von der Weimarer Republik über den NS-Staat mit der Beteiligung am Völkermord bis hin zu den Entschuldungsritualen in der jungen Bunderepublik. Karl Schneider hat in seinem lesenswerten Buch »*Auswärts eingesetzt. Bremer Polizeibataillone und der Holocaust*«[53] die entsprechenden fast vergessenen Kapitel der bremischen Polizeigeschichte offengelegt. Allerdings gab

---

[47] Bruno Nette, ebd.

[48] Vgl. Bruno Nette: »Meldebogen auf Grund des Gesetzes zur Befreiung von Nationalsozialismus und Militarismus vom 5.3.1946«, unterschrieben am 30.1.1948. SAB, 4, 66-I, Akte Bruno Nette, 1887/12/22, Blatt 1. Vgl. auch Bruno Nette am 15. Mai 1945. SAB, 4, 66-I, Akte Bruno Nette, 1887/12/22, Blatt 8.

[49] Sitzungsprotokoll der Berufungskammer Bremen, Aussage Bruno Nette am 20.9.1949. SAB, 4, 66-I, Akte Bruno Nette, 1887/12/22, Blatt 335 (blau notiert).

[50] Carl Katz: Aussage am 2.10.1948. SAB, 4, 66-I, Akte Bruno Nette, 1887/12/22, Blatt 160.

[51] Vgl. Bruno Nette: »Meldebogen«, a.a.O.

[52] Aussage Bruno Nette vor dem Staatsanwalt Werner, öffentlicher Ankläger bei der Spruchkammer Benefeld/Bomlitz, 7. Mai 1947. SAB, 4, 66-I, Akte Bruno Nette, 1887/12/22, Blatt 3/11S.

[53] Schneider 2011, vor allem S. 669-703.

es gravierende Unterschiede zwischen diesen beiden Polizisten. Werner Schulz war zwar nur 13 Jahre jünger als Bruno Nette, aber die abweichenden Erfahrungshorizonte während des Ersten Weltkriegs prägten beide höchst unterschiedlich. Der eine war Teil der Kriegsgeneration, der andere der Kriegsjugendgeneration.

Als Erwin Schulz Bruno Nette zu sich in die Bremer Gestapozentrale holte, gehörte er mit seinen noch nicht einmal vierzig Jahren bereits zur Führungsspitze des Reichssicherheitshauptamtes, das 1939 aus der Fusion der Spitzen von Gestapo, Kriminalpolizei und Sicherheitsdienst der SS (SD) geschaffen worden war. Das RSHA war verantwortlich für die Verfolgungs- und Vernichtungspolitik des NS-Regimes. Michael Wildt charakterisierte das Personal des RSHA in einem Vortrag an der Universität Bremen anlässlich des Holocaust-Gedenktages am 27. Januar 2003 wie folgt:

»Diese Führungsspitze aus Amtschefs, Gruppenleitern, Referenten, rund 220 Personen (...), stellen, wie Ulrich Herbert sicher zu Recht schrieb, die ›Kerngruppe des Genozids‹ dar. Betrachtet man die altersmäßige Zusammensetzung dieser Gruppe, sticht deren weitgehende generationelle Homogenität ins Auge. Mehr als drei Viertel von ihnen entstammten den Jahrgängen 1900 und jünger, gehörten also jener Kriegsjugendgeneration an, die den Krieg an der ›Heimatfront‹ erlebten, aber selbst nicht mehr eingezogen, geschweige denn Frontsoldaten wurden.«[54]

Ihre Väter seien nur zu einem Viertel akademisch ausgebildet gewesen, es waren überwiegend Kaufleute, Techniker, Ingenieure, Handwerksmeister und vor allem Beamte des mittleren und gehobenen Dienstes. Ihre Söhne seien aber, als sie die Führung des RSHA übernahmen, bereits Teil der bürgerlichen, akademisch ausgebildeten Elite gewesen.[55]

Auch Schulz, 1900 geboren, also Angehöriger der Kriegsjugendgeneration, war der Sohn eines Verwaltungsinspektors bei den Wasserwerken in Berlin-Lichtenberg. Als 18-jähriger Kriegsfreiwilliger kam er zwar nur noch kurz an die Front, wurde dann aber vor allem im Bürgerkrieg 1918/19 gegen den Spartakusbund in Berlin eingesetzt, absolvierte Ende 1919 das vereinfachte Abiturexamen für Kriegsteilnehmer, brach ein Jura-Studium ab und schloss sich dem Freikorps Oberland an, das in Oberschlesien gegen polnische Aufständische kämpfte. 1923 ging er über Hamburg nach Bremen und begann im November seine Ausbildung als Polizeioffizier.

Bruno Nette dagegen, der Angehörige der Kriegsgeneration, stand die gesamten vier Jahre an der Front. »Aus der Erfahrung von Tod, Schmerz, Angst, Verstümmelung, der mörderischen Gleichheit und der völligen Bedeutungslosigkeit des Einzelnen formte sich der Mythos einer Frontkämpfergeneration, die ihre Erfahrungen nach dem Krieg ins Heroische wendete, um die inneren wie die äußeren Wüsten zu vergessen und der Sinnlosigkeit des Erlebten einen Sinn zu geben.«[56]

Bei den Vertretern der Kriegsjugendgeneration führten insbesondere die prekären und instabilen Verhältnisse der Nachkriegszeit dazu, dass viele junge heran-

---

54 Wildt 2003.

55 Ebd., S. 3f.

56 Ebd., S. 4.

wachsende Männer andere Zukunftsträume entwickelten als die Kriegsgeneration. Noch einmal Michael Wildt:

»Zukunft hieß für die Kriegsjugendgeneration, die bis dahin nur Instabilität, Diskontinuität und Zusammenbruch erlebt hatte, vor allem radikale Kritik am bürgerlichen Mummenschanz, an den hohlen Versprechungen liberaler Politiker, hieß Misstrauen in die Steuerungsmedien bürgerlicher Gesellschaft wie parlamentarische Demokratie, Gewaltenteilung und durch Gesetz verbürgtes Recht.«

Demokratische Kompromisse habe diese Generation abgelehnt. Was zählte, so Michael Wildt, war der politische Wille und die Entschiedenheit, ihn durchzusetzen. Nicht irgendwelche Bürger wollten sie sein, sondern die Führer, nicht eine gewählte, sondern die erwählte, die natürliche Elite des Volkes.

Für Bruno Nette, den noch vom kaiserlichen Beamtenstaat geprägten Vollstreckungsbeamten mit seiner etwas altmodisch-ehrpusseligen preußischen Einstellung, zählten trotz aller Ablehnung der Demokratie durchaus das Gesetz, die Verordnung, das geschriebene Recht. Was ihm allerdings fehlte, war der innere Kompass, welches Gesetz, welche Verordnung moralisch und menschlich zu verantworten war und welches nicht. Sein Gehorsam richtete sich auf das Gesetz, wobei er diese Haltung durchaus auch gegen den Befehl seiner Vorgesetzten verteidigen konnte. Seine innere und äußere Wüste ohne Zivilcourage ließ ihn allerdings willig und bedingungslos den Tätern und Schreibtischtätern aus der Kriegsjugendgeneration wie Erwin Schulz und auch Wilhelm Stuckart (geboren 1902) folgen, wenn deren mörderischer Wille scheinbar legal in NS-Gesetze und NS-Verordnungen gegossen war. Dem »*Kommentar zur deutschen Rassengesetzgebung*«, den Stuckart zusammen mit Hans Globke verfasst hatte, folgte der Judenreferent Bruno Nette bedingungslos und beamtentreu.

Die Bremer Polizei war nach dem Ersten Weltkrieg von dem hochdekorierten Weltkriegs-Major, jetzt Polizeioberst Walter Caspari (1877-1962), neu organisiert worden. Er hatte am 4. Februar 1919 im Verbund mit der Division Gerstenberg (etwa 1.500 Mann) eine Freiwilligentruppe von ca. 300 Mann aufgestellt, das »Freikorps Caspari«, das die Bremer Räterepublik auf Befehl der Volksbeauftragten in Berlin, Friedrich Ebert und Gustav Noske (SPD), militärisch niederwarf. Die Räterepublik wurde von linken Parteien unterstützt, und zwar von der USPD, einer 1917 gegründeten linkssozialdemokratischen Partei, und der IKPD, der 1918 gegründeten Internationalen Kommunistischen Partei, die sich am 31.12.1918 mit dem Spartakusbund zur KPD zusammenschloss. Besonderen Rückhalt hatte die Bremer Räterepublik bei den 7.000 Arbeitern der Werft AG Weser. Während von den beiden »weißen« Einheiten 24 Mann bei den Kämpfen fielen, war die Opferzahl aufseiten der Räterepublik weitaus höher. Viele Revolutionäre wurden »standrechtlich« erschossen oder eingekerkert. Caspari ließ sogar Heinrich Vogeler in Worpswede »greifen«, weil dieser steckbrieflich gesuchte Verbrecher, also mutmaßlich linke Revolutionäre, beherbergt habe.[57]

[57] Zu Walter Caspari: Schneider 2011, S. 566-572.

Für die neue Bremer Polizei forderte Caspari im Oktober 1919 eine Ausstattung wie für den Bürgerkrieg, darunter 30 schwere und 65 leichte Maschinengewehre, zehn leichte Minenwerfer, zehn Granat- und zehn Flammenwerfer, vier Feldhaubitzen, zwei Kraftwagen-Jagdgeschütze.[58] Wieviel Angst mögen er und das gute Bürgertum vor den Bremer Werftarbeitern gehabt haben?

Als aber 14 Jahre später, am 6. März 1933, die Nazis eine verfassungswidrige Großdemonstration innerhalb der Bannmeile auf dem Bremer Rathausmarkt organisierten, die prompt zu ihrer Machtergreifung in Bremen führte, verteidigte der Polizeioberst Caspari die Republik nicht. Er weigerte sich, die Versammlung polizeilich auflösen zu lassen.

So richtig dankten es ihm die Nazis nicht. Obwohl er noch im April 1933 in die NSDAP eintrat, versetzten sie ihn in den – wenn auch ehrenvollen und gut dotierten – Ruhestand. Nach der Niederlage des Naziregimes stufte die Spruchkammer Bremen Caspari, einen der vielen Zerstörer der deutschen Demokratie und Wegbereiter der Nazis, im Juni 1949 als »Mitläufer« ein.

Caspari leitete ab 1. November 1919 auch die »Sicherheitspolizei Bremen«, d.h. die politische Polizei in Bremen, die nach den Ereignissen der Bremer Räterepublik gegründet worden war. Bei ihm war Erwin Schulz, der im November 1923 in die kasernierte Schutzpolizei eingetreten war, als junger Polizeileutnant ab 1928 mit Sicherheit gut aufgehoben, zumal Schulz auch als verdeckter Verbindungsmann zur NSDAP fungierte. Im Dezember 1930 begann Schulz seine Dienste bei der »*Nachrichtenstelle*«. Diese habe, so Schulz, in ihrem Aufbau den Abwehrstellen des Reichsheeres entsprochen. Sie entsprach insofern jener Truppe, in der der geheime Feldpolizist Bruno Nette in der Schlussphase des Krieges gedient hatte und die in München nach Ende des Ersten Weltkriegs einen erfolgversprechenden jungen Mann als Spitzel beschäftigte – Adolf Hitler. 1929 wurde sie mit der 1919 gegründeten politischen Polizei zur »*Zentralpolizeistelle*« zusammengefasst. Schulz sammelte Erkenntnisse über Kommunisten und legte Karteikarten an, verfasste Dossiers und Berichte für weitere und zukünftige Maßnahmen. Seine Arbeit führte u.a. dazu, dass die Polizei am 4. März 1933, einen Tag vor den Reichstagswahlen, 40 Bremer kommunistische Funktionäre und kurze Zeit darauf auch 88 Angehörige des sozialdemokratischen Reichsbanners und 100 Bremer Sozialdemokraten, dazu viele Gewerkschafter, festnehmen konnte.[59] Im Juni 1933 gingen alle politischen Polizeiorgane zusammen mit der Ende März 1933 eingerichteten »*Zentralstelle zur Bekämpfung des Bolschewismus*« in die Geheime Staatspolizei (Gestapo) über, deren Leitung in Bremen Erwin Schulz ab dem 13. November 1933 zunächst kommissarisch und dann im Mai 1934 endgültig übertragen wurde.[60] Er wurde bald zum Major befördert und blieb bis 1939 Leiter der Bremer Gestapo, wurde aber im Frühjahr 1938 nach dem Anschluss Österreichs beauftragt, die Ge-

---

[58] Ebd., S. 40.
[59] Ebd., S. 697.
[60] Ebd., S. 669f.

stapostelle Graz einzurichten und zu leiten. Ab dem Herbst 1938 führten ihn ähnliche Aufgaben in das seit dem Münchener Abkommen »zurück ins Reich geholte« Sudetenland nach Aussig, später nach Olmütz und Reichenberg.[61] Karl Schneider fasste zusammen: »Einer der herausragenden Männer Heydrichs war der ehemalige Leiter der Bremer Gestapo, Sturmbannführer und Regierungsrat Erwin Schulz. (...) Als Anerkennung für seine ›gute Arbeit‹ wird es zu werten sein, dass ihn Heydrich am 1. Januar 1940 zum Inspektor der Sicherheitspolizei und des SD im Reichsgau Sudetenland ernannte.«[62]

Junge Männer wie Erwin Schulz gingen voller Überzeugung gegen die Juden und gegen den »jüdischen Bolschewismus« vor. Das hatte Erwin Schulz nicht nur im Bürgerkrieg in Berlin 1919 gelernt, sondern auch als politischer Polizist in Bremen. Er bekam 1941 die Gelegenheit zu beweisen, dass er durchaus in der Lage war, auch noch die allerletzte Grenze zur Barbarei zu überschreiten. Der junge Täter aus dem RSHA mit dem etwas bulligen Gesicht[63] leitete nach dem Überfall auf die Sowjetunion bis Mitte September 1941 das Einsatzkommando 5 (Sicherheitspolizei und SD) der Einsatzgruppe C. Er erlebte vor allem nach 1938 eine stürmische Karriere, wurde SS-Obersturmbannführer und Regierungsrat und stieg bis zum Ende der Nazizeit zum SS-Brigadeführer (niedrigster Generalsrang der SS) und Generalmajor der Polizei auf.

Man darf davon ausgehen, dass der ehemalige Geheime Feldpolizist und der dreizehn Jahre jüngere ehemalige Bürgerkriegssöldner und Freikorps-Kämpfer sich prächtig verstanden, als sie 1923 im Bremer Dezernat für Kapitalverbrechen aufeinander trafen, der eine als Kriminalbeamter, der andere als vielversprechender Hospitant, aber beide dauerhaft tief verwirrt von den Ereignissen 1923.

Bruno Nettes Polizeikarriere verlief im Gegensatz zu der von Erwin Schulz gemächlich und blieb auf der mittleren Ebene stecken: 1938 Kriminalobersekretär bei der Kripo und ab 1940 bei der Gestapo, das war der Abschluss seiner Beamtenkarriere.[64] Der Kriminalobersekretär entsprach dem Rang eines Leutnants. Bruno Nette war also zum Schluss dort angelangt, wo Erwin Schulz seine Karriere begann.

Die Werdegänge der beiden Bremer Polizisten spiegelten die enge Verbindung zwischen der Kriminalpolizei bzw. der politischen Polizei in der Weimarer Republik und dem Terrorapparat im NS-Staat wider. Aber Bruno Nette führte keine Einsatzgruppe im Osten, kein Massenmordkommando wie der hochgestiegene SS-General Erwin Schulz. Hätte er es gekonnt? Dorf für Dorf und Stadt für Stadt

---

[61] Erwin Schulz: Eidesstattliche Erklärung vom 20. Dezember 1945. In: Mendelson 1982, Bd. 10, S. 188f. Vgl. auch: NS-Archiv: Dokumente zum Nationalsozialismus: Erwin Schulz. www.ns-archiv.de/einsatzgruppen/schulz/eidesstattliche-erklaerung.

[62] Schneider 2011, S. 116.

[63] Foto von Erwin Schulz in: Schneider 2011, S. 669.

[64] Rangfolge der Dienstgrade bei der Kriminalpolizei und der Gestapo: Kriminalassistent, Kriminalsekretär, Kriminalobersekretär, Kriminalbezirkssekretär, Kriminalinspektor, Kriminalkommissar.

zu durchkämmen und Männer und Frauen und Kinder zusammenzutreiben und zu erschießen? Einen phantasierten übergesetzlichen Notstand zum Anlass zu nehmen, jüdische Kinder lebendig in Mordgruben zu werfen, weil von ihnen als zukünftigen Rächern eine tödliche Gefahr für Deutschland drohe? Die Frage ist nicht zu beantworten. Andere noch »normalere« Polizisten, ob nun gute oder schlechte Familienväter und Ehemänner, funktionierten ja auch tadellos. Doch, ja, ich vermute, auch mein Großvater wäre über sämtliche Grenzen hinweggetrampelt, hätten seine Oberen ihm eine entsprechende amtliche Verordnung vor die bebrillten Beamtenaugen gehalten.

Erwin Schulz und Bruno Nette, sie waren – nimmt man es genau – so etwas wie Terrorbrüder.

Berditschew

Seine Tätigkeit im Einsatzkommando 5 habe sich 1941 auch auf Berditschew erstreckt, so der Bremer Polizist Erwin Schulz vor seinen US-Vernehmern.

Wassili Grossman (1905-1964) gilt seit seinem Stalingrad-Roman »Leben und Schicksal« als einer der bedeutendsten russischsprachigen Schriftsteller des 20. Jahrhunderts. Seine Heimatstadt war eben jenes Berditschew. Von den 60.000 Einwohnern der Stadt waren über 30.000 Juden. Auch Wassili Grossmans jüdische Mutter lebte dort.

Noch während des deutschen Vernichtungskriegs bildete sich in Moskau ein Antifaschistisches Jüdisches Komitee, um der zivilisierten Welt die Augen über den Genozid an den sowjetischen Juden zu öffnen. Wassili Grossman und Ilja Ehrenburg (1891-1967) bereiteten die Herausgabe eines Schwarzbuchs vor. Jüdische Künstler, Schriftsteller und Intellektuelle sammelten in allen von den Deutschen besetzten und von der Roten Armee zurückeroberten sowjetischen Gebieten sowie in einigen polnischen Gebieten die Berichte von Augenzeugen und Überlebenden. Aus den entvölkerten Dörfern, aus den Ghettos der Städte und aus den Arbeits- und Vernichtungslagern erklangen die Stimmen der wenigen Überlebenden und der benachbarten Bevölkerung.

Nach 1945 geriet das Antifaschistische Jüdische Komitee in das tödliche antisemitische Fadenkreuz Stalins und seines Geheimdienstes. Das Schwarzbuch wurde erst zensiert und schließlich ganz verboten. Erst 1994 erschien das Schwarzbuch von Grossman und Ehrenburg unzensiert auch in deutscher Sprache.[65] 1952 wurde ein Teil der Mitarbeiter im Zusammenhang mit einer Kampagne gegen jüdische Intellektuelle angeklagt und in Geheimprozessen zum Tode verurteilt. Wassili Grossman schützte offensichtlich seine Kriegsfreundschaft mit den Stalingrad-Kommandeuren.

[65] Grossman/Ehrenburg 1994.

Im Januar 1944 eroberte die Rote Armee Berditschew zurück. Grossman befragte unmittelbar darauf die wenigen jüdischen Überlebenden – zehn bis 15 Menschen – und ihre ukrainischen Nachbarn in seiner Heimatstadt und schrieb für das Schwarzbuch einen längeren Text: »*Die Ermordung der Juden von Berditschew*«. Daraus sollen einige wenige (gekürzte) Passagen wiedergegeben werden.

Am 7. Juli 1941 waren deutsche Panzerspitzen überraschend nach Berditschew durchgebrochen. Die überlebenden Einwohner berichteten:

»Soldaten brüllten aus ihren Fahrzeugen: ›Jude kaputt!‹, und gestikulierten wild mit den Armen. Sie wussten, dass nahezu die ganze jüdische Bevölkerung noch in der Stadt war. (…) Die Juden arbeiteten (...) in einer der größten Lederfabriken in der Sowjetunion, im Iljitsch-Werk. (...) Man führte die Leute in die Gerberei und zwang sie, in die großen Bottiche zu springen, die mit ätzender Gerbsäure gefüllt waren; die sich zur Wehr setzten, wurden erschossen und ihre Körper gleichfalls in die Bottiche geworfen. Die Deutschen, die an dieser Exekution teilnahmen, bezeichneten sie als einen ›Scherz‹: Sie gerbten sozusagen das jüdische Fell. (...) Die Deutschen befahlen den Alten, sich ihr Tallit und Zizit *(Gebetskleidung; B.N.)* anzulegen und in der alten Synagoge einen Gottesdienst abzuhalten: ›Um Gott zu bitten, die gegen die Deutschen begangenen Sünden zu vergeben.‹ Dann verriegelten sie das Tor zur Synagoge und steckten das Gebäude in Brand. Eine dritte ›scherzhafte‹ Exekution vollzogen die Deutschen neben der Mühle. Sie griffen sich einige Dutzend Frauen, befahlen ihnen, sich auszuziehen, und erklärten den Unglücklichen, dass allen, die zum anderen Ufer hinüberschwimmen würden, das Leben geschenkt wird. Der Fluss, der bei der Mühle durch ein steinernes Wehr gestaut wird, ist hier sehr breit. Die Mehrzahl der Frauen ertrank, bevor sie das gegenüberliegende Ufer erreichen konnte. Alle jene, die am westlichen Ufer ankamen, wurden gezwungen, sofort wieder zurückzuschwimmen. Die Deutschen amüsierten sich – sie beobachteten, wie die Ertrinkenden, wenn die Kräfte nachließen, auf den Grund des Flusses sanken. Und sie ergötzten sich an diesem Schauspiel so lange, bis auch die allerletzte Frau ertrunken war.«

Erst über einen Monat später rückte das Einsatzkommando 5 ein.

Grossman: »Am 14. September trafen in Berditschew Teile einer SS-Kompanie ein *(Teile des von Erwin Schulz kommandierten Einsatzkommandos 5 der Einsatzgruppe C; B.N.)*, mobilisiert wurde auch die städtische Polizei. In der Nacht vom 14. zum 15. September *(1941; B.N.)* umstellten Soldaten das Ghetto. Um vier Uhr morgens begannen SS-Leute und Polizisten, auf ein Signal hin, in die Unterkünfte einzudringen, die Menschen hochzureißen und auf den Marktplatz hinauszujagen. Viele von denen, die nicht gehen konnten – Gebrechliche, Alte und Krüppel – erschlugen die Henker gleich in den Häusern. Das schreckliche Wehklagen der Frauen und das Weinen der Kinder weckten die ganze Stadt. In den entlegensten Straßen erwachten die Menschen und vernahmen mit Grausen das tausendfache Stöhnen, das sich zu einem einzigen herzzerreißenden Aufschrei verdichtete. (…) Einen ganzen Tag lang dauerte diese ungeheuerliche Vernichtung von Unschuldigen und Hilflosen, einen ganzen Tag lang wurde Blut vergossen. Die Gruben waren übervoll von Blut, das der tonhaltige Boden nicht aufsaugen konnte. Das Blut trat über die Ränder, stand in großen Lachen, bildete Rinnsale und sickerte in tiefer gelegenes Gelände. Verletzte, die in die Gruben fielen, starben nicht an ihren Schusswunden, sondern erstickten, ertranken im Blut, das die Gruben füllte. (...) Den ganzen Tag lang sahen die Menschen, die in endlosen Kolonnen an der Richtstätte vorbeizogen, ihre Mütter, Schwestern und Kinder bereits am Rande der Grube stehen, an den sie, in ein oder zwei Stunden, selbst unweigerlich herantreten würden. Und den ganzen Tag waren Worte des Abschieds zu vernehmen. ›Auf Wiedersehen! Auf Wiedersehen, bald sehen wir uns wieder‹ – tönte es von der Chaussee herüber. ›Auf Wiedersehen!‹ – antworteten jene, die an der Grube standen. Die Luft war erfüllt von wehen Klagen; Namen von Verwandten wurden herausgeschrien, letzte Abschiedsworte verhallten.«[66]

In seinem Kriegsepos »Leben und Schicksal« zog Wassili Grossman die Bilanz seiner Zeit in der Sowjetunion unter Stalin in den 1930er Jahren bis zum Kulminationspunkt des Zweiten Weltkriegs, dem Sieg in der Schlacht um Stalingrad, dem Anfang vom Ende des nazistischen Albtraums.[67] 1.000 Manuskriptseiten! Frühestens in 200 Jahren werde man das Buch drucken können, wurde ihm 1960 von der sowjetischen Zensurbehörde mitgeteilt. Die sowjetische Staatssicherheit beschlagnahmte Manuskripte und Durchschläge, sogar die verwendeten Farbbänder wurden aus der Schreibmaschine genommen und weggeschafft. Grossman schrieb einen verzweifelten Appell an Chruschtschow: »Geben Sie meinem Buch die Freiheit wieder! Meine physische Freiheit hat keinen Sinn, wenn sich das Buch, für das ich mein Leben gegeben habe, im Gefängnis befindet. Ich bitte um die Freiheit für mein Buch.« Keine Antwort. Vier Jahre später starb Grossman, keine 60 Jahre alt. Ein letztes verstecktes Exemplar wurde zehn Jahre später in den Westen geschmuggelt und in der Schweiz veröffentlicht. Ekkehart Krippendorff schrieb 2008, es sei eines der größten literarischen Zeugnisse der kommunistisch-faschistischen Epoche des 20. Jahrhunderts – vielleicht das größte, ein explizit jüdisches Buch. Grossman hüte sich zwar, den mörderischen Antisemitismus der deutschen Politik auf dieselbe Ebene mit der stalinistischen zu stellen, und doch dränge »eine erzählerisch nahegelegte Engführung die pathologische Verwandtschaft von Nazismus und Stalinismus auf«. An der »kosmischen Dimension des alles Bisherige und historisch Bekannte in Schatten stellenden Armaggedon *Stalingrad*« aber und »an dessen welt- und menschheitsgeschichtlicher Bedeutung« lasse Grossman keinen Zweifel zu.[68]

Im seinem Roman schreibt eine pensionierte jüdische Augenärztin in Berditschew, mit der Grossman seiner eigenen ermordeten Mutter eine fiktive Stimme gab, an ihren Sohn in der Roten Armee. Sie gibt im Ghetto Französisch-Unterricht in einer improvisierten Schule. Hier einige Auszüge:

---

[66] Ebd., S. 60-71.

[67] Vgl. Krippendorff 2008.

[68] Ebd.

Der sowjetisch-jüdische Schriftsteller Wassili Grossman 1945 in Schwerin, das von der 8. Gardearmee erstürmt worden war

»Wie viele dieser Kinder gibt es: wunderschöne Augen, dunkle Locken; es sind wahrscheinlich künftige Gelehrte, Physiker, Medizinprofessoren, Musiker, vielleicht auch Dichter unter ihnen. Ich sehe zu, wie sie morgens in die Schule rennen, unkindlich ernsthaft und mit weit aufgerissenen tragischen Augen. Manchmal fangen sie an, zu toben und zu raufen und lauthals zu lachen, doch das macht einen nicht froher, man wird nur von Grauen gepackt. Es heißt, Kinder seien unsere Zukunft. Doch was sagst du zu diesen Kindern? Es wird ihnen nicht vergönnt sein, Musiker, Schuster oder Zuschneider zu werden. (...) Wie soll ich diesen Brief beenden? Woher soll ich die Kraft nehmen, mein lieber Sohn? Hat der Mensch denn Worte, die meine Liebe zu Dir ausdrücken können? Ich küsse Dich, Deine Augen, Deine Stirn, Dein Haar. Denk immer daran, dass immer, in Tagen des Glücks und in Tagen des Kummers, die Liebe Deiner Mutter bei Dir ist; diese Liebe vermag niemand zu ermorden. Vitjenka ... dies ist die letzte Zeile des letzten Briefes Deiner Mutter an Dich. Lebe, lebe, lebe ewig ... Mama.«

Wassili Grossman kam 1945 mit der Roten Armee bis nach Berlin. 1950 schrieb er einen Brief an seine 1941 in Berditschew ermordete Mutter. »Liebe Mama, (...) Ich spüre dich noch heute. Du bist für mich so lebendig wie bei unserer letzten Begegnung, wie damals, als ich noch ein kleiner Junge war und du mir vorgelesen hast. (...) Ich denke, meine Liebe zu dir und mein großer Kummer werden mich bis zu meinem letzten Atemzug begleiten.«[69]

2002 erinnerte sich ein anderer Sohn an seine Mutter. Ich wiederhole die Worte meines Vaters: »Ich hab heute noch größte Hochachtung und eine unwiderstehliche Liebe zu meiner Mutter, die 1940 schon gestorben ist, mit etwas über 50 Jahren, weil sie ausgeblutet war. Sie war voller Kummer und mochte nicht mehr leben. Das

[69] Beevor/Vinogradova 2007, S. 322f.

hat sie mir auch ein paar Mal gesagt. Sie hat nachts wüste Träume gehabt, hat geschrien im Bett und ich hab das ja gehört. Mir ist angst und bange geworden, und dann bin ich hingerast, nicht wahr, und hab sie in den Arm genommen und, ach! Ja.«

»Unser Staatspolizeimajor«

Das Einsatzkommando 5 (EK 5) war Teil der Einsatzgruppe C, die bis Oktober 1941 vom SS-Brigadeführer Dr. Dr. Rasch geführt wurde. Es bestand aus etwa 25 Angehörigen der Sicherheitspolizei und des SD, 75 Angehörigen der Ordnungspolizei, 50 Notdienstverpflichteten und Kommandierten der Waffen-SS sowie 50 Kraftfahrern. Damit hatte es etwa die Stärke einer Kompanie. Bis zum September 1941 stand es unter dem Befehl von Erwin Schulz.[70] Insgesamt fielen dem EK 5 in den wenigen Wochen zwischen August und Ende September 1941 zwischen 10.000 und 12.000 Menschen in der Ukraine zum Opfer.[71] Schulz machte Karriere im Reichssicherheitshauptamt, wurde Amtschef 1 und Leiter des Personalamtes im RSHA.[72]

Die Alliierten klagten ihn an. Wegen 90 bis 100 unter seiner Leitung exekutierten Ukrainern im damals polnischen Lemberg wurde er im Nürnberger Einsatzgruppenprozess am 8. April 1948 zu 20 Jahren Haft verurteilt. Diese sollte er im Kriegsverbrecher-Gefängnis Landsberg am Lech verbüßen, das von der US-Besatzungsmacht geführt wurde und wo einstmals auch sein »Führer« eingesessen und »Mein Kampf« verfasst hatte.

20 Jahre in Landsberg. Später herabgesetzt auf 15 Jahre. Es kam anders.

1952 begann die Kampagne des Bremer Innensenators Adolf Ehlers (1898-1978) zur Begnadigung des Hauptkriegsverbrechers Erwin Schulz, des ehemaligen Bremer Gestapochefs, des ehemaligen Führers des Einsatzkommandos 5 der Einsatzgruppe C, des ehemaligen Henkers von Berditschew, des ehemaligen SS-Generals und – nicht zu vergessen – des Bekannten des ehemaligen Bremer Judenreferenten, Kriminalobersekretär a.D. Bruno Nette.

Aber wieso setzte sich 1952 der Bremer SPD-Innensenator für Erwin Schulz ein? Das war erstaunlich für einen Mann, der in seinem politischen Leben lange Kommunist bzw. linker Sozialdemokrat gewesen war. Er hatte als Schweißer auf der Werft AG Weser gearbeitet, deren Belegschaft 1918/19 in ihrer Mehrheit die Bremer Räterepublik unterstützt hatte, und war von 1921 bis 1933 Betriebsratsvorsitzender. Auf der AG Weser hatte auch der 1938 ermordete jüdische Elektroobermonteur Leopold Sinasohn gearbeitet, den Adolf Ehlers gekannt haben könnte, ebenso wie seinen Werftarbeiterkollegen August Schumann, den kommunistischen Bruder meiner Großmutter Theda, der im Zweiten Weltkrieg Sklavenarbeitern auf der Werft half. Ehlers war in den 1920er Jahren für einige Zeit auch der Vorsitzende

---

70 Schneider 2011, S. 681.

71 Ebd., S. 689.

72 Ebd., S. 688.

des kommunistischen Jugendverbandes Bremen gewesen. Als Propagandaleiter für die »Rote Hilfe« fiel das von dem Maler Heinrich Vogeler gestiftete Kinderheim im Barkenhoff in Worpswede in seine Zuständigkeit, das 1928 von seiner Frau Ella Ehlers, geb. Schimpf, geleitet wurde.

In meiner Familie wurde die Erinnerung an dieses proletarische Kinderheim besonders hochgehalten. Mein Vater Günther Nette erwähnte das Dorf Worpswede gegenüber seinen Söhnen stets mit besonderer Wärme. Dass ein berühmter und angesehener Maler wie Heinrich Vogeler zugunsten von Arbeiterkindern auf sein Haus und Grundstück verzichtete, umgab ihn und das Kinderheim im Barkenhoff in den Augen meines Vaters mit dem Glanz der Solidarität für die hungernden Kinder Bremens, zu denen er und seine Brüder ja auch gehört hatten.

Nach 1933 war Adolf Ehlers (wie Willy Brandt) weiter illegal für die Sozialistische Arbeiterpartei Deutschlands (SAPD) tätig. 1948/49 wurde er Mitglied des Parlamentarischen Rates, ab 1949 war er Vertreter Bremens im Bundestag, dann Bremer Innensenator und später sogar Bürgermeister. Und dann erklärte dieser Mann 1952 dem Präsidenten des Bremer Senats, Bürgermeister Kaisen, Erwin Schulz sei nach Auskunft von Personen, die Schulz während seiner Tätigkeit bis 1933 und aus der Zeit unmittelbar danach kannten, ein »sympathischer und korrekter Kollege bzw. Vorgesetzter« gewesen.[73]

Auch der ehemalige sozialdemokratische Reichstagsabgeordnete und Chefredakteur der »Bremer Volksstimme«, Alfred Faust, der schon im März 1933 in das erste Bremer KZ, das »Lager Mißler«, geworfen worden war, bestürmte Kaisen: »Lies den einliegenden Brief von Erwin Schulz, unserem Staatspolizeimajor 1933/34. Er hat sich mir gegenüber, als ich in den Lagern war, hochanständig benommen. (...) Er ist der einzige Bremer in Landsberg. Wir müssen etwas für ihn tun, damit er freigelassen werden kann. Belastet ist er dadurch (und zu 20 Jahren verurteilt), weil er von Bremen nach Graz und von Graz nach Polen versetzt wurde, wo gerade die Judenmetzeleien im Gange waren. Ich sehe nicht ein, dass man Generäle freigibt und die Polizeibeamten (Schulz ist ein Karriere-Polizist lange vor Hitler) zurückhält.«

Aber Schulz saß im Landsberg War Criminal Prison No. 1 nicht dafür ein, dass er 1933 Kommunisten und Sozialdemokraten nach vorbereiteten Listen verhaften ließ und sich für den einen oder anderen ehemaligen SPD-Reichstagsabgeordneten einsetzte, sondern weil er für Massenmorde in der Ukraine verantwortlich war. Aber was Erwin Schulz, »unser Staatspolizeimajor«, nach dem 22. Juni 1941 in Berditschew und anderswo in der Ukrainie angerichtet hatte, wen kümmerte es in Bremen? Lag das nicht in der Sowjetunion? Eben!

Wilhelm Kaisen wandte sich am 20. November 1952 persönlich an den amerikanischen Hochkommissar, Botschafter Walter J. Donelly. Erwin Schulz habe »in seiner langjährigen Tätigkeit in Bremen (sic! B.N.) immer ein Verhalten gezeigt (...), das ihn eines Gnadenerweises für würdig erscheinen lässt«. Die USA zöger-

---

[73] Vgl. Wildt 2003, S. 10. Auch die folgenden Informationen und Zitate stammen aus der Rede von Michael Wildt. Zu Erwin Schulz nach 1945 vgl. auch: Schneider 2011, S. 673-703.

ten, ließen Erwin Schulz aber im Januar 1954 auf Bewährung frei. Er erhielt rückwirkend seine Bremer Dienstbezüge und bis zu seiner Pensionierung ein Übergangsgeld, dazu eine Entschädigung für die Kriegsgefangenschaft, womit seine Haft als Kriegsverbrecher in Landsberg gemeint war. Innensenator Ehlers hielt es sogar für »durchaus möglich«, ihn wieder im öffentlichen Dienst zu verwenden. Das erwies sich dann aber doch als zu heikel.[74] Der Bremer Staatsanwalt Dr. Höffler schließlich stellte 1960 ein Verfahren gegen Schulz ein, bei dem es um die Aufklärung von Morden in Galizien ging. Eben jener Staatsanwalt Dr. Höffler konnte selbst auf eine NS-Karriere zurückblicken. Er war in großdeutschen Zeiten Sondergerichts-Staatsanwalt gewesen in – richtig! – Galizien.[75] Auf diesen Staatsanwalt war Verlass und wird noch zurückzukommen sein.

Bruno Nette und Erwin Schulz, die zwei guten Bekannten aus alten Tagen, überlebten ihre Opfer um viele Jahre, Bruno Nette um 18 Jahre, er starb 1960. Und Erwin Schulz sogar um mehr als 40 Jahre, er starb 1981.

Der Bremer Judenreferent

1940/41 breitete sich der völkermörderische Terror der Nazis gegen die Juden epidemiehaft im deutsch besetzten Europa und im Deutschen Reich selbst aus. Und Bruno Nette setzte an seinem neuen Arbeitsplatz fort, worauf er sich schon in Vegesack vorbereitet hatte. Er half tatkräftig mit, Menschen nach rassistischen Merkmalen zu klassifizieren, aus dem gesellschaftlichen Leben Deutschlands herauszudrängen, sie zu demütigen, auszuplündern, »Devisenvergehen«, »Rassenschande« und andere »Delikte« streng zu verfolgen und »nach oben« zu melden, junge Mädchen und Frauen verbal zu demütigen, Ehen zwischen »Ariern« und Juden zur Scheidung zu drängen, Wertgegenstände und technische Geräte zu konfiszieren, Menschen aus ihren Wohnungen zu vertreiben und sie schließlich ab dem Herbst 1941 auf die Todes-»Transporte« zu zwingen. Penibel und mit Eifer führte er seine neuen Aufgaben aus. Bruno Nette funktionierte, egal, ob es sich um Erwachsene, Kinder oder Säuglinge handelte. Er arbeitete zunächst mit den Kriminalsekretären Wilhelm Parchmann zusammen, seinem Vorgänger, und mit Friedrich Linnemann, der später einer der Schlächter der griechischen Juden wurde.

Ab Juni /Juli 1942 bearbeitete Bruno Nette das Judenreferat allein. Das »Arbeitsfeld« war überschaubar geworden, die Opfer waren großenteils in den Todeslagern verschwunden. Zwischen dem Oktober 1943 und dem November 1944 übernahm er nach eigenen Worten das Referat »Rechtsopposition« (in dem Geschäftsverteilungsplan der Bremer Gestapo von 1943 hieß es »Rechtsbewegung«[76]). In dieser Zeit vertrat ihn im Judenreferat sein ehemaliger Mitarbeiter, der sadistische Paul

[74] Schneider 2011, S. 699.
[75] Ebd., S. 702.
[76] Marßolek/Ott 1986, S. 180.

Siebert, der ihn schon einmal vertreten hatte, als Bruno Nette Ende 1942 eine Lungenentzündung bekam. Siebert sei mit der Organisation des Judenreferats total überfordert gewesen, behauptete Bruno Nette später. Als er im Herbst 1944 das Judenreferat von Siebert wieder übernahm, seien die verbliebenen Juden in Bremen darüber sehr erfreut gewesen. Einige Zeugen bestätigten das, wie noch zu sehen sein wird. »Fest steht, dass Siebert ein Schwein war«, bemerkte Bruno Nette lakonisch dazu im Juni 1948.[77]

Die Bremer Gestapo hat im März 1945 fast alle ihre Akten verbrannt. Der Leiter des Staatsarchivs Bremen, Konrad Elmshäuser, beschrieb im November 2016 gegenüber dem Autor die Aktenbestände der Bremer Gestapo als »Trümmerbestände«. Das gelte auch für das Referat »Rechtsopposition«. Und in den Akten des Entnazifizierungsverfahrens von Bruno Nette (vgl. Kapitel 11) findet sich kein Hinweis, wie er sich als Leiter des Referats »Rechtsopposition« betätigt und inwieweit er sich schuldig gemacht hat. In seinem Entnazifizierungsverfahren wurden ausschließlich die Taten des Judenreferenten untersucht und beurteilt.

Bruno Nette selber gab lediglich an, dass er u.a. »vorbereitende Arbeiten« zur Verfolgung der christlichen Kirchen nach einem deutschen »Endsieg« zu erledigen hatte.[78] In den teilweise recht gut erforschten NS-Verfahren gegen hochrangige bürgerlich-konservative Oppositionskreise, die man als »Rechtsopposition« verstehen könnte, taucht er als Gestaposcherge überhaupt nicht auf. So gehörte der damalige Generaldirektor der Werft AG »Weser«, Franz Stapelfeldt, zur rechten Opposition und unterhielt Kontakte zu deutschen konservativ bürgerlichen und militärischen Widerstandskreisen. Das bestätigte der Jurist Hans Werner Gisevius (1904-1974). Er stand als Anhänger der Deutschnationalen Volkspartei (DNVP) zunächst dem Nationalsozialismus positiv gegenüber, verließ aber im Frühjahr 1935 das Geheime Staatspolizeiamt (Gestapa), arbeitete freilich weiterhin im Preußischen Landeskriminalpolizeiamt, zwischendurch auch als Regierungsrat in Münster. Er beteiligte sich an der Planung eines Militärputsches gegen Hitlers Kriegspläne im Februar 1938, der aber nach Hitlers Erfolg beim Münchener Abkommen schnellstens abgeblasen wurde. Er wurde schließlich von Admiral Canaris als Sonderführer des Amtes Ausland/Abwehr im Oberkommando der Wehrmacht in die neutrale Schweiz versetzt, wo er Verbindungen des deutschen Widerstands mit US-amerkanischen Offizieren des Office of Strategic Services (OSS, eine Vorläuferorganisation der CIA) und der britischen Geheimdienste anknüpfte. Am 20. Juli 1944 war er im Bendlerblock, der Zentrale des Aufstands nach dem Stauffenberg-Attentat, und konnte als einer der wenigen Männer, die an dem gescheiterten Attentat des 20. Juli beteiligt waren, entkommen. Dieser konservative Widerständler, der am liebsten Frieden mit

---

[77] Bruno Nette, Aussage am 24.6.1948. SAB, 4, 66-I, Senator für politische Befreiung, Akte Bruno Nette, 1887/12/22, Blatt 138 (blau notiert), S. 6.

[78] Bruno Nette, Aussage vor dem öffentlichen Ankläger beim Spruchgericht Benefeld/Bomlitz, 7.5.1947. SAB, 4, 66-I, Senator für politische Befreiung, 1887/12/22, Akte Bruno Nette, Blatt 3/11 Rückseite (blau notiert).

den Westmächten geschlossen hätte, um den Krieg gegen die UdSSR umso energischer weiterzuführen, schrieb im Juli 1946 über Franz Stapelfeldt: »Als mein politischer Freundeskreis im Jahre 1937 meine Anwesenheit in Berlin dringend benötigte (es handelte sich um jene anbahnende Krise, die dann im Februar 1938 mit dem Sturz von Fritsch und Blomberg und unseren anschließenden Putschversuchen offen ausbrach) *(Werner von Blomberg war Reichskriegsminister und Oberbefehlshaber der Wehrmacht, Werner von Fritsch war Oberbefehlshaber des Heeres; B.N.)*, hat Stapelfeldt mich trotz meiner schweren Belastung bei der Gestapo ebenfalls in seinem Betrieb ›angestellt‹. Diese Hilfe kann ich ihm nie vergessen. (...) Auch meine toten Freunde (ich nenne den General Oster, Admiral Canaris, Oberbürgermeister Goerdeler und Dr. Strünck) *(alle hingerichtet nach dem Attentatsversuch vom 20. Juli 1944; B.N.)* haben Stapelfeldt ungemein geschätzt. Er ist uns stets ein guter Freund und Helfer gewesen ...«[79]

Aus Stapelfeldts Entnazifizierungsakten geht hervor, dass er wegen vermuteter Beteiligung am 20. Juli 1944 von der Gestapo am 3.10.1944 festgenommen wurde und bis zum 2.5.1945 in Haft blieb. Wiederum war es nicht Bruno Nette, sondern der Gestapo-Kommissar Menne Schulte (Leiter der Gestapo-Nachrichtenstelle)[80] persönlich, der »diesen Fall bearbeitete«, so Herta Meyer, die vom Januar 1940 bis zum Januar 1945 als Schreibkraft in der Bremer Gestapo-Zentrale arbeitete und 1944 die Sekretärin Schultes war.[81] Bruno Nette wird Schulte, wenn überhaupt, nur zugearbeitet haben. Stapelfeldt wurde offensichtlich von der Bremer Gestapo geschont. Noch drei Wochen vor dem missglückten Aufstandsversuch hatte Dr. Erwin Dörnte, damals der stellvertretende Leiter der Gestapo Bremen, sich in einem persönlichen Brief an Stapelfeldt zwar dagegen verwahrt, dass dieser sich für Dr. Mimke Berghaus eingesetzt habe.[82] Es handelte sich um den früheren Sekretär Gustav Noskes und – nach Kriegsende – späteren Regierungspräsidenten von Aurich.[83] Berghaus habe sich, so Dörnte, durchaus nicht »zu Unrecht in Schutzhaft befunden«, wie Stapelfeldt in einer Eingabe an das Wehrmeldeamt Bremen I behauptet habe. Die Gestapo hatte Berghaus vorgeworfen, wehrkraftzersetzende Gerüchte verbreitet zu haben, eine Anschuldigung, die sich meist auf öffentlich geäußerte Zweifel am deutschen »Endsieg« bezog und häufig genug mit der Todesstrafe oder/und Einweisung in ein KZ endete. Für Bruno Nette waren das, vor allem wenn

---

[79] Hans Bernd Gisevius, Schreiben an Oskar Schulz vom 6.7.1946. SAB, 4, 66-I-10736, Akte Franz Stapelfeldt (Blatt 57 (rot notiert).

[80] Möglicherweise wurden entsprechende Fälle auch von der Gestapo Abteilung 2 »innenpolitische Gegner« (Otten) bearbeitet und gar nicht vom Referat 1b der Abteilung 4 »Rechtsbewegung«, wie Bruno Nettes »Rechtsoppositions«-Referat offiziell im Geschäftsverteilungsplan der Gestapo Bremen 1943 hieß. Vgl.: Marßolek/Ott 1986, S. 180. Vgl. auch: Steinbach 2015.

[81] Herta Meyer, Aussage am 22.4.1947. SAB, 4, 66-I-10736, Akte Franz Stapelfeldt (Blatt ohne Nummerierung).

[82] Erwin Dörnte, Schreiben an Franz Stapelfeldt, 30. Juni 1944. SAB, 4, 66-I-10736, Akte Franz Stapelfeldt, Blatt 12 (rot notiert).

[83] Marßolek/Ott 1986, S. 399.

Bruno Nette 1942 am Kaffeetisch in seinem Garten

es sich um Juden handelte, todeswürdige »Meckereien, Defaitismus«. Berghaus dagegen wurde nur »wegen erwiesener Schwatzhaftigkeit«, so Dörnte, mit »scharfer staatspolizeilicher Warnung« versehen und dann wieder entlassen.

Fazit: In Fällen der großbürgerlich bremischen Opposition durfte Bruno Nette, obwohl Referent für die »Rechtsopposition«, offensichtlich nicht seiner »Arbeit« nachgehen. Allerdings ist auffällig, dass er im Referat Rechtsopposition über sechs Beamte und drei Stenotypistinnen verfügen konnte – es gab also offensichtlich viel Arbeit –, während ihm im Judenreferat ab Juni/Juli 1942 nur noch eine Stenotypistin zugeteilt worden war. Vermutlich hatte nach Stalingrad manch konservativer »Arier« kalte Füße bekommen und musste besser und zugleich feinfühliger beobachtet und eingeschüchtert werden als die letzten »Halbjuden« oder »arisch versippten Juden«, die – auch deswegen benötigte die Gestapo nicht so viel Personal für sie – ihre Überwachung und Verfolgung und die Belegung der Todeszüge ja schließlich großenteils selbst organisieren mussten.

Bruno Nettes oberster Vorgesetzter bei der Gestapo Bremen war zunächst SS-Sturmbannführer (ensprach dem militärischen Dienstgrad eines Majors) und Oberregierungsrat Dr. Herbert Zimmermann (1907-1965), der die Bremer Gestapo von 1940 bis 1943 leitete und danach als Leiter der Gestapo in Bialystok, später in Metz, eingesetzt wurde. In der zweiten Hälfte des Krieges war Bruno Nettes Vorgesetzter Kriminalrat Hans Hasse unter der Oberleitung von SS-Sturmbannführer und Regierungsrat Dr. Erwin Dörnte (1943 bis 1945). Sowohl Hasse als auch Dörnte galten Gestapo-intern als »Judenfresser«.

Bruno Nette wurde von manchen seiner Opfer – nicht von allen! – im Vergleich zu seinen Spießgesellen als korrekt beschrieben. Ljubowa Sachs, die in Russland gebürtige Ehefrau eines Bremer Juden, sagte 1948 im Verfahren vor der Bremer Spruchkammer gegen Friedrich Linnemann aus und beschrieb dessen brutale, von Schlägen, Demütigungen und Drohungen begleiteten Verhörpraktiken. »Die Gestapobeamten Parchmann und Nette, mit denen ich vorher, beziehungsweise nach Linnemann zu tun hatte, waren dagegen menschlich und anständig gegen mich.«[84]

Nur 70 (»Halb«-)Juden überlebten in Bremen. Diese 70 Überlebenden, sagte Nette später, bewiesen unleugbar, dass er immer ein mutiger Kerl gewesen sei, widerständig und im Grunde seines Herzens ein wahrer Judenfreund. Was er zu erwähnen vergaß: Fast alle Jüdinnen und Juden aus Bremen, die mit ihm zu tun hatten, waren ermordet worden.

Hasste er Juden? Der öffentliche Kläger Udo Meinecke war sich sicher:

»Als Sachbearbeiter im Judenreferat ging der Betroffene in seinen Maßnahmen über das Maß der Nürnberger Gesetze hinaus, indem er arische Ehepartner zur Scheidung drängte und die Vorgeladenen beschimpfte, bedrohte und beleidigte. Er brachte mehrfach zum Ausdruck, dass er selber froh sei, kein Jude zu sein, und dass die Juden ausgerottet werden müssten. Er hätte sich nie mit einer Jüdin verheiraten können. Er hätte noch nicht einmal als Kind mit den Juden gespielt, hätte sie höchstens angespuckt.«[85] Auch Carl Katz bestätigte 1948.[86] »Nette war aus eigener Überzeugung Judengegner und hat sein Amt dementsprechend bearbeitet.«

Das Gespräch. Eine literarische Fiktion

Mai 1947: Völlig ahnungslos sei er gewesen, was die Ermordung der Kriegsgefangenen und die Misshandlung der »Fremdarbeiter« anging, sagte Bruno Nette im Zivilinterniertenlager Fallingbostel zum Staatsanwalt Werner, dem öffentlichen Ankläger bei der Spruchkammer Benefeld/Bomlitz. Und gleich gar nichts habe er gewusst von dem wahren Schicksal der Juden. Vor allem aber: Alles, was er tat, sei rechtens, weil gesetzlich abgesichert gewesen. Ich las es fast 70 Jahre später. Das

---

[84] Ljubowa Sachs: Aussage am 14. Juni 1948 in Linnemanns Entnazifizierungsverfahren. In: Schminck-Gustavus 2010, S. 246.

[85] Zusammenfassender Bericht über Bruno Nette im Herbst 1948 (Anklageschrift). SAB, 4, 66-I, Akte Bruno Nette, 1887/12/22, drei Blätter.

[86] Carl Katz: Aussage 2.10.1948. SAB, 4, 66-I, Akte Bruno Nette, 1887/12/22, Blatt 160.

Selbstmitleid meines lügenden Großvaters machte mich fassungslos. Immer wieder wollte ich ihn unterbrechen.

Was hier folgt, ist fiktiv. Frei erfunden. Und auch wiederum nicht. Das meiste, was Bruno Nette darin sagt, hat er gesagt. Den Originalton des ehemaligen Judenreferenten mag im Anschluss an das fiktive Gespräch nachlesen, wer es denn aushält.[87] Die unruhig fragenden Antworten, hilflosen Einwände, zornigen Ausbrüche des Enkels aber sind natürlich meine heutigen. Ich weiß, ein solch montiertes Gespräch erfindet man nicht als ernsthafter Historiker. Der literarische Autor freilich darf das und er nimmt für sich sogar in Anspruch, damit der Wahrheit näherzukommen.

Du bist mein Großvater. Ich habe deine Aussage vom 7. Mai 1947, zwei Jahre nach dem Ende des Zweiten Weltkriegs, gelesen. Warum lügst du?

Bruno Nette: Lüge, Wahrheit, mein lieber Enkel, was ist das schon? Du willst die Wahrheit? Meinst du die Wahrheit der Sieger? Ich wurde zum Schluss von ihnen fast vollständig entlastet. Da hast du die Wahrheit.

Na gut. Ich hab gelesen, was dein Verteidiger, hieß er nicht Langer ...
... ja, Langer, tüchtiger junger Mann!

... was Langer am 2. Juni 1949 geschrieben hat, als er Berufung einlegte gegen das Urteil der Spruchkammer Bremen vom 15. März 1949.

Ja, man hatte mich damals ja als Belasteten eingestuft. Schlimm, sehr schlimm für mich. Aberkennung der Pension! Weißt du, was das hieß? Wäre im Alter völlig mittellos gewesen, wenn die damit durchgekommen wären. Es ging mir sehr schlecht.

Ach ja? Aberkennung der Pension? Das kommt mir doch sehr bekannt vor. Im Oktober 1941 hast du völlig verzweifelte Menschen nach Minsk in den Tod geschickt. Die Bremer Lehrerin Maria Schröder aus der Gemeinde St. Stephani-Süd und mit ihr einige andere Frauen und Männer versuchten, sie vor ihrer schweren Fahrt in Kälte und Tod zu trösten und etwas zu helfen. Und? Fristlose Entlassung der Lehrerin! Streichung aller Pensionsansprüche! Wegen etwas Nächstenliebe! Davon konnte man bei dir ja wohl nicht gut sprechen.

Sie hätte das eben nicht tun dürfen. Das war doch dumm von ihr! Arier helfen Juden, wo gab es denn sowas?

---

[87] Fast alle Antworten Bruno Nettes und vor allem alle wörtlichen Zitate aus: Bruno Nette am 7. u. 8. Mai 1947 im Zivilinterniertenlager Fallingbostel. Vernehmung durch den Staatsanwalt Werner, öffentlicher Ankläger bei der Spruchkammer Benefeld/Bomlitz. SAB, 4, 66-I, Akte Bruno Nette, 1887/12/22, Blatt 3/11.

Ja, das war das Problem! Wo gab es sowas noch sonst?

Ein Pastor hat uns übrigens darauf aufmerksam gemacht. Ich konnte also gar nichts dafür. Und nach 1945 ging es mir, wie gesagt, schlecht, obwohl ich mir nie habe etwas zuschulden kommen lassen.

Es ging dir schlecht? Soweit ich weiß, musste letztlich kein Nazi, ob groß oder klein, unter Brücken schlafen.

Bis auf die, die man an den nächsten alliierten Galgen hängte.

Klar, die ganz großen Nazis hängte man. Vor dem Galgen hattet ihr alle Angst, du auch. Schlechtes Gewissen?

Nein. Angst? Ja. Vor der Rache der Sieger, Bernhard! Das zumindest wirst du doch verstehen.

Langer schrieb in seinem Berufungsantrag, dass du infolge deines Eintretens für politisch und rassisch Verfolgte entgegen klaren Dienstanweisungen als Entlasteter einzustufen seist.

Das ist die Wahrheit! Ich habe immer versucht, Juden vor allen Angriffen und Verdächtigungen zu schützen, wo es mir nur möglich war. Natürlich konnte ich das nicht ständig tun. Ich habe aber nicht nur eine, sondern viele Anzeigen einfach in den Papierkorb geworfen.

Ja, so am Ende des Krieges, das will ich wohl glauben. Langer scheibt auch, dass du niemals mehr als nominell am Nationalsozialismus teilgenommen und denselben als alter Beamter abgelehnt habest.

Auch das ist die Wahrheit. Ich war nicht mal in der SS.

Deine Frau, die Tante Mieze, sagte, du wärest nicht Mitglied der SS geworden, weil du schon zu alt dazu warst.

Frauen schwatzen doch immer irgendwelchen Unsinn zusammen, das weißt du doch.

Aber in der NSDAP warst du schon, oder? Langer schrieb übrigens nicht, dass du den Nationalsozialismus abgelehnt hättest, in seinem Brief steht stattdessen das Wörtchen »angelehnt«. Freud'scher Verschreiber, klar. Aber dass der Judenreferent sich an die Nazi-Ideologie anlehnte, das kommt der Wahrheit doch etwas näher, oder?

Ich bin alter Kriminalbeamter, ich gebe nichts auf unbeabsichtigte Versprecher. Mein Metier sind die Fakten und das Gesetz.

Schon gut. Weiter im Text deines Verteidigers Langer. Zur Gestapo seiest du versetzt worden und habest wiederholt versucht, von dort abgelöst zu werden, was während des Krieges unter Strafandrohung verhindert worden sei. »Der Betrof-

fene«, ich zitiere mal den Schlusssatz, »ist mithin Kriegsdienstverpflichteter (1940) bei der Gestapo«.

Alles richtig. So war es nun einmal. Und so wurde es im Berufungsverfahren auch übernommen, fast alles jedenfalls. Was willst du also?

Carl Katz, bis 1942 Vorsitzender der Bremer jüdischen Gemeinde, sagte nach dem Krieg, du seiest freiwillig zur Gestapo gegangen. Das hättest du ihm erzählt.

Ach, der Katz. Der hat mich hinterher an den Galgen gewünscht, hat er meinem Sohn Rudolf geschrieben. Dem Katz hab ich noch ein Empfehlungsschreiben mitgegeben, als er nach Theresienstadt musste. An den dortigen Kommandanten. Katz war, als ich bei der Gestapo für die Juden zuständig war, mein bester Mitarbeiter. Und dann lügt der jetzt so hinterhältig! Wollte mich reinreißen. Sich rächen, obwohl ich nicht weiß, wofür.

Weißt du, was der öffentliche Ankläger Udo Meinecke am 4. Juni 1949 unter diesen Brief deines Verteidigers schrieb? Handschriftlich? »Haha!« schrieb er.

Ach, der Meinecke! Kommunist vermutlich.

Parteilos.

So? Auch gut. Er hat sich jedenfalls nicht durchsetzen können.

Der Bremer Judenreferent ein Freund der rassisch und politisch Verfolgten, die er in die Vernichtungslager schickte. Sogar selber Opfer? Bisschen peinlich, oder?

Du solltest zumindest fair bleiben! Sonst muss ich das Gespräch abbrechen.

Fair bleiben? Gutgut. Bist du einverstanden, dass ich deine Aussagen vom Mai 1947 benutze?

Nur zu.

Zu deiner ganz normalen Arbeit gehörte es demnach, Juden auszuplündern.

Du wolltest fair bleiben!

Du hast ausgesagt: »Im übrigen bestand meine Hauptarbeit als Judensachbearbeiter darin, die zurückgelassenen Vermögenswerte der Juden wie Grundstücke, Hypotheken, Wertpapiere, Bankkonten, Lebensversicherungen, Passage-Guthaben und a.m. sicherzustellen.« Die sichergestellten Vermögenswerte hättest du dem RSHA, also dem Reichssicherheitshauptamt, melden müssen.

Korrekt. Ich musste, hörst du? Musste das alles tun.

Also aktive Beteiligung an der »Arisierung« jüdischer Firmen und an der finanziellen und materiellen Enteignung der Juden. Ist es dir so lieber? Viele Zeugen wollten das beschwören.[88]

Das ging alles streng nach Recht und Gesetz vor sich, durch die Finanzämter. Im Übrigen können die Juden ja jetzt klagen, um ihr Vermögen wiederzukriegen.

Im Überlebensfall. Sagen so nicht die Heinis von den Lebensversicherungen?

Ich will dir mal was sagen. Mein oberster Dienstherr, und das war nun mal der Führer Adolf Hitler, hatte am 30. Januar 1939 vor dem Reichstag über die Juden gesagt: »Was dieses Volk aber heute besitzt, hat es sich auf Kosten des nicht so gerissenen deutschen Volkes durch die übelsten Manipulationen erworben. Wir machen heute nur wieder gut, was dieses Volk selbst verschuldet hat.«[89]

Und das hast du geglaubt.

Darauf kam es doch gar nicht an, was ich glaubte oder nicht! Er war mein Dienstherr. Ich war sein Beamter! Ich durfte gar nicht widersprechen. Wenn doch, Rübe ab.

So billig konnte man ja wohl nie wieder Bettzeug und Sessel und Geschirr ersteigern wie bei den Judensachen, von der billigen Übernahme der jüdischen Konkurrenzgeschäfte mal ganz zu schweigen. Hast ja selber auch ein bisschen mitgehen lassen.

Ich nicht!

Und was war mit dem Schrankkoffer? Dem Mende-Radio?

Einwandfrei gekauft! Ich wusste gar nicht, woher das Zeugs stammte.

Glaub ich nicht.

Darauf kommt es nicht an bei der Kriminalpolizei! Beweisen ist alles! Bruck hat den Kauf bestätigt!

Du hast »Passage-Guthaben« beschlagnahmt. Es kam dir nicht in den Sinn, dass es sich um Rettungsgroschen für die Ausreise handelte, voller Verzweiflung zusammengespart und zusammengebettelt.

Wir beschlagnahmten die Passageguthaben nur von den Juden, die aus irgendwelchen Gründen nicht mehr rechtzeitig wegkamen, vor allem, weil die lieben Briten oder Amerikaner auch gar nicht so viele Juden wollten. Oder wir holten es von den Juden, die gegen die deutschen Gesetze verstoßen hatten und verhaftet werden mussten, weil sie zum Beispiel unerlaubt Vermögenswerte rausschmuggeln wollten.

---

[88] Vgl. Aussage von Elisabeth Neumark, 10. Mai 1948. SAB, 4, 66-I, Akte Bruno Nette, 1887/12/22, Blatt 22.

[89] Diese und in der Folge die weiteren Zitate Hitlers, Görings und Goebbels' in: Herbert 2014, 3. Teil, 1933-1945.

Warum wollten die Juden denn wohl weg aus Deutschland? Das ist doch die entscheidende Frage. Ihnen drohte in ihrem Heimatland tödliches Unrecht!

Kein Grund, gegen Gesetze zu verstoßen und Vermögenswerte rauszuschmuggeln. Devisenkontrolle gab es damals in jedem zivilisierten Staat.

Du hast auch geholfen, die Lebensversicherungen eurer Opfer im Namen des Großdeutschen Reichs einzusammeln.

Sollten die Lebensversicherungen etwa verfallen? Deutschland brauchte die Finanzen. Der Betrieb der Lager kostete schließlich Geld! Ich konnte nichts dafür, dass die Juden verstorben waren. Ich hatte keine Ahnung, dass die SS sie umbrachte. Das war doch nicht meine Welt!

Neues Thema, Großvater. Zwangsarbeiter und Kriegsgefangene. Die Gestapo Bremen sei völlig unschuldig an ihrem Schicksal gewesen. Sagtest du 1947. Ehrlich?

Mein Gott, ich war davon überzeugt, dass die Fremdarbeiter durch die Arbeitsämter geworben waren und freiwillig nach Deutschland gekommen waren.

Der Generalbevollmächtigte für den Arbeitseinsatz, Fritz Sauckel, erklärte im März 1944 rückblickend, von den damals mehr als fünf Millionen ausländischen Arbeitern seien höchstens 200.000 freiwillig gekommen.[90]

War ich Sauckel? Ich war ein ganz kleines Licht. Davon ahnte ich nichts. Und außerdem war Krieg! Deutschland befand sich in einem Kampf auf Leben und Tod, es ging um die Existenz des Reichs! Wir brauchten die Arbeitskräfte.

Die Gestapo hat die »Fremdvölkischen« überwacht, weil sie alle freiwillig in Deutschland waren. Oder?

Nein. Weil von ihnen Gefahren ausgehen konnten. Fast alle deutschen Männer waren an der Front. Irgendjemand musste die deutschen Frauen beschützen, oder? Der rassische Bestand des deutschen Volkes, hatte Heinrich Himmler ja im September 1943 ausdrücklich angeordnet, war mit allen Mitteln zu sichern.[91] Wir schützten die deutschen Frauen gegen die polnische, russische und asiatische Bestialität.

Drakonische Strafen, wenn gegen die deutschen Regeln verstoßen wurde.

Ja, manchmal wiesen wir sie aber auch nur in Arbeitserziehungslager ein. Wenn sie bei der Arbeit als Bummelanten auffielen oder aufsässig waren. Bei Sabotage kannten wir kein Erbarmen. Das hätten unsere Soldaten an den Fronten auch nicht verstanden, wenn plötzlich das Gewehr nicht funktionierte oder so etwas.

Tod durch Erhängen oder Köpfen. Wie das halbe polnische Kind Walerjan Wróbel, erst 16 Jahre alt.

---

90 Vgl. Marßolek/Ott 1986, S. 418.

91 Heinrich Himmler im September 1943. Vgl. Marßolek/Ott 1986, S. 409.

Damit hatte ich nichts zu tun. Abgesehen davon hatte der Junge eine Scheune abfackeln wollen. In der Nähe von Vegesack übrigens.

Er hatte Heimweh!
Das hatten die deutschen Kriegsgefangenen in Russland auch. Meinst du, die durften russische Scheunen anzünden?

Vor oder nach ihrer Gefangennahme?
Mein Enkel ist ein Witzbold.

Die deutschen Soldaten hatte niemand nach Polen oder Russland eingeladen. Walerian Wrobel und die anderen Sklavenarbeiter aber waren nach Deutschland verschleppt worden.
Kein Grund, Scheunen anzuzünden oder Frauen zu vergewaltigen.

Wie viele Soldaten der Wehrmacht im Osten.
Fühlst du denn gar keinen Stolz auf dein eigenes Volk?

Scham, ich fühle Scham für meinen Großvater. Weißt du, was noch heute, Jahrzehnte nach Kriegsende, ehemalige Zwangsarbeiter nach Bremen schreiben?
Die leben noch? Na siehste!

»Entschuldigen Sie bitte, dass ich störe und Ihnen zur Last falle«, heißt es am Ende vieler Briefe, mit denen sie um Hilfe bitten.[92]
Betteln also rum, die Kanaken. Ja, entschuldige mal, mach nicht so ein Gesicht, so haben wir sie damals genannt.

Ob es nach mehr als 50 Jahren möglich sei, Geld für drei Jahre Arbeit im Bremer Hafen zurückzuerhalten, fragte 1999 Georg Patschenko aus Kiew.[93]
Hat man mir Geld zurückerstattet für die fünf Jahre Internierung in den alliierten Lagern?

Du willst nicht gewusst haben, wie erbärmlich schlecht die Zwangsarbeiter behandelt wurden?
Hab ich nicht. Sagte ich bereits.

»Große Angst hatten wir vor der Lagerleitung, dem Vorarbeiter in der Fabrik und der Gestapo, die uns bewachte«, schrieb eine Frau 1999, die aus der Ukraine nach

92 Verein Walerjan Wróbel Verein Zwangsarbeit e.V. 2007, S. 158.
93 Ebd., S. 154.

Bremen eingeladen worden war.[94] *Angst auch vor dir! Aber du gehorchtest ja nur Verordnungen der Obrigkeit.*

Natürlich, was sonst?

Heinrich Himmlers Verordnung »Pflichten der Zivilarbeiter und -arbeiterinnen polnischen Volkstums während ihres Aufenthalts im Reich« kanntest du natürlich.

Klar, ging ja an alle zuständigen Gestapostellen. Was da drin stand, das galt, ohne Wenn und Aber.

Wie hast du denn z.B. festgestellt, wann ein Lied deutschfeindlich und damit verboten war?

Schwierig, zugegeben. Deswegen haben wir irgendwann alle polnischen Lieder verboten.

Ach ja? Und was war mit »Essensverweigerung«?

Ja, die lieben Polen und Russen dachten sich, wenn sie krank sind, brauchen sie nicht zu arbeiten. Also wollten sie das mit Hungern hinkriegen. Aber Pustekuchen.

Vielleicht war das Essen einfach nur miserabel.

Sie kriegten genug, natürlich nicht in der Qualität wie die deutschen Volksgenossen. Aber daran waren sie ja auch gar nicht gewöhnt in ihrer Heimat.

»Ich traf heute einen Russen an«, schrieb der Betriebsarzt von Focke-Wulf 1942. Der habe von den in einer Cementtüte gesammelten Reisabfällen gegessen. »Zur Arbeit konnte dieser nicht gehen, da er über Magenschmerzen klagte, er futterte aber lustig von dem verfaulten Zeugs.« Das sei nur ein Fall, schrieb der famose Arzt, und fuhr fort: »Von den im Lager verbliebenen Kranken sind 50% angeblich magenkrank.«[95]

Es war Krieg, Bernhard. Krieg! Was sollten wir machen? Auf uns regnete es Bomben. Das Dach von meinem Haus ging kaputt. Und? Jammer ich heute rum?

Stammt die Formulierung, dass die Polen in den Industriegebieten nördlich der Lesum »zu einer Plage für die alteingesessene deutsche Bevölkerung geworden« seien, eigentlich von dir?

Zu wilden Spekulationen sollte ein altgedienter Kriminalbeamter schweigen.

Und ihr habt sofort eingegriffen, nicht wahr, vor allem bei »Bummelei und Arbeitsscheu«.

Ja, sicher. Es war schließlich die Heimatfront. Front, Bernhard! So etwas kennst du gar nicht mehr. Danke deinem Schöpfer, kann ich da nur sagen.

---

[94] Ebd., S. 32.

[95] Ebd., S. 34.

»Ostarbeiter« wurden zur Zielscheibe einer deprimierend hohen Anzahl von Denunziationen[96] oder? Die Fälle landeten doch alle bei euch.

Die Mitarbeit der Bevölkerung war im Regelfall vorbildlich. Ohne sie wäre unsere Arbeit nicht vorstellbar gewesen.

Und was war mit den Kleinkindern und Babys der Zwangs- und Sklavenarbeiterinnen? Ihrer »Behandlung« als »unproduktive Esser«? Das heißt, ihrer Ermordung?

Nächste Frage. Ich mach mich doch nicht lächerlich.

Na gut, verstehe. Also zu den Kriegsgefangenen. Irgendwas gewusst?

Von der Ermordung und Misshandlung von Kriegsgefangenen, falls du das meinst, wusste ich nichts. Ich konnte mir auch nicht vorstellen, dass die Gestapo damit zu tun hatte. Ich weiß von keinen Einsatzkommandos, die bestimmte Kategorien von Kriegsgefangenen in Kriegsgefangenenlagern überprüft und dann vernichtet haben.

Du wusstest nichts von der Aussiebung der jüdischen Kriegsgefangenen und der Kommissare der Roten Armee und ihrer sofortigen Erschießung durch die Wehrmacht oder durch SS und Gestapo? Du wusstest nicht, dass Kriegsgefangene der Roten Armee zu einem beträchtlichen Teil verhungerten?

Nein, nein und nochmals: Nein. Ich war in Bremen, die ganze Zeit, ich war nicht im Einsatz im Osten. Oder in Griechenland, wie mein Kollege Linnemann. Oder wie Siebert, der Sadist, dem ich sogar mal eine geknallt habe, weil er die Halbjuden schikanierte und verfolgte, obwohl es dazu keine Verordnung von oben gab.

Aber dein Verein war schon zuständig für die Überwachung der Kriegsgefangenen in Bremen und Umgebung.

Verein? Reiß dich mal zusammen! Es handelte sich immerhin um die Staatspolizei, mein Lieber. Und was meinst du wohl, wer in Russland für unsere gefangenen Landser zuständig war. Das NKWD! Die russische Gestapo. Regst du dich darüber auch mal auf?

Dein kommunistischer Schwager August Schumann war ja Dreher auf der Bremer Vulkan-Werft, und er half seinen polnischen und russischen Kollegen und versorgte sie mit Lebensmitteln. Menschliche Anteilnahme, Großvater!

Ach was! War verdammt gefährlich von diesem Dummkopf! Wie konnte er glauben, dass er mit seinem Dickschädel nur gegen eine Betonmauer rennen musste, und dann würde die schon einstürzen?

Du warst Teil dieser Betonmauer.

---

[96] Vgl. Marßolek/Ott 1986, S. 421.

Ich kannte die oppositionelle Haltung meiner Schwager. Ich warnte sie sogar vor Razzien auf der Vulkan-Werft.

Und die Juden? Die Verfolgung der Juden? Pastor Ingbert Lindemann nennt dich in diesem Zusammenhang »berüchtigt«. Und zwar bezogen auf die Zeit vor 1940, als du noch in der Kimmstraße in Vegesack wohntest.[97]

Ein Pastor, mein Gott! Nach dem Endsieg hätte der Führer unter den Religionsanhängern aufgeräumt, das kannst du mir glauben. Ich durfte das ja schon ein bisschen mit vorbereiten, als ich Zeit dazu hatte.

Weil es kaum noch Juden gab, um die du dich kümmern konntest. Alle schon ermordet. Verzeihung, ich vergaß, von den Morden wusstest du ja auch nichts. Das eigenhändige Mitmachen bei den »Judenmetzeleien« blieb dir ja erspart. Oder verwehrt, weil du zu alt warst?

Weil ich sowieso dabei nicht mitgemacht hätte.

In Bremen aber hast du mitgemacht. Der gehorsame Beamte, der berühmte Bremer Judenfreund, das Kleine Einmaleins der Judenkatalogisierung beherrschte er aus dem Effeff. Zu wissen, wer ein Volljude war, welch angenehmes Gefühl der Macht, oder? Den Unterschied zu kennen zwischen einem Volljuden und einem Rassejuden, welch Kitzel überlegener arischer Intelligenz. Und erst einen Geltungsjuden zu entlarven! Die höhere Mathematik des Judenreferenten!

Spar dir deine Ironie. Die Juden taten mir menschlich leid, kannst du mir glauben, denn sie hatten ja gar nichts verbrochen, nicht wahr, jedenfalls die meisten nicht, und deswegen musste das zumindest nach Recht und Gesetz gehen. Alles andere wäre Willkür gewesen.

Das Gesetz zum Schutz des deutschen Blutes und der deutschen Ehre? So hieß das doch, das Nürnberger Gesetz von 1935, oder?

Jaja.

Ein ehrloseres Gesetz gab es nie!

Als Beamter musste ich dem Gesetz gehorchen. Ich will nicht verhehlen, dass mein Chef Hasse sich nicht immer an die Gesetze hielt. Ich ja! Er war ein Judenhasser. Ich nicht!

Und dann all die rasseschänderischen arischen Mütter oder Väter! Einbläuen musste man ihnen die Nürnberger Gesetze.

Die Nürnberger Gesetze, mein Lieber, und die entsprechenden Verordnungen schützten viele Menschen, zum Beispiel die Halbjuden. Ich hoffte inständig, dass ich die Halbjuden retten könnte. Hab ich auch. Aufgrund meiner Machtvollkom-

[97] Lindemann 2009, S. 75.

menheit blieben 70 Bremer Juden zum Schluss vor der Deportation verschont, obwohl Hasse sich ein judenreines Bremen wünschte, damals zu Weihnachten 1944.

Aber zum Schluss hast du noch halbjüdische Kleinkinder allein und unbegleitet zum Arbeitseinsatz nach Theresienstadt geschickt. Zum Arbeitseinsatz!

Befehl aus Berlin. Und mein Vorgesetzter Kriminalrat Hasse war, wie gesagt, ein Judenfresser. Ich hatte keinen Grund, diese vier Kinder wegzuschicken. Hasse ließ sich auf keinen Hinweis ein und verlangte, dass sie wegkämen.[98] Zumindest die arischen Mütter wollte ich retten. Schickte sie nicht mit auf den Transport. Die wollten aber partout mit ihren Gören zusammen nach Theresienstadt. Ich habe die Mütter zurückbehalten. Hab sie quasi gerettet. Das Weinen war kaum zu ertragen. Erst sich retten lassen und dann vor meinem Schreibtisch weinen. Wer weinte, flog raus. Ich war auch nur ein Mensch.

Und als die Briten durch Bremen rasselten, meldete sich da dein Gewissen? Oder nur dein nackter Überlebenswille?

Ich habe keine Ahnung, warum mein eigener Enkel so mit mir redet. Ich habe zwei Kriege miterlebt, den ersten an vorderster Front im Osten, das kannst du mir glauben. Millionen von Toten, Deutsche, Österreicher, Ungarn, Galizier, Russen, Finnen, Balten, Ukrainer, Ruthenen. Und dann der zweite Krieg, noch mal von vorne das Ganze! Und der Führer hat das ja prophezeit, am 30. Januar 1939 im Reichstag, und das wurde nach 1941 immer wieder in der Presse wiederholt: »Wenn es dem internationalen Finanzjudentum in und außerhalb Europas gelingen sollte, die Völker noch einmal in einen Weltkrieg zu stürzen, dann wird das Ergebnis nicht die Bolschewisierung der Erde und damit der Sieg des Judentums sein, sondern die Vernichtung der jüdischen Rasse in Europa.«

Vernichtung. Du wusstest es also doch?

Wir haben das doch nicht so ernst genommen. Es hieß doch auch erst, die Juden sollten nach Madagaskar umgesiedelt werden.

Schon im Mai 1941 wurden die deutschen Dienststellen in Westeuropa darauf hingewiesen, dass »eine weitere Auswanderung der Juden im Hinblick auf die zweifellos kommende Endlösung zu verhindern sei«. Davon wusstest du natürlich auch nichts?

Im Mai 1941? Nein. Wie denn auch?

Man hat euch nicht befohlen, keine Ausreisegenehmigungen mehr zu erteilen?

Es hieß bald nach Beginn des Ostfeldzugs, die kommen in den Osten. Und was Madagaskar angeht, da war doch gar nicht genug Schiffstonnage vorhanden, um die alle dahin zu transportieren, also alle, die wir in Europa erwischen konnten. Das

---

98 Aussage Bruno Nette vor dem Spruchgericht 1949. SAB, 4, 66-I, Akte Bruno Nette, 1887/12/22, Blatt 314.

ging doch gar nicht. Also sollten sie im Osten angesiedelt werden und die Städte wieder aufbauen.

Was schon schlimm genug gewesen wäre. Aber sie sollten ermordet werden! Am 25. Oktober 1941 erklärte Hitler gegenüber Heydrich und Himmler: »Diese Verbrecherrasse hat die zwei Millionen Toten des Weltkriegs auf dem Gewissen, jetzt wieder Hunderttausend. Sage mir keiner: Wir können sie nicht in den Morast schicken. Wer kümmert sich denn um unsere Menschen? Es ist gut, wenn uns der Schrecken vorangeht, dass wir das Judentum ausrotten.«[99] *Und Goebbels notierte sich anlässlich einer Rede am 12. Dezember 1941 zu Reichs- und Gauleitern der NSDAP: »Bezüglich der Judenfrage ist der Führer entschlossen, reinen Tisch zu machen.« Der Weltkrieg sei da, die Vernichtung des Judentums müsse die notwendige Folge sein.*

Meinst du ernsthaft, ich hätte wissen können, was der Führer zu Himmler oder Heydrich sagte? Oder was Goebbels in sein Tagebuch geschrieben hat?

Nein. Aber du hast Heydrichs und Himmlers Todeszüge zusammengestellt, oder?

Dass die Juden ausgeschaltet werden mussten in diesem neuen Weltkrieg – ausgeschaltet, nicht ermordet –, das zumindest war uns sonnenklar. Noch mal eine rote Revolution wie 1918? Noch mal jüdische Novemberverbrecher, noch mal ein Dolchstoß in den Rücken der Wehrmacht, in den Rücken auch deines Vaters, der tapfer kämpfte und der im Osten schwer verwundet wurde? Nein danke, nicht noch einmal, und deswegen mussten die Juden unter Kontrolle gebracht werden.

Ich verbessere dich nur ungern, aber es muss heißen: ermordet werden!

Nein, zum Arbeitseinsatz in den Osten geschickt werden! So stand es doch in allen Zeitungen! Ich wusste wohl, dass Juden, die irgendwelche strafbaren Handlungen begangen hatten, vom RSHA ins KZ eingewiesen wurden. Dass dort aber auch etwa andere Juden waren, die nichts Strafbares begangen hatten, ist mir nie bekannt geworden. Ich habe auch keine Ahnung davon gehabt, dass die Juden in den KZ grausam behandelt oder gar getötet worden sind. Ich habe hin und wieder Totenscheine über Juden dienstlich in die Hand bekommen, in denen der Lagerarzt den Tod infolge von Lungenentzündung, Kreislaufstörungen und anderen üblichen Krankheiten bescheinigte. Da ich nicht wusste, was in den Lagern geschehen ist, habe ich an der Richtigkeit dieser Atteste nicht gezweifelt. Es hat mich wohl gewundert, dass die nach Minsk evakuierten Juden nie heimgeschrieben haben. Ich habe auch mit Bruck, dem Vertrauensmann der Bremer Juden, darüber gesprochen. Ich vermutete dann aber, dass die Juden die Feldpost, die in diesen Gebieten ja nur vorhanden war, nicht hatten benutzen können. Auf den Gedanken, dass sie etwa infolge schlechter Behandlung oder aus anderen Gründen verstorben sind, bin ich nie ge-

---

[99] Hitler bezieht sich hier auf den 1941 erörterten Plan, jüdische Frauen und Kinder in die Pripjet-Sümpfe im Grenzbereich zwischen Weißrussland und der Ukraine zu jagen.

kommen. Befehle, die sich mit irgendwelchen Ausrottungsmaßnahmen oder menschlich unwürdiger Behandlung der Juden befassten, sind mir nicht bekannt geworden.

Juden, die irgendwelche strafbaren Handlungen begangen hatten, wurden also vom RSHA ins KZ eingewiesen. Das zumindest gibst du zu.
Sag ich doch. Meistens ging es um Verstöße gegen geltendes Judenrecht im Reich, z.B. gegen den Befehl vom 1. September 1941, wonach alle Juden einen Judenstern tragen mussten. Oder es ging um die Abgabepflicht von Eigentum und Vermögen, also um die Verstöße dagegen. Häufig ging es auch um Rassenschande. Dafür konnten aber auch Arier bestraft werden. Und natürlich defaitistische Äußerungen, auch dafür wurden alle bestraft.

Aber Juden härter.
Natürlich. Sie waren ja unsere Feinde. Und hör mal! Ich war immer ein guter Kriminalbeamter gewesen. Was sollte ich tun? Mich kurz vor der Pensionierung rausschmeißen lassen?

Ja, vielleicht hättest du genau das tun müssen. All die Massenmorde! Und darüber soll in den Diensträumen der Gestapo Bremen nicht geredet worden sein? Ganze Menschenwelten gingen zugrunde und du behauptest, du hättest nichts bemerkt, nicht nachgedacht, als du mithalfst, sie zu erschlagen, zu ertränken, zu zerstückeln und zu ersticken?
Ach, wie er wieder tobt, mein neunmalkluger Enkel mit all dem Wissen eines Nachgeborenen! Jetzt hörst du mir mal genau zu! Ich brauchte das gar nicht alles zu wissen. Es reichte mir auch so. Ich habe mir tatsächlich überlegt, mich krankschreiben zu lassen. Mich widerte das alles an, ja. Das hab ich auch meinen Vorgesetzten gesagt, nicht nur ein Mal. Als ich mich mit dem Gedanken trug, die Gestapo zu verlassen bzw. mich krank zu melden, hat mein Vorgesetzter, Dr. Dörnte war das, der hat gesagt, dass wir im Kriege seien und jeder dort seine Pflicht zu tun habe, wo er hingestellt sei. Man hat mich gewarnt. Ich war sozusagen kriegsdienstverpflichtet auf meinem Posten, und wegen Fahnenflucht hingerichtet werden, das wollte ich nun auch nicht. Kannst du das denn gar nicht verstehen? Und mit den Konzentrationslagern habe ich ja sowieso nichts zu tun gehabt. Ich wusste natürlich, dass solche Läger bestanden. Von unmenschlicher Behandlung und sonstigen Grausamkeiten, Ermordung, Vergasungen usw. wusste ich nichts.

Und wofür waren die Lager da? Was dachtest du damals, warum dein oberster Chef Himmler Auschwitz und Belzec und Majdanek und Sobibor und Kulmhof und Treblinka und Minsk und all die anderen bauen ließ? Gar nicht darüber nachgedacht? Niemals?
Die kannte ich doch gar nicht, das war doch alle streng geheim, die Lager in Polen und in Russland. Und unsere deutschen KZ hielt ich für eine Einrichtung zum Schutz des Staates gegen Berufsverbrecher und politische Gegner, die sich staats-

feindlich betätigt hatten. Solche Einrichtungen gibt es in allen Krieg führenden Staaten. Mir ist selbstverständlich bekannt, dass die Gestapo aufgrund von Anzeigen, sei es von Privatpersonen, sei es des SD, Verhaftungen vorgenommen hat, und dass diese Personen auf Anweisung des RSHA ins KZ gebracht worden sind. Ich wusste auch, dass sie hiergegen nichts unternehmen konnten, insbesondere keinerlei Rechtsmittel hatten und völlig der Gnade oder Ungnade des betreffenden Beamten des RSHA oder des Lagerkommandanten ausgeliefert waren. Ich habe diese Methoden nicht gebilligt, glaubte aber nicht, dass sie Grund genug für mich gewesen wären, nun deshalb aus der Gestapo auszuscheiden.

Warum nicht? Warum hast du die Gestapo nicht verlassen? 1944 hättest du es doch gekonnt! Du warst krank geworden, du warst schon älter, warum hast du dich nicht arbeitsunfähig gemeldet?

Jetzt wirst du dich sehr wundern! Weil ich von den Bremer Juden aufgefordert wurde zu bleiben. Ja, so war das! Weil die Juden mich wollten. Mich! Weil ich auch Mitgliedern des Judenrates von meinen Rücktrittsplänen erzählt habe, ich habe Karl Bruck von meinem Vorhaben gesagt, es waren auch noch andere Juden dabei. Diese haben mich darauf inständig gebeten, das unter keinen Umständen zu tun, also wegzugehen, mich krankzumelden. Die Juden haben mich begeistert begrüßt, als ich im Herbst 1944 zurückkam als Judenreferent![100]

Die Toten von deinen sogenannten Transporten waren vermutlich weniger begeistert. Du, du selbst, du ganz persönlich, hast keinerlei Konsequenzen gezogen und nicht aufgehört, als Judenwürger zu funktionieren.

Ich war kein Judenwürger. Was für ein unappetitliches Wort. Ich war human! Habe geholfen, wo ich konnte! Anders als mein Kollege Siebert. Der hatte sich im Judenreferat so festgefahren, dass er nach Osnabrück versetzt wurde, worauf ich selber in das Judenreferat zurückkehren musste.

Ob nun antisemitischer Sadist wie dein Kollege Siebert oder antisemitischer Bürokrat wie du, es lief immer auf dasselbe hinaus. Auf den Tod.

Ich musste sie doch auf Transport schicken. Aber ich wusste nicht, dass sie getötet werden sollten. Ich war ja auch nicht in der SS. Ich bin auch zu besonderen Besprechungen, bei denen vielleicht manche politischen Fragen und auch die Juden betreffenden Fragen erörtert sein mögen, nicht hinzugezogen worden. Dazu wurden immer nur die SS-Führer bestellt. Ich war nicht dabei. SS-Mann wollte ich nicht werden, weil diese Menschen sich mehr vor dem Krieg drückten als alle anderen Volksgenossen und keine menschlichen Gefühle für ihre Mitmenschen hatten. Diese Garde und Elite Himmlers konnte zu allem gebraucht werden, sie hätten

---

100 Bruno Nette, Vernehmung am 7. u. 8. Mai 1947 im Zivilinterniertenlager Fallingbostel, s.o.

auf Befehl ihre eigenen Angehörigen umgelegt. Damit wollte ich nicht identifiziert werden. Das war gegen mein Gewissen.

Ich bin sehr gerührt. Aber Zusammenstellen der jüdischen Deportationszüge in den Tod nach Minsk, nach Theresienstadt, das vertrug sich gut mit deinem Gewissen?

Theresienstadt war nicht so schlimm. Das war ein Altersheim für die Juden, da ist sogar, wie ich kürzlich hörte, eine 82-jährige Frau wohlbehalten wiedergekommen.

Wenn du Rosa Wolff meinst, ja, sie konnte zurückkehren, ihr Ehemann wie die meisten, die du dahin schicken ließest, nicht.[101]

So, naja, aber immerhin, sie hat ja wohl überlebt. Und die konnten sich sogar in Wohnungen einkaufen, mein Lieber, und zwar bei den eigenen Rassegenossen, bei der Reichsvereinigung der Juden in Deutschland, die verwalteten das Lager nämlich. Ja, das gehörte den Juden selber.

Ja klar, die Juden sollten selber das KZ Theresienstadt finanzieren! Wer den Deportationsbefehl nach Theresienstadt erhielt, musste auf Befehl des Reichssicherheitshauptamtes mit der Reichsvereinigung der Juden in Deutschland einen Heimkaufsvertrag abschließen und mindestens 1.000 RM einzahlen. Ihr habt das Geld eingestrichen und die meisten Menschen, denen ihr damit noch den letzten Groschen abgepresst habt, über kurz oder lang ermordet. Ja, schüttel ruhig den Kopf. Ich lese dir mal vor, was du einem Bremer Fahrradhändler über Theresienstadt gesagt hast.

Ein Fahrradhändler? Das muss der Heinrich Meyer gewesen sein. Der wollte mir nicht mal zwei Fahrräder verkaufen.

Genau der. Dass du ihn offensichtlich auch erpresserisch unter Druck gesetzt hast, darum geht es hier aber nicht. »Im März 1942 bekam ich die Aufforderung, mich von meiner Verlobten zu trennen und die bis dahin gepflegte Wohngemeinschaft zu lösen«, sagte er 1949 aus. Er sei zwar wieder in seine alte Wohnung gezogen, aber da er weiterhin für seine Verlobte und die drei Kinder sorgen musste, habe er sie oft in ihrer Wohnung besucht und musste stets auf der Hut sein, um bei den durchgeführten laufenden Kontrollen nicht durch die Gestapo erwischt zu werden.

Ein Dummkopf war das. Seine Verlobte war »Halbjüdin« und stand unter Gestapo-Aufsicht. Er war Arier. Was sie taten, war Rassenschande. Der Idiot wollte sie sogar heiraten. Wir mussten beide ermahnen, das mussten wir, haben ihnen aber nichts weiter getan.

Zweimal noch, so sagte er aus, hätten du und Linnemann ihn in der Wohnung seiner Familie erwischt. Beim nächsten Mal wandere er ins KZ, drohtet ihr. Eventuell würde er sogar als Jude angesehen und nach Theresienstadt kommen. Von dort

---

[101] Rosa Wolff: Aussage. SAB, 4, 66-I, Akte Bruno Nette, Blatt 171 (blau notiert).

käme man dann nur in einer kleinen Kiste wieder heraus. Das hättest du wortwörtlich gesagt. Da hast du deine fabelhafte Seniorenresidenz.

Ja, natürlich, einige starben da auch, wie das so ist in Altersheimen, die Insassen sind alt, da stirbt man irgendwann. Aber es ist sogar noch eine 80-jährige Dame aus Theresienstadt zurückgekommen. So schlimm kann das da gar nicht gewesen sein.

War das dein alltägliches Geschäft als Judenreferent? Verlobten den Umgang miteinander und mit den eigenen Kindern zu verbieten?

Was soll das schon groß gewesen sein? Ich setzte die Vorgaben des Reichssicherheitshauptamtes um, mehr nicht. Und zwar, um die »Halbjuden« zu schützen.

Ach was, bürokratische Bestialität war das! Menschen Monat für Monat lebensbedrohlich bedrängen und in tiefes Unglück stürzen. »Geltungsjuden« jagen. »Rasseschande« endecken. »Jüdische Meckerer« ins KZ bringen. »Jüdische Arbeitsverweigerer«? Auch ab ins KZ. Alle bis aufs Hemd ausplündern und dann alle ab in »den Osten« zum elenden Sterben. Väter und Mütter auseinanderreißen, wohlwissend, dass dann der Schutz des übriggebliebenen jüdischen Ehepartners wegfallen würde. Denn das war doch der tiefere Sinn deiner Bettschnüffelei. Sich bewirten und bestechen lassen. Im besoffenen Zustand Verbrüderung mit den Judenfunktionären feiern. Verlogen Bier mit ihnen trinken. Und heute sich selber auch noch leidtun!

Vorsicht, mein wilder Enkel, keine weiteren Beleidigungen.

Warum unterscheidest du so sorgfältig zwischen der SS und deiner Gestapo? Die SS war so heimlich dabei, die »Endlösung« zu organisieren, dass selbst der Bremer Gestapomann und Judenreferent nichts davon ahnte? Du beleidigst, mein teurer Großvater, jede menschliche Intelligenz und jeden menschlichen Anstand!

Bist du fertig? Ich versichere dir nochmals, dass ich auf dem Dienstwege keine Befehle oder Anordnungen oder sonstige Bestimmungen vorgesetzter Gestapo-Dienststellen gesehen habe, die Verschleppung, Ausrottung oder Misshandlung der Juden zum Gegenstand hatten. Ja, und auch von der sogenannten Endlösung habe ich nichts gewusst. Außerdienstlich ist mir darüber erst recht nichts zu Ohren gekommen.

Lüge!

Es reicht!

Noch lange nicht! Mit dir ist die Menschheit noch in tausend Jahren nicht fertig, glaub mir. Und weißt du auch, warum?

Mein Enkel wird es mir schon noch sagen.

Es war dein freier Wille. Du warst freiwillig bereit mitzuhelfen, das Innerste des nationalsozialistischen Selbst, die »Judenfrage«, mit all deinem kriminalistischen Witz »zu lösen«. Du warst dazu nicht nur freiwillig bereit, ganz gierig warst du, mitmachen zu dürfen und den Kitzel der Macht Tag und Nacht zu spüren.

Ich habe 70 Juden gerettet!

Zum Schluss! Du brauchtest Zeugen deiner guten Taten.
Und? Was war daran falsch, sie zu retten?

»Mit einer Träne der Freude kann kein Meer von Tränen des Leides getilgt werden.« Weißt du noch, wer das schrieb?[102]
Ja, weiß ich, der öffentliche Kläger, in einem Brief an die Berufungskammer. Du nanntest vorhin seinen Namen, Meinecke oder so? Ja, genau, Udo Meinecke. Zum Glück zwecklos, sein Brief. Ich bekam erst mal einen Schreck, als mein Verteidiger mir das Schreiben vorlas. Der Meinecke wollte doch tatsächlich die Berufungsverhandlung verhindern! Sprach sich dagegen aus! Aber das war doch mein gutes Recht!

Plötzlich hast du auf das Recht gepocht.
Das habe ich immer! Und mich geweigert, weiter mitzumachen. Als die Alliierten vor den Toren Bremens erschienen, wollte man mich sogar noch zwingen, SS-Uniform anzulegen und mitzukämpfen. Eine direkte Ablehnung dieser Zumutung hätte meinen sofortigen Tod gekostet. Mithin habe ich mich sofort krankgemeldet und bin nicht wieder zur Dienststelle gegangen.

Jaja, das waren schon harte Zeiten für euch. Eine der zwangsverpflichteten Halbjüdinnen, die bei euch Schreibmaschine bedienen und sauber machen und was weiß ich noch alles Persönliche von euch ertragen mussten, wusste was anderes über die Uniformen zu erzählen. Eine schlichte grüne Uniform, die wurde zum Ende des Krieges an die Gestapo-Leute ausgegeben.[103] *Und in der froschgrünen Uniform hast du dich auf den Stufen vor deinem Amt von den Briten festnehmen lassen, oder?*
Na bitte. Wenn ich ein schlechtes Gewissen gehabt hätte, wäre ich getürmt, und zwar ohne Uniform.

Ja. Das ist es. Wenn du ein schlechtes Gewissen gehabt hättest. Wenn! Hattest du aber nicht. Deine Opfer sind fast alle tot und du hast immer noch kein schlechtes Gewissen.
Was willst du? Denkst du auch mal an all die deutschen Zivilopfer der vertierten asiatisch-bolschewistischen Horden und des angloamerikanischen Bombenterrors?

---

[102] Udo Meinecke, öffentlicher Kläger beim Bremer Spruchgericht. Schreiben an die Berufungskammer, 14.5.1949. SAB, 4, 66-I, Akte Bruno Nette, 1887/12/22.

[103] Aussage Carla Reiter am 17.11.1947 vor dem öffentlichen Kläger der Spruchkammer Bremen über Geschehnisse im März 1945 bei der Gestapo: »Im März wurde hinter der Gestapo ein Ofen errichtet, in dem unter Aufsicht zweier Beamten alle Akten und Papiere verbrannt wurden. Alle Beamten, die Zivil trugen, mussten einfache grüne Uniform anziehen.« SAB, 4, 66-I, Akte Bruno Nette, 1887/12/22.

Letzte Frage: Kennst du Fritz Bauer, den früheren hessischen Generalstaatsanwalt?

Ein Jud und Sozi, den wir vergessen haben!

Er brachte den Auschwitz-Prozess in Frankfurt am Main in Gang. Und er schrieb einmal von dem vergeblichen Traum des Staatsanwalts.

Was kann das schon groß sein, wenn ein jüdischer Staatsanwalt, der auch noch vom anderen Ufer ist, träumt?

Dass aus dem Kreise der Täter, die schwerer Menschheitsverbrechen angeklagt sind, »endlich einmal ein menschliches Wort fiele«.[104]

Ich habe alles Sachdienliche gesagt.

Es war früh am Morgen. Die ganze Nacht hatte ich am Schreibtisch geschrieben und schließlich das fiktive Gespräch mit meinem Großvater beendet. Ich lehnte mich müde zurück. Die Bilanz des deutschen Völkermords sei ungeheuerlich, hatte Ulrich Herbert einst gesagt. Ich schlug seine »Geschichte Deutschlands im 20. Jahrhundert« auf:[105] »Die Zahl der während des Krieges umgekommenen Juden liegt nach neuen Berechnungen bei etwa 5,7 Millionen. Dabei ist die verbreitete Vorstellung von einem ›industriellen Massenmord‹ nur zum Teil zutreffend. Weniger als die Hälfte der getöteten Juden starb in den Gaskammern. Die anderen wurden auf ganz traditionelle Weise umgebracht: Sie wurden erschossen und erschlagen, starben an Seuchen, an Hunger oder Entkräftung. Eine Gesamtbilanz der deutschen Vernichtungspolitik im Zweiten Weltkrieg ist nach wie vor nicht mit hinreichender Genauigkeit zu ziehen. Zu den 5,7 Millionen Juden und den etwa 200.000 Sinti und Roma sind etwa eine Million nichtjüdischer polnischer Zivilisten hinzuzurechnen, etwa 2,8 Millionen sowjetische Kriegsgefangene, etwa drei bis vier Millionen sowjetischer Zivilpersonen sowie etwa eine halbe Million nichtjüdischer Zivilisten in den anderen von Deutschland besetzten Ländern selbst. Insgesamt ist also von einer Größenordnung von 12 bis 14 Millionen außerhalb von Kampfhandlungen im deutschen Machtbereich umgekommenen Zivilisten auszugehen.«

Einschub: Bruno Nettes Aussage am 7. und 8. Mai 1947[106]

»Ich kam [1940] zur Gestapo nach Bremen. Ich wurde zunächst im Dezernat Spionageabwehr eingesetzt. (…) Ich wurde darauf in die Abteilung Arbeitssabotage versetzt. Hier handelte es sich darum, die Betriebe zu unterstützen gegenüber den

---

[104] Fritz Bauer, Zitat in: Süddeutsche Zeitung, 30.4./1.5.2014, Botschafter der Menschenwürde.

[105] Herbert 2014, S. 482.

[106] Aussage Bruno Nette vom 7. Mai 1947. SAB, 4, 66-I, Akte Bruno Nette, 1887/12/22, Blatt 11-13. Auch: SAB, 4, 66-I, Akte Bruno Nette, 1887/12/22, Blatt 3/11-3/13.

Arbeitern, die ihre Arbeit unentschuldigt versäumten. Derartige Täter wurden von uns erst dann angefasst, wenn der Betrieb mit ihnen trotz Verwarnung oder Belegung mit einer Geldbuße nicht fertig werden konnten. Sie wurden dann zunächst von uns ebenfalls verwarnt. Half das nichts, dann kamen sie in ein Arbeitserziehungslager. Dort durften sie bis zu höchstens 56 Tagen untergebracht werden. Wie sie dort behandelt wurden, und was mit ihnen geschah, weiß ich nicht. Erst wenn alle diese Maßnahmen nichts fruchteten, wurden sie dem ordentlichen Gericht zur Bestrafung übergeben. In diesem Dezernat arbeitete ich bis November 1941.

Ich kam nun in das Kommissariat Juden- und Kirchenangelegenheiten. Hier arbeitete ich als Judensachbearbeiter, während ein Kamerad die Kirchensachen bearbeitete. Ganz zum Schluss war mir dieses Sachgebiet auch noch mit übertragen worden, ich bin aber darin nicht mehr tätig geworden, weil auf Veranlassung Adolf Hitlers während des Krieges in Kirchensachen nichts gemacht werden sollte. Es wurden lediglich vorbereitende Arbeiten geleistet.

Als ich als Judensachbearbeiter eingesetzt wurde, war gerade die Evakuierung von rund 570 Juden von Bremen nach Minsk im Gange. Ich habe die Vorbereitungen hierzu, die mein Vorgänger begonnen hatte, zu Ende führen müssen. Die Evakuierungsbefehle wurden vom Gauleiter und Reichsstatthalter Röver unterschrieben, und zwar für jeden einzelnen Juden besonders, sie wurden diesen Juden durch den Gerichtsvollzieher zugestellt. Das Duplikat mit Ausstellungsurkunde erhielten wir. Röver handelte auf Grund eines Erlasses des Reichssicherheitshauptamtes. In diesem Erlass war genau angegeben der Personenkreis, den die Evakuierung betraf, es waren: alle volljüdischen Familien bis zum Alter von 65 Jahren. Die jüdisch Versippten blieben dagegen in Deutschland. Diejenigen Juden, die für diesen Abtransport überhaupt in Frage kamen, waren vorher vom Kriminalkommissar zusammen mit dem jüdischen Obmann, einem Kaufmann Katz, anhand einer bei der Gestapo vorhandenen Aufstellung sämtlicher im Bereich Bremens ansässigen Juden und jüdisch versippten Personen festgestellt worden. Es wurden damals, wie schon gesagt, die Volljuden evakuiert. Diese 570 Juden sind dann auch abtransportiert worden. In dem Evakuierungsbefehl war angeordnet worden, dass die Juden Betten, Matratzen, Handwerkszeuge aller Art, Nähmaschinen, Hausrat, Öfen usw. mitnehmen sollten. Dem Transport waren auch 10 große Waggons für den Transport dieser Sachen angehängt. Ich musste daher annehmen, dass die Juden, die bisher nicht freiwillig ausgewandert waren, in Minsk oder der dortigen Gegend angesiedelt würden. Bis zu diesem Zeitpunkt hatten die Juden Deutschland noch freiwillig verlassen, und zwar bestand trotz des Krieges Auswanderungsmöglichkeit nach Übersee über die Schweiz, Italien und Spanien. Ich habe mich stets bemüht, wie überhaupt während der ganzen Zeit meiner Tätigkeit in diesem Dezernat, unnötige Härten zu vermeiden, sondern bin den Juden, soweit ich es nur irgendwie verantworten konnte, oft auch trotz aller entgegenstehenden dienstlichen Vorschriften, behilflich gewesen. (...)

Im Übrigen bestand meine Hauptarbeit als Judensachbearbeiter darin, die zurückgelassenen Vermögenswerte der Juden wie Grundstücke, Hypotheken, Wertpapiere, Bankkonten, Lebensversicherungen, Passageguthaben und anderes mehr sicherzustellen. Die sichergestellten Vermögenswerte musste ich dem RSHA melden.

Im Juni 1942 wurde der zweite Transport nach Theresienstadt zur Evakuierung zusammengestellt. Die Juden sollten dort in ein Altersghetto kommen, in das sie sich mit ihrem Vermögen bei der Reichsvereinigung in Deutschland einkaufen konnten. Dieses Ghetto wurde nämlich von dieser Reichsvereinigung unterhalten. Zu diesem Transport wurden alle alten Volljuden, alle Kranken und Geltungsjuden (d.h. solche, die zwar Halbjuden waren, aber aufgrund ihres mosaischen Glaubens und ihrer entsprechenden Religionsausübung als Volljuden galten), schließlich alle Juden, die sich um das Vaterland verdient gemacht hatten, zusammengestellt. Es waren insgesamt etwa 300 Personen. Die technische Durchführung war dieselbe wie 1941. Ich nehme an, dass es diesen Juden auch nicht schlecht gegangen ist. (…) Im übrigen habe ich auch kürzlich in der Zeitung gelesen, dass eine jetzt 80-jährige Jüdin, die damals dem Transport angehörte, aus Theresienstadt wieder nach Bremen zurückgekehrt ist. Wenn eine 80-jährige Frau die Evakuierung überstanden hat, dann nehme ich an, dass sie nicht schlecht behandelt sein kann.

Einige kleinere Transporte von etwa 10 bis 12 Personen sind nachträglich ebenfalls nach Theresienstadt geschickt worden. Das geschah auf Anordnung des RSHA. Wir mussten dem Amt jeden Monat die Zahl der noch vorhandenen Volljuden, Geltungsjuden, privilegierten Juden und in einfacher Mischehe lebenden Juden melden. Privilegierte Juden waren solche, die mit einem arischen Teil verheiratet waren und Kinder hatten. Die anderen Ehen *(»einfache Mischehen«; B.N.)* waren kinderlos.

Die dritte und letzte Aktion wurde 1944/45 durchgeführt. Es sollten alle arbeitseinsatzfähigen Juden und Jüdinnen zum Arbeitseinsatz nach Theresienstadt. Es waren im Ganzen noch etwa 165 Juden und Jüdinnen vorhanden, davon etwa knapp die Hälfte einsatzfähig. Entgegen dem Befehl des RSHA wollte mein Dienstvorgesetzter, Kriminalrat Hasse, alle 165 Juden abtransportieren lassen. Dieserhalb hatte ich mit ihm erhebliche Auseinandersetzungen und erreichte auch schließlich, dass praktisch die Arbeitseinsatzfähigen nur fortkamen. Auch hierüber kann Bruck aussagen.

Ich wusste wohl, dass Juden, die irgendwelche strafbaren Handlungen begangen hatten, vom RSHA ins KZ eingewiesen wurden. Dass dort aber auch etwa andere Juden waren, die nichts Strafbares begangen hatten, ist mir nie bekannt geworden. Ich habe auch keine Ahnung davon, dass die Juden in den KZ grausam behandelt oder gar getötet worden sind. Ich habe hin und wieder Totenscheine über Juden dienstlich in die Hand bekommen, in denen der Lagerarzt den Tod infolge von Lungenentzündung, Kreislaufstörungen und anderen üblichen Krankheiten bescheinigte. Da ich nicht wusste, was in den Lagern geschehen ist, habe ich an der Richtigkeit dieser Atteste nicht gezweifelt. Es hat mich wohl gewundert, dass die nach Minsk evakuierten Juden nie heim geschrieben haben. Ich habe auch mit Bruck darüber gesprochen. Ich vermutete dann aber, dass die Juden die Feldpost, die in diesen Gebieten ja nur vorhanden war, nicht hatten benutzen können. Auf den Gedanken, dass sie etwa infolge schlechter Behandlung oder aus anderen Gründen verstorben sind, bin ich nie gekommen. Befehle, die sich mit irgendwelchen Ausrottungsmaßnahmen oder menschenunwürdiger Behandlung der Juden befassten, sind mir nicht bekannt geworden. Ich bin auch zu besonderen Besprechungen, bei denen vielleicht manche politischen Fragen und auch die Juden betreffende Fragen erörtert sein mögen, nicht hinzugezogen worden. Dazu wurden immer nur die SS-Führer bestellt. Ich habe aber der SS nicht angehört. Ich habe trotz wiederholter Aufforderung, der SS beizutreten, das immer wieder abgelehnt. Ich bin ein Gegner der SS gewesen, weil ich das großsprecherische Uniformtragen nicht leiden konnte. (...) Ich versichere nochmals, dass ich auf dem Dienstwege keine Befehle oder Anordnungen oder sonstige Bestimmungen vorgesetzter Gestapo-Dienststellen gesehen habe, die Verschleppung, Ausrottung oder Misshandlung der Juden zum Gegenstand hatten. Auch von der sogenannten ›Endlösung‹ habe ich nichts gewusst. Außerdienstlich ist mir darüber erst recht nichts zu Ohren gekommen. Ich bemerke auch noch, dass alle Befehle, auch soweit sie mir bekannt geworden sind, stets geheim waren und dass wir zu absoluter Geheimhaltungspflicht angehalten wurden, sodass ich etwa von Kameraden über diese Dinge nichts erfahren habe. Im Einsatz außerhalb Bremens bin ich nie gewesen.

Dagegen bitte ich durch Vernehmung insbesondere der Zeugen Bruck und Grünberger festzustellen, dass ich sie und ihre Rassegenossen vor allen Angriffen, Verdächtigungen usw. geschützt habe, wo es mir nur möglich war. Ich habe nicht eine, sondern viele Anzeigen einfach in den Papierkorb geworfen. Auf Vorhalt: Das war durchaus möglich; denn die Registratur war bei der Gestapo äußerst mangelhaft. Die oberen Beamten hatten keine Ahnung von dem Geschäftsgang. Wenn da Akten verschwanden, fiel das überhaupt nicht auf. (...)

1. Mit den Konzentrationslagern habe ich nichts zu tun gehabt. Ich wusste natürlich, dass solche Lager bestanden. Von unmenschlicher Behandlung, sonstigen Grausamkeiten, Ermordung, Vergasung usw. wusste ich nichts. Mit Vernehmungen von Häftlingen habe ich nichts im KZ zu tun gehabt. Ich habe auch keine Kameraden gekannt, die damit zu tun gehabt hätten. Es ist auch meines Wissens kein Gestapobeamter dorthin gekommen. Die KZ hielt ich für eine Einrichtung des Staates gegen Berufsverbrecher und politische Gegner, die sich staatsfeindlich betätigt hatten. Mir ist selbstverständlich bekannt, dass die Gestapo aufgrund von Anzeigen, sei es Privatpersonen, sei es des SD, Verhaftungen vorgenommen hat und dass diese Personen auf Anweisung des RSHA ins KZ gebracht worden sind. Ich wusste auch, dass sie hiergegen nichts unternehmen konnten, inbesondere keinerlei Rechtsmittel hatten und völlig von der Gnade oder Ungnade des betreffenden Beamten des RSHA oder auch der des Lagerkommandanten abhingen. Ich habe diese Methoden nicht gebilligt, glaube aber nicht, dass sie Grund genug für mich gewesen wären, nun deshalb von der Gestapo auszuscheiden.

2. Bei dieser Gelegenheit möchte ich bemerken, dass ich mich öfters mit dem Gedanken getragen habe, von der Gestapo wegzugehen. Ich bin dieserhalb auch bei meinem Vorgesetzten, Regierungsrat Dr. Dörnte, vorstellig geworden, sowohl mündlich wie auch schriftlich. Er hat mir erklärt, dass wir im Krieg seien und jeder dort seine Pflicht zu tun habe, wo er hingestellt sei. Ich habe dann auch Bruck

mein Vorhaben gesagt, es waren auch noch andere Juden dabei. Diese haben mich darauf inständig gebeten, das unter keinen Umständen zu tun. Ich hatte nämlich schon daran gedacht, mich krank zu melden, um auf diese Weise von der Gestapo fortzukommen. Die letzten vier Wochen vor dem Zusammenbruch bin ich nicht mehr in den Dienst gegangen. Der Kriminalinspektor Herrlein teilte mir nämlich mit, dass bei einer Besprechung der Kriminalrat Hasse geäußert habe, Bruck müsse noch festgenommen und umgelegt werden, weil er zu viel von der Gestapo wisse. Daraufhin habe ich Bruck sofort gewarnt, der sich auch versteckt hielt, und zwar in meiner Nachbarschaft. Mir selbst wurde der Boden nun auch heiß, weshalb ich nicht mehr ins Amt ging. Man hat mich auch nicht geholt. Wahrscheinlich war man schon zu sehr mit der Auflösung beschäftigt.

3. Von den Ausschreitungen in der Verwaltung der besetzten Gebiete, wie unberechtigten Verhaftungen, Vernehmungen dritten Grades *(Folter; B.N.),* Geiselerschießungen, Liquidierung der Zivilbevölkerung durch Einsatzkommandos, habe ich weder dienstlich noch außerdienstlich etwas erfahren. Mit anderen Gestapobeamten habe ich kaum verkehrt, da mir diese Leute zu überheblich waren und ich sie eigentlich gar nicht für voll nahm; denn ihnen fehlte jede fachliche Ausbildung.

4. Ich habe nicht gewusst, dass Fremdarbeiter zwangsweise nach Deutschland geschafft worden sind. Ich bin, wie schon betont, nicht im Einsatz gewesen. Ich war davon überzeugt, dass die Fremdarbeiter durch die Arbeitsämter geworben waren und freiwillig nach Deutschland gekommen waren. Ich weiß z.B. Fälle, in denen Fremdarbeiter in die Heimat beurlaubt worden waren und bei ihrer Rückkehr den Bruder oder sonstige Verwandten mitbrachten. Dass Arbeitserziehungslager bestanden und zu welchem Zweck, habe ich bereits angegeben. Von einem Einsatz der Gestapo zum Zweck der Verhaftung von Arbeitern zur Belieferung der KZ weiß ich nichts.

5. Von der Ermordung und Misshandlung von Kriegsgefangenen weiß ich nichts. Ich kann mir auch nicht vorstellen, dass die Gestapo damit zu tun hatte. Ich weiß von keinen Einsatzkommandos, die bestimmte Kategorien von Kriegsgefangenen in Kriegsgefangenenlagern überprüft und dann vernichtet haben. Auch der sogenannte Kugelerlass ist mir nicht bekannt geworden.[107] (...)«

---

[107] Kugelerlass vom März 1944: Geheimbefehl des Leiters der Gestapo, Heinrich Müller, alliierte Offiziere, die aus deutschen Kriegsgefangenenlagern geflohen waren, nach Ergreifung im KZ Mauthausen zu ermorden. Der Kugelerlass betraf vor allem Offiziere der Roten Armee, er galt nicht bzw. nur sehr eingeschränkt für Angehörige der britischen oder der US-Streitkräfte. Der Kugelerlass verstieß gegen die Genfer Konvention über die Behandlung der Kriegsgefangenen, die für Flucht nur disziplinarische Maßnahmen vorsah.

Kapitel 6: In Zeiten des Überfalls auf Europa

Peisern/Pyzdry

Mein Vater war noch nicht ganz 18 Jahre alt und sollte gerade den Reichsarbeitsdienst beenden, als man den Studenten sofort nach dem Überfall auf Polen in das eroberte Land schickte:

Günther Nette: »Wir sind gleich am ersten Tag nach Polen bewaffnet einmarschiert, gleich hinter unseren vordersten Truppen, bei Grünberg in Schlesien sind wir über die Grenze gegangen. Wir hatten in Peisern das Hinterland zu sichern und Polizeiaufgaben wahrzunehmen. Pyzdry heute, an der Warthe. Damals zwei- oder dreitausend Einwohner.

Bernhard Nette: Hattet ihr Kontakt mit der Bevölkerung?

Die Polen waren großenteils weg, da waren noch ein paar, die hielten sich ganz zurück. Die wollten es sich mit uns nicht verderben. Das wäre ihnen auch nicht so gut bekommen. Sie waren besiegt. Wir haben ihnen aber nichts getan, natürlich nicht. Und da waren viele Volksdeutsche, und mit denen hatten wir natürlich Kontakt. Aber ein polnischer Bauer hat mich auch eingeladen, so um die Weihnachtszeit herum, zum Gänseessen, der hatte eine ganz hübsche Tochter. Es gab ein kleines Gespusi, nicht wahr, ganz harmlos, man war ja auch nicht von Eisen, aber es ist nix weiter passiert, gar nichts. Und das sollte auch nicht sein. Da hab ich mein Gewehr in die Ecke gestellt. Das waren Polen, das durfte ich an sich gar nicht. Und dann haben wir gegessen, wunderbar, die Hausfrau hat eine Gans gemacht, super. Na gut. Dann war da noch ein Russe, der bediente das kleine Kraftwerk direkt an der Warthe, ein Ingenieur, ein ganz gebildeter Mann, so, wie ich das damals empfand, und der hat mich auch öfter eingeladen. Wir haben geplaudert, er sprach ganz gut Deutsch. Also, das war eine ganz schöne Zeit. Und da sind dann die Juden von den Polen verprügelt worden. Wir haben sie zu uns genommen und sie beschützt.

Ihr habt die Juden beschützt?

Ja, das war so Ende Oktober 1939. Die wurden von den Polen angegriffen, ja, das haben sie getan. Die Juden kamen mit blauen Augen zu uns. Und die wussten sich nicht anders zu helfen. Denn wir waren da ja die Polizeimacht. Die Juden wussten nicht, dass die Deutschen ihnen noch viel Schlimmeres antun würden als die Polen, das wussten sie nicht.

Aber ihr habt ihnen nichts angetan?

Ich doch nicht. Ich hätte doch keinem Menschen was zuleide tun können. Und weißt du, wenn ich heute noch sehe, dass jemand einen anderen triezt und gemein behandelt, das kann ich nicht ab. Und hier hatte ich die Macht. Hatte ein Gewehr und eine Pistole. Und wir haben den Polen einen Wink zukommen lassen, wenn sie sich noch ein Mal vergreifen würden an den drei Juden, dann würden wir die Polen herholen lassen, aufs Revier zu uns, dann würden sie mal merken, was es heißt, verprügelt zu werden. Dazu ist es aber nicht gekommen. Sie hatten gedacht, sie würden den Deutschen vielleicht sogar einen Gefallen tun, aber da hatten sie sich getäuscht. Was dann nachher aus den drei Juden geworden ist, das weiß ich nicht, dann sind die Nachschubtruppen gekommen, die Polizeitruppen, vielleicht auch SS, die ›Altvorderen‹, nicht wahr, die das Gebiet besetzten und – naja – germanisieren sollten. Das war nicht mehr unsere Aufgabe, wir sollten nur für Ruhe und Ordnung sorgen und das haben wir gemacht.«

Es gibt zwei besonders bemerkenswerte Fotos in Günther Nettes Nachlass. Auf dem einen stehen zwei etwa 40-jährige Männer mit »Schiebermützen« vor dem Haus, in dem der deutsche Kommandant von Peisern/Pyzdry, der 18-jährige Günther Nette, untergebracht ist. Die Sonne scheint. Der linke Mann – etwas dicklich, schmale Lip-

Günther Nette fotografiert 1939 als Angehöriger des Reichsarbeitsdienstes und kurzfristiger Ortskommandant von Pyzdry, damals Peisern (Warthegau), Juden, die aus dem Ort stammen

pen, ausgebeulter einreihiger Anzug, Krawatte, Schal, Stahlbrille – ist einen Kopf kleiner als sein Nachbar. Er könnte der Lehrer des Ortes gewesen sein oder der Arzt oder ein Viehhändler. Solche Brillen sind damals üblich in Europa, der Nazi-Judenreferent Bruno Nette im fernen Bremen trägt eine oder auch der Flüchtling vor den Nazis, Bert Brecht, im damals noch freien Dänemark. Neben ihm lächelt ein hochgewachsener Mann in die Kamera, freundlich-skeptisch, kluge Augen. Ein Handwerker vielleicht, mit geflickter Arbeitshose, lang hängender Jacke über einem Pullover mit kurzem Reißverschluss, ein Putzlappen in der rechten Hand.

Auf dem zweiten Foto hocken die beiden Männer tief gebückt mit einem Dritten dazwischen in einem Zimmer des »Kommandanten«-Hauses. Der Mann links, es ist wiederum der mit der Stahlbrille, stützt sich mit den Fingern seiner linken Hand vom Holzfußboden ab. In seiner rechten Hand hält er einen Lappen, mit dem er gerade die Holzdielen gewischt hat. Er hat sein Sakko und den Schal abgelegt und die Ärmel des Pullovers aufgekrempelt. Die beiden anderen Männer hocken im Hintergrund, der mittlere scheint jünger zu sein, vielleicht 25 Jahre alt, Kopf hoch aufgerichtet, Hände und Arme auf den gebeugten Knien. Alle drei blicken hoch zu dem Fotografen. Hinter ihnen scheint die Sonne durch Blumen-bestickte Gardinen und lässt den gewischten Boden aufleuchten. Auf die Rückseite des Fotos hat Günther Nette, der junge Besatzungspolizist, Sohn des Bremer Judenreferenten und Neffe des antifaschistischen Bremer Drehers August Schumann, Hungerleider, ein Wort mit Tinte geschrieben, in Sütterlin. Und dahinter ein Ausrufungszeichen. »*Juden!*« und das Jahr: »*39*«. Warum das Ausrufungszeichen? Vielleicht so eines, wie man es heute auf die Rückseite eines Urlaubsfotos hinzufügt, z.B. nach einer Kreuzfahrt durch die Karibik: »*Wolken!*« oder »*Sonnenuntergang!*«. Oder »*Hai!*«?

Drei Menschen schrubbten den Fußboden in der Unterkunft eines vierten Menschen, der aus Bremen in ihre Stadt kam. Er fotografierte sie auf dem Boden vor sich, demütigte sie solcherart doppelt. Ruhe im Städtchen! Schutz der Juden! Ordnung und Sauberkeit in der Unterkunft! Wenige Wochen später wurden die drei Menschen vermutlich in eines der umliegenden Ghettos in Konin, Grodziec oder Zagórów gebracht und dort 1941 ermordet, wenn man sie nicht gleich in ihrer Stadt umbrachte. Die deutschen »Altvorderen« machten im Dezember 1939 das Gebiet »judenfrei« und vertrieben dabei auch über 21.000 Polen.

Mitleid und privates Glück

»Ja, und dann kam ich im November 1939 wieder nach Hause zurück, ich bin aber gleich ausgezogen von meinem Vater und von Tante Mieze.« Der 18-jährige Günther Nette fand ein Zimmer Am Deich 111, an der Kleinen Weser in Bremen-Neustadt, und begann sein Studium an der Ingenieurschule.

Rudolf Nette, mein Onkel Rudi, wohnte in dieser Zeit – Ende 1939 – wieder bei seinem Vater und der Tante Mieze, weil er aus Barnstorf hatte zurückkehren müssen. Er zeigte mir kürzlich bei einem Abendspaziergang durch Vegesack ein altes hohes Haus aus rotem Backstein, irgendwo in der Nähe des Vegesacker Hafens. Auf der anderen Seite waren die alten Hallen der Lürssen-Werft zu ahnen, wo mein Vater gelernt hatte. »Hier war ein sogenanntes Judenhaus«, sagte er. »Da wohnten nur noch alte Menschen. Im Winter kippte man ihnen nur ausgerodete Baumwurzeln und Baumstubben als Heizmaterial vor das Haus. Sie baten uns Jüngere, gegen ein kleines Trinkgeld das zähe Wurzelholz klein zu hacken, selber konnten sie es nicht mehr, sie waren schon viel zu schwach.«

»Und, habt ihr es gemacht?«

»Natürlich, sie waren doch schon alt. Und es war kalt. Mein Vater war damals der Kripobeamte von Vegesack, der durfte davon nichts wissen. Ich musste auch in Dachkammern ohne Heizung wohnen. Ich kannte das. Uns taten die alten Leute leid.«

»Ich war ja noch ein junger Kerl, war in diesem Regime groß geworden«, erinnerte sich Günther Nette 2002, »und ich hing auch an meinem Land und fand das alles in Ordnung und gut, ohne mich politisch zu engagieren. Ich hab niemals was Besonderes gemacht. Ich hab allerdings immer gesehen, dass ich meinen Ehrgeiz befriedigen konnte, ich bin also immer sehr bald in kleine Führungspositionen aufgestiegen, ich war später ja auch ein guter Soldat, aber ich war eben auch ein guter Hitlerjunge. Ich hab mich arrangiert, ich habe immer das Beste gemacht, was man machen konnte aus der Situation, in der ich zu leben hatte.«

Es gibt ein Foto seines Zimmers. Ein Hitler-Portrait hängt über seinem Bett. Der Sohn einer Mutter aus Ostfriesland, die sich zur selben Zeit in einer Kellerwohnung als Hausmeisterin durchschlug, hatte dem Führer viel zu verdanken, wird er gedacht haben. Erst Segeltörns auf der Weser mit der Marine-Hitlerjugend, jetzt ein Studium an der Ingenieurschule!

Am Frankreichfeldzug im Sommer 1940 brauchte er nicht teilzunehmen. Man ließ ihn erst mal studieren. Er bekam von seinem Vater 100 Mark. Dessen Gehalt betrug 333,- RM pro Monat, dazu kamen Aufwandsentschädigungen in nicht bekannter Höhe. »Ich hungerte und hab jede Woche ein Schwarzbrot gekauft und dann, das kannte ich ja schon, Wurstschmalz.« Er arbeitete neben dem Studium als Straßenbahnschaffner, bewachte nachts Materiallager im Hafen und lud russisches Holz aus Schiffen aus. »War ja auch alles gut, war ja noch Freundschaft mit der Sowjetunion. Die Stämme waren verdammt glitschig, war richtig gefährlich.«

Und dann musste er im Sommer 1940 zum studentischen Ernteeinsatz ins pommerische Schlachau bei Schneidemühl an der damaligen deutsch-polnischen Grenze. Dort lernte er die Studentin Wiebke Hinrichsen kennen. Sie war die einzige Frau unter zehn Studenten.

Günther Nette: »Ich war bei einem Neubauer. Das war ein Aas. Geizig bis zum Gehtnichtmehr, morgens um fünf raus, abends um sechs immer noch kein Feierabend, er wollte mich bis sieben Uhr beschäftigen. Meine vier Kameraden gingen abends zum Schwimmen und ich? Musste weiterarbeiten. Erst später konnte ich an den See nachkommen. Da saßen sie alle auf dem Sprungbrett über dem Wasser und ich hab mich dazugesetzt. Na, da ging mir das Herz auf, als ich ›Mutti‹ sah. Und

Pause beim studentischen Ernteeinsatz 1940 in Pommern, Mitte: Wiebke Hinrichsen, re.: Günther Nette

wir alle haben natürlich rumgebalzt da um die eine Frau. Die anderen konnten alle nicht ganz so gut schwimmen, ich ja und sie sogar noch besser. Hab ich gesagt, lass uns mal beide schwimmen. Haben wir dann gemacht, weit in den See, und die anderen haben sich verzogen. Dann hab ich sie nachher zum Kino eingeladen. Später hat sie mir gesagt, sie hatte ihre Brille nicht dabei, sie hätte nichts sehen können. Das mochte sie mir da nicht sagen. Ich merkte, dass sie sich nicht wohlfühlte, und dachte schon, jetzt bist du abserviert. Aber so war das gar nicht. Wir sind uns näher gekommen und haben uns gemocht. Die ›Mutti‹ hat mich von denen, die da waren, ausgewählt, nicht wahr. Wir haben abends dann ein bisschen gekuschelt in einer Remise, da standen so alte Kutschen rum. Und wir haben davon geträumt, was später sein sollte. Wir haben uns dann versprochen, wir wollten zusammen bleiben. ›Mutti‹ mochte mich, ich sie sowieso.«

Der Zeuge Jehovas

Danach forderte ihn der NS-Staat an. »Im Herbst 1940 haben sie mich gleich gekrallt, da wurde ich Soldat. Und das nächste Semester hab ich gar nicht mehr anfangen können. Und da hab ich schlapplange Tränen geweint, da bin ich mit meinem Persilkoffer *(verschnürter Pappkarton; B.N.)*, was anderes hatte ich nicht, in die Kaserne Buckelriede in Bremen-Neustadt eingezogen. Da hab ich ganz finstere Gedanken gehabt. Da hätte ich sie alle erwürgen können, die mir nicht gönnen, dass ich endlich mal vorwärts komme.«

»Da hab ich schlapplange Tränen geweint.« Günther Nette als Rekrut, 1940

Günther Nette berichtete als alter Mann, wie er als Rekrut »getriezt«, das heißt angebrüllt und gedemütigt wurde. »Wenn es geregnet hatte, dann mussten wir die Geschütze, wir hatten Panzerabwehrgeschütze, von Hand mit der Lafette genau über Schlammpfützen schieben und dann mussten wir unterdurchkriechen. Und immer: ›Auf marsch marsch!! Hinlegen!! Auf marsch marsch!! Hinlegen!!‹ und dann: ›Gewehr in Vorhalte!‹ und dann ›Zehn Kniebeugen!‹ und so ging das.«

Er sei einige Male über den Kasernenzaun geklettert und habe seine Mutter besucht, der es immer schlechter ging.

Günther Nette (2002): »Naja, und da war ein Mann auf unserer Stube, der war bei den Zeugen Jehovas. Das wusste ich zunächst nicht, das wusste keiner von uns. Auch die Vorgesetzten sicher nicht. Und der kam eines Morgens zum Appell nicht raus. Der blieb in der Stube. Und der hatte sich das Seitengewehr aufgepflanzt und es so hingestellt und hatte sich da rein gestürzt. Der hatte Harakiri gemacht. So in den Bauch rein. Und das arme Schwein ist dann gefunden worden, weil er nicht runterkam, es wurde abgezählt, der war nicht da, ist einer hingeschickt worden, na, da wurde das bekannt, nicht. Aber das war wohl auch ein bisschen übertrieben, das hätte der nicht machen müssen, das war ja Quatsch. Ich weiß es nicht, ich bin nie richtig dahintergekommen, ich weiß, dass die Verschiedenes nicht tun, die lassen ihre Kinder nicht in die Klinik, die lassen keine Bluttransfusionen zu, ja, und sie wollten keinen Militärdienst leisten. Aber die wurden damals alle eingezogen, da gab's überhaupt keine Ausnahme, wer sich von vornherein weigerte, kam gleich in irgendein Arbeitslager, und da war er auch vergraben.

Bernhard Nette: Die Zeugen Jehovas kamen ins KZ.

Ja, ins KZ. Da wollte der wohl nicht hin. Und er war ein junger Mann wie wir und da hat er auf diese Weise seinem Leben ein Ende gesetzt, konsequent, aber dumm.

Mhm.

Wir fanden das dumm. Wir haben für ihn dann nachher bei der Beisetzung sogar eine Ehrensalve abgeschossen, Platzmunition. Und dann war der weg und auch bald vergessen. Für uns gab es anderes.«

Vergessen? Wohl kaum. Mein 81-jähriger Vater erinnerte sich an ihn, kurz vor seinem eigenen Tod.

Das Hanseatische Sondergericht verkündete am 15. März 1935 zu der antimilitaristischen Haltung der Zeugen Jehovas: »Das Gericht ist der Auffassung, dass eine solche Einstellung der deutschen Ehre, die eine der allerersten Grundlagen des nationalsozialistischen Denkens ist, krass zuwiderläuft. Das germanische Rassengefühl ist untrennbar mit dem Heldischen verbunden, der Deutsche hat niemals ein Knechtsvolk sein wollen. Gegen diese grundlegenden Erkenntnisse verstoßen die von den Bibelforschern vertretenen Lehren.«

Nach 1945 kam es in beiden deutschen Staaten zu einer unrühmlichen Fortsetzung. Die bundesrepublikanische Strafjustiz der 1960er Jahre hat laut Heinrich Hannover Hunderte von Strafprozessen gegen Mitglieder der Zeugen Jehovas angestrengt, »weil sie sich unter Berufung auf ihre religiösen Überzeugungen weigerten, den gesetzlich vorgesehenen zivilen Ersatzdienst für anerkannte Kriegsdienstverweigerer abzuleisten«. Das Landgericht Braunschweig urteilte am 8.10.1962, eine solche radikal pazifistische Grundanschauung müsse »als staatsfeindlich, asozial und unchristlich bezeichnet werden«.[1]

Erst krass zuwider deutsche Ehre und germanisches Rassegefühl, dann staatsfeindlich, asozial und unchristlich! Juristen sind doch ein geschmeidig anschmiegsames Völkchen.

»So läuft das nicht mit dem Tod«

Günther Nette, Bruno Nettes ältester Sohn, musste als 18-Jähriger in den Krieg ziehen. Er war ab Juni 1941 erst einmal in Ostpreußen als Ausbilder stationiert. Als im selben Monat der Vernichtungskrieg gegen die Sowjetunion begann, war er nicht dabei. Im Winter 1941/42 überquerte der Bremer Jung noch auf Schlittschuhen – wie als Kind damals auf der zugefrorenen Hamme – das Frische Haff bei Königsberg und sprang übermütig über brechende Eisschollen, die sich sturzackergleich vor ihm auftürmten.

Zur selben Zeit befand sich einige Hundert Kilometer weiter östlich die 1. Kompanie des Bremer Polizeibataillons 303 mit Schlitten auf einem Marsch zu einem Partisaneneinsatz. 1969 berichtete der 58-jährige Bremer Kriminalhauptmeister Hugo B. über einen »Vorfall«.[2] Während der Fahrt habe er aus Richtung eines ein-

[1] Hannover 1998, S. 142-154.

[2] Schneider 2011, S. 541.

zeln stehenden brennenden Hauses einen Pferdeschlitten auf sich zukommen sehen, den ein Kompanieangehöriger lenkte. Als dieser in der Nähe vorbeifuhr, sah Hugo B., »dass hinter dem Schlitten (...) an einem etwa 10 Meter langen Strick ein Bündel hing, das er über den Sturzacker schleifte. Gleich darauf erkannte ich in dem Bündel ein Kind, das vermutlich mit einem Strick an den Füßen festgebunden war. (...) An den Bewegungen des Kindes konnte man sehen, dass es noch gelebt hat. Das Kind dürfte etwa zwei bis drei Jahre alt gewesen sein.«

Mitte November 1941, Bruno Nette organisierte gerade den Deportationszug mit Jüdinnen und Juden aus Bremen und dem Regierungsbezirk Stade nach Minsk, besuchte sein Sohn, der Oberschütze Günther Nette, noch die Oper in Königsberg. »Wagner wollte ich hören. Tristan und Isolde. Mochte ich nicht. Die sangen sich zum Schluss zehn Minuten lang an. ›Ach, ich sterbe!‹ Immer wieder und immer weiter. So läuft das aber nicht mit dem Tod. Das geht Zack und Aus!« Die meisten Juden aus Königsberg, die er auf der Straße noch gesehen haben muss – in die Oper durften sie natürlich nicht mehr –, kamen erst einige Monate später auch »auf Transport« mit dem Ziel Minsk. Sie wurden sofort nach dem »Ausladen« erschossen oder in schweren Gas-LKWs erstickt.

Erst Anfang April 1942, d.h. ein Dreivierteljahr nach dem Überfall auf die Sowjetunion, wurde Günther Nette als Gefreiter in einen Truppenzug gesteckt und über Brest-Litowsk (7. April 1942) und Minsk (8. April 1942) nach Smolensk (9. April 1942) und schließlich nach Wjasma transportiert. Der 81-Jährige glaubte sich 2002 zu erinnern, er habe sich im Juni 1941 »als guter Soldat« sofort freiwillig zu den vordersten Kampftruppen gemeldet. Seine Erinnerung trog ihn. Er blieb erst einmal in Ostpreußen zurück, während seine Kameraden von der 6. Panzer-Division als eine der ersten in die Sowjetunion einbrachen und sich an den sofort einsetzenden Judenmassakern im Baltikum beteiligten. Günther Nette musste nicht mitmachen. Gehört hat der »gute Soldat« sicherlich von den Morden, spätestens im Frühjahr 1942. Warum aber behauptete er über 60 Jahre später: »Und dann hab ich mir gesagt, du musst deine Pflicht tun genauso wie jeder andere, du meldest dich sofort an die Front«? Eine kleine Aufschneiderei eines alten Mannes? Nein, hier hatte sich die große Lebenslüge seiner Generation zurückgemeldet. Die Pflicht.

Kapitel 7: Der Tod

Der Investigator

Die geschliffene deutsche Sprache verriet den Akademiker.[1] Der »Investigator«. Eine schwungvoll unleserliche Unterschrift. Aber wie hieß er? Zusammen mit deutschen Freunden grübelte ich im Frühjahr 2014 in ihrem finnischen Holzhaus über den zwei unmittelbar benachbarten handschriftlichen Doppel-Ellipsen. Erst an einem Sommertag 2014 in der kretischen Strandtaverne Delfinia in Kalamáki, wo ich mit Blick auf die raue Libysche See weiterarbeitete, stieß ich auf ein Dokument mit der getippten Unterschrift »M. Meier, Investigator«.[2] Das Rätsel war gelöst. Zweimal ein »M«. Welch normaler, weitverbreiteter und zutiefst deutscher Name, sozusagen doppelelliptisch veredelt.

Vermutlich war er ein aus Deutschland emigrierter gebildeter Jude. Er verhörte Bruno Nette und versuchte, ihn vor dem Hintergrund der deutschen Geschichte und der deutschen Gesellschaft, aber auch psychologisch zu verstehen.

Der Investigator M. Meier gehörte zur Bremer Denazification Division des Office of Military Government (U.S.), kurz OMGUS. Diese Einheit berichtete direkt dem Director, Captain Morse. Obwohl OMGUS 1948 angeordnet hatte, dass sich die USA nach dem August 1948 aus der Entnazifizierung herausziehen sollten, erlaubte es im August 1948, dass die Bremer Denazification Division, zu denen 18 »investigators and inspectors« gehörten, bis zum 1.12.1948 weiterarbeiten könnte. Im Juni 1949 befahl die Militärregierung außerdem unmissverständlich, dass die Bremer Entnazifizierungsverfahren fortgesetzt werden müssten.[3] Die US-Offiziere werden gewusst haben, warum. Denn inzwischen hatten die Spruchkammern unter deutscher Leitung auch in Bremen ihre Arbeit aufgenommen. Das Tempo der Entnazifizierung und die Ergebnisse entsprachen nicht immer den Erwartungen der Alliierten, deshalb standen die Spruchkammern unter den wachsamen Augen der US-Offiziere.[4]

Im Haus des Reichs, Zimmer Nr. 551, hatte der Investigator M. Meier sein Büro. Dort nahm er die meisten Zeugenaussagen zu Protokoll und fasste die Ergebnisse seiner Untersuchung in Sachen Bruno Nette in einem längeren Bericht zusammen.

---

[1] Office of Military Government, Bericht des Investigators, Bremen, 28. Juni 1948. SAB, 4, 66-I, Akte Bruno Nette, 1887/12/22, Blätter 99/1-99/4.

[2] M. Meier, Investigator: Bericht vom 3. März 1948, u.a. über die Zusammenarbeit von Martha Ballach mit dem (früheren) SD-Hauptscharführer und CIC-Mitarbeiter Hermann Soeken, Bremen. SAB, 4, 66-I, Akte Bruno Nette, 1887/12/22, Blatt 70.

[3] Vgl. Adams 2009, S. 91f., S. 111-113.

[4] Auch die Bremer Spruchkammern verfügten über »a staff of investigators«. Adams 2009, S. 92.

Im Folgenden wird dieses wichtige Dokument (nur um den biografischen Abschnitt gekürzt) vorgestellt, auch wenn sich dadurch zu manchen Stellen dieses Buches inhaltliche Doppelungen ergeben. Der Bericht des Investigators M. Meier korrigierte viele der Aussagen von Bruno Nette, die ein Jahr zuvor, am 7. und 8. Mai 1947, aufgenommen worden waren. Auch dieses Dokument wurde oben bereits nach dem fiktiven Gespräch zwischen Enkel und Großvater abgedruckt. Insofern liegen verschiedene Stellungnahmen vor, die Version des Beschuldigten, die des Enkels/des Autors und die des Untersuchungs-Offiziers, auf die sich 1948/49 die Anklage stützte. Man möge sie vergleichen.

M. Meier, Investigator: Bericht vom 28. Juni 1948[5]
»Um den Fall Nette richtig beurteilen zu können, müssen die psychologischen Momente in Rechnung gestellt werden, die ihm das Judenreferat zuwider sein ließen. Das Judenreferat hatte er allein zu bearbeiten, die anfallenden Arbeiten waren umfangreich. Als unliebsame Nebenerscheinung trat hinzu, dass aus dem betroffenen Personenkreis sich eine große Anzahl Hilfesuchender an ihn wandte. Dieses ließ sich mit der Eigenart eines eingefleischten Kriminalbeamten, der nur das Gesetz und die Dienstvorschriften kannte, nicht vereinbaren. Sein Umgangston gegenüber dem betroffenen Personenkreis sprach in dieser Hinsicht eine beredte Sprache. Er war gereizt, unfreundlich und unzugänglich und warf jeden unbequem Werdenden hinaus. Grundlage für seine Arbeit war außer den Dienstvorschriften das Nürnberger Gesetz, der Lösener Knost,[6] die Erläuterung hierzu, gab ihm die Handhabe für die Durchführung der Paragraphen. Dieser umriss haarscharf die Grenze, in die die Judenfrage gestellt war. Es besagte

Volljude – jüdischer Abstammung, mosaischer Religion

Rassejude – jüdischer Abstammung, nicht mosaischer Religion

Geltungsjude – halbjüdischer Abstammung, mosaischer Religion

Halbjuden nach dem 15. September 1935 außerehelich geboren = Geltungsjuden

Halbjuden, zum gleichen Zeitpunkt geboren = Geltungsjuden, wenn die Eltern die Kinder als Juden anerkannten

Mischlinge ersten und zweiten Grades nur dann, wenn sie vor dem 15. September 1935 geboren waren.

Ferner sah das Gesetz vor: Abgabepflicht jüdischen Eigentums, Verkehr mit Ariern, der genauen Bestimmungen unterworfen war, Zuwiderhandlungen hießen dann ›verbotener Umgang‹ mit Ariern.

---

[5] M. Meier (Investigator): Aktennotiz zu Bruno Nette vom 28.6.1948. SAB, 4, 66-I, Akte Bruno Nette, 188712/22, Blatt 99ff.

[6] Gemeint ist: Knost, Friedrich August/Lösener, Bernhard (1936): Die Nürnberger Gesetze über das Reichsbürgerrecht und den Schutz des deutschen Blutes und der deutschen Ehre nebst den Durchführungsverordnungen sowie sämtlichen einschlägigen Bestimmungen und den Gebührenvorschriften. Berlin (Anm. B.N.).

Es ist nur zu verständlich, dass alle vom Gesetz Betroffenen alles daran zu setzen suchten, durch die Maschen dieses Gesetzes hindurchzuschlüpfen. Dazu gehörten Tarnung, Beschaffung von Urkunden, die nachwiesen, dass ein Eltern- oder Großelternteil Arier war, Verschleierung von abgabepflichtigem Vermögen usw. Es darf bei dieser Frage nie außer Acht gelassen werden, dass der betroffene Personenkreis im Grunde genommen um sein nacktes Leben kämpfte. Dem jeweiligen Sachbearbeiter war es in die Hand gegeben, Paragraphenmensch oder Helfer zu sein. Je nachdem, welche ideologischen Voraussetzungen und Charaktereigenschaften vorhanden waren.

Andererseits stand der bearbeitende Beamte zwischen vorerwähnten Dingen und seiner Dienstvorschrift. Ferner lag sein persönliches Interesse naturgemäß im Vordergrund. Ein Kriminalist will Erfolg. Er will damit nach oben glänzen, weil ihm dieses in vielerlei Hinsicht dienlich war. Hinzukommt bei Nette, dass sein Vorgesetzter Hasse ein ausgesprochener Judenfresser war. Ferner, dass Nette kurz vor seinem Pensionsalter stand und keine Neigung zeigte, noch irgendwelche Risiken einzugehen. Das gibt er in seiner Vernehmung auch unumwunden zu. Dieses und sein eingefleischtes Beamtentum waren die Triebfedern seiner ganzen Handlungen. Er war es von jeher gewohnt, jeden einzelnen Fall als Sache zu betrachten. Die möglichste Ausschaltung menschlichen Mitgefühls war eigentlich seine Pflicht. Dass er hierbei *unschuldige* Menschen wie Wild jagte, ja, zuweilen in den Tod trieb, war eine naturgemäße Begleiterscheinung seiner Arbeit und stimmte ihn erst dann bedenklich, als der Zusammenbruch des Dritten Reichs vorauszusehen war.

Seine heutigen Beteuerungen, als erstes Gebot Menschlichkeit walten lassen zu haben, sind weiter nichts als Krokodilstränen und Angst vor der wohlverdienten Strafe. Sie beweisen im Endeffekt eigentlich nur sein schlechtes Gewissen oder, wenn man will, seine Verfehlungen als Beamter. Zu Letzterem gehört auch seine Bestechlichkeit, die durch die Aussagen seiner Ehefrau, Karl Bruck, Karl Katz,[7] Fritz Harf und Fritz Erdnüss klar zutage tritt. Man könnte, wenn man wollte, dieses zu seinen Gunsten auslegen, weil der Erfolg der war, dass die Gebenden nicht deportiert wurden. Andererseits taucht hierbei aber die Frage auf, warum nur auf dieser Basis gehandelt wurde, und das ist das entscheidende Moment. Nette war nur auf seinen Vorteil bedacht. Er nutzte die Notlage anderer aus, um sich zu bereichern. Die, die nichts gaben oder deren Gesicht ihm nicht passte, mussten über die Klinge springen. Das Argument, er habe sich gegen die Dienstvorschriften vergangen, ist nicht stichhaltig, weil es eine bekannte Tatsache sein dürfte, dass die Gestapo im allgemeinen nur nach dieser Methode handelte.

Grundlage für die Erfassung sämtlicher in Deutschland lebender Juden war die große Volkszählung am 17.5.1939, bei der auch nach der Religionszugehörigkeit der Eltern und Großeltern gefragt wurde. Das anfallende Material der erfassten Juden wurde zur weiteren Bearbeitung dem Reichssicherheitshauptamt zugeleitet. Von hier aus ging es den Weg in Form von Listen an die einzelnen Gestapostellen, die

[7] Richtig: Carl Katz.

wieder in Zusammenarbeit mit den Obmännern der Reichsvereinigung der Juden in Deutschland sie sichteten und ergänzten. Bei auftretenden Zweifelsfällen, d.h. bei ungenauen oder verschleierten Angaben, oblag es dem jeweiligen Sachbearbeiter des Judenreferates in der Gestapo, Nachforschungen anzustellen, mit anderen Worten, es lag jeweils am Gestapobeamten, wie er die Sache auffasste. Anhand dieser Listen wurden die verschiedenen Deportationswellen zusammengestellt. Auch hier war entscheidend, wie der Sachbearbeiter seinem Vorgesetzten jeden einzelnen Fall, der Zweifel aufkommen ließ, vortrug. Das entscheidende Wort sprach naturgemäß der Vorgesetzte.

Die einzelnen Wellen waren 1941 der Transport nach Minsk, von dem keiner zurückkehrte, 1942 der Transport nach Theresienstadt, von dem ein Großteil blieb, Februar 1945 nach Theresienstadt, von dem nur wenige den Tod fanden. Dazwischenliegend fanden noch Einzeldeportationen statt, meist in Konzentrationslager im nazistischen Sinne. Die Gründe hierzu: Vergehen gegen die Nürnberger Gesetze, durch die sie ›KZ-reif‹ wurden. Diese Vergehen aufzuspüren, war Aufgabe des Sachbearbeiters.

Nette ist angeklagt, Verbrechen gegen die Menschlichkeit begangen und an Judenverfolgungen teilgenommen zu haben. Die Zeugenaussagen beweisen, dass diese Anklage zu Recht besteht. Das Material, welches dieses beweist, ist derart umfangreich, dass im Einzelnen kaum darauf eingegangen werden kann. Erschwerend kommt hinzu, dass die, die am meisten aussagen könnten, tot sind. Aber die noch Lebenden können bezeugen, wer Nette tatsächlich ist, und sind bereit es zu beeiden. (…)

Er ließ sich jedenfalls bis zu dem Zeitpunkt, als die Siegesaussichten der Nazis schwanden, nur von seinem Hass und seinem Vernichtungswillen gegen das Judentum leiten (siehe Zeugenaussagen). Die hier angehäufte Schuld ist nicht unerheblich. Trotz seiner heutigen Beteuerungen, Judenfreund gewesen zu sein und danach gehandelt zu haben, sind die nachfolgenden Fälle nicht wegzudiskutierende Tatsachen.«

M. Meier beschreibt viele »Fälle«. Die Kette der Zeugenaussagen, so schrieb er, ließe sich beliebig vermehren. Hier nur eine zusammengefasste Auswahl:

Bruno Nette habe die jüdische holländische Staatsangehörige *Lina Rothschild,* die laut Einwohnermeldeamt auch deutscher Nationalität gewesen sei, zwingen wollen, den Vornamen »Sarah« anzunehmen, und sie, weil er bei ihr größere Bestände an Devisen und Schmuck fand, trotz eines Potestes des holländischen Gesandten ins KZ abschieben lassen. Sie starb am 29. Dezember 1941 im KZ Ravensbrück.

Bruno Nette habe, nachdem der jüdische Ehemann *Wolf* ins KZ eingewiesen worden war, es als seine Pflicht angesehen, auch dessen »arische« Ehefrau und später die »halbjüdische« Tochter ins KZ zu bringen. Alle drei Menschen kamen um. Er habe das erbrochene Siegel der Wohnung Wolfs zum Anlass für die Verfolgung der Ehefrau genommen. Bei der vorangegangenen Haussuchung habe sich eigenartigerweise nur eine Schreibmaschine angefunden, während von den gemeldeten Rauchwaren und einem Koffer jede Spur fehlte. »Es kann zwar nicht bewiesen werden, inwieweit sich Nette hier vergangen hat, aber der Verdacht liegt nahe, dass Nette sich irgendwie bereichert haben muss.«

Er habe im Falle von *Alfons Wagner und anderer* Menschen die Notlage der Eltern ausgenutzt, »um eine Handhabe für die Deportation von halbjüdischen Kindern zu finden«.

1948 beschrieb Alfons Wagner die Verhörmethoden von Bruno Nette aus dem Jahr 1943. Dieser ließ später – 1945 – dessen Frau (die nach Nazikriterien jüdisch war) und die beiden gemeinsamen »halbjüdischen« Kinder in das KZ Theresienstadt abtransportieren.

Bruno Nette habe »davon Wind bekommen, dass die *Eheleute Meyer* ihrem Onkel Rennberg und dessen Sohn verbotenerweise Obdach gewährt hätten. Linnemann und Nette erschienen in der Wohnung von Meyer und machten der Ehefrau Meyer die schwersten Vorwürfe. Sie nahmen keinerlei Rücksicht auf ihren hochschwangeren Zustand. (…) Die Sache wurde nachher abgebogen, nicht weil Nette Milde walten lassen wollte, sondern weil der Ehemann Meyer nachwies, dass sie tatsäch-

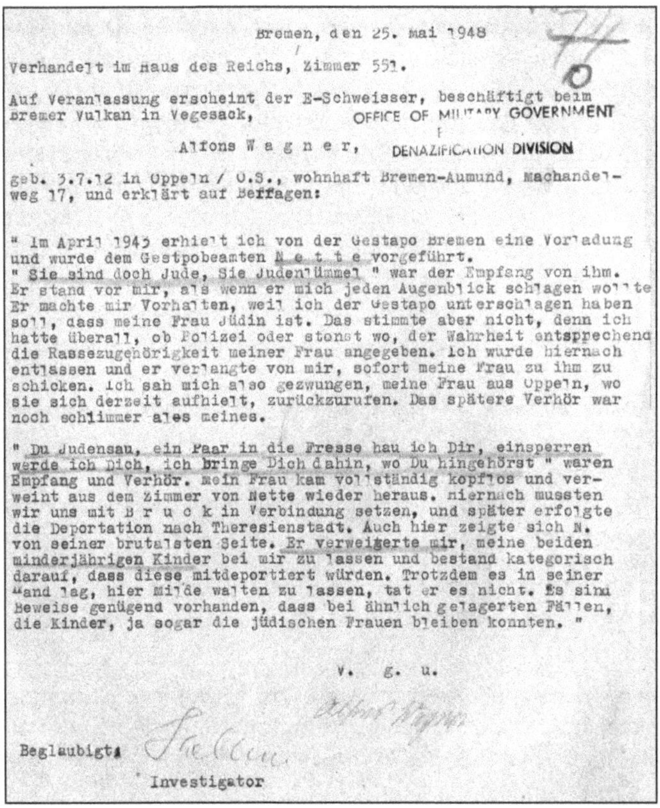

Bremen, den 25. Mai 1948

Verhandelt im Haus des Reichs, Zimmer 551.

Auf Veranlassung erscheint der E-Schweisser, beschäftigt beim Bremer Vulkan in Vegesack,

OFFICE OF MILITARY GOVERNMENT DENAZIFICATION DIVISION

Alfons W a g n e r,

geb. 3.7.12 in Oppeln / O.S., wohnhaft Bremen-Aumund, Machandelweg 17, und erklärt auf Beffragen:

" Im April 1943 erhielt ich von der Gestapo Bremen eine Vorladung und wurde dem Gestpobeamten N e t t e vorgeführt.
" Sie sind doch Jude, Sie Judenlümmel " war der Empfang von ihm. Er stand vor mir, als wenn er mich jeden Augenblick schlagen wollte Er machte mir Vorhalten, weil ich der Gestapo unterschlagen haben soll, dass meine Frau Jüdin ist. Das stimmte aber nicht, denn ich hatte überall, ob Polizei oder stonst wo, der Wahrheit entsprechend die Rassezugehörigkeit meiner Frau angegeben. Ich wurde hiernach entlassen und er verlangte von mir, sofort meine Frau zu ihm zu schicken. Ich sah mich also gezwungen, meine Frau aus Oppeln, wo sie sich derzeit aufhielt, zurückzurufen. Das spätere Verhör war noch schlimmer ales meines.

" Du Judensau, ein Paar in die Fresse hau ich Dir, einsperren werde ich Dich, ich bringe Dich dahin, wo Du hingehörst " waren Empfang und Verhör. Mein Frau kam vollständig kopflos und verweint aus dem Zimmer von Nette wieder heraus. Hiernach mussten wir uns mit B r u c k in Verbindung setzen, und später erfolgte die Deportation nach Theresienstadt. Auch hier zeigte sich N. von seiner brutalsten Seite. Er verweigerte mir, meine beiden minderjährigen Kinder bei mir zu lassen und bestand kategorisch darauf, dass diese mitdeportiert würden. Trotzdem es in seiner Hand lag, hier Milde walten zu lassen, tat er es nicht. Es sind Beweise genügend vorhanden, dass bei ähnlich gelagerten Fällen, die Kinder, ja sogar die jüdischen Frauen bleiben konnten. "

v. g. u.

Beglaubigt:

Investigator

Alfons Wagner, Aussage am 25. Mai 1948: »Du Judensau, ein Paar in die Fresse hau ich dir!«

lich unschuldig waren. Nettes Behauptung, die Ehefrau Meyer 1945 vor der Deportation bewahrt zu haben, indem er seinem Vorgesetzten Hasse nachwies, dass sie bereits vier Kinder habe und noch mit dem fünften schwanger ging, stellt die Dinge geradezu auf den Kopf. Nicht Nette erfand diese Notlüge in Bezug auf diese Schwangerschaft, sondern die Eheleute Meyer.«

Die Fälle *Grünberg, Jacobsohn, Händler, Ursel Meyer, Neitzel, Ramm und Johanning* seien typisch für Nette. »Alle rassisch Verfolgten Bremens werden übereinstimmend bezeugen können, dass es Nettes Steckenpferd war, wenn möglich Halbjuden zu Geltungsjuden zu stempeln, um eine Handhabe für ihre Deportation zu finden. Dabei verzichtete Nette bewusst auf menschliche Empfindungen (...) und ließ sich nur von seinen Paragraphen und dem Spürsinn eines Kriminalisten leiten. Vorgelegte amtliche Papiere, die nachwiesen, dass die betroffenen Halbjuden dieses tatsächlich waren, blieben bedeutungslos.«

Schließlich fasste der Investigator M. Meier seine Untersuchungsergebnisse zusammen. Er wird geahnt haben, wie mein Großvater sich herausreden würde. »Heute sagt Nette, dass es ihm gelungen sei, siebzig Juden von dem Theresienstadt-Transport im Februar 1945 zurückgehalten zu haben. Dieses Argument ist in gewisser Beziehung stichhaltig, denn es beweist, dass für ihn die Möglichkeit bestand, so zu verfahren, wenn er wollte. Es beweist ferner, dass er es nur tat um materieller Vorteile willen, mit anderen Worten, er nutzte die Notlage der Betroffenen aus. Nette versucht heute seine Tätigkeit beim Judenreferat als eine Angelegenheit darzustellen, bei der er unter dem Zwang der Verhältnisse gestanden haben will. Er versucht dieses zu beweisen durch die Tatsache der nicht verschickten siebzig Juden. Dieses erweckt den Anschein, dass er menschliches Empfinden walten ließ, trotz seines Vorgesetzten, des Judenfressers Hasse.« Einwandfrei erwiesen sei, »dass er erst kurz vor Schluss des Krieges, als die Siegesaussichten der Nazis dahin waren und er wissen musste, was ihm nachher blühen würde, jene siebzig Juden von der Deportation zurückhielt.« Sie seien aber sein Faustpfand gewesen. »Diese siebzig Juden beweisen im Grunde genommen nur, dass er vorher Verbrechen gegen die Menschlichkeit begangen hat.«

»Der Fall kann nur durch mündliche Verhandlung gerecht abgeurteilt werden. 7. Juli 1948, German Executive« so steht es handschriftlich unter dem Bericht und mit rotem Bleistift: *»Subjektiver Bericht?«* Vielleicht war der Untersuchungsbericht des Investigators M. Meier einfach etwas zu eindeutig? Er jedenfalls hatte die Aussagen der Opfer ernst genommen.

Im Haus des Reichs

Im Herbst 2014 stand ich wieder vor dem Haus des Reichs. Ich wollte das Zimmer 551, das Büro des Investigators M. Meier, suchen. Bestimmt war das Mobiliar verändert worden, aber die Zimmernummer würde voraussichtlich noch stimmen, Behörden und Behördengebäude sind konservativ.

Stürzende Lampen aus Messing und Glas. Nebenaufgang im Haus des Reichs, 2015

In der Eingangshalle kein Pförtner, keine Absperrung, alles licht und offen. Hier residierten die Finanzsenatorin und ihre Behörde. Eine halbrunde repräsentative Treppe, Macht und hanseatischer Stil, gemischt mit einem leichten Schuss Protz.

Im Foyer lagen großformatige längliche Flyer aus, schwarz mit roten sechseckigen Sternen darauf. »*AUSPLÜNDERN UND VERWALTEN. Das Finanzamt Bremen stellt sich seiner Vergangenheit. Eine Ausstellung der Senatorin für Finanzen im Haus des Reichs. 28. November 2014 bis 31. März 2015.*«

Hut ab! Die städtischen Finanzfüchse stellten sich in Zusammenarbeit mit der Universität Bremen der Verantwortung für die Taten ihrer Nazifinanz-Vorgänger! Ein lange verdrängtes Thema. »*Judenauktionen*«! Welche Rolle spielte die Bremer Finanzverwaltung? »*Reichsfluchtsteuer*«, 1 Milliarde Reichsmark von Göring als »*Sühneleistung*« nach der Reichspogromnacht angeordnet, im Bürokratendeutsch »*Judenvermögensabgabe*«, die auch durch die Bremer Finanzämter akribisch eingezogen wurde. Die Stufen der gezielten antisemitischen Enteignungs- und Vernichtungspolitik durch die deutschen Finanzverwaltungen, in Bremen konnte man sie im Haus des Reichs anhand von erschütternden Dokumenten nachvollziehen.[8]

Das Haus des Reichs ist ein wahrer Koloss. Auch die Nebeneingänge führen in prächtige Aufgänge. Rund gewendelte Treppen, blaue Teppiche auf poliertem Travertingestein, in die Tiefe der vielen Geschosse sich stürzende Lampen aus Messing und Glas, schimmernde Klebetröpfchen an einer gigantischen Spinnenfaden-Kette. Ich fühlte mich ameisenklein und betrachtete den golden durchglänzten Rundaufgang mit dem wellenartig sich hochschwingenden Holzhandlauf auf dem bronzenen Geländer. Ich ging weiter, vorbei an knarrenden Paternostern hinein in immer enger werdende Flure. Und schließlich sperrholzähnliche, gelb getünchte Gänge,

---

[8] Ausplündern und Verwalten 2014. Vgl. auch: Balcar 2014.

Haus des Reichs, Gang mit Zimmer 551, 2015. Hier arbeitete der Investigator M. Meier 1948/49

die nur mühselig zwei Personen nebeneinander durchließen, Holzverschläge mit regelmäßig auftauchenden Türen. Franz Kafka, dachte ich. Wenn noch einmal dein »Der Prozess« als Film gedreht werden sollte, dann hier!

An der Tür von Zimmer 551 hing ein Schild: »*Steuerungsunterstützung Zoll*«. Das ehemalige Zimmer des Investigators. Ich versuchte einzutreten. Verschlossen.

Schräg gegenüber schien Licht durch das Hochfenster über einer Tür. Ich öffnete sie vorsichtig, acht Augenpaare. »Ja bitte?« Ich erklärte etwas hastig mein Anliegen: ein Bremer Judenreferent, der Investigator, da drüben saßen sie. Wer denn der Kollege sei, der im Zimmer 551 jetzt sein Büro habe?

»Ich«, sagte ein junger Mann und stand auf. »Das ist ja richtig spannend. Kommen Sie mit. Wir sind hier sowieso fast fertig.« Nette Leute beim Zoll, dachte ich.

Wir betraten sein Zimmer 551. »Möchten Sie einen Tee?«

Ein normal großer Büroraum, nicht üppig, mit zwei Fensterachsen, darunter noch die alten Rippen-Heizkörper. In der Raummitte ein hellbrauner Schreibtisch, den er für das Foto aufräumte. An der Wand ein kleines Besprechungstischchen mit Stahlrohrstühlen. »Ja, ich glaube, hier saßen die Zeugen und mein Großvater Bruno Nette vor dem Investigator Meier. Falls sich die Zimmernummern auf dem Flur nicht geändert haben.«

Der junge Mann lachte. »Nö.« Er schenkte mir Tee ein. »Haben Sie mal ein paar Unterlagen von damals oder so?«

Ich öffnete meinen Laptop. »Mein Großvater hieß Nette, wie ich. Bruno Nette.« Ich zauberte auf dem Laptop Dokumente hervor.

»Bremen, 25. Juni 1948. Verhandelt im Haus des Reichs, Zimmer 551. Auf Veranlassung erscheint der Kaufmann Fritz Harf, geboren 17.11.07 in Syke bei Bremen, wohnhaft Bremen, Beethovenstraße 20, und erklärt auf Befragen: (...) Ca. 1942 musste meine Frau zu N. zur Vernehmung kommen. Er wollte von ihr wissen, wie sie in den Besitz jüdischen Eigentums (Besitz meiner Eltern und einiger Anverwandter) gekommen war. Bei dieser Gelegenheit putzte er meine Frau nach Strich und Faden herunter und hielt ihr vor, wieso sie es fertig gebracht hätte, sich mit einem Juden zu verheiraten. Er, N., hätte so etwas nie getan, er hätte noch nicht einmal als Kind mit den Juden gespielt, höchstens angespuckt. Von Mitgefühl für Juden kann bei N. keine Rede sein. (...) V. g. u. Fritz Harf. Beglaubigt M. Meier, Investigator.«[9]

»Das war ja wirklich hier! Und sehen Sie mal, *auf Veranlassung erscheint ...*, das sind ja dieselben amtlichen Floskeln wie bei uns.«

»Mein Großvater wollte raus aus der Internierungshaft«, fuhr ich fort. »Der Arzt Dr. Rolf Ulrich untersuchte ihn auf Haftfähigkeit und kam am 3. Juni 1948 zu einem Befund, der hier auf dem Schreibtisch in diesem Raum gelegen haben muss.[10] Der 61-jährige Patient Bruno Nette sei gesund, wenn man von Hungerödemen im Gesicht aus dem Jahr 1946 absehe, und zum Zeitpunkt der Untersuchung gut ernährt. Seine anfallsweisen Herzschmerzen mit starken Beklemmungsgefühlen, die 1947 begonnen hätten, seien auf starke Depression aufgrund langer Haft zurückzuführen.«

»Wie alt war er da?«

»60 oder 61, kurz vor der Pensionierung. Dreiteiliger Anzug, den ihm ein jüdischer Schneider in mörderischsten Zeiten hatte anfertigen müssen, damit Bruno Nette ihn verschonte. Guter grauer Stoff. Auf dem linken Jackenaufschlag noch ein winziges Loch, wo der Parteiknopf gesessen hatte, Durchmesser: 2,6 cm, roter äußerer Kreis aus funkelnder Emaille, darin in goldenen Lettern den Knopf umschwingend ›Nationalsozialistische D. A. P.‹, und innen die runde schneeweiße Fläche mit dem tiefschwarz gespiegelten Doppelgalgen.«

»Woher wissen Sie das denn so genau?«

»Ich besitze sein Parteiabzeichen.«

»Sind Sie vielleicht so ein bisschen ein Nazi-Fan?«

Ich lachte. »Ich bin Historiker. Das Abzeichen war gut gemacht. Strahlte Dynamik und Festigkeit aus. Trugen die Leute vermutlich gern und mit Stolz. Aber jetzt war mein Großvater seit 1945 gefangen und ab 1948 als Zivilinternierter festgesetzt im Lager Riespott.«[11]

Das Lager Riespott, dachte ich, während der nette Zollbeamte zwei Becher auf das Tischchen stellte, einen kleinen Wasserkocher anstellte und Teebeutel heraussuchte. Eingezäunte Baracken an der Schleuse im Industriehafen von Bremen. Zu Beginn des Krieges Kriegsgefangenenlager, dann Außenlager des Hamburger KZ Neuengamme für Häftlinge, die eingesetzt wurden von der Werft »A.G. Weser«

---

[9] Fritz Harf, Aussage am 25. Juni 1948. SAB, 4, 66-I, Akte Bruno Nette, 1887/12/22, Blatt 144 (blau notiert), 95 (rot notiert).

[10] Dr. med. Rolf Ullrich, Untersuchung von Bruno Nette auf Haftfähigkeit, 3. Juni 1948. SAB, 4, 66-I, Akte Bruno Nette, 1887/12/22, Blatt ohne Nummerierung.

[11] Zum Lager Riespott vgl. Hesse 2005, S. 202-216.

beim Bau des U-Boot-Bunkers Hornisse und später von der Norddeutschen Hütte A.G. beim Schlackenbetrieb am Hochofen. Am 6. April 1945 ließ die SS das Lager räumen, am 27. April 1945 besetzten britische Soldaten das Hafengelände und beendeten für Bremen den Zweiten Weltkrieg. Mein Großvater kannte Riespott gut.

»Er wurde in Riespott«, sagte ich zu dem netten Zollbeamten, der sich wieder an das Tischchen gesetzt hatte, »sehr viel besser als seine Opfer behandelt. Als er sich einmal bei der Arbeit verletzte, eine Kiste mit Metallschrott war ihm auf den Fuß gefallen, erhielt er ärztliche Versorgung und wurde wochenlang von der Arbeit freigestellt. Davon konnten seine jüdischen Opfer nicht einmal träumen. Sogar Urlaub auf Ehrenwort erhielt er, über Weihnachten und Neujahr 1948/49.«

»Ehrlich? Urlaub?«

»Ja. Und die Ehefrauen und Freundinnen der Internierten, viele in Pelz gekleidet, wie auf Fotos zu erkennen ist, besuchen damals ihre Nazi-Männer in den Baracken.[12] Später wurden in diesem unzugänglichen Lager übrigens die ›Zigeuner‹ Bremens zusammengepfercht, soweit sie das Dritte Reich überlebt hatten. Aber das ist eine andere Geschichte, obwohl man nicht weiß, ob sie wirklich viel anders war.«

Ich nippte am ostfriesischen Tee. »Der Investigator Meier jedenfalls«, fuhr ich fort, »hat sich erst einmal informieren müssen über die für ihn kaum nachvollziehbaren bürokratischen Vorgaben der Nazis. Hier, das hat der Investigator M. Meier damals notiert.« Ich drehte meinen Laptop herum und zeigte ihm die Aufstellung der nazistischen Juden-Kategorien.

»Da sind offensichtlich Juristen am Werk gewesen«, murmelte der nette junge Beamte und nickte. »Und an sein Mitgefühl durfte man wohl besser nicht appellieren, oder? Wenn die Leute jammerten, schmiss er sie aus seinem Büro raus, steht hier.« Mein neuer Bekannter blickte mich an. »Krass! War er denn gezwungen worden, das alles zu tun?«

»Der Investigator meinte, er hätte auch Helfer sein können statt Paragraphenmensch.«

»Ihr Opa, war er sowas wie ein Schreibtischtäter?«

»Tja«, antwortete ich, »das sicher auch, in jedem Falle sorgte er sich um seine Pension«.

»Das verstehen Beamte«, lachte er, um zögernd fortzufahren: »Kein Gewissen. Oder?«

Ich packte meinen Laptop wieder ein. » Nein. Kennen Sie Hölderlin?«

»So ein bisschen, dem Namen nach.«

»Beim Jerusalemer Prozess 1961 gegen Adolf Eichmann zitierte der große Frankfurter Generalstaatsanwalt Fritz Bauer, wenn auch leicht abgewandelt, was Friedrich Hölderlin den Deutschen über 100 Jahre früher ins Stammbuch geschrieben hatte. ›Handwerker sehe ich, aber keine Menschen. Richter sehe ich, aber keine Menschen. Herren und Untertanen, aber keine Menschen. Mit dem Dichter rufen

[12] Vgl. Foto des Besucherraums des Internierungslagers, in: Hesse 2005, Titelblatt und S. 215.

die Opfer der furchtbaren Jahre 1933 bis 1945: Seid nicht nur Handwerker, nicht nur Herren und Untertanen, seid Menschen! Menschen! Menschen!«

Ich bedankte mich bei meinem liebenswürdigen jungen Gastgeber und verließ das Zimmer 551 im Haus des Reichs.

Die Gestapozentrale

Hellrote Flüssigkeit tropft von oben auf den gekachelten Boden im Erdgeschoss eines ehrwürdigen Treppenhauses. Tropfender Rotwein? Wahrscheinlich. Oder doch Himbeersaft? Sonntagabend, die Krimiserie »Polizeiruf 110« beginnt mit dem Trailer. Man lehnt sich wohlig gruselnd in der Couch vor dem Fernseher zurück und wartet auf die erste Leiche und die TV-Kommissarin respektive den TV-Kommissar mit dem komplizierten Privatleben. Eineinhalb Stunden später ist alles geklärt, der Film schnell vergessen, aber in Erinnerung bleibt eine Blutlache auf dem Kachelboden.

Im alten Bremer »Polizeiverwaltungsgebäude« befinden sich in den unteren Stockwerken heute ein Einkaufszentrum und eine Bibliothek. Rechts neben dem grauen Koloss erhebt sich ein leichtfüßiges neoklassizistisches Gebäude. Adresse: *Am Wall Nr. 199.* Ein zivil aussehendes Bauwerk, der Sockel dunkelgrau, ab dem ersten Stock ein hellocker gestrichener vorspringender Mittelteil mit vier angedeuteten Säulen, darüber ein zurückgesetzter Frontgiebel. Klassische Symmetrie, angenehm menschliche Proportionen. Von den Fenstern im zweiten Stock konnte Bruno Nette seinen Blick schweifen lassen auf die ehemaligen Wallanlagen mit ihrem schönen Baumbestand und dem Wassergraben. Ab und zu wird er Entengequake gehört haben. Rechts, gleich querab, die alte Stadttoranlage mit der Ostertorwache.

Blick durch den Eingang der ehemaligen Bremer Gestapozentrale auf den gekachelten Boden, 2014

Hier war sie also, die Gestapozentrale. Die Hölle. Eine Torbrücke, ähnlich der Seufzerbrücke in Venedig, verband das Gestapohaus mit dem eigentlichen Polizeigebäude und den benachbarten Justiz- und Verwaltungsgebäuden. Hier verrichtete mein Großvater Bruno Nette »seinen Dienst«, von 1940 bis 1945.

Er hatte es nicht weit bis zur Ostertorwache, damals das Bremer Gestapogefängnis. Heute Sitz und Ausstellungsgebäude der Wilhelm Wagenfeld Stiftung. Vorne klassizistische Säulen, weiß gestrichen, hinten der nüchterne Zellentrakt mit den kleinen vergitterten Fenstern. Bruno Nette ging den Weg von seinem Büro dorthin wie im Schlaf, der alte Feldwebel und Kriminale, der seinen Cognac liebte. Hier war sein Revier, hier wichen ihm die Menschen aus, wenn er Gefangene hinübertrieb.

Ida Hupe, geb. Löwenstein, kam am 4. Januar 1883 in Eisleben zur Welt. Am 22. Dezember 1887 wurde in derselben kleinen Stadt, die sich als Geburtsort von Martin Luther rühmt, auch Bruno Nette geboren. Der kleine Bruno und die größere Ida werden sich dort nicht begegnet sein. Bruno Nette, der nach eigenen Aussagen in Eisleben jüdische Kinder eher anspuckte als mit ihnen zu spielen, traf Ida Hupe aber über 40 Jahre später, im November 1944, und zwar im Bremer Gestapohaus *Am Wall 199.* Er ließ sie einsperren und nach Theresienstadt deportieren. Ihrem »arischen« Ehemann gab er den vergifteten Rat, sich von seiner jüdischen Ehe-

Die ehemalige Bremer Gestapozentrale, Am Wall 199. Foto von 2014

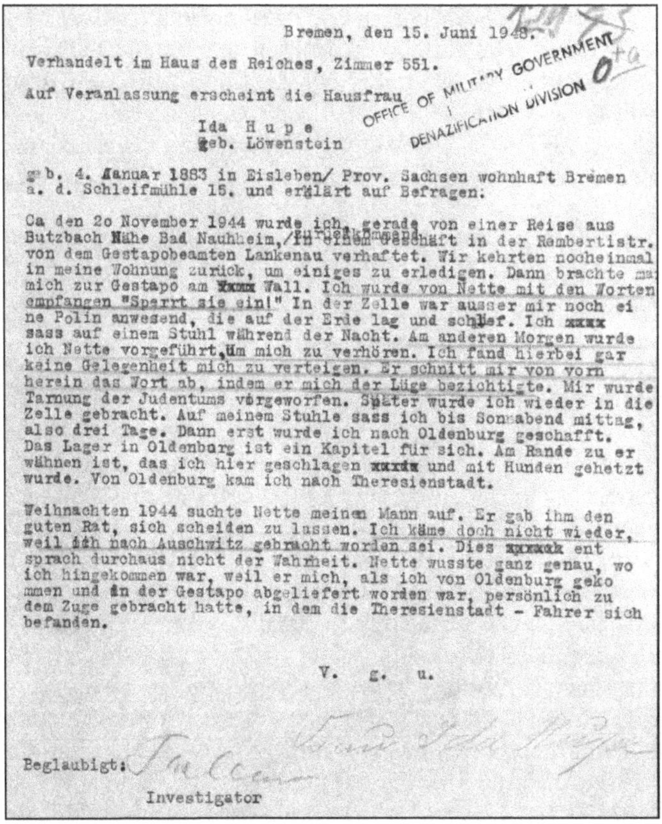

Bremen, den 15. Juni 1948.

Verhandelt im Haus des Reiches, Zimmer 551.

Auf Veranlassung erscheint die Hausfrau

Ida Hupe
geb. Löwenstein

OFFICE OF MILITARY GOVERNMENT
DENAZIFICATION DIVISION

geb. 4. Januar 1883 in Eisleben/ Prov. Sachsen wohnhaft Bremen
a. d. Schleifmühle 15. und erklärt auf Befragen:

Ca den 2o November 1944 wurde ich, gerade von einer Reise aus Butzbach Nähe Bad Nauhheim,/zurückkommend in einem Geschäft in der Rembertistr. von dem Gestapobeamten Lankenau verhaftet. Wir kehrten nocheinmal in meine Wohnung zurück, um einiges zu erledigen. Dann brachte man mich zur Gestapo am xxxx Wall. Ich wurde von Nette mit den Worten empfangen "Sperrt sie ein!" In der Zelle war ausser mir noch eine Polin anwesend, die auf der Erde lag und schlief. Ich xxxx sass auf einem Stuhl während der Nacht. Am anderen Morgen wurde ich Nette vorgeführt, um mich zu verhören. Ich fand hierbei gar keine Gelegenheit mich zu verteigen. Er schnitt mir von vorn herein das Wort ab, indem er mich der Lüge bezichtigte. Mir wurde Tarnung der Judentums vorgeworfen. Später wurde ich wieder in die Zelle gebracht. Auf meinem Stuhle sass ich bis Sonnabend mittag, also drei Tage. Dann erst wurde ich nach Oldenburg geschafft. Das Lager in Oldenburg ist ein Kapitel für sich. Am Rande zu erwähnen ist, das ich hier geschlagen xxxxx und mit Hunden gehetzt wurde. Von Oldenburg kam ich nach Theresienstadt.

Weihnachten 1944 suchte Nette meinen Mann auf. Er gab ihm den guten Rat, sich scheiden zu lassen. Ich käme doch nicht wieder, weil ich nach Auschwitz gebracht worden sei. Dies xxxxxx entsprach durchaus nicht der Wahrheit. Nette wusste ganz genau, wo ich hingekommen war, weil er mich, als ich von Oldenburg gekommen und in der Gestapo abgeliefert worden war, persönlich zu dem Zuge gebracht hatte, in dem die Theresienstadt - Fahrer sich befanden.

V. g. u.

Beglaubigt:

Investigator

»Sperrt sie ein!« Aussage von Ida Hupe am 15. Juni 1948

frau scheiden zu lassen, »weil (sie) nach Auschwitz gebracht worden sei«.[13] Was nur war aus dem kleinen Bruno aus Eisleben geworden?

Ich versuchte die etwas links versetzte Eingangstür zu öffnen, vergeblich. Also klingelte ich bei einer Anwaltskanzlei. Die schwarze Tür mit vier Fensterchen auf jedem Türflügel, die alle durch diagonal gekreuzte Stäbe abgesichert waren, öffnete sich summend und ich durchschritt den kurzen Eingangsflur mit seinen dunkelgrünen, matt schimmernden Kacheln. Ein freundlicher junger Mann in Anzug und mit Krawatte fragte nach meinem Begehr. Soso, Ihr Großvater. Ach was, Gestapo? In diesem Gebäude? Herrje, schon lange her, nicht wahr. Sein Zimmer wollen Sie sehen? Ist doch alles umgebaut, nur dieser Eingangsbereich mit seinen großen quadratischen Kachelfeldern, helle Farbe und dunkel umfasst, in der Mitte jeweils ein kleines Extraquadratchen, das alles sei sicherlich noch alt.

Ja, die Kacheln, dachte ich. »Und die Treppe?« Ja, die sei natürlich auch alt. Gepunktete Steinstufen, vermutlich Terrazzo, nicht wahr, dazu ein eisern schlichtes,

---

[13] Ida Hupe, Aussage am 15.6.1948. SAB, 4, 66-I, Akte Bruno Nette, 1887/12/22, Blatt 129.

aber solides Treppengeländer mit geschwungenem poliertem Holzhandlauf. Das Plastik-Buchsbäumchen daneben sei natürlich neu. Er lächelte freundlich. Ob man fotografieren könne? Aber sicher doch, allerdings nur den Eingang und die Treppen, die Innenräume nicht, das verstände ich sicherlich, und auch nicht die oberen Flure, aber dort sehe es sowieso aus wie auf allen Bürofluren. Rechts konnte ich durch eine Glastür hindurch ein modernes Tischchen mit einem flachen Bildschirm darauf sehen. Ich lächelte zurück, machte die mir erlaubten Fotos und verließ das Gebäude durch die zwei Holztüren, die von innen in Nussholzrot leuchteten.

Das Gestapozentrale *Am Wall 199*. Wenige Schritte entfernt das Gestapogefängnis. Das Haus des Reichs schräg gegenüber, auf der anderen Seite der einst mächtigen Wallanlage. Hundert Meter daneben die alte Villa *Contrescarpe 22*, von 1947 bis 1949 der Sitz des Senators für politische Befreiung und des öffentlichen Klägers der Spruchkammer Bremen, heute Sitz des Senators für Inneres und Sport. Und in unmittelbarer Nachbarschaft zur ehemaligen Gestapozentrale, im ersten Stock des Hauses *Am Wall 158*, tagte im März 1949 die Spruchkammer, vor der Bruno Nette sich zu verantworten hatte. Die Geschichte meines Großvaters und seiner Spießgesellen war fußläufig zu erreichen.

Was geschah hinter der gefürchteten schwarzen Tür *Am Wall* 199? Ljubowa Sachs, geboren 1890 in Ostonkino/Russland, war als ehemalige Russin für die Gestapo besonders verdächtig, zumal sie auch noch einen Bremer Juden geheiratet hatte. Sie schilderte in der Dienstvilla des Befreiungssenators am Contrescarpe auch die Gestapobeamten und die Zustände in der Gestapozentrale.

»Im Jahre 1938 wurde ich von der Gestapo erfasst und wurde zu Verhören, die fünf bis elf Stunden dauerten, hinbeordert. Mir wurde zur Last gelegt, nicht rein arisch zu sein, politisch verseucht und für die Alliierten Spionage zu betreiben. Haussuchungen am laufenden Band, es wurde jedoch nie etwas gefunden. Belastend für mich waren, nach deren Ansicht, meine Sprachkenntnisse und mein Bildungsgrad. Ich bekam Arbeitsverbot und Bunkerverbot, durfte Bremen nicht verlassen. Bin bis zum Jahre 1940 anständig behandelt worden. Nach dem Fall von Stalingrad *(Anfang 1943; B.N.)* verlor die Gestapo den Kopf, sie prügelten unbarmherzig. Die berühmtesten Bestien waren Siebert, Groß und Heikow. Wir zitterten schon vor diesen Namen. Gesprochen wurde wenig. Sie schlugen und schrien: ›Gestehe ein!‹ Zwei Mal bin ich von diesen dreien so geschlagen worden, dass ich den Heimweg nicht antreten konnte. (…)

Bei meinem Besuch in der Gestapo spielte sich das folgendermaßen ab: Als ich hereinkam, schloss sich die Tür automatisch. Rechts war die sogenannte Schaukel. Da saß ein SS-Lump, dem zeigte man die Vorladung. Er rief telefonisch das betreffende Zimmer und den betreffenden Beamten an. Dann hieß es warten. Schräg gegenüber befand sich das Wartezimmer. Da hinein kamen alle, ohne Ausnahme. Nur die nicht, die zur Zunft gehörten, die konnten gleich nach oben gehen. Wir warteten Stunden um Stunden, um in Stimmung zu kommen. (…) Eins steht fest, und zwar unumstößlich, dass kein Mensch Beziehungen zur Gestapo unterhalten konnte, wenn er dieser Institution kein Material lieferte. Wir wurden alle aufgefordert, als Spitzel zu arbeiten. Es gab nur zwei Möglichkeiten, entweder man war Spitzel und lieferte Material, oder man war Erfasster und bekam Prügel. Ein Zwischending gab es nicht.«

Sie beschrieb dann die einzelnen ihr bekannten Gestapobeamten.

Wilhelm Parchmann sei ebenso wie *Walter Müller* »sachgemäß verfahren«.

Müller II »verhörte politisch, niemals ohne Tätlichkeiten«.

Der Gestapo-Kommissar *Erwin Schulz* »war sehr unbeherrscht, erregt, gehässig, behandelte mich mit Nichtachtung wie einen räudigen Hund«.

Bei *Friedrich Linnemann* habe es Faustschläge auf den Tisch gegeben, Bedrohungen, gelegentlich sei auch ein dickes Buch an ihren Kopf geflogen. »Auf meine Einwände, mit welchem Recht er mich dauernd zur Gestapo kommen lasse, weil meiner Ansicht nach nicht der geringste Grund dafür vorliege, schrie Linnemann mich an: ›Halt's Maul, diese jüdische Unverschämtheit gewöhnen wir dir schon noch ab!‹ Für meine Antwort ›Bin leider keine Jüdin!‹ bekam ich eine saftige Ohrfeige von Linnemann.«[14]

Paul Siebert »mischte sich unbefugterweise in die Verhöre anderer Beamten. Hat einmal meine ganzen Unterlagen kaputt gerissen und sie mir mit einigen kräftigen Ohrfeigen an den Kopf geworfen. Mit Ausdrücken, die ich nicht wiederholen möchte.«

Bei *Groß* seien Verteidigung oder Widerspruch völlig ausgeschlossen gewesen. »Er brüllte und tobte und schlug mit einem Gegenstand, den er immer in seinem Stiefel trug, wahllos zu. Zwischendurch fegte er alles, was auf dem Tisch lag, auf die Erde und wir mussten es wieder aufheben. ›Ausländisches Schwein‹, das war noch eine liebevolle Bezeichnung. Was er sonst noch sagte, kann eine Frau nicht wiederholen. Er hasste die Ausländer wie den Tod. Dabei war der Lump feige. Vernehmungsdauer bis 24 Stunden.«

Der Allerschlimmste aber sei *Heikow* gewesen. »Er spuckte einmal uns direkt ins Gesicht, das zweite Mal auf die Erde und sagte: ›Alte Sau, leck auf.‹ Natürlich bekam man Prügel, wenn man es nicht tat. Heikow machte überhaupt nicht den Eindruck eines Menschen. Er hatte immer richtig blutunterlaufene Augen, sah keinen Menschen an. Ich hatte immer den Eindruck von ihm, dass er ein ausgehungerter Tiger war, der zum Sprung ansetzte. Ich zitterte wie Espenlaub, wenn ich ihn bloß sah. Er war noch sehr jung, meiner Schätzung nach zwischen 19 und 20 Jahren. Im Wartezimmer saß einmal eine Ukrainerin, die konnte wenig Deutsch. Heikow kam herein und fragte etwas, sie verstand es nicht. Sie hatte ein Bündel auf dem Schoß, ein neugeborenes Kind. Heikow bekam einen seiner häufigen Wutanfälle, fasste das Bündel und schmiss es in die Ecke. Die Mutter schrie und weinte. Er knallte ihr einige Ohrfeigen und verließ das Wartezimmer. Die Mutter hob das Kind auf, ob es tot war oder tief ohnmächtig, kann ich nicht sagen. Ich wurde gleich darauf nach Zimmer 26 heraufgeholt und kam erst spät abends wieder runter.«

---

[14] Aussage Ljubowa Sachs anlässlich des Entnazifizierungsverfahrens von Friedrich Linnemann vor der Bremer Spruchkammer am 14. Juni 1948. In: Schminck-Gustavus 2010, S. 245-247.

Von *Bruno Nette* sei sie etwa sechs bis sieben Mal vernommen worden, und zwar letztmalig im Februar 1945. »Die Vernehmungen verliefen sachgemäß«, im Vergleich zu Linnemann sogar »menschlich und anständig gegen mich«. Offensichtlich stand Bruno Nette in besonders gutem Kontakt zur mutmaßlichen »halbjüdischen« Gestapoagentin *Marianne Meyerhofer.* »War bei der Gestapo fest angestellt als Spitzel. Unternahm große Reisen nach Schweden und Holland mit Dampfern der Argo und Unterweser-Reederei. War engste Mitarbeiterin von *Fritz Schöning,* dessen Geliebte sie auch war. Auch muss sie wohl dem Gestapobeamten *Herrlein* gut bekannt sein. Sie war sehr rührig und fleißig, arbeitete hier in Bremen, lieferte hauptsächlich Juden und Ausländer der Gestapo. Zur Tarnung war sie als Hausangestellte in der Feldstraße 16 bei Jänisch tätig. Aber nur kurze Zeit. Sie hatte große Erfolge in Sabotage- und Devisenangelegenheiten und wurde von dem damaligen Chef der Gestapo *Schulz* äußerst zuvorkommend, auch materiell, behandelt. Ich kenne Marianne Meyerhofer persönlich sehr gut. Sie spielte bei mir mit offenen Karten. Ich wusste, wer sie war. Ich hatte sie unzählige Male *Am Wall 199* in verschiedenen Stockwerken gesehen. Sie hatte großzügig meine Bespitzelung übernommen und es mir auch gesagt. Gelogen haben wir natürlich beide, aber immerhin habe ich alles getan, um gerade Marianne Meyerhofer als meine Bewachung zu behalten.« Sie habe später in Berlin ihre Opfer gesucht und gefunden, weil – so Parchmann – ihr der Boden in Bremen zu heiß wurde. Ljubowa Sachs schätzte, »dass Marianne Meyerhofer zusammen mit Schöning bis zu 2.000 Menschenleben auf dem Gewissen hat«.[15] Meyerhofer wurde am Ende des Krieges in einem KZ ermordet.

Vergleichsweise »menschlich und anständig« sei er zu Ljubowa Sachs gewesen, mein Großvater. Eine Entlastung also? Oh nein. Bezeichnend ist, dass die Gestapo und damit auch mein Großvater »halbjüdische« Spitzel auf andere Juden und »Halbjuden« ansetzte, mit grauenvollen Folgen. Ein teuflisch-mörderisches Überwachungssystem versetzte die Opfer in Misstrauen, ständige Furcht und Todesangst. Wurden die denunzierten Menschen gar in das Gebäude *Am Wall 199* einbestellt, welch namenloser Schrecken!

Nachdenklich betrachtete ich ein letztes Mal das Haus *Am Wall 199.* Da, wo heute die durchsichtige Glastür einen Blick auf das moderne Tischchen mit seinem flachen Bildschirm gewährte, war ein Säugling der Mutter entrissen und in die gekachelte Ecke geschleudert worden.

Alles schön renoviert. Ich suchte eine Gedenktafel. Vergeblich.

Dann schlenderte ich durch das herbstliche Bremen und ging den Dienstweg meines Gestapo-Großvaters zur Ostertorwache ab. Kleine, hoch angesetzte und vergitterte Fenster. »Hier wurden diejenigen eingesperrt, mit denen die Nazis noch nicht fertig waren, diejenigen, die die brutalen Verhöre noch vor sich hatten. Hier saßen Frauen und Männer dicht gedrängt in den kleinen Zellen und in den großen

---

[15] Aussage Ljubowa Sachs am 7.11.1947. SAB, 4, 66-I, Akte Bruno Nette, 1887/12/22, Blatt 172-174.

Ehemaliges Gestapogefängnis in der Ostertorwache, 2014. Neben der Wache befindet sich die Skulptur »Freiheitskämpfer« von Fritz Cremer, aufgestellt zur Erinnerung an die Schulze-Boysen-Harnack-Widerstandsgruppe

finsteren Kellerverliesen, oft monatelang, stets in der Ungewissheit, welches Los ihnen noch zugedacht war.«[16]

Horst Hackenbroich schilderte 1949 dem öffentlichen Kläger Udo Meinecke das alltägliche Grauen in der Ostertorwache:[17] »Am 7. Juni 1943 wurde ich von dem Kr. Ass. Bauser vorgeladen, da ich mich gegen die bekannte Auflage, die allen jüdischen Mischlingen erteilt wurde, vergangen hatte. Da er selbst keine rechtliche Handhabe hatte, mir ein Verfahren anhängig zu machen, hielt er mich in einer Zelle fest und übergab mich dann dem Gestapobeamten Nette. Dieser verhaftete mich mit dem Bemerken, ich käme nach Auschwitz. Bei dieser Mitteilung hatte das Gesicht des Nette einen geradezu zynischen Ausdruck, der in mir furchtbare Ahnungen erweckte. Diese wurden mir später durch meinen Zellengefährten, Herrn Rosenberg, bestätigt.«

Es handelte sich möglicherweise um Siegmund Rosenberg, geboren 1890 in Leer, 1938 verhaftet (in der Reichspogromnacht), 1939 nach Kuba emigriert, dort abgewiesen und nach Amsterdam zurückgeschickt, 1940 ins KZ Westerbork eingeliefert, 1944 nach Theresienstadt deportiert und von dort nach Auschwitz, wo er ermordet wurde.[18]

---

[16] Fricke 1998, S. 48.

[17] Horst Hackenbroich, Brief vom 7.3.1949, SAB, 4, 66-I, Akte Bruno Nette, 1887/12/22, Blatt 227 (170 durchgestrichen).

[18] Rohdenburg/Sommer 2006, S. 219.

Rechts neben der Wache steht eine schmale männliche Bronzefigur. Nackt, aufrecht, die Hände an den ausgestreckten Armen unsichtbar gefesselt. Tritt er zögernd vor? Trauer im Blick, verlorene Augen, nach innen gerichtet. Er ist sehr mager. Sein letzter Gang.

»Diese Figur widme ich meinen hingerichteten Freunden der Schulze-Boysen-Harnack-Gruppe Walter Husemann, Elisabeth und Kurt Schumacher, Oda Schottmüller, Erika von Brockdorff und Willy Schürmann. Fritz Cremer.« Ein verwelkter Kranz. Die Figur wurde 1984 nachgegossen. Das Original von 1947 steht als »Freiheitskämpfer« in Güstrow im Friedhofsgarten der Gertrudenkapelle, in der viele Figuren von Ernst Barlach ausgestellt sind.

Ich ging über das Kopfsteinpflaster, über das damals die Gefangenentransporte der Gestapo gerumpelt sein müssen, zur Kerkertür und las, dass ich vor einem Museum stünde. Als ich eintreten wollte, war es abgeschlossen. Irgendwo konnte man sich den Schlüssel holen. Ich versuchte durch das halbblinde Türfenster hineinzuschauen. Schmale Zellen, klobige Türen, halb offen und verlassen. Ja, so hatte ich mir das gedacht.

Denunziation – der Fall Else Hering/Dr. Walter Schüler

Horst Hackenbroich traf im Ostertor-Gestapogefängnis den jüdischen Rechtsanwalt Dr. Walter Schüler aus Hamburg. Jüdische Rechtsanwälte durften in der Nazizeit juristisch, wenn überhaupt, nur noch Juden vertreten und mussten die abwertende Bezeichnung »Rechtskonsulent« führen. Dr. Walter Schüler vertrat alle jüdischen Gemeinden im norddeutschen Raum.

»Ich sehe ihn heute noch auf dem Rande der Pritsche sitzen und sein Schicksal beklagen. Dabei erzählte er uns den Vorgang seiner Verhaftung. Demnach wurde er, als er in Bremen war, von einer Bekannten eingeladen, und traf dann, als er am verabredeten Ort erschien, eine größere Kaffeegesellschaft an, von der er vorher nichts wusste. Einige Augenblicke später wurden sämtliche anwesenden Gäste von der Gestapo verhaftet. Das Ende spielte sich für Herrn Dr. Schüler im Gefängnis und im K.Z. ab.«[19]

Charlotte Neumann, eine ehemalige Angestellte der Bremer Gestapo, die auch für den Judenreferenten Bruno Nette gearbeitet hatte, berichtete 1946 dem Special Agent Solomon Weinstock vom US-Geheimdienst CIC,[20] dass der Leiter des Büros der »Reichsvereinigung der Juden in Deutschland, Karl Bruck, den Juden Dr. Schüler und die »Arierin« Else Hering denunziert habe. Sie habe den Besitz eines

[19] Horst Hackenbroich, Brief vom 7.3.1949, SAB, 4, 66-I, Akte Bruno Nette, 1887/12/22, Blatt 227 (170 durchgestrichen).

[20] Counter Intelligence Corps (CIC), APO 751' US Army, 9.3.1946, Bericht des Special Agent Solomon Weinstock zu Karl Bruck. SAB, 4, 66-I, Akte Bruno Nette, 1887/12/22, Blatt 41-45 (blau notiert).

deportierten Juden in ihrer Wohnung aufbewahrt, was nach NS-Gesetzen streng verboten war. Auf Nachfragen von Bruno Nette habe Bruck auch das genaue Datum, nämlich den 23. Juli 1943, angegeben, an dem im Hause von Else Hering eine Versammlung abgehalten werden sollte, an der auch Dr. Schüler teilnehmen würde. Dadurch habe Nette sämtliche Personen, die sich in dem Hause der Frau Hering befanden, in Haft nehmen und in das Polizeigefängnis bringen können.[21]

Fünf Mitglieder der verhafteten Kaffeerunde musste die Gestapo freilich bald wieder freilassen. Sie besaßen einflussreiche Bekannte und Freunde, unter anderem einen General der Wehrmacht (laut Bruno Nette General Schroers). Nur Else Hering, die das ihr von jüdischen Freunden anvertraute Gut verwahrt hatte, und Dr. Walter Schüler, dem die Gestapo das für Juden verbotene gemeinsame Kaffeetrinken mit »Ariern« vorwarf, blieben in Haft.

Karl Bruck selbst leugnete entschieden, die Kaffeerunde denunziert zu haben.

Der Investigator M. Meier, der den CIC-Bericht kannte, befragte Bruno Nette zum Fall Else Hering/Dr. Walter Schüler und schrieb in seinem Bericht:[22]

»Das markanteste Moment bei dieser Angelegenheit ist das, was *(Nette; ergänzt: B.N.)* in seiner Vernehmung diesbezüglich erklärt. Er sagte dort: ›Zweifelslos wurden dort staatsfeindliche Reden gehalten.‹ Das ist eine reine Kombination von ihm, denn er selbst hat sich von dem Gespräch der Kaffeerunde nicht überzeugen können. Diese Kombination genügte, weil bei den Nazis allein schon der Verdacht Handlungsmöglichkeiten gab. Nach außen hin wurde als weiteres Argument gebraucht, Zusammenrottung von Juden, Verkehr von Ariern mit Juden, ferner das umfangreiche Lebensmittellager des Fräulein Hering, nicht zu vergessen und als besonders erschwerend das in ihrem Besitz sich befindliche Steinbergsche Vermögen. Nach den nazistischen Gesetzen zweifelslos eine strafbare Handlung. Dieses konnte aber von einem Beamten, der von sich behauptet, Judenfreund gewesen zu sein, auch anders gehandhabt werden. Erfolg: Zwei Menschen fanden den Tod.«

Ausgelöst aber hatte die Verhaftungsaktion nicht etwa der jüdische Funktionär und Gestapospitzel Karl Bruck. »Die erste Denunzierung wurde von Frau Ballach gemacht«, so Charlotte Neumann vor dem CIC. Johannes Neidhardt bestätigte den Vorwurf. Er war von 1934 bis 1945 Prüfer der Devisenstelle beim Bremer Oberfinanzpräsidium und einer der verhafteten und dann wieder freigelassenen Teilnehmer an der Kaffeerunde gewesen. Martha Ballach, so behauptete er 1947, sei für Bruno Nette ein Gestapospitzel gewesen und habe die Verhaftung von Else Hering und von Dr. jur. Walter Schüler veranlasst.[23]

---

[21] Vgl. auch den weiter unten auszugsweise abgedruckten Bericht: Elisabeth Neumark, Brief an die Israelitische Gemeinde zu Bremen, 18.5.1948. SAB, 4, 66-I, Akte Bruno Nette, 1887/12/22, Blatt 22.

[22] M. Meier, Investigator, Bericht über Bruno Nette vom 28.6.1948: »Der Fall Hering/Schüler«. SAB, 4, 66-I, Akte Bruno Nette, 1887/12/22, Blatt 3.

[23] Johannes Neidhardt, Schreiben vom 2.9. 1947. SAB, 4, 66-I, Akte Bruno Nette, 1887/12/22, Blätter 75 und 76.

Es ging Martha Ballach schlicht um Konkurrenz und Geschäftsneid. Andere Zeugen ergänzten nämlich, sie habe das Korsett- und Damenwäschegeschäft *Am Wall 170* »übernehmen« wollen, deren Inhaberin Else Hering war. »Ich hörte später durch Frau Ballach«, so Bruno Nette am 29. Juli 1948 in seiner stark verkürzten Version der Ereignisse,[24] »dass sie von dem Finanzpräsidium gedrängt wurde, den Laden von Frl. Hering (die Einrichtung) zu kaufen«. Jedenfalls war Martha Ballach erfolgreich, sie bekam das Geschäft für Damenwäsche und Korsetts und gewann mit dem Ehepaar Bruno und Mieze Nette zugleich neue Kunden hinzu. »Ich bin auch später im Laden der Frau Ballach gewesen und habe dort gekauft«, verriet der großzügige Ehemann treuherzig, auch wenn er und seine Ehefrau sicherlich als Dank für seine Gestapobemühungen Preisnachlässe von der neuen Eigentümerin erwarteten.

»Fräulein Hering wurde im Juli 43 aufgrund der Bespitzelung durch Frau Ballach, zusammen mit mir und einigen anderen ihrer Bekannten, verhaftet und nach längerem Aufenthalt im Untersuchungsgefängnis am Ostertor über die Läger Ravensbrück und Lublin nach Auschwitz verschleppt, wo sie auf die übliche Weise ermordet worden ist«, schrieb Johannes Neidhardt.

Auch Dr. Walter Schüler wurde am 9. Oktober 1943 nach Auschwitz deportiert, von wo er am 29. April 1945 in das KZ Mauthausen (Nebenlager Ebensee) gebracht und ermordet wurde.[25]

Und die mutmaßlich ursprüngliche Denunziantin Martha Ballach? Ihr Fall wurde 1948 vom Investigator M. Meier untersucht. 1948 verfasste er seinen Bericht aus der ganz normalen Denunziantenhölle des Dritten Reichs.[26]

»Die Untersuchung ergab, dass hier höchstwahrscheinlich eine Zusammenarbeit zwischen der Ballach und dem früheren SS-Hauptscharführer und SD-Mann[27] Hermann Boeken, jetzt Mitarbeiter des CIC, bestand. Nach Aussagen des früheren Gestapo-Beamten Nette kam die Anzeige im Falle Hering von Seiten des SD. Soeken war seinerzeit, als die Anzeige im Falle Hering erfolgte, SD-Mann und mit der Verkäuferin der Frau Ballach, Fräulein Herta Kahl, befreundet. Soeken fand sich an dem Tage, wo die Verhaftung der Hering und sechs weiterer Personen durchgeführt wurde, bei der Gestapo ein und wollte bei dieser Aktion zugegen sein.«

Vermutlich wurde Martha Ballach bestraft. Nach allen Berichten aus der damaligen Zeit wurden Denunzianten, vor allem weibliche, strenger verfolgt als die eigentlichen Nazi-Täter.

Wer war wirklich schuld? Bruck, der denunziatorische jüdische Funktionär? Ballach, die denunziatorische Arisiererin und mutmaßlicher Gestapospitzel? Der SD-

[24] Bruno Nette: Aussage vom 29.7.1948. SAB, 4, 66-I, Akte Bruno Nette, 1887/12/22, Blatt 103.

[25] Vgl. Sielmann/Flamme 1995, S. 375.

[26] M. Meier (Investigator), Bericht vom 3.3.1948. SAB, 4, 66-I, Akte Bruno Nette, 1887/12/22, Blatt 70.

[27] SD = Sicherheitsdienst des Reichsführers SS

Mann Hermann Boeken, der mit Ballachs Verkäuferin befreundet war und sich eingemischt hatte? Eine Figur in diesem dreckigen Spiel haben wir vergessen. Bruno Nette. Denn es war ja wohl er gewesen, der es in der Hand hatte, ob die Kaffeerunde überwacht wurde oder nicht, ob er einer Denunziation der raffgierigen Martha Ballach nachgehen sollte oder nicht, ob er dem jüdischen Funktionär Karl Bruck einen Spitzelauftrag geben sollte oder nicht. Ein menschlicher Beamter, der er ja immer gewesen sein will, hätte sogar versuchen können, den verliebten Hermann Boeken streng zu ermahnen, er möge die Gestapo nicht mit seinen persönlichen Leidenschaften behelligen.

Nachtrag: Dass der SD-Mann und SS-Hauptscharführer Hermann Boeken nach 1945 Mitarbeiter des US-Geheimdiensts CIC wurde, entzog ihn natürlich jeglicher Verfolgung, ist aber eine folgerichtige Fortsetzung dieser Geschichte. Vielleicht landete er ja wie viele seiner alten Kameraden bei der Organisation Gehlen und dann ab 1956 beim Bundesnachrichtendienst.

Ein Sonnenstrahl aus St. Stephani-Süd

Die Mordmaschinerie der Nazis erreichte im September 1941 auch die deutschen, österreichischen und tschechischen Juden.

Ab dem 1. September 1941 mussten sie alle einen Judenstern tragen – sichtbar über dem Herzen. Drei Tage später durften sie keine öffentlichen Verkehrsmittel mehr benutzen. Am 23. Oktober 1941 erfolgte das Auswanderungsverbot. Der Chef der Ordnungspolizei, Kurt Daluege, schickte am 24. Oktober 1941 einen Schnellbrief, wonach »aus dem Altreich, der Ostmark *(Österreich; B.N.)* und dem Protektorat Böhmen und Mähren *(Tschechoslowakei, B.N.)* 50.000 Juden nach dem Osten in die Gegend um Riga und um Minsk abgeschoben« werden sollten. »Die Transportzüge werden in Berlin, Hamburg, Hannover, Dortmund, Münster, Düsseldorf, Köln, Frankfurt/M., Kassel, Stuttgart, Nürnberg, München, Wien, Breslau, Prag und Brünn zusammengestellt.« Zu dem Hamburger Deportationszug sollten auch die Juden aus Bremen und dem Regierungsbezirk Stade gebracht werden.

»Die Juden sind schuld!« Goebbels, der Faun von Babelsberg, fauchte am 16. November 1941 in der Zeitung *Das Reich*: »... und es erfüllt sich am Judentum ein Schicksal, das zwar hart, aber mehr als verdient ist. Mitleid oder gar Bedauern ist da gänzlich unangebracht.«[28]

Und doch gab es in der deutschen Bevölkerung genau auch dies: Mitleid. Am 11. November 1941 hieß es im geheimen Lagebericht der Gestapo Bremen zur allgemeinen Stimmung in der Bevölkerung:

»Während der politisch geschulte Teil der Bevölkerung die bevorstehende Evakuierung der Juden allgemein begrüßt, sind es insbesondere kirchliche und gewerbliche Teile, die hierfür kein Verständnis aufbringen und heute noch glauben, sich

[28] Goebbels 1992, S. 1710.

für die Juden einsetzen zu müssen. So wurden in katholischen und evangelischen Kreisen der Bekenntnisfront die Juden lebhaft bedauert. In einer bekennenden Gemeinde, die sich fast ausschließlich aus sogenannten bürgerlichen Intellektuellenkreisen zusammensetzt, brachten es zahlreiche Gemeindemitglieder fertig, Juden durch materielle Zuwendungen zu unterstützen. In der Geschäftswelt sind es insbesondere Firmen, die Juden beschäftigen und laufend Anträge stellen, die Juden behalten zu dürfen.«[29]

Diese eine bekennende Gemeinde in Bremen war St. Stephani-Süd. Ihr Name sollte niemals vergessen werden! Hier organisierten Bremerinnen und Bremer Unterstützung und Hilfe für die bedrohten Menschen ihrer Gemeinde, die die Nazis nach ihren rassistischen Kriterien als Juden klassifiziert hatten. Der Pastor, Gustav Greiffenhagen, hatte am Sonntag, den 2. November 1941, zwei Tage nach dem Reformationstag, die zu Juden erklärten Brüder und Schwestern in das große Fürbittgebet eingeschlossen. Die Kollekte wurde für die von der Deportation bedrohten Familien der Gemeinde bestimmt. Vor dem Gemeindehaus fand ein herzlicher Abschied statt, wie später berichtet wurde. »Eingehakt begleiteten einige Frauen die Sternträger nach Hause.«[30] Gemeindemitglieder sammelten Decken und Schuhwerk, Thermosflaschen usw., warme Sachen wurden aus der Nähstube herausgesucht und den bedrohten Menschen übergeben.

Die Lehrerin Maria Schröder berichtete später:

»Im Oktober 1941 hörte ich während einer Luftschutzwache im Keller meiner Schule eine fremde Frau erzählen, dass in allernächster Zeit alle Juden nach Polen umgesiedelt werden sollten. Alle! Also auch die jüdischen Gemeindemitglieder von St. Stephani. Sobald der Unterricht am anderen Morgen beendigt war, ging ich zu unserer jungen Gemeindehelferin Maria Köppen und überlegte mit ihr, unsere Gemeindemitglieder müssten schnell benachrichtigt werden, damit sie den Betroffenen warme Kleidung bringen könnten. Wir dachten gar nicht daran, dass es sich um etwas anderes als Umsiedlung nach Polen, Arbeitslager oder dergleichen, handeln könne. Ich ging an diesem Nachmittag zu der Frau, für die Pastor Gr. *(Greiffenhagen; B.N.)* damals im Sozialamt eingetreten war. Sie hatte inzwischen ein Familienmitglied aus der Noah-Familie geheiratet, hatte ein Baby zu den beiden älteren Mädchen bekommen und wohnte ziemlich kümmerlich in einer der schmalen Altstadtstraßen. In dem großen, fast leeren Wohnraum standen auf dem Fußboden zwei halb gefüllte Koffer. Elend und Angst starrten mich an. Wie schämte ich mich über die Grausamkeit unseres Volkes. Und noch immer ahnte man nicht, dass mit dieser Forttreibung die ›Endlösung‹ beginne. Die Familie hat in diesen Tagen wohl viel Besuch bekommen, denn Fräulein Köppen hatte nach Kräften für die Verbreitung der Maßnahmen gesorgt. An einem der nächsten Tage hörten wir, dass sie von der Gestapo verhaftet worden war. Als sie nach einiger Zeit noch nicht zurück

[29] Faksimile des Lageberichts der Gestapo Bremen vom 11. November 1941. In: Rohdenburg 2009, S. 277f.

[30] Zitiert in: Rohdenburg 2009, S. 34.

war, gingen eine Buchhändlerfrau aus unserer Gemeinde und meine Mutter in das Gestapo-Haus am Wall, um sich zu erkundigen, was für ein Unrecht man ihr vorwerfe. Ich wartete in großer Sorge auf die Rückkehr meiner kleinen, zarten Mutter. Gegen 6 Uhr rief ich bei der Gestapo an. Eine kühle Stimme forderte mich auf, selbst zur Vernehmung zu kommen und gleich Nachtzeug für meine Mutter mitzubringen. Ob ich auch mein eigenes Nachtzeug mitbringen solle, fragte ich zornig. Das schmale Gestapo-Gebäude lag am Wall neben dem Polizeihaus. Die Eingangstür ließ sich nur von außen öffnen. Drinnen saß man in der Falle.«[31]

Die Gestapobeamten Linnemann und Parchmann – ob auch Bruno Nette beteiligt war, ist unbekannt – holten sofort die jüdischen Gemeindemitglieder ab, weil sie als Juden an dem evangelischen Gottesdienst der St. Stephani-Gemeinde teilgenommen hätten. Erst unmittelbar vor ihrer Deportation wurden sie wieder entlassen – in den Todeszug nach Minsk.[32]

Dies sind die Menschen, die in der Gemeinde St. Stephani-Süd von der Gestapo laut dem Geheimen Lagebericht vom 3. Dezember 1941 »wegen Sammlungen für abzuschiebende Juden« kurzfristig in Haft genommen wurden: »Gemeindehelferin Maria Koeppen, geb. 1917; Ehefrau Maria Maack, geb. 1899; kaufmännische Angestellte Margarethe Schierenbeck, geb. 1910; Haustochter Marie Michael, geb. 1908; Ehefrau Anna Schröder, geb. Wehmann, geb. 1881; Ehefrau Emma Gerhold, geb. 1889; Lehrerin Maria Schröder, geb. 1901; Dr. Gustav Meyer, geb. 1900; Pflegerin Anna Sara Ringsdorff *(die Nazis bestanden ab dem 1.1.1939 darauf, allen weiblichen Juden den Vornamen Sara und allen männlichen Juden den Vornamen Israel zu verpassen; B.N.)*, geb. Abraham, geb. 1900; Arbeiter Ernst Israel Abraham, geb. 1911.«[33]

Die »arischen« Gemeindemitglieder kamen wieder frei, aber die Lehrerin Maria Schröder und zwei weitere ihrer Kolleginnen, vermutlich die Studienrätin Elisabeth Forck, geb. 1900, und die Studienrätin a.D. Magdalene Thimme, geb. 1880, wurden fristlos entlassen. Ihre Pensionsansprüche wurden gestrichen und sie mussten wegen Verschickens eines Protestschreibens an diverse Bischöfe und Pastoren jeweils ein »Sicherungsgeld« von RM 500,- bezahlen. Dr. Gustav Meyer, der ein Protestschreiben an den Regierenden Bürgermeister, SA-Obergruppenführer Böhmcker, gerichtet hatte, wurde »schärfstens verwarnt«, er musste RM 1.000 »Sicherungsgeld« zahlen.

Viele der Bremer Kirchenoberen, unter anderem auch Pastor Fischer aus der Nachbargemeinde, ein Denunziations-Lump, distanzierten sich von der Gemeinde St. Stephani Süd und dem unbotmäßigen Pastor Greiffenhagen. »Das Verhältnis der Bremischen Kirche wie überhaupt der Evangelischen Kirche in Deutschland

---

31 Gemeindearchiv der St. Stephani-Gemeinde, Bremen. Der Bericht ist wiedergegeben in: Rohdenburg 2009, S. 293f.

32 Aussage Martha Jahn vom 27. Juli 1948. Faksimile in: Rohdenburg 2009, S. 289.

33 Diese Liste entstammt dem geheimen Lagebericht des damaligen Leiters der Gestapo Bremen, Zimmermann, vom 3.12.1941. In: Rohdenburg 2009, S. 279-282.

zu den Juden und insbesondere zu den Judenchristen ist ein tief trauriges und tief beschämendes Kapitel«, schrieb der Aumunder Pastor Ingbert Lindemann 2009.[34] Er zitierte auch den Beschluss der Kirchenführung vom 27. Januar 1942: »Die Bremische Evangelische Kirche fügt ihren Bekenntnisgrundlagen den Satz hinzu: *Sie ist antijüdisch*.«[35]

1950 erinnerte sich Pastor Gustav Greiffenhagen in einem Schreiben an die neue Bremer Polizei, die wieder in ihrer Trutzburg *Am Wall* saß, an die Vorfälle.[36]

»Betr. Die in Minsk ermordeten Glieder der Familie Abraham-Bremen.

Aufgrund der Mitteilung unserer judenchristlichen Gemeindeglieder, dass sie demnächst nach dem Osten deportiert würden, lud ich diese zu unserem Reformationsgottesdienst am 2. November 41 besonders ein. Es wurde mir von diesen entgegengehalten, dass sie an diesem Tage zur gleichen Zeit in der Synagoge sich einfinden müssten, um nähere Mitteilungen über die Vorbereitungen zur Reise entgegenzunehmen; alle mit dem Transport zusammenhängenden Fragen würden nur über den Vorsteher der Jüdischen Gemeinde ihnen zur Kenntnis gebracht. Wir hatten ein näheres Gespräch über die Entscheidungen, vor die sie nun fort und fort als Christen gestellt würden. Ich erinnerte an das, was Vater Abraham mir erzählt hatte, der m.W. 1911 Christ wurde und die Feindschaft der Juden so zu spüren bekam, dass er in ganz Bremen keine Arbeit finden konnte und Unterkunft bei Vater Bodelschwingh in Bethel fand. (Darüber wird nähere Auskunft der Sohn August Abraham geben können: wohnhaft in Hemelingen, Blücherstraße 8.) So würden sie, die von den Nazis als Juden gesehen und behandelt würden, auch noch als Christen die Feindschaft der Juden zu tragen bekommen.

Soweit ich unterrichtet bin, sind am Sonntag fast alle Judenchristen der Familie Abraham in unserem Stephanigottesdienst gewesen; es war ein Abendmahlsgottesdienst, den ich damit schloss, dass ich unsere Judenchristen noch besonders einsegnete und ihnen Formulare in die Hand gab, mit deren Hilfe sie eventuell Taufen, Trauungen und Bestattungen an Mit-Christenjuden vollziehen konnten.

Bereits am Sonntagabend erfuhr ich, dass mein Nachbar – Pastor Fischer – sich gelegentlich einer Haustaufe darüber entrüstet hatte, dass Juden mit Ariern gemeinsam das Abendmahl gefeiert hatten, und eine Anzeige bei der Gestapo in Aussicht stellte. Diese ist denn von ihm auch erfolgt. Daraufhin wurden am Montag m.W. die nicht durch einen arischen Ehepartner geschützten Judenchristen unserer Gemeinde verhaftet: Mutter Abraham (65 Jahre alt), Sohn Johannes, Tochter Frau Ringsdorff (Pastorenwitwe), Sohn Wilhelm mit Frau, Sohn Ernst mit Frau und 1½ jährigem Kinde. Unsere Gemeindehelferin wurde in Schutzhaft genommen, weil sie sich geweigert hatte, die Namen der Judenchristen, die man schon amt-

---

[34] Lindemann 2009, S. 87. Weitere Informationen zum Thema Bremische Kirche und Nationalsozialismus: ebd., S. 43 und S. 86-90.

[35] Ebd., S. 88.

[36] Pastor Gustav Greiffenhagen, Bericht vom 31.3.1950, SAB 4, 89/3-7, Akte »Katz, Karl«, Blatt 69.

lich inhaftiert hatte, bekannt zu geben, ebenso ca. 15 Gemeindemitglieder, die jemals im Hause der Judenchristen gewesen waren und ihnen noch Wollsachen für die Reise mitgegeben hatten. (…) Für mich kam am Montag Nachmittag ein Anruf meiner Frau zum Wehrmachtsfürsorge- und Versorgungsamt, wo ich als Soldat tätig *(war; ergänzt; B.N.)*, die Gestapo erwarte mich. Diese ließ mich dann wissen, dass ich von ihr als Wehrmachtsangehöriger nicht greifbar sei. Eine Woche später kam vom OKH *(Oberkommando des Heeres; B.N.)* der Befehl: der Gefreite Greiffenhagen ist feldmarschmäßig einzukleiden und seine noch heute Inmarschsetzung nach Pleskau ist fernmündlich zu melden. (…) Erst nach dem Krieg habe ich hier in Bremen erfahren, dass die obengenannten Judenchristen nach Minsk anschließend an ihre Schutzhaft deportiert und dort erschossen worden sind. Gustav Greiffenhagen, Pastor Lic.«

Selbst aus diesem Dokument eines mutigen Menschen, der sich den Nazis widersetzte, schimmert eine gewisse religiöse Borniertheit hindurch. Die Gemeinde half nur christlich getauften Juden. Zugleich pflegten auch manche der religiösen Juden ihre bornierte Feindschaft, lange vor 1933, speziell gegen »Christjuden«, nicht gläubige Juden und »Halbjuden«. Carl Katz war dafür bekannt.[37] Und die Deutschen Christen in der Nachbarschaft von St. Stephani-Süd? Sie denunzierten.

Die Nazi-Oberen schreckten vor Protesten aus der Bevölkerung zurück. Sie reagierten massiv auf diesen einzigen organisierten, aber vermutlich selbst in ihren Augen recht unbedeutenden Bremer »Regelverstoß«, der keine Widerstandshandlung im eigentlichen Sinne war, sondern »nur« Mitgefühl und Barmherzigkeit ausdrückte. Die Herren waren nervös. Man stelle sich einmal vor, es hätte nicht nur diesen einen Protest gegeben, sondern viele. Hätten die Nazis bei größeren Protesten der deutschen »arischen« Bevölkerung ihre Mordpläne noch realisieren können? Vermutlich nicht, zumindest nicht so geräuschlos und effektiv.

Zu ergänzen ist, dass Pastor Gustav Greiffenhagen sich schon vorher für die »christ-jüdische« Familie Abraham eingesetzt hatte. Johann Lisiak berichtete 1949 vor der Kriminalpolizei Bremen von dem Schicksal dieser Verwandten seiner jüdischen Frau.[38] Seine Schwiegermutter, seine drei Schwager, zwei Ehefrauen von diesen, eine Schwägerin und eine drei Monate alte Nichte, alle mit dem Familiennamen Abraham, seien 1941 nach Minsk deportiert und ermordet worden. Pastor Greiffenhagen habe sich für sie bei der Gestapo Bremen verwendet, um zu verhindern, dass sie deportiert würden. Er sei wegen seiner Judenfreundlichkeit speziell in Sachen der Familie Abraham gemaßregelt worden.

---

[37] Später in diesem Buch (Kapitel 7, 8 und 13) wird die Rolle, die der von Gustav Greiffenhagen erwähnte »Vorsteher der jüdischen Gemeinde«, Carl Katz, bei der Vorbereitung des Transports nach Minsk spielte, genauer beleuchtet. Er sorgte dafür, dass »Judenchristen« und religionslose Juden, die er als Verräter am jüdischen Volk verachtete, mit auf die Transportlisten nach Minsk gesetzt wurden, selbst wenn sie – weil krank – von der Gestapo bzw. dem RSHA *noch* gar nicht zur Ermordung vorgesehen waren.

[38] Johann Lisiak, Bericht vor der Kriminalpolizei Bremen, 15.11.1949, SAB, 4, 89/3-7, Akte »Katz, Karl« des Oberstaatsanwalts beim Landgericht Bremen, Blatt 25.

Auch Bruno Nette erinnerte sich 1949 sehr wohl »aus meiner Tätigkeit als Sachbearbeiter im Juden-Dezernat« an die Familie Abraham. Sie sei, fährt er ganz im Stil des biederen Beamten fort, »nach den damaligen Evakuierungsbestimmungen (erlassen vom damaligen Reichsinnenminister Frick) mit nach Minsk evakuiert worden. Der Glaube bei der Familie Abraham spielte keine Rolle, weil nur die Rasse ausschlaggebend war und die Familie Abraham vollrassisch war.« Damit sei es keine »willkürliche Evakuierung« gewesen.[39]

»Vollrassisch«? Mein lieber Großvater, allein dafür hätte man dich heranwinken und ganz leise ins Ohr flüstern müssen: »Verkriech dich vor dem herzerwärmenden Lichtstrahl aus St. Stephani!« Und laut hinzufügen: »Krümm dich vor Scham.«

Sie wussten es

Vom 25. Oktober bis zum 18. November 1941 verliefen die Vorbereitungen für den Deportationszug nach Minsk in ölig glatter Bürokratenroutine, abgesehen von der »Störung« in St. Stephani-Süd. In Bremen gab es 1941 noch ungefähr 700 Juden. 1933 war ihre Anzahl mit 1.314 Menschen fast doppelt so hoch gewesen. Das bisherige Judenreferat der Bremer Gestapo mit Wilhelm Parchmann und Friedrich Linnemann und der neue Judenreferent Bruno Nette werteten in Zusammenarbeit mit der Jüdischen Gemeinde die Gestapo-Listen der Juden aus, um die rund 440 zu deportierenden Menschen auszuwählen. Bruno Nette ging später von 570 deportierten Juden aus, weil er die 130 Menschen aus dem Regierungsbezirk Stade dazuzählte. Die jüdische Gemeinde stand unter der Leitung von Joseph Platzer. Sein Mitarbeiter Carl Katz nahm seinen Platz ein, nachdem auch Joseph Platzer und seine Familie nach Minsk deportiert worden waren.

Nach Bruno Nette sollten, entsprechend den Vorgaben des RSHA in Berlin, alle volljüdischen Familien bis zum Alter von 65 Jahren deportiert werden.[40] Kranke Juden, »Halbjuden« und »Geltungsjuden« sollten erst einmal verschont bleiben. Auch Juden, »die sich um das deutsche Vaterland verdient gemacht hatten« (vor allem Frontkämpfer aus dem Ersten Weltkrieg), und die sogenannten jüdisch Versippten (mit einem »arischen« Ehepartner), konnten vorerst in Bremen bleiben.

Der Bremer Reichsstatthalter Carl Röver prüfte jeden einzelnen »Transport«-Befehl und unterschrieb persönlich. Dann wurden die Betroffenen durch Gerichtsvollzieher informiert. Die Gestapo kümmerte sich um das Eigentum der Unglücklichen, stellte z.B. am »Tag der deutschen Hausmusik« den Flügel der bekannten jüdischen Pianistin Henny Bromberger sicher, die diesen verbotenerweise – Juden

---

39 Bruno Nette, Aussage vor der Kriminalpolizei Bremen, 18.11.1949. SAB, 4, 89/3-7, Akte »Katz, Karl« des Oberstaatsanwalts beim Landgericht Bremen, Blatt 26.

40 Aussage Bruno Nette vor dem Staatsanwalt Werner, öffentlicher Ankläger bei der Spruchkammer Benefeld/Bomlitz, Fallingbostel, 7.5.1947. SAB, 4, 66-I, Akte Bruno Nette, 1887/12/22, Blatt 2 und 3.

durften nicht mehr über ihr Eigentum bestimmen – noch an den »arischen« Pastor Wilken hatte verschenken wollen.[41] Das Reichsfinanzministerium regelte am 4. November 1941 die Verwendung des eingezogenen Vermögens. Das gesamte Vermögen sei dem Reich verfallen, sagte Bruno Nette später.[42] Die Reichsbahn brachte tschechische Waggons heran und stellte Kosten für den »Sonderzug« in Rechnung. Für jeden »transportierten« Juden kassierte sie den einfachen Dritter-Klasse-Fahrpreis, d.h. pro gefahrenen Schienenkilometer zwei Reichspfennige, Kinder unter vier Jahren die Hälfte. Keine Rückfahrkarten. Deutsche Bürokratie!

Bei seinem Verfahren im März 1949 vor der Spruchkammer Bremen betonte Bruno Nette mit treuem Augenaufschlag, er habe geglaubt, »dass die Leute angesiedelt würden. Ich habe geglaubt, sie kämen da in eine schöne Gegend.«[43]

Die verfolgten Menschen wussten es besser. Ein Mitglied der »christjüdischen« Familie Abraham, August Abraham (geb. 1903), überlebte den Nazi-Terror, vermutlich, weil er in einer »privilegierten Mischehe« lebte. »Erwähnen möchte ich noch, dass meine Mutter zu mir bei der Verabschiedung am hiesigen Bahnhof beim Abtransport sagte, dass wir uns wohl nicht lebend wiedersehen würden. Meine Mutter führte dieses darauf zurück, weil die Nationalsozialisten eine fürchterliche Hetze gegen die Juden führten und diese auch ausrotten wollten.«[44]

Der Heizungsmonteur Johann Lisiak, Schwiegersohn bzw. Schwager der Familie Abraham, berichtete 1949,[45] er sei als »Arier« mit einer Bremer christlichen Jüdin (vermutlich der Schwester von August Abraham) in »Mischehe« verheiratet gewesen und habe mit ihr zusammen ab 1937 als Hausmeister im Haus des Bremer jüdischen Arztes Dr. Neumark in der Parkstraße 1 gearbeitet. Aus diesem Haus hätten 1939 auf Befehl der Gestapo die »Arier« ausziehen müssen, deren Wohnungen seien dann durch 20 von außerhalb kommende Juden zwangsweise belegt worden. Parkstraße 1 wurde ein »Judenhaus« und zeitweise Sitz der Jüdischen Gemeinde. Er habe dort weiter als Hausmeister arbeiten und u.a. für Juden, die deportiert werden sollten, Matratzen nähen müssen. Lisiak erinnerte sich an eine Szene während eines britischen Luftangriffs im provisorischen Luftschutzkeller des Hauses. Vermutlich handelte es sich um den britischen Bombenangriff in den frühen Morgenstunden des 21. Oktober 1941, knapp einen Monat vor der Deportation nach Minsk. Es hätten sich im Luftschutzkeller etwa 20 Juden einschließlich Carl Katz aufgehalten.

---

41 Rübsam 1992, S. 128f.

42 Vernehmung Bruno Nette am 21.10.1948, Lager Riespott. SAB, 4, 66-I, Akte Bruno Nette, 1887/12/22, Blatt 114.

43 Zeugenaussage Martha Jahn, Antwort Bruno Nette, Prozess gegen Bruno Nette vor der Spruchkammer Bremen. Protokoll 7./8./9./12./15.3.1949, Anlage 42, 71. SAB, 4, 66-I, Akte Bruno Nette, 1887/12/22, Blatt 312 (blau notiert).

44 August Abraham, Aussage vor der Kriminalpolizei Bremen, 2.4.1950. SAB, 4, 89/3-7, Akte »Katz, Karl« des Oberstaatsanwalts beim Landgericht Bremen, Blatt 34.

45 Johann Lisiak, Aussage vor der Kriminalpolizei Bremen, 14.11.1949. SAB, 4, 89/3-7, Akte »Katz, Karl« des Oberstaatsanwalts beim Landgericht Bremen, Blatt 25.

»Plötzlich hörte ich einen Einschlag. (…) Ich begab mich sofort auf den Dachboden, um nachzusehen, ob eventuell ein Brand ausgebrochen war. (…) Ich fand auf einem Balkon der zweiten Etage eine Brandbombe, welche nicht zur Explosion gekommen war. Diese habe ich nach einiger Zeit mit in den Luftschutzkeller genommen, um dieselbe den dort anwesenden Juden zu zeigen. Die Brandbombe wurde nun von allen anwesenden Juden einschließlich Katz angesehen. Ein Jude mit Namen Levy Herz[46] (…) nahm mir die Brandbombe aus der Hand, um dieselbe genauer in Augenschein zu nehmen. Plötzlich wurde Levy schneeweiß im Gesicht und übergab mir wieder die Brandbombe. Dabei sagte er zu mir, er wäre im Glauben gewesen, dass die Brandbombe explodieren würde. Dieses hörten auch die anderen anwesenden Juden einschließlich Karl (*Carl; B.N.)* Katz. Einige hierunter sagten, dass, wenn die Brandbombe zur Explosion gekommen, wir alle ein Matschbrei geworden wären. Karl Katz sagte daraufhin, dass es gleich wäre, ob wir im Luftschutzkeller zu Matsch würden oder im KZ-Lager. Es entspann sich dann eine Diskussion unter allen anwesenden Juden über die Zukunft derselben in den KZ-Lägern. Unter anderem wurde geäußert, dass man von den Juden in den KZ-Lägern Schmierseife und dergleichen machen würde. Darüber waren sich aber alle anwesenden Juden einschließlich Karl Katz klar, dass alle in KZ-Läger deportierten Juden mit dem Leben abgeschlossen hätten und nicht zurückkehren würden. (...) Ende 1941 sollten etwa 400 Juden nach Minsk deportiert werden. Die im Hause Parkstraße 1 untergebrachten Juden (etwa 20) konnten vor Aufregung des Nachts nicht schlafen und waren tagsüber ziemlich deprimiert und weinten. (...) Am Tage der Deportierung verabschiedeten sich alle 20 Juden von mir und sagten dabei, dass ich sie lebend wohl nicht wiedersehen würde. Dies war auch meine persönliche Meinung, weil man von der derzeitigen Regierung die Vernichtung und Ausrottung aller in Deutschland lebenden Juden mehrfach propagiert hatte. Zudem hatte ich 1940-42 schon mehrfach durch die sog. Feindsender gehört, dass Juden und auch Christen in KZ-Lägern umgebracht worden sind. Den nach Minsk deportierten Juden wurde vorher durch die Gestapo bekannt gegeben, dass sie zum Arbeitseinsatz kommen würden. Verdächtig hierbei war, dass auch Kinder im Alter von drei Monaten an mit deportiert wurden. Dieses gab vielen Juden zu denken.«

Am 18. November 1941 wurden fast alle Juden, die im Luftschutzkeller Schutz gesucht hatten, nach Minsk deportiert.[47]

Emma Fernhomberg, geb. Ahlring (1903), war von 1926 bis 1941 die Assistentin und ab 1934 die Verlobte des Zahnarztes (bzw. nach Nazi-Diktion des »jüdischen Zahnbehandlers«[48]) Ludwig Fürstenthal, Bremen, Ostertorstraße 39. Die nachträg-

---

[46] Levy Herz, geboren 1899, kaufmännischer Angestellter aus Blumenthal, am 18. November 1941 nach Minsk deportiert und dort ermordet.

[47] Rohdenburg 2009, S. 205.

[48] Vgl. Köhn 2013. Die Nazis hatten sofort nach ihrem Machtantritt allen jüdischen Zahnärzten die Zulassung zur Kassenbehandlung entzogen (2. Juni 1933: »Verordnung über die Tätigkeit von Zahnärzten und Zahntechnikern bei den Krankenkassen«). Ab dem 17. Januar 1939

liche Schutzbehauptung Bruno Nettes, wonach er nicht gewusst habe, dass die Bremer Juden in den Tod fuhren, hätte auch Emma Fernhomberg lächerlich gefunden.

»Wenn ich gefragt werde, ob in jüdischen Kreisen in den Jahren 1940 bis 42 (…) bekannt war, dass Juden in KZ-Lagern ermordet worden sind, so kann ich diese Frage mit ruhigem Gewissen und auch durch Zeugennachweis bejahen. Von den Patienten, welche meinen Verlobten in seiner Praxis aufsuchten – hierunter befanden sich Juden, Christen und auch Polizeibeamte, wurde 1941 schon erzählt, dass sehr viele Juden in KZ-Lagern erschossen worden waren. (…) Im Sommer 1941 bekam ich von einer Verwandten meines damaligen Verlobten aus Breslau einen Brief und mehrere Pakete zugeschickt. Die Pakete enthielten Wäsche, Schmuck und Bücher. In dem Brief teilte mir die Verwandte mit, dass ich die im Paket befindlichen Sachen als mein Eigentum betrachten könne, weil sie in Kürze deportiert würde und gehört habe, dass man die Juden in den KZ-Lagern erschießen würde und sie auch mit ihrem Tod rechne. Die o.a. Gespräche, welche in der Praxis meines damaligen Verlobten geführt wurden, und der Inhalt des Briefes von der Verwandten meines Verlobten wurden in jüdischen Kreisen diskutiert und waren dort Allgemeingespräch. Hierbei war sich jeder Jude darüber im klaren, dass er bei einer evtl. Deportierung in ein KZ-Lager dortselbst den Tod finden würde.«[49]

Auch Hugo Singer (geb. 1890), dessen Schwester nach Minsk deportiert wurde, wusste von Soldaten, die auf Urlaub waren, »dass man viele Juden in Polen sowie auch in Russland erschossen und aufgehängt hätte. Dies war auch in den hiesigen jüdischen Kreisen bekannt.«

Nur Bruno Nette wusste angeblich von all dem nichts. Aber als am 18. November 1941, einem Dienstag, der Abfahrtstag herangekommen war, fahndete er bis zuletzt energisch und beflissen nach nicht anwesenden Juden und drangsalierte die gepeinigten Menschen, die die Gestapo zusammengetrieben hatte.[50]

Platzer oder Katz

Auch Joseph Platzer, der bisherige Vorsitzende der Jüdischen Gemeinde, Leiter des Bremer Büros der Reichsvereinigung der Juden in Deutschland und damit gezwungenermaßen Verbindungsmann zur Bremer Gestapo, wurde mit seiner Familie nach Minsk deportiert. Zu seinem Nachfolger bestimmte die Gestapo seinen bisherigen Mitarbeiter Carl Katz. Dessen Organisation des Deportations-»Transports« der Bremer Jüdinnen und Juden nach Minsk war von vornherein umstritten. Man

---

erlosch ihre Approbation, sie mussten sich »Zahnbehandler« nennen und durften nur noch Juden behandeln.

[49] Emma Fernhomberg, Aussage am 10.11.1949. SAB, 4, 66-I, Akte Bruno Nette, 4, 89/3-7, Blatt 22/23.

[50] Aussage J. Winter. SAB, 4, 66-I, Akte Bruno Nette, Blatt 73. Vgl.: Rohdenburg 2009, S. 43, Anm. 69.

warf ihm vor, er habe eigenmächtig die Minsker Deportationsliste der Gestapo ergänzt und außerdem dafür gesorgt, dass nicht er, wie an sich geplant, sondern Platzer auf diese Liste gesetzt wurde.

Auf all diese Vorwürfe geht die Literatur zu Recht sehr vorsichtig ein.[51] Neuere Funde im Bremer Staatsarchiv erhellen jetzt die näheren Umstände, warum Platzer und nicht Katz in den Tod nach Minsk fahren musste.

Das Bremer Büro der Reichsvereinigung der Juden in Deutschland stellte die Deportationslisten zusammen, benachrichtigte die betroffenen Familien, organisierte die Sammelstellen, die Verpflegung, die Versorgung, den Gepäcktransport, erstellte Vermögensaufstellungen für die Oberfinanzdirektion, löste ab 1941 Heime und Anstalten auf, verkaufte Liegenschaften für einen Spottpreis und organisierte »Judenhäuser«. Dazu ließ Carl Katz eine Sammlung von nützlichen Gegenständen kaufen, die er den Teilnehmern am Deporationszug mitgeben wollte, um ihnen das Leben im winterlichen Minsk zu erleichtern. Dass dieser Waggon Minsk nie ereichte, gehörte zum perfiden Ausplünderungssystem der Nazis. Katz' Aktivitäten waren untadelig, soweit es z.B. um die Versorgung der Deportationszüge ging. Seine, wenn auch erzwungene Zusammenstellung der Listen bedeutete in jedem Fall eine kritikwürdige Zusammenarbeit mit der Gestapo, so jedenfalls sah es später der Zentralrat der Juden in Deutschland, der 1964 einen entsprechenden Beschluss fasste (vgl. Kapitel 14, »Der Zentralrat«). In Einzelfällen ging Katz sogar noch darüber hinaus.

Wie musste man sich die Erstellung der Deportationsliste im Büro der jüdischen Gemeinde Bremen vorstellen? 1949 gab Hugo Singer vor dem Kriminalbeamten Gerber Auskunft, was er damals in den Räumen der jüdischen Gemeinde erlebte.[52] Der »arisch versippte« Monteur (geboren 1890) war seit seiner Hochzeit 1915 »Dissident«, also kein religiös gebundener Jude mehr. Seine Schwester Else Singer heiratete etwa 1926 den »arischen« Tischler Adolf Hasselhorst und hätte an sich von einer Verschickung in ein KZ-Lager bis Februar 1945 verschont bleiben müssen. Da sie aber bereits Witwe war, entfiel dieser Schutz.

»Am Tage der Verschickung meiner Schwester befand ich mich auf dem Gemeindebüro der jüdischen Gemeinde in der Kohlhökerstraße. Hier waren mehrere Juden anwesend. Karl Katz, der Leiter der jüdischen Gemeinde und Verbindungsmann der Juden zur Gestapo, saß an einem Tisch und hatte eine Liste vor sich, auf der die Namen von Juden standen, die nach Minsk deportiert werden sollten. Karl Katz sagte zu den anwesenden Juden – mich hatte derselbe noch gar nicht bemerkt –, dass eine Frau Utschakowski, dieselbe gehörte auch zu der Kategorie der Mischehen (…), nicht auffindbar oder krank sei. Frau Utschakowski sollte mit nach Minsk deportiert werden und war auf der Liste auch mit aufgeführt. Nach kurzem Überlegen sagte Karl Katz, dann nehmen wir eben die Else Hasselhorst. Wie ich dieses hörte, habe ich mich sogleich aus dem Gemeindebüro entfernt und habe mich zu

51 Vgl. Rohdenburg, 2009, S. 151-158.

52 Aussage Hugo Singer am 10.11.1949. SAB, 4, 89-7, Akte »Katz, Karl« des Oberstaatsanwalts bei dem Landgericht Bremen, Blatt 23 und 24.

meiner Schwester begeben und ihr das von Katz Gesagte übermittelt. Meine Schwester war sehr beunruhigt hierüber und hat bitter geweint. Sie war nicht mehr fähig, ein Wort zu sagen, und hat sich in diesem Zustand zu dem Sammellager begeben, von wo sie nach Minsk abtransportiert worden ist. Ich habe von meiner Schwester nichts wieder gehört und auch keine Briefe von derselben erhalten.«

Es ist keine Frage, wer letztlich für den Tod von Else Hasselhorst verantwortlich war. Es war u.a. mein Großvater, der gehorsame Befehlsempfänger. Carl Katz war Opfer und wurde gezwungen, für die Gestapo zu funktionieren. Aber offensichtlich räumte mein Großvater seinem jüdischen Verbindungsmann Carl Katz Spielräume bei der Frage ein, welche der verwitweten und damit wieder der direkten Verfolgung ausgesetzten jüdischen Frauen er der Gestapo zur Deportation vorschlagen wollte. Dass er in eigener Machtvollkommenheit über Menschenleben entscheiden und die Deportationsliste eigenmächtig ändern konnte, wobei er – unmittelbar vor dem Abfahrtstag – offensichtlich in Eile war und die mit der Gestapo verabredete Anzahl der Opfer sonst nicht hätte »abliefern« können, zeigte deutlich, dass die Gestapo sich organisatorisch auf ihn verließ.[53] Für Hugo Singer war Katz' Entscheidung kaum zu ertragen. Bertha Utschakowsky (geb. 1898) selbst wurde erst am 13. Februar 1945 nach Theresienstadt deportiert. Sie überlebte.[54]

Bei Else Hasselhorst musste Katz entscheiden, ob sie oder eine andere Frau in den Tod geschickt wurde. Bei dem Zahnarzt Ludwig Fürstenthal, der seit Antritt der Nazi-Herrschaft seine Approbation verloren hatte und sich »Dentist« nennen musste, war es etwas völlig anderes. Am Ende dieses Buches wird über Carl Katz' fatale Rolle als jüdischer Funktionär ausführlicher berichtet und diskutiert. Hier soll zunächst an das Schicksal von Ludwig Fürstenthal erinnert werden, und dabei spielte Katz eine große Rolle. Er setzte ihn auf die Minsker Deportiertenliste, wiederum selbstherrlich, aber jetzt möglicherweise aus persönlichen Motiven und an den Nazi-Vorgaben vorbei. Ludwig Fürstenthal war seit 1931 zuckerkrank, 1937 wurde ihm deswegen das linke Bein amputiert. Die »arische« Verlobte Fürstenthals, Emmy Fernhomberg, beschrieb 1949 die alltägliche Nazi-Hölle.[55] »Ich war damals mit dem jüdischen Dentisten Ludwig Fürstenthal verlobt. Wir mussten uns auf Grund der Nürnberger Gesetze trennen. Ich ging aber trotzdem heimlich zu Herrn Fürstenthal und half ihm in der Zahntechnik und pflegte ihn in seiner schweren Krankheit. Wir wurden mehrmals von der Gestapo vorgeladen, inhaftiert und geschlagen. Ich hielt aber trotzdem zu ihm bis zum letzten Tage.« Als schwerkran-

[53] Bruno Nette, Aussage am 18.11.1949: »Die Evakuierungsbestimmungen besagten, dass alle männlichen und weiblichen Juden und auch Kinder 1941 evakuiert werden sollten. Ausgenommen hiervon waren: alle Mischehenpartner, soweit der arische Teil noch am Leben war, alle Personen über 65 Jahre, alle Schwerkranken und Juden, die sich um das deutsche Vaterland verdient gemacht hatten.« SAB, 4, 89/7, Akte »Katz, Karl« des Oberstaatsanwalts bei dem Landgericht Bremen, Blatt 27.

[54] Vgl. Rohdenburg 2009, S. 243.

[55] Emma Fernhomberg, Brief, 10.3.1949. SAB, 4, 66-I, Akte Bruno Nette, 1887/12/22, Blatt 253.

ker Mann gehörte Ludwig Fürstenthal nicht zu der Gruppe, die vom Reichssicherheitshauptamt (RSHA) 1941 zur Deportation vorgesehen war. »Als der Transport nach Minsk 1941 durchgeführt werden sollte«, fuhr Emmy Fernhomberg fort, » riet Herr Nette Herrn Fürstenthal, er solle sich ein ärztliches Attest besorgen, dann brauchte er auf Grund seiner Zuckerkrankheit nicht mit nach Minsk. Herr Fürstenthal besorgte sich dieses Attest durch Herrn Dr. Vilmar am Dobben. Als Herr Katz dieses erfuhr, sagte er zu Herrn Fürstenthal: ›Sie wollten früher nichts von uns Juden wissen, jetzt werde ich dafür sorgen, dass Sie mit nach Minsk kommen, damit Sie uns Juden kennen lernen und sich an uns gewöhnen.‹ Als Herr Fürstenthal dann zur Gestapo kam, sagte Herr Nette zu ihm: ›Dass Sie mit nach Minsk müssen, das haben Sie Ihrem Glaubensgenossen Katz zu verdanken, von uns aus brauchten Sie nicht mit nach Minsk.‹ Dieses hat Herr Fürstenthal auch zu verschiedenen Bekannten gesagt, die dieses noch unter Eid aussagen können.« Nicht nur der ehemalige Gestapobeamte Bruno Nette, der sich möglicherweise an Katz mit einer Falschaussage rächen wollte, auch Opfer der NS-Gewaltherrschaft und der Kriminalobersekretär Gerber (1950) bestätigten nachträglich den Vorgang. Ludwig Fürstenthal wurde kurz nach seiner Ankunft in Minsk erschossen.[56]

Carl Katz bestritt, dass er den beinamputierten Fürstenthal gegen geltende Vorgaben des RSHA auf die Minsker Liste gesetzt hätte. Nach der Befreiung verklärte er sogar seine Rolle bei der Zusammenstellung der Minsker Liste. Er selbst habe die Anzahl der zu deportierenden Juden sogar noch auf 60% dessen herabdrücken können, was ihm vom Bremer Gestapochef Schulte vorgegeben worden sei.

»Anfang November 1941 wurden Joseph Platzer und ich zum Kriminalobersekretär Parchmann beordert. Im Zimmer befand sich auch der Kriminalkommisssar Schulte. Dieser eröffnete uns, dass 1.000 Juden von Bremen und dem Regierungsbezirk Stade nach Minsk in ein Arbeitslager deportiert werden sollten. Eine bestimmte Kategorie Juden für diesen Transport war meiner Ansicht nach nicht vorgesehen von Schulte. Durch mein Einwirken bei Schulte ist es mir gelungen, die 1.000 zu deportierenden Juden auf etwa 600 herabzumindern. Hierbei habe ich Schulte Vorhalt gemacht und erklärt, dass in anderen Städten männliche Juden über 65 Jahre, weibliche über 60 Jahre, nicht transportfähige Juden sowie Tbc-Kranke nicht deportiert worden sind.«[57]

Menne Schulte, der ehemalige Chef der Bremer Gestapo, bestritt in seiner Vernehmung vom März 1950 diese Rettungs-Version energisch. »Wenn Katz in seiner Vernehmung angibt, er habe die vom Reichssicherheitshauptamt festgesetzte Anzahl Juden (1.000) auf 600 Juden herabgemindert, so entspricht dieses nicht den Tatsachen. Einmal, weil vom Reichssicherheitshaupamt keine bestimmte Anzahl der zu deportierenden Juden genannt worden war und die Anzahl, die in diese Gruppe fiel, gar nicht in Berlin bekannt war. Außerdem gab es in Bremen keine 1.000 Voll-

---

56 Vgl. Rohdenburg/Sommer 2006, S. 78.

57 Carl Katz, Aussage am 12.12.1949. SAB, 4, 89/3-7, Akte »Katz, Karl« des Oberstaatsanwalts bei dem Landgericht Bremen, Blatt 39.

juden, die für den Minsker Transport infrage gekommen wären. Wenn Katz weiter in seiner Vernehmung angibt, er habe mir Vorhalt gemacht, dass Juden über 65 Jahre usw. in anderen Städten nicht zur Deportation gekommen wären und ich diese auch verschonen solle, entspricht dieses nicht den Tatsachen. Der Evakuierungsbefehl vom RSHA besagte, dass Juden über 65 Jahren sowie nicht transportfähige und kranke Juden von dem Transport nach Minsk ausgenommen seien. Diese Juden wurden 1942 auf Anordnung vom RSHA nach Theresienstadt evakuiert. Halbjuden sind nicht mit nach Theresienstadt evakuiert worden.«[58]

Schulte, der Vorgesetzte von Bruno Nette, war ein furchtbarer NS-Täter. Aber trotzdem: Seine Version ist plausibel. Carl Katz stellte sich nachträglich zu Unrecht als mutigen Kontrahenten Schultes und als Retter von 400 kranken und alten Juden dar. Und Ludwig Fürstenthal, der wirklich schwerkrank war, schickte er aus offensichtlich verquer religiösen Gründen, weil dieser als Jude vom Glauben abgefallen war, ins Verderben. Dass die Gestapo ihm hierbei nicht in den Arm fiel und dass mein Großvater dem armen Ludwig Fürstenthal feixend erzählte, Katz und nicht die Gestapo sei für seinen Tod verantwortlich, verstand sich von selbst.

Es kam in der jüdischen Gemeinde immer wieder zu Diskussionen, wie es geschehen konnte, dass nicht der Gemeindeangestellte Carl Katz nach Minsk deportiert wurde, sondern der Leiter Joseph Platzer. Man munkelte auch nach 1945, Carl Katz habe dabei seine Hand im Spiel gehabt. Der Bremer Historiker Günther Rohdenburg kommentierte vorsichtig: »... zumindest gab es offensichtlich einen Ermessens- und Behandlungsspielraum, der von den Vertretern der Reichsvereinigung genutzt werden konnte. Ein Beispiel für diese Entscheidungsmöglichkeit ist die Entscheidung für Platzer statt für Katz bei der Deportation nach Minsk.«[59]

Max Plaut, der ehemalige Hamburger Leiter der Bezirksstelle Nordwestdeutschland der »Reichsvereinigung der Juden in Deutschland« und damit seinerzeit jüdischer Vorgesetzter von Carl Katz, war Kronzeuge für die Mitschuld von Katz. In den 1960er Jahre erklärte er (s.u.), Joseph Platzer habe sich negativ über Katz geäußert und ihn unmittelbar vor seiner Deportation nach Minsk beschuldigt, für seine Deportierung verantwortlich gewesen zu sein.

Carl Katz alle Schuld zuzuschieben, weil er durch die Deportierung Platzers und dessen Familie sein eigenes Leben und das seiner Familie gerettet habe, war zwar naheliegend, entsprach aber vermutlich nicht der ganzen Wahrheit. Zwar ging man auch in Bremer Gestapokreisen davon aus, dass Carl Katz »auf Grund der Zusammenarbeit zwischen Nette und Katz« von der Deportation nach Minsk absichtlich verschont wurde.[60] Aber auch der Hamburger Max Plaut selbst war nicht ganz unbeteiligt.

---

[58] Menne Schulte, Aussage von 1950. SAB, 4, 89/3-7, Akte »Katz, Karl« des Oberstaatsanwalts bei dem Landgericht Bremen, Blatt 63.

[59] Rohdenburg 2009, S. 155.

[60] Arnold Schustermann, Schreiben vom 7.8.1949. SAB, 4, 89/7, Akte »Katz, Karl« des Oberstaatsanwalts bei dem Landgericht Bremen, Blatt 9.

Wilhelm Parchmann, der von 1935 bis 1945 Gestapo-Beamter war und von 1935 bis 1941 (mit einer Unterbrechung) das Judendezernat geleitet hatte – sein Nachfolger wurde Bruno Nette –, schilderte 1949 seine Version der genaueren Hintergründe. Die Zusammenarbeit mit Katz sei zwar besser gewesen als die mit Joseph Platzer, der ihm persönlich unsympathisch gewesen sei, aber das sei nicht der einzige Grund gewesen, warum Joseph Platzer nach Minsk deportiert wurde.

»In einer Besprechung zwischen dem Leiter der Juden in Hamburg, Dr. Plaut, und Kriminalkommissar Schulte wurde die Frage aufgeworfen, wer von den Leitern der hiesigen jüdischen Gemeinde (Katz oder Platzer) von der Deportierung zurückgestellt werden sollte. Zunächst war Dr. Plaut dafür eingetreten, Platzer oder am besten auch beide (also auch Katz) von der Deportierung auszunehmen. Als ihm aber erklärt wurde, dass dieses nicht möglich sei, fragte er warum. Dr. Plaut wurde dann darauf hingewiesen, dass Platzer Ostjude sei, während Katz ein Bremer Jude sei und die hiesigen Gestapobeamten sich alle für Katz einsetzten. Wie Dr. Plaut hörte, dass Platzer ein Ostjude sei, war er mit der Deportierung von Platzer einverstanden. Mir ist nicht bekannt, dass Katz irgendeinen Gestapobeamten gebeten hat, man möge ihn von der Deportierung verschonen.«[61]

Ein Ostjude also! Gegen Ostjuden standen sie beide zusammen, der NS-Täter Menne Schulte und Max Plaut, der Vertreter der nordwestdeutschen Judenheit. Warum?

Max Plaut war entsprechend seiner Herkunft konservativ-national eingestellt. Er kannte Karl Kaufmann, den Hamburger NS-Gauleiter und Reichsstatthalter, aus gemeinsamen Tagen in einem Freikorps, dem »Verband Manfred Killinger«, in dessen Reihen auch Max Plaut 1921, als 20-Jähriger, an den Kämpfen gegen polnische Aufständische um Annaberg teilgenommen und den Schlesischen Adlerorden Erster Klasse erhalten hatte. Sein damaliger Freikorps-Führer Manfred Killinger stieg später zum SA-Führer auf.[62] Insofern könnte die gemeinsame Verachtung gegenüber den Polen und eben auch den »Ostjuden« nicht von ungefähr gekommen sein. Max Plaut wurde im Übrigen als einziger der hohen jüdischen Funktionäre Deutschlands von den Nazis freigelassen. Das Dritte Reich tauschte ihn im Juli 1944 nach Palästina gegen deutsche Agenten aus.[63]

Joseph Platzer mag die Zusammenhänge geahnt haben, als er kurz vor seiner Deportierung zu Karl Bruck bemerkt haben soll: »Na, den Richtigen habt ihr ja hier behalten.«[64]

Aber nie darf vergessen werden, wer die eigentlichen Mörder waren, nicht wahr, Großvater? Und zu euch wollen wir jetzt kommen.

---

61 Wilhelm Parchmann, Aussage am 5.12.1949. SAB, 4, 89/ 7, Akte »Katz, Karl« des Oberstaatsanwalts bei dem Landgericht Bremen, Blatt 35.

62 Meyer 2011, S. 324.

63 Ebd., S. 323.

64 Bruno Nette, Aussage am 18.11.1949. SAB, 4, 89/7, Akte »Katz, Karl« des Oberstaatsanwalts bei dem Landgericht Bremen, Blatt 27.

Minsk

Gleich am ersten Tag des Überfalls auf die Sowjetunion wurde auch Minsk, die Hauptstadt von Belo- oder Weißrussland, das damals auch Weißruthenien genannt wurde, von der deutschen Luftwaffe bombardiert. Der schnelle Vorstoß der Wehrmacht erreichte eine zu großen Teilen zerstörte Stadt. »Sehr wesentlich nachteilig hat auch das leider weitgehend disziplinlose Verhalten deutscher Truppen gewirkt«, so die deutsche Militär-Verwaltungsgruppe am 28. Juni 1941, die elementare Verwaltungsstrukturen aufbauen sollte.[65] Der Kommandeur der in Minsk eingesetzten 29. Infanterie-Division (mot), Generalmajor Walter von Boltenstern, hatte vorher den völkerrechtswidrigen Kriegsgerichtserlass in der wörtlichen Form an seine Untergebenen weitergegeben, womit er sich sogar über die Änderungen am Erlass durch seinen Oberbefehlshaber Guderian hinwegsetzte. Dieser Kriegsgerichtsbarkeitserlass, den Hitler durch den Chef des Oberkommandos der Wehrmacht, Feldmarschall Wilhelm Keitel (»Lakeitel« nannte meine Mutter ihn), anordnen ließ, sah unter anderem vor, dass Wehrmachtsangehörige nicht damit rechnen mussten, nach Übergriffen gegen die sowjetische Bevölkerung vor einem deutschen Militärgericht zu landen. Die undisziplinierte Soldateska der 29. Infanterie-Division, die im Juli 1941 in Minsk wütete, ging 1942/43 in Stalingrad unter.

Mitte Juli 1941 berichtete die deutsche Militärverwaltungsgruppe, von den 238.000 bis 289.000 Bewohnern für das Jahr 1939 seien nur noch 100.000 Menschen in der Stadt verblieben. Eine Volkszählung aus dem Jahr 1929 habe mindestens 120.000 jüdische Einwohner in Minsk ergeben.[66] Von ihnen konnten 75.000, also mehr als die Hälfte, nicht mehr rechtzeitig fliehen. Mitte Juli 1941 wurde erst einmal ein jüdisches Ghetto in Minsk eingerichtet. Am 24. Juli 1941 brachte die Einsatzgruppe B, die der Wehrmacht auf dem Fuße gefolgt war, bereits eine erste Erfolgsmeldung aus Minsk. »Die gesamte jüdische Intelligenzschicht«, also Lehrer, Professoren, Rechtsanwälte, seien liquidiert worden, mit vorläufig einer Ausnahme: Ärzte.

Das war erst der Anfang. Minsk und das benachbarte Vernichtungslager Maly Trostinez gehörten bald zu den großen Mordstätten der Nazis. Nur sehr wenige der nach Minsk deportierten Menschen überlebten. Sie konnten von ihrem Leidensweg berichteten. Liest man ihre Berichte,[67] blickt man in den tiefsten Abgrund der Hölle. Kein Trost will uns erreichen.

Im November 1941 wurde das Ghetto in Minsk in einen russischen und einen deutschen Teil (Sonderghetto) aufgeteilt. Die deutschen Besatzer erwarteten am 8.11.1941 die ersten 900 deportierten Juden aus Hamburg. Es folgten bis zum

[65] Rohdenburg 2009, S. 308.

[66] Ebd., S. 306.

[67] Alle diese Berichte wurden bereits veröffentlicht und werden im Folgenden noch einmal zusammengefasst bzw. zitiert. Nicht nur in den folgenden Kapiteln konnte ich mich immer wieder auf die Textsammlung im ausgezeichneten Buch Rohdenburg 2009 stützen.

28.11.1941 sechs weitere »Transporte« aus Düsseldorf, Frankfurt, Berlin, Brünn, Hamburg und Bremen sowie aus Wien mit jeweils ca. 1.000 Menschen.

In Minsk warteten unvorstellbare Gräuel auf sie. Der Bremer Augenzeuge Karl Loewenstein, einer der wenigen deutschen Juden, die Minsk überlebten, berichtete 1956: »Am Abend unserer Ankunft eröffnete uns der SS-Führer: ›Ich habe für Euch Platz gemacht, indem ich 35.000 Russen umgelegt habe.‹«[68] Ein Hamburger Deportierter ergänzte: »Wir erhielten bei unserer Ankunft den Befehl, das rote Gebäude sofort auszuräumen. Als wir das Haus betraten, erwartete uns ein entsetzlicher Anblick. Hunderte von Leichen bedeckten den Boden … Überall war Blut, und auf den Öfen und Tischen stand noch das Essen.«[69]

Auch die Lage für die Zivilbevölkerung von Minsk war am Jahresende 1941 verzweifelt. Der harte Winter forderte viele Opfer unter der beinahe obdachlosen Bevölkerung. Der deutsche Stadtkommissar Wilhelm Janetzke schrieb am 5. Januar 1942 an den Reichsminister für die besetzten Ostgebiete, Rosenberg: »Ich mache dazu darauf aufmerksam, dass Minsk in des Wortes wahrster Bedeutung nur als Trümmerstadt zu bezeichnen ist, dass immerhin nur noch rund 100.000 Angehörige der Zivilbevölkerung in dieser Stadt ›wohnen‹ oder richtiger gesagt hausen, und dass zurzeit insgesamt rund 7.000 Juden aus Deutschland sich hier aufhalten. Hinzu kommt, dass schätzungsweise noch 15.000 bis 18.000 russische Juden hier leben.«[70] Von den ehemals 75.000 russischen Juden, die bei der Eroberung der Stadt noch lebten, waren also mindestens 50.000 umgekommen.

»Hunger, Kälte, Wanzen, Krankheit und Tod waren allgegenwärtig«, berichtet später der Überlebende Heinz Rosenberg. Zur selben Zeit, am 20. Januar 1942, fand in Berlin die Wannsee-Konferenz unter Leitung von Reinhard Heydrich, dem Leiter des RSHA, statt. Die »Endlösung der Judenfrage« wurde durchgeplant. Bereits im Januar/Februar 1942 erprobten die Mörder erstmals den Einsatz der Gaswagen auch in Minsk, im Jargon der Wehrmacht »S-(wie Spezial)Wagen«, auf Russisch »Duschegubka«, also »Menschenquäler«, auch »Seelentöter« oder »Schwarze Raben« genannt. In die luftdicht verschließbaren Aufbauten wurden Auspuffgase eingeleitet. Deutsche Ingenieure – sie mit Bert Brecht (»Das Leben des Galilei«, 1938) als für alles mietbare erfinderische Zwerge zu bezeichnen, wäre eine zu große Ehre für diese Täter – sollten die Mord-LKWs optimieren. Sie rieten davon ab, »dass man die Stückzahl bei der Beschickung vermindert«, sondern fachsimpelten munter vor sich hin: »Dagegen reicht bei einer verkleinerten Ladefläche und vollständig ausgefülltem Laderaum eine erheblich kürzere Betriebsdauer aus, weil freie Räume fehlen.«[71]

---

[68] Karl Loewenstein: Augenzeugenbericht. Aus: Loewenstein 1956, S. 705-718. In Teilen abgedruckt in: Rohdenburg 2009, S. 316-319.

[69] Zitat in: Rohdenburg 2009, S. 52.

[70] Faksimile des Dokuments in: Rohdenburg 2009, S. 320.

[71] Ausstellung Topographie des Terrors, Berlin, Niederkirchnerstraße 8. Auch bei: Rohdenburg 2009, S. 56.

Häftlinge im Ghetto Minsk

In ihrem Todeskampf hörte man auch in Minsk die »Stücke«, die Menschen, schreien, sie schlugen gegen die Wände, die riesigen LKWs schwankten.

Am 8. Februar 1942 wurde der Judenälteste im deutschen Ghetto Minsk, Dr. Edgar Frank aus Hamburg, verhaftet. Er starb am 8. März 1942 an den Folgen unmenschlicher Misshandlungen und weil er vermutlich vergiftet worden war. Die übrigen Mitglieder der gesamten jüdischen Lagerleitung wurden am 8. März 1942 von SS-Obersturmführer Burckhardt in einem ausgeklügelt sadistischen Ritual erschossen. Sie hatten illegal Post nach Hamburg befördern lassen.[72]

Die Zeugin Martha Jahn sagte im März 1949 vor der Spruchkammer Bremen aus, Bruno Nette habe sie »mit der Todesstrafe bedroht, wenn ich noch einmal an meine Mutter schriebe nach Minsk. Meine Mutter ist in Minsk umgekommen. Ich bin sonst nie von der Gestapo vernommen worden. Ich bin im Februar 1945 nach Theresienstadt gekommen.«[73] Bruno Nette antwortete ihr: »Wenn ich ihr etwas verboten habe, so hatte sie sich zweifelslos in dem Brief so ausgedrückt, dass meine Vorgesetzten daran Anstoß nahmen und Einspruch dagegen erhoben. Ich hätte es

---

[72] Björn Eggert: Biografie Edgar Frank. In: Meyer 2017, S. 119f.

[73] Martha Jahn, Aussage während des Spruchkammerverfahrens gegen Bruno Nette, März 1949. SAB, 4, 66-I, Akte Bruno Nette, 1887/12/22, Blatt 312 (blau notiert).

gern gesehen, wenn Verbindung zwischen den Menschen in Minsk und hier bestanden hätte. Ich habe selbst im Dunklen getappt.«[74]

2. März 1942: Ein besonderer Schreckenstag in Minsk brach an. Karl Loewenstein, nach der Hinrichtung von Dr. Frank Judenältester im deutschen Ghetto Minsk berichtete: »An dem Tag begann die Treibjagd auf die Russen *(russischen Juden im Ghetto von Minsk; B.N.)*, die uns benachbart wohnten und nur durch eine schmale Straße von uns getrennt waren. Am Abend dieses Tages waren nach Angaben der SS 25.000 Menschen, die niemandem ein Leid zugefügt hatten, ermordet. Die Marschkolonnen, die an uns vorbei geführt wurden, weil sonst kein Platz für alle dagewesen wäre, gingen eng zusammengepfercht, mit winzig kleinen Schritten an uns vorüber. Dieser Todesmarsch war grauenvoll anzusehen, so grauenvoll, dass wir alle uns damals ein schnelles Ende herbeisehnten. Schließlich wurde das russische Waisenhaus geräumt, in dem sich Kinder von wenigen Monaten aufwärts bis zum Alter von 10 Jahren befanden. Und dann lagen die Kinderleichen auf der Straße – in den unmöglichsten Stellungen, überrascht durch die Todesstarre und den starken Frost. Manche Kinder lagen auf den Knien – es sah aus, als ob sie spielten – grauenhaft.«[75]

Es ging den Mördern alles nicht schnell genug! Am 27. März 1942 schrieb Goebbels in sein Tagebuch: »An den Juden wird ein Strafgericht vollzogen, das zwar barbarisch ist, das sie aber vollauf verdient haben. (...) Gott sei Dank haben wir jetzt während des Krieges eine ganze Reihe von Möglichkeiten, die uns im Frieden verwehrt wären.«[76] Goebbels bezog sich auf die neu errichteten Vernichtungslager Belzec, Sobobor und Treblinka.[77]

Eine blutrote Wolke erstreckte sich »im Osten« von Horizont zu Horizont, als am 8. April 1942 der Gefreite Günther Nette, Sohn des Bremer Judenreferenten, mit seinem Truppentransport auf dem Weg an die Front den Hauptbahnhof von Minsk durchquerte. Einige Soldaten aus Bremen und Umgebung erkannten in diesen Tagen in Minsk jüdische Bekannte.[78] Rund um den Hauptbahnhof Minsk besserten jüdische Frauen die Winter- und Kriegsschäden an den Gleisen aus. Das Foto eines

---

[74] Bruno Nette, Aussage während des Spruchkammerverfahrens gegen Bruno Nette, März 1949. SAB, 4, 66-I, Akte Bruno Nette, 1887/12/22, Blatt 312 (blau notiert).

[75] Rohdenburg 2009, S. 319.

[76] Goebbels 1992, S. 1776f.

[77] *Belzec,* erbaut im November 1941, wo im Januar 1943 mit eingeleiteten Abgasen eines Panzermotors bereits 434.508 Menschen ermordet worden waren. *Sobibor,* Ende April 1942 einsatzfähig, wo im Januar 1943 die Gesamtzahl der Ermordeten schon die Zahl von 101.370 Menschen erreichte, am 14. Oktober 1943 erhoben sich die Häftlinge, töteten einige SS-Wachmannschaften und Trawniki-Männer (Hilfswachmannschaften aus »Freiwilligen« unter den gefangenen Rotarmisten). Etwa 365 Häftlinge konnten fliehen, 47 überlebten die Flucht, die SS machte das Lager dem Erdboden gleich. *Treblinka,* Baubeginn Mai 1942, wo bis zum Aufstand der jüdischen Häftlinge am 2. August 1943 über 800.000 Menschen ermordet wurden. Zahlen und Daten vgl. https://de.wikipedia.org/wiki/Gaskammer_(Massenmord) (letzter Abruf 3.2.2017).

[78] Rübsam 1992, S. 130; zitiert bei Rohdenburg 2009, S. 49.

Bahnhof Minsk 1943: Aus Bremen deportierte jüdische Frauen bei der Zwangsarbeit. Fotografie eines unbekannten deutschen Soldaten

nicht bekannten deutschen Soldaten zeigt »aus Bremen deportierte jüdische Frauen bei der Zwangsarbeit am Bahnhof Minsk«.[79]

Sie heben neben den Bahngleisen einen Graben aus. Nur eine junge Frau ist zu erkennen, alle anderen sind deutlich älter und für diese elende Arbeit erkennbar nicht geeignet. Die meisten dieser Frauen hatten noch zweieinhalb Monate zu leben. Vermutlich sehnten sie den Frühling und den Sommer herbei.

Knapp drei Wochen später – Günther Nette stand schon im Kampf gegen das »jüdisch-bolschewistische Untermenschentum« – vertraute Goebbels am 27. April 1942 seinem Tagebuch an: »Die Juden haben unserem Erdteil soviel Leid zugefügt, dass die härteste Strafe, die man über sie verhängen kann, immer noch zu milde ist.«[80] Von Mai bis Oktober 1942 erreichten 16 weitere »Transporte« Minsk, u.a. aus Köln, Wien, Königsberg und Theresienstadt. Die ca. 15.000 Frauen, Männer und Kinder wurden sofort erschossen oder in den aufgefahrenen Gaswagen erstickt.

[79] Foto in: Rohdenburg 2009, S. 305.

[80] Goebbels 1992, S. 1786.

Lili Grün gehörte zum Wiener »Transport Nr. 23«. Die 38-jährige Schauspielerin und Dichterin war vor 1933 auch im Berliner Brücke-Kabarett zusammen mit Ernst Busch und Hanns Eisler aufgetreten. Am 13. August 1934 hatte sie im »Prager Monatsblatt« das Gedicht »Schüchterner Flirt mit dem vermummten Herrn« veröffentlicht.[81] Der »vermummte Herr« war niemand anders als der Tod. »Mach es nicht bös!«, bat sie. Sie traf ihn am 1. Juni 1942, dem Tag ihrer Ankunft, an einer offenen Grube im SS-Menschenvernichtungslager Maly Trostinez.[82]

Ach, glaube nicht, ich dächte, man könnte dich bestechen!
Was hätt' es für einen Sinn, gerad' mit dir über das Leben zu sprechen.
Du ahnst ja nicht, wie schön es ist, von dieser Welt zu sein!
Es ist so schön, ins Kino zu gehen,
Um einen kitschigen Tonfilm zu sehn.
Schön ist es, im Gras zu liegen,
Und zuzusehen, wie die Maikäfer fliegen,
Und es ist so lieb, wenn uns ein Mann in den Armen hält,
Und sein Mund, der uns küsst, ist die ganze Welt …

Ich weiß ja doch, dass es dich einmal gibt.
Drum, wenn du kommst, komm nicht als Feind!
Fall' mich nicht tückisch von rückwärts an,
Komm nicht als Unfall in der Eisenbahn,
Komm nicht als Räuber aus dem Hinterhalt,
Und vor allen Dingen: komm nicht zu bald.

Und wenn du kommst, leg deine kühle Hand
Zuerst auf den Verstand.
Und mit dem Herzen geh' ein wenig freundlich um,
Mach es nicht bös!
Es war, solange es lebte, schon nervös!
Und es war immerzu verliebt.
Es fürchtet dich und deinen kalten Kuss,
Und es wird nie verstehen,
Dass es dich geben muss.

28./29. Juli 1942: Inzwischen hatte die »Aktion Reinhard« begonnen. Nach dem Attentat auf Reinhard Heydrich (den Leiter des RSHA, maßgeblichen Organisator des Holocaust und stellvertretenden »Reichsprotektor in Böhmen und Mähren«) in Prag am 27. Mai 1942 wurde die systematische Ermordung aller Juden und Roma

[81] Grün 2014, S. 37.
[82] Ebd., Nachwort von Anke Heimberg, S. 178f.

im besetzten Polen, in Weißrussland und in der Ukraine betrieben; angeblich als Vergeltung für das Attentat, an dem Heydrich am 4. Juni 1942 starb.

In Minsk wurden an diesem 28./29. Juli 1942 10.000 russische Juden, überwiegend Alte, Frauen und Kinder, ermordet, dazu fast alle der wenigen Bremer Juden, die den Winter und die Schikanen der SS überlebt hatten. Wilhelm Kube, Generalkommissar für Weißruthenien und »Judenschlächter von Minsk«, meldete am 31. Juli 1942 dem Reichskommissar Hinrich Lohse die Ermordung aller »nicht einsatzfähigen Juden, die überwiegend aus Wien, Brünn, Bremen und Berlin im November vorigen Jahres auf Befehl des Führers geschickt worden sind«.[83]

Heinz Rosenberg berichtete von einer besonderen Bestialität in dieser nicht abreißenden Mordkette: »Es gab auch Kinder, die zu Waisen geworden waren. Frau Bieber aus Hamburg sammelte mit einer Freundin diese Waisen und brachte sie in einen Raum der größeren Häuser. Die Kinder kamen aus verschiedenen Teilen des Ghettos und stammten aus verschiedenen Städten, aber die Tatsache, dass sie alle zusammen waren, gab ihnen Stärke und Gefasstheit. An einem Tag im August *(1942; B.N)* ging Rübe *(Adolf Rübe, von Frühjahr 1943 an Kommandeur des Ghettos; B.N.)* durch das Gebäude und fand den Raum mit den Kindern. Er war wütend, dass er so viele unproduktive Personen füttern musste. Am nächsten Tag kam der ›Spezial-Lastwagen‹. Die Kinder wurden aus dem Haus in den Wagen getrieben. Frau Bieber, die drei eigene kleine Kinder unter ihnen hatte, bettelte und flehte die SS-Männer an, die Kinder zu verschonen, ihr wenigstens das jüngste zu lassen. Die Antwort war typisch für die Rohheit der SS-Männer: ›Du jüdische Hündin, wenn du nicht aufhörst zu schreien, werfen wir dich mit in den Wagen.«[84] Der »Spezial-Lastwagen« war, wie bekannt, ein Gaswagen.

Der Hamburger Dr. Ernst Tichauer (geb. 1888 in Thorn), ein beliebter Zahnarzt aus dem Stadtteil Bergedorf, und seine Ehefrau, die Zahnärztin Elly Tichauer, geb. Rosenthal (geb. 1887 in Berlin als Tochter eines Berliner Kommerzienrates), wurden im November 1941 zusammen mit den anderen Juden aus Hamburg und aus Bremen nach Minsk deportiert.[85] Ein entsetzliches Dokument über ihr Schicksal fiel mir kürzlich in die Hände.[86] Die beiden Zahnärzte wurden am 13. April 1943 in das Minsker Gerichtsgefängnis eingeliefert. Dort mussten sie russischen und deutschen Juden, die erschossen werden sollten, die Goldbrücken, Kronen und Plomben ausziehen bzw. herausbrechen. »Dieses geschieht jedesmal 1 bis 2 Stunden vor der betreffenden Aktion.« Und wieder war der SS-Hauptscharführer Adolf Rübe »persönlich zugegen«.[87]

---

[83] Rohdenburg 2009, S. 57.

[84] Heinz Rosenberg, Augenzeugenbericht. In: Rohdenburg 2009, S. 322.

[85] Vgl. Björn Eggert: Biografie Ernst und Elli Tichauer. In: Meyer 2017, S. 123-127.

[86] Günther, Strafanstaltsverwalter des Gerichtsgefängnisses Minsk, Schreiben an den Generalkommissar für Weißruthenien, 31.5.1943. Faksimile in: Petzhold o.J., S. 51.

[87] Adolf Rübe, der Henker von Minsk, bekam ursprünglich eine lebenslange Zuchthausstrafe. Am 11.7.1962 wurde sie »gnadenweise« ausgesetzt. Die Bewährung betrug fünf Jahre.

Am 28. Juli 1942 in Minsk ermordet!

Liste der jüdischen Nazi-Opfer aus Bremen

Wir veröffentlichen im folgenden die Namen von 426 Bremer Juden, die aus ihrer Heimatstadt nach Minsk in Rußland deportiert und dort sämtlich — ohne Ausnahme — am 28. Juli 1942 ermordet wurden.

Maximilian Abraham, Sophie Else Abraham, geb. Goldstein, Ernst Moritz Abraham, Johanne Abraham, geb. Abraham, Rachel Abraham, Johannes Abraham, Ida Abraham, Witwe, geb. Bachrach, Wilhelm Abraham, Käthe Abraham, geb. Salomon, Erich Alexander, Lotte Alexander, Paul Alexander, Margarete Alexander, geb. Be[illegible], Peter Alexander, Hermann Altgenug, Jacob Altgenug, Joseph Altgenug, Sophie Altgenug, geb. Weinberg, Samson Altgenug, Johanne Altgenug, geb. Emanuel, Fränzel Altgenug, Friederike Anspacher, geb. Körbchen, Rosemarie Anspacher, Joachim Appel, Walter Auerbach.

Leopold Baehr, Arnold Baumgarten, Agathe Baumgarten, geb. Meyer-Liffgenz, Paul Baumgarten, Elias ter Berg, Mathilde ter Berg, geb. Rothschild, Erwin ter Berg, Lisa ter Berg, geb. Herzberg, Isaak ter Berg, Paula ter Berg, geb. Wolff, Sophie Berney, Witwe, geb. Rothschild, Albert Bloch, Else Bloch, geb. Gusdorf, Lora Bloch, Helene Bloch, Meta Bloch, Sara Bloch, Luise Blöde, Witwe, geb. Tiefenbrunn, Bernhard Blumert, Selma Blumert, geb. Wolff, Fritz Blumert, Werner Blumert, Bertha Bolegraaf, Moses Bolegraaf, Zerline Bollinger, gesch., geb. Stempel, Abraham ten Bosch, Fanny ten Bosch, geb. Katz, Helene ten Bosch, Dora Bromberger, Henriette Bromberger.

Curt Israel Caspary, Gertrud Caspary, geb. Dahlheimer, Adolf Israel Cohen, Albert Cohen, Alfred Heinr. Cohen, Arthur Israel Cohen, Ilse Sara Cohen, geb. Schirling, Hannelore Sara Cohen, Ingrid Sara Cohen, Ernst Israel Cohen, Clara Sara Cohen, geb. Pinto, Helmut Israel Cohen, Ida Emma Cohen, geb. de Haas, Joel Denny Cohen, Heymann Israel Cohen, Hedwig Sara Cohen, geb. Levi, Jacob Israel Cohen, Hanna Cohen, geb. Wolff, Manfred Israel Cohen, Mary Sara Cohen, Martha Sara Cohen, Moses gen. Moritz Cohen, Frieda Cohen, geb. Grünberg, Pauline Cohen, Ruth Sara Cohen, Samuel Israel Cohen, Adele Cohen, geb. Levy, Klara Cohen, Witwe, geb. Assenheimer, Alfred Israel Cohn, Wilma Cohn, geb. Herz, Herbert Conu.

Ernst Davidsohn, Ilse Davidsohn, Toni Davidsohn, Witwe, geb. Goldschmidt, Aug. Deichmann, Minna Deichmann, geb Kahn, Kurt Deichmann, Fred Deichmann, Leib gen. Leo Duchowny, Helena Duchowny, geb. Kümmel.

Max Ehrlich, Elsa Eichholz, Rahel Eichholz, Witwe, geb. van d. Wyk, Manfred Eppenstein, Metha Eppenstein, geb. Saemann, gesch., Max Eppenstein.

Rolf Feiczewicz, Nathan Felczer, Jeannette Fink, geb Cohen, gesch. Henny Fink, Siegmund Fink, Ursula Fink, Hanna Fischbein, Charlotte Flamm, Hanni Flamm, Rifka-Laja Flamm, geb. Wandstein, Netti Flamm, Günther Frank, Else Frank, geb. Heimbach, Rolf Frank, Betty Fränkel, Julius Fränkel, Pauline Fränkel, Siegfried Fränkel, Rieka Fränkel, geb. v. d. Berg, Louis Friedemann, Ernst Friedemann, Lina Friedemann, geb. Homberg, Ludwig Fürstenthal.

Herbert Gärtner, Thea Gärtner, geb. Ostreich, Max Gärtner, Henny Gärtner, geb. Goldschmidt, Otto Gärtner.

Hannelore Ginsberg, Sophie Ginsberg, Wwe., geb. Heimbach, Hermann Ginsberg, Henriette Ginsberg, geb. Heimbach, Ida Ginsberg, Sara Ginsberg Wwe., geb. Nachmann, Neti Ginsberg, geb. Rosenblum, Tonie Ginsberg, Inge Goldschmidt, Israel Goldschmidt, Sara Goldschmidt, geb. Sternberg, Frieda Goldschmidt, Witwe, geb. Stern, Helene Gross-Hohnacker, geb. Baranowska, Julius Grün, Ketti Grün, geb. Hochstädt, Inge Grün, Adolf Grünberg, Elli Grünberg, geb. Wallheimer, Elsa Grünberg, Eva Grünberg, Hermann Grünberg, Hugo Grünberg, Klara Grünberg, geb. Israel Marianne Grünberg, Siegfried Grünberg, Wolff-Josef Grünberg, Anna Grünberg, geb. Bienhain, Etta Gruschlowsky, geb. Belmann, Alfred Guggenheimer, Ilse Guggenheimer, geb. Weiss, Julius Gussprich, Martha Gussprich, geb. Davidsohn, David Gutnik.

Bernhard de Haas, Bernhard de Haas, Helene de Haas, geb. Gimlicher, Ruth de Haas, Fritz de Haas, Jenny de Haas, Iwan de Haas, Bernhardine de Haas, geb. Haiersberg, Moritz de Haas, Sophie de Haas, geb. v. d. Zyl, Moritz de Haas, Siegmund de Haas, Ruth de Haas, geb. Neitzel, Hans Haas, Louis Hahn, Rita Hahn, geb. Gottheiner, Eli Hahn, Thekla Hammerschlag, Witwe, geb. Stern, Siegmund Hammerschlag, Erich Harf, Lucie Harf, geb. Ginsberg, Hans-Günther Harf, Siegmund Harf, Grete Harf, geb Rose, Elsa Hasselhorst, Witwe, geb. Singrova, Mathilde Hattenbach, geb. Bayersdorf, Ursula Hattenbach, Nathan Heger, Mathilde Heger, geb. Leeuwarden, Adolf Hein, Frieda Hein, geb. Ries, Alfred Heinemann, Iwan Heidemann, Irma Heidemann, geb. Löwenstein, Alfred Herz, Sara Herz, geb. ter Berg, Adolf Herz, Johanna Herz, geb. Kahn Eduard Herz, Dina Herz, geb. Rosenbach, Heinrich Herz, Levy Herz, Margot Herz, geb. Brilling, Sara Herz, Golda Herzberg, Oskar Herzberg, Selma Herzberg, geb. Löwenstein, Johanne Horwitz, Witwe, geb. Ginsberg, Edith Hurwitz.

*

Die noch fehlenden Namen der 426 Opfer veröffentlichen wir in der nächsten Ausgabe des „Weser-Kurier".

Im Herbst 1943 senkte sich endgültig das Leichentuch über das Ghetto Minsk. Der Bremer Georg Eggers traf bei Kurierfahrten nach Minsk im Herbst 1943 zwar noch eine Gruppe von 60 Frauen in einem Kellerraum des Regierungsgebäudes, die dort Kartoffeln sortieren mussten. Zu seinem großen Erstaunen waren Bremer

Vgl. Rohdenburg 2009, S. 59f.

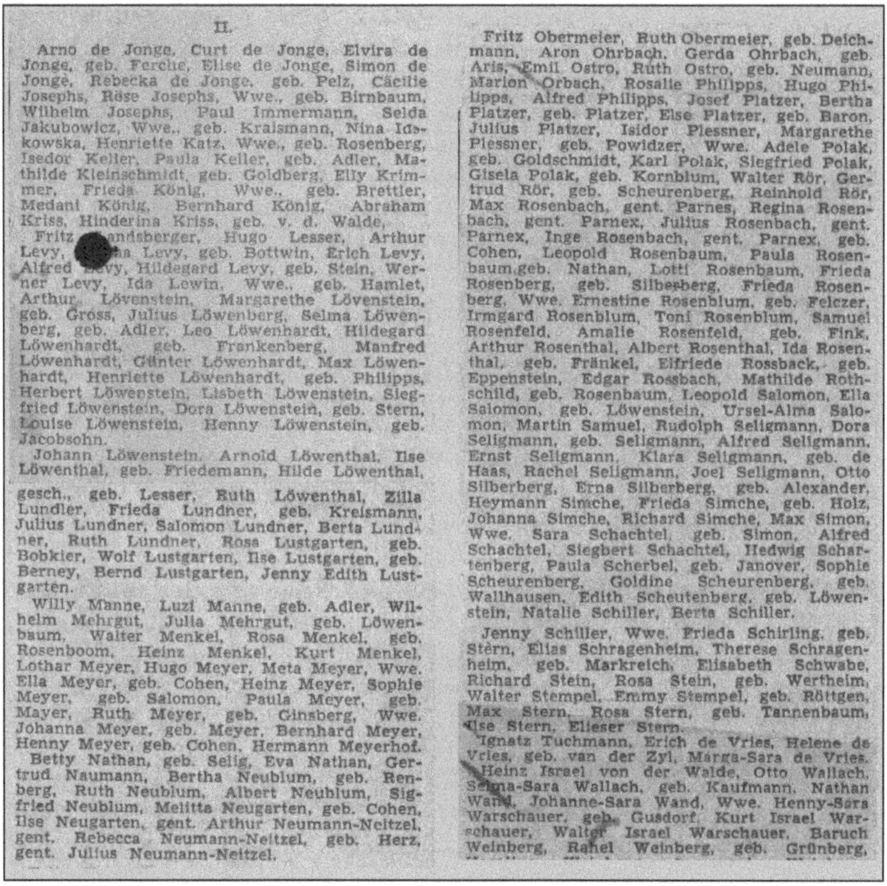

II.

Arno de Jonge, Curt de Jonge, Elvira de Jonge, geb. Ferche, Elise de Jonge, Simon de Jongè, Rebecka de Jonge, geb. Pelz, Cäcilie Josephs, Röse Josephs, Wwe., geb. Birnbaum, Wilhelm Josephs, Paul Immermann, Selda Jakubowicz, Wwe., geb. Kraismann, Nina Idakowska, Henriette Katz, Wwe., geb. Rosenberg, Isedor Keller, Paula Keller, geb. Adler, Mathilde Kleinschmidt, geb. Goldberg, Elly Krimmer, Frieda König, Wwe., geb. Brettler, Medani König, Bernhard König, Abraham Kriss, Hinderina Kriss, geb. v. d. Walde,

Fritz [illegible]andsberger, Hugo Lesser, Arthur Levy, [illegible]a Levy, geb. Bottwin, Erich Levy, Alfred [illegible]vy, Hildegard Levy, geb. Stein, Werner Levy, Ida Lewin, Wwe., geb. Hamlet, Arthur Lövenstein, Margarethe Lövenstein, geb. Gross, Julius Löwenberg, Selma Löwenberg, geb. Adler, Leo Löwenhardt, Hildegard Löwenhardt, geb. Frankenberg, Manfred Löwenhardt, Günter Löwenhardt, Max Löwenhardt, Henriette Löwenhardt, geb. Philipps, Herbert Löwenstein, Lisbeth Löwenstein, Siegfried Löwenstein, Dora Löwenstein, geb. Stern, Louise Löwenstein, Henny Löwenstein, geb. Jacobsohn.

Johann Löwenstein, Arnold Löwenthal, Ilse Löwenthal, geb. Friedemann, Hilde Löwenthal, gesch., geb. Lesser, Ruth Löwenthal, Zilla Lundler, Frieda Lundner, geb. Kreismann, Julius Lundner, Salomon Lundner, Berta Lundner, Ruth Lundner, Rosa Lustgarten, geb. Bobkier, Wolf Lustgarten, Ilse Lustgarten, geb. Berney, Bernd Lustgarten, Jenny Edith Lustgarten.

Willy Manne, Luzi Manne, geb. Adler, Wilhelm Mehrgut, Julia Mehrgut, geb. Löwenbaum, Walter Menkel, Rosa Menkel, geb. Rosenboom, Heinz Menkel, Kurt Menkel, Lothar Meyer, Hugo Meyer, Meta Meyer, Wwe. Ella Meyer, geb. Cohen, Heinz Meyer, Sophie Meyer, geb. Salomon, Paula Meyer, geb. Mayer, Ruth Meyer, geb. Ginsberg, Wwe. Johanna Meyer, geb. Meyer, Bernhard Meyer, Henny Meyer, geb. Cohen, Hermann Meyerhof.

Betty Nathan, geb. Selig, Eva Nathan, Gertrud Naumann, Bertha Neublum, geb. Renberg, Ruth Neublum, Albert Neublum, Sigfried Neublum, Melitta Neugarten, geb. Cohen, Ilse Neugarten, gent. Arthur Neumann-Neitzel, gent. Rebecca Neumann-Neitzel, geb. Herz, gent. Julius Neumann-Neitzel.

Fritz Obermeier, Ruth Obermeier, geb. Deichmann, Aron Ohrbach, Gerda Ohrbach, geb. Aris, Emil Ostro, Ruth Ostro, geb. Neumann, Marion Orbach, Rosalie Philipps, Hugo Philipps, Alfred Philipps, Josef Platzer, Bertha Platzer, geb. Platzer, Else Platzer, geb. Baron, Julius Platzer, Isidor Plessner, Margarethe Plessner, geb. Powidzer, Wwe. Adele Polak, geb. Goldschmidt, Karl Polak, Siegfried Polak, Gisela Polak, geb. Kornblum, Walter Rör, Gertrud Rör, geb. Scheurenberg, Reinhold Rör, Max Rosenbach, gent. Parnes, Regina Rosenbach, gent. Parnex, Julius Rosenbach, gent. Parnex, Inge Rosenbach, gent. Parnex, geb. Cohen, Leopold Rosenbaum, Paula Rosenbaum, geb. Nathan, Lotti Rosenbaum, Frieda Rosenberg, geb. Silberberg, Frieda Rosenberg, Wwe. Ernestine Rosenblum, geb. Felczer, Irmgard Rosenblum, Toni Rosenblum, Samuel Rosenfeld, Amalie Rosenfeld, geb. Fink, Arthur Rosenthal, Albert Rosenthal, Ida Rosenthal, geb. Fränkel, Elfriede Rossback, geb. Eppenstein, Edgar Rossbach, Mathilde Rothschild, geb. Rosenbaum, Leopold Salomon, Ella Salomon, geb. Löwenstein, Ursel-Alma Salomon, Martin Samuel, Rudolph Seligmann, Dora Seligmann, geb. Seligmann, Alfred Seligmann, Ernst Seligmann, Klara Seligmann, geb. de Haas, Rachel Seligmann, Joel Seligmann, Otto Silberberg, Erna Silberberg, geb. Alexander, Heymann Simche, Frieda Simche, geb. Holz, Johanna Simche, Richard Simche, Max Simon, Wwe. Sara Schachtel, geb. Simon, Alfred Schachtel, Siegbert Schachtel, Hedwig Schartenberg, Paula Scherbel, geb. Janover, Sophie Scheurenberg, Goldine Scheurenberg, geb. Wallhausen, Edith Scheutenberg, geb. Löwenstein, Natalie Schiller, Berta Schiller.

Jenny Schiller, Wwe. Frieda Schirling, geb. Stern, Elias Schragenheim, Therese Schragenheim, geb. Markreich, Elisabeth Schwabe, Richard Stein, Rosa Stein, geb. Wertheim, Walter Stempel, Emmy Stempel, geb. Röttgen, Max Stern, Rosa Stern, geb. Tannenbaum, Ilse Stern, Elieser Stern.

Ignatz Tuchmann, Erich de Vries, Helene de Vries, geb. van der Zyl, Marga-Sara de Vries, Heinz Israel von der Walde, Otto Wallach, Selma-Sara Wallach, geb. Kaufmann, Nathan Wand, Johanne-Sara Wand, Wwe. Henny-Sara Warschauer, geb. Gusdorf, Kurt Israel Warschauer, Walter Israel Warschauer, Baruch Weinberg, Rahel Weinberg, geb. Grünberg,

Aus dem Weserkurier 1949

Bekannte darunter. Hastig kritzelten sie auf Zettel Botschaften für die Heimat. Bei seiner nächsten Nachfrage in Minsk aber waren die Frauen nicht mehr da.[88]

Von 700 Menschen aus Bremen und Wesermünde sowie dem Regierungsbezirk Stade, deren Deportation nach Minsk mein Großvater mit organisiert hatte, überlebten 20. Einer von ihnen war Richard Frank. Er fasste 1948 das Unfassbare zusammen.[89] Seinen nüchternen handschriftlichen Bericht fand ich unter den Dokumenten zum Spruchverfahren meines Großvaters.

»Der Öffentliche Kläger bei der Spruchkammer Bremen, Herrn Meinecke. Auf Ihr Schreiben vom 19.11. d.J. *(1948; B.N.)* möchte [ich] Ihnen mitteilen: Mitte November 1941 bin ich mit meiner Familie, welche aus fünf Personen bestand, mit

[88] Rohdenburg 2009, S. 60.

[89] Richard Frank: Bericht 19.12.1948. SAB, 4, 66-I, Akte Bruno Nette, 1887/12/22, Blatt 182.

einem Judentransport von Bremen nach Minsk deportiert. Einige Tage vorher bekamen wir von der damaligen Gestapo den Bescheid, dass wir uns mit Gepäck in einer Schule in Bremen zum Abtransport einzustellen haben. Wohin, war uns unbekannt. Wir mussten von der Schule dann in geschlossener Formation mit Gepäck zum Bahnhof marschieren und wurden dort in einen bereitstehenden Zug verladen. Die Fahrt dauerte vier bis fünf Tage und endete in Minsk (Weißruthenien). Dort sorgte lettische SS für unseren entsprechenden Empfang, der aus Kolbenhieben und Schimpfworten bestand. Wir mussten uns wieder aufstellen und marschierten zum Ghetto. Dort mussten wir bei strenger Kälte einen Tag und eine Nacht frei verbringen. Da in dem Ghetto vorher eine Vernichtungsaktion stattgefunden hatte, mussten diese Räume erst gesäubert werden und hierfür wurden aus unseren Reihen Männer und Frauen ausgesucht. Nachdem dieses stattgefunden hatte, konnten wir unser Quartier beziehen. Großzügigerweise wurde jede Person mit 1 ½ qm bedacht. Die Verpflegung bekamen wir aus einer Gemeinschaftsküche. Selbige war sehr schlecht und bei weitem nicht ausreichend. Dann wurden wir zu Arbeitskolonnen eingeteilt. Die Arbeit war sehr schwer und es wurde viel von uns verlangt. Auch bei Frauen nahm man bei der Arbeit keine Rücksicht. Von Zeit zu Zeit kamen immer wieder Judentransporte aus Deutschland, und somit zählte das Ghetto circa 9 bis 10.000 Personen. Am 28. und 29. Juli 1942 setzte eine Vernichtungsaktion ein, bei welcher ca. 4 bis 5.000 Personen umgebracht wurden. Sie wurden entweder lebend auf Lastwagen zum Massengrab gefahren und dort erschossen oder schon im Ghetto getötet. Bei dieser Aktion verlor auch ich meine Frau und zwei Kinder. Bis 1. September 1943 waren wir circa noch 1.000 Personen. Also hatte man von der Aktion 1942 bis 1. September 1943 noch circa 3.000 Personen umgebracht. Diese Toten fielen den Mördern, die nur hauptsächlich aus SS und Gestapo-Beamte[n] bestand, zum Opfer. Die Gestapo war in unserem Ghetto besonders gefürchtet, weil sie für keine noch so schlimme Grausamkeit zurückschreckten. Wer von der Gestapo verhaftet wurde, kam nie wieder ins Ghetto zurück. Auch blieben Frauen und Kinder vor ihnen nicht verschont. Am 1. September 1943 suchte SS-Hauptscharführer Rübe, welcher augenblicklich inhaftiert in Karlsruhe ist und seiner Verurteilung entgegensieht, von unseren restlichen 1.000 Personen circa 300 Mann für den Rüstungsbetrieb aus. Darunter gehörte auch ich und mein Sohn, welcher zu der Zeit 16 Jahre war. Wir kamen in Minsk in ein SS-Arbeitslager bis zum 15. September 1943. Dann ging es zurück nach Polen und zuletzt nach Flossenbürg in Bayern. Von den 700 Personen, welche in Minsk noch verblieben, hat man nie wieder gehört. Soweit ich orientiert bin, sind von Minsk cirka 20 Personen, darunter zwei Frauen, dem Tode der SS und der Gestapo entronnen.

Rahden, den 19.12.1948, gez. Richard Frank.«

Kapitel 8: Deportation nach Theresienstadt 1942

Kaum vorstellbare drastische Szenen

Bruno Nette organisierte noch zwei weitere große Deportationen jüdischer Menschen aus Bremen und dem Regierungsbezirk Stade. Im August 1942 wurden etwa 300 kranke, arbeitsunfähige »Volljuden« und »Geltungsjuden« über 18 Jahre in das KZ Theresienstadt geschickt. Und für den zweiten und letzten Bremer »Transport« nach Theresienstadt im Februar 1945 hatte das RSHA befohlen, dass hierfür alle verbliebenen arbeitsfähigen Juden und Jüdinnen eingeteilt werden müssten.[1] »Volljuden«, »Geltungsjuden«, »arisch versippte Juden« und Kinder, die nach den Nürnberger Gesetzen »Volljuden« oder »Geltungsjuden« waren, alle sollten zum Arbeitsdienst in das KZ verschickt werden. Zwischendurch gab es eine Reihe von Einzelverschickungen von Bremen nach Theresienstadt.

Das KZ Theresienstadt gilt bei vielen Deutschen bis heute als ein »Kultur-Ghetto« oder zumindest, im Vergleich zu anderen KZs des NS-Staates und vor allem zu den Vernichtungslagern, als ein recht kommodes jüdisches Altersheim, in das die Juden sich sogar einkaufen konnten. Die entsprechende Nazi-Propaganda wirkte schon auf die damaligen Opfer einlullend, freilich nur s olange, bis sie nach ihrer Ankunft mit der Realität konfrontiert wurden. Für die kollektive deutsche Erinnerung aber hat die Propaganda bis heute kaum etwas an ihrer Wirkung verloren.[2]

Auf der Wannseekonferenz beschlossen hohe SS- und Verwaltungsfunktionäre am 20. Januar 1942 die Umsetzung der »Endlösung der Judenfrage«. Zur Verschleierung der Mordpläne gehörte auch ihr Vorhaben, Theresienstadt zu einem »Ghetto der Alten«, d.h. für deutsche Juden über 65 Jahre, für Träger hoher Kriegsauszeichnungen, Kriegsversehrte und Prominente zu machen. Ab Februar 1942 wurde dieser Plan umgesetzt.

Der Film »Theresienstadt: Ein Dokumentarfilm aus dem jüdischen Siedlungsgebiet« (»Der Führer schenkt den Juden eine Stadt«) von 1944[3] und auch der Besuch des Roten Kreuzes am 23. Juni 1944, als KZ-Häftlinge den Delegierten Komödien vorspielen mussten, die unmittelbar nach deren Abreise einen mörderischen Ausgang nahmen, gaukelten deutschen und internationalen Beobachtern ein fast normales Leben in einer sonnigen Stadt vor, in der Theater gespielt wurde, Cafés geöffnet hat-

---

[1] Vgl.: Zusammenfassender Bericht in Klageschrift zu Bruno Nette, Herbst 1948. SAB, 4, 66-I, Akte Bruno Nette, 1887/12/22, 2. Blatt (ohne Nummerierung).

[2] Vgl. Yvonne Schymura: Die Nazi-Verklärung von Theresienstadt wirkt bis heute. In: Zeit online, 10.7.2013, www.zeit.de/wissen/geschichte/2013-07/getto-theresienstadt.

[3] Der bekannte jüdische Schauspieler Kurt Gerron (»Der blaue Engel«) musste den Propagandafilm erstellen und wurde am 28.10.1944, kurz nach dessen Fertigstellung, in Auschwitz vergast. Vgl. Leiser 1968, S. 76.

2.) Meine jüdische Schwägerin Frau Anni Leuwer aus Bremen wurde im Juli 1942 nach Theresienstadt abtransportiert. Ich setze die unwürdige Behandlung dieser armen Menschen als bekannt voraus. Im Morgengrauen und bei strömendem Regen mussten die Leute unter freiem Himmel stehen bis sie endlich in Eisenbahnwagen verladen wurden. Ihr Gepäck war z.T. aufgeweicht. Meiner Schwägerin wurde von ihren ganzen Sachen als Bettzeug, Matratzen, Wäschen und Kleider in Theresienstadt nichts ausgehändigt, obgleich man ihr die Anweisung gegeben hatte, Betten und Matratzen mitzunehmen. Bei diesem unwürdigen Abtransport war neben dem Nette auch Linnemann zugegen.

b.W.

Nette hätte es in der Hand gehabt durch Vorstellung bei seinem Vorgesetzten die Verschickung der Frau Leuwer zu verhindern, da sie mit ihren 71 Jahren ein Schweres Darm- und Nervenleiden hatte. Letzteres war schon rein äusserlich an einem ständigen Wackeln des Kopfes ersichtlich. Sie ist denn auch schon ein halbes Jahr später in Theresienstadt um's Leben gekommen.

22.7.1942, Deportation von Bremen nach Theresienstadt: »Im Morgengrauen und bei strömendem Regen mussten die Leute unter freiem Himmel stehen.«
Aus Elisabeth Neumarks Brief vom 18.5.1948

ten und Blumenrabatten gepflegt wurden, in der sogar Kinderheime, Kindergärten und Schulen funktionierten. Im Vergleich zum Sterben auf Europas Schlachtfeldern und in den zerstörten Städten waren das idyllische Zustände, so die Propaganda.

Unzweifelhaft handelte es sich nicht um ein Vernichtungslager. Gleichwohl sprechen die Lebensbedingungen und die Opferzahlen eine beredte Sprache über die – neben dem Propagandaeffekt – wahre Funktion des Lagers: Tod durch Hunger, Kälte, Seuchen, Erschießungen, Erhängungen und durch ständige Deportationen in die Vernichtungslager.[4] Bereits vor Ankunft des Bremer Deportationszuges im Sommer 1942 waren 16.890 Häftlinge aus Theresienstadt in Vernichtungslager weiterverschleppt worden. Von ihnen überlebten nur 175 Menschen.

Der Brief von Elisabeth Neumark (1948 an die Israelitische Gemeinde zu Bremen) über die Deportation ihrer 71-jährigen jüdischen Schwägerin Anni Leuwer[5] wird oben auszugsweise abgedruckt. Bruno Nette hätte es in der Hand gehabt, die »Verschickung« der schwer erkrankten Frau zu verhindern, so Neumark.

»Kaum vorstellbare drastische Szenen spielten sich ab«, schrieb Miroslav Kárný im Theresienstadt-Gedenkbuch, »wenn die völlig desorientierten deutschen und österreichischen Juden mit ihrem fünfzig Kilogramm schweren Gepäck, in das sie oft Sachen eingepackt hatten, die für das Lagerleben auf geradezu groteske Weise unbrauchbar waren, auf dem Bahnhof von Bauschowitz ausstiegen und die zweieinhalb Kilometer nach Theresienstadt zu Fuß zurücklegen mussten. Dort wurden sie in keinem Kurhaus, sondern in Kasematten und auf Dachböden untergebracht,

---

[4] Alle folgenden Angaben: Kárný 2000. Teilweise übernommen und abgedruckt in: Rohdenburg 2009, S. 131-149.

[5] Elisabeth Neumark, Brief an die Israelitische Gemeinde zu Bremen, 18.5.1948. SAB, 4, 66-I, Akte Bruno Nette, 1887/12/22, Blatt 22.

und zum Essen bekamen sie etwas Kaffee-Ersatz und eine Scheibe Brot. Die Ernüchterung war grauenvoll. Viele ertrugen sie nicht und brachen physisch und psychisch zusammen. (…) Auf einen Theresienstädter Häftling entfielen im August 1942 einschließlich Dachböden und Kasematten nur 1,6 Quadratmeter Fläche. Zum Schlafen, zum Leben, zum Tod. Im ganzen Lager brach die Wasser- und Stromversorgung zusammen, es entstand ein hoffnungsloser Mangel an Küchenkapazitäten . (...) Grauenhaft waren die sanitären und hygienischen Bedingungen. (…) In drei Monaten – August, September und Oktober 1942 – starben 10.364 Häftlinge. Unter ihnen waren 5.827 Häftlinge, die mit Transporten aus Deutschland gekommen waren – 56,2% aller Verstorbenen.«[6]

»Insgesamt wurden 164 Bremerinnen und Bremer mit diesem Transport nach Theresienstadt deportiert«, fasst Rohdenburg seine Untersuchungen zusammen.[7] Davon waren zwei Drittel Frauen, mehr als die Hälfte über 70 Jahre alt. Wieviele von ihnen Theresienstadt überlebten, ist umstritten. Nach Angabe der Jüdischen Gemeinde waren es nur 15%. Für die meisten Menschen bedeutete der erste Deportationstransport nach Theresienstadt über kurz oder lang den sicheren Tod.

Auch Carl Katz, vom Herbst 1941 bis zum Sommer 1942 Vorsitzender der Jüdischen Gemeinde in Bremen und jüdischer Verbindungsmann zur Gestapo, wurde mit seiner Ehefrau und seiner Tochter deportiert. »Nette hat Katz, als er abtransportiert wurde, selbst bis nach Hannover begleitet und haben die beiden bei einer ganzen Flasche Kognac den Abschied gefeiert, während andere Juden und Jüdinnen oder Mischlinge in Güterwagen verfrachtet wurden.«[8] Das berichtete 1949 der ehemalige Bremer Gestapobeamte Heinrich Harms.[9] Katz war direkt mit der Planung und den Durchführungen dieses ersten Bremer »Transports« nach Theresienstadt beschäftigt gewesen. Er spielte dabei eine zwiespältige Rolle, wirkte einerseits segensreich für seine jüdischen Liedensgenossen und half zugleich aktiv der Gestapo, die Deportationslisten zusammenzustellen.

Musste man wirklich auf Transport? So fragten sich die verzweifelten Menschen. Gab es nicht noch irgendwelche Schlupflöcher? Drückte der Judenreferent bei Zweifelsfällen ein Auge zu, wenn er konnte? Warum hieß der Transport plötzlich »Abwanderung«? Hatte das etwas Gutes zu bedeuten? Oder gerade nicht?

Und wieso kam der Transportbefehl vom Vorsitzenden der Jüdischen Gemeinde, von Carl Katz persönlich?

---

[6] Kárný 2000, S. 21f.

[7] Rohdenburg 2009, S. 132.

[8] Arnold Schustermann: Brief an die Bremer Kriminalpolizei, 7.8.1949, SAB, 4, 89/7, Akte »Katz, Karl« des Oberstaatsanwalts bei dem Landgericht Bremen, Blatt 9.

[9] Kriminalobersekretär Harms bearbeitete laut Geschäftsplan der Gestapo Bremen Abtl. IV – Stand 1944 – das Referat Gegenabwehr. Marßolek/Ott 1986, S. 180.

Marie Huntemann: Sie unterschrieb ihr eigenes Todesurteil

Auch Marie Huntemann erhielt von Carl »Israel« Katz das gefürchtete, Schrecken verbreitende Schreiben im Bürokratendeutsch (s. rechte Seite):[10] »Im Auftrage der zuständigen Behörde teilen wir Ihnen mit, dass in Kürze der Abtransport sämtlicher in Bremen, Wesermünde und im Reg.Bez. Stade lebenden Juden – außer den noch bestehenden Mischehen – nach Theresienstadt vor sich geht.« Termin: 23. Juli 1942. »Wir machen Sie auf Anordnung der Behörde darauf aufmerksam, dass rückwirkend vom 1. März 1942 sämtliches bewegliches und unbewegliches Vermögen der Abwandernden beschlagnahmt ist.« Bei Zuwiderhandlungen drohten strengste staatspolizeiliche Maßnahmen! Es wurde gebeten, »über die Abwanderung nicht mit der deutschblütigen Bevölkerung zu sprechen, vor allem ist es untersagt, bei außenstehenden Kreisen irgendwie Mitleid zu erregen.«

Der Befehl kam von der Bremer Gestapo, also von meinem Großvater, und Carl Katz hatte das Schreiben unterzeichnet. Am 14. Juli 1942, ihrem 79. Geburtstag, hätte Marie Huntemann in Katz' Büro in der Legion-Condor-Straße (so hieß damals die Parkstraße) Nr. 1 erscheinen müssen.

Die alte Dame weigerte sich.

Am 25. Juli 1942 spülte die Weser den Leichnam Marie Huntemanns an das rechte Ufer in der Nähe von Mittelsbüren an, wenige Hundert Meter vom Deich entfernt.[11] Sie war vermutlich fünf Tage vorher bei der Bremer Vulkan-Werft von einem kleinen Anleger aus ins Wasser gesprungen. SS-Männer verscharrten sie an einer Friedhofsmauer.

Bis heute weiß niemand genau, wo sie begraben wurde.[12] Seit dem 25. September 2007 liegt aber ein Stolperstein vor ihrem Haus an der Fährer Kämpe 101 (früher Schillerstraße 53): »Marie Huntemann, geb. Harianer. *1863. Gedemütigt/Entrechtet. Flucht in den Tod 25.7.1942«. Die Patenschaft hatte der Kirchenvorstand der evangelisch-lutherischen Christopherusgemeinde Aumund/Fähr übernommen.[13] Ingbert Lindemann, der ihre Geschichte als erster recherchiert und in seinem berührenden Buch *»Die H. ist Jüdin!« Aus dem Leben der Aumunder Juden nach 1933* veröffentlicht hat, war hier von 1976 bis zu seiner Pensionierung 2008 der Pastor.

Lindemann hat für Bruno Nette nur das Wort »berüchtigt« übrig. Bei den Nachforschungen über meinen in der Tat berüchtigten Großvater spürte ich einige weitere, bis dahin unbekannte Dokumente zu Marie Huntemann auf.

Marie Huntemann war 1863 in Krakau als Tochter des Ehepaars Daniel und Helena Harian(d)er, geborene Schlamowitz, auf die Welt gekommen. Ihre Enkelin

---

[10] Schreiben der Bezirksstelle Nordwestdeutschland, Büro Bremen, der Reichsvereinigung der Juden in Deutschland, 10. Juli 1942. SAB, 4, 66-I, Akte Bruno Nette, 4, 89/3-, Blatt 57/1.

[11] Im Folgenden stammen viele Informationen aus: Lindemann 2009.

[12] Informationen zu den Umständen der Selbsttötung von Marie Huntemann finden sich ebd., S. 82-85.

[13] Ebd., S. 105.

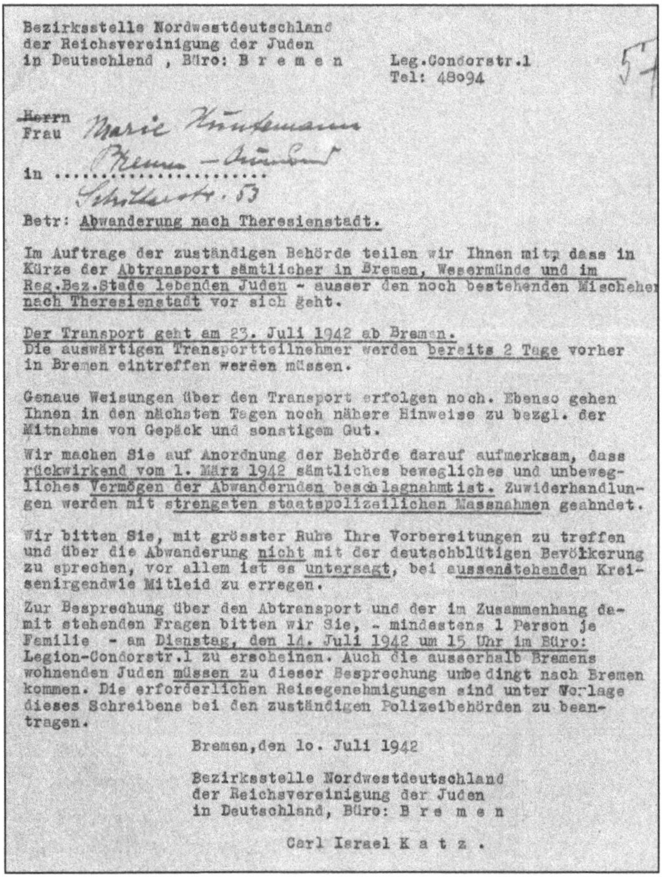

Bezirksstelle Nordwestdeutschland
der Reichsvereinigung der Juden
in Deutschland , Büro: B r e m e n   Leg.Condorstr.1
Tel: 48o94

~~Herrn~~
Frau Marie Huntemann

in Bremen – [illegible]
[illegible] 53

Betr: Abwanderung nach Theresienstadt.

Im Auftrage der zuständigen Behörde teilen wir Ihnen mit, dass in Kürze der Abtransport sämtlicher in Bremen, Wesermünde und im Reg.Bez.Stade lebenden Juden - ausser den noch bestehenden Mischehen nach Theresienstadt vor sich geht.

Der Transport geht am 23. Juli 1942 ab Bremen.
Die auswärtigen Transportteilnehmer werden bereits 2 Tage vorher in Bremen eintreffen werden müssen.

Genaue Weisungen über den Transport erfolgen noch. Ebenso gehen Ihnen in den nächsten Tagen noch nähere Hinweise zu bezgl. der Mitnahme von Gepäck und sonstigem Gut.

Wir machen Sie auf Anordnung der Behörde darauf aufmerksam, dass rückwirkend vom 1. März 1942 sämtliches bewegliches und unbewegliches Vermögen der Abwandernden beschlagnahmt ist. Zuwiderhandlungen werden mit strengsten staatspolizeilichen Massnahmen geahndet.

Wir bitten Sie, mit grösster Ruhe Ihre Vorbereitungen zu treffen und über die Abwanderung nicht mit der deutschblütigen Bevölkerung zu sprechen, vor allem ist es untersagt, bei aussenstehenden Kreisen irgendwie Mitleid zu erregen.

Zur Besprechung über den Abtransport und der im Zusammenhang damit stehenden Fragen bitten wir Sie, - mindestens 1 Person je Familie - am Dienstag, den 14. Juli 1942 um 15 Uhr im Büro: Legion-Condorstr.1 zu erscheinen. Auch die ausserhalb Bremens wohnenden Juden müssen zu dieser Besprechung unbedingt nach Bremen kommen. Die erforderlichen Reisegenehmigungen sind unter Vorlage dieses Schreibens bei den zuständigen Polizeibehörden zu beantragen.

Bremen,den lo. Juli 1942

Bezirksstelle Nordwestdeutschland
der Reichsvereinigung der Juden
in Deutschland, Büro: B r e m e n

Carl Israel K a t z .

Brief an Marie Huntemann vom 10. Juli 1942

Helga gab sehr viel später (laut Pastor Lindemann) an, ihre Großmutter Marie sei bereits als Kind in einer katholischen Familie aufgenommen worden, vermutlich weil ihre Eltern früh gestorben waren. Sie heiratete zweimal und wurde zweimal Witwe. Mit ihrem ersten Partner Hermann (sen.) Jakobsohn aus Ungarn bekam sie zwei Söhne:[14] Daniel *Moritz* Jakobsohn (auch Jakobson oder Jacobson geschrieben) 1888 und Hermann (jun.) Jakobsohn 1890. Bald danach heiratete sie Hermann (sen.) Jakobsohn, der allerdings wenig später schon starb. 1893 heiratete sie in Blumenthal bei Bremen erneut, und zwar evangelisch (das war später bei den erbärmlichen Nazi-Rasseschnüfflern wichtig), dieses Mal den Tischler Dietrich Huntemann, der 1855 in Sulingen/ Niedersachsen geboren wurde.[15] In Sulingen und Umgebung gab es laut Lindemann »überall ein weitverzweigtes Bauerngeschlecht der Huntemanns«, alle evangelisch.

[14] Ingbert Lindemann, Schreiben an den Autor, 15.2.2015.

[15] Ingbert Lindemann, Schreiben an den Autor, 28.12.2014.

Marie und Dietrich Huntemann, 1910

Marie und Dietrich Huntemann bekamen 1893 die Tochter Henriette und 1895 den Sohn Ernst. Für Marie war es der dritte Sohn, ihr jüngster, und sie ließ ihn in Aumund evangelisch taufen. Das Ehepaar lebte ab 1919 in Aumund (ab 1939 Bremen-Aumunde) in der Schillerstraße Nr. 53. Dietrich Huntemann starb 1928.

1942, vierzehn Jahre später, interessierte sich Bruno Nette für die fünffache Mutter und inzwischen fünffache, fast 80-jährige Großmutter. Ein Todesengel ging auf Menschenjagd.

Marie Huntemann war christlich getauft, das wusste Bruno Nette, nach Aussagen ihres Sohnes Moritz katholisch, was bei ihrer polnischen Herkunft wahrscheinlich war, und wurde nach ihrer zweiten Hochzeit in der Aumunder Gemeinde als evangelisch geführt. Aber war sie nach Nazikriterien nicht vielleicht doch Jüdin? Schwierige Frage für den ehrgeizigen Judenjäger, bei all den Religionswechseln, dazu den verwickelten Familienverhältnissen, die dem kleinbürgerlichen Beamten sowieso suspekt, ja, irgendwie unsittlich vorkamen. Dokumente über Maries leibliche Eltern in Polen blieben unauffindbar. Umso mehr war der kriminalistische Instinkt des Bruno Nette geweckt.

Die erstgeborenen Söhne Moritz und Hermann Jakobsohn waren nach Nazikriterien »Halbjuden«, denn Maries erster Ehemann galt als »Volljude«, der Nachname Jakobsohn sagte ja wohl alles, wird Bruno Nette gedacht haben. Und falls nachgewiesen werden konnte, dass auch Marie »Volljüdin« war, konnte das Schicksal ihrer beiden Ältesten sehr schnell besiegelt sein, dann waren auch sie »Volljuden« und nur noch die »arischen« Ehefrauen boten einen gewissen Schutz gegen den Abtransport in die Vernichtungslager. Maries zweiter Ehemann Dietrich Huntemann freilich kam aus altem Bauerngeschlecht – und das galt in großdeutschen Zeiten für eine große »arisch«-rassische Ehre. Er war 1928 auf dem Alt-Aumunder Friedhof gut christlich beerdigt worden. Über seinen und Maries Kindern Henriette und Ernst Huntemann schwebte »nur« die Drohung, dass sie als »Halbjuden« eingestuft würden, falls Bruno Nette Marie zur Jüdin erklären konnte.

Alle drei Söhne der Marie Huntemann fuhren zur See. Moritz Jacobsohn war seit 1919 Kapitän eines Dampfers der Deutschen Hochseefischerei »Nordsee« in

Bremen und Cuxhaven. 1938 musste er, der offizielle »Halbjude«, wie seine beiden Brüder von Bord gehen und eine schlechtbezahlte Arbeit in einer Kiesgrube annehmen. Sein Bruder Ernst Huntemann, der bis zum Steuermann aufgestiegen war, bekam als »Halbjude« nur noch Arbeit als Takler.[16]

Bruno Nette und auch seine Vorgänger pflegten die Kartei des Einwohnermeldeamtes genau zu studieren, um versteckte Juden zu enttarnen. Bei Marie Huntemann war als Glaubensbekenntnis »israel.« vermerkt.[17] Diese Notiz wurde von der Gestapo sicherlich nicht übersehen. Außerdem gab es (vermutlich) auch noch eine Denunziantin. Die Huntemann sei jüdisch! Noch ein Grund mehr für Bruno Nette, gierig Witterung aufzunehmen.

Die Familie ahnte das auf sie zukommende Unheil. Kapitän Moritz Jakobsohn war im November 1938 in der Reichspogromnacht für kurze Zeit inhaftiert worden. Die beiden Brüder Moritz und Hermann Jakobsohn schalteten das Reichssippenamt in Berlin ein. Der Abstammungsbescheid für Hermann Jacobsohn ist in einer beglaubigten Kopie erhalten geblieben. Unter dem Aktenzeichen »*I/5 PI 11237 Ms./Ot.*« schrieb der Direktor des Reichssippenamtes, Berlin NW7, Schiffbauerdamm Nr. 26, am 26. Februar 1943:

»Die Mutter des Prüflings, Marie Arianer (Harianer, Hariander) wurde angeblich zu Krakau am 8.5.1863 als Tochter der deutschblütigen Eheleute Arbeiter Ferdinand Hariander und Helene, geb. Schrammowitz,[18] geboren. Auch die Geburtsurkunde der Mutter konnte trotz eingehender Forschung nicht ermittelt werden: (…) Ihre artverwandte Abstammung ist zu unterstellen …«[19] Auch Kapitän Moritz Jakobsohn, der bereits 1936/37 das Reichssippenamt eingeschaltet hatte, erhielt den vorläufigen Bescheid, er sei »Halbjude« und kein »Volljude«. Auch hier also hatte Berlin seine Mutter zumindest vorerst als »Arierin« eingestuft.

Als Marie Huntemann das ebenso perfide wie lebensrettende sogenannte Rassemerkmal »artverwandte Abstammung« angeheftet wurde, war sie allerdings schon über ein halbes Jahr tot. Bruno Nette hatte sich durch niemanden in sein blutiges Geschäft hineinreden lassen und den Bescheid des Reichssippenamtes gar nicht erst abgewartet.

1948 berichtete Kapitän Moritz Jakobsohn dem Investigator M. Meier:[20] »Meine Mutter erhielt von der Gestapo die Nachricht, sich für den Juli-Transport 1942 bereit zu halten. Meine Schwester Henny und meine Mutter wurden bei Nette vorstellig und baten um Zurückstellung von der Deportation, weil meine Mutter 1. katho-

---

[16] Vgl. Lindemann 2009, S. 46 und S. 34. Takler waren für die Takelage und Segelmasten von Segelschiffen zuständig.

[17] Ingbert Lindemann, Schreiben an den Autor, 28.12.2014.

[18] Auf der Karte des Einwohnermeldeamtes steht ein anderer Geburtstag, nämlich der 14.7.1863. Dort werden die Eltern angegeben als Daniel und Helena Harianer, geb. Schlamowitz. Laut Pastor Lindemann ist Schlamowitz ein alter jüdischer Name in Krakau.

[19] Bescheinigung des Bremer Notars Dr. Aexerleben vom 26.3.1943. SAB, 4, 89/7, Blatt 58/1.

[20] Aussage des Kapitäns bei der Nordsee Deutsche Hochseefischerei, Moritz Jacobsohn, 11. Juni 1948. SAB, 4, 66-I, Akte Bruno Nette, 1887/12/22, Blatt 124 (blau notiert).

lischer Religion war und 2. die Erhebungen des Sippenamtes über ihre Abstammung noch nicht abgeschlossen war*(en, B.N.)*. Den endgültigen Bescheid erhielten wir 1943. Trotzdem bestand Nette auf Deportation. Mit anderen Worten, Nette machte aus einer Vollarierin eine Jüdin. Meine Mutter nahm sich das so zu Herzen, dass sie am 16. Juli 1942 freiwillig durch Ertränken aus dem Leben schied.«

Über das Reichssippenamt konnte der penible Kriminalbeamte nur müde lächeln. Er untersuchte! Stellte fest! Ließ etwas sich herausstellen! Lud sich Menschen vor. Gnadenlos. Am 24. Juni 1948, also schon vor seinem Prozess, gab er im Internierungslager zum »Fall Jacobsohn« seine Version zu Protokoll:

»Ich habe festgestellt, dass die Mutter von Jakobsohn (*Moritz; B.N.*) Jüdin war, und zwar stellte sich heraus, dass die Mutter, eine geborene Aryaner *(zu den verschiedenen Schreibweisen ihres Mädchennamens s.o.; B.N.)*, mit Jacobsohn (Jude) in wilder Ehe drei Söhne Jacobsohn gezeugt hatte. Die Mutter hatte eine in Bremen wohnende Schwester, verheiratete Brümmer oder ähnl. aus der Rossstr. Deren Töchter lud ich mir vor und erfuhr von ihnen, dass die Mutter der Söhne Jakobsohn ebenso wie ihre eigene Mutter mosaischer Religion war. Somit waren die Söhne Jakobsohn Volljuden. Die Nachforschungen des Beschwerdeführenden beim Sippenamt und die vorgelegten Papiere waren somit wertlos. Außerdem hat die Mutter des Juden J. durch Nachfrage von Karl Katz (*Carl Katz; B.N.*) ihm später handschriftlich bestätigt, dass sie tatsächlich Jüdin war. Alle durch mich gegen die Söhne J. ergriffenen Maßnahmen waren also durch das Gesetz gerechtfertigt.«[21]

Ganz abgesehen davon, dass Bruno Nette irrte, es gab nur zwei Brüder Jakobsohn, der dritte Halbbruder hieß Ernst Huntemann, machte es ihm offensichtlich auch 1948 noch immer ein ganz spezielles Vergnügen, darauf hinzuweisen, dass Marie »in wilder Ehe drei Söhne Jacobsohn gezeugt« habe. Dieser Kleinbürger mit seiner schmierigen Doppelmoral – lange vor seiner eigenen Scheidung hatte er selber mit seiner Tante Mieze »in wilder Ehe« zusammengelebt – setzte zwei verzweifelte Nichten seines Opfers so unter Druck, dass sie zusammenbrachen. Ergebnis: Tante Marie Huntemann war also doch »mosaischer Religion«! Alle von ihm ergriffenen Maßnahmen waren damit »durch das Gesetz gerechtfertigt«, der loyale Beamte konnte auch 1948 zufrieden sein. Es war ihm Zeit seines Lebens egal, dass er »mosaische Religion« von der mörderischen NS-Rassenphilosophie ableitete. Die Marie Huntemann christlichen Glaubens? Nebensächlich, nein, unerheblich! Nicht zuletzt kitzelte es sicherlich seine professionelle Ehre, dass er das Reichssippenamt korrigieren konnte! Er wusste es besser als die Berliner Rasseschnüffler. Vorgelegte Papiere? Wertlos!

Die ca. 40-jährigen Nichten, seine zwei Mosaiksteinchen in seinem kriminalistischen Mörderpuzzle, wurden bald von ihm beseitigt. Die Nichten ihrer Mutter seien vergast worden, vermutete 1950 Henriette Lange, die Tochter von Ma-

21 Aussage Bruno Nette, 24. Juni 1948. SAB, 4, 66-I, Akte Bruno Nette, 1887/12/22, Blatt 141.

rie Huntemann.[22] Die eine Nichte, Gisela Viktoria Kornblum, sei, so Lindemann, in Minsk ermordet worden. Die zweite Nichte, Lily Kornblum, habe sich 1943 das Leben genommen.

Allerdings hätten in diesem speziellen Fall weder der verräterische Eintrag im Einwohnermeldeamt noch die erpressten Aussagen von zwei eingeschüchterten Nichten ausgereicht, um gegen Marie Huntemann vorgehen zu können. Eine »Expertise« des Reichssippenamts, mit Aktenzeichen! Auch wenn sie noch nicht endgültig vorlag, würde sie schwerer wiegen als all seine kriminalistische Feinarbeit. Vorgesetzte Bürokraten ließen sich auch damals höchst ungern von subalternen Beamten in ihrem Urteil vorgreifen oder gar korrigieren.

Carl Katz, der Vorsitzende der Jüdischen Gemeinde in Bremen und dortige Vertreter der Reichsvereinigung der Juden in Deutschland, bestätigte dem Judenreferenten erst einmal auf Anfrage, dass Viktoria Kornblum, die keine geborene Schlamowitz, sondern eine geborene Glassner und damit vermutlich Marie Huntemanns Halbschwester war, in der Tat auf dem jüdischen Friedhof begraben liege. Sie sei, so Katz, Jüdin gewesen.[23]

Das reichte den beiden, Bruno Nette und Carl Katz, immer noch nicht. Es fehlte eine winzige Kleinigkeit. Die Delinquentin selber hatte zusammenzubrechen und zu gestehen. Und sie tat es. Marie Huntemann gestand ihr »Verbrechen«, Jüdin im Sinne der Nürnberger Gesetze zu sein. Bruno Nette berichtete:

»Einige Tage später brachte Katz eine Bescheinigung, woraus hervorging, dass Frau Huntemann eine Jüdin sei. Diese Bescheinigung war von Frau Huntemann selbst ausgestellt und handschriftlich unterzeichnet. Durch dieses Bekenntnis – ob freiwillig oder nicht, entzieht sich meiner Kenntnis – fiel Frau Huntemann unter die Evakuierungsbestimmungen und sollte 1942 mit nach Theresienstadt verschickt werden. Einige Tage vor der Evakuierung von Frau Huntemann suchte diese den Freitod, indem sie in die Weser sprang und ertrank. Nur durch den Verrat des Katz hat Frau Huntemann den Freitod gesucht, um der Evakuierung zu entgehen.«

War das möglich? Eine alte Frau, die schreckliche und schrecklich berechtigte Angst vor Theresienstadt hatte und die lieber Selbstmord beging, als sich »auf Transport« schicken zu lassen, sollte freiwillig bestätigt haben, was Bruno Nette über ihre jüdische Abstammung bis dahin nur mutmaßte und was sie standhaft bestritten hatte? Und ausgerechnet gegenüber dem nachfragenden Vertreter der Bremer Juden, Carl Katz, sollte sie das getan haben?

---

[22] Aussage von Henriette Lange, geb. Huntemann, am 28.3.1950. SAB, 4, 89/7, Blatt 56.

[23] Aussage Bruno Nette vor der Bremer Kriminalpolizei, 5. K., am 25. Oktober 1949. SAB, 4, 89/7, Blatt 17/1. Bruno Nettes Verfahren vor der Spruchkammer war beendet (s.u.), jetzt ermittelte ein Bremer Staatsanwalt gegen Carl Katz wegen Verbrechens gegen die Menschlichkeit, weil er zu eng mit der Bremer Gestapo, d.h. mit Bruno Nette, zusammengearbeitet habe. Bruno Nette verwandelte sich – bestimmt mit großem Vergnügen und völlig gefahrlos – in einen der Hauptbelastungszeugen.

»Nur durch den Verrat des Katz« habe Frau Huntemann den Freitod gesucht, behauptete Bruno Nette. Carl Katz setzte sich 1949 zur Wehr. Nettes Angaben seien ein Racheakt, um seine Tätigkeit als Gestapobeamter in ein besseres Licht zu stellen.[24] Leutselig erinnert Nette sich 1950 an Einzelheiten. Die Bescheinigung, in der sich Frau Huntemann selbst bezichtigt hatte, Jüdin zu sein, »war sogar noch von Katz unterzeichnet worden. Mir liegt im Sinne, dass Frau Huntemann diese Bescheinigung mit drei Kreuzen unterzeichnet hatte, weil dieselbe nicht schreiben konnte.«

Bruno Nettes früherer Mitarbeiter bei der Gestapo, Friedrich Linnemann, bestätigte diese Aussagen.[25] Nun hatte der ehemalige Gestapomann seine Aussage sicherlich mit seinem Kumpel Bruno Nette abgesprochen. Aber seine Bemerkung, Katz sei ein Gegner der Mischehen und habe deshalb Frau Huntemann der Gestapo ausgeliefert, entsprach vielen unverdächtigen Zeugenaussagen ehemaliger Opfer (s. Kapitel 13). Carl Katz selbst verteidigte sich 1950 in diesem Fall so ungeschickt und mit solchen Winkelzügen und Lügen, dass die Version der ehemaligen Gestapobeamten Nette und Linnemann an Plausibilität gewann. Und die Mehrheit der damaligen deutschen Bevölkerung hätte genau das gern gesehen: Hier die ehrlichen Gestapomänner, dort der lügende Jud, der Marie Huntemann und ihre Familie selbst der Gestapo auslieferte. Was aber war wirklich geschehen? Hatten Bruno Nette und Friedrich Linnemann nachträglich nur versucht, die Schuldfrage umzudrehen?

Verlassen wir uns nicht auf die abgesprochenen Aussagen zweier ehemaliger Gestapo-Schergen! Geben wir den Angehörigen aus Marie Huntemanns weitläufiger und zerstrittener Verwandtschaft das Wort.

Es war Henriette Lange, Marie Huntemanns einzige Tochter, die 1950 in einer Aussage vor der Bremer Kriminalpolizei, die gegen Carl Katz ermittelte, Licht brachte in diese fürchterliche Mischung aus staatlicher Mordlust und mörderischem Rassismus plus peniblem Berufsbeamtentum, aus Denunziantengeschichten und dem der Gestapo zuarbeitenden jüdischen Funktionärselend.[26] Ihre Aussage wird hier in voller Länge zitiert, beschreibt sie doch den Höhepunkt dieser Tragödie – den großen Familienrat.

»In Sachen Frau Marie Huntemann, verw. Jakobsohn, geb. Arianer, geb. 8.5.1863 zu Krakau, welche meine Mutter war und sich am 16.7.42 das Leben genommen hat, kann ich folgende Angaben machen: Meine Mutter war derzeit Witwe und stand im achtzigsten Lebensjahr. Wohnhaft war sie in Bremen-Aumund, Schillerstraße 53. Der Eigentümer des Hauses, in dem meine Mutter wohnte, war mein Bruder Ernst Huntemann, Bremen-Aumund, Brücken (*richtig: Bröken; B.N.*) Nr. 47. Dieser hat aber das Haus an einen Hermann Radtke verkauft mit der Bedingung, dass meine Mutter in dem Haus freie Wohnung und Verpflegung hatte, und zwar bis zu ihrem

---

[24] Aussage Carl Katz gegenüber der Kriminalpolizei, 12.12.1949. SAB, 4, 89/3-7, Blatt 43/1.

[25] Aussage Friedrich Linnemann vor dem KOS (Kriminalobersekretär) Gerber, 28.3.1950. SAB, 4, 89/3-7, Blatt 60f.

[26] Aussage Henriette Lange, geb. Huntemann vor dem KOS Gerber, 28.3.1950. SAB, 4, 89/7, Blatt 55, 56.

Lebensende. Hermann Radtke wohnt auch heut noch in dem Haus. Meine Mutter hat derzeit erzählt, dass sie sich mit Frau Radtke überworfen hätte und diese sie denunziert habe als Jüdin.[27] (…) Die Folge war, dass meine Mutter aus dem Haus ziehen musste. (…) Meine Mutter hat dann zunächst bei meinem Bruder Hermann Jakobsohn (jüngster Sohn aus erster Ehe meiner Mutter) in Bremen-Aumund, Bertholdstraße 395 und später im Altenheim Worpswede gewohnt.

Etwa vier Wochen vor dem Tod meiner Mutter (welche besuchsweise in meiner Wohnung war) kam meine Schwägerin Ella Jakobsohn *(die Ehefrau des Kapitäns Moritz Jakobsohn; B.N.)*, Bremen-Aumund, Hammerbeckerweg Nr. 103 (*die Straße hieß seinerzeit Adolf-Hitler-Straße; B.N.*) zu mir in die Wohnung mit einem Schriftstück. Der Inhalt dieses Schriftstückes besagte sinngemäß, dass meine Mutter sich als Jüdin bekannte. Meine Schwägerin sagte zu mir, dass dieses Briefstück von Katz wäre und meine Mutter, sowie mein Mann und sie, dieses Schriftstück unterschreiben müssten. Meine Mutter weigerte sich zunächst und sagte: ›Wenn ich dieses Schriftstück unterschreibe, dann unterschreibe ich mein Todesurteil.‹ Weiter sagte meine Mutter zu mir, dass sie bei der Gestapo ausgesagt habe, sie sei eine Katholikin. Dieses habe sie aber nur gesagt, um ihre Kinder vor den Maßnahmen der Gestapo zu schützen. Um nun zu beraten, ob meine Mutter das Schriftstück von Katz unterschreiben solle oder nicht, wurde ein sog. Familienrat abgehalten. Bei diesem Familienrat waren mein Mann, mein Bruder Jacobson mit Ehefrau, Bremen-Aumund, Bertholdstraße 395, Moritz Jacobson mit Ehefrau, Bremen-Aumund, Hammersbeckerstraße 103, und meine Schwägerin Minna Jacobson, Bremerhaven, Spichernstraße 1. Um nachteilige Folgen für alle anwesenden Personen bei dem Familienrat bei der Gestapo zu entgehen, wurde auf dem Familienrat beschlossen, dass meine Mutter das Schriftstück unterschreiben solle. Weil meine Mutter nicht schreiben konnte, unterzeichnete sie das Schriftstück von Katz mit drei Kreuzen. Gegengezeichnet haben dieses Schriftstück mein Mann und meine Schwägerin Ella Jacobson, Bremen-Aumund, Hammersbeckerstraße 103. Mein Mann hat dann dieses Schriftstück persönlich zu Katz gebracht. Etwa vierzehn Tage später bekam meine Mutter von der jüdischen Gemeinde ein Schreiben, woraus hervorging, dass sie sich bereit halten sollte für eine Deportation nach Theresienstadt. Meine Mutter sagte nach dem Erhalt dieses Schreibens, dass sie nicht nach Theresienstadt gehen wolle, sie würde lieber freiwillig in die Weser gehen. Diesen Vorsatz hat sie auch am 16.7.42 ausgeführt. Nach zehn Tagen wurde die Leiche meiner Mutter aus der Weser gefischt. Mein Mann hat Katz von dem Tod meiner Mutter in Kenntnis gesetzt. Dieser sagte zu meinem Manne, dass meine Mutter dieses nicht nötig gehabt hätte, aber vielleicht habe sie das bessere Los gewählt.

Erwähnen möchte ich noch, dass meine Mutter, nachdem sie aus dem Hause Bremen-Aumund, Schillerstraße 53 ausgezogen war, von der Gestapo gefragt worden

[27] Emma Auguste Radtke, geg. Dams, bestritt 1950 vor der Kriminalpolizei Bremen, eine Denunziantin gewesen zu sein. SAB, 4, 89/3-7, Blatt 65. Auch Ingbert Lindemann bezweifelt diesen Vorwurf in einem Schreiben an den Autor vom 28.12.2014.

ist, ob sie Jüdin sei. Nachdem meine Mutter hierauf erwidert hat, dass sie eine Katholikin sei, wurde ihr von der Gestapo vorgehalten, dass zwei Nichten von ihr (zwei Kinder ihrer Schwester Viktoria Kornblum, welche auf dem jüdischen Friedhof in Bremen beerdigt war) ausgesagt hätten, meine Mutter sei eine Jüdin. Meine Mutter ist aber trotzdem dabei geblieben, dass sie eine Katholikin sei. Hiernach bekam sie erst das Schriftstück von Katz, worin sie sich als Jüdin bekennen sollte. Die Nichten meiner Mutter leben nicht mehr, weil dieselben in Auschwitz vergast worden sind.«

Sowohl ihre Schwägerin Ella Jacobson[28] als auch der Werkmeister Wilhelm Lange (geb. 1891), seit 1916 der Schwiegersohn von Marie Huntemann und Ehemann ihrer Tochter Henriette, bestätigte Henriette Langes Darstellung.[29] Ihr Ehemann ergänzte, Ella Jakobson und er hätten den Schriftsatz von Carl Katz mit unterschrieben, »weil wir beide Arier waren«. In den Jahren 1935 bis 1938, als die Nürnberger Rassengesetze schon galten, habe seine Schwiegermutter eine notarielle Erklärung abgegeben, dass sie katholisch sei und keine Volljüdin. »Meine Schwiegermutter hatte diese Erklärung deshalb vor dem Notar abgegeben, weil sie sich schützend vor ihre fünf Kinder *(in den übrigen Dokumenten sind es nur vier; B.N.)* stellen wollte.« Das Schreiben von Katz habe die Familie sehr unter Druck gesetzt. »Weil uns bekannt geworden war, dass zwei Nichten meiner Schwiegermutter, die Geschwister Kornblum (beide im KZ-Lager verstorben) erklärt hatten, dass meine Schwiegermutter ihre Tante sei, kamen wir zu dem Entschluss, alles Leugnen aufzugeben und meine Schwiegermutter zu veranlassen, die Erklärung, dass sie Volljüdin sei, unterschreiben zu lassen.« Auch laut Wilhelm Lange hatte Marie Huntemann gesagt, sie habe ihr Todesurteil unterschrieben. »Dieses sagte meine Schwiegermutter deshalb, weil ihr so wie meiner Frau und mir bekannt war, dass man einen Teil der nach Minsk deportierten Juden ermordet hatte. Wenn ich gefragt werde, woher ich diese Kenntnis habe, erwidere ich hierauf, dass ich dieses durch sog. Feindsender und auch aus sog. Flüsterpropaganda erfahren habe.« Er persönlich habe die Erklärung seiner Schwiegermutter zu Katz in das jüdische Gemeindebüro gebracht. Nachdem seine Schwiegermutter freiwillig den Tod gesucht hatte, habe Katz zu ihm u.a. gesagt, das sei nicht nötig gewesen. »Wenn sie aber einmal den Mut dazu aufgebracht habe, so wäre dieses gut, denn sie wäre vielen Schwierigkeiten aus dem Weg gegangen.«

Als ich dieses Dokument zum ersten Mal las, wurde mir eiskalt ums Herz. Die eigenen Kinder hatten die Mutter gezwungen, ihr Todesurteil zu unterzeichnen!

Die Mutter hatte immer wieder versucht, ihre Kinder zu schützen.

Marie Huntemann und ihre ganze Familie kannten die tödlichen Gefahren seit 1933, hatten sich aber immer wieder Hoffnung gemacht, dass ihre Zugehörigkeit zur evangelischen Kirche sie schützen müsste. Ihre Enkelin Helga, geb. Jacobsohn, verh. Lee (USA), Tochter des Kapitäns Moritz Jakobsohn und von Ella Jakobsohn,

[28] Notiz KOS Gerber vom 28.3.1950, SAB, 4, 89/3-7, Blatt 56/2.

[29] Aussage Wilhelm Lange vor der Bremer Kriminalpolizei, 3.4.1950. SAB, 4, 89/3-7, Blatt 64.

geb. Hühnke, hat Pastor Ingbert Lindemann sehr viel später erzählt, »dass sie sich genau erinnere, wie sie 1933 mit ihrer Mutter im Schuhgeschäft Stern in Vegesack gewesen war. Der jüdische Inhaber habe gesagt, er werde nunmehr auswandern, nachdem Hitler an die Macht gekommen sei. Die Nazis würden alle Juden umbringen. Sie habe dann ihre völlig aufgelöste Mutter darüber befragt und dabei zum ersten Mal in ihrem Leben erfahren, dass ihr Vater (*Moritz Jakobsohn; B.N.*) und ihre beiden Großeltern (*Hermann sen. Jakobsohn und Marie, geb. Harianer, verw. Jakobsohn, verw. Huntemann; B.N.*) Juden seien. Es bestünde aber keine Gefahr für die Familie, weil die Eltern 1920 in der Vegesacker Kirche evangelisch getauft worden seien, sie selbst, die Helga, sei 1921 evangelisch getauft worden und der Vater habe sich 1927 zusammen mit seinem Sohn Günther, ihrem Bruder, taufen lassen.«[30]

Die Teilnehmer des Familienrates im Jahr 1942 wussten, dass es den Nazis nicht auf die evangelische Religion ankam, sondern auf die »blutmäßige Rasse«. Sie mussten 1942 in ihrer Todesangst als sicher annehmen, dass die Gestapo alle, auch die in privilegierter Mischehe lebenden jüdischen Söhne und Tochter der fast 80-jährigen Marie Huntemann, sofort in ein KZ einliefern und in den Gastod schicken würde, sobald endgültig bewiesen würde, dass sie als (Halb-)Juden bei der Gestapo nicht die Wahrheit über ihre Abstammung gesagt hatten. Intern wussten alle sehr wohl, dass Marie Huntemann nach Nazikriterien Jüdin war. Als nun ihre Mutter Marie Huntemann sogar durch die Jüdische Gemeinde aufgefordert worden war, sich als Volljüdin zu bekennen, gerieten sie in Panik. Rettung, so werden sie sich gedacht haben und so wird es ihnen Katz, der funktionierende Funktionär, vermutlich auch klargemacht haben, lag nur darin, dass Marie sich selbst »anzeigte« – mit drei Kreuzen. Die Ehepartner von Marie Huntemanns Kindern sollten, weil »arisch« und weniger gefährdet, die Unterschrift zusammen mit Katz bezeugen. Sie alle überlebten, bis auf Marie Huntemann selber.

Wer war schuldig? Bruno Nette? Carl Katz? Die eigene Familie?

Zum Ersten: Carl Katz spielte seine unheilvolle Rolle, sicherlich. »Aus diesen Vernehmungen«, so der Kriminalbeamte (Kriminalobersekretär) Gerber am 13. April 1950,[31] der 1949 und 1950 mit Ermittlungen gegen Carl Katz beauftragt gewesen war, »dürfte klar hervorgehen, dass Katz der Gestapo behilflich war, Frau Huntemann durch ihr eigenes schriftliches Bekenntnis als Jüdin zu überführen.« Gerber dürfte nicht aufgefallen sein, dass seine Wortwahl – »als Jüdin zu überführen« – verletzend, geschmacklos und unpassend war. Aber er fasste die Aussagen der Familienanghörigen richtig zusammen. Zum Zweiten: Auch die Familie spielte zuletzt eine hilflos unbarmherzige Rolle. Zum Dritten: Bruno Nette! Er war der Urheber, er übte unmenschlich gewaltigen Druck auf die Menschen aus, denen Marie Huntemann vertrauen musste. Er brachte sie alle dazu, ihre 80-jährige Tante, Mutter und Schwiegermutter zu verraten.

---

[30] Ingbert Lindemann, Brief an den Autor, 28.12.2014.

[31] KOS Gerber: Vermerk zu einem juristischen Gutachten, 13.4.1950. SAB, 4, 89/7, Akte »Katz, Karl« des Oberstaatsanwalts beim Landgericht Bremen, Blatt 66.

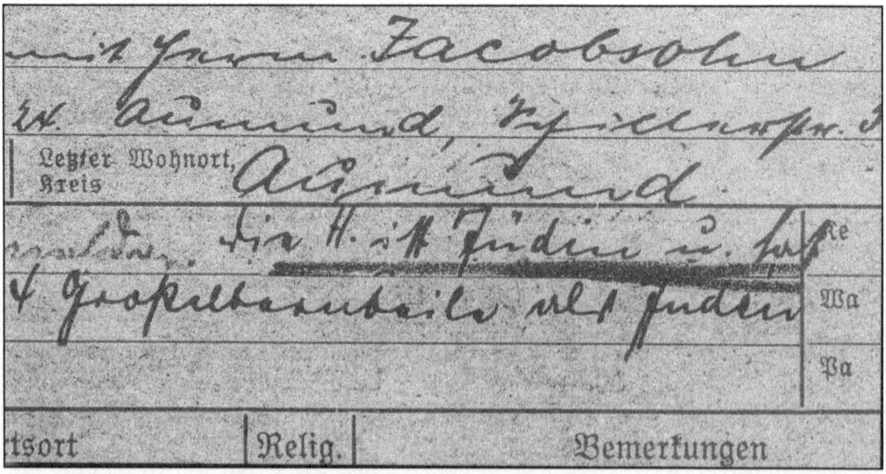

»Die H. ist Jüdin ...« – eine verräterische Meldekarte

Und Marie Huntemann? Ihr konnte man keinerlei Verantwortung oder Schuld aufbürden. Das zumindest hat auch niemand versucht, weder die Täter noch die Opfer. »Die Nachbarn schildern sie als eine ganz liebe und nette und freundliche Frau, die zurückgezogen und unauffällig lebte.«[32] Sie hatte sich schützend vor ihre Kinder gestellt, die dafür zum Schluss von ihr verlangten, sich zu opfern. Sie unterschrieb ihr eigenes Todesurteil und ging in den nassen Tod. Was für eine Frau! Sehr menschlich und tapfer.

Und zum Schluss zur guten alten deutschen Meldekarte, die alles auslöste. Sie illustriert den Umschlag des Buches von Ingbert Lindemann. Schaut man genau hin, findet sich hinter den handschriftlich eingetragenen Wohnortdaten von Marie Huntemann der Satz: »Die H. ist Jüdin und hat 4 Großelternteile als Juden.« Ein Todesurteil. Der infame Satz wurde nachträglich in einer anderen Handschrift eingefügt. Die schwungvolle Handschrift kam mir bekannt vor. Mein Großvater schrieb so.

[32] Lindemann 2009, S. 81.

Kapitel 9: Leutnant

Kaleidoskop mit roten Saffianlederstiefelchen

Nachdem er im April 1942 zu seiner 6. Panzerdivision an der Ostfront gekommen war, wurde Bruno Nettes ältester Sohn Günther Nette im Juni 1942 verwundet und kein halbes Jahr später zum Leutnant befördert. Am 13. Dezember 1942 schrieb er aus Greifswald an seine Freundin Wiebke Hinrichsen, genannt Enne:

»Liebster süßer Enneschatz! Hurra!! Ich bin Leutnant! Soeben komme ich von der feierlichen Angelegenheit als befördert zurück. Ich bin rasend stolz und zugleich unermesslich glücklich, mein Schatz! Ist es doch die Grundlage für den Schritt, der uns beide auf immer verbinden wird! In größter Liebe und Dankbarkeit denke ich auch gerade heute an dich. Bestimmt hast du, meine teure Geliebte, entscheidenden Anteil an der Gewinnung dieses Sieges. Dir gilt mein tiefster, innigster Dank! Ich bin unsagbar glücklich, mein Lieb, weil du mich so sehr lieb hast, immer nur will ich dir allein gehören!!«

Joseph Goebbels schrieb am 18. Dezember 1942 in sein Tagebuch: »Die Judenfrage spielt eine außerordentliche Rolle, sowohl im feindlichen wie auch im neutralen Nachrichtendienst. Die Schweden empören sich scheinheilig gegen unsere Behandlung der polnischen Juden, erklären sich aber keinesfalls bereit, die Juden in ihr Land aufzunehmen. Die maßgebenden Stockholmer Zeitungen verwahren sich mit Emphase dagegen, dass ihnen nun die Ghettojuden aus Warschau aufgedrängt werden sollten.« Darüber machte Goebbels sich also wenig Sorgen. Etwas anderes beunruhigte ihn. »Die Entwicklung um Stalingrad gibt doch zu einigen Besorgnissen Anlass. (...) Göring hat anstelle des Führers vor den Offiziersanwärtern im Sportpalast gesprochen. Die Rede soll nicht sehr glücklich gewesen sein, (...) und Göring soll auch einige Ausführungen über den Tod auf dem Schlachtfeld gemacht haben, die ziemlich salopp waren.«[1]

Über das Schicksal des Kanonenfutters sollte man also tunlichst nicht so salopp daherreden, selbst als Reichsmarschall nicht, fand er wohl, und beschloss: »Wir beschränken uns auf nur wenige rein weihnachtlich eingestellte Sendungen und Darlegungen. Es ist nicht gut, wenn das Volk in dieser schweren Zeit allzustark von dem sentimentalen Zauber dieser Festtage ergriffen wird.«

Günther Nette aber hatte sich ergreifen lassen, vom Stolz auf sein Leutnantspatent und von der Liebe. Und noch sechzig Jahre später erinnerte er sich daran – und an Saffianlederstiefelchen.

Günther Nette (2002): »Ja, dann kam der große Tag, wo wir nach Berlin befohlen wurden. Wir mussten am 18. Dezember 1942 in den Reichssportpalast einzie-

---

[1] Goebbels 1992, S. 1851f.

hen. Da bin ich ja gerade 21 geworden. Die riesige Halle war von Tausenden von jungen Offizieren oder werdenden Offizieren besetzt und es wurde Marschmusik gespielt, so vaterländisch, und der Höhepunkt sollte die Hitler-Rede sein. Hitler kam aber nicht, weil da an der Front die Sache nicht so lief, wie er das wohl wollte. Ja, das war dann Stalingrad. Wir waren auch sehr deprimiert eigentlich, uns war nicht so besonders wohl. Heimlich, wir waren sehr schweigsam, wir haben unsere Gedanken natürlich für uns behalten müssen. Na, und dann kam Hermann Göring herein, forsch, mit roten Saffianlederstiefelchen, nicht wahr, er sah aus wie ein Operettengeneral. Feistes Gesicht, sein dicker Bauch hing über seinem breiten Koppel, sein Marschallstab glänzte vor Edelsteinen und Brillanten, der war extra groß. Ich hab später von anderen Marschällen die Dinger gesehen, aber der von Göring war so'n Klopper. Und auf der Brust beide Seiten voller Orden. Der war als Luftmarschall ausgerüstet, aber nicht etwa in Blau, alles in Weiß! Schrecklich! Und ich hab ihn so von oben sehen können, der war vielleicht fünf Meter von mir weg, als er da reinzog. Da hab ich gedacht, das will ein Reichsmarschall sein, das will ein Soldat sein, der uns jetzt führen soll? Das kann doch wohl nicht wahr sein! Wir waren ja Soldaten, aus wirklich gesundem Schrot und Korn, wir waren durch und durch Soldaten. Und da haben wir für den nur ein mitleidiges Lächeln gehabt. Aber als er dann am Pult stand und seine Rede da hinschmetterte, vom Führer grüßen ließ und den Führer in den Himmel hob, was er ja immer tat, und alle möglichen Beweise dafür anführte; wie genial der Führer sei, wie er den Krieg zum Erfolg führen würde und alle diese Parolen, nicht wahr – ja, wir haben das mit Staunen aufgenommen, denn Stalingrad war da ja schon ein bisschen im Schwange, und da haben wir gedacht, na gut, das kann ja angehen, er kann das ja noch meistern, warum nicht? Na, und dann mussten wir aufstehen und dann wurden wir vereidigt auf den Führer und Kanzler des Großdeutschen Reiches und damit war die Sache eigentlich zu Ende, da wurden wir raus geführt, in verschiedene Lokale, die da vorbereitet waren, da kriegten wir ein ordentliches Essen vorgesetzt. Und ein paar Tage später wurden wir dann zu Leutnanten befördert. Da kamen Schneider von der Heereskleiderkammer aus Berlin an und nahmen Maß, das sollte ganz genau sitzen, auf

1943: Günther Nette als Leutnant

Taille und so. Offiziere sollten tadellos gekleidet sein. Eine Woche später holten wir uns unsere Klamotten ab, alles, was man so brauchte, bis zu Wildlederhandschuhen, Uhr und natürlich Mützen und Uniformröcke und selbst an Unterwäsche hatte man gedacht und an Stiefel, Reitstiefel. Tadellos. Ich konnte das nachher ja nicht mehr tragen, aber da sah ich schneidig aus.«

Es sei der stolzeste Tag in seinem bisherigen Leben gewesen, berichtete Günther Nette auch später noch, als er, der Bremer Hungerleider, zu Weihnachten 1942 in blitzender Offiziers-Uniform bei Wiebkes großbürgerlichen Hamburger Eltern Hinrichsen um ihre Hand anhalten konnte. Leutnant, EK 1, ein Kriegsheld. Da konnten die Hamburger Eltern nicht gut »Nein« sagen, auch wenn sie es gern getan hätten. An sich war Günther Nette für das Töchterchen nicht standesgemäß. Nicht mal Abitur hatte der Mensch. Das Verhältnis zu seinem Schwiegervater, einem Stahlhändler und Nationalsozialisten der ersten Stunde, und dem forschen SS-Schwager Klaus Hinrichsen blieb für alle Zeiten belastet. Günther Nette wird sich eher seinen kommunistischen und sozialdemokratischen Verwandten mütterlicherseits in Varel und auf den Bremer Werften zugehörig gefühlt haben.

Er fuhr in den Weihnachtstagen 1942 mit seiner Wiebke auch nach Bremen. »Da hab ich meinen Vater besucht und die Tante Mieze, die jetzt plötzlich ganz anders war, ich war Leutnant, jetzt war ich wer, jetzt war sie höflich und nett und ich kriegte ordentlich was zu essen und zu trinken, was ich vorher nie gekriegt hatte. Ich hab gedacht, du bist doch ein Luder, ein Aas bist du. Aber ich hab mir das nicht anmerken lassen, ich wollte ja auch meinem Vater da nicht wehtun, obwohl er ein Wüterich sein konnte. Mein Vater hat immer einen dicken Stock genommen, ist mit Rudi oder mit mir in den Keller gegangen und hat uns windelweich durchgeprügelt. Das hat er übrigens öfter gemacht. Das kannst du dir gar nicht vorstellen. Und die Tante Mieze hat meinem Bruder und mir Schlimmstes angetan. Sie hat uns unsere Jugend vergiftet. Na, gut.«

Vater Bruno Nette wird anlässlich des Besuchs seines gerade 21 gewordenen Sohnes mit den frischen Leutnantsschulterstücken und dessen 20-jähriger Verlobter, die schon Lehrerin war, etwas Gutes auf den Tisch gestellt haben. Wein?

Die Zeugin Gertrud Händler, geboren 1899, von dem Judenreferenten Bruno Nette als »Geltungsjüdin« »enttarnt« und zur Arbeit im Büro der Jüdischen Gemeinde bei dem Gemeindevorsitzenden Karl Bruck dienstverpflichtet, gab im Juni 1948 zu Protokoll: »Weihnachten 1942 hatten wir im Gemeindebüro Wein. Ich bat Br. *(Bruck, Vorsitzender der Jüdischen Gemeinde Bremen: B.N.)* um eine Flasche. Er meinte nur, das ginge nicht, der Wein sei für Nette bestimmt.«[2]

Weihnachten hin oder her, seiner Leidenschaft, »Geltungsjuden« oder »Volljuden« aufzustöbern, ging Bruno Nette unverdrossen weiter nach. Die Zeugin Ursula Meyer, geboren 1919, musste wie Gertrud Händler im Büro der Jüdischen Gemeinde arbeiten. Bruno Nette lud sich in diesen Tagen bei der Jüdischen Gemeinde

---

2 Aussage Gertrud Händler vom 4.6.1948. SAB, 4, 66-I, Akte Bruno Nette, 1887/12/22, Blatt 111 (blau notiert; 83 (rot notiert).

zum Weihnachtsessen ein und beglückte die 23-jährige Sekretärin Ursula Meyer mit einem speziellen Weihnachtsgeschenk. »Kurz vor Weihnachten 1942 war ein Hühneressen in der jüdischen Gemeinde, bei dem u.a. auch Nette zugegen war. Dieser forderte mich auf, dass ich nach Weihnachten zur Gestapo kommen müsse. Er erklärte mir dort, dass ich noch einige Papiere für den arischen Nachweis meiner Mutter beizubringen hätte, weil der Verdacht bestände, dass meine Mutter vielleicht doch zum jüdischen Glauben übergetreten sei. Ich beschaffte die Papiere. Ca. am 10.3.1943 übermittelte mir Bruck den Bescheid, dass ich zur Volljüdin erklärt sei und deportiert würde, das habe Nette ihm mitgeteilt.«[3]

Was für ein persönlich glorioser Ausklang des Jahres 1942 für Günther Nette. Der »Persilkoffer«, mit dem er 1940 in die Bremer Kaserne Huckelriede eingerückt war, hatte ausgedient. Die auf Taille maßgeschneiderte Uniform war »im Osten« an der Front natürlich nicht zu gebrauchen. Musste man staubsicher aufbewahren, das gute Stück. Daher dringend benötigt: Ein anständiger Koffer! Woher nehmen? Väterchen Bruno Nette wusste Rat.

Der Koffer

Ich wurde 1946 geboren, mein Bruder Dieter 1948. Es war für meine Eltern Günther und Wiebke Nette schwer, in der unmittelbaren Nachkriegszeit Kinder aufzuziehen. Anfang der 1950er Jahre, als ich fünf Jahre alt war und mein Bruder drei, waren wir Kinder vormittags manchmal stundenlang uns selbst in der neuen kleinen Wohnung in Hamburg-Hamm überlassen. Mein Vater studierte noch auf Gewerbelehrer und meine Mutter war, wie meist, zu spät zum Unterricht in der Schule Schwenckestraße losgehetzt, quer durch die Stadt nach Eimsbüttel auf einem alten Stricker-Fahrrad, weil die Tagesmutter Frau Stibane mal wieder nicht gekommen war. »Frostibane«, wie wir Kinder sie nannten, wohnte, besser gesagt, hauste in dem Eimsbütteler Nissenhütten-Lager hinter Karstadt Osterstraße. Und S- oder U-Bahnen und Straßenbahnen fuhren unregelmäßig.

Die beiden kleinen Brüder waren eines Tages mal wieder allein. Ein alter hellfarbener Schrankkoffer stand breit hingelagert im Kinderzimmer, groß wie eine Kommode. Er sei so schön staubdicht, hatte mein Vater gesagt, der es sehr mit der Sauberkeit hielt, eine manchmal verstörende Eigenschaft, die er offensichtlich seiner Mutter Theda verdankte. Hohe, feste, an den Kanten metallverstärkte Holzbänder umschlangen das Schottenmuster, mit dem der abgerundete Korpus des Schrankkoffers bedeckt war.

Wir Kinder öffneten den festen Deckel und mein Bruder Dieter kletterte hinein. Auf der Innenseite des Deckels waren die Initialen B.N. gemalt. Ich drückte den Deckel zu und schloss ihn mit dem Schlüssel ab, der an einem Nagel darüber bau-

[3] Aussage Ursula Meyer vom 9. Juni 1948. SAB, 4, 66-I, Akte Bruno Nette, 1887/12/22, Blatt 113 (blau notiert); 85 (rot notiert).

melte. Drinnen tobte zu meinem nicht geringen Vergnügen der kleine Bruder und wollte wieder raus. Dann wurde es ruhiger da drin und zum Schluss ganz still. Es kostete mich Vier- oder Fünfjährigen einige Mühe, den Schlüssel in die richtige Richtung zu drehen, außerdem hakte er. Schließlich hatte ich das Schloss wieder aufgekriegt. Vorsichtig hob ich den Deckel hoch. Der Kleine lag am Kofferboden und japste kaum noch.

Zeit seines Lebens hat er mir vorgeworfen, ich hätte ihn in diesem Mörderkasten fast erstickt.

Vater Bruno war sehr stolz gewesen, als sein ältester Sohn Günther zu Weihnachten 1942 Leutnant geworden war.

»Bremen, 21.10.1948. Vernehmung. Vorgeladen erscheint der internierte Bruno Nette, geb. 22.12.1887 in Eisleben, zur Zeit im Internierungslager Riespott. (...) Ich war während des Krieges, als mein Sohn Offizier geworden war, auf der Suche nach einem Koffer. Auf meine Frage bot mir Karl Bruck (*Vertrauensmann der Bremer Juden in der »Reichsvereinigung der Juden in Deutschland«; B.N.*) damals zwei Koffer an. Beide waren leer. Bei dem einen Koffer öffnete ich das Schloss. Der eine Koffer wurde mit den Buchstaben B.N. beschriftet. Ob ich den zweiten bekommen habe, kann ich heute nicht mehr sagen. Für den einen Koffer wurde ein Schlüssel nachgefertigt. Ich habe an Bruck eine Geldsumme für den oder die Koffer gegeben. Wieviel es war, kann ich nicht mehr sagen. Ich wusste nicht, dass die Koffer zu jüdischem Eigentum gehörten. Ich war der Meinung, dass die Koffer Bruck gehörten.«[4]

Agnes Brandes (geb. 1893) wusste 1948 von dem Koffer. Sie belieferte die Jüdische Gemeinde mit Sanitätsmitteln für die Deportationszüge und konnte in den Gemeinderäumen ein- und ausgehen. »Unter den beschlagnahmten Gegenständen jüdischer Herkunft befand sich ein Kabinenkoffer. Ich habe gefragt, ob ich diesen Koffer kaufen könnte. Mir wurde von Herrn Bruck geantwortet, dass dieser schon dem Gestapobeamten Nette versprochen sei.«[5]

Der Judenreferent also erhielt das gute Stück, gegen Bezahlung, wie er später behauptete, was sicherlich gelogen war. Ein Weihnachtsgeschenk der Jüdischen Gemeinde wird es gewesen sein, für den bestechlichen Bremer Gestapo-Beamten, mit den Initialen des neuen Eigentümers, um den »Gewaltigen« zu erfreuen und den Eigentumswechsel vom Juden zum Judenreferenten unwiederbringlich zu dokumentieren.

»B.N.« Ich habe später als größeres Kind mit meinem Zeigefinger darüber hingestrichen und gedacht, dort, auf der Innenseite des luftdichten Deckels, ständen die Anfangsbuchstaben meines Namens. Manchmal befühlte ich auch aufmerksam das außen eingeprägte Schottenmuster und überlegte, wie man das wohl so schön hinbekommen hatte, dass es richtig echt wirkte, als ob der riesige Koffer in wirk-

---

4 Vernehmung Bruno Nette am 21.10.1948, Lager Riespott. SAB, 4, 66-I, Akte Bruno Nette, 1887/12/22, Blatt 114.

5 Agnes Brandes, Aussage am 14.10.1948. SAB, 4, 66-I, Akte Bruno Nette, 1887/12/22.

Nachricht an Caroline Ramm, 12.3.1943: »... dass Ihre Kinder ... Juden sind«

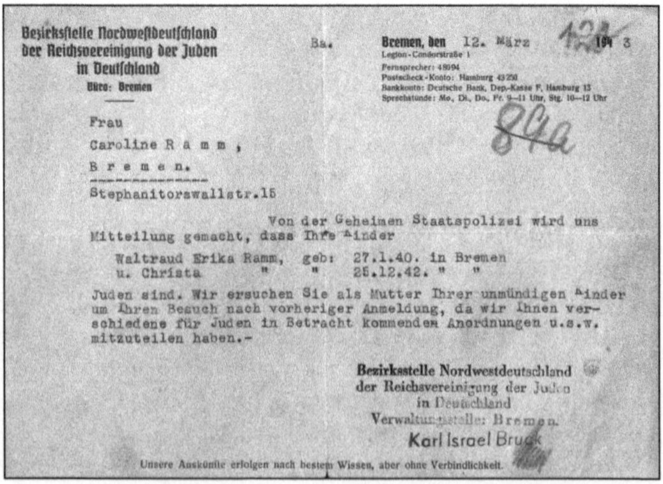

Bezirksstelle Nordwestdeutschland
der Reichsvereinigung der Juden
in Deutschland
Büro: Bremen

Ba.

Bremen, den 12. März 1943
Legion-Condorstraße 1
Fernsprecher: 48094
Postscheck-Konto: Hamburg 43250
Bankkonto: Deutsche Bank, Dep.-Kasse F, Hamburg 13
Sprechstunde: Mo., Di., Do., Fr. 9–11 Uhr, Stg. 10–12 Uhr

120

84a

Frau
Caroline R a m m ,
B r e m e n.
Stephanitorswallstr.15

Von der Geheimen Staatspolizei wird uns Mitteilung gemacht, dass Ihre Kinder

Waltraud Erika Ramm, geb: 27.1.40. in Bremen
u. Christa " " 25.12.42. " "

Juden sind. Wir ersuchen Sie als Mutter Ihrer unmündigen Kinder um Ihren Besuch nach vorheriger Anmeldung, da wir Ihnen verschiedene für Juden in Betracht kommenden Anordnungen u.s.w. mitzuteilen haben.-

Bezirksstelle Nordwestdeutschland
der Reichsvereinigung der Juden
in Deutschland
Verwaltungsstelle: Bremen.
Karl Israel Bruck

Unsere Auskünfte erfolgen nach bestem Wissen, aber ohne Verbindlichkeit.

liches Tuch gewickelt war, fest und unzerstörbar. Dass mein Bruder darin fast gestorben wäre, machte mir immer noch ein sehr schlechtes Gewissen.

Die jüdischen Eigentümer des Koffers sind vermutlich 1942 oder 1943 in Minsk ermordet worden. Vielleicht wurden sie in einem luft- und staubdicht verschlossenen LKW-Laderaum mit Dieselabgasen erstickt.

Das Weihnachtskind

An demselben ersten Weihnachtstag 1942, als Günther Nette mit seiner Verlobten Wiebke Hinrichsen von seinem Vater und der Tante Mieze Wein serviert bekam – ein staubdichter Schrankkoffer stand unterm kerzengeschmückten Tannenbaum –, wurde in Bremen ein Kind geboren. Christa Ramm, ein Bremer Weihnachtskind. Drei Monate später erhielt Christas Mutter, Caroline Ramm, das oben abgedruckte kurze Schreiben von »Karl Israel Bruck« aus der Bezirksstelle der Reichsvereinigung der Juden in Deutschland, Büro Bremen.[6]

Mein Großvater hatte wieder zugeschlagen. Die Todesbürokratie der Gestapo, die den jüdischen Vater des Kindes, Otto Hirsch, bereits nach Auschwitz hatte verschleppen lassen, wo er ermordet worden war, erfasste verlässlich auch das neue Weihnachtskind. Im Februar 1945 ließ Bruno Nette die kleine zweijährige »halbjüdische« Christa Ramm unbegleitet in das KZ Theresienstadt deportieren, zusammen mit ihrer fünfjährigen Schwester Waltraud Erika Ramm. »Zum Arbeitseinsatz.« Die beiden kleinen Mädchen kehrten zurück, aber nur, weil kurz nach ihrer Ankunft das KZ Theresienstadt von sowjetischen Truppen befreit wurde. Es waren Truppen derselben Roten Armee, gegen die jetzt, zu Beginn 1943, Bruno Nettes

---

[6] Karl Bruck, Schreiben, 12. März 1943. SAB, 4/89/7 (Band 1), Blatt 120.

Erstgeborener, der frisch verlobte und aberwitzig stolze Leutnant, wieder tapfer und dumm mit seinen 21 Jahren in den Krieg zog. Er hatte mit Wiebke Hinrichsen eine Verlobungsnacht im Hotel Reichshof am Hamburger Hauptbahnhof verbracht.

Stalingrad

Weder in Günther Nettes letzten Erinnerungen aus dem Jahr 2002 noch in seinen Kriegstagebüchern taucht irgendwann etwas von der Shoa oder vom Vernichtungskrieg auf. Nur tapfere Soldaten. Auf beiden Seiten. Nur Siege. Nur Niederlagen. Nur Verwundungen. Nur Schnee, Eis, Kälte, Schlamm. Nur der Iwan und der Fritz. Beide zu Tode erschöpft. Manchmal russische »Flintenweiber«, ansonsten friedliche Studentinnen und Babuschkas.

Günther Nette (2002): »Und inzwischen hatten die Russen ja schon so um die Weihnachtszeit herum den Stalingrad-Kessel gebildet, mit stärksten Kräften, und sie haben sich da auch nicht wieder vertreiben lassen. Ich wollte unbedingt an die Front, flog mit einem Aufklärungsflugzeug Richtung Osten. Ich hatte die Beobachterposition zu beziehen, das war ja das Land, das Hunderte Kilometer, beinahe Tausend, von deutschen Truppen besetzt war, aber nur irgendwie netzartig besetzt war. In Nikolajew, wo der Don einmündet in das Schwarze Meer, war das Hauptquartier von dem Marschall Manstein.«

Nach einer Auffrischung in Frankreich und Ausrüstung mit neuen Panzern beteiligte sich »seine« 6. Panzerdivision ab Januar 1943 am Versuch der Wehrmacht, zu den eingekesselten deutschen Truppen in Stalingrad durchzubrechen.

Leutnant Günther Nette stand hier auch dem sowjetisch-jüdischen Dichter und Kriegsberichterstatter Wassili Grossman gegenüber, dessen Mutter den deutschen Mordaktionen in Berditschew zum Opfer gefallen war. Grossman nahm an der Schlacht von Stalingrad 1942/43 von Anfang bis Ende teil. Er beschrieb sie später in seinem bereits zitierten Roman *Leben und Schicksal*.[7] Ein Russland mit »einer solchen großen Literatur, das gehört zu Europa, was immer man in der EU und in unseren Parlamenten politisch davon halten mag«, bemerkte Ekkehart Krippendorff im März 2008.

»Die Dezembertage wurden immer kürzer und die eisigen Nächte immer länger. Immer enger zog sich der Ring zusammen, immer böser wurde das Feuer der sowjetischen Maschinengewehre und Geschütze (...). Oh, wie erbarmungslos war der russische Steppenfrost, unerträglich sogar für die an ihn gewöhnten, mit Fellmänteln und Filzstiefeln bekleideten Russen. Der grimmige Frost bildete einen Abgrund über den Köpfen, war von unbezähmbarer Erbitterung. Die trockenen, gefrorenen Sterne klebten wie zinngrauer Raureif am Himmel, den die Kälte umklammert hielt. Wer von den Dahinsiechenden und Todgeweihten hätte verstehen können, dass dies

---

[7] Grossman 2007.

die ersten Stunden der Vermenschlichung des Lebens vieler Millionen Deutscher nach einem Jahrzehnt der totalen Unmenschlichkeit waren!«[8]

Es ist ja bekannt, dass manche der sowjetischen Soldaten von dem Ausgang der Schlacht von Stalingrad auch mehr Freiheit für ihr eigenes Land erwarteten. Aber erst einmal musste das Großdeutsche Reich besiegt werden. Es war noch ein langer Weg von Stalingrad bis nach Berlin. Yehuda Bauer, der israelische Historiker des Holocaust, hat in seinem Buch *Der Tod des Schtetels* die Bedeutung der Sowjetunion und der Roten Armee für den Sieg über Nazi-Deutschland besonders hervorgehoben.[9] Erich Später zitiert ihn in der Monatszeitschrift *konkret* wie folgt:

»Es war eindeutig die Rote Armee, die die letzten überlebenden Juden nicht nur der Kresy (jüdischer Siedlungsgürtel in Polen, Weißrussland und der Ukraine; E.S.), sondern aus ganz Osteuropa, im Grunde genommen aus ganz Europa, gerettet hat. Die Rote Armee war es, die NS-Deutschland besiegt hat, wobei die Westalliierten natürlich zu diesem Sieg beigetragen haben. Sowjetische Truppen nutzten amerikanische Lastwagen, schossen mit Waffen und Munition aus umfangreichen amerikanischen Lieferungen. (...) Die Hauptlast der Kämpfe trugen die Westmächte indessen nicht. Die Sowjets produzierten unter kommunistischer Planwirtschaft Tausende von Panzern, Flugzeuge und Kanonen, Minen und Handfeuerwaffen und alles übrige. Es waren die Sowjets, die in ihrem zerstörten Land den Kampf gegen einen brutalen und gewissenlosen Gegner ausfochten. Sie waren es, die Millionen von Soldaten und viele Millionen Zivilisten verloren, teils wegen der Unfähigkeit ihrer Führer, teils wegen der erbarmungslosen Schlachten, die in der zweiten Phase des Krieges auch von sowjetischer Seite gut geplant wurden. Hätte es die Rotarmisten nicht gegeben, die vielen Antisemiten unter ihnen eingeschlossen, hätte es auch nirgendwo in Europa jüdische Überlebende gegeben, wahrscheinlich auch kein Israel. Es ist Fakt, dass ein kommunistisches Regime, so totalitär, brutal und korrupt wie es war, den Krieg gegen den Feind der Menschheit gewonnen hat, gegen das schlimmste Regime, das diesen Planeten je geschändet hat.«[10]

Der Reichspropagandaminister Goebbels zitierte am 8. Februar 1943 aus einer Rede Hitlers vor den »Reichs- und Gauleitern« der NSDAP, die dieser einen Tag zuvor gehalten hatte. Warum nur war die militärische und politische Katastrophe eingetreten?[11] »Der Feind kämpfe unter Zuhilfenahme der Technik. Sein Infanteriematerial sei denkbar schlecht. Es müsse für uns ein niederschmetternder Gedanke sein, wenn wir uns vorstellten, dass wir als die höchste Rasse Europas am Ende der Technik eines Halbaffenvolkes zum Opfer fielen.«

Wie sah das mein Vater am Ende seines langen Lebens? Bedeutete Stalingrad für ihn, der er damals ein blutjunger deutscher Soldat war, zumindest nachträglich die »Befreiung der Freiheit im Menschen«? Nein. Weder damals noch später. Er

---

8 Ebd., S. 885.

9 Bauer 2013.

10 Später 2014, S. 38f.

11 Goebbels 1992, S. 1893.

dachte auch als alter Mann nur in engen militärischen Kategorien. Stalingrad: Militärische Katastrophe! Hitler: Militärischer Trottel! Die Deutschen: Tapfere Soldaten! Die Russen? Von wegen »schlechtes Infanteriematerial«, auch tapfere Soldaten! Die Rumänen? Hatten kein Interesse am Krieg. »Wofür sollten die wohl auch kämpfen?« Er setzte nachdenklich hinzu: »Wir wussten es ja nicht einmal.« Immerhin.

Hitler zog noch einen weiteren Schluss aus Stalingrad: »Solange sich noch Juden in Berlin befinden, können wir von einer inneren Sicherheit nicht sprechen. Auch aus Wien müssen die Juden so schnell wie möglich raus.«[12]

»Nach dem Fall von Stalingrad verlor die Gestapo den Kopf, sie prügelten unbarmherzig. Die berühmtesten Bestien waren Siebert, Groß und Heikow«, berichtete 1947 Ljubowa Sachs über die Zustände im Bremer Gestapohaus *Am Wall 199*. Trotz aller Bestialitäten, die noch folgen sollten, die »Befreiung der Freiheit im Menschen«, wie Wassili Grossman es später in seinem Stalingrad-Roman nannte,[13] hatte also begonnen.

»Das jüdisch-bolschewistische System muss ein für allemal ausgerottet werden!«

Hohe Offiziere der Wehrmacht waren nach Stalingrad und nach Rommels Niederlage in Nordafrika nun doch geschockt. Plötzlich sahen sie in den systematischen Massenmorden an den Juden, an der sowjetischen Zivilbevölkerung unter dem Vorwand der Partisanenbekämpfung und an den Kriegsgefangenen ein Problem. Außerdem glaubten die meisten von ihnen 1943 nicht mehr an einen deutschen Sieg. Dreimal versuchten einzelne Offiziere im Frühjahr 1943 den Tyrannenmord. Philipp Freiherr von Boeselager wollte Hitler bei einem Besuch im März 1943 an der Ostfront erschießen, was der in den Plan eingeweihte Feldmarschall von Kluge verbot, weil er Kämpfe zwischen der Wehrmacht und der SS befürchtete. Auf dem Rückflug vom Hauptquartier der Heeresgruppe Mitte in Smolensk sollte am 13. März 1943 Hitlers Flugzeug durch einen in einer Cognac-Flasche eingeschmuggelten Sprengsatz zum Absturz gebracht werden, organisiert u.a. durch Oberst von Tresckow und erneut Philipp Freiherr von Boeselager. In der Kälte versagte der Zünder. Zurück in Berlin organisierte von Tresckow den dritten Anschlag. Am 21. März 1943 wollte sich Oberstleutnant Rudolf-Christoph von Gersdorff in Berlin mit Hitler in die Luft sprengen. Auch dieser Selbstmordanschlag misslang.

Leutnant Günther Nette hatte es in diesem März 1943 nach Charkow verschlagen. Zu Hitlers Besuch an der Front war er für die Straßensicherungen eingeteilt worden. Am 12. März 1943, einen Tag, bevor Hitler abstürzen sollte, machte Leutnant Nette sich laut seinem Kriegstagebuch um fünf Uhr in der Frühe auf. »P 41 (Stab) Partisanenunternehmen und Aufenthalt bis morgen.« Im Stab wurde also eine grö-

[12] Ebd., S. 1883.

[13] Grossman 2007, S. 885.

ßere Jagd auf Partisanen vorbereitet. Hinterher wird man noch zusammengesessen haben, vielleicht bei französischem Wein und Cognac.

Partisanen zu bekämpfen, das bedeutete in der Gegend rund um das vorübergehend von deutschen Truppen zurückeroberte Charkow meist, die auf der Suche nach Essbarem umherirrende sowjetische Stadtbevölkerung festzunehmen und als angebliche Partisanen zu erschießen oder zu erhängen, weil sie ohne Erlaubnisschein ihre Wohnorte verlassen hatten.

Das alles geschah in den von der Wehrmacht selbst so bezeichneten Kahlfraßzonen, d.h. in der von ihr planmäßig und ratzekahl ausgeplünderten Region Hunderte von Kilometern rechts und links neben den Rollbahnen. Schließlich hatte sich entsprechend den deutschen Angriffsplänen die Wehrmacht im zweiten Kriegsjahr bereits vollständig aus dem »Feindesland« ernähren sollen, auch wenn das den Hungertod von Millionen von Menschen bedeutete. Und 1943 war schon das dritte Kriegsjahr im besetzten Russland, der Ukraine und in Weißrussland. Bitterer Hunger. Und das vierte Kriegsjahr stand noch bevor.

Hat Günther Nette die hungernden Menschen aus Charkow »geschnappt«? »Unbarmherzig und sofort an die Wand gestellt«? 2002 erinnerte er sich mit diesen Worten angeblich nur an Partisanen, die deutsche Nachschublinien unterbrachen und Eisenbahnzüge in die Luft sprengten. »Es waren eben Widerstandskämpfer, wie man heute sagen würde. Für uns waren das keine Soldaten, sie waren also Zivilisten, die sich unbefugt in den Krieg eingemischt hatten, was nach der Haager Kriegsordnung nicht gestattet war.« Plötzlich erinnerte er sich nur noch an wirkliche Partisanen und auch wieder an die Haager Kriegsordnung, die die Wehrmacht längst mit Füßen trat. Er hatte sich noch 1940 nichts anderes gewünscht als ganz zivil die Bremer Ingenieurschule zu besuchen, er hatte geweint, als er eingezogen wurde, er hatte sich als Kind nur bei seinen sozialdemokratischen und kommunistischen Verwandten wohl gefühlt, und was war jetzt aus ihm geworden? Lebenslang bewahrte er sich »eine große Sympathie« für seinen Feldmarschall Erich von Manstein. Dass auch von Manstein ein Rassenfanatiker war, ein Judenwürger, Russenhasser und Kriegsverbrecher, interessierte ihn auch nach 1945 nicht einmal am Rande.

Am 20.11.1941 erließ Erich von Manstein einen Befehl an die von ihm kommandierte 11. Armee:

»Das jüdisch-bolschewistische System muss ein für allemal ausgerottet werden. (...) Der deutsche Soldat (...) tritt auch als Träger einer völkischen Idee und Rächer für alle Grausamkeiten, die ihm und dem deutschen Volk zugefügt wurden, auf. (...) Die Ernährungslage der Heimat macht es erforderlich, dass sich die Truppe weitgehendst aus dem Lande ernährt und dass darüber hinaus möglichst große Bestände der Heimat zur Verfügung gestellt werden. Besonders in den feindlichen Städten wird ein großer Teil der Bevölkerung hungern müssen. (...) Für die Notwendigkeit einer harten Sühne am Judentum, dem geistigen Träger des bolschewistischen Terrors, muss der Soldat Verständnis aufbringen.«[14]

---

[14] Wrochem 2006, S. 62.

Dem »begnadeten Feldmarschall« wurde nach dem Krieg im Hamburger Curio-Haus vor einem britischen Gericht der Prozess gemacht. Sowohl in Deutschland als auch in konservativen Kreisen Großbritanniens stieß die Anklageerhebung gegen den erprobten Strategen des Vernichtungskrieges in der Sowjetunion sofort auf heftigen Widerstand. Der beginnende Kalte Krieg verwandelte die (völlig zerstörte) UdSSR, den ehemaligen Alliierten gegen Nazi-Deutschland, zum neuen (und alten) Hauptfeind des Westens. Winston Churchill zahlte als einer der ersten in den Spendenfonds zu Mansteins Verteidigung ein. Manstein wurde im Dezember 1949 als Kriegsverbrecher zu 18 Jahren Haft verurteilt. Er kam 1953 vorzeitig frei. Bundeskanzler Konrad Adenauer hatte sich im Zuge der Wiederbewaffnung, der Westintegration und der bevorstehenden Bundestagswahl für eine Freilassung verurteilter Kriegsverbrecher aus den Reihen der ehemaligen Wehrmacht eingesetzt. Manstein beriet nach seiner vorzeitigen Freilassung die Bundesregierung bei der Wiederbewaffnung und veröffentlichte 1955 seine Memoiren unter dem bezeichnenden Titel »Verlorene Siege«, die von meinem Vater und vielen gleichaltrigen Männern aus der Leutnantsgeneration verschlungen wurden. Der Krieg im Osten hätte, so von Manstein, gewonnen werden können, wenn Hitler nicht den angeblich kriegsentscheidenden Stoß auf Moskau verhindert hätte, weil er ja unbedingt Stalingrad angreifen lassen wollte.[15]

Millionen ermordeter Juden und Roma und Sinti, Millionen verhungerter Zivilisten und Kriegsgefangene in Erich von Mansteins Kommandobereich! Und dann redete der Mann nachträglich von verlorenen Siegen.

Als er 1973 starb, stand an seinem frischen Grab eine Ehrenformation der Bundeswehr. Admiral Armin Zimmermann, Generalinspekteur der Bundeswehr, sprach bewegende Abschiedsworte.

Ja, der Leutnant und sein begnadeter Feldmarschall! Zwei anständige Soldaten? In Günther Nettes Nachlass fand ich ein etwas verunglücktes Foto, das am 7. April 1943 bei Charkow aufgenommen worden war. Drei Wehrmachtsoffiziere stehen neben einem ukrainischen Bauernhaus und beobachten lächelnd zwei ältere ukrainische Bauern, von denen einer mit einer Axt in einer balkengestützten Grube steht. Das Foto war vom Chef seiner Einheit, einer Heeresflakbatterie, auf der Rückseite beschriftet worden: »Am Donnerstag, 7.4., Lt. Trielung *(?)*, ich, Lt. Nette, 2 Kanaken. Osten 43«. Verlorene deutsche Siege.

---

[15] Zum Streit über die »richtige« deutsche Strategie 1942: Völlig unabhängig von jeglicher Moral wäre die Unterbrechung der sowjetischen Lebensader, der Wolga, nicht unvernünftig gewesen. Hitler wusste, dieser Krieg würde nicht entschieden, wenn man die feindliche Hauptstadt besetzte, sondern wenn der Feind ökonomisch zusammenbrechen würde und man sich seiner strategischen Ressourcen, z.B. des Öls, bemächtigen könnte. Hitlers Handeln war zutiefst inhuman, aber er war nicht dumm, wie viele hohe deutsche Offiziere später zur Selbstentlastung vortrugen.

»2 Kanaken«, 1943 in der Nähe von Charkow, rückseitige Beschriftung des Fotos durch den Kompaniechef (m.), r.: Leutnant Günther Nette

Germanski nix Kultura

Im Jahr 2002 erinnerte sich der 82-Jährige wehmütig an ein idyllisches ukrainisches Dorf. Die Szenerie hatte sich in einem milden, geradezu märchenhaften Licht verklärt. Es war der Sommer 1943 gewesen, unmittelbar vor der Schlacht um Kursk. Und es waren die letzten Wochen in seinem jungen Leben, in denen er die Welt mit heilen Gliedern genießen konnte. Die Frösche quakten und die Mädels sangen.

Günther Nette (2002): »In einem kleinen Dorf, westlich von Charkow, weit abseits von der Rollbahn, wo also der ganze Verkehr flutete, lagen wir in Ruhestellung. Kein Haus war kaputt, die Menschen lebten so, wie sie es gewohnt waren. Allerdings gab es da auch Leid! Denn ihre Söhne waren natürlich auch bei der russischen Militärmaschine eingesetzt. Und da bin ich dann in ein Haus gekommen, so ein einfaches Lehmhaus, klein und winzig, aber sauber und gepflegt, die Ukrainer sind saubere Leute eigentlich. Und die Frau hatte ihren Sohn auch bei der russischen Fliegerei genauso wie ihren Mann. Und es gab die Babuschka, die Großmutter. Sonntags wurde dann immer in der Stube zusammen gesessen, das mögen zwei bis drei Wochen gewesen sein, so lange war da Ruhe, dann ballte sich aber schon wieder was zusammen, wir wussten das auch, dass es nicht lange so friedlich weitergehen würde.

Aber wir haben die Friedenszeit genossen. Und dann wurde also Lehm gestampft und dann wurde Stroh mit rein gemischt, gehäckselt, so dass es eine feste Masse gab, die wurde dann eingestampft in den Fußboden, das wurde fast jede Woche oder alle 14 Tage gemacht, und das sah denn sauber aus. War tadellos. Und dann wurde rundherum so eine Bordüre gezogen, mit irgendeiner gelben Farbe, Ockerfarbe, und dann war es wieder nett und schön. Und die Frau kochte gut und wir teilten uns unsere Vorräte. Sie kriegte von mir und von meinem Burschen, der auch bei mir wohnte, unsere Verpflegung auf den Tisch und sie hat auch das bisschen, das sie hatte, auf den Tisch gebracht, und wir haben zusammen gegessen und es war eigentlich immer sehr schön.

Die waren alle so freundlich, ich hätte meine Pistole auf den Tisch legen können, hätte keine nach gegriffen. Alle Häuser waren noch heil und in allen Häusern waren meine Soldaten untergebracht, mein Zug, mein großer Zug, den ich zu führen hatte. Und da habe ich richtig das ukrainische Dorfleben kennengelernt, die ukrainischen Mädchen versammelten sich auf dem Dorfplatz und sangen also so schwermütige Lieder, das können die ja phantastisch, ich hab immer schmachtend zugehört und das war also für mich auch ein Erlebnis. Und sie fühlten sich auch ganz sicher und ganz ruhig, wir taten ihnen ja gar nichts. Und als wir dann abzogen, da kam die Frau, schlapplange Tränen, umarmte mich und wünschte mir alles Gute und vor allen Dingen Gesundheit. Das wurde mir dann übersetzt von einer jungen Frau, denn meine Wirtin sprach natürlich kein Deutsch und ich kein Russisch, so ein bisschen konnte ich Russisch, aber das war, was Soldaten so können, chleb und jaila und so was. Was man so braucht zum Essen. Und domu, Haus. Naja, das hab ich dann da auch gehört, ›Germanski nix Kultura‹, von dieser jungen Frau, einer Studentin, die bei uns im Hause dann öfter verkehrte, und irgendwie mochte sie mich wohl sehr, war in meinem Alter. Aber das war mir sehr gefährlich und da wollte ich also doch nicht gerne was mit zu tun haben, ich hatte Angst vor Geschlechtskrankheiten und Ähnlichem mehr, wär nicht gut gewesen, ich wär sofort degradiert worden. Obwohl in dem Alter, in dem man ist, und bei den Entbehrungen, die man auch in der Richtung durchgemacht hat, ist das nicht selbstverständlich, sowas abzuwehren. Aber wir haben uns immer gut verstanden. Und die Babuschka, die mochte mich. Ja, aber vor allem die Mutter.

Ach, ich hab das genossen, das Dorf. Ein Idyll. Mitten im Dorf war ein Dorfteich, der war krautbewachsen, und nachts quakten da so die dicken Frösche, solche Brummer. ›Quak! Quak! Quak‹, ging das denn die ganze Nacht. Ich fand das wunderschön. Also, das war Frieden! Für mich! Mich haben die Frösche gar nicht gestört. Meine Soldaten, die haben geschimpft, die wollten am liebsten die Biester abschießen, aber das hab ich unterbunden, das kam nicht in Frage, der Friede sollte in dem Dorf unbedingt gewahrt bleiben. Aber dann ging es auch gleich wieder an die Front, an die HKL *(Hauptkampflinie; B.N.)*.«

Erinnerte er sich an Varel, wo er als kleiner Junge bei seiner Oma und seinen Tanten die Urlaube verbringen durfte? Der junge Mann träumte vom Frieden und erinnerte sich als alter Mann wehmütig der Mitmenschlichkeit der Frauen, ob jung oder alt, »im Osten«.

Ein Maisfeld im Sommer 1943

Die Panzerschlacht von Kursk tobte vom 5. bis zum 16. Juli 1943. Das »Unternehmen Zitadelle« war die letzte große deutsche Offensive gegen die Rote Armee. Sie stand unter dem Befehl des Feldmarschalls von Manstein, der danach von Hitler abgesetzt wurde.

Günther Nette (2002): »Wir stießen von Süden vor, ungefähr so 25 bis 30 Kilometer, gerade auf Kursk zu. Und dann bin ich an eine Kirche gekommen, und da schossen die Russen mit ihren Panzerabwehrgeschützen, 7,6 cm, Ratschbumm haben wir sie genannt, denn sie schossen im Flachschuss, Ratsch und Bumm, dann kam auch schon der Knall. Und die knallten nun auf die Wände, das ganze Gebäude zitterte. Haben wir eine halbe oder dreiviertel Stunde aushalten müssen, bis der Rückzugsbefehl kam. Und da hat ein Feldwebel von mir dort verrückt gespielt, hat halb wahnsinnig rumgebrüllt, wie ich sie dahin führen könnte, wollte mir mit der Pistole sogar ans Leder, das haben meine Leute dann abgewehrt. Das war die Schlacht, die auch für mich am grausamsten war. Schrecklich! Aber die hab ich nun voll mitmachen müssen. Die Russen haben das Gelände nicht aufgeben müssen. Wir haben uns fast überall zurückziehen müssen, noch leichte kleine Geländegewinne, das war unbedeutend, auf jeden Fall haben wir Kursk nicht wieder einnehmen können. Die Russen waren zu stark und wir waren zu schwach.«

Nach dem Scheitern des »Unternehmens Zitadelle« gab es nur noch einen langen blutigen Rückzug der deutschen Wehrmacht, vorbei an den Mordstätten und über die verscharrten Leichenberge, die man beim Vormarsch hinterlassen hatte. Zum zweiten Mal verbrannten Erde, Häuser und reife Früchte auf den Feldern und nun wurden die Menschen nach Westen getrieben.

Günther Nette bezog im August 1943 mit seiner Flak-Einheit erst einmal eine neue Stellung, wieder bei Charkow. Und wieder beschreibt er Frauen, aber diesmal keine wehmütigen Gesänge.

Günther Nette (2002): »Links und rechts waren so Hochhäuser, wie man sie zu Stalins Zeiten überall gebaut hat, da auch, mitten auf der Wiese, die standen da so ganz verloren und allein, die waren noch heil, soweit ich das sehen konnte, bewohnt waren sie natürlich nicht, das war ja Kampflinie. Und vor mir ein großes Maisfeld. Und es war ruhig. Mein Kompanieführer war ausgefallen und dann hab ich die ganze Kompanie zu führen gehabt und meine Geschütze überall so aufgebaut, dass sie nicht gleich gesehen werden konnten. Wir hatten Panzergranaten, um leichte Panzer, die die Russen auch haufenweise hatten, oder Lastwagen in die Luft schießen zu können, aber auch Sprenggranaten, die so einen besonders empfindlichen Aufschlagzünder hatten. Naja, und dann hörten wir, dass sich da bei den Russen auf der anderen Seite des Maisfeldes was tat, wahrscheinlich machten sie sich fertig für einen Angriff. Wir hatten noch ein Gelände von ungefähr 100 bis 200 Meter vor dem Feld gelassen, so doof waren wir ja nun auch nicht, uns direkt vor das Maisfeld zu stellen, das wäre uns nicht gut bekommen. Wir waren also ein ganzes Stück dahinter gestanden und konnten das ganze Gelände gut übersehen. Außerdem fiel es nach dort etwas ab, wenn sie kommen wollten, mussten sie aufsteigen. Und was wir noch nicht wussten, war, dass es Frauenbataillone waren. Das gab es zu der Zeit häufiger. Es gab viele glühende Kommunistinnen, wie es bei uns glühende Nationalsozialistinnen gab, die also für Stalin alles taten. Die waren indoktriniert bis zum Geht-nicht-mehr. Das waren die gefährlichsten Gegner. Soldaten gehen mit anderen Soldaten vielleicht noch, wenn überhaupt, ein bisschen human um, sie erschießen sie, aber machen keine Grausamkeiten, aber die Frauen haben das gemacht, die waren so fanatisiert und so überzeugt davon, dass wir da gar nichts zu suchen hätten, was ja auch stimmte, und dass sie uns vernichten mussten. Und dann wurde da Schnaps ausgeteilt, das wussten wir, und dann ging das da los, dann wurden Lieder gesungen, wir hörten das dann. Wir wussten, morgen kommen sie in aller Frühe. Und richtig, dann kam der Angriff. ›Urräh!‹, ging das dann mit diesen markerschütternd durchdringenden Frauenstimmen, also, ich hab mir die Ohren zugehalten. Ich hab das nicht geglaubt, ich musste auf Frauen schießen! Was sollte ich denn auch tun? Das war ganz gegen das, was ich überhaupt für vernünftig halten konnte. Aber ich hab es tun müssen. Die hätten uns fertig gemacht und die wären eingebrochen. Ja, dann sind sie angestürmt gekommen, vorn die erste Reihe kam dann plötzlich aus dem Maisfeld raus und ich hab dann im Hintergrund gestanden und hab das Kommando gegeben. ›Noch nicht schießen!‹ Und dann kamen immer mehr raus, immer mehr, so ein richtiger Pulk, ich möchte mal sagen, so 200 bis 300 Frauen, auf breiter Front. Die hatten Kalaschnikows mit diesem Rundmagazin. Und im Hintergrund hörte ich Männer, die fuchtelten da auch rum mit ihren Pistolen, das waren die Politruks, die Kommissare, die sie antrieben. Aber die brauchten gar nicht angetrieben werden. Und im richtigen Augenblick habe ich den Feuerbefehl gegeben, und wir haben das Ganze mit Sprenggranaten bestrichen, wir waren ja darin auch erfahren, wir wussten ja, was jetzt passieren musste, und da fielen sie um, nicht wahr, wie vom Schnitter weggemäht.«

Die Hitze am 2. August 1943

Ende Juli, Anfang August des Jahres 1943 herrschte bestes Sommerwetter über Deutschland, Polen und Russland.

Wiebke Hinrichsen, Günther Nettes Verlobte, war mit ihren Hamburger Schulkindern nach Süddeutschland evakuiert worden, um die Kinder vor den erwarteten Bombenangriffen auf Hamburg zu schützen.

Joseph Goebbels, Tagebuch vom 29. Juli 1943: »(...) In der Nacht hat der bisher schwerste Luftangriff auf Hamburg stattgefunden. Die Engländer sind mit achthundert bis tausend Bombenflugzeugen über der Stadt erschienen. Unserer Luftverteidigung gelangen nur wenige Abschüsse, so dass man hier von einer nennenswerten Einbuße des Angreifers nicht sprechen kann. Kaufmann *(Hamburger Gauleiter; B.N.)* (...) spricht von einer Katastrophe von vorläufig unvorstellbaren Ausmaßen. (...) Ich glaube, dass Kaufmann angesichts der zweifellos außerordentlichen Lage

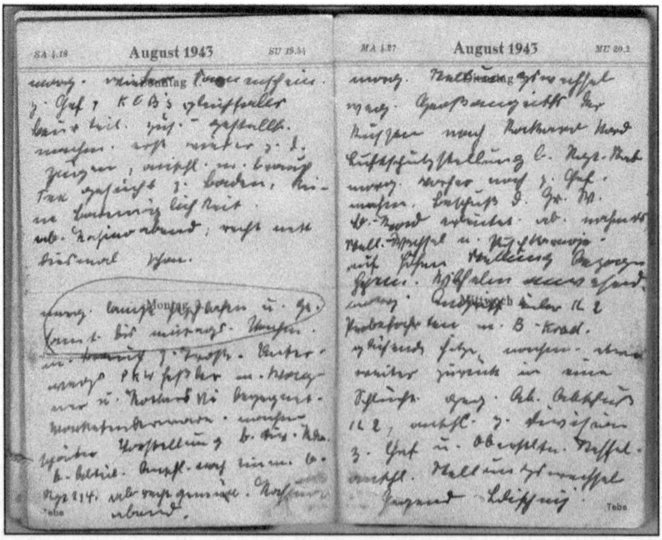

Aus Günther Nettes Kriegstagebuch (2.8.1943): »Morgens lange geschlafen und gesonnt bis mittags.«

etwas die Nerven verloren hat. Er ist wohl für eine so große Katastrophe ein wenig zu lyrisch und romantisch veranlagt.«[16]

Operation Gomorrha, wie die Briten die Serie schwerer Lufsangriffe auf Hamburg nannten, dauerte vom 25. Juli bis zum 3. August 1943. Es herrschten tagsüber weiterhin strahlendes Wetter und hochsommerliche Hitze. Die Sonne schien ununterbrochen auf den Qualm der brennenden Stadt und konnte zu den Zehntausenden von Toten nicht durchdringen.

Am Montag, dem 2. August 1943, einen Tag vor dem Ende der Operation Gomorrha, schrieb Leutnant Günther Nette in sein Kriegstagebuch: »Morgens lange geschlafen und gesonnt bis mittags.«

An demselben sonnigen 2. August 1943 badeten Hunderte von Kilometern westwärts vier SS-Leute und 16 ukrainische Wachsoldaten außerhalb des Vernichtungslagers Treblinka im Fluss Bug. Auch sie suchten Abkühlung vor der großen europäischen Hitze. Sie hatten in den letzten 13 Monaten, vom 22. Juli 1942 bis zum 21. August 1943, etwa eine Million Menschen aus ganz Europa vergast.

Um 16.00 Uhr gab das jüdische Organisationskomitee in Treblinka das Signal zum Aufstand. Es beteiligten sich 400 Häftlinge, darunter auch einige Frauen. Sie griffen mit Handfeuerwaffen, die sie versteckt hatten, und mit erbeuteten Gewehren die im Lager verbliebenen Wachmannschaften an. Die ukrainischen Wachsoldaten, die mit Gold und Geld, das aus den Transporten des Warschauer Ghettos stammte, bestochen worden waren, schossen trotzdem von ihren Wachtürmen mit Maschinengewehren auf die kämpfenden Juden. Zahlreiche Aufständische wurden getötet, aber 200 bis 250 konnten fliehen. Die Häftlinge steckten vorher Gebäude des

---

16 Goebbels 1992, S. 1945f.

Vernichtungslagers in Brand oder beschädigten sie. Die SS erschoss alle Flüchtenden, die sie gefangen nehmen konnten. Nur die Namen von 60 Überlebenden sind bekannt. Nach dem Aufstand wurden am 21. August 1943 noch die Häftlinge aus zwei Güterzügen vergast. Danach wurde das halb zerstörte Lager abgebaut. Ein einziger Überlebender des Organisationskomitees, Jacob Wiernik, der Lagertischler, gelangte nach Warschau. Mithilfe der Untergrundbewegung Zegota, die Juden half, druckte er im Januar 1944 zweitausend Exemplare seines Berichts *Rok w Treblinka* (*Ein Jahr in Treblinka*), der mittels eines Kuriers als Mikrofilm nach London gelangte und auf Englisch und Hebräisch veröffentlicht wurde. So verbreitetete sich die erste Nachricht vom Aufstand in Treblinka in der Welt.[17]

Einer, der ein Jahr später recherchierte, was in Treblinka geschah, war Wassili Grossman. Er erreichte als Frontberichterstatter der Roten Armee 1944 als einer der ersten sowjetischen Soldaten das ehemalige Lager. Seine Reportage wurde später in den Nürnberger Prozessen als Dokument zugelassen.

»Von Warschau nach Osten, den westlichen Bug entlang, ziehen sich Sandflächen, dichte Nadel- und Laubwälder. Diese Gegend ist öde und trist, nur selten trifft man auf Dörfer. Fußgänger wie Durchreisende meiden die versandeten, schmalen Feldwege, in denen der Fuß versinkt und das Rad bis zur Achse im tiefen Sand versinkt. Hier, an der Siedlcer Zweigbahn, liegt die kleine, weltabgeschiedene Station Treblinka. (…) Die Transporte mit den Opfern trafen aus allen vier Himmelsrichtungen ein – von Westen, Osten, Norden und Süden. Sie kamen aus den polnischen Städten Warschau, Miedzyrzecze, Czestochowa, Siedlce, Radom, aus Lomza, Bialystok, Grodno und vielen Orten Belorusslands, aus Deutschland, der Tschechoslowakei, aus Österreich, Bulgarien und Bessarabien. Dreizehn Monate fuhren die Züge nach Treblinka, jeder Zug bestand aus 60 Waggons, und jedem Waggon war mit Kreide eine Ziffer aufgemalt: 150 – 180 – 200. Diese Ziffern bezeichneten die Zahl der Menschen, die sich in den Waggons befanden.«[18]

Zeugen erzählten Grossman »von einem hochgewachsenen Mädchen, das auf der ›Straße ohne Wiederkehr‹ einem Wachmann den Karabiner entriss und gegen Dutzende auf sie feuernde SS-Leute kämpfte. Zwei Bestien wurden in diesem Kampf getötet, einer dritten wurde der Arm zerschmettert; der SS-Mann kehrte nur noch mit einem Arm nach Treblinka zurück. Die Misshandlungen und die Hinrichtung des Mädchens waren grauenhaft. Niemand kennt ihren Namen.«[19]

---

[17] Willenberg 2009, S. 95f. Weitere Nachweise in: https://de.wikipedia.org/wiki/Aufstand_von_Treblinka (2.9.2014).

[18] Wassili Grossman: Treblinka. In: Grossman/Ehrenburg 1994, S. 821, 825f.

[19] Ebd., S. 839.

»Eine furchtbare Liegerei ist das hier!«

Günther Nette spielte derweil – es war immer noch der heiße Hochsommer 1943 – den deutschen Helden. Er schlich sich »aus Übermut« am helllichten Tag an eine rastende Panzergruppe der Roten Armee heran.

Günther Nette (2002): »Dann hab ich die Hafthohlladung leise an dem vordersten T 34*(-Panzer, B.N.)* angesetzt, die war ja magnetisch. Ich hörte, wie da drinnen der Funkverkehr war, die redeten da irgendwie und da piepte was, ich konnte das aber nicht verstehen. Dann hab ich abgezogen und es dauerte auch nur ein paar Sekunden, da gab es einen gewaltigen Knall. Es muss die Munition da drin sofort explodiert sein, denn der Turm hob sich ungefähr so fünf Meter hoch, dann fiel das Biest wieder runter und die Kanone steckte im Erdboden. Und dann kamen zwei so Gestalten da raus, rauchverschmiert und ich weiß nicht, was mit ihnen war, die guckten mich so ungläubig an. Ob sie lebend davon gekommen sind, weiß ich nicht. Ich hab schleunigst die Flucht angetreten.«

Am Mittwoch, den 18. August 1943, schrieb er seiner Verlobten in einem Feldpostbrief, er sitze sicher in einem Gurkenkeller, der Rundfunkempfänger gebe schöne Melodien von sich. Aber er sehne sich nach ihr. »All die vielen schönen Stunden bei dir, du Liebste, entstehen dann vor meinem Auge und der Wunsch nach weiteren seligen gemeinsamen Stunden in einer friedlicheren Welt erscheint in meiner Brust! Ich möchte weinen dann und kann und darf das wieder nicht. Aber die Hoffnung kehrt jedes Mal wieder zurück ... «

Einen Tag später, am 19. August 1943, erhielt er einen Erkundungsauftrag.

Günther Nette (2002): »Und ich stand auf so einer Kreuzung, die Vögel zwitscherten. Ahnungslos, wie ich war, hör ich da plötzlich ›Wupp! Wupp! Wupp! Wupp!‹ Da wusste ich schon, jetzt sind die Granatwerfer mit Steilfeuer in Gang. Und ehe ich mich hinschmeißen konnte, kam so ein Biest runter. Und da war so Pflaster, also so Pflastersteine, wie man sie heute nur noch selten trifft, das war ideal, um den ganzen Dreck spritzen zu lassen. Nach allen Seiten hin! Das ging mir durch beide Beine, Blut strömte gleich raus, ich wurde schwach, also das Herz hört dann ja sofort auf – fast auf – zu schlagen. Und das hatte einer unserer Artilleriebeobachter gesehen, und der hat dann über Funk Hilfe gerufen und dann kam ein Krad mit Beiwagen und sie haben mich eingeladen und ab ins Lazarett nach Charkow gebracht.«

»Eine furchtbare Liegerei ist das hier und dabei ist es erst der Anfang.« (Feldpost vom 28. August 1943) Charkow wurde am 23. August 1943 von der Roten Armee erneut zurückerobert. An seine Verlobte schrieb er am 6. September 1943 aus dem Lazarett in Kremtschug, wohin die Verwundeten eilig zurückverlegt worden waren: »Liebste Änne! Leider konnte man infolge einer Gelenkvereiterung des rechten Kniegelenks nicht umhin, mir dieses lahmzulegen.« Aber er werde sich später ohne Unterstützung fortbewegen können.

Von Kremtschug am Dnjepr, dessen großer jüdischer Bevölkerungsteil schon 1941/42 ermordet worden war und das Ende September 1943, fast völlig entvölkert, von der Roten Armee zurückerobert wurde, verlegte man Günther Nette noch einmal in aller Eile zurück, in das Lazarett von Lemberg, dann nach Bamberg. Dort besuchte ihn seine »Enne«. Auch sein Vater Bruno Nette und sein jüngerer Bruder Rudi kamen. Für ihn war der Krieg an der Front beendet.

»Ich konnte gar nicht glauben, dass das unsere Panzer waren«

Auch für das jüdische Kind Genja Sawoiner, damals noch keine zehn Jahre alt, war der Krieg 1944 zuende. Später berichtete die Rundfunkmechanikerin über die Zeit unter der deutschen Herrschaft:

»Vater wurde abgeholt und wir mussten ins Ghetto ziehen, nun lebten wir hinter Stacheldraht. Unser Haus stand an der Straße, jeden Tag flogen Knüppel in unseren Hof. Ich sah einen Faschisten an unserer Gartenpforte, als eine Gruppe zur Erschießung geführt wurde, er schlug Menschen mit diesen Knüppeln. Die Knüppel zerbrachen, und er warf sie zu uns hinüber. (...) Großmutter fanden wir getötet in der Wohnung. (…) Wir begruben sie selbst. (…) Unsere fröhliche, weise Großmutter, die die deutsche Musik liebte. Die deutsche Literatur. Einmal war Mama weggegangen, Sachen gegen Lebensmittel tauschen, da begann im Ghetto ein Pogrom. Normalerweise versteckten wir uns immer im Keller, diesmal kletterten wir auf den Dachboden. Er war auf einer Seite vollkommen eingefallen, und das war unsere Rettung. Die Deutschen kamen ins Haus und schlugen mit Bajonetten gegen die Decke. Sie gingen nur deswegen nicht auf den Dachboden, weil er eingefallen war. In den Keller aber warfen sie Handgranaten. Drei Tage dauerte der Pogrom, und drei Tage saßen wir auf dem Dachboden. Und Mama war nicht bei uns. Wir dachten nur an sie. Als der Pogrom vorbei war, stellten wir uns ans Tor und warteten: Ist sie am Leben oder nicht? Plötzlich kam unser früherer Nachbar um die Ecke, ging vorbei, ohne stehenzubleiben, doch wir hörten ihn flüstern: ›Eure Mama lebt.‹ Als Mama zurückkehrte, standen wir drei nur da und schauten sie an, keiner weinte, wir hatten keine Tränen mehr, uns überkam eine Art Frieden. Wir spürten nicht einmal mehr Hunger.

Mama und ich stehen am Stacheldraht, eine schöne Frau geht vorbei. Sie bleibt auf der anderen Seite stehen und sagt zu Mama: ›Sie tun mir so leid.‹ Mama erwidert: ›Wenn ich Ihnen leidtue, nehmen Sie meine Tochter zu sich.‹ – ›Gut‹, sagt die Frau nachdenklich. Den Rest bereden sie flüsternd.

Am nächsten Tag brachte mich Mama zum Ghettotor. ›Genetschka, du nimmst den Kinderwagen mit der Puppe und gehst zur Tante Marussja.‹ (Das war unsere Nachbarin.) Ich weiß noch, was ich anhatte, eine blaue Jacke und einen Pullover mit weißen Bommeln. Meine besten Sachen. Mama schubst mich zum Ghettotor, doch ich presse mich an sie. Sie stößt mich weg, tränenüberströmt. Ich erinnere mich, wie ich losging. (…) Ich erinnere mich, wo das Tor war, wo der Wachtposten stand. (…) Ich wurde in einen Weiler gebracht und auf eine lange Bank gesetzt. Die Familie, in die ich kam, hatte vier Kinder. Und nun nahmen sie auch noch mich. Ich möchte, dass alle den Namen dieser Frau erfahren, die mich gerettet hat: Olimpija Posharizkaja aus dem Dorf Genewitschi im Kreis Woloshinsk. Solange ich in der Familie lebte, solange lebte dort die Angst. Sie hätten jeden Augenblick erschossen werden können. Die ganze Familie (...) auch die vier Kinder (...). Weil sie ein jüdisches Kind versteckten. Aus dem Ghetto. Ich war ihr Tod (...). Was für ein großes Herz muss man dafür haben! Ein übermenschlich menschliches Herz (...). Wenn die Deutschen kamen, schickten sie mich aus dem Haus. Der Wald war ganz in der Nähe, der Wald war die Rettung. Die Frau hatte großes Mitleid mit mir, genauso wie mit ihren eigenen Kindern. Wenn sie etwas gab, teilte sie es unter uns allen auf, wenn sie küsste, küsste sie uns alle. Ich nannte sie ›Mamussja‹. Irgendwo hatte ich eine Mama, hier hatte ich Mamussja (...).

Als Panzer im Weiler auftauchten, hütete ich gerade Kühe, ich sah die Panzer und versteckte mich. Ich konnte nicht glauben, dass das unsere Panzer waren, doch als ich die roten Sterne darauf erkannte, ging ich auf die Straße. Vom ersten Panzer sprang ein Soldat, nahm mich auf den Arm und hob mich ganz hoch. Da kam die Hausfrau angelaufen, sie war so glücklich, so schön, und sie wollte ihm etwas Schönes erzählen, sagen, dass auch sie etwas für diesen Sieg getan hatten. Und sie erzählte, wie sie mich gerettet hatten. Ein jüdisches Mädchen (...). Der Soldat drückte mich an sich, ich war ganz dünn, ich verkroch mich unter seinen Arm, und er umarmte die Frau, umarmte sie mit einem Gesicht, als hätte sie ihm die Tochter gerettet. Er sagte, seine ganze Familie sei umgekommen. (...)

Andere Menschen kamen herbeigelaufen und auch sie umarmten mich. Alle bekannten, sie hätten geahnt, wer da im Weiler versteckt lebte. Dann kam meine Mama. Sie kam auf den Hof und kniete nieder vor dieser Frau und ihren Kindern. (...)«[20]

Hochzeit

Erst halb genesen, fuhr Günther Nette zur selben Zeit nach Hamburg, wo er im Mai 1944 Wiebke Hinrichsen heiratete.

»Kriegskrüppel« hätte man ihn im Ersten Weltkrieg genannt, »schwer Kriegsverwundeter« war jetzt die verharmlosende Bezeichnung. Wunden heilen nämlich irgendwann, Krüppel bleibt man sein Leben lang. In der Bundesrepublik nannte man die ehemaligen Soldaten mit den lebenslangen Beschädigungen »Kriegsversehrte«. Für psychische Kriegsfolgen allerdings gab es keinen in der Öffentlichkeit gebräuchlichen Begriff, psychisch kaputt waren sie sowieso alle. Am 31. Oktober 1944 hat ihn ein tschechischer Chirurgieprofessor im Reserve-Lazarett Prag nach eigenem Bekunden so »gut zusammengeflickt« (Kniegelenkresektion), dass er mit seinem versteiften und verkürzten rechten Bein bis in sein 80. Lebensjahr sehr »munter herumhüppeln« konnte, wie meine Mutter liebevoll zu bemerken pflegte. Zeit seines Lebens hat mein Vater damit gehadert, dass der verdammte Krieg ihn

[20] Alexijewitsch 2014, S. 110ff. (gekürzt).

25. Mai 1944, Hochzeit in Hamburg. Von links: Bruno Nette, Wiebke Nette, geb. Hinrichsen, Günther Nette, Heinrich Julius Hinrichsen, Frauke Hinrichsen

das rechte Knie gekostet habe. Betrachtet man es aber genau, hatte ihm seine Verwundung im Vernichtungskrieg gegen die Sowjetunion das Leben gerettet. Auf beiden Seiten der Front betrug die durchschnittliche Lebenserwartung der jungen Offiziere eine äußerst kurze Zeitspanne. Nur wer schwer verwundet wurde, konnte – manchmal – überleben. Und Wiebke Nette, geborene Hinrichsen, verteidigte ihren Ehemann vor ihren Söhnen, wenn er mal wieder seine Kriegs- und Jugendtraumata nicht mehr beherrschen konnte: »Denkt an Vatis Bein!«, hieß es dann sanft mahnend, worüber wir Brüder uns schrecklich aufregen konnten.

Das Hochzeitsfoto vom Mai 1944 zeigt Günther Nette, die ordensgeschmückte Uniform schlottert um den abgemagerten Körper, ohne Offiziersstiefel, sondern verwundungsbedingt in Halbschuhen, etwas schief stehend, Schmerzen im rechten Bein. An seinem Arm die glückliche Braut Wiebke, strahlend und mit einem geschwungenen Hut, wie damals Zarah Leander: »Ich weiß, es wird einmal ein Wunder gescheh'n.« Neben ihnen lächelt der Brautvater Heinrich Julius Hinrichsen zusammen mit seiner jüngsten Tochter, der zwölfjährigen Frauke. Und auf der anderen Seite des Brautpaares steht er, der Vater des Bräutigams, abseits und mit grimmiger Miene, Bruno Nette. Ohne die böse Tante Mieze. Das verstand sich.

Kapitel 10: Götterdämmerung

Rassenschande

Das Nazi-Reich war 1942 noch auf dem Höhepunkt seiner Macht. Freilich: Die Niederlage vor Moskau im Winter 1941/42 war ein erstes Wetterleuchten. Aber fast ganz Kontinentaleuropa musste sich den Mordbefehlen des Reichssicherheitshauptamtes beugen.

Bremens Judenreferent ging derweil seinem täglichen Gewerbe nach und blieb nie untätig. Carla Reiter, die erst 25 Jahre alt war, als er das Judenreferat übernahm, berichtete 1948 von seinem alltäglichen Rassismus (und dem anderer Volksgenossen).[1] Bereits 1937 war ihr von der Bremer Gestapo befohlen worden, sich als »Halbjüdin« von ihrem Bräutigam, dem Vater ihres Kindes, zu trennen. Auch ein Gesuch bei der Reichskanzlei zur Befreiung vom Heiratsverbot für jüdische Mischlinge wurde nach ca. eineinhalb Jahren abschlägig beschieden: Sie dürfe mit einem »Arier« keinerlei Kontakte haben. 1937 war Bruno Nette zwar noch nicht für Carla Reiter zuständig gewesen. Aber die Nürnberger Rassengesetze wurden von der Gestapo bereits mit drakonischen Mitteln durchgesetzt und scheinlegal unterstützt von willfährigen Gerichten und willigen Kriminalbeamten wie Bruno Nette in Vegesack.

Aber nun war Krieg und die jungen Männer wurden einberufen, um zu kämpfen und zu sterben für Führer, Volk und Vaterland. Keine Gelegenheit mehr für »Rassenschande«? Oh doch, denn ab und zu kamen sie auf Urlaub. Da hieß es für Bruno Nette äußerst wachsam sein! Er führte ab 1941 fort, was seine Vorgänger begonnen hatten. »Er versuchte mit allen Mitteln, mich der Rassenschande zu überführen bzw. den Nachweis zu führen, dass ich verbotenen Umgang mit dem Vater meines Kindes gehabt hätte. Er zeigte keinerlei Verständnis dafür, dass der Vater seines Kindes dessetwegen mit der Mutter eine Zusammenkunft haben müsse, vielmehr zwang er mich, ein Schreiben zu unterzeichnen, in dem ich erklärte, weiteren Umgang mit meinem Verlobten zu unterlassen, widrigenfalls N. das Recht habe, mich in Haft zu nehmen.«

Und es gab ja so viele nützliche Denunzianten.

Carla Reiter: »Im April 1943, als mein Verlobter auf Heimaturlaub fuhr, sandte sein Oberleutnant einen Brief an die Ortsgruppe *(der NSDAP; B.N.)* Findorff, um uns überwachen zu lassen. Mein Verlobter, der von diesem Brief erfuhr, hatte Gelegenheit ihn zu vernichten. Zwei Tage später, als er wieder an die Front gefahren war, kam eine Aufforderung von der Gestapo, wohin der Oberleutnant die nächste Anzeige geschickt hatte. Dort wurde ich von dem Beamten Nette zwei Stunden im

---

[1] Carla Reiter, Zeugenaussage am 10.6.1948. SAB, 4, 66-I, Akte Bruno Nette, 1887/12/22, Blatt 88.

Kreuzverhör vernommen. Da die Gestapo nicht die Gelegenheit hatte, mich zu überwachen, wollte mich der Beamte Nette durch Überraschungsmanöver hereinreißen, ob ich mit meinem Verlobten während seiner Urlaubszeit verkehrt hatte. Da er vorgab, dass wir an verschiedenen Stellen gesehen worden waren, die nicht stimmten, verteidigte ich mich. Daraufhin sagte er zu mir, ich sei genauso frech und verlogen wie ein Judenweib. Auf meine Frage, ob er kein Verständnis dafür hätte, dass der Vater sein Kind sehen wollte, entgegnete er, nein. In diesem Falle nicht. So hat er mich in der gemeinsten brutalsten Weise zwei Stunden im Kreuzverhör gehabt. Da er mir nichts nachweisen konnte, musste er mich gehen lassen. Immer wieder versicherte er mir, dass er mich am liebsten einsperren lassen würde.«[2]

Zwei weitere Zeuginnen beschrieben, vom Investigator M. Meier befragt, die Bettschnüffelei der Bremer Gestapo.

Marie Laufer, geboren am 25.5.1918:[3] »Am 8.8.1944 nachmittags vier Uhr dreißig erschien der Gestapobeamte Siebert in meiner Wohnung und fragte nach meinem Mann. Als er feststellte, dass er nicht da sei, erhielt ich die Aufforderung von ihm, meinem Mann zu bestellen, dass er am nächsten Tage um acht Uhr bei der Gestapo zu erscheinen hätte. Nachmittags um 13.30 Uhr kam Karl Bruck *(Obmann der Jüdischen Gemeinde; B.N.)* zu mir in meine Wohnung und teilte mir mit, dass mein Mann von der Gestapo aus nach Farge gebracht worden war. Als ich bei Siebert vorstellig wurde und um Auskunft bat, hat der mir diese verweigert und später nur erklärt, es genüge, dass mein Mann Jude sei, das sei Grund genug zur Verhaftung. Später wurde Siebert von Nette abgelöst. Da ich mittellos dastand, versuchte ich bei N. eine Unterstützung zu erwirken, was mir misslang. N. meinte nur sehr höhnisch und arrogant, warum ich mich nicht habe scheiden lassen, es wäre sowieso zwecklos, irgendetwas zu unternehmen, um meinem Mann zu helfen, er käme doch nicht wieder, er würde einem KZ überführt. Von meinem Mann fehlt bis heute jede Spur.«

Martha Scharenberg, noch minderjährig bei der Vernehmung durch *Bruno Nette*:[4] »Eidesstattliche Erklärung. Bei Kriminalkommissar (Gestapo) Nette *(richtig: Obersekretär; B.N.)* bin ich des öfteren vorgeladen worden wegen Rasse-Angelegenheiten. Im August 1942 musste ich einen Revers unterschreiben, wonach mir der intime Verkehr mit Deutschblütigen verboten wurde. Nette drohte mir mit K.Z., falls ich diese Anordnung Himmlers nicht befolgen würde. Er fragte mich dann, ob ich wüsste, was er mit intimem Verkehr meine, worauf ich abwinkte, denn ich wusste zu genau, dass er es mit unflätigen Worten erklären würde *(ergänzt; B.N.)*, wie er es bei meiner ältesten Schwester Wilhelmine Meyer, geb. Barthel, Bremen Oberneuland, Rütenhöfe 8, gemacht hatte. Meine Schwester war wegen ihrer drei unehe-

---

2 Carla Reiter, Zeugenaussage am 17.11.1947. SAB, 4, 66-I, Akte Bruno Nette, 1887/12/22, Blatt nicht nummeriert.

3 Marie Laufer, Aussage vor dem Investigator M. Meier, 3.6.1948. SAB, 4, 66-I, Akte Bruno Nette, 1877/12/22, Blatt 82 S.

4 Martha Scharenberg, Aussage am 9.9.1947. SAB, 4, 66-I, Akte Bruno Nette, 1887/12/22, Blatt 17.

lichen Kinder vorgeladen worden, und Nette kanzelte meine Schwester nach Strich und Faden ab. Hierbei hat er wörtlich gesagt: ›So, da habt ihr einfach so drauflos gepimselt.‹ Mein Schwager musste als Buße 1.000,- auf ein Sperrkonto einzahlen. Nette sagte dann noch, ich sollte auch niemanden küssen, denn ich wüsste ja, dass daraus zu leicht ein Geschlechtsverkehr entstehen könne. (…) Von Nette habe ich den Eindruck, dass er skrupellos vorgegangen ist. Von einem Herzen habe ich bei diesem Manne nichts gespürt.«

Bruno Nette hat sich später damit herausgeredet, er habe die Paare nur schützen wollen, ein bisschen barsch vielleicht, aber alles andere hätten diese verliebten Halbjüdinnen ja doch nicht verstanden. Carla Reiter habe er schließlich sogar eine Arbeitsstelle verschafft, sie zu sich in die Gestapozentrale *Am Wall 199* geholt, wo sie für die Gestapo habe nähen müssen. Und zum Schluss habe er ihr sogar gedankt.

Letzteres bestätigte Carla Reiter: »Im Anfang verhielten sich fast alle *(Gestapobeamten, bei denen sie und andere junge ›Halb-‹ oder ›Geltungsjüdinnen‹ arbeiten mussten; B.N.)* ablehnend uns gegenüber, das wurde anders, je näher die Amerikaner rückten. Sogar Herr Nette, der mich anfangs nicht kennen wollte, sprach mich zwei Tage, bevor sie aus Bremen flüchteten, an und erkannte mich und bedauerte sehr, dass ich ausgebombt sei. Er bedankte sich unter vielen Verbeugungen, als er mich bat, die Tür zu öffnen.«[5]

Einige Tage später standen nämlich die Briten davor.

Persilscheine und Weihnachtslotterie 1944

Wird sich Bruno Nette anlässlich der Hochzeit im Mai 1944 mit seinem Sohn Günther über die Kriegsaussichten unterhalten haben? Was soll aus mir werden, mag er sich überlegt haben. Meine Bremer Juden im KZ Theresienstadt in der Nähe von Prag, wo mein Herr Sohn als Leutnant stationiert ist, wieviel werden wohl noch leben, wenn alles zu Ende ist? Werden die Überlebenden gegen mich aussagen? Werden sie sich mit den näherkommenden Siegern an mir rächen? Mich am nächsten Baum aufknüpfen? Noch steht die Heeresgruppe Mitte im Osten ja in ihrer Verteidigungsstellung weit vor Minsk. Kremtschug ist aber schon lange wieder verloren, kaum dass sie meinen Sohn noch mit einem der letzten Lazarettzüge heraustransportieren konnten. Der 22. Juni jährt sich zum dritten Mal. Werden die Russen die Wiederkehr unseres Angriffstags nutzen? Große Offensive der Bolschewisten? Das machen die doch an ihren »Gedenktagen«. Hauptsache, die Kameraden haben in Minsk und überall woanders gut gearbeitet. Sie graben alles wieder aus, habe ich gehört, und verbrennen die Reste. Keine Spuren! Aber geht das überhaupt? Und die Westalliierten kämpfen schon in Italien und Nordafrika. Nach Frankreich werden sie auch kommen. Günther erzählte, dass seine 6. Panzerdivision Mitte August

---

[5] Carla Reiter, Aussage am 17.11.1947. SAB, 4, 66-I, Akte Bruno Nette, 1887/12/22, Blatt ohne Nummerierung.

1942 zur »Auffrischung« in Frankreich lag, in der Bretagne um Rennes und Coetquidan, und alarmiert wurde, als die Sache in Dieppe losging. Britisch-kanadischer Landungsversuch. Konnte abgewehrt werden. Aber nächstes Mal sind die Amerikaner dabei. Wie 1917 im Westen. Und damals hatten wir sogar noch die Russen geschlagen und trotzdem ging's schief. Aber jetzt? Die Russen werden kommen. Allmählich gilt es, vorsichtig zu werden. Sehr, sehr vorsichtig.

Bei dem »halbjüdischen« Rechtsanwalt W. Oliver war Bruno Nette wenig später, ganz gegen seine bisherigen Gewohnheiten, sehr vorsichtig. Oliver gab meinem Großvater später einen »Persilschein«, der vermutlich ernst gemeint war wie andere auch. Seine Aussage von 1949 unmittelbar vor Bruno Nettes Spruchkammer-Verfahren soll, was den beschriebenen Ablauf der Geschehnisse angeht, nicht angezweifelt werden, wohl aber das Motiv – »reine Menschlichkeit« –, das er Bruno Nette unterstellte.

»Im Gegensatz zu seinen beiden Vorgängern Parchmann und Siebert, die sich mir gegenüber zynisch und anmaßend benahmen, war Nette sachlich und höflich. Er betonte, wie peinlich es ihm sei, dass er die unangenehmen Maßnahmen gegen die Halbjuden durchzuführen habe, aber er müsse dem ergangenen Befehl nachkommen. Im Jahre 1944 wurde ich von dem Gestapo-Beamten Siebert im Zusammenhang mit meiner Abstammung vernommen und kurze Zeit danach nochmals vorgeladen. (…) Siebert war versetzt worden und Nette wieder auf seinen Posten gekommen, so dass dieser jetzt meine Akte zu bearbeiten hatte. Er zeigte mir heimlich die Verfügung, die Siebert dem zuständigen Kommissar vorgeschlagen hatte; danach sollte ich jetzt verhaftet werden. Nette hat daraufhin mit mir zusammen ein Vernehmungsprotokoll ausgearbeitet, das sich lediglich auf *meine (Hervorhebung im Original; B.N.)* Angaben stützte und den von Nette und mir beabsichtigten Erfolg hatte, dass ich nicht verhaftet wurde. Ich bin überzeugt, dass ich ohne die Mitwirkung Nettes damals verhaftet und in ein Arbeitslager verbracht worden wäre. Nette hat für diese Tat weder eine Zuwendung verlangt noch erhalten; ich glaube, dass es sich bei ihm durchaus um einen Akt der reinen Menschlichkeit gehandelt hat.«[6]

Etwas nervös war man schon bei der Bremer Gestapo, die Alliierten rückten immer näher. Also noch einmal etwas gemeinschaftlicher Spaß mit Lotterie und all dem Trallalla, das heiterte auf. Ein letzter Tanz auf dem Vulkan und Prost!, Kameraden. Bringen wir's zuende! Nur nicht im letzten Moment weiche Knie kriegen. Weihnachten 1944: Die Gestapo Bremen feierte bei sich *Am Wall 199*, ein letztes Mal. Das bezeugte die uns schon bekannte, damals 30-jährige »Halbjüdin« Carla Reiter, die von Bruno Nette wegen »Rassenschande« verfolgt worden war.[7]

---

[6] W. Oliver, Rechtsanwalt, Schreiben vom 1.3.1949. SAB, 4, 66-I, Blatt 200 (144 durchgestrichen; beide blau).

[7] Carla Reiter, Aussage, 10.6.1947. SAB, 4, 66-I, Akte Bruno Nette, 1887/12/22, Blatt 88 (blau notiert) (Scan 15/2). Eine ähnliche Aussage findet sich bei: Carla Reiter, Aussage, 17.11.1947. SAB, 4, 66-I; Akte Bruno Nette, 1887/12/22, Blatt ohne Nummerierung.

»Am 11.10.1944 mussten sich alle Halbjuden bei der Gestapo stellen«, berichtete sie dem öffentlichen Kläger 1947. Der männliche Teil sei in Haft genommen, der weibliche Teil zwangsweise Rüstungsfabriken zugeführt worden. »Ein Teil, der nähen konnte, Fr. Elfriede Soltau und ich, mussten im Gestapo-Gebäude für die Gestapo Näharbeiten ausführen. Unter anderem mussten wir ein Riesenlager von gebrauchter Garderobe, Wäsche usw. sortieren. Dabei fiel aus einem Anzug ein Judenstern heraus. Wir wussten also, und dafür hatten wir jetzt den Beweis, dass es sich um beschlagnahmte Garderobe verhafteter Juden handelte. Ich weiß ferner, dass dieses ganze Zeug zu Weihnachten 1944 an die Gestapo verteilt wurde. Diese Verteilung wurde in einer Art von Lotterie aufgezogen, bei der die Gestapo-Beamten ein Los für eine Mark erwarben. Es wurden Pakete zurechtgemacht, die verschiedene Gegenstände, wie eben aufgeführt, enthielten.«

Bruno Nette behauptete später, an diesen Besäufnissen und bei dieser Lotterie habe er sich nicht beteiligt. Hier und da mal ein Gläschen Schnaps, ja, das vielleicht. Mehr nicht. Wollen wir ihm glauben? Nein, dafür rauchte und trank er zu gern, ließ sich in den Räumen der Jüdischen Gemeinde zu gut bewirten. Und sich an geraubten Kleidungsstücken der Bremer Juden bereichern, ja, warum eigentlich nicht? Vorsorge war angesagt. Die Zeiten konnten nur schlechter werden.

Trotz aller Befürchtungen, die auch ihn nun befallen hatten, organisierte mein Großvater im Februar 1945 die zweite Bremer Deportation nach Theresienstadt. Richard Löffler (geb. 1872): »Ich war derzeit krank, Ischias. Ebenso lag auch meine Frau derzeit krank darnieder. Sie war schon zum fünften Mal an einer eitrigen Rippenfellentzündung operiert worden. In meiner Not wusste ich keinen anderen Rat, als zu Nette zu gehen, und trug ihm mein Anliegen vor.«[8] Er brachte ein ärztliches Attest mit. »Nachdem ich Herrn Nette wiederholt gebeten hatte, sich das Attest anzusehen und er dieses nicht für nötig hielt, bat ich Herrn Nette, doch Rücksicht auf meinen Zustand und den Zustand meiner Frau zu nehmen, die zur Zeit im Krankenhaus lag und zum 5. Mal operiert wurde. Ich sagte Herrn Nette, dass meine Frau nur noch 70 Pfund wog und meine Deportation den Tod meiner Frau bedeuten würde. Daraufhin hat Herr Nette mich angebrüllt: Was geht mich Ihre Frau an, scheren Sie sich raus!«[9] Richard Löffler wurde abtransportiert. Ein »Akt der reinen Menschlichkeit«?

Bruno Nette prüfte am Bahnhof die Deportationslisten. »So, Frau Weber ist nicht da, die werde ich mir morgen kaufen, die kommt ins KZ.«[10] Ohne irgendeine Auskunft wurden die Menschen in strohausgelegten Eisenbahnwaggons abtransportiert. »An die unheimliche Stille dort, das böse Schweigen aller dort unter der Fuchtel

[8] Richard Löffler, Aussage, 16.6.1948. SAB, 4, 66-I, Akte Bruno Nette, 1887/12/22, Blatt 133 (blau notiert).

[9] Richard Löffler, Schreiben an die Jüdische Gemeinde Bremen vom 11. Mai 1948. SAB, 4, 66-I, Akte Bruno Nette, 1887/12/22, Blatt 135.

[10] Emil Weber, Aussage am 23.9.1947. SAB, 4, 66-I, Akte Bruno Nette, 1887/12/22, Blatt 16 (rot notiert).

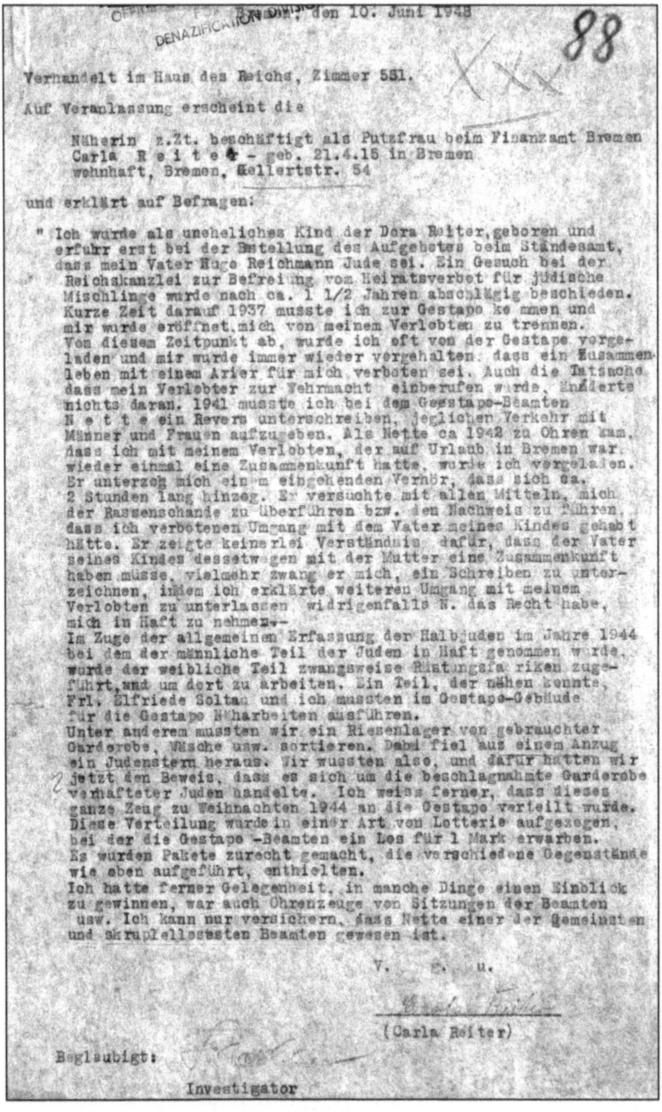
Bremen, den 10. Juni 1948

DENAZIFICATION

88

Verhandelt im Haus des Reichs, Zimmer 551.

Auf Veranlassung erscheint die

Näherin z.Zt. beschäftigt als Putzfrau beim Finanzamt Bremen
Carla R e i t e r - geb. 21.4.15 in Bremen
wohnhaft, Bremen, Gellertstr. 54

und erklärt auf Befragen:

" Ich wurde als uneheliches Kind der Dora Reiter, geboren und erfuhr erst bei der Bestellung des Aufgebotes beim Standesamt, dass mein Vater Hugo Reichmann Jude sei. Ein Gesuch bei der Reichskanzlei zur Befreiung vom Heiratsverbot für jüdische Mischlinge wurde nach ca. 1 1/2 Jahren abschlägig beschieden. Kurze Zeit darauf 1937 musste ich zur Gestapo kommen und mir wurde eröffnet, mich von meinem Verlobten zu trennen. Von diesem Zeitpunkt ab, wurde ich oft von der Gestapo vorgeladen und mir wurde immer wieder vorgehalten, dass ein Zusammenleben mit einem Arier für mich verboten sei. Auch die Tatsache dass mein Verlobter zur Wehrmacht einberufen wurde, änderte nichts daran. 1941 musste ich bei dem Gestapo-Beamten N e t t e ein Revers unterschreiben, jeglichen Verkehr mit Männer und Frauen aufzugeben. Als Nette ca 1942 zu Ohren kam, dass ich mit meinem Verlobten, der auf Urlaub in Bremen war, wieder einmal eine Zusammenkunft hatte, wurde ich vorgeladen. Er unterzog mich einem eingehenden Verhör, dass sich ca. 2 Stunden lang hinzog. Er versuchte mit allen Mitteln, mich der Rassenschande zu überführen bzw. den Nachweis zu führen, dass ich verbotenen Umgang mit dem Vater meines Kindes gehabt hätte. Er zeigte keinerlei Verständnis dafür, dass der Vater seines Kindes dessetwegen mit der Mutter eine Zusammenkunft haben müsse, vielmehr zwang er mich, ein Schreiben zu unterzeichnen, indem ich erklärte weiteren Umgang mit meinem Verlobten zu unterlassen widrigenfalls N. das Recht habe, mich in Haft zu nehmen.-
Im Zuge der allgemeinen Erfassung der Halbjuden im Jahre 1944 bei dem der männliche Teil der Juden in Haft genommen wurde, wurde der weibliche Teil zwangsweise Rüstungsfabriken zugeführt, und um dort zu arbeiten. Ein Teil, der nähen konnte, Frl. Elfriede Soltau und ich mussten im Gestapo-Gebäude für die Gestapo Näharbeiten ausführen.
Unter anderem mussten wir ein Riesenlager von gebrauchter Garderobe, Wäsche usw. sortieren. Dabei fiel aus einem Anzug ein Judenstern heraus. Wir wussten also, und dafür hatten wir jetzt den Beweis, dass es sich um die beschlagnahmte Garderobe verhafteter Juden handelte. Ich weiss ferner, dass dieses ganze Zeug zu Weihnachten 1944 an die Gestapo verteilt wurde. Diese Verteilung wurde in einer Art von Lotterie aufgezogen, bei der die Gestapo-Beamten ein Los für 1 Mark erwarben. Es wurden Pakete zurecht gemacht, die verschiedene Gegenstände wie oben aufgeführt, enthielten.
Ich hatte ferner Gelegenheit, in manche Dinge einen Einblick zu gewinnen, war auch Ohrenzeuge von Sitzungen der Beamten usw. Ich kann nur versichern, dass Nette einer der gemeinsten und skrupellosesten Beamten gewesen ist.

V. g. u.

(Carla Reiter)

Beglaubigt:

Investigator

Carla Reiter, 1948, über die ‹Gestapo-Weihnachtslotterie von 1944: »Dabei fiel aus einem Anzug ein Judenstern heraus.«

der Taschenlampen schwingenden Wachmänner erinnere ich mich ganz genau.«[11] Noch so ein »Akt der reinen Menschlichkeit«?

[11] Friedrich Duensing: Berta *(richtig: Herta; B.N.)* Johanning und ihre Familie. In: Lebensläufe Bremer Christen jüdischer Abstammung nach 1933. Hospitium Ecclesiae, B. 24/2006. Zitiert in: Rohdenburg 2009, S. 139.

Kinder im Februar 1945: Alfred Nette, Christa und Waltraud Erika Ramm, Siegfried Propper

Drei Söhne hatte Bruno Nette. Einer war schwer verwundet, saß in Prag und hatte geheiratet. Der zweite war Funker im relativ sicheren Norwegen.

Und der Jüngste? Er war zum Glück noch zu jung für den Krieg, wird sich Bruno Nette gedacht haben. Alfred Nette wurde 1927 geboren und musste 1940 nach dem Tod seiner Mutter Theda mit 13 Jahren zu seinem Vater ziehen. Auch er hielt es wie seine beiden älteren Brüder vor ihm bei der bösen Stiefmutter Tante Mieze nicht aus. Meine Mutter kannte Alfred gut. Alfred sei, sagte sie, der lustigste und fröhlichste der drei Brüder gewesen.

Er »entlief«, wie er meiner Mutter erzählte, in die Adolf-Hitler-Schule Sonthofen, gegen den Willen seines Vaters, und wurde im Frühjahr 1944 zu einem Infanterieregiment eingezogen. Man kann davon ausgehen, dass der knapp 17-Jährige sich freiwillig gemeldet hat. Nach der vierteljährigen Ausbildung absolvierte er im Winter die Fahnenjunker-Schule in Lübeck und wurde Anfang 1945 Unteroffizier und Fahnenjunker. Zur selben Zeit, am 27. Januar 1945, befreite die Rote Armee das letzte Vernichtungslager, Auschwitz. Vor seinen Toren fielen bei dem Vorstoß des 472. Infanterie-Regiments der sowjetische Kommandeur und 66 seiner Soldaten.

Alfred Nette, geb. 1927, in der Adolf-Hitler-Schule Sonthofen, um 1943

Alfred Nette kam im Februar 1945 noch einmal auf Kurzurlaub zu seinem Vater nach Bremen und sollte sich danach sofort bei seinem Truppenteil in Delmenhorst melden. Bruno Nette beschwor ihn, sich bei einem befreundeten Bauern zu verstecken. Dort könne er die Uniform verbrennen und das Ende des Krieges abwarten.

Er wollte seinen jüngsten Sohn in letzter Sekunde retten. Das verstehen alle Eltern dieser Welt. Einmal, vermutlich zum ersten Mal in seinem Leben, setzte er sich hinweg über das verdammte System von Befehl und Gehorsam, über die letzten mörderischen Zuckungen seines Staates.

Freilich raste dieser Staat auch geradewegs in die Hölle. Das wusste der erfahrene Unteroffizier aus dem Ersten Weltkrieg.

»Fahnenflucht?«, fragte der 17-Jährige empört. »In Deutschlands Stunde der höchsten Not?« »Der Krieg ist verloren«, antwortete der Vater.[12]

Vater und Sohn standen sich gegenüber. Bruno, der dem Terrorsystem immer noch diente, und Alfred, dieser junge idealistische Dummkopf, der wenige Tage vor dem Ende des Zweiten Weltkriegs dem Geschosshagel der Rächer und Befreier entgegenstürmen wollte. »Man sollte dich bei der Gestapo anzeigen!« Voller Verachtung wandte Alfred Nette sich ab und fuhr zu seiner Einheit.

Anfang März 1945 schrieb er in einem Brief, dass er ca. 30 km südlich vor Kolberg liege.

Kolberg an der pommerschen Ostseeküste war einer der letzten Häfen für die aus dem Osten flüchtende deutsche Bevölkerung. Josef Goebbels hatte hier 1943/44 noch den letzten großdeutschen Durchhaltefilm mit dem Namen *Kolberg* drehen lassen, der am 30. Januar 1945 Premiere hatte. Die Nazis wollten den Belagerungsring der Roten Armee propagandawirksam durchbrechen lassen. Von halben Kindern.

Es opfern
Mörder
das Saatgut,
die Kinder.

Und die Kinder der Mörder
für die Ehre der Mörder, sie opfern sich.

Alfred Nette starb im April 1945 in den nassen Wiesen vor Kolberg, noch nicht ganz 18 Jahre alt, im Feuer der mit polnischen Soldaten bemannten russischen T 34-Panzer.[13]

Fritz Hesselein, ein Bremer »Halbjude«, hatte Alfreds Vater Bruno Nette gewarnt. Hesseleins Sohn musste in der Wehrmacht dienen, während Bruno Nette den Vater bis zum Schluss quälte und verfolgte. »Ich machte *(gegenüber; B.N.)* Herrn Nette geltend«, berichtete Hesselein im März 1949, »wenn ich als Verbrecher im 3. Reich behandelt würde und mein Sohn solle für das 3. Reich kämpfen, dann solle der dafür sorgen, dass mein Junge frei *(vom Wehrdienst; B.N.)* komme. Ich habe Herrn Nette gesagt: ›Bedenken Sie, es könnte möglich sein, dass die Stunde mal kommt, wo ihnen das Herz mal so bluten wird wie mir.‹ Darauf gebrauchte er den (…) Ausdruck, dass er von einem solchen Judenschwein nicht abstamme. Mein Junge ist nicht zurückgekehrt.«[14]

Brunos Sohn Alfred auch nicht.

---

[12] Rudolf Nette, mündlicher Bericht am 16. Februar 2014.

[13] Deutsches Rotes Kreuz, Suchdienst München, Gutachten vom 3. Januar 1974.

[14] Fritz Hesselein, Aussage, März 1949. SAB, 4, 66-I, Akte Bruno Nette, 1887/12/22, Blatt 314.

Fast am selben Tag in diesem kalten Februar 1945, als Bruno Nette seinen jüngsten Sohn retten wollte, entriss er, jetzt wieder der korrekt mitleidslose Gestapo-Beamte, der »arischen« Mutter Lina Ramm ihre zwei »halbjüdischen« Kleinkinder Christa Ramm und Waltraud Erika Ramm. Er schickte sie am 13. Februar 1945 zusammen mit ca. 70 unglücklichen Menschen aus Bremen in kalten ungeheizten Viehwaggons »auf Transport« in das KZ Theresienstadt.[15] Christa Ramm war das Bremer Weihnachtskind von 1942 gewesen.

Der Vater der Kinder, Otto Hirsch, war als »Volljude« bereits am 14. Oktober 1942 von Bruno Nette verhaftet worden und hatte im Ostertor-Gefängnis eine viermonatige Haft wegen »unbefugten Tabakhandels« verbüßen müssen. »Ich wurde von Nette vorgeladen«, berichtete Lina Ramm. »Dieser erklärte mir mit einem höhnischen Lächeln: ›Den schicken wir zum Teufel.‹« Er ließ Otto Hirsch nach Auschwitz verschleppen. Seine Verlobte Lina Ramm – heiraten durfte sie den Vater ihrer Kinder natürlich nicht mehr – hatte ihn im Januar 1943 noch einmal im Ostertor-Gefängnis besucht, zum letzten Mal. »Nachdem sah ich ihn nie wieder«, sagte sie am 10. Juni 1948.[16] Nette sei es auch gewesen, der 1945 ihre beiden Töchter von zwei und fünf Jahren allein nach Theresienstadt schickte, »zum Arbeitseinsatz«! »Alles Bitten und Flehen half nichts. Er hatte kein Verständnis für ein Mutterherz. Nette war in dieser Beziehung ein brutaler und rücksichtsloser Mensch.« »Meine Kinder waren zu diesem Zeitpunkt krank, was auch ein Attest des Arztes Dr. Neumark auswies. Ich versuchte Nette zu überzeugen, dass die Deportierung meiner Kinder nach Theresienstadt wegen ihrer Krankheit und ihres jugendlichen Alters doch unmöglich sei. Nette war nicht zu überzeugen. Meine Kinder wurden deportiert, zusammen mit den jüdischen Ehepartnern aus Mischehen.«[17]

Es klingt unglaublich. Das Nazi-Regime war am Ende, selbst der Bremer Judenreferent wollte seinen minderjährigen Sohn retten. »Verbrenn deine Uniform! Versteck dich!« Und zur selben Zeit schickte er zwei kleine Würmer mit dem letzten Bremer »Transport« nach Theresienstadt, quer durch ein kaltes, umkämpftes und in Auflösung befindliches Land. Die Rote Armee überquerte gerade die Oder, die Truppen der Westmächte den Rhein, der Korridor für die Todeszüge wurde immer schmaler. Und dazwischen zwei kleine Mädchen auf dem Weg »zum Arbeitseinsatz« in ein KZ.

Meine beiden Enkel, ein kleines munteres Mädchen, das mir vorführt, wie übermütig geschickt sie die Rutsche im elterlichen Garten hinuntersausen kann, und ein äußerst neugieriger kleiner Junge – »Motorsäge, Opa, Motorsäge! Laut!!« – sind fast drei Jahre alt. Beide mit seidig weicher Haut, beide nach dem Toben sich an meine Brust kuschelnd und vorsichtig meinen Hals über dem Hemdkragen kneifend, sich

---

[15] Bruno Nette, 28.8.1948. SAB, 4, 66-I, Akte Bruno Nette, 466-I-7842.

[16] Caroline Ramm, Erklärung, vemutlich 1947 oder 1948. SAB, Akte »Katz, Karl« des Oberstaatsanwalts beim Landgericht Bremen, 4/89/3-7, Blatt 121.

[17] Lina (Coroline) Ramm, Aussage am 10. Juni 1948. SAB, 4, 66-I, Akte Bruno Nette, 1887/12/22, Blatt 119 (blau notiert); 89 (rot notiert).

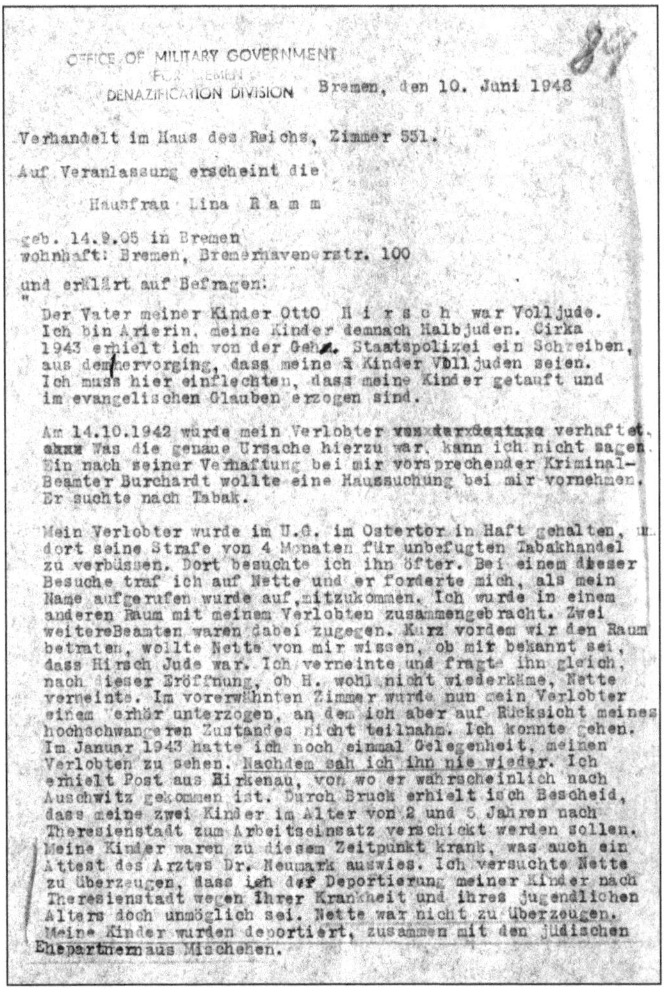
OFFICE OF MILITARY GOVERNMENT
FOR BREMEN
DENAZIFICATION DIVISION Bremen, den 10. Juni 1948

Verhandelt im Haus des Reichs, Zimmer 551.

Auf Veranlassung erscheint die

Hausfrau Lina R a m m

geb. 14.9.05 in Bremen
wohnhaft: Bremen, Bremerhavenerstr. 100

und erklärt auf Befragen:

"Der Vater meiner Kinder Otto H i r s c h war Volljude. Ich bin Arierin, meine Kinder demnach Halbjuden. Cirka 1943 erhielt ich von der Geh. Staatspolizei ein Schreiben, aus dem hervorging, dass meine 2 Kinder Volljuden seien. Ich muss hier einflechten, dass meine Kinder getauft und im evangelischen Glauben erzogen sind.

Am 14.10.1942 wurde mein Verlobter ~~von der Gestapo~~ verhaftet. ~~ohne~~ Was die genaue Ursache hierzu war, kann ich nicht sagen. Ein nach seiner Verhaftung bei mir vorsprechender Kriminal-Beamter Burchardt wollte eine Haussuchung bei mir vornehmen. Er suchte nach Tabak.

Mein Verlobter wurde im U.G. im Ostertor in Haft gehalten, um dort seine Strafe von 4 Monaten für unbefugten Tabakhandel zu verbüssen. Dort besuchte ich ihn öfter. Bei einem dieser Besuche traf ich auf Nette und er forderte mich, als mein Name aufgerufen wurde auf, mitzukommen. Ich wurde in einem anderen Raum mit meinem Verlobten zusammengebracht. Zwei weitereBeamten waren dabei zugegen. Kurz vordem wir den Raum betraten, wollte Nette von mir wissen, ob mir bekannt sei, dass Hirsch Jude war. Ich verneinte und fragte ihn gleich, nach dieser Eröffnung, ob H. wohl nicht wiederkäme, Nette verneinte. Im vorerwähnten Zimmer wurde nun mein Verlobter einem Verhör unterzogen, an dem ich aber auf Rücksicht meines hochschwangeren Zustandes nicht teilnahm. Ich konnte gehen. Im Januar 1943 hatte ich noch einmal Gelegenheit, meinen Verlobten zu sehen. Nachdem sah ich ihn nie wieder. Ich erhielt Post aus Birkenau, von wo er wahrscheinlich nach Auschwitz gekommen ist. Durch Bruck erhielt isch Bescheid, dass meine zwei Kinder im Alter von 2 und 5 Jahren nach Theresienstadt zum Arbeitseinsatz verschickt werden sollen. Meine Kinder waren zu diesem Zeitpunkt krank, was auch ein Attest des Arztes Dr. Neumark auswies. Ich versuchte Nette zu überzeugen, dass ich der Deportierung meiner Kinder nach Theresienstadt wegen ihrer Krankheit und ihres jugendlichen Alters doch unmöglich sei. Nette war nicht zu überzeugen. Meine Kinder wurden deportiert, zusammen mit den jüdischen Ehepartnern aus Mischehen.

Lina Ramm, Aussage am 10.6.1948: »… dass meine zwei Kinder im Alter von 2 und 6 Jahren nach Theresienstadt zum Arbeitseinsatz geschickt werden sollten.«

vergewissernd, dass Opa da ist und dass sie sicher sind. Es sind auch Bruno Nettes Ururenkel. Sie sind heute so alt wie vor 70 Jahren seine letzten jüngsten Opfer und in wenigen Jahren werden sie so alt sein wie sein jüngster Sohn Alfred.

Und die Mutter der zwei Kleinkinder? Als alle Tränen und die ärztlichen Atteste nichts halfen, flehte sie den Judenreferenten Bruno Nette an, ihre Kinder zumindest begleiten zu dürfen. Seine Antwort: Nein! Sie sei »Arierin«. Ihre Kinder aber »Halbjuden«, und die müssten eben allein zum Arbeitseinsatz, ohne mütterliche Begleitung, basta.

Nur weil am 8. Mai 1945 Panzerspitzen der Roten Armee das KZ Theresienstadt erreichten, konnten fast alle 70 Bremer Opfer des letzten Theresienstadt-»Transportes« und die Überlebenden der vorherigen »Transporte« in ihre Heimatstadt zurückkehren. Auch die völlig verzweifelte Mutter Lina Ramm erhielt ihre Kinder zurück.

Im Prozess gegen Bruno Nette vor dem Spruchgericht 1949 sollte das Schicksal dieser Kinder noch eine große Rolle spielen.

Die beiden zwei- und fünfjährigen Mädchen waren zwar die jüngsten, aber nicht die einzigen Kinder bei dem letzten »Transport« nach Theresienstadt. Gewohnt professionell organisierte Bruno Nette auch die Deportation des siebenjährigen Siegfried Propper. Auch er musste ganz alleine die Tausend Kilometer lange Reise in die Hölle antreten. Auch er sollte offiziell »zum Arbeitseinsatz«. Seine Mutter Ilse Propper gab 1947 Einzelheiten zu Protokoll:

»Nette ist mir als ziemlich harter, arroganter Mensch sehr gut in Erinnerung. Ich kam mit ihm 1945 näher in Berührung, und zwar handelte es sich um die Verschickung meines Jungen (7 Jahre alt). Er galt nach dem damaligen Gesetz als Jude. Sein Vater wurde 1942 in Auschwitz versetzt *(und ermordet; B.N.)*. Sein Sohn Siegfried wurde zum Arbeitseinsatz von Herrn Nette nach Theresienstadt geschickt (13.2.1945). Ich unternahm für meinen einzigen Jungen alles. Ich ließ ihn von Dr. Neumark nochmals gründlich untersuchen, ob er wohl den geforderten Ansprüchen der Gestapo als Arbeitsmann gewachsen wäre. Ich bekam von dem Arzt, der meinen Sohn untersuchte, eine Untauglichkeitsbescheinigung, da er vollkommen unternährt sei. Nach Vorlage des Attestes und Rücksprache mit Herrn Nette wies er jedoch alles mit einem kalten zynischen Lächeln zurück. Er sagte kurz und bestimmend, dass mein Sohn nie wiederkäme. Ich sollte mich damit abfinden. Ich könnte ja arbeiten oder zu meinen Angehörigen nach Dresden (Breslau) fahren.«[18]

Siegfrieds Vater Isidor Propper war jüdisch gewesen, seine Mutter Ilse Propper »arisch«. Isidor Propper wurde Ende 1941/Anfang 1942 in ein KZ verschleppt und dort ermordet, obwohl er in einer »privilegierten Ehe« lebte und damit an sich bis auf Weiteres geschützt war. Warum die Bremer Gestapo ihn trotzdem ins KZ stecken ließ, ist schnell erzählt. Er hatte ein fluchwürdiges – nein – ein todeswürdiges Verbrechen begangen. Bruno Nette selbst erklärte dazu am 25.10.1949 vor dem Kriminalobersekretär Gerber: »Weil Propper seinen Sohn gegenüber der Behörde *(gemeint war die Gestapo; B.N.)* nicht als Geltungsjude gemeldet und somit die Behörde belogen hatte, wurde er festgenommen und einem Konzentrationslager zugeführt, von dem er nicht wieder zurückgekehrt ist.«[19]

Isidor Propper hatte seinen minderjährigen Sohn Siegfried schützen wollen. Er wollte ihn davor bewahren, dass dessen Status als »Halbjude« in den eines »Geltungsjuden« umgewandelt werden wurde, womit er einem todgeweihten »Volljuden« gleichgestellt worden wäre. Auf einen solchen Versuch eines jüdischen Vaters, das eigene Kind zu schützen, stand seine eigene Ermordung. Der brave Gestapobe-

---

[18] Ilse Propper, Aussage, Zeugin Nr. 83, im Spruchkammer-Verfahren gegen Bruno Nette, Bremen, 12.9.1947. SAB, 4, 66-I, Akte Bruno Nette, 1887/12/22, Blatt 16.

[19] Bruno Nette, Aussage vom 25.10.1949. SAB, 4, 89/7, Akte »Katz, Karl« des Oberstaatsanwalts beim Landgericht Bremen, Blatt 18.

amte Bruno Nette hatte Meldung gemacht, die »Zuführung« des Vaters in ein KZ und seine Ermordung folgten prompt.

War man dagegen ein »arischer« Gestapo-Beamter, so war es im Februar 1945 völlig selbstverständlich, den eigenen Sohn vor den nassen Wiesen bei Kolberg schützen zu wollen, ihn zu verstecken und gegebenenfalls »die Behörde« zu belügen, man wisse nicht, wo er sich aufhalte.

1942, drei Jahre vorher, war es bei dem damals vierjährigen »Halbjuden« Siegfried Propper um die Frage gegangen, ob er nach jüdischem Religionsritus beschnitten war oder nicht. Im ersten Fall konnte Bruno Nette den kleinen Jungen zum »Geltungsjuden« erklären. Das tat der Gestapo-Beamte gern, es war sein Hobby.

Bruno Nette schilderte 1949 den Verlauf der Gestapo-Ermittlungen, natürlich aus seiner Sicht.[20] Linnemann habe damals eine ergebnislos verlaufene Hausdurchsuchung bei der Familie Propper wegen Spionageverdachts gemacht. Katz habe Linnemann dann darauf hingewiesen, dass der Sohn des Propper ein Jude und mosaisch beschnitten sei. Propper habe bei einer erneuten Vernehmung erklärt, dass sein Sohn wohl beschnitten sei, aber nicht nach mosaischem Ritus, sondern aus Gesundheitsrücksichten, weil er mit diesem nach Afrika auswandern wollte. Katz habe nur gelacht und wörtlich zu Linnemann gesagt: »Und das glauben Sie! Vernehmen Sie mal die Großmutter des Sohnes von Propper in meiner Gegenwart.«

Der Rest war Gestapo-Routine. Darin war man Meister, ängstliche Verwandte unter Druck zu setzen. Friedrich Linnemann und Bruno Nette holten sich also Ende 1941, in ähnlicher Manier wie etwas später Marie Huntemanns Nichten, die jüdische Oma des kleinen Siegfried in das Gestapozentrum *Am Wall 199.*

»Dein Enkel ist nach mosaischem Ritus beschnitten! Gesteh!«

Die Oma des kleinen Siegfried leugnete tapfer.

Aber Carl Katz, der Vertreter der Bremer Juden in der »Reichsvereinigung der Juden in Deutschland«, der auch nach eigenem Bekunden anwesend war, zwang sie zuzugeben, dass ihr Enkel mosaisch beschnitten sei. Später bestritt Katz, freilich mit mancherlei Ausflüchten, auch nur ein Wort gesagt zu haben.[21] Bruno Nette weiter: »Somit war der Sohn des Propper ein Geltungsjude und fiel unter die Evakuierungsbestimmungen. (…) Aus o.a. Vorgang ist zweifellos zu ersehen, dass Katz durch seinen Verrat dazu beigetragen hat, dass Propper im KZ-Lager zu Tode gekommen ist und dessen Sohn nach Theresienstadt verschickt wurde.«[22]

Die verzweifelte »arische« Witwe des ermordeten Isidor Propper und Mutter des gemeinsamen Sohnes Siegfried musste mit ansehen, wie man ihn mutterseelenallein abtransportierte. Auch sie musste in Bremen zurückbleiben. Der kleine

---

[20] Bruno Nette, Aussage am 25.10.1949. SAB, 4, 89/3-7, Akte »Katz, Karl« des Oberstaatsanwalts beim Landgericht Bremen, Blatt 17, 18.

[21] Carl Katz, Aussage am 16.12.1949. SAB, 4, 89/7, Akte »Katz, Karl« des Oberstaatsanwalts beim Landgericht Bremen, Blatt 44.

[22] Bruno Nette, Aussage am 25.10.1949. SAB, 4, 89/3-7, Akte »Katz, Karl« des Oberstaatsanwalts beim Landgericht Bremen, Blatt 18.

Siegfried überlebte die Schreckenstage. Auch für ihn kam die Rote Armee gerade noch rechtzeitig.

Friedrich Linnemann sagte 1950 gegenüber dem untersuchenden Kriminalbeamten Gerber: »Wenn Katz in dasselbe Horn geblasen hätte wie Nette und ich, wäre es zu einer Verschickung von Isidor und Siegfried Propper nicht gekommen. Die Beschneidung nach jüdischem Ritus wäre der Gestapo niemals bekannt geworden, wenn Katz sich hier nicht eingeschaltet hätte.«[23]

Wie bitte? Carl Katz hätte nur in dasselbe Horn zu blasen brauchen wie die beiden Gestapo-Schergen, um gemeinsam Vater und Sohn Propper zu retten? Friedrich Linnemann drehte wie auch Bruno Nette auf geradezu diabolische Weise die Schuldfrage um. Es war die Gestapo, die die Rahmenbedingungen für Katz' Verrat setzte. Es war die Gestapo, die mörderisch handelte. Die ehemaligen Gestapo-Beamten freuten sich im Jahre 1950 offensichtlich diebisch, Carl Katz, ihrem früheren Opfer, Schwierigkeiten bereiten zu können. Aber wer hatte denn die Juden von Staats wegen verfolgt, sie dem KZ »zuführen« lassen? Wer hatte sich einen Sport daraus gemacht, den kleinen Siegfried zum »Geltungsjuden« zu erklären, um ihn möglichst »beim Arbeitseinsatz« zugrunde gehen zu lassen? Wer hatte Otto Hirsch, den Vater der beiden kleinen Ramm-Mädchen, »zum Teufel geschickt« und dann die beiden Kleinen »zum Arbeitseinsatz«? Oder denken wir noch einmal an Alfons Wagner zurück. Wer, wenn nicht Bruno Nette, hatte dessen Ehefrau, die Mutter von zwei kleinen Kindern, angebrüllt: »Ein Paar in die Fresse hau ich Dir, einsperren werde ich Dich, ich bringe Dich dahin, wo Du hingehörst«? Wer hat sie im Februar 1945 mitsamt ihren minderjährigen Kindern nach Theresienstadt deportiert und den völlig verzweifelten Ehemann und Vater der beiden Kinder allein in Bremen zurückgelassen?[24]

Ja, es war bei Vater und Sohn Propper 1941 offensichtlich zu einer äußerst verstörenden Zusammenarbeit zwischen der Gestapo und dem jüdischen Funktionär gekommen. Darüber wird im letzten Kapitel noch zu reden sein. »Diese Gestapo-Typen haben kein Recht, mich als Verräter hinzustellen«, wird sich Carl Katz 1950 aber gedacht haben, »was auch immer ich getan habe, die als allerletzte!«

»Ein baumlanger Neger«

In Prag bildete 1945 der jetzt 23-jährige Günther Nette auch nach seiner letzten Operation weiter Soldaten aus. Sie waren fünf Jahre jünger als er. Vielleicht hatten sie genau so viel Glück wie ihr Leutnant mit seinem steifen Bein und sie überlebten. Wahrscheinlich ist das nicht.

---

[23] Friedrich Linnemann, Aussage am 28.3.1950. SAB, 4, 89/7, Akte »Katz, Karl« des Oberstaatsanwalts beim Landgericht Bremen, Blatt 60.

[24] Alfons Wagner, Aussage am 25.5.1948. SAB, 4, 66-I, Akte Bruno Nette, 1887/12/22, Blatt 93 (blau notiert).

Mit einem der letzten motorisierten deutschen Militärtransporte verließ er im Mai 1945 die Stadt Prag. Eine in seinem Soldbuch eingelegte »Iststärkemeldung« der Stammbatterie 273, deren Kommandant er war, blieb erhalten, mit seiner Unterschrift. 8. Mai 1945: Drei Offiziere, 240 Unteroffiziere, 435 Mannschaften, dazu 116 Frauen und 40 Kinder. Einen Tag später kapitulierte das Großdeutsche Reich. Feldmarschall Wilhelm Keitel unterzeichnete in Berlin-Karlshorst vor Marschall Shukow und Vertretern der US-Army, der britischen und der französischen Streitkräfte die Urkunde genauso schwungvoll wie vier Jahre zuvor den mörderischen Befehl für die Wehrmacht, deutsche Soldaten dürften nicht wegen irgendwelcher Untaten gegen die Zivilbevölkerung vor ein Kriegsgericht gestellt werden. Das K seines Namens ähnelte immer noch einem gewaltigen Haken mit daran baumelndem Kinderfüßchen.

Am 10. Mai 1945 rückte die Rote Armee in Prag ein. Günther Nettes Krieg war aber noch nicht ganz zu Ende. Sein Militärtransport wurde kurz vor Marienbad von tschechischen Freischärlern überwältigt, die die deutschen Soldaten auf eine Wiese stellten, um sie zu erschießen. Als sie ihre Gewehre schon angelegt hatten, rasselte auf der Allee plötzlich ein gepanzerter Voraustrupp der US-Army heran. Ein »baumlanger Neger«, so Günther Nette, sprang vom ersten Sherman-Panzer herab, schrie »Stop it!« und nahm ihn und die anderen Soldaten und Zivilisten in Kriegsgefangenschaft. Ein afroamerikanischer US-Sergeant rettete ihn buchstäblich in letzter Sekunde. Zeit seines Lebens hat sich Günther Nette Sympathien für »Neger« bewahrt, auch wenn er sich nie für die »Negermusik« erwärmen konnte.

Er wurde in das von den US-Streitkräften übernommene Reserve-Lazarett Marienbad Splendid eingeliefert und am 8. Juni 1945 auf Befehl des Headquarter der 16th Armored Division nach Hamburg entlassen. Er erreichte die Hansestadt stehend und schaukelnd auf einem US-Militärlastwagen. Von den letzten Wertsachen befreiten ihn die sorgfältig filzenden britischen Miltärposten an der großen Brücke über die Norderelbe, dann war er in seiner neuen Heimatstadt.

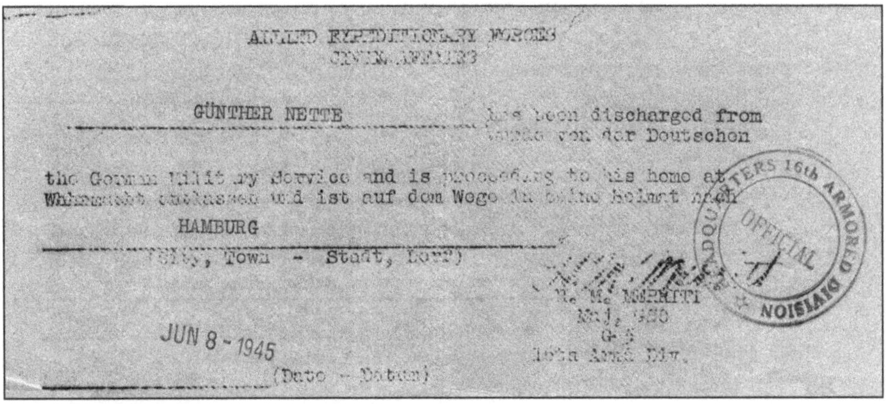
GÜNTHER NETTE has been discharged from
the German Military Service and is proceeding to his home at
ist auf dem Wege
HAMBURG
(City, Town - Stadt, Dorf)
JUN 8 - 1945
(Date - Datum)
16th Armd Div.
HEADQUARTERS 16th ARMORED DIVISION OFFICIAL

8. Juni 1945, Entlassungsschein für Günther Nette, ausgestellt vom US-Headquarter 16th Armored Division

Er suchte seine Frau. Wiebke Nette, geborene Hinrichsen, war 1942 nach einjährig verkürzter Ausbildung Lehrerin geworden. Sie hatte ganze Schulen in die Kinderlandverschickung aus dem von Bomben bedrohten Hamburg nach Bayern und Tschechien begleitet. Am Ende des Krieges floh sie aus der deutsch besetzten »Tschechei«. Sie kam mit vielen Halts auf offener Strecke, wenn der Zug von Jagdbombern beschossen wurde, zurück nach Hamburg. Unverletzt. Jedenfalls hat sie nie etwas anderes gesagt.

Die beiden jungen Menschen trafen sich im Mai 1945 wieder und zogen zu Wiebkes Eltern.

Wiebke brachte mich neun Monate später, am 18. März 1946, zur Welt. Ihre gutbürgerlichen Eltern Hinrichsen erklärten sie für verrückt, in »diesen Zeiten« ein Kind zu bekommen, und warfen sie und den Kindsvater, einen jetzt Rad fahrenden Studenten, und mich aus ihrer heil gebliebenen Wohnung in Hamburg-Winterhude (Hamburg 39, Braamkamp 37) hinaus. Vor allem meine ungastliche Großmutter konnte ihren Schwiegersohn, diesen Bremer Habenichts, immer noch nicht leiden. Sie stammte aus einer wohlhabenden Familie des Itzehoer Besitzbürgertums (Hoteleigentümer) und hatte noch am 2. Mai 1945 eine Hakenkreuzfahne aus dem Fenster ihrer Wohnung im Braamkamp gehängt. Der Rundfunk hatte gemeldet, der Führer sei »an der Spitze der heldenmütigen Verteidiger der Reichshauptstadt« gefallen. »Das hat der Mann verdient«, soll sie zu den aufgescheuchten Nachbarn gesagt haben, die in die großelterliche Wohnung im dritten Stock stürmten und den Fetzen herunterrissen. Die »Desert Rats«, Montgomerys Truppen der britischen 7. Panzerdivision, standen bereits vor den Toren Hamburgs und erwarteten die kampflose Übergabe der ansonsten von Hakenkreuzfahnen sorgfältig gesäuberten Stadt. Einen Tag später rückten sie ein.

»Tüt tüt!«, bemerkte meine 78-jährige Mutter kurz vor ihrem Tod im Januar 2000, als sie mal wieder von der allerletzten freiwilligen Hakenkreuzfahne Hamburgs erzählte. »Die Frau war verrückt.«

Meine Mutter unterrichtete ab 1945 weiter hungrige Kinder in Hamburg-Eimsbüttel, gab die gespendeten skandinavischen Suppen an ihre Klassen aus und aß selber nichts, obwohl sie einmal vor Hunger umfiel. Immer in Eile und Hetze, denn ihr Mann studierte und ihre beiden Kinder waren viel zu häufig sich selbst überlassen. Wiebke überstand fast tödliche Krankheiten, rappelte sich immer wieder hoch – nicht zuletzt mithilfe der britischen Besatzungsmacht, die ihr Penicillin zukommen ließ. Und 1955, als alles etwas besser zu werden begann, wurde ihr von der Hamburger Schulbehörde gesagt, sie müsse entweder ganz von vorn anfangen und die normale Lehrerausbildung nachholen oder – besser noch – ihre Stelle freimachen für einen der aus der Kriegsgefangenschaft zurückgekehrten deutschen Männer, die es verdient hätten, anständig in der Heimat aufgenommen zu werden. Sie verließ den Hamburger Schuldienst und war bis zum Ende ihres Lebens wütend über die Erpressung. Zurück an den Herd, um Himmels willen! »Haushalt machen« hasste sie zeitlebends. Sie wurde ein Opfer der konservativen Familienpolitik der Adenauer-Zeit. Anfang 2000 starb sie mit 79 Jahren an Krebs. Den Schwiegerva-

25.12.1951: Marie Hinrichsen, meine Großmutter mütterlicherseits, die die vermutlich letzte Hamburger Hakenkreuzfahne hisste. Daneben mein Großvater Wilhelm Julius Hinrichsen. Vorne Dieter Nette (3 1/2 J.) und Bernhard Nette (5 ¾ J.)

ter Bruno Nette mochte sie nicht und hätte, wenn überhaupt, Schlimmes über ihn zu erzählen gehabt. Ihre fünf munteren Enkel liebten sie.

Mein Vater wurde der klassische soziale Aufsteiger. Vom hungrigen Lehrling bei der Lürssen Werft in Vegesack über das nach 1945 fortgesetzte Ingenieurstudium brachte er es zum Studienrat an der Gewerbeschule G 1 für Maschinenbau in Hamburg und zum Schluss bis zum Studiendirektor in der Lehrerausbildung. Im Jahr 2002, zwei Jahre nach dem Tod seiner Frau, beging er mit 81 Jahren Selbstmord. Schwer an Krebs erkrankt, wollte er nicht im Bett dahinvegetieren. Das sagte er, kannte er, als er nach seiner schweren Verwundung 1943 bei Charkow monatelang unbeweglich im Lazarett liegen und hilflos erdulden musste, dass sich die Läuse unter seinem hüfthohen Gipsverband tummelten. Nie wieder, hatte der damals 22-Jährige sich geschworen.

Und Rudolf Nette, sein Bruder, mein Patenonkel? Nach meiner Geburt 1946 hatte er als junger Bremer Polizist in US-Diensten für uns Fresspakete nach Hamburg gebracht, wurde als Schwarzhändler verhaftet, kam »als Kollege« wieder frei und half, dass die Familie seines älteren Bruders nicht verhungerte. Bis zu einem gewissen Grad verdanke ich ihm, dass ich im bitterkalten Winter 1946/1947 als Baby knapp überlebte.

Im Deutsch-Russischen Museum in Berlin-Karlshorst, wo die endgültige Kapitulation stattgefunden hatte, wird ein kleines Originalfoto gezeigt, das ein deutscher Soldat in Russland, in Bjelorussland oder in der Ukraine irgendwann zwischen 1940 und 1944 aufgenommen hat. Eine junge Frau watet durch einen seichten Fluss, den Rock leicht hochgerafft. In einem kleinen Spiegel erkennt man, wenn man ganz nah hinblickt, auf der Rückseite des Fotos die Handschrift des deutschen Soldaten. »Minenprobe« steht da.

Die junge Frau war damals so alt wie meine zukünftige Mutter.

Kapitel 11: Die Spruchkammer

Anklage

Joseph F. Napoli, Leiter der Entnazifizierungsabteilung der Bremer US-Militärregierung, schrieb am 27. Januar 1948 an den damaligen Senator für politische Befreiung, Dr. Alexander Lifschütz, »that arrangements are now being made to transfer all internees held in the British Zone who normally reside in the Bremen Enclave to your custody«, oder, wie es in der offiziellen deutschen Übersetzung etwas holperig hieß: »dass jetzt Anordnungen gemacht werden, alle in der britischen Zone gehaltenen Internierten, die gewöhnlich in der Enclave Bremen wohnen, in Ihre Verwahrung zu versetzen«.[1]

Bereits während des Krieges hatten die Alliierten, also die UdSSR, die USA und Großbritannien, die Entnazifizierung und Entmilitarisierung des besiegten Deutschlands beschlossen. Bremen lag ursprünglich in der britischen Besatzungszone, wurde aber zusammen mit Bremerhaven als Hochseehafen bald an die USA übergeben, anfangs als »enclave«, ab Januar 1947 als ein vollwertiges Mitglied der US-Zone, nachdem das Land Bremen gegründet worden war.[2] Das führte bei der Entnazifizierung Bremens anfänglich zu einem Kompetenzwirrwarr.

Die britische Besatzungsmacht hatte Bruno Nette im April 1945 nach Fallingbostel in der Lüneburger Heide gebracht. Dort wurden von ihr in einem ehemaligen deutschen Kriegsgefangenenlager (Stalag XI D Oerbke – 321) Nazis interniert. Im nahe gelegenen kleinen Ort Benefeld/Bomlitz, wo das NS-Regime ein Zwangsarbeitslager und ein Außenlager des KZ Bergen Belsen mit ca. 750 Frauen betrieben hatte, wurde jetzt vom 1. Januar 1947 bis zum 30. Juni 1948 eines der sechs britischen Spruchgerichte stationiert.

Der dortige öffentliche Ankläger erhob Ende September 1947 Anklage gegen Bruno Nette,[3] nachdem er ihn eingehend verhört hatte, wie das am Schluss von Kapitel 5 abgedruckte Dokument (Einschub mit der Aussage von Bruno Nette am 7./8. Mai 1947) eindrucksvoll belegt.

---

[1] Brief des Öffentlichen Klägers Bremen an die Militär-Regierung, Internment Labor Camp Section, vom 21.11.1947. SAB, 4, 66-I, Akte Bruno Nette, 1887/12/22, Blatt 69 (blau notiert). Antwortschreiben von Joseph F. Napoli, Chief Denazification Division im Office of Military Government for Bremen (Germany APO 752 U.S. Army), vom 27.1.1948. SAB, 4, 66-I, Akte Bruno Nette, 1887/12/22, Blatt 60 (blau notiert).

[2] Vgl. Pedron 2010, S. 228-232.

[3] Schreiben des Leiters der Anklagebehörde beim Spruchgericht Benefeld/Bomlitz vom 23.9.1947 an den Bremer Senator für politische Befreiung. SAB, 4, 66-I, Akte Bruno Nette, 1887/12/22, Blatt 58 (blau notiert) bzw. 147 (rot notiert).

26. April 1945: Besetzung Bremens durch britische Truppen. Sie kommen auf diesem Foto an kriegsgefangenen Wehrmachtssoldaten vorbei.

Das von der Militärregierung erlassene Gesetz zur Befreiung von Nationalsozialismus und Militarismus galt in der übrigen US-Zone bereits ab dem März 1946, wurde in Bremen aber erst am 9. Mai 1947 eingeführt. »Die Amerikanische Militärregierung hat nunmehr entschieden, dass das deutsche Volk die Verantwortung für die Befreiung vom Nationalsozialismus und Militarismus auf allen Gebieten mit übernehmen kann.« Das Entnazifizierungsverfahren wurde damit auch in Bremen deutschen Juristen übertragen.

Der öffentliche Kläger Bremens beantragte am 21. November 1947, insbesondere den ehemaligen Gestapobeamten Bruno Nette und den ehemaligen NSDAP-Kreisleiter für Bremen-Lesum, Karl Busch, nach Bremen zu überstellen. Der Senator für politische Befreiung maß dem Spruchverfahren gegen Bruno Nette, das er jetzt nach den strengeren US-Regeln neu aufrollen ließ, also offensichtlich eine besondere Bedeutung bei. Bruno Nette wurde am 2. Februar 1948 von Fallingbostel in das Bremer Internierungslager Riespott überstellt.

Am 16. November 1948 ging die Klageschrift des öffentlichen Klägers bei der Spruchkammer Bremen, Udo Meinecke, den Verfahrensbeteiligten zu.[4] Im Laufe des Jahres 1948 hatte der Investigator M. Meier im Haus des Reichs, Zimmer 551, viele weitere Zeugenaussagen zu Protokoll genommen.

---

[4] Udo Meinecke (öffentlicher Kläger): Klageschrift gegen Bruno Nette, 16.11.1948. SAB, 4, 66-I, Akte Bruno Nette, 1887/12/22, Blatt 176-178.

In der Klageschrift wurden überblicksartig Bruno Nettes Lebenslauf und seine Einsatzfelder bei der Gestapo Bremen (1940 Referat »Arbeitssabotage und Spionageabwehr«; Judenreferat ab 1941 bis Oktober 1943 und erneut November 1944 bis Kriegsende) vorgestellt, außerdem die Frage behandelt, ob er freiwillig zur Gestapo kam.

Wörtlich fährt die Anklageschrift fort: »Als Sachbearbeiter im Judenreferat ging der Betroffene in seinen Maßnahmen gegen die Juden über das Maß der Nürnberger Gesetze hinaus, indem er arische Ehepartner zur Scheidung drängte und die Vorgeladenen beschimpfte, bedrohte und beleidigte. Er brachte mehrfach zum Ausdruck, dass er selber froh sei, kein Jude zu sein, und dass die Juden ausgerottet werden müssten. Er hätte sich nie mit einer Jüdin verheiraten können. Er hätte noch nicht mal als Kind mit den Juden gespielt, hätte sie höchstens angespuckt. (…) Trotzdem der Betroffene behauptet, Judenfreund gewesen zu sein und allen geholfen zu haben, wo er nur konnte, hat er es doch in mehreren Fällen versucht, zweifelhafte Arier, Mischlinge oder Geltungsjuden unter verschärfte Bestimmungen des Nürnberger Gesetzes zu zwingen. (…)

Während seiner Tätigkeit im Judenreferat wurden Juden in drei großen Transporten nach Minsk und Theresienstadt geschickt. (…) Wenn dem Betroffenen auch nicht die Möglichkeit gegeben war, von den gegebenen Weisungen grundsätzlich abzuweichen, so lag es doch in seiner Hand, dem Vorgesetzten Ausnahmen vorzuschlagen und die Gründe dafür entsprechend vorzutragen. In Zweifelsfällen konnte er zugunsten der Juden auf weitere Nachforschungen verzichten. Solange der Einzelfall dem Vorgesetzten noch nicht bekannt war, konnte er fast frei entscheiden. So zeigte sich gerade in diesen Einzelfällen die persönliche Einstellung des Betroffenen. Die Zeugen legten dem Betroffenen gerade in diesen Einzelfällen eine solche Härte und Schärfe zur Last, dass er dadurch ohne weiteres als Judengegner gekennzeichnet wird.

Wenn der Betroffene seine Judenfreundlichkeit dadurch beweisen will, dass bei Kriegsschluss noch etwa 70 Juden in Bremen waren, so ist ihm entgegenzuhalten, dass dieser Transport schon für den 15.3.1945 festgesetzt war. Dieser wurde nur durch die sich überstürzenden Kriegsereignisse verhindert.

Der Betroffene wurde selbst immer nachgiebiger, je deutlicher es sich zeigte, dass der Krieg bald verloren war. Seine Freundlichkeit war zum Teil auch eine Gegenleistung für Vergünstigungen an Lebensmitteln, Tabakwaren und Schnaps, die er sehr oft durch die Zusammenarbeit mit der jüdischen Gemeinde erhielt. Dass er auch noch andere Dinge angenommen hat, zeigen die Vernehmungen von Bruck, Katz und Lisiak.

Der Betroffene hat in den Juden die Rassegegner der NSDAP verfolgt. Seine persönliche Einstellung zu dieser Frage bestärkte ihn in seiner Arbeit. Er ließ sich dazu hinreißen, dass er in seinem Dienst die Vorgeladenen beschimpfte, beleidigte, ja einmal sogar schlug. Als überzeugter Anhänger der nationalsozialistischen Rassenlehre setzte er sich dafür ein, dass die gegebenen Gesetze unnachsichtig angewandt wurden, bis ihn das kurz bevorstehende Kriegsende veranlasste, zu milderen Formen überzugehen. Er nutzte seine Stellung in der Gestapo aus, um aus der Notlage der Verfolgten für sich und andere Vorteile zu ziehen.

Der Betroffene ist gemäß Artikel 5 Ziffer 7 *(Gesetz zur Befreiung von Nationalsozialismus und Militarismus; B.N.) Hauptschuldiger* und gemäß Artikel 7 Ziffer 2 und 3 *Belasteter.*«

Es lagen insgesamt 71 Zeugenaussagen vor. 60 der 71 der in den Akten vermerkten Zeugen (knapp 85%) belasteten Bruno Nette teilweise erheblich, sieben (knapp zehn Prozent) entlasteten ihn und vier (etwas mehr als fünf Prozent) gaben zugleich Be- und Entastendes zu Protokoll.

Es ist auch eine nach Tatbeschreibungen und Vorwürfen differenzierte »Zeugenübersicht zur Akte Nette« erhalten.[5] Hier wurden die 56 wichtigsten Zeugenaussagen nach Stichworten geordnet. Natürlich konnten nach den zwei Massen-Deportationen nach Minsk 1941 und nach Theresienstadt 1942 nur einzelne der als Juden deportierten Bremerinnnen und Bremer in dieser »Zeugenübersicht« vertreten sein. Diese einzelnen Menschen hatten überlebt und wurden gerade deshalb zu besonders wichtigen Zeugen (vgl. Richard Frank, ausführlich zitiert im Kapitel 6 »Der Tod«). Die 56 Zeugen beziehen sich also auch zum größeren Teil auf die »normale« Verfolgung zwischen den Deportationen und auf den zweiten Bremer Deportations-Transport nach Theresienstadt im Februar 1945, den die meisten überlebten.

36 der 56 Zeugen sagten aus, Bruno Nette sei ein überzeugter Judengegner gewesen. Sechs Zeugen berichteten dagegen, er habe auch Juden unterstützt. Die entlastenden Zeugen waren von der Verteidigung benannt worden. Sie gehörten zur Gruppe der Verfolgten, die Bruno Nette am Ende der Nazizeit zuvorkommender behandelt hatte. Für die Zeit vor dem Herbst 1944 wurde sein persönliches Verfolgungs-Interesse hervorgehoben. Er habe Handlungsspielräume gehabt und häufig eigenverantwortlich und nicht nur auf Befehl gehandelt. Nur sechs Zeugen fanden, Bruno Nette habe lediglich auf Befehl gehandelt. Vergleichsweise viele Zeugen, nämlich 15, warfen Bruno Nette vor, er habe sogar an sich nicht Betroffene unter das (Nürnberger) Gesetz gezwungen und sie deportieren lassen. Bruno Nette war für viele Zeugen einer der blutigen Bremer Judenjäger, auch wenn die meisten keine detallierte Kenntnis von der Befehlstruktur in der Bremer Gestapo gehabt haben dürften.

Über Prügel bei den Verhören sagten »nur« drei der 56 Zeugen aus. Dass er aber unerbittlich, fast brutal gewesen sei, bestätigten 38 Zeugen. 14 Zeugen erinnerten sich daran, wie energisch Bruno Nette Menschen, die in »privilegierter Mischehe« lebten, den dringenden Rat zur Scheidung gegeben habe. Mit erkennbarer Lust habe er »Rassenschande« verfolgt. Außerdem sei er bestechlich gewesen. Zehn Zeugen sprachen das Thema von sich aus an. Auch diese Zahl ist insofern relativ hoch, als nur die wenigsten Opfer Bruno Nettes bestechliche Seite kennenlernen konnten, weil sie rein gar nichts mehr besaßen, mit dem sie den Judenreferenten hätten »be-

---

[5] »Zeugenübersicht zur Akte Nette«, SAB, 4, 66-I, Akte Bruno Nette, 1887/12/22, handschriftliche doppelseitige Übersicht (Din A 3).

schenken« können. Vor allem die Judenfunktionäre wie Carl Katz oder Karl Bruck erinnerten sich lebhaft seiner Bestechlichkeit.

Es ist auch eine Namensliste aus der »Zeugenübersicht zur Akte ›Nette‹« des öffentlichen Klägers erhalten geblieben, und zwar handschriftlich in der folgenden Reihenfolge.[6] Die ehemaligen Bremer Gestapo-Beamten Friedrich Linnemann, Wilhelm Parchmann, Menne Schulte und Hans Hasse sind nicht vertreten. Die Adressenangaben habe ich weggelassen. Die von mir in Klammern hinzugefügten »c« (»contra«) bzw. »p« (»pro«) informieren darüber, ob die jeweiligen Zeugenaussagen gegen (c) oder für (p) Bruno Nette ausfielen.

»Margarete Zacharias (c), Wilhelm Aron (p), Adolf Kracht (c), Eva Hartogh (c), Emil Weber (c), Martha Scharenberg, geb. Bartels (c), Bernhard Meendsen (c), Gustav Bauer (c), Ilse Propper (c), Helmut Settels (p), Julius Meyer-Boeckhoff (p), Heinrich Ahrens (p), Elisabeth Neumark (c), Ernst Fritsche (c), Sophie Hass (p), Emma Meyer (c), Gottlieb Nord (p), Ludwig Luther (p), Gertrud Meendsen (c), Armos Behrens (p), Johanne Winter, geb. Neitzel (c), Alfons Wagner (c), Elly Meyer (c), Fritz Erdnüss (c), Helene Peter (c), Elisabeth Grünberg (c), Edith Seidler (Cobliner) (c), Ludwig Laufer (c), Gertrud Händler (c), Ursula Meyer (c), Hertha Johanning (c), Heinrich Ruhe (c), Carla Reiter (c), Lina Ramm (c), Moritz Jakobsohn (c), Amandus Dierks (c), Ida Hupe (c), Michael Herrmann (c), Richard Löffler (c), Carl[7] Bruck (c), Fritz Harf (c), Ballach/Schü(ler),[8] Adolf Hakenbroich (c), Carl Katz (c), Johann Lisiak (c), Agnes Brandes (c), Fritz Heßlein (c), Werner Heßlein (c), Dora Heuer (c), Wilhelm Haupt (c), Prof. Dr. Hess (p), Holzkämper (p), Wilhelm Nolting-Hauff (c).«

Erstes Presseecho

Ich fand im Nachlass meines Vaters eine Reihe von Presseausrissen zum Verfahren gegen meinen Großvater vor dem Bremer Spruchgericht.[9] Die Nordsee-Zeitung (NZ), eine Bremerhavener Tageszeitung, die ab Oktober 1947 wieder neu herausgegeben werden konnte (einer der beiden Lizenzträger war der Antifaschist Bruno Stöwsand, der u.a. im KZ Börgermoor im Emsland gefangen gehalten worden war), berichtete am 9. März 1949 unter dem Titel »Mit Juden Skat gespielt und sie deportiert«. Die Anklageschrift wurde ausführlich zitiert. Interessant ist, was vom Auftreten Bruno Nettes berichtet wurde.

[6] Handschriftliche Namensliste, Zeugenübersicht zur Akte »Nette«. SAB, 4, 66-I, Akte Bruno Nette, 1887/12/22 (ohne Blattnummerierung, zwei DIN A3-Blätter).

[7] Richtig: Karl Bruck.

[8] Ballach war vermutlich Denunziantin, Schüler wurde im KZ ermordet.

[9] Nordsee-Zeitung vom 9.3.1949: »Mit Juden Skat gespielt und sie deportiert«. Weserkurier vom 8.3.1949: »Ein unpolitischer Gestapobeamter?« und Weserkurier vom 9.3.1949: »Nette ließ belastende Akten verschwinden«.

»Nette kehrte bei der Verhandlung mit biederer Miene den gewiegten Kriminalbeamten hervor. Aufmerksam machte er sich bei jeder Zeugenaussage Notizen und versuchte sie dann Punkt für Punkt zu widerlegen. Er sei immer der Meinung gewesen, sagt Nette, dass Theresienstadt ein Altersheim für Juden wäre. Nein, von anderen Beamten, die im Osten gearbeitet hatten, habe er nie etwas über die Zustände in den dortigen Lagern erfahren. ›Ich war alter Obersekretär. Um die jungen Kadetten, die von draußen kamen, habe ich mich nie gekümmert‹, sagte er mit dem Brustton der Überzeugung. Die manchen anempfohlene Scheidung vom jüdischen Ehepartner sei nur eine Formalität gewesen. Im Grunde habe er dabei Gutes gewollt; dass das Vermögen der Familie gerettet wird und dass die Angehörigen den Schärfen der Nürnberger Gesetze entzogen werden.«

Vermutlich war es Tante Mieze, die auch zwei Artikel im Weserkurier (WK) ausschnitt. (Einer der WK-Lizenzträger war der Antifaschist Hans Hackmack, der ebenfalls im KZ Börgermoor im Emsland Schwerstarbeit hatte leisten müssen.) Der erste Artikel erschien bereits am 8. März 1949 unter dem Titel »Ein unpolitischer Gestapobeamter?« Und auch hier: Bruno Nette habe den Eindruck eines besonders biederen Beamten gemacht.

»Wenn die Aussagen Nettes in eigener Sache zutreffen, so war er einer der unpolitischen Beamten. ›Ich war immer bemüht, den Juden zu helfen. Was ich konnte, habe ich getan‹, sagte Nette von sich. Die Ausführung der Befehle des Reichssicherheitshauptamtes hielt ihn, wie er weiter aussagte, nicht ab, mit einigen Juden außerdienstliche Beziehungen zu pflegen. ›Als der damalige Leiter der bremischen Bezirksstelle der ›Reichsvereinigung der Juden‹, Katz, nach Theresienstadt verschickt wurde, habe ich sogar am Vorabend mit ihm Abschied gefeiert‹, klärte Nette die Kammer auf. Es klang glaubwürdig.«

War dieser Weserkurier-Artikel noch einigermaßen von dem Bemühen zu neutraler Berichterstattung geprägt, so traf das für den am folgenden Tag (9.3.1949) in derselben Zeitung erschienenen Artikel mit dem Titel »Nette ließ belastende Akten verschwinden« nicht mehr zu. Tante Mieze und ihr Ehemann Bruno Nette dürften an diesem Artikel Gefallen gefunden haben. Die Original-Zwischenüberschriften sind hier *kursiv* gekennzeichnet.

»›Als ich mit Nette gesprochen hatte, wurde es mir ordentlich leicht ums Herz‹, sagte ein Zeuge im weiteren Verlauf der Spruchkammerverhandlung gegen den ehemaligen Leiter des ›Judendezernats‹ der Bremer Gestapo. Der Zeuge war damals wegen defaitistischer Äußerungen zur Gestapo vorgeladen worden. ›Halt doch deine Schnauze, was willst du Ochse gegen einen Berg anrennen‹, habe Nette zu ihm gesagt und ihn wieder nach Hause geschickt. Er sei nicht über die Ausdrucksform beleidigt gewesen. Angenehm überrascht habe es ihn jedoch, dass er mit einem Gestapobeamten ein offenes Wort reden konnte, antwortete der Zeuge auf den Vorhalt der Verteidigung.

›Das ist der Mann, der uns hilft!‹ Wenn ein Befehl des Reichssicherheitshauptamtes kam, so stellte Nette Judentransporte zusammen und abends nach der Dienstzeit spielte er Skat. Oft mit anerkannten Antifaschisten, die jetzt als Zeugen

auftreten. Einer von ihnen sagte aus: ›Als mir von dem damaligen jüdischen Verbindungsmann zur Gestapo *(Karl Bruck; B.N.)* Nette vorgestellt wurde, sagte dieser zu mir: ›Das ist der Mann, der uns hilft! Wenn er nicht wäre, ginge es uns Juden hier in Bremen dreckig.‹ Nette selbst habe ihm einmal gesagt: ›Wenn ich einmal nicht mehr da bin, dann hat man mich geholt, und dann geht es mir sicherlich dreckiger als den Juden.‹

›*Nette hat mir das Leben gerettet.*‹ So sagte ein anderer Zeuge, der wegen defaitistischer Äußerungen verhaftet worden war. – ›Wenn die Sache dem Volksgerichtshof übergeben worden wäre, hätte es ihm den Kopf gekostet‹, meinte Nette hierzu. Nach allen höheren Stellen habe er ›Rückendeckung‹ genommen und die Akte ›verschwinden‹ lassen. – ›Ich bitte daher um Freispruch für den Betroffenen‹, sagte der Zeuge und drückte Nette im Gerichtssaal die Hand. ›Herzlichen Dank‹, sagte er, denn er hatte den Betroffenen noch niemals vorher gesehen. Er hatte von seinem Lebensretter nur gehört.«

Natürlich interessierten die Leserinnen und Leser damals auch die Kurzmeldungen von der ersten und zweiten Märzwoche 1949, die auf den Rückseiten der ausgeschnittenen Artikel erhalten sind. »Einen neuen Luxussportwagen hat der Konstrukteur des Volkswagens, Dr. Porsche, entworfen, der in Salzburg gebaut werden wird. Der stromlinienförmige Zweisitzer mit Leichtmetallkarosserie soll 140 km/h erreichen und dafür nur 7, 2 Liter benötigen.« Oder: »Die Fischbewirtschaftung muss nach einer Feststellung der VELF mit Rücksicht auf die Eiweißlücke in der Lebensmittelversorgung beibehalten werden. (…)«

Aber dieser Bruno Nette nun! Er machte doch ein bisschen Eindruck. Geschickt hatte er sich verteidigt und sorgfältig Entlastungszeugen gesucht.

»Vielleicht lassen wir die Fassade«

Ausgebrannt! Ich stand Anfang Mai 2015 vor dem Gründerzeitgebäude *Am Wall 158*. Es war ein stattliches, mit hellen Sandsteinplatten verkleidetes Haus gewesen, nur ein paar Hausnummern neben der ehemaligen Gestapo-Zentrale. Ich hatte mir den Saal im ersten Stock ansehen wollen, wo damals die Verhandlung vor dem Spruchgericht Bremen stattgefunden hatte. Eigentlich hatte hier das Textilgeschäft Harms seine Verkaufsräume, seit über 100 Jahren. Und nun? Rußgeschwärzte Fassade, leere ausgeglühte Fensterrahmen, teilweise noch mit dem ovalen Logo »Harms«. Die Decke des großen Saals im ersten Stock war, so weit ich das von der Straße aus erkennen konnte, teilweise herabgestürzt, die Gipsstrohmatten traten struppig und schwarz verbrannt hervor. Grob geschnittene frische Bretter ragten aus den Fenstern. Hier hatte »der Betroffene« die Zeugen hinter den runden Gläsern seiner Stahlbrille kühl angefunkelt. Hier hatte er vor seinen Richtern gestanden. Endlich.

Ich lugte über die Absperrungen, machte Fotos. »Kann ich Ihnen helfen?«, fragte ein Bauingenieur, der aus seinem Auto gestiegen war. »Alles in Ordnung«, antwortete ich. »Hier wurde mal gegen einen Gestapotäter verhandelt.« »Ach nee«, meinte

Das ausgebrannte Haus Am Wall 158 (2015): Textilhaus Harms. Hier fand im März 1949 im 1. Stock das Verfahren der 1. Bremer Spruchkammer gegen Bruno Nette statt

er, »aber nun ist ja alles abgefackelt. Endgültig weg. Sehen Sie ja. Wird alles ganz neu. Vielleicht lassen wir die Fassade.«[10]

»Werden Sie nicht weich in den Knien!«

Beim Verfahren vor der Ersten Spruchkammer Bremen erregte die Mitte Februar 1945 durchgeführte Deportation der drei unbegleiteten Kinder Siegfried Propper (7 Jahre) und der Schwestern Christa Ramm (2 Jahre) und Waltraud Erika Ramm (5 Jahre) in das KZ Theresienstadt »zum Arbeitseinsatz« großes Aufsehen. Ihr Schicksal wurde bereits ausführlich geschildert.[11] Am vierten (12.3.1949) und am fünften Verhandlungstag (15.3.1949) kam es deshalb zu erregten Auseinandersetzungen. Bruno Nette sprach sogar von vier betroffenen Kindern, bestritt aber energisch seine Verantwortung.

»Glauben Sie, dass ihr Sohn in Theresienstadt besser untergebracht war?«, fragte der Vorsitzende Richter die Zeugin Ilse Propper, die Mutter des damals siebenjährigen Siegfried.

»Scheinbar glaubte das Herr Nette«, antwortete Ilse Propper. »Ich habe gedacht, dass man bei einem Kinde wohl etwas mehr Rücksicht hätte nehmen können.«[12]

---

[10] Es handelte sich um Brandstiftung. Am 1.8.2016 begann der Prozess vor dem Bremer Landgericht u.a. gegen den früheren Kaufhaus-Chef Hans Eulenbruch. Das Haus muss abgerissen werden. Vgl. www.radiobremen.de/harms-wall-gericht.

[11] Vgl. Kapitel 9 und vor allem Kapitel 10.

[12] Ilse Propper, Aussage vor der Spruchkammer Bremen. Verfahren gegen Bruno Nette, 5. Verhandlungstag (15.3.1949). SAB, 4, 66-I, Akte Bruno Nette, 1887/12/22, Blatt 321.

Aufgeregt schaltete sich Bruno Nette ein: »Ich bitte die Zeugin, der Wahrheit die Ehre zu geben. Ich habe mit der Zeugin am Zuge gestanden, ich habe mich mit ihr unterhalten und wir sind persönlich nebeneinander zurückgegangen, ich habe versucht sie zu trösten, weil es mir leid tat um den Jungen. Ich habe es ausführlich dargestellt, dass Herr Hasse darauf bestanden hat, dass die Kinder mitkamen. Hasse ließ sich auf nichts ein. (...).«

Kriminalrat Hasse also! Sein Vorgesetzter. Die Grundmelodie seiner Verteidigung war angestimmt.

Aber erst einmal erinnerte sich Bruno Nette an die Abfahrt des Deportationszuges, gab zumindest seine Version zu Protokoll. »Bei dem Transport bin ich ganz allein mit Herrn Bruck *(Vertreter der Bremer Geschäftsstelle der »Rest«-Reichsvereinigung der Juden in Deutschland; B.N.)* am Bahnhof gewesen. Als ich an den Wagen herankam, wo die Kinder drin waren, sagte die Zeugin Emma Meyer mir: ›Mir sind zwei Kinder gegeben worden. Das eine Kind hustet, wo ist die Mutter?‹ Die war aber schon weg. Sie haben gerufen und gefragt, die Mutter war nicht mehr da.«

Die Zeugin Emma Meyer, 55 Jahre, wurde vor der Spruchkammer befragt. Sie hatte sich um die beiden kleinen Ramm-Mädchen bei der Abfahrt in Bremen, während der Fahrt nach Theresienstadt und im Lager selbst gekümmert.[13] Sie war als »Geltungsjüdin« ebenfalls auf den letzten Bremer Theresienstadt-»Transport« geschickt worden, hatte vorher bei der Jüdischen Gemeinde arbeiten müssen, bis Bruno Nette sie Weihnachten 1944 noch für zwei Monate als Schreibkraft zur Gestapo befahl. Bruno Nette sei immer »ganz freundlich« zu ihr gewesen. »Er war korrekt und sachlich. Er hat mir alles auseinandergesetzt, wie es sein musste.« Die herzzerreißende Szene frühmorgens im regnerischen Februar 1945 hatte die Zeugin allerdings ganz anders in Erinnerung. Die beiden kleinen Schwestern seien in ihren Wagen gebracht worden, in einen der mit Stroh ausgelegten Viehwaggons. »Die Mutter blieb stehen, bis wir abgefahren sind.« Und: »Es waren mehrere von der Gestapo da, die sind nicht traurig gewesen.«

Die Geschichte von der Rabenmutter, die den Bahnhof zu früh verließ, während der treue und kinderfreundliche Bruno tröstend ausharrte, war damit geplatzt. Und jetzt fragte der Vorsitzende Emma Meyer auch noch ganz direkt: »Glauben Sie, dass er *(Bruno Nette; B.N.)* es hätte verhindert, dass sie *(die Kinder; B.N.)* wegkämen, wenn er es hätte können?«

Jetzt wurde es gefährlich für Bruno Nette, ging es doch darum, ob er persönlich den geplanten Kindesmord gebilligt hatte.

Emma Meyer antwortete nur indirekt, indem sie die Bremer Gestapo mit der Hamburger verglich. »In Hamburg sind keine Kinder mitgekommen, aus Bremen aber drei Kinder.«[14] Der Transport in das KZ Theresienstadt war im Februar 1945 wie üblich zuerst nach Hamburg geleitet worden, wo weitere Opfer eingeladen wur-

---

[13] Emma Meyer, Zeugin vor der Spruchkammer Bremen, Aussage zum Komplex »Kinder nach Theresienstadt im Februar 1945«. SAB, 4, 66-I, Akte Bruno Nette, 1887/12/22, Blatt 35.

[14] Ebd.

den. Der jüdische Funktionär Fritz Harf, der im selben Deportationszug mitfahren musste, bevor er in Hamburg krank aussteigen konnte, hatte 1948 bereits ausgesagt, Bruno Nette habe es fertiggebracht, »minderjährige Kinder von ihren Eltern zu trennen und nach Theresienstadt zu schicken, was er nicht zu tun brauchte, wenn er nicht gewollt hätte«. Auch er führte als Beweis »meine in Hamburg gemachten Erfahrungen« an.[15] Und in der Tat: Im Unterschied zu Bremen wurde der Hamburger Deporationsbefehl nicht von einem jüdischen Funktionär unterzeichnet, sondern vom Judenreferenten der Hamburger Gestapo, Hans Heinrich Stephan, selber, in dessen »Einsatzbefehl« vom 7. Februar 1945 es unmissverständlich hieß: »Die vorübergehende Unterbringung etwa zum Haushalt gehörender minderjähriger Kinder (Mischlinge I. Grades) unter 16 Jahren hat bei Verwandten oder nicht zum Arbeitseinsatz gelangenden deutsch-jüdischen Mischehen zu erfolgen.«[16]

Emma Meyer berichtete weiter, dass die Kinder in Theresienstadt gleich ins Krankenhaus und danach in ein Kinderheim gekommen seien. Gut sei es ihnen dort nicht ergangen. »Die Tschechen sind nicht so freundlich«, berichtete die Zeugin. »Die Kinder hatten es nicht besonders. Die Kinder sahen nicht so gut aus, zumal sie sehr lange im Krankenhaus waren. Die Tschechen hatten es nicht gern, dass ich mich um die Kinder kümmerte. Ich durfte ihnen nichts zustecken.«[17]

Vorsitzender: »Was dachten Sie über Theresienstadt und den Arbeitseinsatz?«

Emma Meyer: »Ich hatte gedacht, dass sie uns auch in Theresienstadt umgebracht hätten, die ganzen Juden sollten doch weg. Mein Bruder war in Theresienstadt, der ist nicht zurückgekommen, der ist in Theresienstadt verbrannt worden, das war zwei Monate her, eine Anlage war da gemacht.« Sie bezog sich auf die Verbrennungsöfen eines Krematoriums, die in Theresienstadt ab September 1942 schrittweise in Betrieb genommen wurden.

Keine Frage, die Kinder waren in eine Mordhöhle geschickt worden. Noch einmal stellte der Richter die Frage nach der Verantwortlichkeit, jetzt direkt an Bruno Nette selbst: »Hatten Sie keine Möglichkeit, die Kinder aus dem Transport rauszulassen?«

Bruno Nette: »Dann hätte mich Hasse einsperren lassen. Ich habe der Mutter gesagt, dass ein Erlass des RSHA vorläge, dass auch die Kinder mitmüssten. Ich hatte keinen Grund, diese vier Kinder wegzuschicken, wo hier noch sehr viele halbjüdische Kinder herumliefen. Hasse ließ sich auf keinen Hinweis ein und verlangte, dass sie wegkämen.«[18]

---

15 Fritz Harf, Aussage am 25.6.1948. SAB, 4, 66-I, Akte Bruno Nette, 1887/12/22, Blatt 98 (blau notiert).

16 Einsatzbefehl der Gestapo Hamburg, 7.2.1945. In: Apel 2009, S. 225.

17 Emma Meyer, Zeugin vor der Spruchkammer Bremen (März 1949), Aussage zum Komplex »Kinder nach Theresienstadt im Februar 1945«. Verfahren gegen Bruno Nette, März 1949, SAB, 4, 66-I, Akte Bruno Nette, 1887/12/22, Blatt 35.

18 Bruno Nette vor der Spruchkammer Bremen (März 1949) zum Komplex »Kinder nach Theresienstadt im Februar 1945«. SAB, 4, 66-I, Akte Bruno Nette 1887/12/22, Blatt 314 (blau notiert).

Da waren sie wieder, die eigentlichen Bösewichte, das Berliner Reichssicherheitshauptamt und der Bremer Gestapo-Chef Hasse, der große Judenhasser persönlich. Er selbst, der Bremer Judenreferent, wäre eingesperrt worden, hätte er sich geweigert.

Befehle, Befehle und noch einmal Befehle! Warum handelte mein Großvater nicht so, wie er es seinem jüngsten Sohn Alfred vorschlug? Nicht mehr mitmachen, verschwinden, untertauchen? Ausnahmsweise mal nicht gehorchen? Und seine so leicht dahergesagte Bemerkung von den sehr vielen »halbjüdischen Kindern«, die »hier noch« herumliefen? Dieses »*noch*« war ihm herausgerutscht, er hatte sicherlich nicht verraten wollen, dass für den März und den Juni 1945 weitere Deportationen geplant waren, auch für all die »Noch«-Kinder.

Die Verhandlung näherte sich ihrem Höhepunkt. Sein früherer Chef Hans Hasse wurde noch am selben Tag und am nächsten Verhandlungstag als Zeuge vernommen.[19]

Kläger: »Haben Sie mit Nette besonders wegen der Judentransporte Differenzen gehabt?«

Zeuge Hasse: »Das ist mir nicht bekannt. Es kann möglich sein, dass ich kleinere Differenzen gehabt habe, dass er flotter arbeiten sollte. Ich habe ihn nicht als Gegner angesehen. Er war lasch, er tat nicht seine Pflicht. Ob das in seinen persönlichen Beweggründen lag oder aus Menschlichkeitsgründen, ob er jemanden schützen wollte, weiß ich nicht. Ob er bestechlich war, weiß ich nicht. Mir ist kein Fall in Erinnerung. Wenn mir das bekannt geworden wäre, wäre er ohne weiteres vor ein SS-Gericht gestellt worden. Ich kann mich auf den Transport im Februar 1945 nicht besinnen.«

Kläger: »Sie haben Nette keine Anweisungen erteilt, Kinder zum Transport nach Theresienstadt einzuteilen?«

Zeuge Hasse: »Ich weiß es nicht. Ich befinde mich seit drei Jahren in Haft.«

Kläger: »Worauf ist die lasche Arbeitsweise zurückzuführen?«

Zeuge Hasse: »Wir waren zum Schluss alle deprimiert.«

Verglichen mit Hans Hasse war Bruno Nette ein Muster an Redseligkeit und Erinnerungsfähigkeit. Und er konnte ziemlich beruhigt sein. Die Aussage seines früheren Chefs war mehr als hilfreich. Er sei lasch gewesen! Ja, das hatte er gebraucht. Und just einen Tag zuvor, am 11. März 1949, unmittelbar vor seiner Verhandlung vor der Spruchkammer, hatte eine weitere Zeugin, Hildegard Fiedler, bei einer Vernehmung etwas ausgesagt, was es jetzt unbedingt auszunutzen galt. Hildegard Fiedler war ab 1943 als Hilfskraft bei der Bremer Gestapo angestellt gewesen. Es ist unklar, ob sie eine der ständig gefährdeten »Geltungsjüdinnen« in der Gestapozentrale war oder eine eher normale Gestapo-Angestellte. Sie konnte nicht persönlich befragt werden, da sie, wie sie schrieb, schwer herzleidend sei und zum Termin am 12. März 1949 nicht erscheinen könne. Umso besser, wird sich Bruno Nette gedacht haben, ihr Brief reichte vollkommen. Was für ein exquisiter Persilschein!

---

[19] Hans Hasse, Befragung im Verfahren gegen Bruno Nette, März 1949, 4. Verhandlungstag. SAB, 4, 66-I, Akte Bruno Nette, 1887/12/22, Blatt 316-321.

»Im April 1943 wurde ich zur Gestapo dienstverpflichtet; da ich weder Schreibmaschine schreiben noch Stenografie konnte, war ich in der Verwaltung und in der Registratur beschäftigt. In der Registratur ließ auch Herr Nette registrieren. Eines Tages kam er wieder einmal in den Raum, hatte mehrere Akten unter dem Arm und sagte: ›Ich kann nicht mehr; ich kann nicht mehr gegen diesen Mann arbeiten.‹ Als ich ihn fragte, was denn los sei, antwortete er mir, dass er grade von Hasse käme (...), diesem fürchterlichen Kerl. Dieser hätte ihm gesagt, dass er nichts tauge und zu schlapp sei, er müsse viel schärfer vorgehen. Seine Bitte, ihn von diesem Referat zu entbinden, beantwortete Kriminalrat Hasse mit den Worten: ›Nun gerade nicht.‹ Um über den Menschen Nette noch etwas zu sagen: Er war ein umgänglicher, anständiger Beamter und der einzige bei der Stapo, mit dem ich auch einmal über Dinge reden konnte, die nicht in der damals allgemein üblichen Richtung lagen. Ob der oben erwähnte Vorfall sich Anfang 1944 abgespielt hat, kann ich nicht sagen; es kann auch etwas später gewesen sein. Auf jeden Fall aber handelte es sich um den Kriminalrat Hasse.«

Handschriftlich war eine Aktennotiz hinzugefügt worden: »Für die Würdigung dieser Erklärung dürfte es dienlich sein zu wissen, dass es sich bei Frau Fiedler um eine Schwägerin von Pastor Niemöller handelt. 11.3. Bru.«[20]

Mit diesem Brief im Hintergrund ging Bruno Nette auf direkten Konfrontationskurs zu Hans Hasse. »Ich muss mich wundern«, begann er geschickt, »dass Herr Hasse sich an nichts mehr entsinnt. Ich habe mit Herrn Hasse sehr häufig und sehr harte Auseinandersetzungen gehabt.« Er sei bei ihm wegen der Kinder vorstellig geworden. Hasse habe gesagt: »Der Erlass schreibt vor, dass alle Kinder, die Geltungsjuden waren, mit diesem Transport zusammen ins Kinderheim Theresienstadt überführt werden sollten.« Er habe Herrn Hasse gebeten, die vier Kinder hier zu lassen. Der aber habe gesagt: »Ich verlange strikte Durchführung. Der Erlass sagt, dass die Kinder mit wegkommen.« Bruno Nettes Fazit: »Ich konnte nicht anders. Er hat mir die Krankenscheine zurückgeschoben.«

Bruno Nette hatte den Zusammenstoß genau kakuliert und geschickt in Szene gesetzt. Er entwarf jetzt ein großes Gemälde, mit sich selbst als gesetzestreuem weißen Ritter, der für Bremens jüdische Witwen und Waisen einen Kampf auf deren Leben und Tod austrug, und dem bösen Drachen Hans Hasse, einem außer Rand und Band geratenen Judenfresser.

»Als ich Siebert wieder abgelöst hatte, wegen des Juden Aron und des Juden aus Wesermünde, die sich beide in Haft befanden«, habe er diese Leute sofort vernommen. Herr Hasse habe geagt: »Der Alte *(Aron, B.N.)* bleibt solange in Haft bis zur endgültigen Lösung der Judenfrage.« Darauf habe er, Bruno Nette, geantwortet, aber der Alte habe nichts gemacht. »Darauf schrie mich Herr Hasse an: ›Ich habe angeordnet, dass er in Haft bleibt.‹« Trotzdem habe er sich um Hasses Anordnung nicht geschert. »Daraufhin habe ich aus eigener Machtvollkommenheit seine Ent-

[20] Hildegard Fiedler, Aussage am 11.3.1949. SAB, 4, 66-I, Akte Bruno Nette, 1887/12/22, Blatt 184a.

lassung verfügt. Bruck kann das bezeugen«,[21] hatte er bereits am 7. Mai 1947, damals noch im Zivilinterniertenlager Fallingbostel, zu Protokoll gegeben.

Aus eigener Machtvollkommenheit! Ein Teufelskerl, dieser tapferere Drachenkämpfer! Aber auch ganz selbstlos? Der »Jude Aron« war Karl Brucks Onkel und Karl Bruck war als Zeuge für Bruno Nettes angeblich besonders judenfreundliches Gemüt unverzichtbar. Nach dem Krieg, versteht sich. »Bruck kann das bezeugen!«, eine Formel, die er vor seinen Vernehmern ständig wiederholte. Wohl auch deswegen rettete er »dem Juden Aron« und im März 1945 sogar noch Karl Bruck das Leben. »In den letzten Wochen sagte der Herrlein *(Gestapobeamter zusammen mit Bruno Nette; B.N.)* noch zu mir, ein Jude Bruck sollte umgelegt werden, er wüsste zu viel von der Gestapo. Ich habe Bruck Bescheid gesagt und er hat sich bei dem Friseur Müller in der Kirchbachstraße versteckt gehalten.«[22]

Es gelang ihm immer besser, seinen ehemaligen Chef in den Mittelpunkt der Anklage zu stellen, als allein Verantwortlichen für die Deportation der kleinen Kinder, sich selbst dagegen als gehorsamen, an sich völlig unpolitischen und menschlich durchaus hilfreichen Beamten zu verkaufen. Und er gab weitere Szenen aus dem Leben eines gesetzestreuen Gestapobeamten zum Besten.

»Ein Geltungsjude saß in Farge *(ein berüchtigtes Arbeitslager; B.N.)* in Haft. Geltungsjuden konnten nicht zur OT *(Organisation Todt; B.N.)* eingezogen werden und mussten wieder entlassen werden. Auch dieser Mann musste sitzen bleiben bis zur endgültigen Lösung der Judenfrage. Nach einem Vierteljahr bin ich zu Hasse gegangen, habe ihm die Sache vorgetragen und gesagt, dass erlassgemäß die Juden nicht länger als ein Vierteljahr in Haft bleiben durften. Hasse schrie mich an mit den Worten: ›Werden Sie nicht weich in den Knien! Es handelt sich um Juden! Die Verantwortung übernehme ich.‹ Ich bin zu Dr. Dörnte *(formal damals der Chef der Bremer Gestapo, auch er ein berüchtigter Judenfeind; B.N.)* gegangen und habe mich beschwert. Dr. Dörnte sagte: ›Wenn Hasse was von Juden hört, dann geht er auf den Baum.‹ Beide Juden habe ich heimlich aus der Haft entlassen.«

Sein zentraler Verteidigungspunkt aber blieb sein angeblicher Streit mit Hasse über die Umsetzung des Berliner Befehls, alle arbeitsfähigen Juden aus »privilegierten Ehen« und alle »Halbjuden« nach Theresienstadt »zum Arbeitseinsatz« zu deportieren. Schließlich ging es ihm vor allem um den Beweis, dass ihn am »Verschicken« der unbegleiteten Kinder keine Schuld treffen würde. »Ich habe mit Herrn Hasse wegen der Evakuierung der Juden verhandelt. Er kam freudestrahlend an und sagte: ›Jetzt werden wir alle Juden los, ein Erlass ist da, dass alle einsatzfähigen Juden verschickt werden sollen. Die schicken wir alle weg, dann sind wir sie los. Ich verlange, dass alle festgenommen werden.‹« Er, Bruno Nette, habe erwidert: »Die

---

[21] Bruno Nette, Zivilinterniertenlage Fallingbostel, Aussage am 7.5.1947 vor dem Staatsanwalt Werner, öffentlicher Ankläger bei der Spruchkammer Benefeld/Bomlitz. SAB, 4, 66-I, Akte Bruno Nette, 1887/12/22, Blätter 11-13.

[22] Bruno Nette, Aussage vor der Berufungskammer Bremen am 20.9.1949, SAB, 4, 66-I, Akte Bruno Nette, 1887/12/22, Blatt 353.

alten Frauen können wir unmöglich mitschicken. Berlin wird Krach machen, wenn wir Arbeitsunfähige schicken.« Hasse habe erwidert: »Die schimpfen dann einmal in Berlin, aber wir sind die Juden los.« Aber es seien doch auch kranke Menschen darunter, habe er zu bedenken gegeben. Darauf Hasse: »Dann verlange ich, dass jeder einzelne Fall mir vorgetragen wird und ich entscheide, wer mitgeht und wer nicht.« Fast schon bescheiden stellte Bruno Nette seinen Triumph über Hasse dar: »Einen Teil hat er davon zurückgelassen, nicht alle. Er war am Schluss erstaunt, dass so viele zurückgeblieben waren.« Fazit: Er persönlich habe somit 70 Menschen das Leben gerettet.

Was dann folgte, war der entscheidende Lanzenstoß gegen den bösen Drachen. »Herr Hasse war ein großer Judenhasser, das merkte man gleich nach seiner Ankunft und gleich nach den ersten Konferenzen. Er sagte: ›Ich verlange bis Weihnachten, dass keine Juden mehr in Bremen sind.‹ Ich habe darüber gelacht und gesagt: ›Dazu gehören Gründe. Sie können die Leute nicht einsperren, die nichts gemacht haben.‹ Er antwortete: ›Die verstoßen alle gegen die Bestimmungen, schon wenn ein Jude mich schief anguckt, dann sperren Sie ihn ein.‹ – Siebert war damals der Judensachbearbeiter. Siebert war meines Erachtens ein williges Werkzeug in den Händen von Herrn Hasse oder er wollte sich wichtig machen, denn Siebert hat in dieser Zeit viele Juden eingesperrt wegen geringfügiger Kleinigkeiten. Und Herr Hasse hat mit Siebert auch die Halbjuden festgenommen und nach Farge bringen lassen. Das wäre nicht nötig gewesen. Ich sollte alle Halbjuden festnehmen zwecks Abtransports. Ich habe das abgelehnt. Herr Hasse ist im Einsatzgebiet als SD-Mann im Osten gewesen. Ich weiß nicht, wie er sich im Einsatzgebiet benommen hat. Als er nach Bremen kam, war er sehr intensiv und hatte eine Auszeichnung über seine Tätigkeit im Einsatzgebiet.«

Damit war der Drache erledigt. Der »sehr intensive« Hans Hasse konnte nur noch lahm antworten: »Das ist Nettes Phantasie.«[23]

Bruno Nette selbst hatte immer wieder geleugnet, irgend etwas von der »Endlösung der Judenfrage« gewusst zu haben. Aber jetzt fiel ihm offensichtlich ein, dass sich hinter der Chiffre »Einsatz im Osten« Völkermord der Einsatzgruppen in Polen, in der Sowjetunion und auf dem Balkan verbargen. Er wusste vermutlich über den SS-Sturmbannführer Hans Hasse recht gut Bescheid. Dieser war ab 1942 Führer des Einsatzkommandos 8 gewesen, bevor er später, ab 1944, stellvertretender Leiter der Gestapo Bremen wurde. Das Einsatzkommando 8, das bereits in der zweiten Julihälfte 1941 in Minsk gewütet hatte und dann auf seinem Marsch durch Weißrussland eine Blutspur hinterließ, erreichte am 9. September 1941 die weiter im Osten gelegene Stadt Mogilew.[24] Hans Hasse leitete gleich zu Beginn seines Kommandos die Mordaktionen mit Gas-LKW überwiegend an jüdischen Männern, Frauen und Kindern, aber auch an sowjetischen Kriegsgefangenen. Vom August 1968 bis April

---

[23] Bruno Nette, Aussage bei der Befragung des Zeugen Hans Hasse (82. Zeuge) im Verfahren gegen Bruno Nette, März 1949, 4. Verhandlungstag. SAB, 4, 66-I, 1887/12/22, Anlage 46-51.

[24] Vgl. Kornfeld 2012, S. 43f., zu den Ereignissen in Mogilew.

1969 stand er in Kiel wegen der Tötung von 5.000 Juden aus Mogilew vor Gericht und erhielt eine fünfeinhalbjährige Gefängnisstrafe. Das Zeit-Magazin berichtete 1968: »Als das ›Furchtbarste‹ hat der frühere SS-Sturmbannführer Hans Hasse, 63 Jahre, vor dem Kieler Schwurgericht den Anblick der Öffnung eines Gaswagens im Juni und Juli 1942 in Mogilew geschildert. Das Todesfahrzeug war für sechs Wochen aus Smolensk gekommen, um die Juden aus dem Gefängnis von Mogilew zu vergasen. Das Fahrzeug wurde mit Juden vollgepfercht. 20 Minuten dauerte die Tötung durch Auspuffgase. Leidensgefährten mussten die Leichen in ein Massengrab schleppen.«[25]

Die Bremer Spruchkammer war tief beeindruckt von dem ehrlichen Bruno Nette, der sich so mutig mit Hans Hasse angelegt hatte. Sie gab am vierten von fünf Verhandlungstagen bekannt, dass dem seit Monaten immer wieder vorgetragenen Antrag der Verteidigung stattgegeben werde. Mein Großvater wurde mit sofortiger Wirkung aus dem Internierungslager Riespott entlassen.

Moralische Verwüstungen

Kaum jemand kam auf die Idee, darauf hinzuweisen, dass schließlich er es gewesen war, der aus dem »halbjüdischen« Jungen Siegfried Propper einen »Geltungsjuden« gemacht und damit eine besonders »gute« Voraussetzung für seine Deportation geschaffen hatte. Niemand fragte nach, ob es einen Zusammenhang geben könnte zwischen dem ersten Bremer Deportationszug nach Minsk, den Bruno Nette 1941 eigenhändig mit auf den Weg gebracht hatte, und dem Wüten eben jenes Einsatzkommandos 8 (EK 8) unter den einheimischen Juden, womit den verschleppten deutschen Juden, darunter auch Bremer Frauen, Männer und Kinder, im Minsker Ghetto Platz zu ihrer eigenen Ermordung gemacht wurde. Es bedurfte schon einer gehörigen Portion »Vergesslichkeit« über seine eigene Rolle 1941, wenn ausgerechnet Bruno Nette auf Hans Hasses Tätigkeit »im Osten« anklagend verwies. Als sich ab 1940/41 das tödliche Spinnennetz des Völkermordes auch über die Juden des übrigen Europas legte, waren Bruno Nette und Hans Hasse unmittelbar beteiligt, jeder an seinem Platz.

Trotzdem: Bruno Nette wirkte vor der Spruchkammer in der Gegenüberstellung mit Hans Hasse ernstlich empört. Er hätte sich, behauptete er, für manche »seiner« Juden lautstark eingesetzt, um jedes Kind, um jede kranke Jüdin gekämpft. Und der Vorgesetzte Hasse? Schrie herum. »Werden Sie nicht weich in den Knien! Es handelt sich um Juden! Die Verantwortung übernehme ich!« Bis zur Endlösung.

Mit seinen wenigen überlebenden Opfern argumentierte Bruno Nette gern. Mit ihnen setzte er sich vor der Spruchkammer erfolgreich von seinem ehemaligen Vorgesetzten Hasse ab. Für manche der Betroffenen konnte es durchaus einen Un-

---

[25] »Begründete Bedenken«. Verjährungsprobleme in einem NS-Verfahren. Zeit-Magazin, 13.9.1968.

terschied ausmachen, ob sie der totalen Willkür eines Mörders ausgesetzt waren – »Wenn Hasse was von Juden hört, dann geht er auf den Baum« – oder ob sie an einen nazigesetzestreuen Bürokraten gerieten. Freilich: Im Endeffekt lief es für die Opfer seit 1941 jahrelang fast immer auf dasselbe hinaus: Ermordung. Hasse hatte auf die »Endlösung der Judenfrage« verwiesen, als er seinem Untergebenen Bruno Nette erklären wollte, warum er Ende 1944 von den bürokratischen Vorgaben »aus Berlin« abweichen wollte. Er wollte Bremen »judenfrei« machen, d.h. auch »frei« von »Halbjuden«. Dem hatte Bruno Nette offensichtlich widersprochen. Hasse fühlte sich der unmittelbar realen Nazi-Mordlogik verpflichtet, Bruno Nette »nur« den sich daraus ergebenden Vorgaben aus dem Berliner RSHA.

Dass sie alle, die einstmals so rasseharten Bremer Gestapomänner, zum Schluss deprimiert waren, will man Hans Hasse gerne glauben. Zumindest sein Judenreferent agierte schon sehr viel vorsichtiger und sorgte für sich vor. Der Spruchkammer wurden im März 1949 viele wenig ernst zu nehmende Entlastungszeugen präsentiert. Dazu gehörte auch Josef Lechler.[26] Sein Schreiben ging zwar erst nach Prozessbeginn ein, konnte aber als beispielhafter Persilschein durchgehen. Es dürfte mit dem Verteidiger abgesprochen gewesen sein. Der damalige Gestapobeamte habe sich ihm anvertraut, schrieb Josef Lechler. Sie hätten sich flüchtig von früher gekannt und sich schon lange nicht mehr gesehen. Über eine Stunde hätten sie bei ihrem zufälligen Zusammentreffen 1944 oder 1945, so genau wollte sich der Zeuge nicht erinnern, miteinander geredet, mitten auf dem Bremer Domplatz, in aller Öffentlichkeit und offensichtlich völlig angstfrei, ob es etwa unliebsame Zuhörer gab. Alle wesentlichen Behauptungen, die Bruno Nette über sich zu seiner Verteidigung vor der Spruchkammer vorbrachte, waren auch in dem Schreiben von Josef Lechler versammelt: Hervorragender Kriminalist, nur gezwungenermaßen zur Gestapo gegangen, Mitleid mit den Juden, kein Spaß an der Arbeit als Judenreferent, aber die Juden hocherfreut, als er zurückkam, und schließlich Verachtung gegenüber der SS. Man konnte meinen, der Spruchkammer sei damit eine Blaupause für ihre eigene Urteilsbegründung vorgelegt worden. Josef Lechler behauptete des Weiteren, Bruno Nette habe geklagt, »es sei eine Schande, wie mit den Juden verfahren würde«, alles werde sich rächen, weil Deutschland ja nun den Krieg verlöre.

Ob diese Bemerkung von der »Schande« nun tatsächlich gefallen ist oder nicht, spielt keine Rolle, außer dass sie die intellektuelle und moralische Verwüstung der damaligen Zeit illustriert. Eine Schande war es für Bruno Nette – und für viele seiner Mitbürger – also nur, weil die mörderische Judenverfolgung sich rächen würde. Dass es »eine große Dummheit« von Hitler war, mit der »Judenfrage« anzufangen, solche Aussprüche habe ich im Laufe meines Lebens immer wieder gehört. Mit den deutschen Juden zusammen hätten »wir« den Krieg gegen die Briten und die Amerikaner doch gewonnen, hieß es dann, »die« hätten »uns« doch statt den Amerikanern die Atombombe gebaut! Und der Feldzug im Osten? Vielleicht haben »wir«

[26] Josef Lechler, Brief an die Verteidigung von Bruno Nette, 9.3.1949. SAB, 4, 66-I, Akte Bruno Nette, 1887/12/22, Blatt 243 (blau notiert).

die Ukrainer ein bisschen zu hart angefasst, sie hätten sonst genauso (wie die Juden!) »mit uns« gegen Stalins Russen und seine »asiatischen Horden« gekämpft. Denn so dumm sei der Krieg gegen Russland ja gar nicht gewesen, war man überzeugt, er sei halt nur etwas fahrlässig mit der » Judenfrage« – die man ja auch geschickter hätte lösen können, nicht wahr? – vermengt worden, vom mangelnden militärischen Genie des Führers mal ganz abgesehen, der sich auf einen Zweifrontenkrieg eingelassen hatte und dann auch noch Stalingrad statt Moskau hatte einnehmen wollen. Hatte der nicht auch mal in einen Teppich gebissen? Na also. Da kam ein Gestapo-Judenfreund grade recht.

Es gab keine noch so würgende Ausrede, vor der Bruno Nette zurückschreckte, als er wieder und wieder seine Schuld leugnete. Zum Beispiel brüstete er sich damit, er habe in der Zeitung gelesen, sogar »eine hochbetagte« Bremer Jüdin« (mit einem Mal konnte er wieder sehr höflich über Juden reden) sei am Ende noch aus Theresienstadt zurückgekommen, es könne dort also gar nicht so schlimm gewesen sein. Er meinte Ida Neumann-Neitzel (vgl. Kapitel 5), deren Familie er mit nimmermüder Beharrlichkeit schon als Kripo-Beamter in Vegesack verfolgt hatte. Sie war im August 1945 als 82-Jährige tatsächlich aus Theresienstadt zurückgekehrt, wie Rosa Wolff berichtete.[27] Letztere war ebenso im Juli 1942 zusammen mit ihrem Ehemann Jacob von Bruno Nette nach Theresienstadt deportiert worden und hatte als einzige ihrer großen Familie überlebt.[28]

Als die meisten in Deutschland noch glaubten, den Krieg zu gewinnen, hatte Bruno Nette ganz anders geredet. Er hatte Amandus Dierks (geb. 1891) zu sich befohlen und ihn angebrüllt: »Die Juden müssen ausgerottet werden und Sie als Arier ebenfalls, weil Sie jüdisch versippt sind und kein Recht haben in Deutschland zu leben.«[29] Vor der Spruchkammer hatte Bruno Nette plötzlich alles vergessen. »Diese Aussagen sind so phantasievoll, dass man nicht darauf antworten könnte.«[30] Das war selbst dem Vorsitzenden der Spruchkammer zu viel. »Dass die Juden ausgerottet werden sollten, war doch Dienstsprache.« *Bruno Nette:* »Bei uns nicht.«

Aber selbst an einem Tag im Oktober 1944, als der Krieg bereits endgültig verloren war, wusste Bruno Nette immer noch, dass man die Juden ausrotten müsse, freilich jetzt aus einem anderen Grund, wie der Zeuge Michael Herrmann (geb.

---

27 Rosa Wolff, Aussage 1948 (?). SAB, 4, 66-I, Akte Bruno Nette 1887/12/22, Blatt 170 (blau notiert).

28 Auch Rosa und Jacob Wolffs Tochter Erna, die sich mit ihrem Ehemann Herrmann Rosenbaum vor dem Krieg nach Amsterdam gerettet hatte, war am 9. Juli 1943 in das Vernichtungslager Sobibor gebracht worden. Vgl.: Rolf Rübsam: Leben und Schicksal Jacob Wolffs und seiner Synagogengemeinde. In: Rohdenburg 2009, S. 148.

29 Amandus Dierks, 12.5.1948, Brief an die Israelitische Gemeinde zu Bremen. SAB, 4, 66-I, Akte Bruno Nette, 1887/12/22, Blatt 128 (blau notiert). Er wiederholte am 14.6.1948 im Haus des Reichs vor dem öffentlichen Kläger seine Aussage. SAB, 4, 66-I, Akte Bruno Nette, 1887/12/22, Blatt 127 (blau notiert).

30 Amandus Dierks, Aussage im Spruchverfahren März 1949 gegen Bruno Nette und dessen Entgegnung. SAB, 4, 66-I, Akte Bruno Nette, 1887/12/22, Blatt 128.

1902) berichtete: »Nette erklärte mir, dass meine Frau wegen Arbeits-Sabotage verhaftet worden sei, ich wüsste ja, was darauf stände. Obendrein sei sie Jüdin und ich könne mich ruhig scheiden lassen, denn meine Frau käme nicht wieder. Auf meinen Hinweis, dass meine Frau an sich gar nichts verbrochen habe, sagte Nette nur: ›Wir bekämpfen Ihre Frau nicht, weil sie Herrmann heißt, sondern wir bekämpfen die jüdische Rasse als solche und vernichten sie, denn wenn wir den Krieg verlieren, machen es die Juden mit uns umgekehrt genauso.‹«[31]

Auch nur ein Fünkchen Moral? Nein. Selbstmitleid der Mörder. Das nenne ich moralische Verwüstung.

Die Spruchkammer glaubte Bruno Nette.

Spruchkammer März 1949: »Belasteter«

Am 5. März 1946 hatten die deutschen Ministerpräsidenten der amerikanischen Zone das »Gesetz Nr. 104 zur Befreiung von Nationalsozialismus und Militarismus« unterzeichnet, das von den vier Alliierten vorgegeben und von der amerikanischen Militärregierung präzisiert worden war. Dieses Gesetz bildete die zentrale Grundlage für die Arbeit der Spruchkammer Bremen. Jeder Deutsche hatte einen Meldebogen auszufüllen und einzureichen. Über die Einstufung aller Deutschen entschieden deutsche Spruchkammern, wenn auch unter der mehr oder weniger wachsamen Kontrolle der Militärregierung.

»Zur gerechten Beurteilung aller Verantwortlichkeiten und zur Heranziehung zu Sühnemaßnahmen« wurden nach Artikel 4 fünf Gruppen gebildet: Hauptschuldige; Belastete (Aktivisten, Militaristen, Nutznießer); Minderbelastete (Bewährungsgruppe); Mitläufer; Entlastete.

In der Regel ergingen die Bescheide der Spruchkammer eher summarisch. Nicht so bei dem als einer der Hauptnazis eingeschätzten Bruno Nette. Er musste sich einem umfangreichen Verfahren stellen.

Mitte März 1949 (die Sitzungen fanden am 7., 8., 9., 12. und 15. März 1949 unter dem Vorsitz von Dr. Alfred Schmidt statt) wurde nach dem fünftägigen Prozess gegen Bruno Nette das Urteil verkündet.[32] Es wurde erwartet, dass der Bremer Judenreferent als »Hauptschuldiger« eingestuft werden würde. So hatte es der

---

[31] Ein dreiviertel Jahr zuvor, am 4. Oktober 1947, hatte sich Michael Herrmann an die Sätze des Gestapobeamten Bruno Nette noch etwas anders erinnert, dem Sinne nach aber gleich: »Ihre Frau ist eine Jüdin, es ist nun gleichgültig, ob Sie sich scheiden lassen oder nicht, Ihre Frau kommt nicht wieder. (...) Wir bekämpfen nicht Ihre Frau, weil sie Herrmann heißt, sondern wir bekämpfen das gesamte jüdische Blut, wenn wir den Krieg verlieren, hängen sie uns alle auf.« Michael Herrmann, Aussage vom 4. Oktober 1947. SAB, 4, 66-I, Akte Bruno Nette, 1887/12/22, Blatt 94.

[32] Spruch der 1. Spruchkammer Bremen gegen Bruno Nette, 15.3.1949. SAB, 4, 66-I, Akte Bruno Nette, 1887/12/22, Blätter ohne Nummerierung.

Ankläger gefordert und so sah es auch das »Gesetz Nr. 104 zur Befreiung von Nationalsozialismus und Militarismus« in Artikel 5 vor:

»Hauptschuldiger ist (...), wer in der Gestapo, dem SD, der SS, Geheimen Feld- oder Grenzpolizei für die nationalsozialistische Gewaltherrschaft aktiv tätig war.«

Das Gesetz war eindeutig!

Der Vorsitzende Dr. Schmidt verkündete dagegen am 15. März 1949 etwas anderes: »Der Betroffene ist Belasteter.«

Nur Belasteter, kein Hauptschuldiger! Das war die große Überraschung. Bruno Nette mag diese Einstufung trotzdem als sehr hart empfunden haben, aber immerhin war er ab sofort, obwohl er Hilfe zum Massenmord geleistet hatte, frei. Es wurden ihm Sühnemaßnahmen auferlegt. Etwaiges Vermögen sei, so das Gericht, mit 50% als Beitrag zur Wiedergutmachung einzuziehen. Allerdings besaß Bruno Nette keinerlei Vermögen mehr, wie das Spruchgericht in der nachfolgenden Begründung ausführte. Als gravierend wird er den Wegfall der Pensionsansprüche empfunden haben. Hinzu kam, dass er fünf Jahre lang nur mit unselbständiger und gewöhnlicher Arbeit verbringen durfte. Damit konnte sich seine prekäre wirtschaftliche Lage nicht verbessern. Dass er kein öffentliches Amt mehr bekleiden, sich nicht politisch in irgendeiner organisierten Form betätigen durfte, und dass er für fünf Jahre lang nicht als Lehrer, Prediger, Redakteur, Schriftsteller oder Rundfunk-Kommentator tätig werden durfte, wird ihn wenig gestört haben, solche Tätigkeiten hatte er nie angestrebt oder ausgeübt. Ein Auto zu halten wurde ihm verboten, das war in einer Zeit, wo so gut wie niemand über einen PKW verfügte, eher zweitrangig, obwohl er auf einen KdF-Wagen (Volkswagen) gespart und somit durchaus Interesse an einem eigenen Auto gezeigt hatte. Er musste die Kosten des Verfahrens tragen, aber diese waren ausgesprochen moderat. In der Summe beliefen sie sich bei dem festgesetzten Streitwert von DM 4.000,- auf 335,90 DM,[33] was etwa dem Doppelten eines damaligen durchschnittlichen Monatslohnes entsprach.

Sein Rechtsanwalt wird die Begründung des Spruches sehr genau darauf geprüft haben, ob ein Berufungsverfahren erfolgreich sein konnte.

Es fällt auf, dass die Spruchkammer sich in ihrer Begründung des Spruchs fast wortgleich und damit völlig unkritisch auf Bruno Nettes Erklärungen zu seiner Person, seinem Lebenslauf und vor allem zu seiner Tätigkeit als Judenreferent (Erklärungen und Aussagen von 1947, 1948 und vor der Spruchkammer 1949) stützte.

Die Spruchkammer übernahm seine Version, er sei unfreiwillig zur Gestapo gekommen. Damit wurden alle anderslautenden Zeugenaussagen, z.B. die vom Vorsitzenden der Jüdischen und nach 1945 Israelitischen Gemeinde Bremens, Carl Katz, beiseite geschoben.

---

[33] Vgl. Spruchkammer Bremen, Kostenberechnung in der Sache gegen Bruno Nette vom 17. Oktober 1949 (Verfahrensgebühr 1. Instanz): 2% von Streitwert in Höhe von 4.000,- DM = 80,- DM. Dazu Gebühren für Zeugen und Sachverständige: 236,60 DM. Dazu Post- und Schreibgebühren: 9,20 DM. Dazu sonstige Auslagen: 10,10 DM. Gesamtsumme: 335,90 DM. SAB, 4-66-I, Akte Bruno Nette, 1887/12/22, Blatt 5659/49 (blau notiert).

Die Kammer übernahm das Urteil von Dr. Herbert Zimmermann, seinem früheren Kripochef, er sei ein Philantrop gewesen und von vorbildlicher Intelligenz und Treue. Wie jemand, der Judenreferent in der Gestapo wurde, ein Philantrop gewesen sein konnte, blieb unklar, zumal der ihn so positiv beurteilende frühere Vorgesetzte geraume Zeit vorher aus dem Dienst ausgeschieden war und Bruno Nette in seiner Gestapo-Tätigkeit gar nicht kannte.

Vollends unverständlich war es, dass ihm bescheinigt wurde, er habe »ungern in der Judenabteilung« gearbeitet. Das mochte möglicherweise auf die Zeit ab Herbst 1944 zutreffen, aber auch nur, weil er Angst um seine eigene Zukunft bekam, wie diverse Zeuginnen und Zeugen bekundeten. Auch hier wurde die Eigeneinschätzung des Bruno Nette eins zu eins übernommen, ohne die Motive, die hinter dem »ungern« standen, zu hinterfragen. Alle anderslautenden Zeugenaussagen blieben unbeachtet.

Auch die Behauptung, dass er sich habe versetzen lassen wollen, wurde übernommen und positiv gewertet. Sein Vorgesetzter Hasse bestätigte diese Behauptung zwar nicht, aber einige Zeugen wie Karl Bruck hatten schon in der Voruntersuchung ausgesagt, dass Bruno Nette im Herbst 1944 von den jüdischen Funktionären gebeten wurde, sich nicht krank zu melden, sondern wieder als Judenreferent zu arbeiten. Sie wünschten offenbar, Bruno Nette möge den noch weitaus schlimmeren, weil brutaleren und unberechenbareren Gestapo-Typen Paul Siebert, der zwischenzeitlich Bremer Judenreferent geworden war, wieder ablösen. Insofern wird Bruno Nette einen Wunsch nach Versetzung vermutlich tatsächlich zumindest gegenüber jüdischen Funktionären geäußert haben. Aber konnte man das Vorhaben, als Judenreferent endgültig aus dem Amt zu scheiden, und die Bitten der betroffenen Juden, er möge in das Judenreferat zurückkehren, als entlastend im Sinne des Gesetzes Nr. 104 ansehen? Als entlastend hätte dies alles nur berücksichtigt werden können, wenn er damit tatsächlich Opfer unterstützt und gefördert hätte und wenn er dies aus einer vom Gesetz 104 geforderten antinationalsozialistischen Einstellung getan hätte. In Artikel 39, Teil I, Ziffer 4, des Gesetzes Nr. 104 hieß es nämlich: »Bei der Entscheidung über die Zuweisung des Betroffenen in die Gruppen Verantwortlicher berücksichtigt die Kammer insbesondere (...) zu Gunsten des Betroffenen (...) nachweisbare wiederholte Förderung und Unterstützung von Opfern und Gegnern des Nationalsozialismus, sofern sie auf antinationalsozialistischen Beweggründen beruht.« Bruno Nettes Behauptung, die von der Kammer übernommen wurde, wonach er »mit den Maßnahmen gegen die Juden nicht einverstanden« gewesen sei, sollte möglicherweise diese geforderte antinationalsozialistische Einstellung belegen. Es war aber ein untauglicher Versuch.

Die Kammer übernahm gleich zu Beginn ihrer Begründung eine zentrale Schutzbehauptung Bruno Nettes und wertete sie zu seinen Gunsten, obwohl es dafür weder einen Beleg im Sinne des Gesetzes von »wiederholte Förderung und Unterstützung von Opfern und Gegnern des Nationalsozialismus« gab noch irgendeinen Hinweis darauf, dass Bruno Nettes Handeln »auf antinationalsozialistischen Beweggründen« beruhte.

Dann allerdings versuchte die Kammer sozusagen die Kurve zu kriegen, möglicherweise, um der amerikanischen Besatzungsmacht oder dem Befreiungssenator keinen Vorwand zu liefern, den Spruch zu kassieren. So sei er als Gestapobeamter aktiv für die NS-Gewaltherrschaft tätig gewesen und erfülle damit eindeutig den Tatbestand des Art. 5 Ziffer 7, sei also Hauptschuldiger. Der Zeuge Holzkämper habe bestätigt, dass der Betroffene im Jahre 1945 auch bei ihm gewesen sei und geweint habe wegen der Durchführung weiterer Juden-Deportationen. Wörtlich fuhr die Kammer fort: »Wenn er als alter Kriminalist wirklich nicht gewusst haben will, was diesen armen Menschen bevorstand, so hätte er sich anders verhalten und nicht diesen seelischen Zusammenbruch erlitten. Überdies war aus dem Parteiprogramm die Ausrottung der Juden durch Radio, den ›Stürmer‹ und das ›Schwarze Korps‹, die in Schaukästen aushingen, allen Menschen eindrucksvoll zur Kenntnis gebracht worden. Soldaten, die auf Urlaub kamen, schilderten mit Grauen die Unmenschlichkeiten, die gegenüber den Juden angewandt wurden. Auch dem Kriminalisten und Gestapobeamten Nette konnte die Ausrottung der Juden nicht verborgen geblieben sein bei der überzeugenden Propaganda der NSDAP!«

Bleibt die Frage: Warum stufte die Kammer ihn trotzdem in die nächstniedrige Gruppe »Belasteter« ein?

Bruno Nette wurden »mildernde Umstände« zugestanden, die im Gesetz gar nicht vorgesehen waren. Er habe »das Theater« nicht mitmachen wollen, soweit er sich selbst nicht in Gefahr brachte. Das war nach dem Gesetz kein mildernder Umstand, denn es fehlte die vom Gesetz geforderte »antinationalsozialistische Einstellung«. Dasselbe gilt für das »zweierlei Gesicht« des Bruno Nette, der laut Bruck mal geschnauzt habe, dann wieder freundlich gewesen sei. Es habe, so Bruck, »wohl am Gesicht des Einzelnen« gelegen. Auch hier: »Antinationalsozialistische Einstellung« sah anders aus. Brucks in die Begründung aufgenommene Bemerkung konnte wohl auch eher als ein Hinweis auf Bruno Nettes Hang zu Willkür verstanden werden.

Und doch. Auf genau diese angeblichen zwei Gesichter stützte die Kammer im Wesentlichen ihren Spruch. Die dahinter liegende juristische Konstruktion war durch kein Gesetz, schon gar nicht duch das Gesetz Nr. 104, abgedeckt.

Die Kammer stimmte ein Loblied für »das eine Gesicht« des Bruno Nette an, wonach er »sachlich, korrekt, human, hilfsbereit, ja, sogar Retter« war. Es ist schon erstaunlich, dass die behauptete Retter-Identität für die Spruchkammer schwerer wog als die des passionierten Judenjägers und Mordgehilfen.

Die Kammer breitete das vielfach Belastende, das gegen Bruno Nette sprach, eher summarisch aus und behandelte es kurz und knapp. Sie bezog sich vor allem auf die Rücksichtslosigkeit und Brutalität, mit der er Menschen verschiedenen Zeugenaussagen zufolge behandelt habe. Das konnte sich nur auf Bruno Nettes Versuche beziehen, »arische« Ehepartner aus »Mischehen« zur Scheidung zu drängen, oder auf seine taktlosen Versuche, »Rassenschande« nachzuweisen oder zu unterbinden. Die Kammer schränkte auch die Gesamtmenge der belastenden Zeugenaussagen mit einem statistischen Trick auf eine Teilmenge ein und konnte so zur Feststellung kommen, etwa ein Drittel der Zeugen seien »rücksichtslos und brutal von ihm behandelt worden«. Ein Blick in die bereits erwähnte, im Bremer Staatsarchiv erhaltene Zeugenübersicht[34] zeigt aber, dass 60 der 71 in den Akten vermerkten Zeugen (knapp 85%) Bruno Nette teilweise erheblich belasteten, sieben (knapp zehn Prozent) entlasteten ihn und vier (etwas mehr als fünf Prozent) gaben zugleich Be- und Entastendes zu Protokoll.

Mit anderen Worten: Nicht nur, dass die Kammer sich vor allem auf die entlastenden Aussagen einiger lebender Zeugen stützte und die vielen Ermordeten »vergaß«, sie reduzierte auch die Prozentzahl der belastenden Aussagen der noch lebenden anderen Zeugen von 85 auf 33%, bezogen auf die Gesamtmenge der Zeugenaussagen.

Was war mit den Todeszügen, die Bruno Nette beschickt hatte? Was war mit den Einweisungen in KZs? Was war mit seiner Leidenschaft, »Geltungsjuden« zu jagen? Was war z.B. mit Marie Huntemann, die er so lange verfolgte, bis sie in die Weser ging? Die Kammer zitierte wörtlich keine einzige belastende Zeugenaussage. Sie wies stattdessen explizit auf eine einzige »gehässige« Zeugin hin.

Dafür fiel die Würdigung der entlastenden Zeugenaussagen umso umfangreicher aus. Nach einer geschickten Zwischenbemerkung zum Gestapobeamten Siebert, der laut Bruck im Gegensatz zu Bruno Nette das gewesen sei, was man einen Schweinehund nannte, breitete die Kammer geradezu behaglich all die entlastenden Zeugenaussagen aus. Mit Direktzitaten wurde der »Retter« Bruno Nette glorifiziert, ohne irgendeine dieser Aussagen auch nur ansatzweise kritisch (»Persilschein«?) zu hinterfragen.

Die Kammer zählte auch den oben erwähnten Zeugen Holzkämper zu den Entlastungszeugen. Die Kammer hatte also dessen Zeugnis eben noch als Beleg dafür gewertet, dass Bruno Nette sehr wohl vom Völkermord wusste, dem er zuarbeitete. Holzkämpers Aussage gehörte damit zu den Belegen für die Auffassung, dass Bruno Nette aktiv für die nationalsozialistische Gewaltherrschaft eingetreten war, was ihn laut Gesetz zum »Hauptschuldigen« hätte stempeln müssen. Dieselbe Kammer aber, die eben noch Bruno Nettes Weinen als eine Art Krokodilstränen-Ausbruch gewertet hatte, nahm jetzt die von Holzkämper bezeugte Szene zum Beweis für Bruno Nettes humanes Rettertum. Absurd!

Fast lässlich ist dagegen der Fehler, der der Spruchkammer beim Zitieren der Aussagen von Bruno Nettes ehemaligem Gestapochef, Hans Hasse, unterlief. Während Hasse behauptet hatte, bei Bestechlichkeit wäre Bruno Nette vor einem SS-Gericht gelandet, behauptet die Kammer, Hasse hätte Bruno Nette vor ein SS-Gericht stellen lassen, falls er gewusst hätte, dass Bruno Nette jemanden schützen wollte. Ein kleiner, aber recht feiner Unterschied. Die Spruchkammer gelangte zu keiner gerechten Abwägung der geringen Verdienste Bruno Nettes, die vor allem seinem eigenen Vorteil dienten, und seiner vielen Untaten. Stattdessen glaubte sie, mit einer Art »Dr. Jekyll and Mr. Hyde«-Rechtskonstruktion einen Weg gefunden zu haben, Bruno Nette nicht als »Hauptschuldigen« einstufen zu müssen.

---

34 Zeugenübersicht zur Akte Nette. SAB, 4, 66-I, Akte Bruno Nette, 1887/12/22, Blatt ohne Nummerierung.

Man vergleiche die Textpassage der Spruchkammer, mit der sie sich direkt auf den Artikel 39 des Gesetzes 104 bezieht, mit dem eigentlichen, hier noch einmal wiederholten Gesetztestext:

Spruchkammer: »Die überwiegend nachgewiesene Unterstützung und Förderung von Opfern des NS müssen gemäß Art. 39, Abs. II, Ziffer 4, zugunsten des Betroffenen gewertet werden. Wenn er auch Mitglied der NSDAP und NSV gewesen ist, so hat er aber keine Ämter innegehabt und sich auch sonst nicht politisch betätigt.«

Gesetz 104: »Bei der Entscheidung über die Zuweisung des Betroffenen (...) berücksichtigt die Kammer insbesondere (…) nachweisbare wiederholte Förderung und Unterstützung von Opfern und Gegnern des Nationalsozialismus, sofern sie auf antinationalsozialistischen Beweggründen beruht.«

Die Bremer Kammer schnitt also den »sofern«-Nachsatz weg und ersetzte ihn durch eine eigene Formulierung, dabei sozusagen aus eigener Machtvollkommenheit neues Entnazifizierungsrecht schöpfend*:* »Wenn er auch Mitglied der NSDAP und NSV gewesen ist, so hat er aber keine Ämter innegehabt und sich auch sonst nicht politisch betätigt.« Na großartig, möchte man ausrufen, statt der »antinationalsozialistischen Beweggründe« eine bis zur Unkenntlichkeit verwässerte passive Mitgliedschaft in der NSDAP. Der Hochmut der Juristen kannte wenig Grenzen!

Und auch vor kleinen Textveränderungen schreckte die Kammer nicht zurück. Sie machte aus »nachweisbare wiederholte Förderung und Unterstützung von Opfern und Gegnern des Nationalsozialismus«, wie es im Gesetzestext stand, die eigene abschwächende Formulierung »überwiegend nachgewiesene Unterstützung und Förderung von Opfern des NS«.

Jetzt musste Bruno Nette nicht mehr nachweisen, ob er *wiederholt* NS-Opfer und -Gegner gefördert und unterstützt hatte, jetzt ging es darum, einen *überwiegenden*, d.h. nicht vollständigen Nachweis von nicht weiter quantifizierten Förder- und Unterstützungsmaßnahmen zu führen. Und es ging nur noch um die NS-Opfer, die *NS-Gegner* ließ man weg. NS-Gegnern hatte Bruno Nette sowieso nicht geholfen, das behauptete nicht einmal er selbst.

Die entscheidende Frage blieb ja: Wievielen NS-Opfern und NS-Gegnern hatte er nachweisbar wiederholt geholfen und wieviele eben doch ermorden lassen? Diese Frage, so direkt gestellt, war für die Kammer offensichtlich unerheblich, wenn sie nicht sogar – s.o. – die entsprechende Zeugen-Statistik fälschte.

Die Bremer Spruchkammer I unter dem Vorsitz von Dr. Alfred Schmidt hatte ganz entschieden das Gesetz verbogen.

Mathilde Wolff hatte einen schlimmen Verdacht. Sie wurde als Zeugin der Anklage zum Prozess vor der Spruchkammer geladen, weil das Amt für Wiedergutmachung Bremen, Nebenstelle Bremen-Vegesack, darum gebeten hatte. »Die Frau Mathilde Wolff (Kaftan), wohnh. Hannover Laatzen, Am Holze 2, hat sehr Belastendes gegen Nette auszusagen. Sie war im Gefängnis Bremen in seinen Klauen und ihr Mann ist in Auschwitz umgebracht. Wir ersuchen, dieselbe zu laden. Brüggemann.« Sie könne nicht kommen, schrieb sie zurück. »Übrigens wüsste ich auch über Nette nichts Besonderes auszusagen, da ich von Anfang an den Eindruck hatte, dass der Ausgang der Verhandlungen höheren Orts schon festgelegt war und dass N. bei der Verhandlung und während der Vernehmungen sich dann entsprechend verhält.«

Hochachtungsvoll Mathilde Wolff, geb. Kaftan.«[35]

Dr. Alfred Schmidt beschwerte sich nach dem Verfahren beim Befreiungssenator über die Unterstellung, alles sei schon höheren Orts festgelegt gewesen, legte aber nach einigen beruhigenden Zeilen von Lifschütz alles zur Akte Nette und fügte nur noch eine handschriftliche Notiz hinzu: »Obgleich die Zeugin und Briefschreiberin Mathilde Wolff nichts Besonderes gegen den Betroffenen aussagen kann, ist er dennoch Belasteter geworden und ihre Befürchtungen, daß er zu günstig davonkommen wird, sind gegenstandslos. Ich sehe von Weiterungen ab. 19.4.1949. Schmidt.«[36]

Damit war die Sache für den Senator Alexander Lifschütz und vor allem auch für den Vorsitzenden der Spruchkammer erledigt. Bruno Nette hatte doch seinen gerechten Spruch erhalten: Belasteter! Zweithöchste Einstufung auf der Entnazifierungs-Leiter. Was wollte Mathilde Wolff mehr, zumal sie, wie sie selbst geschrieben hatte, gar nichts Besonderes, also nichts Schlimmes, wollte Schmidt wohl übersetzend andeuten, gegen Bruno Nette aussagen konnte? Dass Mathilde Wolff vielleicht gemeint hatte, dass auch sie nur, wie viele andere Zeugen, von Bruno Nettes Brutalität im Ostertorgefängnis und von all den unsagbar traurigen Schicksalen der in die KZs geschickten Menschen hätte berichten können, von nichts Besonderem des Bruno Nette in Nazizeiten also, kam dem deutschen Richter nicht in den Sinn.

Das große Weißwaschen der Nazi-Verbrechen und Nazi-Verbrecher hatte begonnen, ganz ohne Absprachen und ohne heimliche Verschwörungen. Es wurde für lange Zeit deutsche Normalität.

Zweites Presseecho

Tante Mieze schnitt wieder Presseberichte aus, dieses Mal über das Ergebnis des »Nette-Prozesses«. Die Nordsee-Zeitung (NZ) hatte bereits am 16. März 1949 berichtet, der Weserkurier (WK) am 17. März 1949. Beide Zeitungen titelten fast gleich: »Nette wurde Belasteter« die NZ, »Aus ›Hauptschuldig‹ wurde ›Belastet‹« der WK.

Die NZ und der WK berichteten von einem spektakulären Zusammenstoß zwischen dem öffentlichen Kläger und dem Verteidiger (WK, 17.3.1949).

»Der öffentliche Kläger beantragte in seinem Plädoyer die Einstufung Nettes als Hauptschuldiger und sechs Jahre Arbeitslager. ›Die Toten können nicht mehr sprechen. Wenn nicht so zahllose Juden vergast und erschossen worden wären, hätten

---

[35] Mathilde Wolff, Brief vom 2.3.1949. SAB, 4, 66-1, Akte Bruno Nette, 1887/12/22, Blatt 214 (durchgestrichen 158, beide blau).

[36] Alfred Schmidt, Schreiben, 30.3.1949; auf demselben Bogen: Alexander Lifschütz, Antwort 14.4.1949, Aktennotiz Alfred Schmidt 19.4.1947. SAB, 4, 66-I, Akte Bruno Nette, 1887/12/22, Blatt 215 Rückseite.

Aus „Hauptschuldig" wurde „Belastet"

Nach fünftägiger Verhandlung wurde der als Hauptschuldiger angeklagte ehemalige Leiter des „Judendezernates" der Bremer Gestapo, Bruno Nette, als Belasteter in die Gruppe II eingestuft. 5 Jahre Sonderarbeit, auf die seine fast vierjährige Internierungshaft angerechnet werden, und die Beschränkungen des Art. 16 des Befreiungsgesetzes wurden ihm als Sühne auferlegt. Weiterhin werden ihm 50 Prozent seines Vermögens, insbesondere in Sachwerten entzogen. Einem Antrag des Verteidigers entsprechend hob die Kammer schon vor Beendigung der Beweisaufnahme den Haftbefehl gegen Nette auf.

Ein großer Teil der rund 95 Zeugenaussagen waren Entlastungen für den Betroffenen. Sie kennzeichneten wesentlich die ersten Verhandlungstage. Wir berichteten bereits, daß diese Aussagen Nette als einen „unpolitischen" Beamten dargestellt hatten, der zu keiner unmenschlichen oder brutalen Handlung fähig gewesen sei. Ihnen gegenüber steht eine Reihe von Schilderungen, die mit der folgenden Aussage eines Zeugen: „Nette war einer der gemeinsten Gestapobeamten", zusammengefaßt werden können.

Mehrere Zeugen unterstrichen bei ihren Vernehmungen, daß Nette für die Verschickung von vier Bremer Judenkindern nach Theresienstadt verantwortlich sei. Die Kinder wurden aus den Familien gerissen und allein abtransportiert. „So etwas gab es nur bei Nette in Bremen, aus Hamburg zum Beispiel wurden keine Kinder deportiert", sagte eine Zeugin. Schimpfworte und Drohungen seien bei Nette an der Tagesordnung gewesen, erklärten weitere Zeugen. Andere wiesen die Kammer darauf hin, daß sie von ihm in „häßlicher Weise" aufgefordert worden seien, sich von ihren Ehegatten scheiden zu lassen, soweit diese der jüdischen Rasse angehört hätten. Er habe sich geweigert, erklärte ein Zeuge, das Ergebnis sei seine Einweisung in ein Arbeitslager gewesen. Die schwerwiegendste Belastung brachte eine junge Frau vor, die für ihren in Amerika weilenden Bruder aussagte. Ihr Bruder sei von Nette während einer Vernehmung geschlagen worden, sagte sie, als er eine Frage unbewußt falsch beantwortet habe.

Als letzter Zeuge trat der Vorgesetzte Nettes in der Gestapo auf. Nette sei ein „lascher" Beamter gewesen, der „schlecht und recht" seinen Dienst getan habe, sagte er. Er erläuterte der Kammer, daß Einweisungen in ein KZ nur das Reichssicherheitshauptamt habe verfügen können. Ein Sachbearbeiter bei der Gestapo habe nur eine vorläufige Festnahme vornehmen können, während die Einweisung in ein Arbeitslager durch den Leiter der Ortsdienststelle der Gestapo erfolgen mußte. Im Anschluß an diese Ausführungen beschuldigte Nette den Zeugen als einen „Judenhasser", der scharf die Durchführung aller Befehle des Reichssicherheitshauptamtes, die Bremer Juden betreffend, überwacht habe. In längeren Kontroversen belasteten sich die beiden ehemaligen Gestapobeamten gegenseitig.

Der öffentliche Kläger beantragte in seinem Plädoyer die Einstufung Nettes als Hauptschuldiger und sechs Jahre Arbeitslager. „Die Toten können nicht mehr sprechen. Wenn nicht so zahllose Juden vergast und erschossen worden wären, hätten erheblich mehr Belastungszeugen aussagen können", sagte er.

Der Verteidiger entgegnete hierauf, daß rund 3000 Bremer Juden von der israelitischen Gemeinde aufgefordert worden seien, in der Nette-Verhandlung auszusagen. Daß nur so relativ wenig Belastungszeugen aufgetreten seien, lasse darauf schließen, daß ein Großteil der nicht erschienenen Juden eigentlich Entlastungszeugen seien.

Nette habe die Deportationen der Bremer Juden auf Grund der Erlasse des Reichssicherheitshauptamtes durchgeführt, heißt es in der Spruchbegründung. Wenn er auch oft barsch und gereizt aufgetreten sei, so habe er doch vielen politisch und rassisch Verfolgten geholfen. Das habe wesentlich die Urteilsfindung beeinflußt. Wa.

Erheblicher Unterschied. In der Verhandlung gegen den Leiter des „Judendezernates" der Bremer Gestapo, Bruno Nette, erwähnte der Verteidiger des Angeklagten, daß die israelitische Gemeinde „dreitausend Bremer Juden" aufgefordert habe, in der Nette-Verhandlung auszusagen. Dazu wird uns von der jüdischen Gemeinde Bremen mitgeteilt, daß in ganz Bremen einschließlich Vegesack überhaupt n u r 1 0 0 j ü d i s c h e B ü r g e r einschließlich der Kinder ihren Wohnsitz haben.

Weserkurier vom 17. März 1949: Der Verteidiger: »..., dass ein Großteil der nicht erschienenen Juden eigentlich Entlastungszeugen seien«,
unten rechts eine weitere Notiz aus dem Weserkurier ohne Datum (März 1949)

erheblich mehr Belastungszeugen aussagen können‹, sagte er. Der Verteidiger entgegnete hierauf, dass rund 3.000 Bremer Juden von der israelitischen Gemeinde aufgefordert worden seien, in der Nette-Verhandlung auszusagen. Dass nur so relativ wenig Belastungszeugen aufgetreten seien, lasse darauf schließen, dass ein Großteil der nicht erschienenen Juden eigentlich Entlastungszeugen seien.«

Ein Rechtsanwalt war so unverfroren, die ermordeten Juden als Entlastungszeugen zählen zu wollen. Darauf musste auch ein deutscher Jurist erst einmal kommen. Die Israelitische Gemeinde antwortete, und auch diese Meldung im Weserkurier hat Tante Mieze sorgfältig ausgeschnitten.

»Erheblicher Unterschied. In der Verhandlung gegen den Leiter des ›Judendezernates‹ der Bremer Gestapo, Bruno Nette, erwähnte der Verteidiger des Angeklagten, dass die Israelitische Gemeinde ›dreitausend Bremer Juden‹ aufgefordert habe, in der Nette-Verhandlung auszusagen. Dazu wird uns von der jüdischen Gemeinde mitgeteilt, dass in ganz Bremen einschließlich Vegesack nur 100 jüdische Bürger einschließlich der Kinder ihren Wohnsitz haben.« (WK, März 1949)

Der öffentliche Kläger Udo Meinecke

Bruno Nette war besser weggekommen, als das Gesetz es vorsah. Trotzdem legte Rechtsanwalt Langer am 15. März 1949 Berufung ein. Jetzt musste man freilich etwas übertreiben, mag er sich in gewohnter Unverfrorenheit gedacht haben. In seiner schriftlichen Begründung des Berufungsantrags behauptete er, »dass der Betroffene infolge seines Eintretens für politisch und rassisch Verfolgte entgegen klaren Dienstanweisungen (...) als Entlasteter einzustufen ist (…). Der Betroffene hat niemals mehr als nominell am Nationalsozialismus teilgenommen und denselben, wie sich aus allen Zeugenaussagen ergibt, als alter Beamter abgelehnt.« Er sei der Partei aufgrund von Druck seiner Dienststelle beigetreten. Zur Gestapo sei er versetzt worden und habe wiederholt versucht, von dort abgelöst zu werden, was während des Krieges unter Strafandrohung verhindert worden sei. »Der Betroffene ist mithin Kriegsdienstverpflichteter (1940) bei der Gestapo. Der Verteidiger: gez. Langer.«[37]

Entlasteter also. Entlasteter? Hatte Bruno Nette »trotz seiner formellen Mitgliedschaft oder Anwartschaft oder eines anderen äußeren Umstandes sich nicht nur passiv verhalten, sondern nach dem Maß seiner Kräfte aktiv Widerstand gegen die nationalsozialistische Gewaltherrschaft geleistet und dadurch Nachteile erlitten«, wie das Gesetz Nr. 104 es in Artikel 13 forderte?

»Haha!«, schrieb der öffentliche Ankläger Udo Meinecke am 4. Juni 1949 mit empörtem Bleistift-Schwung unter den Brief des Verteidigers Langer.

Und er antwortete, klar, logisch, auch heute noch angenehm zu lesen.

»Die Zugehörigkeit zur Gestapo kann nicht bestritten werden wie ebensowenig in Abrede gestellt werden kann, dass der Betroffene aktiv in der Gestapo für die Gewaltherrschaft des Nationalsozialismus tätig war. Zur objektiven Beurteilung gehören nicht nur die Entlastungen. Nur in gerechter Abwägung der Ent- und Belastungen, wobei aber nicht an der Tatsache vorbeigegangen werden kann, dass die Entlastungen aus einer bewussten gegnerischen Einstellung zum Nationalsozialismus entstanden sein müssen, kann die Einstufung in gerechter Form vorgenommen werden.«

---

[37] Langer, Bruno Nettes Rechtsanwalt, Brief vom 2. Juni 1949. In: SAB, 4, 66-I, Akte Bruno Nette, 1887/12/22, Blatt ohne Nummerierung.

Der öffentliche Kläger Udo Meinecke: »Haha!«

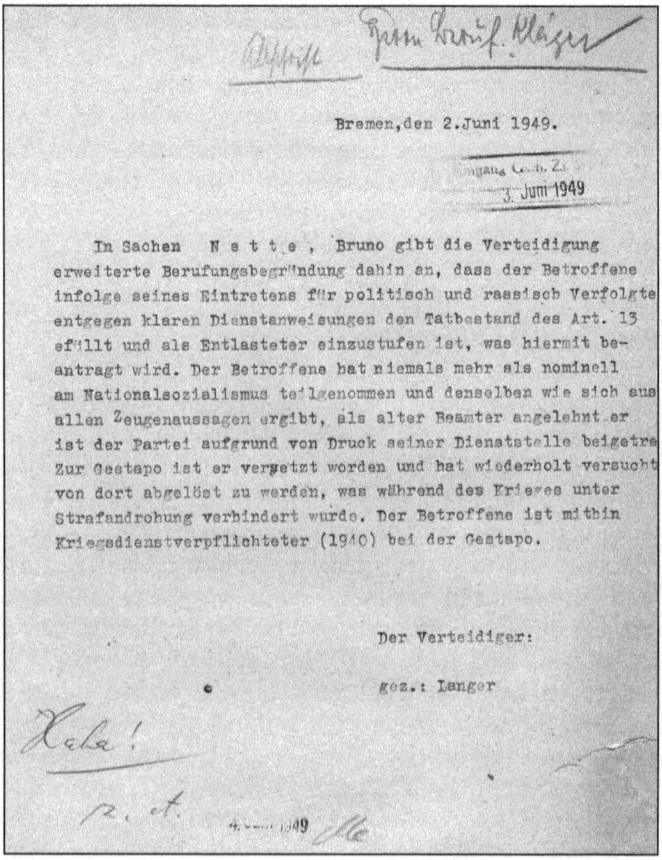

Bremen, den 2. Juni 1949.

3. Juni 1949

In Sachen N e t t e , Bruno gibt die Verteidigung erweiterte Berufungsbegründung dahin an, dass der Betroffene infolge seines Eintretens für politisch und rassisch Verfolgte entgegen klaren Dienstanweisungen den Tatbestand des Art. 13 erfüllt und als Entlasteter einzustufen ist, was hiermit beantragt wird. Der Betroffene hat niemals mehr als nominell am Nationalsozialismus teilgenommen und denselben wie sich aus allen Zeugenaussagen ergibt, als alter Beamter angelehnt er ist der Partei aufgrund von Druck seiner Dienststelle beigetre Zur Gestapo ist er versetzt worden und hat wiederholt versucht von dort abgelöst zu werden, was während des Krieges unter Strafandrohung verhindert wurde. Der Betroffene ist mithin Kriegsdienstverpflichteter (1940) bei der Gestapo.

Der Verteidiger:

gez.: Langer

Haha!

Es folgte ein letzter Satz, den ich, seitdem ich ihn zuerst bei meinen Freunden im finnischen Urlaub las, nie wieder vergessen werde: *»Mit einer Träne der Freude kann kein Meer von Tränen des Leides getilgt werden.«*[38]

Wer war Udo Meinecke?[39] Zu Beginn der nationalsozialistischen Herrschaft Mitglied in der SAP (einer linken Absplitterung von der SPD), wie damals auch Willy Brandt, hatte er seit Sommer 1933 keinen Kontakt mehr zu seinen SAP-Genossen und entging so vorerst der Verhaftung. Er arbeitete als Auslandsexpedient bei einer Speditionsfirma und begann, Menschen, die auf der Flucht vor der Gestapo waren, auf britischen, niederländischen, belgischen und französischen Schif-

[38] Udo Meinecke, Öffentlicher Kläger bei der Spruchkammer Bremen, Schreiben vom 14.5.1949. SAB, 4, 66-I, Akte Bruno Nette 1887/12/22, Blatt ohne Nummerierung.

[39] Informationen über Udo Meinecke vgl.: Marßolek/Ott 1986, S. 272ff., 398, 400. Siehe auch: Udo Meinecke, Schreiben vom 1.7.1946. SAB, 4, 66-I-10736, Akte Franz Stapelfeldt, Blatt 23 (rot notiert). Schreiben Udo Meinecke vom 17.4.1947. SAB, Akte Franz Stapelfeldt, ebda. (Blatt ohne Nummerierung)

fen aus Deutschland hinauszubringen. Er war auch beteiligt am Herausschmuggeln von Antifaschisten, die nach Ausbruch des Spanischen Bürgerkriegs gegen Franco kämpfen wollten. Diese Fluchthilfe betrieb er bis Kriegsausbruch. Am 1. September 1939 gehörte er zu den 84 Bremer Regimegegnern, die auf Anweisung des RSHA summarisch verhaftet und in das KZ Sachsenhausen gebracht wurden. Später kam er in das KZ Dachau.

Es half ihm ausgerechnet Franz Stapelfeldt, Generaldirektor der AG »Weser« und prominenter Bremer Wehrwirtschaftsführer.[40] Stapelfeldt profitierte im Bremer Schiffs- und Flugzeugbau von der Aufrüstungspolitik der Nazis, entfernte sich aber unter dem Eindruck der Verfolgungen von politischen Gegnern und Juden innerlich mehr und mehr vom Nationalsozialismus. Er wurde 1948 von der Spruchkammer zum Unbelasteten erklärt, er habe sogar »nach Maß seiner Kräfte aktiven Widerstand gegen die nationalsozialistische Gewaltherrschaft geleistet«. Dazu gehörte, dass er im April 1942 vier Bremer Dachau-Gefangene für je RM 20.000 freikaufte. Diese Summen erhielt der offensichtlich bestechliche Lagerkommandant Alexander Piorkowski, und zwar in Sachwerten (einem Opel Admiral) und den Rest in bar. Zu den Freigekauften gehörten Udo Meinecke und der spätere Bremer Bausenator Emil Theil.

Ebenso wie Udo Meinecke bestätigte auch der erfahrene Sozialdemokrat Theil den Freikauf in Dachau. »Herr Stapelfeldt hat mir, als ich mich nach der Freilassung bei ihm bedankte, erklärt, Dank wäre nicht notwendig, er säße jetzt in der Butter und dies wäre nur eine Kleinigkeit.« Allerdings hielt sich auch Theils Dankbarkeit sozusagen in proletarischen Grenzen: »Ich halte Herrn Stapelfeldt für einen skrupellosen Kapitalisten und Verdiener, dazu für einen vollkommen unpolitischen Menschen. Ich halte Stapelfeldt für einen Mann, der keine Chance vorübergehen lässt, die er nutzen kann. Aber ich halte ihn auch für einen Menschen, der lebt und leben lässt und der viel Gutes mit seinem Gewinn und seinem Verdienst getan hat.«[41]

Franz Stapelfeldt wurde am 3. Oktober 1944 von der Gestapo wegen finanzieller Verbindungen zu General Oster festgenommen und blieb bis Ende des Krieges in Haft.

Die »halbjüdische« zwangsverpflichtete Carla Reiter, die in der Bremer Gestapozentrale arbeiten musste, berichtete am 17.11.1947, was sie zum Ende des Jahres 1944 heimlich mit anhören konnte.

»Die Chefs der größeren Betriebe seien für die höchsten Arbeitsleistungen ihrer Angestellten verantwortlich zu machen, sonst würden sie eingesperrt. Ein Beamter wurde in der heftigsten Weise angefahren, zu human gewesen zu sein. Selbst von diesen Beamten, Männern und Frauen, die nicht im Sinne der gemeinsten Art und

---

[40] Informationen zu Franz Stapelfeldt vgl. Marßolek/Ott 1986, S. 379-402. Vgl. auch in diesem Buch Kapitel 4, Die Vareler, und Kapitel 5, Der Bremer Judenreferent.

[41] Emil Theil, Schreiben vom 30.4.1947. SAB, 4,66-I-10736, Akte Franz Stapelfeldt, Blatt ohne Nummerierung.

Weise handelten, wurden viele eingesperrt. Unter anderem hörten wir, dass Direktor Stapelfeldt verhaftet wurde.«[42]

Nach der Befreiung traf Udo Meinecke auf den ehemals »Gewaltigen« Bruno Nette, jetzt als sein öffentlicher Kläger. Der eine war ein wirklicher Widerstandskämpfer gewesen, der andere versuchte sich dazu zu machen. *»Haha!«*

Die Berufungskammer im September 1949: »Minderbelasteter«

Die Berufung wurde zugelassen. Es kam am 20. September 1949 zu einer neuen Verhandlung. Diesmal versuchte Bruno Nette sich noch mehr als bisher zum Opfer und Judenfreund zu stilisieren. »Ich habe mich bei der Tätigkeit bei der Gestapo großen Gefahren ausgesetzt. Ich habe den Menschen geholfen, wo ich nur konnte. Bin ich schon nicht genug bestraft worden, dass ich aus meiner Wohnung rausmusste und jetzt mit meiner Frau ein möbliertes Zimmer bewohne und keine Arbeit bekommen kann?«[43]

Die Berufungskammer unter dem Vorsitz von Kurt Schmidt entschied sich nach der mündlichen Verhandlung vom 20. September 1949. Ihr Spruch war zu damaligen Zeiten keine Überraschung, ist für uns Spätere aber immer noch unglaublich.[44]

Der Spruch der I. Spruchkammer vom 15. März 1949 wurde aufgehoben. Bruno Nette, der ehemalige Gestaposcherge und »Judenreferent«, wurde in die Gruppe der *Minderbelasteten* eingereiht. Von den meisten Sühneleistungen wurde wegen der vier Jahre Haft abgesehen. Vom vollständigen Wegfall der Pensionsansprüche war keine Rede mehr.

Erneut ein krasses Fehlurteil, ein eklatanteres Fehlurteil noch als das der Spruchkammer. Hans Hesse nennt einzelne Sätze der Begründung »geradezu unfassbar«.[45] Das trifft nicht nur auf einzelne Sätze zu. Der öffentliche Kläger Udo Meinecke hatte es sich offensichtlich versagt, an der Sitzung teilzunehmen, als der skandalöse, um nicht zu sagen, schandvolle Spruch verkündet wurde.

Nachdem die Spruchkammer im März 1949 so viele entlastende Aussagen als wahr und überaus schwerwiegend akzeptiert hatte, war Bruno Nette sicherlich hoffnungsfroh in die Berufung gegangen. Allerdings hatte man ihm offensichtlich klargemacht, dass er nicht weiter beantragen sollte, *»Entlasteter«* zu werden. Wie man einen Judenreferenten gleich in die unterste von fünf Kategorien einstufen sollte, nachdem er eben erst die zweithöchste »erreicht« hatte, war wohl selbst der koope-

---

[42] Carla Reiter, Aussage vom 17.11.1947. SAB, 4, 66-I, Akte Bruno Nette, 1887/12/22, Blatt ohne Nummerierung.

[43] Bruno Nette, Protokoll der Berufungsverhandlung vom 20.3.1947. SAB, 4, 66-I, Akte Bruno Nette, 1887/12/22.

[44] Spruch der Berufungskammer IV Bremen vom 20. September 1949. SAB, 4, 66-I, Akte Bruno Nette, 1887/12/22, Blätter ohne Nummerierung.

[45] Hesse 2005, S. 369.

rationsbereiten Berufungskammer nicht zu vermitteln. Die dritte Kategorie, also »*Minderbelasteter*«, das mochte gerade noch angehen, wird man signalisiert haben. Schritt für Schritt!

Um es noch einmal zu wiederholen: Nach dem »Gesetz Nr. 104, § 5, zur Befreiung von Nationalsozialismus und Militarismus« war die Sache klar. Ein Gestapo-Judenreferent war ein »*Hauptschuldiger*« im Sinne des Gesetzes. »Artikel 5: (7): Hauptschuldiger ist, wer in der Gestapo (...) für die nationalsozialistische Gewaltherrschaft aktiv tätig war.« Die Vorinstanz hatte für Bruno Nette den Artikel 5 auch noch als gegeben angesehen, nur um ihn dann mit allerlei Milderungsgründen doch nicht anzuwenden. Die Berufungskammer aber beschloss, dass der Artikel 5 auf Bruno Nette von vornherein nicht zutreffe. Damit wurde das Gesetz 104 nicht nur wie in der Erstinstanz kräftig verbogen, jetzt wurde es schlicht umgangen.

Zwar sei die Gestapo durch das Urteil des »Nürnberger Militärtribunals« zur verbrecherischen Organisation erklärt worden. Und »der überwiegende Teil der Gestapobeamten« sei aktiv für die nationalsozialistische Gewaltherrschaft tätig gewesen und habe »besonders auch den Willen dazu gehabt«. Aber eben nur der überwiegende Teil, nicht alle. Hatte die erste Instanz noch die zwei Gesichter des Bruno Nette bemüht, sozusagen den guten Kern im bösen Gestapobeamten entdeckt, so ging die Berufungsinstanz jetzt davon aus, dass es in der Schar der Gestapobeamten überwiegend schwarze Schafe gab und ein weißes – Bruno Nette. Der ganze Kerl wurde jetzt weißgewaschen, nicht nur eines seiner angeblich zwei Gesichter.

Dazu bediente man sich eines Tricks, der sich im Halbsatz *»besonders auch den Willen dazu gehabt«* verbarg. Es zählte jetzt, so die Berufungskammer, »dass von dem typischen Gestapobeamten angenommen wird, sein eigener Wille sei maßgebend für sein Handeln gewesen«. Wie aber diesen – im Gesetz gar nicht vorkommenden – Willen messen? Antwort: Anhand einer wie auch immer festzustellenden Freiwilligkeit. Jetzt zahlte es sich aus, dass entgegen den meisten Zeugenaussagen und entgegen der historischen Wahrheit Bruno Nette im ersten Verfahren bereits zugestanden worden war, dass er nicht freiwillig zur Gestapo übergewechselt war. Auch die Berufungskammer kümmerte sich nicht um die Aussage des Vorsitzenden der Israelitischen Gemeinde in Bremen und ehemaligen Bremer Vertreters der Reichsvereinigung der Juden in Deutschland, Carl Katz, wonach Bruno Nette 1941/42 ihm selber gesagt habe, er sei freiwillig zur Gestapo übergewechselt. Damals ging der Judenreferent noch besonders ehrgeizig und stolz seinem mörderischen Handwerk nach und dachte nicht im Traum daran, taktisch geschickt gegenüber einzelnen späteren Zeugen als unfreiwilliger Gestapobeamter aufzutreten.

Es störte nicht, dass das Gesetz Nr. 104 dergleichen sowieso nicht erwähnte. Ob ein Nazi-Verbrecher nun aus eigenem freien Willen oder als befehlsgewohntes Rädchen die Mordmaschinerie aktiv unterstützte, war völlig unerheblich. Von einem eigenen Willen als Grundlage für die Einstufung auszugehen, öffnete viele Maschen, durch die selbst ein Judenreferent schlüpfen konnte. Auf den eigenen Willen als maßgebliches Kriterium für Nazi-Verbrechen abzuheben, bedeutete, den sattsam bekannten Befehlsnotstand zu bemühen, mit dessen Hilfe so gut wie alle Täter zu entlasten waren.

Das Gesetz aber kannte nur die folgenden fünf genau definierten Bedingungen, die den Täter entlasten konnten: Austritt aus der NSDAP, nachweisbare Zusammenarbeit mit dem Widerstand, nachweisbare Ablehnung des Nationalsozialismus innerhalb von Glaubensgemeinschaften, nachweisbare wiederholte Förderung und Unterstützung von Opfern und Nazi-Gegnern aus antinationalsozialistischen Beweggründen und schließlich nachweisbare politische Verfolgung wegen antinationalsozialistischer Tätigkeit. Aber freier Wille? Befehlsnotstand? Dem Gesetz völlig unbekannt.

Die Berufungskammer schob den Artikel 5, in dem definiert wurde, was ein *Hauptschuldiger* sei, beiseite und wich auf den das Gesetz einleitenden Artikel 2 aus, nicht ohne dessen Text etwas zu verändern.

Richtig heißt es dort: »Die Beurteilung des Einzelnen erfolgt in gerechter Abwägung der individuellen Verantwortlichkeit und der tatsächlichen Gesamthaltung; danach wird in wohlerwogener Abstufung das Maß der Sühneleistung und der Ausschaltung aus der Teilnahme am öffentlichen, wirtschaftlichen und kulturellen Leben des Volkes bestimmt mit dem Ziel, den Einfluss nationalsozialistischer und militaristischer Haltung und Ideen auf Dauer zu beseitigen.« Die Mitgliedschaft in der NSDAP oder sonstigen Organisationen (dazu konnte man auch die Gestapo rechnen), das wird ausdrücklich im zweiten Absatz betont, sei für sich allein noch nicht entscheidend für den Grad der individuellen Verantwortlichkeit.

Konnte hier der »freie Wille« quasi angedockt werden? Da die Berufungskammer davon ausging, dass Bruno Nette keine individuelle Verantwortlichkeit vorzuwerfen und auch seine Gesamthaltung positiv zu bewerten war, musste sie versuchen, juristisch ihre Entscheidung an diesem Artikel 2 festzumachen.

Sie begann ihre diesbezügliche Argumentation allerdings gleich mit einer kleinen Fälschung, als sie die *»wohlerwogene Abstufung«* fälschlich auf den Grad der Verantwortlichkeit des Betroffenen bezog und nicht, wie es im Gesetz stand, auf *»das Maß der Sühneleistung«*. Vor allem aber ließ sie die *»tatsächliche Gesamthaltung«* schlicht weg. Der Gesetzestext wird aber sicherlich nicht überstrapaziert, wenn man davon ausgeht, dass zu dieser gerecht abzuwägenden *»Gesamthaltung«* das gesamte Verhalten des Betroffenen während der gesamten (Dienst-)Zeit des zu beurteilenden Gestapobeamten zählte. Die tatsächliche Gesamthaltung eines Judenreferenten durfte nicht nach seinem Verhalten gegenüber einzelnen Opfern am Ende der Nazi-Herrschaft bewertet werden, sondern nach seinem Verhalten gegenüber der großen Masse seiner Opfer, als er noch nicht das Herannahen der Alliierten fürchtete. Die *»individuelle Verantwortlichkeit«*, die nicht damit zu verwechseln war, ob der Betroffene freiwillig und ohne Widerwillen seinen Dienst tat oder nicht, ergab sich aus dem Gesetz nach der Zugehörigkeit z.B. zur Gestapo und dem aktiven Einsatz für deren Ziele, und man muss noch einmal betonen: egal, ob Massenverbrechen individuell gewollt oder ob sie befohlen und damit vom ausführenden Täter geduldet wurden.

Außerdem berief sich die Berufungskammer bei Bruno Nette statt auf »*für die nationalsozialistische Gewaltherrschaft aktiv tätig*« ohne viel Federlesens auf »*die Gewaltherrschaft der NSDAP wesentlich gefördert*«. Das NS-System »*wesentlich gefördert*« aber hatten laut Gesetz z.B. Redner, Journalisten und Lehrer, nicht jedoch Gestapobeamte. Die Gestapo hatte das NS-System nicht nur »*wesentlich gefördert*«, sondern war »*aktiv tätig*« gewesen für die nationalsozialistische Gewaltherrschaft. Das traf besonders auf Judenreferenten zu, worum sich die Berufungsinstanz freilich nicht im Mindesten scherte.

Die Erstinstanz war vom »*Hauptschuldigen*« zum »*Belasteten*« hinuntergestiegen, die Berufungsinstanz hielt von vornherein die »*Belasteten*«-Ebene für gerechtfertigt und auch sie stolperte eine Stufe tiefer, jetzt zur Einstufung als »*Minderbelasteten*«. Ein ganz simpler Treppensteigertrick. Jetzt wurde aber auch klar, warum man bei der Formel »*die Gewaltherrschaft der NSDAP wesentlich gefördert*« gelandet war. Sie fand sich nämlich in Artikel 7 Abschnitt 1 Ziffer 1 des Gesetzes Nr. 104. »*Aktivist ist, wer durch Stellung oder Tätigkeit die Gewaltherrschaft der NSDASP wesentlich gefördert hat.*« Ein »*Aktivist*« aber war nur in der zweithöchsten Gruppe zu finden, eben bei den »*Belasteten*«. Kurz: Man ließ einfach den, wie man fand, unpassenden Artikel 5 – Hauptschuldiger! – wegfallen und glitt ohne viel Drumherumreden zu Artikel 7. Bruno Nette wurde – Zitat – »a priori«, also unhinterfragbar (!), als »*Belasteter*« eingestuft und konnte in die dritte Gruppe der »*Minderbelasteten (Bewährungsgruppe)*« durchrutschen.

Ganz traute die Berufungskammer ihrem neu gekürten »*Minderbelasteten*« noch nicht. Drei Jahre Bewährung! Erst müsse Bruno Nette noch zeigen, dass er geläutert worden sei. Zu erkennen gegeben habe er das bisher leider nicht. Fast beschwörend wurden bildungsbürgerliche Einsprengsel wie »*Katharsis*« bemüht, also Reinigung vom Flusse des Nationalsozialismus, die der Betroffenen noch nachweisen müsse. Der Betroffene aber, so die Berufungskammer bedauernd, lasse noch die notwendige Einsicht vermissen.

Das klang ein halbes Jahr vorher von der Spruchkammer noch völlig anders: »Mit Rücksicht auf die menschlich günstige Beurteilung, die der Betroffene überwiegend erfährt, und sein einsichtiges Verhalten, hat die Kammer keine Bedenken, die Zeit der politischen Haft des Betroffenen von etwa vier Jahren auf die zu leistende Sonderarbeit anzurechnen.«

Aber, und das war die Hauptsache, er war ja schließlich ein weißer Rabe. »So gut wie alle Zeugen besagen«, betonte die Berufungskammer schließlich, »dass der Betroffene sich in seiner Dienstausübung merklich von allen diesen Gestapobeamten unterschied; so ist es bezeichnend, dass es bei den Juden zu einem Freudenausbruch kam, als sie im November 1944 hörten, der Betroffene würde nach vorübergehender Ablösung durch einen anderen Beamten wieder das Judendezernat übernehmen (…). Damals hat der Betroffene nur aufgrund der Bitten des Zeugen Bruck und seiner damaligen Mitarbeiter Fritz Harf und Kurt Grünberger die Führung des Judendezernats wieder übernommen. Dies bestätigt der Zeuge Bruck in einem Schreiben vom 28.7.1949 (…).«

Diese Auslassungen der Berufungskammer entsprechen zwar durchaus der Aktenlage im Bremer Staatsarchiv, waren aber, man kann es nur immer wieder betonen, äußerst einseitig. Die Berufungskammer ließ jeglichen Willen zu einem abgewogenen Urteil vermissen. So gut wie allen Juden, die aus Bremen und aus dem Umland bis zum Regierungsbezirk Stade stammten, hatte Bruno Nette bereits Verschleppung und meist auch den Tod mit organisiert. Und auch die wenigen »Halbjuden« oder »Juden in privilegierter Ehe«, die er ab Herbst 1944 in Zwangsarbeitslager oder zusammen mit unbegleiteten Kleinkindern noch in das KZ Theresienstadt abzutransportieren half, dürften im November 1944 in ihrer überwiegenden Mehrheit in keinen »Freudenausbruch« über die Wiederkehr von Bruno Nette verfallen sein. Bruno Nette hatte gegenüber dem überwiegenden Teil der Juden weiterhin aktiv die nationalsozialistische Gewaltherrschaft unterstützt und bis zum Schluss gegen die Grundsätze der Gerechtigkeit und der Menschlichkeit (besser: Menschheit) verstoßen. Dass er einzelne Opfer verschonte, änderte nichts an dieser Feststellung.

Michel de Montaigne schrieb 1580 im ersten Buch seiner *Essais* über die Vermischung von Wahrheit und Lüge:[46] »Als Diagoras, den sie den Atheisten nannten, auf der Insel Samothrake weilte, zeigte ihm im Tempel einer die zahlreichen Bilder und Votivtafeln derjenigen, die einem Schiffbruch entkommen waren, und fragte ihn: ›Du meinst also, dass die Götter sich nicht um die menschlichen Angelegenheiten kümmern? Was aber sagst du nun dazu, dass so viele Menschen durch ihre Gnade gerettet wurden?‹ ›Der Eindruck täuscht‹, antwortete er, ›denn die Ertrunkenen, deren weit mehr waren, sind ja nicht mitgemalt.‹«

---

[46] Montaigne (1580) 1998, S. 27.

Kapitel 12:
Das große Vergessen

Das Gnadengesuch

Die Kosten des Berufungsverfahrens trug der Steuerzahler. Konsequent waren sie ja, die Herren Juristen. Nur noch die Kosten des ersten Verfahrens vor der Bremer Spruchkammer im März 1949 sollte Bruno Nette tragen. Es handelte sich um 335,90 DM. Das entsprach damals etwas mehr als einem durchschnittlichen Monatslohn oder dem Doppelten, was eine Reinigungskraft damals verdiente.[1] Die Kosten der vierjährigen Internierung waren Bruno Nette bereits durch Verwaltungsanordnung erlassen worden.

Bruno Nette konnte oder wollte aber nicht zahlen. Am 20. Oktober 1949, nur einen Monat nach dem Spruch der Berufungskammer, stellte er ein in Sütterlinschrift verfasstes Gnadengesuch an den Senator für politische Befreiung, Alexander Lifschütz, und bat »höflichst, mir im Gnadenweg diesen Betrag zu erlassen«.[2] Senator Lifschütz ließ an den Präsidenten des Senats schreiben: »Während der NS-Zeit hat sich der Betroffene als aktiver Gestapo-Mann an den verbrecherischen Handlungen dieser Organisation beteiligt. Es kann deshalb vorerst ein Gnadengesuch nicht gemacht werden.«[3] Er schlug aber vor, Bruno Nette »eine monatliche Ratenzahlung von fünf DM zu gewähren und nach Beweis der Zahlungswilligkeit in absehbarer Zeit über die endgültige Höhe der Kosten zu entscheiden.« Der Senator für Justiz und Verfassung, Theodor Spitta, und der Präsident des Senats, also Bremens Oberbürgermeister Wilhelm Kaisen, stimmten zu.[4]

Die Begründung des Gnadengesuchs ist es wert, überliefert zu werden.

»Nach meiner 1945 erfolgten Gefangennahme wurde meine Wohnung von angeblichen Antifaschisten geplündert. Es wurden meine gesamte Bekleidung, die gesamte Leib-, Bett- und Tischwäsche, Stubenteppich, Schreibmaschine, Bücher und sonstige Sachen gestohlen. Anschließend wurde meine Ehefrau auf die Straße gesetzt und ein Verfolgter mit seiner Ehefrau in meiner aus Stube, Kammer und Küche bestehenden Wohnung eingewiesen. Den gesamten Hausstand musste meine Frau in der Wohnung belassen. Der Verfolgte ist mit seiner inzwischen geschiedenen Ehe-

---

[1] Carla Reiter verdiente im März 1949 als Reinmachefrau bei der Oberfinanzkasse 0,35 DM pro Stunde, also bei einer 48-Stundenwoche ungefähr 140 DM pro Monat. Lohnbescheinigung Carla Reiter, 11.3.1949. SAB, 4, 66-I, Akte Bruno Nette, 1887/12/22, Blatt ohne Nummerierung.

[2] Bruno Nette, Gnadengesuch vom 20.10.1949. SAB, 4, 66-I, Akte Bruno Nette, 1887/12/22, Blatt H II, H I.

[3] Alexander Lifschütz, Senator für politische Befreiung Bremen (i.V. Rott), Brief vom 1.11.1949. SAB, 4, 66-I, Akte Bruno Nette, 1887/12/22, Blatt ohne Nummerierung.

[4] Theodor Spitta und Wilhelm Kaisen, Notiz vom 18.11.1949. SAB, 4, 66-I, Akte Bruno Nette, 1887/12/22, Blatt ohne Nummerierung.

frau noch im Besitz meiner Wohnung und unserer Sachen und hat bis heute noch keinen Pfennig Abnutzungsgebühr dafür bezahlt, obwohl er dazu verpflichtet ist. Eine Pfändung durch das Wohnungsamt ist fruchtlos verlaufen.

Meine Ehefrau hat sich 1945 ein ganz kleines möbliertes Zimmer gemietet und bezieht Fürsorgeunterstützung. Nach meiner Entlassung bin ich mit in dieses Zimmer eingezogen und schlafe im Alter von 62 Jahren auf dem Fußboden, weil ich kein Bett besitze und mir selber kein Zimmer mieten kann. Obwohl ich mich nach meiner Entlassung bemüht habe, eine von mir noch zu leistende Beschäftigung zu finden, ist es mir bislang nicht gelungen. Ich wurde bislang von meinem Sohn *(vermutlich von Rudolf Nette, meinem Onkel »Rudi«, dem jungen Schutzmann der Bremer Polizei; B.N.)* mit einem monatlichen Betrag von 30, - DM unterstützt. Da ich mit diesem Betrag nicht auskommen kann, bin ich jetzt gezwungen, ebenfalls die Fürsorge in Anspruch zu nehmen.

Sehr geehrter Herr Senator, in Anbetracht der Ihnen in kurzen Worten von mir geschilderten Notlage hoffe ich, keine Fehlbitte getan zu haben. Sollten Sie jedoch

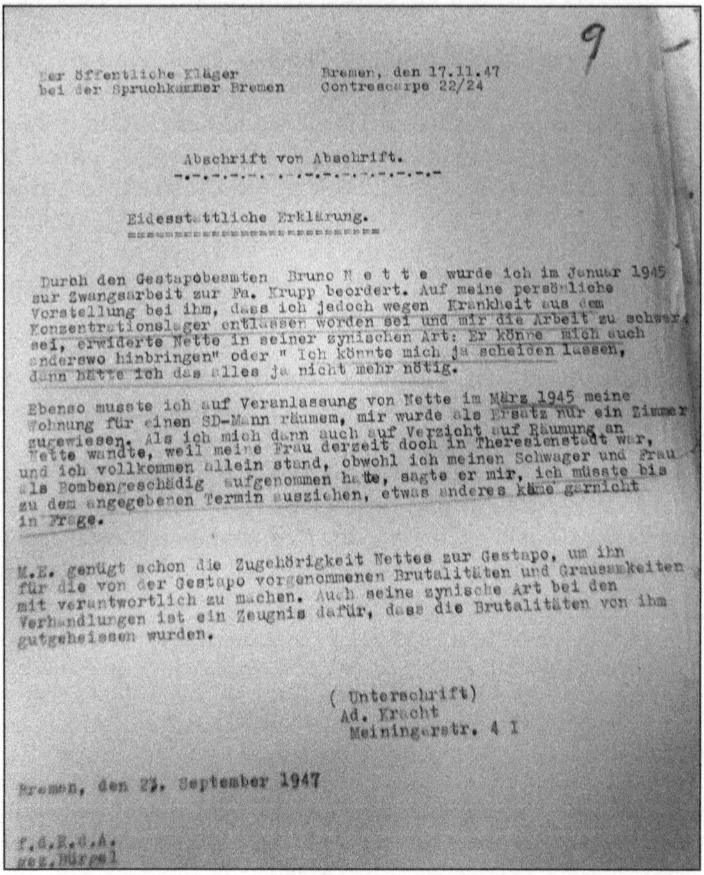

9

Der öffentliche Kläger
bei der Spruchkammer Bremen

Bremen, den 17.11.47
Contrescarpe 22/24

Abschrift von Abschrift.

Eidesstattliche Erklärung.

Durch den Gestapobeamten Bruno N e t t e wurde ich im Januar 1945 zur Zwangsarbeit zur Fa. Krupp beordert. Auf meine persönliche Vorstellung bei ihm, dass ich jedoch wegen Krankheit aus dem Konzentrationslager entlassen worden sei und mir die Arbeit zu schwer sei, erwiderte Nette in seiner zynischen Art: Er könne mich auch anderswo hinbringen" oder " Ich könnte mich ja scheiden lassen, dann hätte ich das alles ja nicht mehr nötig.

Ebenso musste ich auf Veranlassung von Nette im März 1945 meine Wohnung für einen SD-Mann räumem, mir wurde als Ersatz nur ein Zimmer zugewiesen. Als ich mich dann auch auf Verzicht auf Räumung an Nette wandte, weil meine Frau derzeit doch in Theresienstadt war, und ich vollkommen allein stand, obwohl ich meinen Schwager und Frau als Bombengeschädig aufgenommen hatte, sagte er mir, ich müsste bis zu dem angegebenen Termin ausziehen, etwas anderes käme garnicht in Frage.

M.E. genügt schon die Zugehörigkeit Nettes zur Gestapo, um ihn für die von der Gestapo vorgenommenen Brutalitäten und Grausamkeiten mit verantwortlich zu machen. Auch seine zynische Art bei den Verhandlungen ist ein Zeugnis dafür, dass die Brutalitäten von ihm gutgeheissen wurden.

(Unterschrift)
Ad. Kracht
Meiningerstr. 4 I

Bremen, den 23. September 1947

f.d.R.d.A.
gez.Bürgel

17. November 1947, Adolf Kracht: »... musste ich auf Veranlassung von Nette im März 1945 meine Wohnung für einen SD-Mann räumen ...«

meiner Bitte nicht entsprechen können, möchte ich Sie höflichst ersuchen, mein Gesuch befürwortend an den Herrn Bürgermeister weiter zu leiten. Hochachtungsvoll! Bruno Nette.«

Das schrieb der Mensch, der Hunderten und Aberhunderten Bremer Juden im Auftrag seines Staates alles Hab und Gut weggenommen, sie in ein überfülltes »Judenhaus« gesteckt oder sie gleich auf »Transport« geschickt und sich, wenn ihm danach war, an den zurückgelassenen Einrichtungsgegenständen der ermordeten Juden gütlich getan hatte.

Er hatte noch im März 1945 Adolf Kracht, der als »Arier« mit einer Jüdin verheiratet war (»jüdisch versippt«), aus seiner Wohnung werfen lassen, um Platz für einen SD-Mann zu schaffen. Er könne sich ja scheiden lassen, dann hätte er das alles nicht nötig.

Jetzt aber war er selbst aus seiner Wohnung hinausgeworfen worden. Der Verfolgte, der zusammen mit seiner jüdischen Ehefrau nach der Befreiung in Nettes Wohnung in der Kirchbachstraße 17c eingewiesen worden war, kannte ihn aus den großdeutschen Zeiten nur allzu gut. Der 1902 geborene, ebenfalls »jüdisch versippte« Johann Lisiak war Hausmeister bei der Reichsvereinigung der Juden in der Parkstraße 1 gewesen. Er hatte bereits im Herbst 1948 seine Aussage zu Bruno Nette gemacht.[5] »Eines Tages erschienen Nette und Linnemann, beide beschimpften mich und hielten mir vor, dass ich als Arier mit einer Jüdin verheiratet sei; das wäre Rassenschande und ich sollte mich scheiden lassen. Als ich antwortete: ›Mich scheidet nur der Tod von einer Frau‹, sagten sie mir, dass ich dafür die Folgen zu tragen haben werde. Wortführer war Nette und Linnemann unterstützte ihn. Ich habe aus dieser Unterredung entnommen, dass Nette diesen Rat zur Scheidung aus seiner persönlichen Einstellung zu Juden gegeben hat.«

Dass sich Bruno Nette in seinem Bettelbrief an den Befreiungssenator Dr. Alexander Lifschütz nicht enhalten konnte, denunziatorisch darauf hinzuweisen, dass Johann Lisiak jetzt von seiner Frau geschieden sei, aber immer noch mit ihr in der ehemaligen Wohnung des Gestapo-Judenreferenten wohne, war erbärmlich. Er war es ja gewesen, der Lisiak während der Nazizeit hatte zwingen wollen, sich von seiner jüdischen Frau scheiden zu lassen und sie damit der Gestapo, also ihm persönlich, auszuliefern. Er war es auch gewesen, der 1944 dafür gesorgt hatte, dass der »jüdisch versippte« Johann Lisiak, als er ihm nicht gehorchte, »die Folgen zu tragen« hatte und in das Arbeits- und »Männervernichtungs«-Lager Farge abtransportiert wurde.

»Seit Kriegsende bewohne ich die ehemalige Wohnung des Gestapobeamten Nette«, gab Lisiak 1948 zu Protokoll. »Hier befinden sich noch ein Schreibtisch und ein Sessel, die meiner Meinung nach aus der Parkstraße 1 *(dem damaligen jüdischen Gemeindebüro; B.N.)* stammen. Desgleichen habe ich einen Radioapparat Mende, der vermutlich früher der *(deportierten jüdischen; B.N.)* Familie Wolf ge-

---

5 Johann Lisiak, Aussage vom 12.10.1948. SAB, 4, 66-I, Akte Bruno Nette, 1887/12/22, Blatt 161 (blau notiert).

hörte. Dieser Apparat war von Frau Nette zur Nachbarin gebracht worden, die ihn mir, als ich darum nachfragte, sofort herausgab.«

Bruno Nette schämte sich also nicht, in seinem Bettelbrief für die ehemals jüdischen Möbelstücke, die er sich als Judenreferent aus dem Lager der »Reichsvereinigung der Juden« organisiert und in seiner Wohnung aufgestellt hatte, von seinem Opfer Lisiak »Abnutzungsgebühr« einzufordern. Er habe »bis heute noch keinen Pfennig« gesehen, heulte er in seinem Brief an Lifschütz.

Mein Vater Günther Nette berichtete weit weniger dramatisch über den angeblichen Fürsorgeempfänger Bruno Nette.

»Er ist dann *(im ersten Prozess vor der Spruchkammer; B.N.)* ja nicht als Hauptschuldiger eingestuft worden, sondern als Belasteter Gruppe 2, und man hat ihm die Hälfte seines Vermögens eingezogen, man hat ihn aus dem Dienst entfernt. Und während dieser Zeit, wo das noch lief, wo er keine Einnahmen hatte, da, weil er seit dem Ersten Weltkrieg lange Jahre Kriminalbeamter in Bremen war, hat er auch Verbindungen gehabt und da war so ein großer Schlachtereibetrieb und den Besitzer kannte er und den hat er mal getroffen irgendwo und der hat dann gesagt, nachdem er erzählt hat, was so ist: ›Ja, Sie können bei mir anfangen. Sie können also den Werkschutz gewissermaßen bei mir machen.‹ Und das hat er dann gemacht. Und da hat er aufgepasst, dass da nix verschwand. Und er kriegte natürlich auch ein bisschen Wurst und sowas ab und kriegte ein wenig Geld und konnte damit rüberkommen. Und als er ungefähr zwei Drittel seiner Pension wiederkriegte, da brauchte er das nicht mehr, hat er dann auch nicht mehr gemacht.«

Er habe keine Beschäftigung gefunden, hatte Bruno Nette an den Befreiungssenator geschrieben. Glatt gelogen.

Der Schlussstrich

Spätestens ein Dreivierteljahr später war Bruno Nette von allen Auflagen und Zahlungen befreit. Mit dem »Gesetz zum Abschluss der politischen Befreiung« vom 23. Juni 1950 galt der ehemalige Gestapomann und Bremer Judenreferent nur noch als Mitläufer. Ja, ich las richtig, so stand es in seinen Akten aus dem Bremer Staatsarchiv. Mitläufer![6]

Der Befreiungssenator war aus seinem Amt ausgeschieden, seine Behörde in das Präsidialamt (also das Amt des Bürgermeisters) überführt worden, und dann wurde das Abschlussgesetz zu Ende gebracht. Hans Hesse hat in seinem sehr verdienstvollen Buch »Konstruktionen der Unschuld«[7] den mit dem Gesetz unternommenen Versuch, die Entnazifizierung zu liquidieren, beschrieben. Nur die Gruppe der Hauptschuldigen und Belasteten sollte von der Amnestie ausgeschlossen wer-

[6] Öffentlicher Kläger, Schreiben an Bruno Nette vom 23.6.1950. SAB, 4, 66-I, Akte Bruno Nette, 1887/12/22, Blatt ohne Nummerierung.

[7] Die folgenden Ausführungen basieren auf: Hesse 2005, S. 222-225.

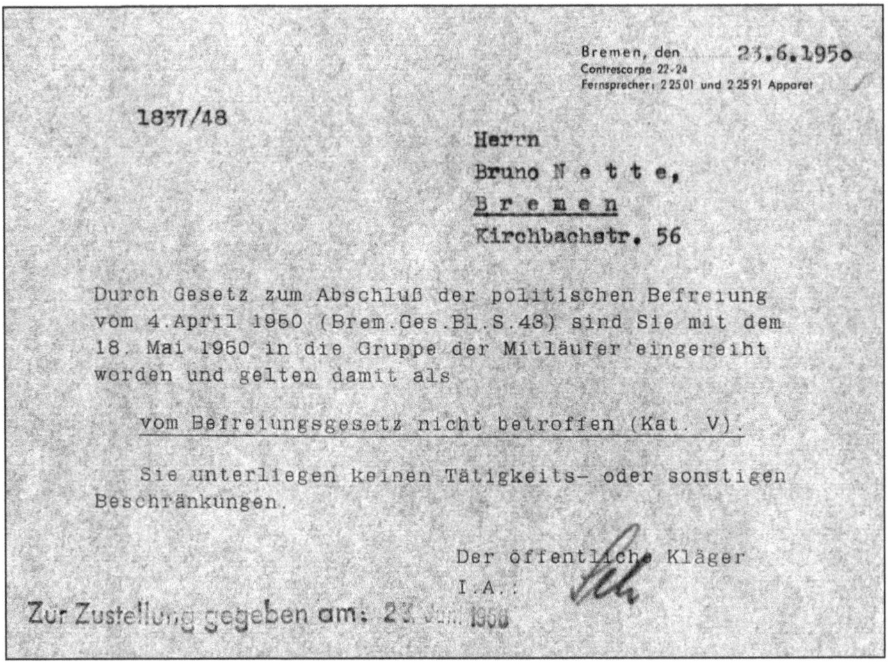

Bremen, den 23.6.1950
Contrescarpe 22-24
Fernsprecher: 22501 und 22591 Apparat

1837/48

Herrn
Bruno N e t t e,
B r e m e n
Kirchbachstr. 56

Durch Gesetz zum Abschluß der politischen Befreiung vom 4.April 1950 (Brem.Ges.Bl.S.48) sind Sie mit dem 18. Mai 1950 in die Gruppe der Mitläufer eingereiht worden und gelten damit als

vom Befreiungsgesetz nicht betroffen (Kat. V).

Sie unterliegen keinen Tätigkeits- oder sonstigen Beschränkungen.

Der öffentliche Kläger
I.A.:

Zur Zustellung gegeben am: 23. Juni 1950

1950: Ein Judenreferent wird »Mitläufer«! Staatsarchiv Bremen, Akte Bruno Nette

den. Die Minderbelasteten wie Bruno Nette wurden in die Gruppe der Mitläufer überführt, Geldsühnen und Verfahrenskosten wurden ihnen erlassen.

Die Debatte der Bremischen Bürgerschaft zum Gesetzesentwurf nutzte der Abgeordnete Ernst Müller-Herrmann (CDU) zu einer Abrechnung mit der Entnazifizierung in Bremen. »Neue Härten und Ungerechtigkeiten« seien geschaffen und das »Recht auf politischen Irrtum nicht anerkannt« worden. Die Entnazifizierungspraxis habe »die Demokratie mit einer großen Hypothek belastet«, wobei Müller-Herrmann sicherlich nicht meinte, dass man die Entnazifizierung hätte energischer und konsequenter durchführen müssen. »Unqualifizierte Personen« hätten den Standpunkt einer Kollektivschuld vertreten, um »ihren Rache- und Vergeltungsgelüsten nachzukommen«. Man könne Deutschland nur auf eine gesunde Basis stellen, »wenn wir alle die, die sich anpassen wollen, ohne Klassifizierung übernehmen«.

Der Abgeordnete Herbert Schneider (Deutsche Partei) behauptete, mit dem Abschluss der Entnazifizierung sei »eines der dunkelsten Kapitel der deutschen Nachkriegsgeschichte zu Ende« gegangen. Er sprach von »mittelalterlicher Inquisition«, die Entnazifizierung erinnere ihn »an die Hexenprozesse«.

Der SPD-Bürgermeister Kaisen hatte bereits im Februar 1948 davor gewarnt, mit der Entnazifizierung dem Beispiel der Nazis zu folgen, die nach ihrem Machtan-

Dezember 1957: Bruno Nette an seinem 70. Geburtstag mit der zweiten Ehefrau, »Tante Mieze«

tritt alle politischen Gegner ausgeschaltet hätten. Damit setzte er die Entnazifizierung mit dem NS-Terror gleich.[8]

Von 1951 bis 1952 wurden dann auch die hochbelasteten Nationalsozialisten im Land Bremen gnadenweise zu »Mitläufern« umgestuft.[9] »Damit«, so Hesse, »fand die Entnazifizierung im Lande Bremen ihren endgültigen Abschluss.«[10]

Vorher aber, im Jahr 1951, hatte sich noch einmal eine heftige Kontroverse im Senat entwickelt. Es ging um die Frage der Pensionsrechte ehemaliger Gestapobeamter. Senator Wilhelm Nolting-Hauff (FDP) wollte ihre Rehabilitierung nicht so weit treiben, dass »irgendwelche Pensionen an ehemalige Gestapobeamte gezahlt werden. Es sei nicht vertretbar, dass Aktivisten schlimmster Sorte eine Pension vom Staat erhielten, während Leute, die durch sie ins Unglück gekommen seien, noch auf Versorgung warteten.« Mit einem Abstimmungsergebnis von 5 : 4 wurde aber eine teilweise Rehabilitierung der ehemaligen Gestapobeamten beschlossen. Sie erhielten 60% der Bezüge nach ihrer früheren Stellung bei der Kriminalpolizei, bevor sie zur Gestapo gekommen waren. Bruno Nette blickte einem gesicherten Lebensabend entgegen. Dass sein sechsjähriger Enkel seinetwegen keine Milch in einem Bremer Laden ausgeschenkt bekam, was kümmerte es ihn? Für eine Wiederverwendung als »131er« (s.u.) in der Polizei war er allerdings zu alt, man hätte den erfahrenen Beamten an sich gerne wieder aufgenommen.

Verhielt der Pensionär sich fortan ruhig, bescheiden und still? Keineswegs! »Nach seiner Entlassung«, schrieb Ingbert Lindemann, »fällt auf, dass Nette bei einigen Entschädigungsverfahren unaufgefordert (!) als Zeuge erscheint und behauptet,

---

[8] Ebd., S. 115f.

[9] Ebd., S. 229-238.

[10] Ebd., S. 238.

die bei Juden beschlagnahmten Gegenstände seien gar nicht beschlagnahmt worden, sondern bei Bombenangriffen verloren gegangen«.[11] Er trug gern den vom jüdischen Schneider Grünberger in großdeutschen Zeiten extra für ihn im dezenten Streifenlook angefertigten dreiteiligen Anzug. Sicherlich auch bei diesen Auftritten.

Eine große Enttäuschung hielt »das Leben« für ihn noch bereit. Er hatte sich seit 1939 am Sparen auf einen KdF-Wagen (Kraft-durch-Freude-Wagen, später bekannt als Volkswagen Käfer) beteiligt. Monatlich fünf Reichsmark wurden auf die KdF-Sparkarte eingezahlt, um schließlich die Gesamtsumme von 990,- Reichsmark zu erreichen. Ein neues Automobil-Werk entstand in Wolfsburg, betrieben von der Deutschen Arbeitsfront, der Zwangsvereinigung von Arbeitnehmern und Arbeitgebern, finanziert u.a. durch das von den Nazis beschlagnahmte Gewerkschaftsvermögen, im Krieg am Laufen gehalten durch Zwangsarbeiter aus ganz Europa.

Darüber, so erzählten es meine Eltern dem kleinen Bernhard immer wieder gerne und kichernd, konnte sich mein Großvater maßlos ärgern, dass er, wiewohl von der Nazi-Regierung versprochen, als treuer Beamter und eifriger Sparer seinen billigen Volkswagen nicht erhielt und auch nicht die angesparte Summe, in DM natürlich, zurückgezahlt bekam. Als sich 1961 der VW-Konzern schließlich mit den KdF-Sparern auf einen Kompromiss einigte (sie erhielten bis zu 600,- DM Rabatt auf einen neuen VW), war der ehemalige Judenreferent schon ein Jahr tot.

Tante Mieze überlebte ihn um mehr als 20 Jahre. Vorbei die Zeit, als sie als Ehefrau des Gewaltigen, wenn auch nur ein Mal, in den Vegesacker Kaffeenachmittagskreis der Reeder- und Werftbesitzer-Gattinnen eingeladen wurde. Verweht die schönen Jahre, als sie all die wertvollen jüdischen Möbel und Radios in ihrer Wohnung aufstellen durfte und einen Brillantring von einer »Halbjüdin« geschenkt bekam.

Man könnte abschließend auf die Idee kommen, die ganze Entnazifizierung sei eine Farce gewesen.

Ja, richtig, der Umgang mit den langen, häufig genug falsch ausgefüllten Fragebögen, später mit den stark verkürzten Meldebögen ist spätestens nach der Übergabe der Entnazifizierung an die deutschen Spruchkammern ernüchternd und enttäuschend ausgefallen. Die deutschen Richter sollten alliiertes Recht sprechen und taten es häufig genug nicht. Die gesamte deutsche Bevölkerung sollte in fünf Verantwortungsgruppen eingeteilt werden. Mit der sogenannten Jugend- und Weihnachtsamnestie 1947/48 waren 86% aller Meldungen in Bremen erledigt worden,[12] obwohl sich gerade in diesen Kreisen viele junge Männer der ehemaligen Wehrmacht und der SS befanden, die sich an schweren Kriegsverbrechen und Verbrechen gegen die Menschheit beteiligt hatten.

Tatsächlich zeigen die Abschlusszahlen aus dem Jahr 1949 für das Land Bremen, dass es im Verlauf des Entnazifizierungsprozesses immer weniger »große« Täter gab. So sank z.B. die Anzahl der wie Bruno Nette anfangs als »Hauptschuldige« eingestuften Bremerinnen und Bremer dramatisch von 470 Angeklagten auf 25 letzt-

---

[11] Lindemann 2009, S. 104.

[12] Schneider 2011, S. 326.

instanzlich Verurteilte. Bei den »Belasteten« ging die Zahl von anfangs 1.519 auf 200 zurück. Die große Gruppe der »Mitläufer« sank etwas von 16.137 auf 14.589, aber nur, weil die »Entlasteten« sich sprunghaft von 1 auf 1.097 und die der eingestellten Fälle von Null auf 2.157 vermehrt hatten.[13]

Auch Joseph F. Napoli, der US-Chef der Entnazifizierungsabteilung in Bremen, sprach in einem Aufsatz für die renommierte Zeitschrift *The Annals of the American Academy of Political and Social Science (Philadelphia)* im Juli 1949 von einem »spectacular failure« der Entnazifizierung in Bremen und warnte vor einer »renazification«.[14] »Our trials became, under the pressure of American inspired legislation, whitewash-mills for the Nazis.«[15]

Ja, richtig, auch in der gesamten Bundesrepublik kam es am 10. April 1951 zu einem faktischen Ende der Entnazifizierung, als der Deutsche Bundestag das »Gesetz zur Regelung der Rechtsverhältnisse der unter Artikel 131 des Grundgesetzes fallenden Personen«, das sogenannte 131er-Gesetz, verabschiedete. Alle ehemaligen Nationalsozialisten einschließlich der Angehörigen von Gestapo und SD erhielten einen Rechtsanspruch auf Wiedereinstellung in den öffentlichen Dienst. Ausnahmen wurden nur gemacht bei den »Hauptschuldigen« und den »Belasteten«. Das Gesetz regelte auch die Pensionsansprüche. Hochbelastete, auch rechtskräftig verurteilte Nazi-Täter konnten ihre Karriere fast bruchlos fortsetzen. Das gesamte Justizwesen und die gesamte Finanzverwaltung wurden überhaupt nicht entnazifiziert.

Und doch! Hätte es keine rechtsstaatlichen Entnazifizierungsverfahren gegeben und hätten sich nicht die Täter verantworten müssen, auch wenn sie häufig genug davonkamen, dann wären die überlebenden Opfer für ewig verstummt. Im Bremer Staatsarchiv gäbe es keine umfangreiche Akte »Bruno Nette«,[16] die vor allem auch den Opfern eine Stimme (wieder)geben kann. Und so gehören die Spruchkammerakten zu den wichtigsten historischen Schätzen Deutschlands.

Die Entnazifizierung entfaltete eine weitaus größere Wirkung, als diejenigen dachten oder hofften, die sie damals gar nicht schnell genug beenden konnten. Es ist im kollektiven deutschen Gedächtnis tief eingegraben, dass sich einstmals alle erwachsenen Deutschen schriftlich zu bekennen hatten. Langfristig war die Entnazifizierung ein historischer Erfolg ohnegleichen.

---

13 Statistische Angaben bei: Hesse 2005, S. 252.

14 Pedron 2010, S. 234.

15 Hesse 2005, S. 175.

16 Senator für politische Befreiung, SAB, 4/66-I, Akte Bruno Nette, 1887/12/22, vier Bände.

Kapitel 13: Eine Tragödie

Die Reichsvereinigung

Carl Katz und Karl Bruck, die Bremer Vertreter der »Reichsvereinigung der Juden in Deutschland« und Vorsitzenden der Jüdischen Gemeinde, verstanden sich mit dem Judenreferenten der Bremer Gestapo, Bruno Nette, ausgezeichnet. Die beiden jüdischen Funktionäre taten zugleich in vielen Fällen ihr Möglichstes, das Leben ihrer jüdischen Leidensgenossen zu retten, es zumindest zu erleichtern.

Es ist in diesem Buch allerdings auch mehrfach auf die irritierenden Verstrickungen von Carl Katz in das Bremer Gestaposystem eingegangen worden. Auch sein Nachfolger Karl Bruck ließ sich tief in die Verbrechen des NS-Staates hineinziehen.

Hatten Carl Katz oder Karl Bruck keine Wahl?

Zur Thematik der jüdischen Funktionäre im NS-Staat hat Beate Meyer vom Hamburger Institut für die Geschichte der deutschen Juden ein äußerst informatives und zugleich verstörendes Buch geschrieben, dessen Titel im Grunde fast alles aussagt: *Tödliche Gratwanderung, die Reichsvereinigung der Juden in Deutschland zwischen Hoffnung, Zwang, Selbstbehauptung und Verstrickung (1939-1945).*[1] Beate Meyer hat die tragischen Verstrickungen der führenden Mitarbeiter der Reichsvereinigung und ihre inneren Konflikte angesichts furchtbarer Bedrohung bei immer enger werdenden Handlungsspielräumen deutlich machen können.[2] Das Dilemma der jüdischen Funktionäre in Bremen, Katz und Bruck, hatte auch Günther Rohdenburg schon beschrieben.[3] Er titelte das Kapitel in seinem Buch etwas hilflos »*Das Problem der ›Helfershelfer‹*«.

Wie gelang es meinem Großvater Bruno Nette, unschuldige Menschen, die ihm zwangsweise zugeordnet waren und zuarbeiten mussten, in sein mörderisches Tun einzubeziehen? Wie war das Verhältnis zwischen dem Täter und den Opfern, die dabei ihre innere Balance verloren? Verlieren mussten? Keiner blieb unschuldig, auch wenn immer klar war, von wem das Verbrechen ausging. Fast wäre es meinem Großvater im Nachhinein sogar gelungen, die Täter- und Opferrollen zu vertauschen.

Im Gedächtnis der Opfer und ihrer Angehörigen blieb nicht nur das rassistisch mörderische Verfolgungsgeschehen eingebrannt, auch die Zusammenarbeit zwischen der Gestapo und den beiden jüdischen Funktionären war für viele traumatisch. Dass ihre eigenen Vertreter sie auslieferten, war subjektiv manchmal schlimmer für die Opfer als die nackte Gewalt, die von Gestapo, Sicherheitsdienst und SS ausging.

---

1 Meyer 2011.

2 Vgl. auch Quack 2012.

3 Rohdenburg 2009, S. 151-159.

Die Zusammenarbeit zwischen der Bremer Gestapo und den Vertretern der Bremer Juden wurde 1949/50 im Auftrag des Oberstaatsanwalts beim Landgericht Bremen untersucht.[4] Einige Mitglieder der Familie Schustermann hatten Strafanzeige gegen Carl Katz gestellt. Vorher schon war auf Betreiben der US-Militärregierung Karl Bruck für einige Zeit verhaftet worden. Beiden jüdischen Funktionären wurde ihre zu enge Zusammenarbeit mit der Gestapo vorgeworfen. Die Akten sind im Bremer Staatsarchiv wohlgeordnet erhalten.

Dass die jüdischen Funktionäre in Bremen oder anderswo in Deutschland nicht unbedingt moralisch vorbildliche Menschen waren, spielt hier keine Rolle. Solche »guten« Menschen sind gemeinhin höchst selten anzutreffen. Und wenn einige Zeugen aus der Familie Schustermann Carl Katz u.a. einen lockeren Lebenswandel nachsagten,[5] ist das ebenso unbewiesen wie unerheblich. Nein, es geht hier nicht um Gerüchte und spießbürgerliche Moralvorstellungen. Es geht um eine Tragödie!

Die Rahmenbedingungen für die jüdischen Funktionäre setzte der NS-Terrorstaat. Nach der Reichspogromnacht 1938 zentralisierte er die jüdischen Organisationen und stärkte die zionistische Richtung, die damals die auch von den Nazis erwünschte Auswanderung der deutschen Juden organisierte und vorantrieb. Am 4. Juli 1939 gründeten die Nazis die »Reichsvereinigung der Juden in Deutschland«. Adolf Eichmann war dazu als Experte nach Berlin geholt worden, nachdem er in Wien ein perfides, gegen die jüdische Bevölkerung Österreichs gerichtetes System der Ausplünderung in Verbindung mit der schnellstmöglichen Zwangsauswanderung installiert hatte. Die »Reichsvereinigung« war die Zwangsorganisation für alle in Deutschland lebenden Menschen, die nach den Nazi-Rassegesetzen als Juden angesehen wurden. Sie wurde direkt dem im September 1939 gegründeten Reichssicherheitshauptamt unterstellt. Die anfangs 17 Bezirksstellen der Reichsvereinigung und 14 gleichrangigen jüdischen Gemeinden unterstanden lokal den Gestapo(leit-)stellen als »Aufsichtsbehörde«.[6] Das vornehmliche Ziel der »Reichsvereinigung« sollte vorerst die organisatorische Unterstützung bei der forcierten Vertreibung aller Juden aus Deutschland sein, später wurde sie von den Nazis für weitaus Schlimmeres benötigt: zur Unterstützung beim reibungslosen Verlauf des Mordes an allen deutschen und österreichischen Juden.

Im Mai 1939 lebten noch 213.930 Juden im »Altreich«, knapp die Hälfte der Zahl von 1933. Die andere Hälfte der deutschen Juden war bis zum Beginn des Zweiten Weltkrieges in drei Wellen aus Deutschland geflohen.[7]

---

[4] SAB, 4, 89/7. Akte »Katz, Karl« des Oberstaatsanwalts bei dem Landgericht Bremen vom August 1949 bis zum Juli 1950.

[5] Lothar Schustermann, Aussage am 23.11.1949. SAB, 4, 89/3, Akte »Katz, Karl« des Oberstaatsanwalts bei dem Landgericht Bremen vom August 1949 bis zum Juli 1950, Blatt 29.

[6] Meyer 2011, S. 44. Für weitere Informationen zur »Reichsvereinigung der Juden in Deutschland« (auch Literaturangaben) und zu ihrer Rolle bei der Verfolgung der Bremer Jüdinnen und Juden vgl. Rohdenburg 2009.

[7] 1933 bis 1935 flohen 112.500 jüdische Personen aus dem Deutschen Reich; von Herbst 1935 (Verabschiedung der Nürnberger Gesetze) bis 1938: 101.400 Personen, nach den Ereig-

Der NS-Staat erhielt durch die neue Organisation direkten Zugriff auf das Vermögen aller jüdischen Gemeinden. Es ging ihm um hemmungsloses Ausplündern. Die jüdischen Funktionäre, die in Deutschland blieben, hofften dagegen, endlich eine quasi steuerliche Abgabehoheit gegenüber den jüdischen Zwangsmitgliedern zu erhalten, um die humanitären, sozialen und mit der Auswanderung verbundenen Aufgaben auch nur ansatzweise erfüllen zu können.

Die »Reichsvereinigung« bestand bis zum 10. Juni 1943, als das Zentralbüro in Berlin sowie die Büros ihrer Zweig- und Bezirksstellen geschlossen und ihre leitenden Mitglieder in das KZ Theresienstadt deportiert wurden. Der Leiter des Bremer Büros, Carl Katz, war allerdings bereits im Sommer 1942 zusammen mit seiner Ehefrau und seiner Tochter nach Theresienstadt deportiert worden. Sein Nachfolger wurde Karl Bruck. Der Grund der Auflösung der »Reichsvereinigung« war ebenso schrecklich wie simpel: So gut wie alle deutschen und österreichischen Juden waren ermordet worden oder befanden sich in KZs und sahen ihrer Ermordung entgegen.

Allerdings blieb die »Reichsvereinigung« auch nach 1943 in veränderter Form bis zum Ende des Nazireichs bestehen (in der Literatur »Rest-Reichsvereinigung« genannt). Die jüdischen Leiter wurden ab 1943 als »Vertrauensleute« bezeichnet. In Bremen, wo nur eine der Hamburger Bezirksstelle untergeordnete Zweigstelle bestand, betreute Karl Bruck, der »Vertrauensmann«, nur noch Juden »in (privilegierten) Mischehen« und »Halbjuden«.

Die deutschen jüdischen Funktionäre blieben auch nach 1939 und vor allem nach 1941 bei ihrer Grundsatzentscheidung, mit dem NS-Staat zusammenzuarbeiten, um »Härten zu vermeiden«. Man war überzeugt, »dass bei den Deportationen ein korrektes geordnetes Vorgehen unter Ausnutzung der zugestandenen Spielräume den Juden insgesamt mehr nutzte als Bestechung und individuelle Rettungsversuche, die letztlich immer zu Lasten der Schwächeren gegangen wären«.[8]

Selbst als nach dem deutschen Angriff auf die Sowjetunion 1941 immer klarer wurde, dass auch Deutschland »judenfrei« werden sollte, als die Auswanderung verboten und unter verschiedenen Bezeichnungen wie »Abwanderung« oder »Evakuierung« oder »Um- und Aussiedlung« ab Herbst 1941 auch aus dem Reichsgebiet die Todestransporte begannen, als Zwangsarbeit für die vorerst verbliebenen Juden befohlen und das Tragen des Judensterns (ab 1. September 1941) angeordnet wurde – die Zentrale der »Reichsvereinigung« organisierte die Austeilung der Sterne für 10 Pfennig pro Stück –, als gleichzeitig die Juden bewusst von ihren Vertretern getäuscht werden sollten (Geheimhaltungspflicht!), als die Vertreter der »Reichsvereinigung« immer genauere und immer wieder aktualisierte Listen ihrer Mitglieder an die Gestapo liefern und die Todestransporte mit organisieren mussten, kurz, selbst als die Todesspirale sich immer schneller zu drehen begann, hielten die allermeisten jüdischen Funktionäre an der Strategie der Kooperation mit den Nationalsozialisten und der Gestapo fest. »Das tödliche Geschehen wurde

---

nissen um die Pogromnacht 1938 bis 1939: 68.000 Personen. Vgl. Meyer 2011, S. 47.

[8] Meyer 2011, S. 402.

ihnen nach und nach zumindest in Umrissen bekannt. Dennoch blieben sie beim Terminus ›Umsiedlung‹ und stellten die organisatorische Mitarbeit an den Deportationstransporten nicht ein. Damit begaben sich die Vertreter der Reichsvereinigung, ohne sich dessen bewusst sein zu können, auf eine Gratwanderung, auf der sie später den Halt verloren.«[9] Es kostete zum Schluss auch die meisten der verantwortlichen jüdischen Funktionäre das Leben.

Auch in Bremen war die »Reichsvereinigung« für die betroffenen rassisch verfolgten Menschen die letzte Organisation, der sie in ihrer Verzweiflung ihr Vertrauen schenken wollten. Andererseits wussten sie, dass die »Reichsvereinigung« auch in Bremen der direkten Befehlsgewalt der Gestapo unterstand. Die jüdischen Bremer Funktionäre versuchten, ein »gutes« Verhältnis zum Judenreferenten Bruno Nette herzustellen, ihn mit Geschenken und Bewirtung zu bestechen. Gleichzeitig fungierten sie für ihn als seine wichtigsten Informationsquellen, überaus hilfreich bei der Erfassung und Verfolgung der Juden. Daraus ergab sich natürlich ein gespanntes Verhältnis zwischen den Funktionären der »Reichsvereinigung« und den einfachen Zwangsmitgliedern. Nach 1945 entluden sich die aufgestauten Spannungen in teilweise wütenden (nicht immer fairen) Anklagen gegen die ehemaligen jüdischen Funktionäre und führten zu deren (nicht immer angemessenen) Rechtfertigungsversuchen.

»In vorauseilendem Gehorsam die Absichten der Machthaber zu erahnen, sich darauf einzustellen und Regelungen zu finden, die die Interessen der Juden mit berücksichtigten – oder die verhinderten, dass er persönlich für unüberlegte Anweisungen haftbar gemacht wurde«, so beschrieb Beate Meyer die Motive Paul Eppsteins, der die Berliner Zentrale der Reichsvereinigung geleitet hatte, auch in Theresienstadt seine hohe Funktion behielt und am 28. September 1944 doch ermordet wurde. Dieselben Motive waren in Bremen zu finden, wobei Carl Katz vieles durch sein ausgeprägtes religiöses Eiferertum verschlimmerte.

Hätten die jüdischen Funktionäre »Nein!« sagen müssen? Der Preis für einen Ausstieg aus der Kooperation wäre vermutlich eine noch brutalere Durchführung der Deportationen durch die SS gewesen, unter der vor allem Alte und Schwache noch mehr gelitten hätten. Man hoffte immer noch, dass es nur zu »Teilaktionen« der Nazis und nicht zur totalen Vernichtung aller von den Nazis als jüdisch bezeichneten Menschen kommen würde. Außerdem hätte die Aufkündigung der Kooperation mit dem NS-Mordsystem natürlich die schnelle(re) Ermordung der jüdischen Funktionäre einschließlich ihrer Familienmitglieder zur Folge gehabt.

Der NS-Staat hätte zweifellos ohne die Mitwirkung jüdischer Funktionäre die Shoah nicht so reibungslos organisieren können. Es wäre aber völlig ungerecht und hieße angesichts der gesellschaftlichen Marginalisierung und Verteufelung der jüdischen Menschen in Deutschland und im deutsch besetzten Europa die Handlungsmöglichkeiten der »Helfershelfer« total überschätzen, wollte man nachträglich von ihnen erwarten, dass sie einen erfolgreichen heroischen Widerstand hätten leisten

[9] Ebd., S. 133.

müssen. Mit weitaus größerer Berechtigung könnte man fragen, was verhindert hätte werden können, wenn sich auch nur eine signifikante Minderheit der »arischen« Bevölkerung« gegen den Judenmord gestellt oder zumindest ihren Unmut geäußert hätte. Die totale Überwachung der Bevölkerung ließ allerdings auch einen solchen organisierten Protest völlig illusorisch erscheinen. Freilich gab es viele individuelle Hilfen für die verfolgten Juden, viel mehr, als nach 1945 zunächst bekannt wurden. Aber dem NS-Staat war es offensichtlich gelungen, antisemitische Stereotype und Bedrohungsphantasien von der »jüdischen Weltverschwörung« so tief im Bewusstsein der deutschen Bevölkerung zu verankern, dass Kritik oder gar Hilfe für die bedrohten Mitmenschen, aufs Ganze gesehen, eher die Ausnahmen blieben. Die Folgen der antisemitischen (und übrigens auch der antirussischen bzw. antisowjetischen) Nazi-Propaganda spüren wir bis heute.[10]

Letztlich konnten die jüdischen Funktionäre im Deutschen Reich so gut wie keine Jüdinnen und Juden vor der Ermordung bewahren. Nur wenige Funktionäre der Bezirksstellen der »Reichsvereinigung der Juden in Deutschland«, die zumeist nach Theresienstadt deportiert worden waren, überlebten das NS-System. Carl Katz gehörte dazu. Sein »Vorgesetzter« Max Plaut, Bezirksstellenleiter der »Reichsvereinigung für Nordwestdeutschland« mit Sitz in Hamburg, ebenso.

Auch der Nachfolger von Carl Katz in Bremen, der »Vertrauensmann« Karl Bruck, überlebte. Er sollte im März 1945 allerdings noch »umgelegt« werden, und zwar auf Befehl von Hans Hasse, dem stellvertretenden Bremer Gestapoleiter, wurde aber von Bruno Nette gewarnt und versteckte sich in den letzten Wochen mit Wissen Nettes in dessen unmittelbarer Nachbarschaft.

Carl Katz

Carl Katz wurde 1899 in Osterholz-Scharmbeck geboren. Er ließ sich Anfang der 1920er Jahre in Bremen nieder und war von 1933 bis etwa 1935/36 als Mitinhaber im Geschäft seines Vaters »Rudolf Katz, Produktenhandlung«, also im Lumpenhandel, tätig. Er und seine Familie wohnten zunächst noch in Bremen-Neustadt, im eigenen Haus in der Isarstraße 33, das von den Nazis später zum Zwangswohnheim für Juden, zum »Judenhaus«, umgewandelt wurde.[11] Er habe in dieser Zeit auch eh-

[10] Schüler im »Dritten Reich«: Hass auf Juden ein Leben lang. In: Spiegel online/Wissenschaft, 19.6.2015. Bericht über einen Aufsatz von Hans Joachim Voth (Universität Zürich) und Nico Voigtländer (Anderson School of Management in Los Angeles) über die Ergebnisse einer entsprechenden Studie: »Nazi indoctrination and Anti-Semitic beliefs in Germany« im Fachmagazin »Proceedings of the National Academy of Sciences of the United States of America«, Juni 2015.

[11] Das Gesetz über Mietverhältnisse mit Juden vom 30.4.1939 schaffte auch in Bremen den Mieterschutz für Juden ab und schränkte deren Rechte auf freie Wohnungswahl ein. Häuser jüdischer Eigentümer, in die ab 1939 zwangsweise jüdische Mieter eingewiesen wurden, galten in der Nazi-Terminologie als »Judenhäuser«. Sie dienten der weiteren Ausgrenzung und Demü-

renamtlich für die dortige Jüdische Gemeinde gearbeitet. »In der Nacht vom 9. zum 10. November 1938 (Kristallnacht) wurde ich, weil ich Jude war, von der Gestapo festgenommen und nach dem KZ-Lager Sachsenhausen überführt. Hier wurde ich am 5.12.1938 auf Grund dessen, dass ich den Weltkrieg 1914/18 mitgemacht hatte, wieder entlassen. Anfang 1939 wurde ich von dem derzeitigen Leiter der hiesigen jüdischen Gemeinde und Verbindungsmann zur Gestapo, Joseph Platzer, gebeten, als Mitarbeiter in die jüdische Gemeinde gegen Bezahlung einzutreten. (…) In meiner Eigenschaft als Angestellter der jüdischen Gemeinde hatte ich die Juden listenmäßig zu erfassen. Die Listen habe ich auf Grund des noch vorhandenen Materials aufgestellt, teils meldeten sich die Juden aber freiwillig zur Betreuung im Gemeindebüro, und habe ich auch diese auf der Liste mit erfasst. Diese Tätigkeit habe ich bis zur Deportierung des derzeitigen Leiters der jüdischen Gemeinde, Joseph Platzer, ausgeübt (18.11.1941).«[12]

Ab November 1941 war Katz dann selbst Leiter des Bremer Büros der Reichsvereinigung der Juden in Deutschland und damit der Verbindungsmann zur Bremer Gestapo, also zu meinem Großvater Bruno Nette. Zugleich leitete er die Jüdische Gemeinde in Bremen. Bis zur Deportation nach Theresienstadt im Jahre 1942 lebte er mit Ehefrau und Tochter auf engem Raum in der Parkstraße 1, zusammen mit sieben anderen jüdischen Familien. Dort befand sich damals auch das Büro der Jüdischen Gemeinde.

Ihm folgte in beiden Funktionen bis zum Ende der Naziherrschaft sein bisheriger junger Assistent Karl Bruck. Dieser zeichnete nach dem Krieg von seinem Chef ein widersprüchliches Bild.[13] »Katz ist ein sehr selbstherrlicher, despotischer und rigoroser Mensch. Er hat großes Geltungsbedürfnis, hört sich gerne reden und fällt anderen gerne ins Wort. Er ist tüchtig, fleißig und sehr verhandlungsgeschickt.«

Bruno Nette beschrieb 1950 sein Verhältnis zu Carl Katz: »Katz hatte als Leiter der Juden in Bremen die Verbindung der Juden zur Gestapo aufrecht zu halten. Dieses heißt, dass Katz als Obmann der Juden alle Befehle und Erlasse des Reichssicherheitshauptamtes und des Reiches, welche gegen Juden erlassen wurden, der Jüdischen Gemeinde mitzuteilen hatte, nachdem er von der Gestapo in dieser Hinsicht informiert worden war. Weiter hatte Katz die Pflicht, alle von der Gestapo bzw. vom Sicherheitsdienst nicht erfassten Juden der Gestapo zu melden.«[14] In derselben Aussage sprach er davon, er habe »zu Katz in einem freundschaftlichen Verhältnis gestanden derzeit«. Das bestätigten auch Bruno Nettes Kollegen, die ehema-

---

tigung jüdischer Menschen und sorgten für eine reibungslosere Deportation. Vgl. Balz 2004, S. 77-81. Dazu www.stolpersteine-bremen.de/glossar.

[12] Carl Katz am 12.12.1949. SAB, 4, 89/7, Akte »Katz, Karl« des Oberstaatsanwalts bei dem Landgericht Bremen, 4, 89/ 3-7, Blatt 39, 40.

[13] Karl Bruck, Schreiben vom 14.11.1949. SAB, 4, 89/7, Akte »Katz, Karl« des Oberstaatsanwalts bei dem Landgericht Bremen, Blatt 34.

[14] Bruno Nette, Aussage am 22.3.1950. SAB, 4, 89/7, Akte »Katz, Karl« des Oberstaatsanwalts bei dem Landgericht Bremen, Blatt 53.

ligen Bremer Gestapobeamten Friedrich Linnemann und Heinrich Harms.[15] Auch Carl Katz selbst bemerkte Ende 1949 etwas sybillinisch: »In meiner Eigenschaft als Leiter der hiesigen jüdischen Gemeinde war ich auch gleichzeitig der Verbindungsmann zur hiesigen Gestapo und habe mit den Gestapobeamten Linnemann und Nette zusammen gearbeitet. Das Auskommen mit diesen beiden war erträglich und bin ich keinen Schikanen ausgesetzt worden.«[16]

Von dem Vorwurf, dass Carl Katz Juden oder »Halbjuden« an die Gestapo verraten habe, entlastete Bruno Nette ihn allerdings, wenn auch nur halb, sozusagen auf vergiftete Weise. »Katz hat der Gestapo meines Wissens von sich aus keine Juden namhaft gemacht, die von der Gestapo noch nicht erfasst worden waren. Wenn der Gestapo aber von anderer Seite Juden namhaft gemacht worden waren, die noch nicht erfasst worden waren, und diese ihre jüdische Eigenschaft bestritten, war uns Katz behilflich, diese zu überführen, siehe Fall Huntemann, Siegfried Propper und Lothar Schustermann.«[17]

Zwei dieser von Bruno Nette erwähnten Fälle sind in den vorangegangenen Kapiteln 8 (Huntemann) und 10 (Propper) behandelt worden. Dabei ging es immer wieder darum, dass Carl Katz in enger und fast freundschaftlich vertrauter Weise Bruno Nette und Friedrich Linnemann half, »Halbjuden« den häufig tödlichen Stempel eines »Geltungsjuden« aufzudrücken.

Besonders umstritten war Carl Katz' Mitarbeit an der Organisation des Deportationszuges der Bremer Jüdinnen und Juden nach Minsk 1941 (vgl. Kapitel 7). Zwar wurde allgemein sein Bemühen anerkannt, den Deportationszug nach Minsk so hilfreich wie möglich auszustatten, andererseits aber wurde ihm vorgeworfen, er habe Menschen wie Else Hasselhorst oder den beinamputierten jüdischen Zahnarzt Ludwig Fürstenthal aus religiösem Eiferertum eigenmächtig auf die Deportationsliste gesetzt.

Im Zusammenhang mit seiner eigenen Deportation gab es nachträglich besonders irritierende Berichte. Der Judenreferent Bruno Nette habe mit Carl Katz nicht nur feucht-fröhlich Abschied gefeiert, als Letzterer mit Ehefrau und Tochter 1942 in das KZ Theresienstadt deportiert wurde, er habe »seinen besten Mitarbeiter«, so Bruno Nette 1949, auch in Theresienstadt zu schützen versucht. Bruno Nette behauptete 1950: »Nach dem Abtransport von Katz nach Theresienstadt habe ich dem Lagerkommandanten dieses Lagers einen Bericht geschrieben, dass Katz bevorzugt behandelt werden möchte, weil derselbe sich bei der Gestapo besonders verdient gemacht habe. Ich habe dieses Schreiben deshalb an den Lagerkommandanten ge-

---

15 Kriminalobersekretär Harms bearbeitete laut Geschäftsplan der Gestapo Bremen Abtl. IV – Stand 1944 – das Referat Gegenabwehr. Vgl. Marßolek/Ott 1986, S. 180.

16 Carl Katz am 12.12.1949. SAB, 4, 89/7, Akte »Katz, Karl« des Oberstaatsanwalts bei dem Landgericht Bremen, Blatt 39, 40.

17 Bruno Nette, Aussage am 22.3.1950. SAB, 4, 89/7, Akte »Katz, Karl« des Oberstaatsanwalts bei dem Landgericht Bremen, Blatt 53.

schickt, weil ich ein persönliches Interesse an der Familie Katz hatte und bedauerte, dass dieselbe deportiert wurde.«[18]

Selbstverständlich war dieser spätere Hinweis auf ein solches Empfehlungsschreiben auch als Racheakt des ehemaligen Judenreferenten zu verstehen. Bruno Nette behauptete damit immerhin, Carl Katz sei ein verlässlicher Agent und Spitzel der Bremer Gestapo gewesen und dafür in Theresienstadt sozusagen belohnt worden. Aber auch jüdische Zeugen berichteten von einem solchen Empfehlungsschreiben.

Richtig ist, dass Carl Katz und seine Frau und Tochter[19] im Lager nicht nur überlebten, sondern in der Tat eine bevorzugte Behandlung genossen. Als Angehöriger der sogenannten B-Prominenz im Lager blieb er zwar nicht von der Drohung verschont, eventuell weiter »in den Osten«, d.h. in die Gaskammern von Auschwitz, deportiert zu werden. Das Privileg eines Rechts auf Verbleib in Theresienstadt hatte nur die »A-Prominenz«, was im Übrigen nur hieß, dass fast alle dieser besonders privilegierten Häftlinge in Theresienstadt selbst ermordet wurden. Aber Carl Katz, seine Ehefrau und seine Tochter konnten sehr bald nach ihrer Ankunft eine Mehrzimmerwohnung mit Küche beziehen, während andere Neuankömmlinge in Theresienstadt auf erbärmlichen eineinhalb Quadratmetern in total überbelegten, dunklen Kasematten und kalten Dachböden eingepfercht wurden. Katz selber erklärte seine für Theresienstadter Verhältnisse privilegierte Unterbringung damit, er und die anderen Lagerfunktionäre seien als Vorzeigejuden, sozusagen als lebende Potemkinsche Dörfer, von der SS in Bereitschaft gehalten worden, wenn ausländische Besucher aus den neutralen Ländern das Lager besichtigten.[20]

Es habe freilich auch den Tatsachen entsprochen, so Katz, »dass ich als Leiter der Wohnungsleitung etwas mehr Lebensmittel zugeteilt bekam wie andere Juden ohne besondere Funktionen«. Außerdem bestimmte er über die Verteilung der aus Bremen eintreffenden Lebensmittelpakete.

Carl Katz stieg bald in der jüdischen Lagerhierarchie nach oben. Gleich nach der Ankunft im August 1942 wurde er Hausältester, am 5. September 1942 Blockältester, erreichte dann knapp ein Jahr später (15. August 1943) die Funktion des Gebäudeältesten der Kavalierkaserne und wurde ein weiteres Jahr später (28. Oktober 1944) zum Leiter der gesamten Gebäudeabteilung ernannt. Falls es das vertrauliche Empfehlungsschreiben des Bremer Gestapobeamten und Judenreferenten Bruno Nette zu blutigen Händen des KZ-Kommandanten gegeben haben sollte, so hat es Katz zumindest nicht geschadet.

Belegbar waren die Behauptungen von diversen Zeugen, Carl Katz habe bei seiner Rückkehr aus Theresienstadt Hab und Gut von ermordeten Juden nach Bremen mitgebracht und sich Silbersachen, Wäsche, Pelze und Teppiche »rechtswidrig an-

---

[18] Bruno Nette, Aussage am 22.3.1950. SAB, 4, 89/7, Akte »Katz, Karl« des Oberstaatsanwalts bei dem Landgericht Bremen, Blatt 53.

[19] Inge Berger, geb. Katz, wanderte später in die USA aus.

[20] Carl Katz, Aussage am 16.12.1949. SAB, 4, 89/3-7, Akte »Katz, Karl« des Oberstaatsanwalts bei dem Landgericht Bremen, Blatt 42.

geeignet«, wie Arnold Schustermann schrieb.[21] Das wusste er von seinem Neffen, dem nach Theresienstadt verschleppten »Geltungsjuden« (Carl Katz hatte ihn der Gestapo als »Geltungsjuden« gemeldet) Lothar Schustermann. Dieser hatte anders als sein Vater Benno Schustermann überlebt und dürfte das, was sich am Ende der Naziherrschaft im KZ Theresienstadt abgespielt hatte, mit eigenen Augen gesehen haben, auch wenn ihn sein kaum zu bändigender Zorn auf Carl Katz nicht unbedingt als neutralen Zeugen auswies.

Ein anderer bestätigte diese Berichte, verfolgte freilich eigene Absichten. »Katz ist nach Kriegsende mit Frau und Kind gesund aus Theresienstadt zurückgekehrt«, gab Bruno Nette am 25.10.1949 recht wohlgemut und stolz auf seine Leistung als vermeintlicher Freund zu Protokoll.[22] »Von Theresienstadt soll er einen ganzen Waggon voll Ware (Schreibmaschinen etc.) mit nach Bremen gebracht haben«, fuhr der ehemalige Judenreferent – jetzt sicherlich mit einem leichten verschwörerischen Lächeln auf den schmalen Lippen – fort. Er, der ehemalige Räuber jüdischen Eigentums, schämte sich nicht zu ergänzen: »während andere Juden nur geringe Habe mitgebracht haben«. In derselben Vernehmung hatte er vorher selbst noch ausgesagt: »Wenn irgendein Erlass von der Reichsregierung herauskam, dass Sachen von Juden eingezogen werden mussten, habe ich es Katz überlassen, diese Sachen von den Juden einzuziehen. Unter anderem wurden elektrische Geräte, Pelze usw. eingezogen.«

Eingezogen zwar von Katz, aber auf Befehl des Judenreferenten! Wenn Bruno Nette sich dann gespielt naiv wunderte, dass den Juden in Theresienstadt nur geringe Habe übrigblieb, so ging es ihm vornehmlich darum, Carl Katz insgeheim belasten zu können.

Gäbe es nur das vergiftete Zeugnis von Bruno Nette, dann könnte man den Bereicherungsvorwurf gegen Carl Katz vergessen. Aber auch Karl Bruck erinnerte sich an »Sachen«, die Carl Katz aus Theresienstadt mitgebracht habe.

»Bei seiner Rückkehr aus Theresienstadt brachte Herr Katz wohl einen ganzen Lastanhänger Sachen mit, die in meiner Garage so lange lagerten, bis Katz eine Wohnung fand. Es handelte sich um Kisten, Säcke und Möbel, die meine etwa 40 bis 50 cbm große Garage fast ganz füllten. Auf welche Art und Weise Katz diese Sachen erworben hat, wurde mir nicht von ihm mitgeteilt. Im einzelnen habe ich keinen Einblick über den Inhalt gehabt, da die Behälter bei mir nicht geöffnet wurden, doch es waren Lebensmittel, Kleidung und anderes.«[23]

Carl Katz erklärte am 16.12.1949 demgegenüber, er habe wie jeder andere Rückkehrer aus Theresienstadt etwa sieben bis neun Koffer zurückgebracht. Die Sachen habe er selbst in Theresienstadt erworben bzw. sie seien ihm dort zugeteilt worden.

---

21 Kriminalsekretär Gerber, Notiz vom 21.10.1949. SAB, 4, 89/7, Akte »Katz, Karl« des Oberstaatsanwalts bei dem Landgericht Bremen, Blatt 14.

22 Bruno Nette, Aussage vom 25.10.1949. SAB, 4, 89/7, Akte »Katz, Karl« des Oberstaatsanwalts bei dem Landgericht Bremen, Blatt 17.

23 Karl Bruck, Schreiben vom 14.11.1949. SAB, 4, 89/3-7, Akte »Katz, Karl« des Oberstaatsanwalts bei dem Landgericht Bremen, Blatt 34.

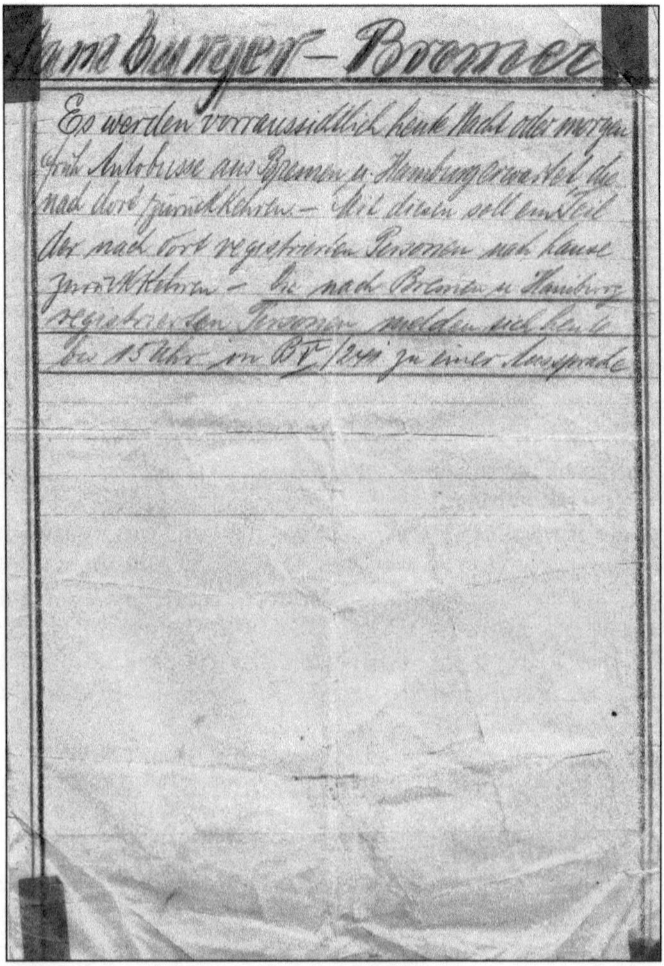

Hamburger – Bremer

Es werden vorraussichtlich heute Nacht oder morgen
früh Autobusse aus Bremen u. Hamburg erwartet die
nach dort zurückkehren – Mit diesen soll ein Teil
der nach dort registrierten Personen nach Hause
zurückkehren – Die nach Bremen u. Hamburg
registrierten Personen melden sich heute
bis 15 Uhr im BV/241 zu einer Aussprache

Ankündigung der Rückkehr der »Hamburger – Bremer«, um den 30. Juni 1945. Aushang in Theresienstadt

»Der Inhalt der Koffer waren Wäsche und und persönliche Garderobe. Auch war eine Couch dabei sowie einige Lebensmittel.«[24]

Der Kaufmann Günter Müller bestätigte allerdings Brucks Version.[25]

Carl Katz erreichte im demokratischen Bremen schnell eine einflussreiche Stellung. Am 1. Juni 1946 schlug die neugewählte Bremer Bürgerschaft der britischen und der amerikanischen Militärregierung vor,[26] neben sechs anderen unbelasteten

---

24 Carl Katz, Aussage am 16.12.1949. SAB, 4, 89/3-7, Akte »Katz, Karl« des Oberstaatsanwalts beim Landgericht Bremen, Blatt 45.

25 Günter Müller, Aussage am 27.10.1949, SAB, 4, 89/3-7, Akte »Katz, Karl« des Oberstaatsanwalts beim Landgericht Bremen, Blatt 19.

26 Adams 2009, S. 78f.

Bremern auch Carl Katz als Vertreter der SPD auf das »German Denazification Panel« zu setzen.[27] Dieser Bremer Entnazifizierungsausschuss sollte das deutsche Personal für nichtmilitärische Regierungsstellen und für die Verwaltung von Handel und Industrie in Bremen und Bremerhaven unter die Lupe nehmen und belastete Nazis der Militärregierung namhaft machen. In diesem Zusammenhang habe Carl Katz kleine und große ehemalige Nazis um Millionen erpresst, behauptete Lothar Schustermann in seinem wütenden Brief, den der junge jüdische Auswanderer 1949 aus den USA schrieb.[28]

Offensichtlich nutzte Carl Katz seinen neugewonnenen Einfluss im Bremen auch noch auf andere Weise aus. Er versuchte Zeuginnen und Zeugen, die ihn belasteten, einzuschüchtern und zu bedrohen. Die Zeugin Ljubowa Sachs, die bereits im Abschnitt »Die Gestapozentrale« (Kapitel 7) zu Wort kam, schilderte 1947 einen solchen Versuch.

»Das erste Mal hörte ich den Namen Katz, als ich zur Vernehmung bei Parchmann saß. Katz rief an, Parchmann unterhielt sich mit Katz telefonisch in freundschaftlichster Weise mindestens eine viertel Stunde und zwar wurden sogar Privatsachen besprochen. Ich erinnere mich ganz genau, dass ein Zusammentreffen verabredet wurde. Wo, weiß ich nicht mehr. Gelegentlich einer Unterhaltung mit Marianne Meyerhofer fiel der Name Katz von ihr. Sie erzählte mir, Katz lebte sehr gut und völlig unbehelligt. Er hätte außerordentlich gute Beziehungen zu den Herren Gestapobeamten, vor allen Dingen wohl zu Parchmann und später zu Nette, wie ich hörte. (…) Herr Katz hat die Unverschämtheit besessen, mich nach dem Umbruch einmal vorzuladen, und die dumme Bemerkung gemacht, mein Geschäft wäre nazistisch eingestellt. Die Unterredung verlief sehr unangenehm für Katz, ich lasse mir von ihm nichts sagen, er hatte die ganze Zeit prima gelebt und was er sonst gemacht hat, weiß ich nicht. Er ist äußerst arrogant, frech und anmaßend. Sein zweites Wort war, mein Arm reicht weit. Sein drittes, ich sitze im Entnazifizierungsausschuss und meine Macht ist groß. Er wurde aber gleich ganz furchtbar klein, als ich ihn fragte, ob er sich noch an seine Freundin Marianne Meyerhofer erinnerte. Meine Verabschiedung geschah dann sehr plötzlich.«[29]

Marianne Meyerhofer war eine Bremer Jüdin, die, glaubt man der Zeugin Ljubowa Sachs, der Bremer Gestapo zu Diensten stand. Sie sei die Geliebte und Mitarbeiterin des SS-Mannes und Gestapobeamten Fritz Schöning gewesen, habe aber auch hervorragende Beziehungen zu Bruno Nette unterhalten. Ein Spitzel sei sie gewesen und eine besonders aktive »Greiferin«. »Greifer« machten im Auftrag

---

27 Zum Bremer Entnazifizierungsausschuss von 1946 gehörten: Friedrich Aevermann (SPD) als Vorsitzender, Willi Ewert (SPD), August Hitzfeld (parteilos), Carl Katz (SPD), Adolf Peters (KPD), Hermann Prüser (KPD), Heinrich Positt (KPD), Oskar Schulze (ISPD), Walter Stoever (parteilos). Vgl.: Adams 2009, S. 78.

28 Lothar Schustermann, Schreiben eingegangen 23.3.1949. SAB, 4, 66-I, Akte Bruno Nette, 1887/12/22, Blatt 49 (blau notiert).

29 Ljubowa Sachs, Aussage am 7.11.1947. SAB, 4, 66-I, Akte Bruno Nette, 1887/12/22, Blatt 172-174.

Carl Katz' Nachkriegsvilla in der Donandtstraße 18. Foto von 2015

der Gestapo als scheinbar freundliche jüdische Leidensgenossen Jagd auf untergetauchte Juden. »Sie war sehr rührig und fleißig, (...) lieferte hauptsächlich Juden und Ausländer der Gestapo«, berichtete Sachs und schätzte, sie und Schöning hätten »bis zu 2.000 Menschenleben auf dem Gewissen«. Auch Arnold Schustermann schrieb in einem Brief an Kriminalkommissar Kurlendski in Bremen: »Meine Ermittlungen haben ergeben, dass Marianne Meyerhofer durch Herrn Nette und Herrn Katz be- und geschützt wurde, dass sie, als sie nach Theresienstadt kam, auf sehr sehr freundschaftlichem Fuße mit Herrn Katz stand.« Sie sei zum Schluss noch nach Auschwitz abgeschoben und dort ermordet worden.[30]

Was mochte Carl Katz bewogen haben, immer wieder der Gestapo beim Aufspüren von »Geltungsjuden« zu helfen? Die erhaltenen Dokumente lassen den Schluss zu, dass er solche Menschen verriet, die zwar nach den Rassen-Kriterien der Nazis Juden waren, die er aber selbst als religiös Abtrünnige verabscheute. Er war ein religiöser Fanatiker, der »als strenggläubiger Jude der größte Hasser aller Christenjuden, Mischehen und Mischlinge« gewesen sei, so Bruno Nette. Diese habe »Katz alle verraten, während er die strenggläubigen Juden schützte«. Nettes Gestapo-Kollege Friedrich Linnemann bestätigte dies und nannte als Beispiele Lothar Schustermann und Marie Huntemann.[31] Diese Bestätigung stammte zwar von einem Mann, der von Bremen nach Athen versetzt worden war, um im Winter 1944 die griechischen Juden in offenen Waggons nach Auschwitz deportieren zu lassen, und der sich nach 1945 als Bruno Nettes Heuchelzwilling entpuppte (»Ich habe seinerzeit

[30] Anton Schustermann, Schreiben vom 6.8.1949. SAB, 4, 89/7, Akte »Katz, Karl« des Oberstaatsanwalts bei dem Landgericht Bremen, Blatt 7.

[31] Friedrich Linnemann, Aussage am 28.3.1950. SAB, 4, 89/3-7, Akte »Katz, Karl« des Oberstaatsanwalts bei dem Landgericht Bremen, Blatt 60.

sehr viel für die Juden getan ...«), der also kein verlässlicher Zeuge der Anklage gegen Katz sein konnte. Linnemann schrieb aber am 6. Februar 1947 einen vom CIC abgefangenen Brief an Carl Katz, in dem er ihn komplizenhaft duzte und ihm zugleich versteckt drohte: »Eines weiß ich jedoch noch, dass er *(möglicherweise Bruno Nette, vermutlich aber ein Vernehmer; B.N.)* mir sagte, dass du doch allerhand von deinen Glaubensgenossen an uns ausgeliefert hättest. Ich habe natürlich von nichts gewusst.«[32] Aber nicht nur Bruno Nette, auch Karl Bruck, der Nachfolger von Carl Katz, sagte aus, dass Bruno Nette in Rechtsfragen darüber, ob jemand als »Volljude«, »Halbjude« oder »Geltungsjude« anzusehen gewesen sei, immer Carl Katz zu Rate gezogen habe.[33] Dabei ging es meist um Leben oder Tod.

Viele Bremer Opfer des NS-Rassenterrors hätten sicherlich bestätigt, dass Carl Katz seinen religiösen Fanatismus auslebte. »Sie wollten früher nichts von uns Juden wissen, jetzt werde ich dafür sorgen, dass Sie mit nach Minsk kommen, damit Sie uns Juden kennen lernen und sich an uns gewöhnen.« Wie hatte er den schwerkranken und beinamputierten Zahnarzt Ludwig Fürstenthal so anfahren und selbstherrlich 1941 für die Minsker Todesliste vorschlagen können?

»Christjuden« verriet er besonders häufig an die Gestapo. Ein letztes Beispiel: Johann Lisiak war »arischer« Hausmeister in der Jüdischen Gemeinde Bremens gewesen. Und er war christlichen Glaubens wie alle Mitglieder seiner Familie und wie seine (nach Nazikriterien jüdische) Ehefrau. Er wurde von dem Judenreferenten Bruno Nette terrorisiert und ultimativ aufgefordert, sich von seiner Frau zu trennen. 1949 aber beschuldigte Lisiak auch Carl Katz! Dieser habe seine kranke 60-jährige jüdische Schwiegermutter Ida Abraham (»in ärztlicher Behandlung wegen innerlichen Leidens«) 1941 zur Deportation nach Minsk vorgeschlagen. »Von der Gestapo war mir bekannt, dass ältere und auch kränkliche Juden von einer Deportation ausgeschlossen werden sollten, aber trotzdem hat Karl Katz dieselbe zur Deportierung gebracht. Ich nehme an, dass Karl Katz die Deportierung meiner Schwiegermutter aus Rache veranlasst hat, weil dieselbe vom jüdischen Glauben zum christlichen Glauben übergetreten war. Dieses hat meine Schwiegermutter aber nicht aus Angst vor den Nazis getan, sondern die Übertretung hat schon im Jahre 1910 stattgefunden.«[34]

---

[32] Friedrich Linnemann, Briefausschnitt, 6.2.1947, abgefangen vom US-Geheimdienst CIC, der Bremer Kriminalpolizei 1949 übergeben. SAB, 4, 89/, Akte »Katz, Karl« des Oberstaatsanwalts bei dem Landgericht Bremen.

[33] Vgl. Günther Rohdenburg: Das Problem der »Helfershelfer«, in: Ders. 2009, S. 155f. – Vgl. a. Bruno Nette am 25.10.1949: »In allen Rechts- und Zweifelsfragen über die rassische Zugehörigkeit einzelner Personen habe ich Katz zu Rate gezogen. Es handelte sich hierbei [darum] festzustellen, ob die einzelnen Personen Volljuden, Geltungsjuden oder Halbjuden waren.« SAB, 4, 89/7, Akte »Katz, Karl« des Oberstaatsanwalts bei dem Landgericht Bremen, Blatt 17.

[34] Johann Lisiak, Aussage am 14.11.1949. SAB, 4, 89/7, Akte »Katz, Karl« des Oberstaatsanwalts bei dem Landgericht Bremen, Blatt 23.

Carl Katz bestritt alle Vorwürfe und erklärte sie zu Lügen.[35] Sein religiöser Fanatismus aber setzte sich nach der Befreiung fort. Er war Vorsitzender des Rates der Displaced Persons[36] in der Britischen Zone und Leiter der Abteilung für Wirtschaft und soziale Hilfe geworden. Damit war er von Amts wegen auch mit Unterstützungszahlungen und Wohnraumbeschaffung für die überlebenden jüdischen Opfer betraut. In der von ihm geleiteten Israelitischen Gemeinde Bremens leitete er die Abteilung B, die für die Wiedergutmachung zuständig war.

Karl Bruck wies darauf hin, dass bei der Neugründung der Israelitischen Gemeinde Bremens protokollarisch festgehalten worden sei, dass die neue Gemeinde alle rassisch Verfolgten, also »Volljuden«, »Halbjuden, »Geltungsjuden«, »Christjuden« und »arische« Partner in »Mischehen«, unterstützen solle. Carl Katz habe sich entgegen dieser Vereinbarung erneut lediglich für die religiösen jüdischen Überlebenden eingesetzt. Karl Bruck, selbst rassisch Verfolgter evangelischen Glaubens, sagte 1949: »Diesen Treuebruch gegenüber den rassisch Verfolgten habe ich Herrn Katz im Interesse der Beteiligten sehr übel genommen.«[37] Die nicht-religiösen, nur von den Nazis zu Juden erklärten Bremerinnen und Bremer wollten folgerichtig bei ihren Anträgen auf einen Konzentrationslager-Ausweis nicht von der Israelitischen Gemeinde geprüft werden, sondern gründeten, um von Carl Katz unabhängig zu sein, die »Gemeinschaft der durch die Nürnberger Gesetze Betroffenen«.[38]

»Katz könnte eine durchaus verengte Wahrnehmung der rassisch Verfolgten gehabt haben«, resümierte 2011 auch Wiltrud Ulrike Drechsel.[39] Sie hatte eine Rede von Carl Katz[40] analysiert, die dieser anlässlich einer Gedenkfeier am 1. September 1946 gehalten hatte. Neben Carl Katz, dem Vorsitzenden der neugegründeten Israelitischen Gemeinde Bremen, sprach auch Adolf Ehlers, der Senator für Wohlfahrt und Gesundheitswesen, der sich einige Jahre später als Innensenator so energisch für die Freilassung des Kriegsverbrechers Erwin Schulz aus dem US-Kriegsverbrecher-Gefängnis Landsberg einsetzen sollte. Der Berichterstatter des Weser-Kuriers (3.9.1946) vermisste bei beiden Reden, wie Drechsel aufzeigt, »eine wirkliche Würdigung, ein echtes Gedenken des Schicksals, das alle Betroffenen im Tiefsten vereint«. Und in der Tat, Katz gedachte nur der Verfolgten und Ermordeten, soweit sie

---

[35] Carl Katz, Aussage am 12. und am 16.12.1949. SAB, 4, 89/7, Akte »Katz, Karl« des Oberstaatsanwalts bei dem Landgericht Bremen, Blatt 39-46.

[36] Displaced Persons wurden von den Allierten vor allem Zwangsarbeiter und Zwangsverschleppte der nationalsozialistischen Herrschaft genannt, die überwiegend aus osteuropäischen Staaten stammten und sich bei Kriegsende in Deutschland aufhielten.

[37] Karl Bruck, Aussage am 14.11.1949. SAB, 4, 89/3-7, Akte »Katz, Karl« des Oberstaatsanwalts bei dem Landgericht Bremen, Blatt 33, 34.

[38] Barfuß u.a. 2008, S. 71.

[39] Wiltrud Ulrike Drechsel: Zum Hintergrund der Rede von Carl Katz am 1. September 1946. In: Drechsel 2011, S. 137.

[40] Carl Katz, Ansprache anlässlich einer Gedenkfeier am 1. September 1946, die vom Komité der ehemaligen politisch und rassisch Verfolgten im Decla-Theater in Bremen, Waller Heerstraße, veranstaltet wurde. In: Drechsel 2011, S. 133.

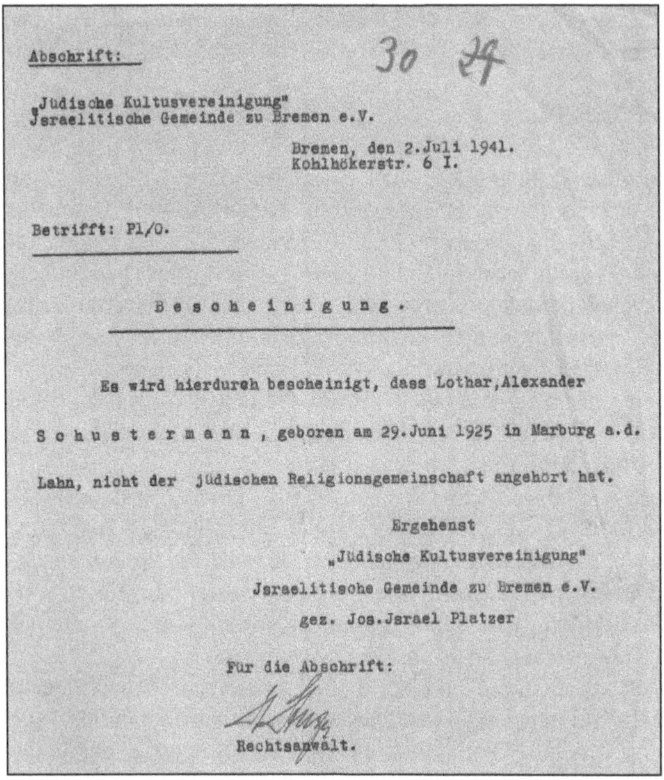

Abschrift:

„Jüdische Kultusvereinigung"
Jsraelitische Gemeinde zu Bremen e.V.

Bremen, den 2.Juli 1941.
Kohlhökerstr. 6 I.

Betrifft: Pl/O.

B e s c h e i n i g u n g .

Es wird hierdurch bescheinigt, dass Lothar,Alexander S c h u s t e r m a n n , geboren am 29.Juni 1925 in Marburg a.d. Lahn, nicht der jüdischen Religionsgemeinschaft angehört hat.

Ergebenst
„Jüdische Kultusvereinigung"
Jsraelitische Gemeinde zu Bremen e.V.
gez. Jos.Jsrael Platzer

Für die Abschrift:

Rechtsanwalt.

2.7.1941: ein lebensrettendes Dokument von Joseph Platzer

zur jüdischen Gemeinde gehört hatten, also religiöse Juden gewesen waren. Auch am 9. November 1958 betonte er in einem Interview mit Radio Bremen anlässlich der 20-jährigen Wiederkehr der Reichspogromnacht immer noch den Unterschied zwischen religiösen Juden und den »sogenannt rassisch Verfolgten«.[41]

Zum Glück leuchtet ein kleines helles Licht aus jener dunklen Zeit zu uns herauf, als aus Deutschland die Menschenliebe und die Humanität vertilgt werden sollten. Joseph Platzer, im Juli 1941 noch der Vorsitzende der Jüdischen Gemeinde, unterzeichnete ein Dokument der Hilfe.[42] Ja, richtig, Platzer, jener »Ostjude«, auf den sich gleichermaßen der Hass der Bremer Gestapo und das Vorurteil des Hamburger Judenfunktionärs Max Plaut entladen hatten. 109 Tage, bevor Platzer am 18. November 1941 zusammen mit seiner Familie nach Minsk in den Tod deportiert wurde, versuchte er das Leben eines 16-jährigen Bremers zu retten, den Bruno Nette nur allzugern zum zu deportierenden »Geltungsjuden« erklärt hätte. Lothar Alexander

[41] Radio Bremen, Interview mit Carl Katz, 9.11.1958. In: www.radiobremen.de/mediathek/audio99676-popup.html (letzter Abruf 16.2.2017).

[42] Israelitische Gemeinde zu Bremen e.V., Bescheinigung vom 2.7.1941. SAB, 4, 89/7, Akte »Katz, Karl« des Oberstaatsanwalts bei dem Landgericht Bremen, Blatt 30.

Schustermann (16) habe nicht der jüdischen Religionsgemeinschaft angehört, bestätigte Platzer. Welch mutiges Zeugnis von Menschlichkeit und dem Respekt vor dem Leben aller Menschen!

Das Schreiben von Joseph Platzer hätte auch die Rettung des Vaters bedeutet, wenn, ja wenn Katz nicht eingeschritten wäre.

Im Sinne der verkommenen Scheinlogik der Nazis mit ihren biologistischen Einstufungen im Zuge des Nürnberger Rassengesetzes vom 15.9.1935[43] war Vater Benno Schustermann durch seine »arische« Ehefrau Johanna Schustermann[44] etwas geschützter als andere »Volljuden«. Seine Ehe galt als »privilegierte Mischehe«, weil es einen Sohn, eben jenen jungen Bremer »Halbjuden« Lothar Schustermann, gab. Erst als Bruno Nette den Sohn zum »Geltungsjuden« erklärt hatte, verwandelte sich die Ehe der Eltern Schustermann in eine »einfache Mischehe«. Der *privilegierte* Schutz für den jüdischen Vater entfiel. Bruno Nette ließ Vater Benno und Sohn Lothar Schustermann 1942 in das KZ Theresienstadt deportieren. Der Vater wurde 1944 nach Auschwitz deportiert und ermordet.[45]

Lothar Schustermann überlebte, wanderte nach 1945 für kurze Zeit in die USA aus und schrieb von dort den bereits erwähnten Brief mit wütenden Anklagen nicht nur gegen Bruno Nette, sondern auch gegen Carl Katz, den er für den »größten Schurken« hielt.[46] Der ehemalige Gestapobeamte und SS-Mann Friedrich Linnemann kannte den Grund für Lothar Schustermanns Zorn auf Katz: »In meiner Gegenwart hat Nette Katz gefragt, ob Lothar Schustermann Geltungsjude oder Mischling wäre. Katz erwiderte darauf, dass er den Beweis erbringen wolle, dass Lothar Schustermann ein Geltungsjude wäre. Diesen Beweis hat Katz einige Tage später mir und Nette überbracht.«[47] Bruno Nette erfuhr von Katz, dass der Junge zwischen 1937 und 1940 in einer jüdischen Gartenbauschule in Ahlem bei Hannover auch an jüdischen Religionsriten teilgenommen habe. Bruno Nette ließ ihn daher zum »Geltungsjuden« erklären und im Juli 1942 deportieren.

Linnemanns Ausssage deckte sich im Kern mit Lothar Schustermanns Erlebnissen, der in der Gestapohöhle *Am Wall 199* kurz vor Ostern 1942 ein Telefongespräch zwischen Bruno Nette und Carl Katz mit anhören musste. »Linnemann

---

[43] Dessen offizielle Bezeichnung war ebenso pompös-lächerlich wie verbrecherisch-gefährlich: »Gesetz zum Schutze des deutschen Blutes und der deutschen Ehre«.

[44] In Wirklichkeit war Johanna Schustermann nach Nazi-Kriterien »Halbjüdin«, was der Gestapo nicht bekannt war, ebenso wenig wie die Tatsache, dass Lothar Schustermann adoptiert war. Seine leiblichen Eltern werden Juden gewesen sein. Vgl. Gertrud Händler, Aussage vom 12.4.1946. SAB, 4, 89/3-751, Staatsanwalt beim Landgericht Bremen, Akte »Katz/Plaut«.

[45] Gertrud Händler, Aussage am 20.10.1949. SAB, 4, 89/3-7, Akte »Katz, Karl« des Oberstaatsanwalts bei dem Landgericht Bremen, Blatt 14. Vgl. auch: Rohdenburg 2009, S. 153f.

[46] Lothar Schustermann, Schreiben, eingegangen in Bremen am 23.3.1949. SAB, 4, 66-I, Akte Bruno Nette, 1887/12/22, Blatt 49 (blau notiert).

[47] Friedrich Linnemann, Aussage gegenüber dem Kriminalbeamten Gerber im Zuge der Untersuchungen gegen Carl Katz, 28.3.1950. SAB, 4, 89/7, Akte »Katz, Karl« des Oberstaatsanwalts bei dem Landgericht Bremen, Blatt 60.

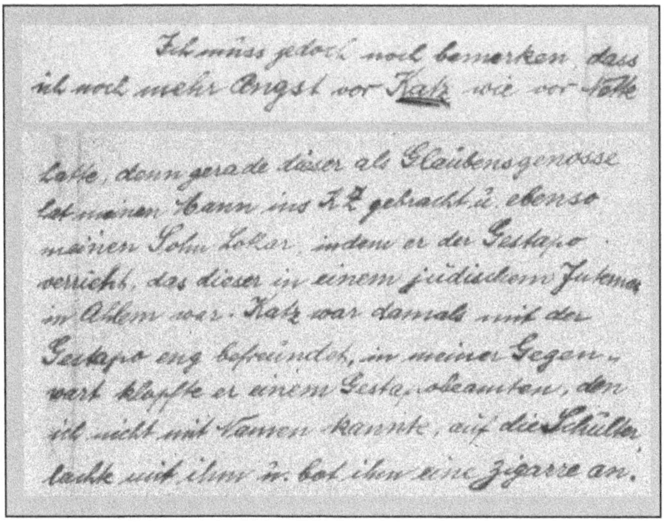
Ich muss jedoch noch bemerken, dass ich noch mehr Angst vor Katz wie vor Nette hatte, denn gerade dieser als Glaubensgenosse hat meinen Mann ins K.Z. gebracht u. ebenso meinen Sohn Lothar, indem er der Gestapo verriet, das dieser in einem jüdischem Internat in Ahlem war. Katz war damals mit der Gestapo eng befreundet, in meiner Gegenwart klopfte er einem Gestapobeamten, den ich nicht mit Namen kannte, auf die Schulter, lachte mit ihm u. bot ihm eine Zigarre an.

Johanna Schustermann, 9.3.1949: »... dass ich mehr Angst vor Katz wie vor Nette hatte ...«

empfing mich mit den Worten, zu Nette gewandt: ›Hier ist der Jude Schustermann.‹ (...) Worauf Nette zum Telefon ging und Katz zu sprechen wünschte. Folgende Worte sind unverlöschbar in meinem Gedächtnis, bis zu dem Tage, wo ich beide hinter Gittern sehe. ›Hallo Carl wie bist du gestern Nacht nach Haus gekommen? Ich habe den Schustermann, den Jungen, hier, was machen wir mit ihm?‹ Ich konnte mir die Antwort fünf Stunden später im Bremer Stadtgefängnis denken, nachdem Linnemann mich mit den Wörtern rüber brachte: ›Sie wissen doch, was Ihnen auf Fluchtversuch zukommt!« und griff vielsagend zur Tasche. (...). Ich war schon halb verrückt geworden, da ich nicht wusste, was man mit mir vorhatte. Schließlich, nach zehn Tagen, wurde ich entlassen und durfte nach Hause gehen. Ich war damals 16 ½ Jahre.«[48]

Seine »arische« Mutter Johanna Schustermann, die nach Nazi-Kriterien auch – von der Gestapo unentdeckt – Jüdin war, erkrankte wegen der ständigen Schikanen, denen sie durch Bruno Nette und andere Gestapo-Schergen ausgesetzt worden war, und konnte deshalb am Spruchkammer-Verfahren gegen Bruno Nette nicht teilnehmen. In einem Brief kam sie aber zu einer erschütternden Schlussfolgerung.[49] »Ich muss jedoch noch bemerken, dass ich mehr Angst vor *Katz* wie vor Nette hatte, denn gerade dieser als Glaubensgenosse hat meinen Mann ins KZ gebracht und ebenso meinen Sohn Lothar, indem er der Gestapo verriet, dass dieser in einem jüdischen Internat in Ahlem war. Katz war damals mit der Gestapo eng befreundet, in meiner Gegenwart klopfte er einem Gestapobeamten, den ich nicht mit Namen

---

[48] Lothar Schustermann, Schreiben eingegangen am 23.3.1949. SAB, 4, 66-I, Akte Bruno Nette, 1887/12/22, Blatt 49 (blau notiert).

[49] Johanna Schustermann, Brief vom 9.3.1949. SAB, 4, 66-I, Akte Bruno Nette, 1887/12/22, Blatt 241.

kannte, auf die Schulter, lachte mit ihm und bot ihm eine Zigarre an. Mein Mann beschwor mich, Katz nicht zu verraten, dass ich jüdischer Abstammung bin, weil wir durch Katz sonst alle drei nach Minsk gekommen wären. In unserer Angst und Bedrängnis sind mein Mann und ich übereingekommen, uns zu trennen, und zog mein Mann nach dem Dentist[50] Ludwig Fürstental *(richtig: Fürstenthal; B.N.)*, Ostertorstraße. Durch Katz kam dann auch Herr Fürstental nach Minsk in den Tod.« *(Hervorhebung durch Unterstreichung im Original.)*

Eine von der Gestapo terrorisierte Frau hatte mehr Angst vor Carl Katz als vor Bruno Nette. Eine beklemmende Vorstellung.

Der schneidige Staatsanwalt

Alle Vorwürfe gegen Carl Katz wurden 1949/50 von der Bremer Kriminalpolizei im Auftrag des Generalstaatsanwaltes Dr. Heino Bollinger (1893-1977) geprüft. Die »Angelegenheit Katz« besaß hohe Priorität. Auch der Kriminaldirektor Bremens wurde eingeschaltet.

Heino Bollinger war von 1921 bis 1927 Abgeordneter der Bremischen Bürgerschaft für die liberale Deutsche Demokratische Partei (DDP) gewesen. Als Syndikus der Gewerbekammer Bremen wurde er im Zuge der Gleichschaltung am 12. April 1933 in den Ruhestand versetzt. Er konnte aber in Hamburg seine juristische Ausbildung 1936 abschließen und wurde als Rechtsanwalt zugelassen. Seine im selben Jahr von ihm geschiedene, nach Nazikriterien jüdische Ehefrau Zerline, geb. Stempel, und deren Bruder mit Ehefrau und siebenjähriger Tochter wurden am 18. November 1941 unter der wachsamen Aufsicht des neuen »Judenreferenten«, meines Großvaters Bruno Nette, in die Minsker Hölle deportiert. Ihre Mutter Sali Stempel (geb. Kleinberg) wurde im Vernichtungslager Treblinka ermordet.[51] Im Juni 1945 wurde Bollinger Oberstaatsanwalt in Bremen, 1947 dann Generalstaatsanwalt.

Während die westdeutschen Verfolgungsbehörden die NS-Täter eher unwillig ins Visier nahmen, zeigten die Bremer Staatsanwaltschaft und die Kriminalpolizei im Falle des Juden Carl Katz, dass sie auch anders konnten! Ausgesprochen penibel ging der Kriminal(ober)sekretär Gerber jeder noch so kleinen Spur nach, lud jeden Zeugen vor, dessen Name – und sei es auch nur nebenbei – von anderen Zeugen genannt worden war. Den Strafverfolgungsbehörden stand an sich kaum Geld zur Verfügung. Kurz vorher war sogar dem Generalstaatsanwalt Bollinger die Benutzung eines PKWs für eine geplante Dienstreise untersagt worden und er hatte sich an die US-Militärregierung um Hilfe wenden müssen. Aber im »Falle Katz«

---

[50] Nach den NS-Berufsverboten gegen jüdische Zahnärzte durften diese nur noch als »Zahnbehandler oder »Dentisten« jüdische Patienten behandeln. Vgl. Kapitel 7, Denunziation: Der Fall Else Hering/Dr. Walter Schüler.

[51] Vgl. Peter Christoffersen, Personensuche zu Zerline Bollinger für den Stolperstein in der Schillerstraße 14; www.stolpersteine-bremen.de/detail.php?id=634.

sparte man weder Geld noch Mühen. Arnold Schustermann, der bereits schriftlich ausgesagt hatte, und zwar nur, was er von seinen Verwandten gehört, nicht, was er selbst erlebt hatte, wurde eigens aus London nach Bremen eingeladen. Als er im November 1949 in der Dienststelle der Kriminalpolizei erschien, nahm der ermittelnde Staatsanwalt Dr. Siegfried Höffler an seiner Befragung durch Gerber teil.

Wer war jener Dr. Siegfried Höffler, der so viel Verfolgungseifer im Fall Carl Katz entwickelte?

Jahrgang 1909, Mitglied in der NSDAP seit 1933, war er gerade einmal etwas über dreißig, als er 1940 (bis 1945) Staatsanwalt bei einem der Sondergerichte Berlins[52] wurde, die durch ihre Terrorurteile berüchtigt waren. Der Bremer Rechtshistoriker Christoph Schminck-Gustavus[53] wies nach, dass Höffler offenbar gleich nach Kriegsbeginn in das besetzte Polen an das NS-Sondergericht Rzeszòw abgeordnet wurde. Der Ort liegt in Galizien, das von den Nazis dem sogenannten Generalgouvernement zugeschlagen worden war. Die deutsche Besatzungsmacht nannte den Ort »Reichshof«. Das »Sondergericht Reichshof« zeichnete sich im Jahre 1940 durch die zweithöchste Todesurteilsrate an Sondergerichten in Polen aus, übertroffen nur noch vom Sondergericht in Warschau. Wieweit der junge Staatsanwalt daran beteiligt war, konnte laut Schminck-Gustavus zwar nicht zweifelsfrei nachgewiesen werden, aber es steht zu vermuten, dass der junge Staatsanwalt als schneidiger Kavallerist der NS-Terrorjustiz zu mordsscharfem Galopp neigte.

Die von ihm später als »Zusammenbruch« bezeichnete Kapitulation NS-Deutschlands im Jahr 1945 unterbrach nur kurz seine Karriere als deutscher Staatsanwalt. Er kam vor kein alliiertes Gericht und blieb auf freiem Fuß. Im März 1947 ersuchte er den Bremer Generalstaatsanwalt Bollinger, ihn in die Bremer Staatsanwaltschaft zu übernehmen. So geschah es. Bollinger merkte im April 1947 an: »Die Tätigkeit des Dr. Höffler ist wegen seiner Spezialkenntnisse zur Aufrechterhaltung der öffentlichen Sicherheit unbedingt erforderlich. Eine sachlich und politisch unbelastete Person ist nicht verfügbar.« Ab Juni 1947 erst einmal »Hilfsarbeiter« bei der Staatsanwaltschaft Bremen, wurde er unmittelbar nach seiner Entnazifizierung (eingestuft als »Mitläufer«; Geldsühne von 570, - RM) im Juni 1948 zum sogenannten Hilfsstaatsanwalt gemacht. Am 18. Juli 1950 war es endlich soweit: Beamter auf Lebenszeit im bremischen Staatsdienst! In der Ernennungsurkunde wurde Höffler vom damaligen Bürgermeister Kaisen bescheinigt, er habe bisher durch gewissenhafte Erfüllung seiner Amtspflichten und durch sein Verhalten inner- und außerhalb des Amtes das in ihn gesetzte Vertrauen gerechtfertigt.[54] Ein furchtbarer Jurist war wieder auf dem Posten.

Höffler sollte es bis zum Bremer Oberstaatsanwalt bringen. Er stand im Ruf, Verfahren gegen NS-Täter »tot zu machen«, wie es damals im Behördenjargon hieß.[55]

---

[52] Braunbuch 1968, S. 221.

[53] Zum Staatsanwalt Siegfried Höffler vgl.: Schminck-Gustavus 2010, S. 316-329.

[54] Zitiert bei Schminck-Gustavus 2010, S. 327.

[55] Thiemann 2014.

So stellte er die Ermittlungen gegen den im Zusammenhang mit Bruno Nette wohlbekannten Bremer Gestapochef Erwin Schulz ein.[56] Er stellte ebenso die Ermittlungen gegen Hans Helwes und andere Angehörige des Bremer Polizeibataillons 105 ein, die unzählige Morde »im Osten« begangen hatten. Höffler war es auch, der den ehemaligen Bremer SS-Mann Friedrich Linnemann, Mitarbeiter Bruno Nettes im Bremer Gestapo-Judenreferat, und den ehemaligen SS-Standartenführer Dr. Walter Blume Anfang der 1970er Jahre wegen Verjährung ihrer Taten »außer Verfolgung« setzte. Friedrich Linnemann sei nur nach Athen versetzt worden, so Höffler, weil er ja auch in Bremen »Juden-Angelegenheiten bearbeitet«[57] hätte. So sensibel durfte sich noch 1970 ein Bremer Oberstaatsanwalt über den Mord an den Juden in seiner Stadt auslassen: »Juden-Angelegenheiten«. Angeklagt waren Linnemann und Blume vor allem wegen der Deportation der griechischen Juden nach Auschwitz. Blume hatte außerdem als Kommando-Führer des Sonderkommandos 7a innerhalb der Einsatzgruppe B nach dem deutschen Überfall auf die Sowjetunion massenmordend die eroberten Gebiete »im Osten« durchstreift. Höffler argumentierte schlusssendlich, Blume und Linnemann hätten sich nur der – verjährten – »Beihilfe zum Totschlag« schuldig gemacht, weil »niedere Beweggründe« nicht zu erkennen gewesen seien und beiden, Blume und Linnemann, das Mordmerkmal »Grausamkeit« nicht bewusst gewesen sei. Schminck-Gustavus bezeichnete dies als »zynischen Höhepunkt« von Höfflers Argumentation.[58]

Welche Amtspflichten waren es gewesen, die er schon als Hilfsstaatsanwalt so gewissenhaft erfüllt hatte? Er hatte unermüdlich die »Angelegenheit Katz« vorangetrieben. Geradezu terrierhaft arbeitete er sich in den Jahren 1949/50 am Vorsitzenden der Israelitischen Gemeinde Bremens ab. Katz versprach ein dankbares Opfer zu werden. Dieses Mal handelte es sich nicht um einen NS-Täter, den man staatsanwaltlich schützen musste, sondern um einen Juden, den zu überführen und zu kriminalisieren dem ehemaligen Sondergerichts-Staatsanwalt eine Freude gewesen sein dürfte. Damit konnte man in der Öffentlichkeit alle überlebenden Juden treffen, und zwar relativ gefahrlos, weil es vor allem ehemalige rassisch Verfolgte aus Bremen waren, die Katz schwer belasteten.

Der fleißige Dr. Höffler sammelte alles. So findet sich z.B. in der Akte der Staatsanwaltschaft der Bericht eines obskuren Blättchens *Informationsdienst »Hansa« Bremen,*[59] das dem Chef der Polizei vorgelegt worden war. Am 6. August 1949 wurde vertraulich die Information an die Kriminalpolizei, den Oberfinanzpräsidenten Bremen, den Zollfahndungsdienst Bremen und an die US-Militär-Kontrollstellen weitergegeben, Carl Katz stehe »in ständigem, engsten Kontakt mit Herrn Rosenzaft«, dem »Leiter des Verschlepptenlagers Bergen Belsen«. Dieser Rosenzaft

---

[56] Schminck-Gustavus 2010, S. 328f.

[57] Zitiert in: Schminck-Gustavus 2010, S. 299.

[58] Schminck-Gustavus 2010, S. 311.

[59] SAB, 4, 89/7, Akte »Katz, Karl« des Oberstaatsanwalts bei dem Landgericht Bremen, Blatt 10.

sei »Hauptbeteiligter« in der Angelegenheit beschlagnahmter Warensendungen auf dem Dampfer »Dromit«, der offensichtlich Israel als Ziel hätte. Außerdem: »Herr Katz war im Frühjahr dieses Jahres in Israel.« Sehr verdächtig auch, dass Katz im ständigen Geschäftsverkehr mit der deutschen Industrie stehe. Zu Katz' Vermögensentwicklung wurde in dem Blättchen raunend angemerkt: »Herr Katz, der 1945 so gut wie mittellos nach Bremen kam, hat in den verflossenen Jahren ein Vermögen gesammelt in einer Höhe – alleine sein Vorratsvermögen an Lumpen und Schrott beträgt mehrere Millionen –, die unter den heutigen Wirtschafts- und Steuerverhältnissen nicht zu erklären ist.«

Die Sache eilte. Der Senator für politische Befreiung, Dr. Alexander Lifschütz, werde, so Kriminalinspektor Gerber am 5. Dezember 1949, nur noch bis zum 10.12.1949 amtieren.[60] Dann die Enttäuschung. Senator Lifschütz sah keine Möglichkeit zur Durchführung eines Verfahrens nach dem Befreiungsgesetz. Ende 1949 informierte er dementsprechend die Staatsanwaltschaft.[61] Das Verfahren gegen Carl Katz drohte beendet zu werden, bevor es eigentlich begonnen hatte. Staatsanwalt Höffler schäumte. Und auch die Besatzungsmacht war keine Hilfe, fand er.

»Staatsanwalt Heinrich vom U.S. Gericht der Alliierten Hohen Kommission in Deutschland, Bremen, teilte in der Sache Katz mit, dass der Chief Legal Adviser des High Commissioner des Landes Bremen, Mr. Johnson, in einer Besprechung vom 5. Januar 1950 mit dem amerikanischen Oberstaatsanwalt Mr. Phelps zum Ausdruck gebracht habe, dass ein amerikanisches Gericht der Besatzungsmacht für den Vorgang generell nicht zuständig sei und dass die Angelegenheit einem deutschen Court überlassen bleibe, sofern ›die Deutschen ein Gesetz finden, das von ihnen für den Fall angewandt werden könne‹, notfalls bleibe es den deutschen Behörden überlassen, die Akte mit einem Bericht und Begründung, dass kein Gesetz auf den Fall angewendet werden könne, wieder dem Chief Legal Adviser vorzulegen. Ein weiterer Entscheid in der Sache ergehe nicht. Bremen, den 6. Januar 1950. Dr. Höffler *(handschriftliche Unterschrift; B.N.)«*

Es gab also von vornherein eine politische Tendenz, den Prozess gegen Carl Katz möglichst nicht stattfinden zu lassen. Für den Senat des neugegründeten Stadtstaates Bremen und natürlich auch für die US-Besatzungsmacht stellte sich die Frage, ob man einem Opfer des NS-Staates, einem auch in den USA prominenten Vertreter der neuen Israelitischen Gemeinde in Bremen, fünf Jahre nach der Niederwerfung des NS-Staates einen publikumswirksamen Prozess machen sollte, während zur gleichen Zeit die NS-Täter reihenweise und geradezu regelhaft entlastet wurden, unter ihnen auch Bruno Nette. Nein! Einer deutschen Öffentlichkeit, die noch immer antisemitisch geprägt war, die voller Selbstmitleid nach Entlastung von einer gigantischen Blutschuld verlangte, wäre der Jude Carl Katz, angeklagt als De-

---

[60] Ebd., Blatt 38.

[61] Alexander Lifschütz, Senator für politische Befreiung, Brief an den Oberstaatsanwalt beim Landgericht Bremen, 30.12.1949. SAB, 4, 89/7, Akte »Katz, Karl« des Oberstaatsanwalts bei dem Landgericht Bremen.

nunziant, gerade recht gekommen. Treulos und verschlagen, wie er nun einmal sei, dieser Jude, der jetzt auf dem hohen Ross säße, hätte er doch selber mitgeholfen, »seine Glaubensgenossen« in den Tod zu schicken.

Kurz: Der Befreiungssenator weigerte sich rundheraus, ein Verfahren gegen Katz nach dem Befreiungsgesetz durchführen zu lassen. Die US-Behörden stimmten zu.

Noch gab der neugebackene schneidige Staatsanwalt Höffler nicht auf. Er ließ weiter ermitteln, fasste am 20. Februar 1950 die Untersuchungsergebnisse erst einmal zusammen und unterzog sie in einem zehnseitigen Gutachten seiner juristischen Würdigung, die als unglaubliches Bubenstück Ihresgleichen sucht.[62]

»Der Leiter der jüdischen Gemeinde Bremen, Karl Katz, Volljude, wird beschuldigt, im Jahre 1942 in Bremen ihm nicht genehme Juden – vor allem arisch versippte, christengläubige und Halbjuden aus Hass gegen deren ›Abtrünnigkeit‹ – der Freiheit beraubt und in einigen Fällen durch andere gemordet zu haben, indem er als ehemaliger Leiter der jüdischen Gemeinde und Verbindungsmann zur Gestapo bewirkt habe – zum Teil durch Denunziation bei der Gestapo –, dass diese seine Gegner ins KZ geschickt wurden, wo einige von ihnen – was er vorher zumindest gebilligt habe – ermordet worden seien.«

Wie selbstverständlich nutzte Höffler noch 1950 das Nazi-Vokabular (»Volljude«, »arisch versippt« und »Halbjuden«). Dabei waren die Vorwürfe der Sache nach nicht von der Hand zu weisen. Die Aufzählung der ermittelten Fakten war für den Staatsanwalt nur der Anfang. Ihm kam es auf die juristische Einordnung an.

Höffler beschuldigte Katz, »in einigen Fällen durch andere gemordet« zu haben. Diese »anderen« waren niemand anders als die Leute von der SS, dem SD und der Gestapo, d.h. die eigentlichen Mörder. Derselbe Jurist, der in seiner späteren Bremer Staatsanwaltskarriere diese »anderen« nie als Mörder betrachtete, sondern immer nur als Mordgehilfen, der Friedrich Linnemann sogar nur »Beihilfe zum Totschlag« attestierte und ihn, wie berichtet, nach entsprechender Verschleppung des Prozessbeginns »außer Verfolgung« setzte, warf einem Opfer der Nazis vor, die Nazis instrumentalisiert und sozusagen mit ihrer Hilfe gemordet zu haben. Höffler kehrte die Verantwortlichkeiten um und umtanzte seine Lügen mit juristischem Fachvokabular. Ein wirkliches Kunststück! Da tat es auch schon nichts mehr zur Sache, dass Höffler etwas später andeutete, »ein entsprechender Vorsatz« sei dem Carl Katz natürlich nicht nachzuweisen.

Staatsanwalt Höffler fasste die Fälle Lothar Schustermann, Marie Huntemann, Siegfried und Isidor Propper sowie Ludwig Fürstenthal unter dem Tatbestand der Denunziation zusammen. Soweit könnte man ihm auch heute noch folgen. Für ihn lag aber auch ein »Verbrechen gegen die Menschlichkeit« vor, was mehr als zweifelhaft war. Das stellte nur die schmutzige Retourkutsche eines NS-Täters (der

---

[62] Siegfried Höffler: Juristisches Gutachten zu den Ermittlungen gegen Carl Katz, 20.2.1950. SAB, 4, 89/7, Akte »Katz, Karl« des Oberstaatsanwalts bei dem Landgericht Bremen (in einem Umschlag).

selbst nie angeklagt wurde) im Namen aller verurteilten Mittäter gegen die Opfer des Holocaust dar.

Aber Höffler war noch lange nicht fertig. In der weiteren rechtlichen »Würdigung« stellte er fest, bei Katz, der in all diesen Fällen rechtswidrig gehandelt habe, müsse man ausdrücklich Rechtfertigungsgründe wie »Anweisung oder einen Befehl der Gestapo« oder »Irrtum« oder »Notstand« ausschließen.

»Selbst wenn ein Befehl zur Namhaftmachung aller Halbjuden usw. zur Deportation an Katz ergangen sein sollte, so handelte es sich (...) um einen unrechtmäßigen Befehl (...), zumindest deshalb, weil damit Unrecht geschehen sollte, was Katz bekannt war. Deshalb kann ein solcher Befehl (...) niemals Rechtfertigungsgrund sein, allenfalls bei Irrtum oder Notstand ein Entschuldigungsgrund (...). Die Voraussetzungen sind bei Katz nicht gegeben gewesen.«

Katz habe des Weiteren gewusst, dass seine Denunziation, auch wenn sie sachlich richtig gewesen sein sollte, »unmenschliche Folgen (eben KZ) nach sich ziehen würde«, deshalb sei sie rechtswidrig und Freiheitsberaubung gewesen. Außerdem sei es hier gar nicht um richtige Angabe über eine strafbare Handlung gegangen, »sondern um die Bekanntgabe einer völlig schuldlosen Zugehörigkeit zu einer Rasse. Hier hat die Angezeigten auch nicht ein Strafvollzug, sondern das KZ getroffen. Darüber – und dass diese Deportationen Unrecht waren – ist sich Katz bei seiner Anzeige klar gewesen.«

»Die Rechtswidrigkeit ist m.E. zu bejahen«, stellte Höffler schließlich fest, »der subjektive Teil des Tatbestands, also einschließlich des Unrechtsbewusstseins, ist nach Aussagen (von) Nette, Linnemann, Lothar Schustermann und Bruck (... Hass gegen Abtrünnige) gegeben. Schuldausschließungsgründe (...) sind nicht gegeben. Eine Zwangslage bestand für ihn nicht bei seinem freundschaftlichen Verhältnis zu Nette.«

Es verschlägt einem den Atem! Erst einmal ist es ja sehr interessant, dass dem ehemaligen Staatsanwalt an einem Sondergericht in Berlin und im besetzten Polen wieder eingefallen war, dass die Zugehörigkeit zu einer Rasse keinerlei Schuld in sich tragen konnte. Aber dann legte er los! Alles, was für Nazi-Täter galt, galt nicht für den Juden Carl Katz. Befehlsnotstand? Doch nicht beim Juden! Verbrecherische Befehle? Ja, das hat er aber wissen müssen, der Jude, dass sich auf Befehlsnotstand nur die Nazi-Täter berufen durften, nicht aber Carl Katz. Und der subjektive Teil des Tatbestandes, sprich das Unrechtsbewusstsein? Bei Katz gegeben, nicht aber bei Nazi-Massenmördern wie Linnemann, dem Höffler später genau dies zugute hielt. Und bei Linneman ging es immerhin um dessen Beteiligung an der Shoah in Griechenland!

Schließlich schwang sich Höffler zu abenteuerlichen Höhen seiner juristischen Logik auf. Konnte Carl Katz sich nicht doch bedroht fühlen duch die Gestapo? Hat er vielleicht aus Angst so gehandelt, wie er handelte? Nein, keineswegs! Keine Zwangslage für den Juden! Und zwar, weil er ein freundschaftliches Verhältnis zu Bruno Nette gehabt habe. Dass dieses Verhältnis dem Bestreben des Vorsitzenden der jüdischen Gemeinde entspringen konnte, beim »Gewaltigen von Bremen« eine gute, d.h. für die Juden Bremens einigermaßen vorteilhafte Stimmungslage zu erzeugen, war dem Juristen keinen Gedanken wert. Dass das »gute Verhältnis« sowieso nur durch die mörderische Verfolgungssituation entstehen konnte und dass unter »normalen« Umständen Carl Katz und Bruno Nette sicher überhaupt kein und damit auch kein »gutes Verhältnis« gepflegt hätten, was kümmerten den Dr. Höffler solche Nebensächlichkeiten?

Der Gipfel der juristischen Heuchelei aber sollte noch folgen. In einer nachgestellten »Bemerkung«, sozusagen unter »ferner liefen«, stellte Staatsanwalt Höffler fest: »›Objektive‹ Teilnehmer des Deliktes (Nette usw.), die auf bindende Dienstanweisungen handelten, würden wohl nicht gerechtfertigt, aber entschuldigt sein.«

Wie bitte? Carl Katz war schuldig, dagegen der Gestapo-Judenreferent Bruno Nette, der ja sowieso nur »Teilnehmer« von Katz' Taten gewesen sei, der war entschuldigt, weil er nach bindenden Dienstanweisungen handelte? Katz war schuldig, weil er kein Beamter des Terrorstaates war und folglich auch nicht auf Befehlsnotstand plädieren konnte? Ja, darauf muss man erst mal kommen. Kürzer und prägnanter konnte Höffler seine Doppelmoral, die permanente Rechtsbeugung und den weiterbestehenden Hass auf die Juden nicht offenlegen. Hier enthüllte sich quasi im Vorbeigehen der rassistische Kern seines juristischen Gutachtens.

Die Untersuchungsergebnisse reichten dem Herrn Staatsanwalt für eine Anklageerhebung. Allein vor welchem Gericht? Das war dem famosen Juristen nicht ganz klar. Schließlich hatte es im Dezember 1949 ein politisches Haltesignal des Befreiungssenators gegeben. Trotzig gab Höffler einen Durchhaltebefehl: »St.A. Dr. Höffler ordnete an, dass die Ermittlungen in Sachen Carl Katz a. 1.1.1950 fortgesetzt werden sollten.«

Und dann – mitten im Juli 1950 – war Schluss. Aus. Ende. Die Jagd wurde auf einen Schlag abgeblasen. Warum so plötzlich? Ein deutscher Staatsanwalt musste seinen Juden vom Haken lassen! Höhere Gewalten waren auf den Plan getreten, denen sich selbst deutsche Staatsanwälte – in bewährter Tradition – nicht gewachsen fühlten. Der wahren Macht näherte man sich schließlich gebückt und untertänig. Der Gerichtspräsident Dr. Feine wusste Näheres.

»Ich habe früh Gelegenheit genommen, die Sache mit Mr. Johnson zu besprechen. Er kannte den Fall bereits, da Mr. Schustermann *(gemeint ist vermutlich Arnold S.; B.N.)* sich auch an die am. Mil.Reg. gewandt hatte. Die Rücksprache ergab, dass Mr. Johnson nichts dagegen einzuwenden hat, wenn das Ermittlungsverfahren von den deutschen Stellen eingestellt wird. Feine 21./7.«[63]

»Nichts dagegen einzuwenden.« Das war kein höflicher Ratschlag, das war ein unmissverständlicher Befehl des Robert W. Johnson, des Chief Legal Adviser des High Commissioner des Landes Bremen, kurz: des US-Rechtsoffiziers! Befehl von ganz oben. Nun ist mal Schluss!, hieß das. Endgültig! Finger weg von Katz! Wehe nicht! Die Macht hatte gesprochen. Ein Pfiff des Herrn.

---

[63] Vermerk zur Strafsache gegen den Kaufmann Carl Katz, 21.7.1950. SAB, 4, 89/7, Akte »Katz, Karl« des Oberstaatsanwalts bei dem Landgericht Bremen, Blatt 73.

In dem vom Gerichtspräsidenten Dr. Feine unterschriebenen eigentlichen »Vermerk zur Strafsache gegen den Kaufmann Carl Katz« lässt sich das leise Bedauern über den Abbruch der Strafsache erahnen. Es tat schlicht und ergreifend weh, gehorchen zu müssen.

»Eine Prüfung der Akten hat ergeben, dass der Kaufmann Carl Katz sich in den Jahren der NS-Herrschaft zweifellos erhebliche Verdienste durch den Schutz seiner Glaubensgenossen erworben hat. Die dahin lautenden Zeugnisse sind zahlreich und überzeugend. Herr Katz, der selber im Konzentrationslager Theresienstadt gewesen ist, hat daher auch einen bekannten Namen in den Kreisen des inländischen und ausländischen Judentums, besonders in Amerika. Wenn auf Grund der Akten auch Zweifel daran bestehen, ob er sich nicht im wesentlichen nur für orthodoxe Juden eingesetzt hat, so ist doch der Feststellung von Generalstaatsanwalt Dr. Bollinger beizupflichten, dass ein strafrechtliches Vorgehen gegen Katz wegen seines Verhaltens in den Fällen des Halbjuden Schustermann, der Frau Marie Huntemann, die sich als Katholikin ausgegeben hatte, und des Halbjuden Siegfried Propper nach deutschem Recht keine Aussicht auf Erfolg verspricht. (...) Ein Verfahren wegen Verbrechens gegen die Menschlichkeit kann gegen Katz in der amerikanischen Zone aber überhaupt nicht eröffnet werden. Dies könnte auch der Hohe Kommissar für die amerikanische Besatzungszone nicht anordnen. Es erscheint daher nicht erforderlich, ihm die Vorgänge vorzulegen.«

Regierungsrat Dr. Coenen teilte am 24. Juli 1950 im Namen des Justizsenators mit, das Verfahren gegen Carl Katz müsse eingestellt werden.[64]

Der Bremer Historiker Günther Rohdenburg folgte dem eben zitierten Generalstaatsanwalt Bollinger und stellte dessen Meinung als Tatsache hin, dass nämlich »keine deutsche rechtliche Grundlage für ein Verfahren bestand und das amerikanische CIC *(US-Auslandsgeheimdienst Counter Intelligence Corps, die Vorläuferorganisation des CIA; B.N.)* auf der Basis des Kontrollratsgesetzes Nr. 10 das Verfahren nicht an sich gezogen hat«.[65] Aber warum zogen die Amerikaner das Verfahren nicht an sich? Die Wahrheit war, sie hatten zwar so gut wie alle NS-Prozesse der deutschen Justiz übergeben, misstrauten ihren braven Deutschen aber und nahmen ab und zu wie beim »Fall Carl Katz« Einfluss.

Ihre Entscheidung war nicht nur verständlich und unter den damaligen Umständen richtig, sondern geradezu unumgänglich. Wollte man wirklich zulassen, dass ehemalige Nazi-Staatsanwälte ihr Treiben gegen die Juden unter einem demokratischen Mäntelchen einfach fortsetzten? Eine kluge Entscheidung der Amerikaner!

Aber auch zufriedenstellend? Den unangenehmen Teil der Wahrheit über Carl Katz unter den Teppich zu kehren, das war auf Dauer keine Lösung. Der Zentralrat der Juden in Deutschland jedenfalls war mit diesem Ergebnis nicht zufrieden, wie

---

[64] Dr. Coenen, Regierungsrat, Schreiben vom 24. Juli 1950. SAB, 4, 89/7, Akte »Katz, Karl« des Oberstaatsanwalts bei dem Landgericht Bremen, Blatt 74.

[65] Rohdenburg 2009, S. 154, Anm. 21.

wir noch sehen werden. Und der Zentralrat durfte in Sachen Katz auch handeln. Ein ehemaliger Sondergerichts-Staatsanwalt mit seiner Doppelmoral, nein, der nicht!

Karl Bruck

»Der größte Lump im ganzen Land, das ist und bleibt der Denunziant.« Wie viele Deutsche des 20. Jahrhunderts hätte Hoffmann von Fallersleben gemeint? Die Hälfte? Weniger? Mehr?

Der größte Lump ist erst einmal der, der andere dazu zwingt, auch einer zu sein. Insofern waren die größten Lumpen im Bremer Land Bruno Nette und seine Gestapo-Spießgesellen. Hoffmann von Fallerslebens böser Satz ist aber auf den Denunzianten gemünzt. Vermutlich hätte er Carl Katz dazu gezählt. Und Karl Bruck, seinen Nachfolger? Den besonders.

Karl Bruck starb 1970 in seiner Heimatstadt Bremen. Er war am 2. September 1904 in Bremen zur Welt gekommen.[66] Seine Eltern waren 1903 zum evangelischen Christentum konvertiert. Von Beruf Kaufmann, arbeitete er bis März 1938 in der Firma seines Vaters (Firma Röhrsbeck, Kleemeiser und Bruck) und war dann bis November 1938 arbeitslos. Von November 1938 bis November 1941 war er Bürovorsteher bei der Baufirma Köster. Er spendete einen namhaften Betrag für das jüdische Winterhilfswerk[67] und wurde anschließend Assistent bei Carl Katz, dem Leiter der Jüdischen Gemeinde in Bremen und Leiter des Bremer Büros der »Reichsvereinigung«. Nach dessen Deportation in das KZ Theresienstadt wurde der erst 35-jährige »Herr mit Brille und dünnem schwarzen Haar« (Hanna Theilen, ehemalige Angestellte der Bremer Gestapo) ab 1942 auf Vorschlag von Katz und auf Befehl der Gestapo dessen Nachfolger. Er behielt diesen Posten bis zum Ende des Krieges. Vor 1933 hatte er nichts mit der Jüdischen Gemeinde zu tun gehabt.

»Hatten die Verantwortlichen auf Gestaposeite vor Beginn der Massentransporte und während der ersten beiden Deportationswellen noch Wert auf Persönlichkeiten gelegt, die in der jüdischen Gemeinde Anerkennung und Autorität genossen und denen die Mitglieder folgten, so benötigten sie diese ab 1942 nicht länger. Gefragt waren nun willfährige, organisatorisch einigermaßen beschlagene Nachfolger, die helfen sollten, das jeweilige Gebiet schnell und reibungslos ›judenfrei‹ zu machen«, schrieb Beate Meyer.[68] Zu dieser letzteren Gruppe von »Vertrauensmännern« gehörte offensichtlich auch Karl Bruck.

---

[66] Diese und alle folgenden Informationen hat Karl Bruck gegenüber dem Counter Intelligence Corps der Streitkräfte der Vereinigten Staaten in Europa gegeben. Headquarters, Counter Intelligence Corps, United States Forces European Theatre, Region IX (Bremen), APO 751, US Army, 9.3.1946, Bericht des Special Agent Solomon Weinstock zu Karl Bruck. SAB, 4, 66-I, Akte Bruno Nette, 1887/12/22, Blatt 41-45.

[67] M. Meier, Investigator, Aktennotiz vom 29.5.1948. SAB, 4, 66-I, Akte Bruno Nette, 1887/12/22, Blatt 99, 100.

[68] Meyer 2011, S. 335f.

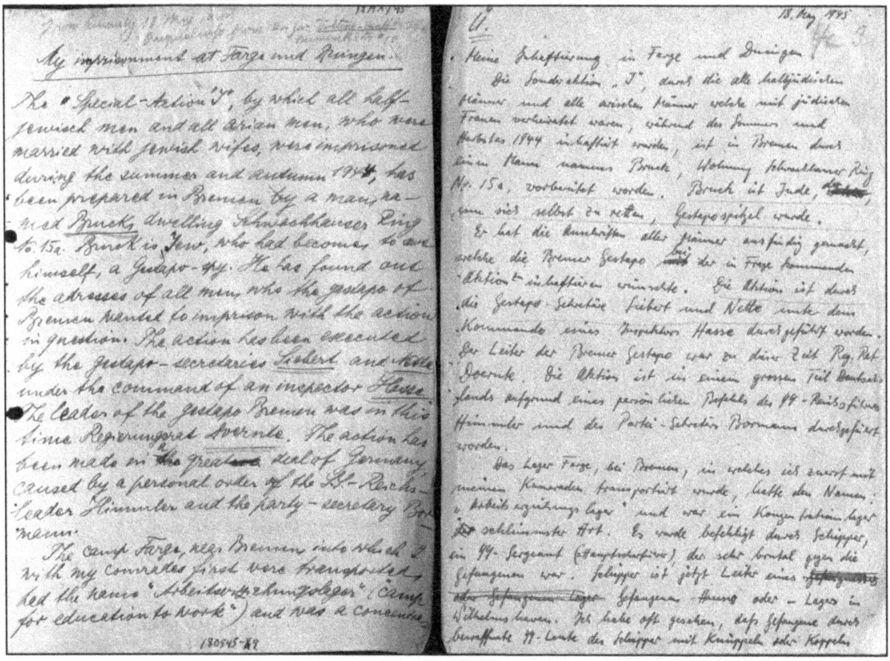

My imprisonment at Farge and Grüngen.

The "Special-Action J", by which all half-jewisch men and all arian men, who were married with jewish wifes, were imprisoned during the summer and autumn 1944, has been prepared in Bremen by a man, named Bruck, dwelling Schwachhauser Ring No. 15a. Bruck is Jew, who had become, to save himself, a Gestapo-spy. He has found out the adresses of all men, who the gestapo of Bremen wanted to imprison with the action in question. The action has been executed by the gestapo-secretaries Siebert and Nette under the command of an inspector Hasse. The leader of the gestapo Bremen was in this time Regierungsrat Doernte. The action has been made in a greatest deal of Germany, caused by a personal order of the SS-Reichsleader Himmler and the party-secretary Bormann.

The camp Farge, near Bremen into which I with my comrades first were transported, had the name "Arbeitserziehungslager" ("camp for education to work") and was a concentra-

180545-K9

18. May 1945

Meine Inhaftierung in Farge und Dreiyen.

Die Sonderaktion „J", durch die alle halbjüdischen Männer und alle arischen Männer welche mit jüdischen Frauen verheiratet waren, während des Sommers und Herbstes 1944 inhaftiert wurden, ist in Bremen durch einen Mann namens Bruck, Wohnung Schwachhauser Ring Nr. 15a, vorbereitet worden. Bruck ist Jude, der, um sich selbst zu retten, Gestapospitzel wurde.

Er hat die Anschriften aller Männer ausfindig gemacht, welche die Bremer Gestapo ~~mit~~ bei der in Frage kommenden „Aktion" inhaftieren wünschte. Die Aktion ist durch die Gestapo-Sekretäre Siebert und Nette unter dem Kommando eines Inspektors Hasse durchgeführt worden. Der Leiter der Bremer Gestapo war zu dieser Zeit Reg. Rat Doernte. Die Aktion ist in einem grossen Teil Deutschlands aufgrund eines persönlichen Befehls des SS-Reichsführers Himmler und des Partei-Sekretärs Bormann durchgeführt worden.

Das Lager Farge, bei Bremen, in welches ich zuerst mit meinen Kameraden transportiert wurde, hatte den Namen: „Arbeitserziehungslager" und war ein Konzentrationslager der schlimmsten Art. Es wurde befehligt durch Schipper, ein SS-Sergeant (Hauptscharführer), der sehr brutal gegen die Gefangenen war. Schipper ist jetzt Leiter eines ~~Gefangenen~~ ~~oder Gefangenen-Lager~~ Gefangenen-Hauses oder -Lagers in Wilhelmshaven. Ich habe oft gesehen, daß Gefangene durch bewaffnete SS-Leute des Schipper mit Knüppeln oder Koppeln

März 1945, Wilhelm Nolting-Hauff: »Bruck ist Jude, der, um sich selbst zu retten, Gestapospitzel wurde.«

Nach 1945 wurde er beschuldigt, ein treuer Agent und Spitzel für die Gestapo Bremen gewesen zu sein. 1948 notierte der Investigator M. Meier, was Carl Katz über seinen Nachfolger Bruck gesagt hatte.[69] Bruck sei sehr auf seinen eigenen Vorteil bedacht gewesen und habe vielleicht manche Dinge getan, die er nicht hätte tun dürfen.

Der »halbjüdische« Jurist Dr. Wilhelm Nolting-Hauff drückte sich deutlicher aus. Der hochangesehene Bremer Rechtsanwalt, der 1933 von den Nazis mit einem Berufsverbot belegt und 1944 in ein Zwangsarbeitslager verschleppt worden war (siehe Kapitel 1), machte im Mai 1945, wenige Tage, bevor er von der britischen Besatzungsmacht zum neuen Bremer Finanzsenator ernannt wurde, seine Aussage gegen Karl Bruck. »Die Sonderaktion ›J‹, durch die alle halbjüdischen Männer und alle arischen Männer, welche mit jüdischen Frauen verheiratet waren, während des Sommers und Herbstes 1944 inhaftiert wurden, ist in Bremen durch einen Mann namens Bruck, Wohnung: Schwachhauser Ring 15a, vorbereitet worden. Bruck ist Jude, der, um sich selbst zu retten, Gestapospitzel wurde. Er hat die Anschriften aller Männer ausfindig gemacht, welche die Bremer Gestapo bei der in Frage kom-

69 M. Meier, Investigator, Aktennotiz vom 29.5.1948. SAB, 4, 66-I, Akte Bruno Nette, 1887/12/22, Blatt 99, 100.

menden Aktion zu inhaftieren wünschte. Die Aktion ist durch die Gestapo-Sekretäre Siebert und Nette unter dem Kommando eines Inspektors Hasse durchgeführt worden. Der Leiter der Bremer Gestapo war zu dieser Zeit Reg. Rat Doernte. Die Aktion ist in einem großen Teil Deutschlands aufgrund eines persönlichen Befehls des SS-Reichsleiters Himmler und des Parteisekretärs Bormann durchgeführt worden.«[70]

Die US-Militärregierung leitete eine Untersuchung gegen Bruck ein und ließ eine Reihe von Zeugen vernehmen. Er wurde am 9. März 1946 von Solomon Weinstock, einem special agent des Counter Intelligence Corps, verhaftet.[71] Erst nach sechs Monaten, im August 1946, ließ das CIC ihn wieder frei.[72] Der US-Geheimdienstler Weinstock schrieb, »dass Bruck als Denunziant und Informant für Krim. Kom. *(richtig: Kriminalobersekretär; B.N.)* Nette und Krim. Sekr. Siebert der Bremer Gestapo benutzt worden war.« Bruck habe eine Stellung innegehabt, »die ihm die Achtung und das Vertrauen der Jüdischen Gemeinde Bremens einbrachte, und da er dieses Vertrauen missbrauchte, indem er diejenigen, die er verpflichtet zu beschützen war und denen er beistehen sollte, bei der Gestapo denunzierte, sollte er auf Anraten Mr. Weinstocks gemäß der Schwere seines Vergehens behandelt werden«.[73]

Es lagen dem CIC zudem Zeugenaussagen von fünf Frauen vor.[74] Die ersten vier Frauen (Charlotte Neumann, Irmgard Logemann, Hanna Theilen und Manda Peichert) waren ehemalige Sekretärinnen der Gestapo Bremen, Hanna Theilen war sogar die Sekretärin des früheren Leiters der Bremer Gestapo, Dr. Dörnte. Das hieß allerdings nicht, dass die Aussagen dieser vier Frauen nicht ernst zu nehmen waren, obwohl immer die Gefahr bestand, dass die ehemaligen Täter und Täterinnen, auch wenn sie »nur« an der Schreibmaschine saßen, ihre ehemaligen Opfer verleumden wollten. Die fünfte Aussage stammte von Hanna Schleifert, einem Opfer der Nazis.

Die vier ehemaligen Gestapo-Sekretärinnen bestätigten übereinstimmend, dass Karl Bruck und Bruno Nette Duzfreunde waren, sich häufig gegenseitig zuhause besuchten, Alkohol zusammen tranken und Karten spielten. Dies bestätigte auch Karl Bruck selbst. Bruck sei von Nette »als Agent verwendet« worden, so Logemann und Theilen. Das habe in Bremen jedermann gewusst. Er habe den Judenreferenten Bruno Nette mit »Denunziationen und Informationen« versorgt. Neumann berichtete von dem Opfer Ursula Meyer, Logemann von »eine(m) alten Juden, der in dem Jüdischen Altersheim wohnte. Dieser Mann wurde in ein Konzentrationslager, wahrscheinlich Auschwitz, eingeliefert, weil Bruck ihn in seiner Denunzia-

---

70 Wilhelm Nolting-Hauff: Meine Inhaftierung in Farge und Duingen. Brief an Major Watson, 18.5.1945. SAB, 4, 66-I, Akte Bruno Nette, 1887/12/22, Blatt 42-46.

71 Counter Intelligence Corps (CIC), APO 751'US Army, 9.3.1946, Bericht des Special Agent Solomon Weinstock zu Karl Bruck. SAB, 4, Akte Bruno Nette, 1887/12/22, Blatt 41-45 (blau notiert).

72 In: Rohdenburg 2009, S. 157.

73 Counter Intelligence Corps (CIC), APO 751'US Army, 9.3.1946, Bericht des Special Agent Solomon Weinstock zu Karl Bruck. SAB, 4, Akte Bruno Nette, a.a.O.

74 Ebd.

tion einen asozialen Charakter nannte.« Bruck habe häufiger »Rassenschande« angezeigt, so Neumann und Theilen. Peichert wusste, dass Bruck »einen Schullehrer namens Dr. Henning denunzierte, weil er mit einer Jüdin verheiratet war. Dieser Lehrer wurde verhaftet, weil er in einem Luftschutzbunker englische Bücher gelesen hatte. Seine Frau wurde ebenfalls verhaftet und beide wurden in ein Konzentrationslager gebracht.« Neumann bestätigte Karl Brucks Verstrickungen auch im Fall Schüler/Hering (s. Kapitel 7). Hanna Schleifert, die einzige »Opfer-Zeugin« des CIC, lieferte eine lebendige und zugleich verstörende Schilderung von den Zuständen in Bruno Nettes Büro im Gestapohaus *Am Wall 199.*

»Da mein Mann ein Halbjude ist, wurde er auf Befehl der Bremer Gestapo am 8. Oktober 1944 in ein Arbeitslager *(Bau des U-Boot-Bunkers Farge; B.N.)* eingeliefert. Während der Zeit seiner Haft habe ich ihn mehrere Male illegal besucht. Es war mir bekannt, dass derartige Besuche streng verboten waren. Kurz vor Weihnachten 1944 versuchte ich von der Bremer Gestapo eine Besuchserlaubnis zu erhalten, ging deshalb zur Gestapo *Am Wall 199.*

Als ich das Zimmer der betreffenden Abteilung betrat, fand ich dort drei Tische vor. Hinter jedem Tisch saß ein Herr. Die Zimmertür hatte jedoch ein Namensschild mit nur zwei Namen drauf, nämlich Nette und Siebert.

Ich habe den dritten Mann niemals zuvor gesehen. Als ich um Besuch meines Mannes für Weihnachten bat, wurde mir dieses von Krim. Komm. *(Sekretär; B.N.)* Nette abgelehnt. Nette sprach mit dem dritten Mann und redete ihn mit ›du‹ an. Daraufhin wandte sich dieser dritte Mann an mich und sagte: ›Sie haben Ihren Mann bereits drei Mal besucht, ohne dazu die Erlaubnis zu haben, und Sie werden nun auch einen Weg finden, um ihn ein viertes Mal zu besuchen.‹ Ich bestritt diese Anschuldigung auf stärkste, da ich befürchtete verhaftet zu werden. Ich erinnere mich, dass Herr Nette diesen Herrn, der zu mir gesprochen hatte, Bruck nannte. In diesem Augenblick wusste ich, dass dieser Herr der Leiter der Jüdischen Gemeinschaft war, der mir dem Namen nach bekannt war. Später fand ich heraus, dass meine Mutter Herrn Bruck über meine illegalen Besuche erzählt hatte. Es war sehr gefährlich, Angehörige in einem Lager ohne offizielle Genehmigung zu besuchen. Allen Leuten war es bekannt, dass (man), wenn die Gestapo feststellte, dass man irgendeinen Angehörigen illegal im Lager besucht hatte, sofort verhaftet wurde. Ich war zutiefst empört über die Haltung des Herrn Bruck, der mich in eine derartig gefährliche Lage versetzt hatte, ohne dass er dazu gezwungen war.«

Karl Bruck gab gegenüber dem CIC zu, Hanna Schleifert in Gegenwart von Nette und Siebert auf den Kopf zugesagt zu haben, sie habe ihren Ehemann illegalerweise besucht. »Bruck bestand zuerst darauf, dass er die Bemerkung, die er gemacht haben soll, nur zum Spaß *(machte; Ergänzung; B.N.)*. Bei einer späteren Vernehmung durch Mr. Weinstock behauptete er, die Bemerkung gemacht zu haben, aber dass er sicher gewesen sei, dass dieser Frau nichts daraus erwachsen würde.«[75]

---

[75] United States Forces, CIC-Akte vom 9.3.1946 bezüglich Karl Bruck. SAB, 4, 66-I, Akte Bruno Nette, 1887/12/22, Blatt 41, 42.

Offensichtlich hat Bruno Nette sich wenig um die »illegalen« Besuche in Farge gekümmert.[76] Insofern mag die Bemerkung von Karl Bruck gegenüber Hanna Schleifert in der Gestapostube tatsächlich nur ein etwas schnodderig herzloser Scherz gewesen sein. Vermutlich werden der Judenreferent, sein Gestapo-Mitarbeiter und der Vertreter der »Reichsvereinigung der Juden in Deutschland« gemeinsam herzlich gelacht haben – auf Kosten der zu Tode erschrockenen Hanna Schleifert.

Einen zweiten Fall, den Karl Bruck gegenüber dem CIC zugab, war der des Schullehrers Dr. Hennig, von dem die vierte CIC-Zeugin, Hanna Theilen, berichtet hatte. In den CIC-Papieren heißt es dazu, Bruck gebe zu, gehört zu haben, dass Frau Hennig in einem Luftschutzbunker englische Bücher gelesen habe. Er, Bruck habe darüber an Kriminalsekretär Siebert berichtet. Siebert habe die Frau verhaftet. Als ihr Ehemann Dr. Hennig zur Gestapo-Hauptdienststelle gekommen sei, um sich für ihre Freilassung einzusetzen, sei er ausgefragt worden, ob er englische Bücher gelesen habe. Er habe es zugegeben und beide Eheleute seien in ein Konzentrationslager geschickt worden. Der special agent Weinstock notierte dazu (von sich in der dritten Person sprechend): »Nach Ansicht Mr. Weinstock's gab Bruck die Anklage, die Dr. Hennig betrifft, nur zu, weil er die Hoffnung hat, dass er von den anderen Beschuldigungen loskommen wird. Man sollte ihn hinlänglich bezüglich der anderen Anklagen befragen und die hier angeführten eidesstattlichen Erklärungen als Unterlage des Verhörs benutzen.«[77] Immerhin hatte Bruck selbst bestätigt, dass aufgrund seiner Denunziation zwei Menschen ermordet wurden.

Warum Karl Bruck nach einem halben Jahr wieder aus der US-Haft freikam, ist unbekannt. Möglich, dass wie auch später bei Carl Katz die US-Militärregierung vor der Verfolgung eines prominenten ehemaligen jüdischen Funktionärs zurückschreckte.

Zwei weitere Zeuginnen belasteten Karl Bruck schwer. Beide hatten gezwungenermaßen im Büro der Jüdischen Gemeinde in Bremen gearbeitet. Die eine war jene Ursula Meyer,[78] von der die erste CIC-Zeugin, Charlotte Neumann, berichtet hatte, dass Bruck sie bei der Gestapo als »Geltungsjüdin« denunziert habe. Ursula Meyer wurde 1919 geboren. Sie arbeitete bei der Jüdischen Gemeinde von Juli 1942, als die erste große Deportation der Bremer Juden nach Theresienstadt stattfand, bis Oktober 1942. Von Weihnachten 1942 bis März 1943 musste sie auf Befehl von Bruno Nette bei der Gestapo Bremen arbeiten.

Nach Nazikriterien »Halbjüdin«, hatte sie als Kind zeitweise an jüdischem Religionsunterricht teilgenommen. Das habe Karl Bruck der Gestapo verraten, so Ursula Meyer. »Ca. am 10.3.1943 übermittelte mir Bruck, dass ich zur Volljü-

---

76 Sophie Hass, Aussage vom 25.9.1947. SAB, 4, 66-I, Akte Bruno Nette, 1887/12/22, Blatt 28 (blau notiert).

77 Solomon Weinstock, Special Agent CIC, Bericht über »Bruck, Carl Guido« vom 9.3.1946. SAB, 4, 66-I, Akte Bruno Nette, 1887/12/22, Blatt 41, 42.

78 Ursula Meyer, Aussage am 9.6.1948. SAB, 4, 66-I, Akte Bruno Nette, 1887/12/22, Blatt 113 (blau notiert).

din *(»Geltungsjüdin«; B.N.)* erklärt sei und deportiert würde, das habe N. *(Bruno Nette; B.N.)* ihm mitgeteilt. (...) Fest steht jedenfalls, dass trotz aller meiner Bemühungen und trotz des erbrachten arischen Nachweises meiner Mutter Nette alles unternommen hat, mich zur Volljüdin zu erklären. Die Einzigen, die davon wussten, dass ich in der jüdischen Gemeinde geführt war, sind Schmidt *(ein guter Bekannter; B.N.)* und Bruck.«

Auch Carl Katz bezog sich auf Ursula Meyer, als er vorsichtig bemerkte, Karl Bruck habe vielleicht manche Dinge getan, die er nicht hätte tun dürfen.

Die zweite Zeugin, Gertrud Händler,[79] war die Nachfolgerin von Ursula Meyer bei der Bremer Jüdischen Gemeinde. Die uneheliche Tochter einer Jüdin, deren Vater unbekannt war, wurde gleich nach ihrer Geburt 1899 von den Eheleuten Oskar Theodor und Gesine Händler, geb. Nahrmann, adoptiert. Vom Judenreferenten Bruno Nette wurde sie am 12. Oktober 1942 zur Volljüdin erklärt. Er und Friedrich Linnemann sorgten dafür, dass sie Wohnung und Stellung verlor, den Judenstern tragen musste und für zwei Wochen in Haft kam. »Ich erfuhr beiläufig von Linnemann, der mich mit Bruck im Gefängnis besuchte, dass ich 14 Tage ... aufdiktiert bekommen hätte, weil ich im Büro keinen Judenstern getragen hätte.« Außerdem hatte sie alle Lebensmittelkarten abzugeben, musste in ein beengtes »Judenhaus« ziehen und wurde gezwungen, von Oktober 1942 bis März 1943 in der Jüdischen Gemeinde, Parkstraße 1, als Stenotypistin zu arbeiten. Nette versuchte außerdem, wenn auch vergeblich, ihre Adoption von 1899 aufheben zu lassen.

Wie die CIC-Zeuginnen berichteten auch Ursula Meyer[80] und Gertrud Händler, dass zwischen dem Gestapo-Judenreferenten Bruno Nette und den jüdischen Funktionären Karl Bruck und auch Fritz Harf ein besonders gutes Einvernehmen geherrscht habe. Es dürfte sich aber nicht um eine tatsächliche Freundschaft gehandelt haben. Es war sehr wahrscheinlich, dass die jüdischen Funktionäre sich bei den von Gertrud Händler geschilderten Begebenheiten, die hier wiedergegeben werden, stets auch deswegen so »freundschaftlich« verhielten, weil sie die Gestapobeamten bestechen und bei guter Laune halten wollten.

»Im Büro der jüdischen Gemeinde war N. *(Bruno Nette; B.N.)* fast täglich zu finden. Mir fiel auf, dass er sich mit Br. *(Bruck; B.N.)* duzte und auch, dass er mit diesem und mit Fritz Harf bei Harf oder bei Br. in dessen Wohnung sich an einen Tisch setzte, um Skat zu spielen. Es bestand also allem Anschein nach zwischen diesen Herrn ein gutes Einvernehmen. (...) Ich erfuhr von Br. und H. *(Harf; B.N.),* dass N. *(Nette; B.N.)* ein Radioapparat *(einen Radioapparat erhielt; Ergänzung B.N.),* Material für Installation für elektrische Anlagen für Siebert *(beschafft wurde; Ergänzung B.N.),* dass Lisiak (jüdisch Versippter) bei Linnemann in der Busestraße

---

[79] Gertrud Händler, Aussage vom 4.6.1948. SAB, 4, 66-I, Akte Bruno Nette, 1887/12/22, Blatt 111 (blau notiert).

[80] Ursula Meyer bestätigte, »dass Nette dort *(in der Jüdischen Gemeinde: B.N.)* fast täglich erschien und sich mit Bruck und Harf duzte, auch zechten diese Leute zuweilen miteinander.« Gertrud Händler, 4.6.1948. SAB, 4, 66-I, Akte Bruno Nette, 1887/12/22, Blatt 111 (blau notiert).

bauen musste und dass speziell Harf alle diese Dinge besorgte. Ich drückte meine Verwunderung hierüber aus und die Herren *(Bruck und Harf; B.N.)* taten sich noch dicke damit, indem sie meinten: ›Juden können alles!‹«[81]

Nette bedrohte laut Ursula Meyer deren Nachfolgerin Gertrud Händler mit den Worten, es werde höchste Zeit, dass es ihr im Leben einmal dreckig gehe. Gertrud Händler ergänzte: »Nach meiner Auffassung hat Nette zwei Gesichter, mal ist er freundlich und mal brutal.«[82] Beide Frauen wurden dann auf Befehl der Gestapobeamten Bruno Nette und Friedrich Linnemann am 24. März 1943 nach Hamburg geschickt, um von dort in einem größeren »Transport« nach Theresienstadt deportiert zu werden. Fritz Harf und Karl Bruck begleiteten die beiden Frauen im Zug von Bremen nach Hamburg, »damit wir nicht auskneifen konnten«, so Gertrud Händler. Beide Frauen überlebten die über zwei Jahre dauernde Haft im KZ Theresienstadt.

Zum Schluss in der langen, leicht zu verlängernden Liste mit Anklagen gegen Karl Bruck kommt noch einmal die Zeugin Ljubowa Sachs zu Wort, die bereits im 7. Kapitel über die Zustände in der Bremer Gestapozentrale ausführlich zitiert wurde. »Brook *(gemeint ist Bruck; B.N.)* war ein Spitzel der Gestapo. Dieser Name war uns allen geläufig und bekannt. Wir wussten, dass er ein eifriger und treuer Diener Adolf Hitlers war. Wir wurden auch von unseren Leuten vor Brook immer gewarnt.«[83]

Bruck und Harf fungierten sogar, wir sahen es eben, als Hilfspolizisten für meinen Großvater. Allerdings befanden sie sich selbst in einer heillosen und verzweifelten Situation, wie das Schicksal der Familie von Fritz Harf zeigt.[84] Die Familie Harf lebte seit 1878 in Syke und betrieb einen in Deutschland weithin bekannten Viehhandel. Im April 1931 zog die Familie nach Bremen (Fedelhören 32). Fritz Harf (geb. 1907) war der zweite Sohn von Siegmund und Grete Harf und betrieb wie auch sein Bruder Erich Harf einen Viehhandel. Am 18. November 1941 wurden die Eltern Siegmund und Grete Harf und der älteste Sohn Erich Harf mit ihrer Schwiegertochter Lucie und dem kleinen Enkelsohn Hans-Günther nach Minsk deportiert und ermordet. Auch die Töchter wurden deportiert und ermordet, Johanne am 31. März 1942 im Ghetto Warschau, Rosa mit Ehemann Willi Deichmannn in Auschwitz, deren Sohn in Minsk. Nur die zwei Söhne Emil und Fritz Harf überlebten, weil sie jeweils in »privilegierter Mischehe« mit einer »Arierin« lebten. Fritz Harf überstand die Verfolgung in Bremen auch, indem er von 1942 bis 1945 in der Jüdischen Gemeinde tätig war. Er legte am 25. Juni 1948 Rechenschaft über seine Tätigkeit in der Bremer Jüdischen Gemeinde ab und bezeugte

81 Gertrud Händler, Aussage vom 22.11.1947. SAB, Akte Bruno Nette, 1887/12/22, Blatt 110.

82 Ebd.

83 Ljubowa Sachs, Aussage am 7.11.1947. SAB, 4, 66-I, Akte Bruno Nette, 1887/12/22, Blatt 172-174 (blau notiert).

84 Edith Laudowicz/Peter Christophersen (2013): Informationen zu Fritz Harf. Stolpersteine Bremen, 2013. http://www.stolpersteine-bremen.de/detail.php?id=500

gegenüber dem Investigator M. Meier, dass Bruno Nette bis zum Schluss unbarmherzig gegen viele Opfer vorgegangen war.[85]

Fritz Harf arbeitete mit den Mördern fast seiner ganzen Familie zusammen. »Wer über gewisse Dinge den Verstand nicht verliert, der hat keinen zu verlieren.« (Lessing, Emilia Galotti)

Man half sich nach 1945

Ein Kapitel für sich ist die »hilfreiche« Rolle, die Karl Bruck beim Entnazifizierungsverfahren gegen Bruno Nette spielte. Beide, Nette und Bruck, setzten insgeheim ihr Zusammenwirken aus der Nazizeit fort. Bis zu einem gewissen Grad war das verständlich. Bruno Nette hatte Karl Bruck Ende Februar 1945 das Leben gerettet. Damit besaß Nette einen Kronzeugen für seine Behauptung, gar kein so schlimmer Judenfeind, ja, an sich ein Judenfreund gewesen zu sein.

Am 28. Mai 1945 befragte ein britischer Vernehmungsoffizier in Bremen Karl Bruck, »who told me that NETTE had been a very good chap – always did everything he could for them *(die Bremer Juden; B.N.)* and saved many of them from Conc. Camp«.[86] Mit einem Wort: ein sehr guter Kumpel, der Bruno Nette, immer hilfsbereit, wenn es um die Rettung von Juden vor dem KZ ging.

Im Juni 1948 klang Karl Brucks Aussage zu Bruno Nette allerdings völlig anders.[87] Zwischenzeitlich war Bruck freilich selbst wegen Zusammenarbeit mit der Gestapo verhaftet gewesen. Relativ schonungslos beschrieb er die erzwungene breite Kooperation zwischen der Bremer »Reichsvereinigung« und der Bremer Gestapo sowie Bruno Nettes persönliche Rolle beim Mordgeschehen.

»Meine Aufgabe bestand darin, die jüdischen Interessen gegenüber der Gestapo zu vertreten. Andererseits die Anweisungen, die die Gestapo die Juden betreffend herausgab, diesen zu unterbreiten und auf Befolgung zu achten. Z.B. die Kennzeichnung, Verhalten in der Öffentlichkeit usw. usw. Ferner oblag mir die listenmäßige Erfassung von Juden, Halbjuden und deren Kinder. Ich hatte die Kartei der Halbjuden von der Gestapo zu Hause und musste danach die Listen anfertigen. Auch die Wohnungsangelegenheiten der Juden gehörten in meinen Arbeitsbereich und Verteilung der Lebensmittel an die Sternenträger. Es ist klar, dass ich in dieser Position eine äußerst schwierige Stellung hatte.« Er habe sein Möglichstes getan, um auftretende Härten zu mildern, indem er die Gestapobeamten durch Geschenke freundlicher zu stimmen verstand. »Auch Nette war nicht abgeneigt zu nehmen.«

---

85 Fritz Harf, Aussage vom 25.6.1948. SAB, 4, 66-I, Akte Bruno Nette, 1887/12/22, Blatt 98 (rot notiert), 144 (blau notiert).

86 CI Questionaire Bruno Nette, 30 Corps Internment Camp. SAB, 4, 89/7, Oberstaatsanwalt bei dem Landgericht Bremen, Akte »Katz, Karl«, Blatt 852.

87 Karl Bruck, Aussage am 22. Juni 1948. SAB, 4, 66-I, Akte Bruno Nette, 1887/12/22, Blatt 137.

Außerdem habe er mit Bruno Nette zusammen mit Harf, dem Angestellten bei der Jüdischen Gemeinde, und auch dem »Arier« Klüsing »oft zusammen Skat gespielt, bzw. wir haben manche Flasche zusammen geleert. Ich tat dieses in berechnender Weise, um auf diese Art für auftretende Härten bei Nette ein geneigtes Ohr zu finden. Jeder musste sehen, wie er am besten seinen Kopf aus der Schlinge zog.«

Die einzelnen »Judentransporte«, 1941 nach Minsk, Juli 1942 nach Theresienstadt, bis 1945 die verschiedenen »Einzelverschickungen« und 1945 der »Transport« nach Theresienstadt seien zwar auf Weisung des RSHA durchgeführt worden. »Es hieß dann zum Beispiel, um auf Einzelfälle zurückzukommen, dass Juden, die KZ-reif seien, deportiert werden müssten.« Aber, und das betonte Bruck ausdrücklich: »Das Herausfinden der KZ-Reife war Angelegenheit der einzelnen Gestapobeamten. Ob hierbei die Gestapobeamten streng nach den Dienstanweisungen handelten, kann man im einzelnen bezweifeln, wenn man bedenkt, dass Gestapobeamte auch bestechlich waren. Ich denke da an den Fall Pieper, wovon ich weiß, dass Frau Pieper sich über Frau Nette mittels eines Brillantenringes der bevorstehenden Deportation entziehen konnte. Frau P. hat sich dann 1945 den Ring wiedergeholt.«

»Das Herausfinden der KZ-Reife« also. Ein widerlich zynisches Wortspiel. Bruck bestätigte damit, dass der bestechliche Bruno Nette letztlich direkt verantwortlich war für die Einweisung vieler Menschen in die KZs und damit auch für ihre Ermordung, es sei denn, er entschied aufgrund von persönlichen Gefühlen und Interessen anders. Er war durchaus kein willenloses Rädchen im Getriebe der Nazi-Mordmaschine. »Nach meiner Meinung war Nette nur zu solchen Juden freundlich, von denen er beschenkt oder bewirtet wurde oder die er anderweitig ausnutzen konnte. Als Beispiel möchte ich den Schneidermeister Grünberg anführen, den er zuerst verfolgte und später, als dieser für ihn arbeitete, unbehelligt ließ«, erklärte Fritz Heßlein 1948.[88] Und auch der Zeuge Fritz Erdnüss wusste sicherlich, wovon er sprach. »Wenn Nette bei bestimmten Personen Milde walten ließ, so tat er das meiner Ansicht nach nicht aus menschlichen Motiven heraus, sondern aus reiner Berechnung.«[89] Er wisse von Karl Bruck persönlich, dass er Bruno Nette mit Lebensmitteln, Spirituosen und Rauchwaren beschenkte. Der Umgangston Bruno Nettes gegenüber den jüdischen Funktionären war, so Bruck, der eines preußischen Feldwebels. »Er konnte die Freundlichkeit selbst sein. Es geschah dann wieder, vermutlich durch irgendwelche häusliche Zwistigkeiten, dass er uns gegenüber sehr aggressiv werden konnte, indem er uns herunterputzte wie Schuljungen. Von körperlichen Misshandlungen weiß ich nur in einem Falle und das ist Neitzel. Er konnte sehr taktlos sein, indem er arischen Ehepartnern von Juden zumutete, sich von ihren Ehepartnern scheiden zu lassen, weil es für einen Arier unwürdig sei, mit einem Juden oder einer Jüdin ins Bett zu steigen. Das hat er nicht nur vereinzelt gemacht.«

---

[88] Fritz Heßlein, Aussage vom 19. Oktober 1948. SAB, 4, 66-I, Akte Bruno Nette, 1887/12/22, Blatt 112.

[89] Fritz Erdnüss, Aussage vom 26. März 1948. SAB, 4, 66-1, Akte Bruno Nette, 1887/12/22, Blatt 97 (blau notiert).

»Über den Charakter Nettes ließe sich sehr viel sagen. Er hatte zwei Gesichter. Augenfällig bei ihm war eben seine Bestechlichkeit«, resümierte Bruck. Bruno Nettes Nachgiebigkeit bei milden Gaben zeigte sich allerdings erst relativ spät. »Ich habe die Feststellung gemacht, dass mit dem Näherrücken der alliierten Streitkräfte, also mit dem Schwinden der Siegeshoffnungen der Nazis, das Wesen Nettes immer zugänglicher wurde.«

Drei Monate nach seiner ersten Aussage stellte Karl Bruck am 30. September 1948 dem ehemaligen Judenreferenten schon ein sehr viel besseres Zeugnis aus.[90] Nette ein Judenhasser? Nein, nicht aus Prinzip, in Einzelfällen habe er mit sich reden lassen, so Brucks neue Version. Und warum Nette so oft den Rat zur Scheidung eines »Ariers« bzw. einer »Arierin« von dem jüdischen Ehepartner gegeben habe? Neue Antwort: »Nette hat dies nie in meiner Gegenwart geäußert. Er mag so getan haben, um die Antragssteller schnell los zu werden, da ihm selber eine andere Lösung nicht möglich schien. Es kann sein, dass er aus Rücksicht auf die anwesenden Mitarbeiter von Zeit zu Zeit solche scharfen Äußerungen tat.« Im Juni 1948 klang das noch ganz anders! Mit einer Ausnahme (dem Fall Neitzel) habe Bruno Nette ohne Schikanen gearbeitet, sagte Bruck jetzt. Und bestechlich, nein, das sei er auch nicht wirklich gewesen. Manchmal habe die Gestapo-Dienststelle beschlagnahmte Gegenstände wie Radios an ihre Mitarbeiter verteilt. Nette habe sich nur bewirten lassen, habe aber immer hinterher für den Wein gezahlt. Ob Bruno Nette »Arier« oder »Halbjuden« zu »Volljuden« abgestempelt habe? Nein, im Allgemeinen eigentlich nicht. Fast nie habe er aus eigenem Antrieb eine Verfolgung in Gang gesetzt. Der Investigator M. Meier hatte zur selben Zeit noch von Bruno Nettes »Steckenpferd« berichtet, »wenn möglich Halbjuden zu Geltungsjuden zu stempeln, um eine Handhabe für ihre Deportation zu finden«.[91]

Log Karl Bruck bei seiner zweiten Aussage? Schlimmer! Er hatte begonnen, den ehemaligen Bremer »Judenreferenten« zu entlasten. Und er war noch lange nicht fertig! »Konnte Nette bei Verschickungen Ausnahmen machen?«, wurde er gefragt. In einer Regieanweisung für einen zweitklassigen Krimi würde jetzt stehen: »Atemlose Stille!« Dann Bruck: »Nette hat bei den Sammeltransporten entgegen den gegebenen Bestimmungen 1945 etwa 70 Juden zurückgestellt. Nach seinen damaligen Äußerungen konnte er sich schwer gegenüber dem Kriminalrat Hasse durchsetzen, der als Judengegner darauf drängte, dass alle Juden vernichtet wurden.«

70 dem Tode geweihte Juden gerettet! Vor dem Zugriff des Judenhassers Hasse. Diese Aussage von Karl Bruck sollte entscheidend für die Entlastung Bruno Nettes werden.

Kein Wort mehr vom »Herausfinden der KZ-Reife«, die nicht immer »streng nach Dienstanweisung« ablief. Kein Wort mehr von Bruno Nettes Ermessensspiel-

---

[90] Karl Bruck, Aussage am 30. September 1948. SAB, 4, 66-I, Akte Bruno Nette, 1887/12/22, Blatt 157.

[91] M. Meier (Investigator): Bericht betr. Bruno Nette, 28. Juni 1948, S. 4. SAB, 4, 66-I, Akte Bruno Nette, 1887/12/22, Blatt 99.

räumen, die 1948 auch der Investgator M. Meier festgestellt hatte.[92] Dass 70 betroffene jüdische Bremer 1945 nicht deportiert worden seien, bewies, so Meier, vor allem, »dass für ihn die Möglichkeit bestand, so zu verfahren, wenn er wollte«. Er habe die Notlage der Betroffenen nur selektiv genutzt, und zwar »um materieller Vorteile willen«. Einwandfrei bewiesen sei, »dass er erst kurz vor Schluss des Krieges, als die Siegesaussichten der Nazis dahin waren und er wissen musste, was ihm blühen würde, jene 70 Juden von der Deportation zurückhielt. Sie waren ein Faustpfand für ihn, die nachher zu seinen Gunsten aussagen sollten und wie es naturgemäß auch geschehen ist. Diese 70 Juden beweisen im Grunde nur, dass er vorher Verbrechen gegen die Menschlichkeit begangen hat.«

Karl Bruck hatte selber unter Verdacht gestanden und fürchtete möglicherweise weitere Untersuchungen. Jetzt hatte er seinem ehemaligen Skatbruder einen goldenen Persilschein geliefert und konnte eine solide Gegenleistung erwarten. Bruno Nette enttäuschte ihn nicht: »Bruck hat keinerlei Anzeigen gemacht. Er hat sich jederzeit für seine Rassengenossen eingesetzt.« Vorsorglich hatte Karl Bruck noch schnell jeden Verdacht einer Kumpanei für die Zeit nach 1945 von sich gewiesen: »Die Bitten Nettes um Unterstützung nach dem Kriege habe ich jederzeit abgelehnt.«[93]

Vor der Berufungsverhandlung bat Bruno Nette seinen alten Kumpanen im Juli 1949 noch einmal um einen Gefallen. Karl Bruck schrieb daraufhin am 26. Juli 1949 dessen Rechtsanwalt Langer den ultimativen, sehr geschickten Persilschein-Brief.[94]

»Von Herrn Nette ist der Vorwurf, ausführendes Organ einer verbrecherischen Regierung gewesen zu sein, nicht zu nehmen. Als solcher war er williges, meist aber mehr unwilliges Werkzeug seiner Vorgesetzten. Wenn ich aber meine Erfahrung in meiner damaligen Tätigkeit mit dem Gestapobeamten Siebert zum Vergleich heranziehe, so war in der Tätigkeit Nettes ein nicht zu übersehender Unterschied festzustellen. Wenn auch Nette verschiedentlich einen barschen Ton an sich hatte und hierbei gegenüber Leidensgenossen von mir harte Redensarten gebraucht haben soll, so war er doch ein absolut umgänglicher und für unsere gefährliche Lage ein verständiger und nachsichtiger Mann. Herr Nette hat mir gegenüber häufig seine Missbilligung über die damaligen Verhältnisse zum Ausdruck gebracht. Seine Einstellung rassisch und politisch Verfolgten gegenüber war durchaus loyal, er war bestrebt, die Juden und deren Anhang zu schützen, soweit er dazu in der Lage war. Durch Vernichtung vieler Anzeigen und Zurückhaltung von Akten sowie durch Bagatellisierung von Vorkommnissen hat er viel helfen können, unsere schwere Lage zu erleichtern. Es ist – im Gegensatz zu anderen Städten – den Juden in Bremen seitens Nettes nie nachspioniert oder beobachtet worden, ob wir den uns auferlegten An-

---

92 M. Meier (Investigator): Aktennotiz zur Akte Nette, 29.5.1948, S. 4. SAB, 4, 66-I, Akte Bruno Nette, 1887/12/22, Blatt 99.

93 Karl Bruck, Aussage am 18.10.1948. SAB, 4, 66-I, Akte Bruno Nette, 1887/12/22, Blatt 157 (blau notiert).

94 Karl Bruck, Brief an Assessor Langer, 28.7.1949. SAB, 4, 66-1, Akte Bruno Nette, 1887/12/22, Blätter 351-353.

ordnungen Folge leisteten. Bei Regelung der jüdischen Wohnverhältnisse hat Nette kaum mitgewirkt, sondern diese Angelegenheit dem Sachbearbeiter beim Quartieramt und mir überlassen. (…) Während des Jahres 1944 leitete der vorgenannte Gestapobeamte Siebert für 1 ½ Jahre das Judenreferat. Siebert begann damals und meines Wissens ohne Befehl seiner Vorgesetzten, auch die Halbjuden zu drangsalieren. Als ich mich vertrauensvoll an Nette wandte, geriet dieser durch seine Vorhaltungen mit Siebert in einen heftigen Disput, in dessen Verlauf Nette dem Siebert eine Ohrfeige gab, die ihm fünf Strafnachtwachen im Gestapohaus einbrachte.[95]

Im November 1944 wollte sich Nette krank melden, da er Siebert wieder in der Führung des Judendezernats ablösen sollte. Auf Grund der Bitten meines damaligen Mitarbeiters Fritz Harf und Kurt Grünberger sowie von mir übernahm Nette damals wieder das Dezernat.

Die Deportationen von Juden in Konzentrationsläger geschahen auf Anordnung des Reichssicherheitshauptamtes Berlin. Die Durchführung und Ausstattung dieser Transporte handhabte Nette großzügig und ausgesprochen menschlich. Ich habe bei Nette und mit ihm um jede Freistellung von einem Transport gekämpft. Wir haben mit falschen Attesten und Angaben gearbeitet, um zu retten, was zu retten war.

Es bleibt nicht aus, dass in seiner Position, die Nette bekleidete, Situationen eintraten, die Nette verschiedenen Verfolgten unsympathisch (wenn hier überhaupt von Sympathie gesprochen werden kann) oder gehässig erscheinen ließen. Ich erwähnte eingangs schon den schweren Vorwurf der Gestapobeamten-Tätigkeit Nettes. Es mag auch eigenartig erscheinen, dass man dem Beauftragten seiner früheren Peiniger ein gutes Zeugnis ausstellt. Es wäre aber unehrenhaft und würde ein falsches Bild von Nette geben, hielte ich mit meinem Zeugnis zurück. Dass Nette auch mir persönlich in letzter Stunde durch eine Warnung geholfen hat, sei nur nebenbei bemerkt und ist nicht der Anlass meiner Ausführungen.«

Stände uns heute nur dieser eine Brief von Bruck zur Verfügung und vielleicht noch der Dankbarkeitsausbruch des Rechtsanwalts W. Oliver (s. Kapitel 10), könnte man glatt Mitleid mit meinem Großvater bekommen, weil er, im Grunde seines Herzens edel gesonnen, trotzdem schrecklicher Dinge angeklagt wurde. Aber so war es eben nicht! Nein, da waren keine zwei Gesichter, keine zwei Charaktere des Bruno

---

[95] Ob der Vorfall sich so abgespielt hat, ist nicht mehr zu belegen. Vermutlich hat Bruck seine Information von Bruno Nette selbst erhalten, der dem Investigator M. Meier den Zusammenstoß mit Siebert auch geschildert hat: »Siebert hatte Bruck beauftragt, von jedem Halbjuden einen Familienbogen anzufordern, aus dem die genauen personellen Verhältnisse von ihm und seiner Familie hervorgingen. Das war zu der Zeit, als ich das Referat Rechtsopposition bearbeitete. Die Halbjuden liefen mir in Privatwohnung und Diensträumen die Wohnung ein. Ich ging zu Siebert und machte ihm Vorhaltungen wegen seiner Anordnung, die gegen die erlassenen Dienstanweisungen verstießen. Wir gerieten in einen Wortwechsel. Er sprang auf, ich sprang auf und schließlich und letzten Endes klebte ich ihm eine, dass er über den Tisch flog. Eine von ihm voher vernommene Jüdin mit ihrem Sohn, die sich noch im Zimmer aufhielten, waren Zeugen dieses Vorgangs. Die Folge: Drei Strafwachen.« Aussage Bruno Nette, 24. Juni 1948. SAB, 4, 66-I, Akte Bruno Nette, 1887/12/22, Blatt 138, letzte Seite.

Nette, da war kein dramatisch zerrissener Mensch in all seiner Tragik, nein und nochmals nein, es handelte sich nur um den einen Menschen mit dem einen Gesicht, für das er als 60-Jähriger selbst verantwortlich geworden war, und in diesem Gesicht war schließlich nichts als die pure Angst vor den Alliierten, sodass er sich sogar mit dem sadistischen Gestapobeamten Siebert prügelte, so verzweifelt war er.

Die Berufungskammer übernahm ganze Textpassagen aus dem letzten Brief von Karl Bruck und erklärte den ehemaligen Judenreferenten im Herbst 1949 zum »Minderbelasteten«. Bruno Nette und Karl Bruck waren quitt.

Schurken

Die Recherchen zu Carl Katz und auch zu Karl Bruck fielen mir sehr schwer. Katz und Bruck waren Opfer, rief eine laute Stimme in mir. Die entsprechenden Kapitel habe ich immer und immer wieder umformuliert. Und sollten all diese Fragen zu den jüdischen Funktionären lieber nicht gestellt werden? Weil die Antworten dazu führen könnten, die Schuld der Nazis zu verdunkeln, zu relativieren und zugleich einen immer wieder hervorkriechenden Antisemitismus zu befeuern?

Was bleibt überhaupt, fragte ich mich? Schweigende Mordstätten? Vergilbte Papiere in den Archiven, die raschelnd wieder hinuntersinken? Lautloses Vergessen?

Ein solches Papier fiel aus den Unterlagen im Bremer Staatsarchiv heraus, als wollte es auf sich aufmerksam machen. »Ich bin ein pflichtgetreuer Beamter gewesen«, las ich. »Ich bin nicht für eine Zigarre käuflich gewesen und unbestechlich. Ich habe eine Zigarette nicht als Bestechung empfunden, sondern aus Freundschaft, ich wollte mit Bruck arbeiten«, so Bruno Nette vor der ihm wohlwollenden Berufungskammer.[96]

Und plötzlich wurde es wieder ganz klar. In diesen Sätzen verbarg sich ein ganzes Universum von Teufeleien. Genauso gut hätte er sagen können: »Ich wollte mit Bruck quälen und morden.«

Wo aber verlief die Grenze? Wo nutzte der jüdische Funktionär, ob er nun Carl Katz hieß oder Karl Bruck oder noch anders, Bruno Nettes Bestechlichkeit aus, um den ihnen anvertrauten Menschen zu helfen, und wo kam es zu einer wüsten und distanzlosen Zusammenarbeit? Denn es war eine Grenze überschritten worden, immer wieder war sie überschritten worden! Zum Schluss lachten sie, dröhnend lachten sie und gemeinsam, der Mittdreißiger Karl Bruck und der kurz vor der Pensionierung stehende Bruno Nette, und trieben ihren grausamen Scherz mit einer zu Tode geängstigten Frau in der Gestapo-Höhle *Am Wall 199*!

Wer wollte Gott spielen und wer gab den Nazihilfsteufel? Stellen wir uns für einen Augenblick vor, sie alle – Täter wie Opfer – wären nicht in die Zeit der terroristischen Naziherrschaft hineingeboren worden. Der real gewaltige Täter Bruno Nette hätte das normale Leben eines dienstlich korrekten Kriminalbeamten und

[96] SAB, 4, 89/3-1119, Staatsanwalt beim Landgericht Bremen, Akte Katz/Plaut, 1967.

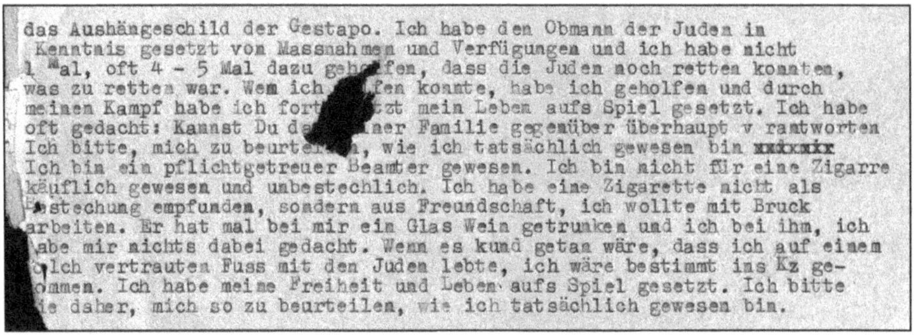

das Aushängeschild der Gestapo. Ich habe den Obmann der Juden in
Kenntnis gesetzt von Massnahmen und Verfügungen und ich habe nicht
1 Mal, oft 4 - 5 Mal dazu geh[illegible]fen, dass die Juden noch retten konnten,
was zu retten war. Wem ich [illegible]fen konnte, habe ich geholfen und durch
meinen Kampf habe ich fort[illegible]tzt mein Leben aufs Spiel gesetzt. Ich habe
oft gedacht: Kannst Du d[illegible]ner Familie gegenüber überhaupt v rantworten
Ich bitte, mich zu beurte[illegible]n, wie ich tatsächlich gewesen bin xxxxxxx
Ich bin ein pflichtgetreuer Beamter gewesen. Ich bin nicht für eine Zigarre
käuflich gewesen und unbestechlich. Ich habe eine Zigarette nicht als
[illegible]stechung empfunden, sondern aus Freundschaft, ich wollte mit Bruck
arbeiten. Er hat mal bei mir ein Glas Wein getrunken und ich bei ihm, ich
abe mir nichts dabei gedacht. Wenn es kund getan wäre, dass ich auf einem
[illegible]lch vertrauten Fuss mit den Juden lebte, ich wäre bestimmt ins Kz ge-
ommen. Ich habe meine Freiheit und Leben aufs Spiel gesetzt. Ich bitte
ie daher, mich so zu beurteilen, wie ich tatsächlich gewesen bin.

»Ich bin ein pflichtgetreuer Beamter gewesen ... Ich wollte mit Bruck arbeiten.«
Loses Einzelblatt aus dem Berufungsverfahren von Bruno Nette, Herbst 1949

privat prügelnden Ehemanns und Vaters geführt. Die realen Opfer Carl Katz und Karl Bruck wären als ehrbare, mäßig erfolgreiche Bremer Kaufleute nicht aus dem Lebensstrom ihrer Zeit hinausgeschleudert worden.

Die Grenze zwischen Gut und Böse in Zeiten des Massenterrors war schmal. Jede Entscheidung, jedes Zögern, jedes Handeln, jedes Nichthandeln konnte gleichermaßen in die tiefsten Abgründe führen. Die Verbrechen waren zu monströs, die Begründungen zu lächerlich, die nachträglichen Unschuldsbeteuerungen zu unglaublich, als dass der Glaube an den menschlichen Anstand, die menschliche Vernunft nicht rettungslos veraltet erscheinen musste. Die einzig richtige Antwort lautet: Die wahren Schuldigen, die wahren Verbrecher, die saßen *Am Wall Nr. 199*, und mein Großvater, der Judenreferent, saß mitten unter ihnen und tat seine »Arbeit«. Er hatte sich für die Seite des staatliches Terrors und des Mordens entschieden. Schuldig! Punkt. Verantwortung für das eigene Leben übernehmen, für das eigene Handeln, und dadurch für andere, die schwächer waren, zumindest in ihrem Interesse Spielräume ausnutzen, das wäre gewesen: Weniger Schuld. Bruno Nettes Sache war das nicht.

Carl Katz und Karl Bruck aber sind in eine fast nicht zu ertragende Verantwortung gestoßen worden. Sie luden schwere Schuld auf sich in einer staubdürren Todeszone, wo es für sie kein richtiges Handeln mehr gab. Sie sollten Menschen retten. Heldentum und Opferbereitschaft? Ja, vermutlich. Und Versagen, Charakterschwäche? Ja, auch das.

»... aber in diesem Falle noch gar als Denunziant zu agiren, das kann nur ein Schurke. Geschrieben zu Paris, den 24. Januar 1837« (Heinrich Heine: Über den Denunzianten).[97]

Nimmt man es genau, so waren sie keine Verbrecher, die Katzens und die Brucks, keine Mörder in mörderischer Zeit. Das waren die anderen. Aber manchmal Schurken, Heinesche Schurken, das schon.

97 Erschienen in Hamburg 1844, Zitat auf S. 17f.

Kapitel 14: Der lange Schatten

Als Enkel in der frühen Bundesrepublik

Bruno Nette wird psychisch schwer belastet aus dem Ersten Weltkrieg zurückgekehrt sein. Er wurde zum prügelnden Familienwüterich und zum großen Nazi-Täter. Deswegen? So einfach war es nicht, er durchlief keine zwangsläufige Entwicklung, jeder kann über seinen Lebensweg entscheiden. Aber dass ohne die Katastrophe des Ersten Weltkriegs auch bei ihm manches besser gelaufen wäre, so viel steht fest.

Das Schicksal der Kriegsgeneration aus dem Ersten Weltkrieg wiederholte sich an den Söhnen. Ich selbst habe es bei meinem Vater Günther Nette erlebt. Er war ein doppeltes Opfer, indirekt des Ersten Weltkriegs, denn er war der Sohn des gestörten Unteroffiziers Bruno Nette, und ganz direkt des Zweiten Weltkriegs. Im großen Familien-Campingzelt, das bald in jedem Sommer in Dänemark aufgeschlagen wurde, erstaunte er die Familie abends mit Russischkenntnissen, wenn er der Pausenmusik von Radio Mokau lauschte. »Tapfere Soldaten, die Iwans«, sagte er leise. Wir, seine beiden Söhne, verstanden den Traumatisierten häufig nicht, litten unter seinen Reaktionen und Ausrastern, ja, zwischendurch hassten wir ihn. In ruhigeren Zeiten konnte er der liebevollste Vater und Ehemann sein. Er wollte seinem eigenen unbeherrschten Vater Bruno auf gar keinen Fall nacheifern. Ein besserer Vater wollte er sein! Und doch! Die Tradition der brutal geordneten, nach scheinbar objektiven Regeln strafenden Welt des deutschen Polizeibeamten führte Brunos Sohn in seiner eigenen Familie fort. Keine irregulären Gewaltausbrüche. Die Körperstrafen wurden exakt exekutiert, kalten Blutes und rein pädagogisch.

Als ich meinen Vater deshalb später zur Rede stellte, bat er um Verzeihung, nicht ohne auf seine eigenen schlimmen Erlebnisse als Sohn des Bruno Nette hinzuweisen. Günther Nette durchbrach für uns Söhne die Regel, dass es immer die Opfer sind, die Schuld haben.

Menschen können sich entscheiden. Und sie können um Verzeihung bitten. Nicht so Bruno Nette. Der nicht.

Seit 1950 – ich war gerade vier geworden – wohnten wir im Hamburger Stadtteil Hamm-Nord. Überall Ruinen. Eine einzige Trümmerwüste. Niemand erzählte uns was. Meine Mutter Wiebke nicht. Mein Vater Günther nicht. Wir Kinder hielten die kilometerweiten Bombenruinen in Hamburgs Osten für selbstverständlich und normal, ebenso die Tag für Tag quietschenden Bagger. In den Ruinenkellern durften wir nicht spielen – Einsturzgefahr. Wir taten es trotzdem. Suchten nach Gold und Silber, das die in den Kellern Verschütteten bei sich gehabt hatten, wie uns die großen Jungs immer prahlerisch erzählten. Aber nix da. Nur Eisenrohre! Das war kein reicher Stadtteil gewesen, als die Bomben fielen.

»Heute Abend mitkommen, auf Udels aufpassen«, wurde uns von älteren Jungen befohlen. Wir wussten, was das hieß. Und wir würden mitkommen, wenn nicht, gäbe es gewaltige Dresche. Also in der untergehenden Sonne auf den Friedhof, schräg hinter dem S-Bahnhof Hasselbrook. Wo waren die Udels, die Polizisten in ihren grünen VW-Brezelkäfern?

Die »Großen« hackten mit Spaten und Spitzhacken, die sie in Schrebergärten »gefunden« hatten, Gräber auf. Morsche Särge aufhebeln, Schädel suchen, Goldzähne rausbrechen. Irgendwer hatte ihnen erzählt, dass man das so macht. Zu Hause wartete »Vati« schon. »Wo hast du dich wieder rumgetrieben? Sag die Wahrheit, kriegst zwei Jahre weniger.« Ein Spruch meines Großvaters Bruno.

Ostern 1964, ich war gerade 18 Jahre alt geworden, fuhr ich mit der Deutschen Bundesbahn, auf der Kanalfähre und in einem fremdriechenden Waggon der British Rail, gezogen von einer Dampflok, als Austauschschüler nach London zu der sehr freundlichen Familie Wells. Ihr einziger Sohn John besuchte das renommierte Dulwich College in Süd-London. Diese reine Jungenschule war 1619 gegründet worden und hatte ihre Räume in einem neogotischen Gebäudekomplex. Die Schüler beugten sich über altertümliche Einzelpulte, wie ich sie aus meiner Hamburg-Hammer Kirchenpauer-Schule nicht kannte. Meine englischen Mitschüler trugen schwarze Anzüge. Ich erinnere mich sogar an lange Rockschöße, aber da kann ich mich nach über 50 Jahren auch irren. Dazu Krawatten und blankgewienerte schwarze Halbschuhe.

Eindeutig aber erinnere ich mich daran, dass ich mir am Dulwich-College den schmachvollsten Vorwurf meines ganzen bisherigen Lebens anhören musste. Ich würde lügen, sagte man mir verachtungsvoll ins Gesicht. Dabei hatte ich nicht gelogen, sondern – und das fand ich insgeheim noch schmachvoller – ich war ahnungslos und dumm gewesen.

Einer der Lehrer war auf mich zugekommen und hatte mich gefragt, ob ich mir vorstellen könne, vor der Schulgemeinde des Dulwich College einen kurzen Vortrag zu halten. Thema: Der Auschwitz-Prozess.

»Aha«, hatte ich etwas erschrocken geantwortet, »ein Vortrag, vor der ganzen Schulgemeinde? Ältere Schüler und alle Lehrer, Sir?«

Der Lehrer hatte freundlich genickt.

»Aber was bitteschön, Sir, ist Auschwitz?« Ich hatte ihn fragend angeblickt.

Seine Stimme rutschte ins gestreng Verächtliche. »Das hättest du ruhig ehrlich sagen können«, sagte er, und wandte sich schon halb ab, »dass du als junger Deutscher darüber nicht reden willst. Das hätte ich verstanden. Aber zu behaupten, du wüsstest nicht, was in Auschwitz war, das ist ein starkes Stück, mein Lieber. Schlimmer, es ist eine tölpelhafte Lüge. Am Dulwich Collge lügt man nicht. Und Feigheit gehört sich nicht.«

Und weg war er. Ich stand völlig verwirrt da. Ja, schon, ich hatte irgendwo gelesen, dass da ein Prozess in Frankfurt stattfand, aber worum es ging, hatte mich nicht interessiert. Und »Auschwitz« sagte mir wirklich nichts, rein gar nichts.

Mich ärgerte meine Unwissenheit. Das Verachtungsvolle in der Stimme des Lehrers! Vielleicht stimmte der Vorwurf der Feigheit ja sogar?

Zu Hause war »Auschwitz« niemals vorgekommen. Nur einmal hatte mein Vater gesagt, träfe er jetzt Hitler auf der Straße, würde er ihm eine runterhauen. Wir staunten. Aber sonst? Nichts. Und in der Schule? Eisernes Schweigen. Im Geschichtsunterricht hatten wir in der 10. Klasse alle Schlachten des Ersten Weltkriegs »im Westen« ausführlichst durchgenommen, eigenhändig mittels Buntstiften – blau für »uns«, rot für den Feind – Landkarten mit den wechselnden Frontverläufen gezeichnet. Was nach 1918 kam? Nur noch ein großes Durcheinander, sagte unser Lehrer, und zeigte uns dann doch ein Konterfei von Hitler und fragte uns, ob wir wohl verstehen könnten, dass man diesen Mann verehren konnte, der Deutschland von den Fesseln von Versailles – diese hatten wir natürlich alle auswendig gelernt einschließlich des Hultschiner Ländchens, das sonst keiner mehr kannte – befreit hatte. Eigenhändig habe er, unser Klassenlehrer, Breslau 1945 noch gegen den Iwan verteidigt. Er kam aus Schlesien. Die jüdischen Mädchen in Breslau seien die schönsten gewesen, wunderschöne Mädchen, schwärmte der tapfere Breslau-Verteidiger, unglücklicherweise hätten die Juden alle akademischen Arbeitsplätze in Deutschland besetzt und das musste wohl oder übel beendet werden. Und, ach ja, befördert habe man ihn, mitten auf dem Schlachtfeld von Breslau, »zum Leutnant, Jungs«.

Kaum war ich aus London wieder zu Hause, fragte ich in der nächsten öffentlichen Bücherhalle in Wandsbek nach.

»Wie heißt das Kaff?«

»Auschwitz«, sagte ich.

»Nein, haben wir nichts zu.«

Ich solle es im Amerika-Haus versuchen. Die Amis hätten sicher die Nürnberger Protokolle, den Prozess hätten sie ja schließlich selbst veranstaltet mit den Briten und den Franzmännern und den verdammten Russen. Hier in der öffentlichen Bücherhalle sei nichts verfügbar zu dem Thema. Aber halt, ich könne mir Feldmarschall von Mansteins »Verlorene Siege« ausleihen, das hätten sie da. »Nein, besten Dank!« Der Herr stand bei uns zu Hause rum.

Das Hamburger Amerika-Haus befand sich am Anfang der Rothenbaumchaussee. Es ist inzwischen längst abgerissen worden, an seiner Stelle steht ein neugebauter Flügel des Elysee-Hotels. Auf der weiten Rasenfläche der Moorweide mussten viele von Hamburgs Juden zu Beginn ihrer Deportation in den sicheren Tod kampieren – vor aller Augen.

Ich ging rein. Und tatsächlich, hier in der Bibliothek, da standen sie, in Reih und Glied, in schwarzes Leinen gebunden, die Protokolle von den Nürnberger Prozessen. Alle. Viele Meter lang. Anklagen, Verteidigungsversuche, Dokumente, Zeugenaussagen, alles über das unfassbare Verbrechen. Auch über das an den Juden. Wochenlang konnte ich nicht aufhören zu lesen, jeden Nachmittag war ich da. Es steht alles in den Protokollen, dachte ich. Seit meiner Geburt! Wie hatte ich behaupten können, nichts zu wissen? Ich musste zwischendurch immer wieder auf die Rothenbaumchaussee hinaustreten und hinter der gläsernen Eingangstür tief Luft holen. Ich blickte auf einen typischen Hamburger Rundbunker, innen Stahlbeton, außen roter Klinker. Der steht noch heute, als Denkmal.

Später – einige Zeit vor dem Abriss des Amerika-Hauses – weigerte ich mich, Farbbeutel auf die rohen Holzplanken zu schmeißen, mit denen man die wunderbaren hohen gläsernen Scheiben dauerhaft gegen die Studentendemos vernagelt hatte. Ich gehörte zur 1968er-Studentengeneration und randalierte ohne Zögern gegen die Auslieferungswagen der Bild-Zeitung, aber nicht gegen das Amerika-Haus. Ja, natürlich, wir gingen gegen den Vietnam-Krieg der Amis auf die Straße, aber da drinnen lagerten die Protokolle der Nürnberger Prozesse! Ich dachte mir, wir hätten einfach kein Recht, dieses Haus zu beschädigen oder zu beschmutzen. Und auch den Slogan »USA-SA-SS«, immer wieder von jungen Kehlen skandiert, wenn die Demonstrationszüge von der Universität am Amerika-Haus vorbei in die Innenstadt gingen, fand ich leichtfertig und falsch. Sozusagen eine unerlaubt billige Abkürzung in das eigene gute Gewissen. Ich war nicht mehr der unwissende Depp, was die Mörder der SA und der SS anging. Und ich wusste, was den Juden im Holocaust angetan worden war.

Der gestrenge Lehrer vom Dulwich College hatte recht gehabt. Feigheit gehörte sich nicht. Feigheit vor der Wahrheit.

Der Zentralrat

Man wäre auf den ersten Blick geneigt, den Streit zwischen Max Plaut und Carl Katz, der sich zur selben Zeit ereignete, in der ich in London die Scham kennenlernte, als skurril zu bezeichnen, wenn er nicht einen so ernsten Hintergrund gehabt hätte. Carl Katz war 1945 aus Theresienstadt nach Bremen zurückgekommen und wurde Vorsitzender der u.a. von ihm neugegründeten Israelitischen Gemeinde. Karl Bruck half ihm anfangs, in Bremen wieder Fuß zu fassen, entfernte sich dann aber von ihm, weil er Katz' sektiererische Haltung bei der Unterstützung der rassisch Verfolgten nicht mittragen wollte. Außerdem gehörte Bruck als evangelischer Christ nur nach Nazikriterien zum Judentum. Fritz Harf hatte als einziger seiner Familie knapp die Nazi-Verfolgungen überlebt. Er wurde die rechte Hand von Carl Katz. Und der Hamburger Max Plaut? Nach seiner Rückkehr 1950 aus Palästina/Israel zog es ihn nach Bremen, zu Carl Katz. Die beiden ehemaligen Funktionäre der »Reichsvereinigung der Juden in Deutschland«, Katz in Bremen, Plaut in Hamburg für ganz Nordwestdeutschland, arbeiteten zunächst eng zusammen. Plaut wurde 1951 sogar Mitglied des Vorstands in der Israelitischen Gemeinde Bremen und außerdem Prokurist in der Firma von Katz. Man war eng befreundet. 1961 veröffentlichte Max Plaut zum 60. Geburtstag von Carl Katz einen besonders schmeichelhaften Beitrag für ihn in der Festschrift der Israelitischen Gemeinde.

Dann der Bruch. Max Plaut warf dem Millionär Carl Katz vor, nicht genügend Kirchensteuer an die Israelitische Gemeinde Bremen abgeführt zu haben.[1] Das war

---

[1] Aufmerksam geworden bin ich auf den Streit zwischen Katz und Plaut u.a. durch Beate Meyer. Vgl. Meyer 2011, S. 421-423.

der Anfang. Max Plaut legte 1962 alle Ämter in der Gemeinde nieder und verließ auch Katz' Firma.

1960, zwei Jahre zuvor, war Bruno Nette, gestorben. Aber er ging in Bremen weiter um, ein Untoter, der nicht aufhörte, das Leben der Menschen in der wieder aufgebauten Stadt zu vergiften. Er hatte 1949 während seines Verfahrens vor dem Spruchgericht mehrfach öffentlich behauptet, Carl Katz, der alte und neue Vertreter der Juden in Bremen, sei 1941/42 sein Freund und sein bester Mitarbeiter gewesen. Carl Katz hatte ihn daraufhin zwar einen »abgefeimten Lügner« genannt,[2] was sicher auch seine Richtigkeit hatte, aber galt das auch für die Zusammenarbeit zwischen Nette und Katz? Das 1949 eingeleitete entsprechende Verfahren gegen Carl Katz war, wie im Kapitel 13 beschrieben, freilich Mitte 1950 von der Staatsanwaltschaft eingestellt worden.

Carl Katz wurde ein sehr erfolgreicher Kaufmann, wohnte in einer großen Villa im reichen Stadtteil Schwachhausen in der Donandtstraße 18 und entwickelte sich zu einem der bekanntesten und geachtetsten Bürger Bremens, seit 1960 Träger des Bundesverdienstkreuzes und Vorsitzenden der Israelitischen (später der Jüdischen) Gemeinde in Bremen. Bürgermeister Kaisen gratulierte ihm 1964 zu seinem 65. Geburtstag und versicherte, »wie gut es für Bremen war, dass Sie nach dem Zusammenbruch mit den staatlichen Stellen zusammenarbeiteten, um das wichtige Wiedergutmachungsproblem lösen zu helfen. Der Senat weiß, was Bremen Ihnen zu verdanken hat.«[3]

Bremens sozialdemokratischer Landesvater ahnte nicht, dass zur gleichen Zeit der Zentralrat der Juden in Deutschland begann, sich kritisch mit dem Problem zu beschäftigen, wie die jüdischen Gemeinden mit ehemaligen jüdischen Funktionsträgern im Nazisystem umgehen sollten. Hannah Arendt hatte mit ihrem Bericht »Eichmann in Jerusalem. Ein Bericht von der Banalität des Bösen« 1963 (englische Ausgabe, 1964 erschien die deutsche Übersetzung) eine Debatte über die Judenräte angestoßen, der nicht mehr auszuweichen war. »Die Rolle der jüdischen Führer bei der Zerstörung ihres eigenen Volkes ist für Juden zweifelslos das dunkelste Kapitel in der ganzen dunklen Geschichte«, schrieb sie.[4] Heinz Galinski berichtete auf der Sitzung des Direktoriums des Zentralrats (in Hannover) vom 22.3.1964, er habe bereits 1957 als Vorsitzender des Zentralrats der Juden in Deutschland einige Briefe aus Bremen erhalten »mit heftigen Angriffen gegen Herrn Katz«.[5] Dr. van

[2] Carl Katz während der Sitzung des Direktoriums des Zentralrats der Juden in Deutschland am 23.3.1964 in Hannover. SAB, 4, 89/3-751, Staatsanwalt beim Landgericht Bremen, Akte »Katz/Plaut«.

[3] Bürgermeister Wilhelm Kaisen, Schreiben vom 14.9.1964 an Carl Katz. SAB, 4, 89/3-751.

[4] Arendt 2004, S. 209.

[5] Heinz Galinski, laut Protokoll auf der Sitzung des Direktoriums des Zentralrats der Juden in Deutschland am 22. März 1964. SAB, 4, 89/3-751, Staatsanwalt beim Landgericht Bremen, Akte »Katz/Plaut«.

Dam, Generalsekretär des Zentralrates der Juden in Deutschland, bestätigte dies. Man habe aber damals nicht gewollt, dass die Sache aufkam.[6]

Zum Kronzeugen der Anklage gegen Carl Katz entwickelte sich Max Plaut. Die bald auch juristisch ausgetragenen Auseinandersetzungen zwischen den beiden eskalierten so lange, bis sie nur noch per ordre du mufti des Bremer Senats beendet werden konnten.

Das Direktorium des Zentralrats der Juden in Deutschland, in dem auch Carl Katz vertreten war, befasste sich am 25. Februar 1964 in Hamburg mit dem Problem und beschloss nach kontroverser Diskussion einen Antrag, den Heinz Galinski eingebracht hatte. Jüdische Personen, die nach 1939 mit den Nationalsozialisten mit oder ohne Zwang zusammengearbeitet hatten, sollten demnach in der jüdischen Gemeinschaft der Gegenwart keine leitenden Posten mehr bekleiden. Einen Monat später, am 23. März 1964, wurde die Diskussion in Hannover fortgesetzt.

Die Protokolle jener zwei denkwürdigen Direktoriumssitzungen vom Februar und März 1964 fanden Eingang in die Akten, die der Leitende Bremer Oberstaatsanwalt zur Vorbereitung eines Strafprozesses »Katz gegen Plaut« anlegen ließ.[7] Die Protokolle sind lesenswert, weil sich hier die legitimen Vertreter der Opfer der Nazi-Herrschaft mit dem Problem der jüdischen »Helfershelfer« beschäftigten und nicht Staatsanwälte, die eben noch an NS-Sondergerichten »gearbeitet« hatten, oder Gestapo-Täter wie mein Großvater.

Heinz Galinski hatte in Hamburg das Problem erläutert. »Wenn die jüdische Gemeinschaft heute gezwungen sei«, wird er im Protokoll zitiert, »zu politischen Vorkommnissen der Gegenwart Stellung zu nehmen, dürfe sie nicht Gefahr laufen, dass ihr gewisse Dinge entgegen gehalten werden«. Werner Nachmann, der später der langjährige Vorsitzende des Zentralrats wurde (von 1969 bis 1988), hatte ergänzt, die Reichsvereinigung sei schließlich von den Nazis gegründet worden und habe für sie arbeiten müssen. »Er forderte eine grundsätzliche Entscheidung, damit wir auf diesen Beschluss hinweisen können, falls die Dinge einmal an die Öffentlichkeit dringen sollten.« Dr. van Dam mahnte, es dürfe weder ein Strafverfahren noch ein ehrengerichtliches Verfahren geben. Die angesprochenen Personen sollten von sich aus nicht mehr in den Vordergrund treten. Er hatte ausdrücklich auf Hannah Arendts Buch verwiesen. Grundsätzlich sei nur bis 1939 jede Zusammenarbeit mit den deutschen Dienststellen vernünftig und erlaubt gewesen, um die jüdische Auswanderung zu erleichtern.

Offensichtlich sah sich der Zentralrat gezwungen zu handeln. Aber man wollte kein unnötiges Aufsehen erregen, alles sollte im nichtöffentlichen innerjüdischen

---

[6] Dr. van Dam auf der Sitzung des Direktoriums des Zentralrats der Juden in Deutschland vom 22.3.1964. SAB, 4, 89/3-751. Fünf Jahre später, also im Jahr 1969, taucht dieselbe Formulierung in den Protokollen des Zentralrats noch einmal auf. Protokoll der Sitzung des Zentralrates der Juden 4/1969: Rohdenburg 2009, S. 157, Anm. 28.

[7] SAB, 4, 89/3-751, 4, 89/3-1118; 4, 89/3-1119, Staatsanwalt beim Landgericht Bremen, Akte »Katz/Plaut«.

Diskurs ablaufen. Das war durchaus verständlich in einer Zeit, in der es auch in Deutschland vermehrt zu antisemitischen Schmiereien und Schändungen jüdischer Gräber gekommen war.

Schon deshalb hatte Carl Katz die Runde gestört, als er bereits in Hamburg angekündigt hatte, er wolle in aller Öffentlichkeit gegen seine Kritiker strafrechtlich vorgehen – tatsächlich zeigte er ein Jahr später Max Plaut an. Außerdem hatte er eine Schutzbehauptung in den Raum gestellt, von der jeder wusste, dass sie eine Lüge war. Er behauptete, dass er freiwillig 1942 die deportierten jüdischen Menschen aus dem Bremer Altersheim nach Theresienstadt begleitet hätte.

Vor allem aber war er auf der Hamburger Sitzung energisch zum Gegenangriff übergegangen.

»Herr Katz ist der Ansicht«, wird er im Protokoll zitiert, »dass nur diejenigen zu dem Komplex Stellung nehmen könnten, die alles miterlebt hätten und selbst in der Arbeit gestanden hätten. Er wirft die Frage auf, ob einzelne Rabbiner, die an der Spitze gestanden haben und ihre Gemeinde im Stich gelassen hätten, sich nicht ebenso oder mehr vergangen hätten als diejenigen, die unter schwierigen Bedingungen ihre Arbeit fortgesetzt hätten. Wer 1941 bis 1943 in den Gemeinden tätig gewesen sei, sei nicht gefragt worden, ob er mitarbeiten wolle oder nicht, sondern von der Gestapo gezwungen worden, tätig zu werden.«

Katz hatte Heinz Galinski nicht gut zu jenen zählen können, die, wie er behauptete, pflichtvergessen geflohen waren. Galinski war als junger Mann zusammen mit seiner Ehefrau und seiner Mutter nach Auschwitz verschleppt worden, wo beide Frauen ermordet wurden und er nur knapp mit dem Leben davongekommen war. Und Galinski hatte jetzt darauf bestanden, eine grundsätzliche Entscheidung über die Frage zu treffen, »ob Menschen, die – gegen ihren Willen – im Auftrag einer höheren Stelle Listen für die Deportationen haben zusammenstellen müssen, heute in irgendeinem Gremium tätig sein könnten«.

Und wenn die Gemeinde hinter ihrem Vorsitzenden stehe und ihn in das Direktorium entsende?, hatte Carl Katz spitz zurückgefragt. Werner Nachmann hatte verärgert geantwortet, jeder, der in der Reichsvereinigung war, sei gemeint! Van Dam hatte schließlich gesagt, es gehe doch um das moralische Prinzip.

Carl Katz hätte sofort zurücktreten müssen, ganz egal, ob ihm etwas Unrechtes nachgewiesen werden konnte oder nicht. Allerdings war der Beschluss nicht durchsetzbar, es gab keine Zwangsmittel.

Es wurde in Hamburg nur noch eine – weitgehend machtlose – Kommission gebildet, die Untersuchungen anstellen und Zeugen befragen sollte. Max Plauts Verteidiger, der bundesweit bekannte Bremer Strafverteidiger Dr. Heinrich Hannover, fasste zusammen:

»Der Zentralrat der Juden in Deutschland hat am 23.2.1964 beschlossen, u.a. auch gegen Herrn Katz, Bremen, wegen seiner Tätigkeit in der Hitlerzeit zu ermitteln. Aus diesem Anlass rief Herr Dr. van Dam, Generalsekretär des Zentralrats, Herrn Dr. Plaut in Bremen an und bat ihn unter Bezugnahme auf die Aussagen eines Gestapobeamten (Parchmann oder Nette), Herr Katz sei die rechte Hand der Gestapo gewesen, darüber auszusagen, was er, Dr. Plaut, über die Tätigkeit des Herrn Katz aus jener Zeit wüsste.«[8]

Da war er wieder, dunkel und düster, der lange Schatten meines Großvaters.

Am 23. März 1964 setzte das Gremium die Diskussion in Hannover fort. Carl Katz brachte zur Unterstützung Fritz Harf aus Bremen mit, auch er ein ehemaliger jüdischer Funktionär in der »Reichsvereinigung« und jetzt im Vorstand der Israelitischen Gemeinde Bremens. Ein Jahr später stand sein Name unter dem Antrag, Max Plaut aus der Gemeinde auszuschließen.

Seit Wochen gebe es ein Kesseltreiben gegen seine Person, klagte Katz. An den Hamburger Beschluss vom Februar fühle er sich in keiner Weise gebunden, er werde nicht zurücktreten und gegen seine Verleumder vorgehen.

Werner Nachmann verlor langsam die Geduld. Katz habe offensichtlich nur noch Interesse an strafrechtlichen Verfolgungen. Van Dam versuchte zu beruhigen. »Es gehe nicht um die Frage«, wird er im Protokoll zitiert, »ob Herr Katz sein Amt richtig oder falsch ausgeübt habe, sondern darum, dass das Direktorium beschlossen habe, dass Personen, die bestimmte Positionen eingenommen hätten, in der jüdischen Gemeinschaft keine leitenden oder repräsentativen Funktionen ausüben sollten, und dass Herr Katz eine derartige Position gehabt habe.« Heinz Galinski beschwor schließlich Carl Katz: »Die Folgen eines Prozesses gegen Dr. Plaut wären nicht abzusehen. Dies wäre der größte Schlag gegen die jüdische Gemeinschaft. Es wäre der Anfang einer Entwicklung, die nicht abzusehen sei ...«

Max Plaut sagte vor der Kommission aus. Es nannte die bekannten und bis auf den Vorwurf der finanziellen Bereicherung längst belegten Vorwürfe. Carl Katz habe vor allem mit der Gestapo beim Zusammenstellen der Transporte zusammengearbeitet und »Mischlinge« auf den Todestransport nach Minsk geschickt. Das exzellente Zeugnis zu Händen der jüdischen Verwaltung des KZ Theresienstadt, das er, Max Plaut, Carl Katz als dessen Vorgesetzter 1942 ausgestellt habe, sei in wesentlichen Punkten unwahr gewesen. Des Weiteren habe sich Joseph Platzer, der Vorgänger von Katz Katz, negativ über diesen geäußert und ihn für seine Deportation nach Minsk verantwortlich gemacht. Später erklärte Max Plaut vor dem Staatsanwalt, Carl Katz sei in großdeutschen Zeiten in der Tat Bruno Nettes rechte Hand gewesen.[9] Hier zeigte es sich, dass auch Max Plaut sehr wohl die Doppelmoral kannte. Er selber hatte sich an dem Beschluss beteiligt, demzufolge 1941 die Gestapo die Familie des » Ostjuden« Joseph Platzer und nicht die Familie Katz nach Minsk deportieren ließ (s. Kapitel 7).

---

[8] Heinrich Hannover, Schreiben vom 7.2.1966. SAB, 4, 89/3-751, Oberstaatsanwalt bei dem Landgericht Bremen, Akte »Katz, Karl«, Blatt 58 (blau notiert).

[9] Max Plaut, Aussage gegenüber Staatsanwalt Pellens am 25.1.1966. SAB, 4, 89/3-751. Blatt 27-29. Klage der Israelitischen Gemeinde Bremen gegen Max Plaut.

Jedenfalls nahm Max Plaut am 17.5.1965 schriftlich sein Lob in der Festschrift von 1959 für Carl Katz zurück.[10] Er bedauerte, »dass ich mich mit meinem Eintreten für Herrn Katz so sehr blamiert habe«.[11] Der leicht reizbare Carl Katz ließ Max Plaut ultimativ auffordern, sich vor dem Vorstand der Bremer Gemeinde wegen seiner gravierenden Vorwürfe gegen ihn zu rechtfertigen. Als Plaut nicht erschien, ließ Katz ihn am 23. Mai 1965 wegen »Gemeindeunwürdigkeit« aus der Israelitischen Gemeinde Bremens ausschließen und sich selbst zugleich das Vertrauen aussprechen.

»Ich bin verwundert, dass zwei Männer, die die schwersten Zeiten zusammen arbeiteten, sich in dieser Weise streiten«,[12] klagte Karl Bruck etwas scheinheilig, denn er wusste sehr wohl, was es hieß, mit der Gestapo zusammenzuarbeiten. Er versuchte im Mai 1965 in einem Brief an den früheren Befreiungssenator und jetzigen Präsidenten des Bremer Staatsgerichtshofes, Dr. Alexander Lifschütz, diesen für eine schiedsrichterliche Intervention zu gewinnen, um seinen Ausschluss aus der Gemeinde in letzter Sekunde zu verhindern.[13] Vergeblich. Dann klagte er am 11. Juni 1965 gegen den Ausschluss. Ebenso vergeblich. Verwaltungsgerichte seien für innere Streitigkeiten in religiösen Gemeinden nicht zuständig, so der Gerichtsbeschluss vom 27.9.1965.

Carl Katz war aber noch nicht zufrieden. Er erwirkte am 6. Januar 1966 eine Strafanzeige der Israelitischen Gemeinde Bremen gegen Max Plaut, und zwar wegen Beleidigung, übler Nachrede und Verleumdung »zum Nachteil des Kaufmanns Carl Katz«.[14] Die zwei ehemaligen Vertreter der norddeutschen Juden konnten aus dem Halbdunkel ihrer beider tödlichen Gratwanderung nicht herausfinden.

Also fanden noch einmal staatsanwaltliche Ermittlungen über die Rolle von Carl Katz in der Nazizeit statt. Die Vorwürfe waren spätestens seit 1949/50 nur allzu bekannt, die Argumente, die widersprüchlichen Stellungnahmen und die Zeugenaussagen ebenso. Die Streithähne versackten im flachen Tal der Nichtigkeiten. Wer eigentlich hatte beim Bundespräsidialamt den Antrag eingereicht, Carl Katz das Bundesverdienstkreuz zu verleihen? Und wer die fatale Festschrift finanziert? Die Tragödie enthüllte ihre kleinlich komischen Züge.

Am 30. August 1967 bzw. am 1. September 1967 stellte der Leitende Oberstaatsanwalt beim Bremer Landgericht die beiden Ermittlungsverfahren gegen Max Plaut

---

[10] Festschrift zum 60. Geburtstag von Carl Katz: 14.9.1959, gewidmet von der israelitischen Gemeinde Bremen. Bremen 1959. Vgl. Meyer 2011, S. 423, Anm. 118.

[11] Max Plaut, Brief vom 17.5.1965. SAB, 4, 89/3-751, Staatsanwalt beim Landgericht Bremen, Akte »Katz/Plaut«.

[12] Karl Bruck, Aussage wegen der Strafanzeige der Israelitischen Gemeinde gegen Max Plaut am 15.4.1966. SAB, 4, 89/3-751, Staatsanwalt beim Landgericht Bremen, Akte »Katz/Plaut«.

[13] Max Plaut, Schreiben vom 17.5.1965. SAB, 4, 89/3-751, Staatsanwalt beim Landgericht Bremen, Akte »Katz/Plaut«.

[14] Strafanzeige der Israelitischen Gemeinde Bremen gegen Max Plaut vom 5.1.1966. SAB, 4, 89/3-751, Staatsanwalt beim Landgericht Bremen, Akte »Katz/Plaut«, Blatt 1-6.

Im Eingangsbereich zur neuen Synagoge in Bremen, 2015

ein. Carl Katz ließ unbeirrt davon Beschwerde einlegen.[15] Jetzt griff der Bremer Senat ein. Plauts Rechtsanwalt Dr. Heinrich Hannover hatte um Vermittlung des Bremer Justizsenators gebeten. Am 14. November 1967 fragte Senatsdirektor Dr. Coenen darauf bei der Staatsanwaltschaft an, ob die Hauptverhandlung wirklich durchgeführt werden müsse. Noch sei Zeit, die Anzeige von Katz zurückzuziehen, lautete die Antwort. Es muss dann einen ultimativen Anruf bei Katz gegeben haben. Am 23. November 1967 zog er den Strafantrag gegen Max Plaut zurück. Es wird ihm schwer gefallen sein.

Carl Katz blieb Vorsitzender der Israelitischen Gemeinde Bremens. Eine Straße in Bremen trägt seinen Namen. In der Synagoge hängt rechts neben dem Eingang zu den Gemeinderäumen ein silbergerahmtes Foto – »Ewige Dankbarkeit«. Das letzte Wort?

Max Plaut verlegte seinen Wohnsitz zurück nach Hamburg. Ich fragte Heinrich Hannover bei einem Besuch im März 2015, ob er sich noch erinnern könne, wer damals ehrlicher und glaubwürdiger gewesen sei, Carl Katz oder Max Plaut? Auf jeden Fall Max Plaut, war die Antwort. »Und nicht nur, weil ich ihn vertreten habe.«

Aber auch das ist nicht das letzte Wort in dieser Auseinandersetzung um die Moral in mörderischen Zeiten. Heinz Galinski fand es, völlig unspektakulär. Er forderte im Januar 1966 Max Plaut brieflich auf, auch er müsse von seinem Vorstandsamt bei der jüdischen Zentralwohlfahrtsstelle zurücktreten.[16] Auch für ihn galt der Hamburger Beschluss.

Bruno Nettes langer dunkler Schatten verblasste.

---

[15] Alle diesbezüglichen Dokumente SAB, 4, 89/3-1118, Staatsanwalt beim Landgericht Bremen, Akte »Katz/Plaut«.

[16] Heinz Galinski, Schreiben vom 4.1.1966. SAB, 4, 89/3-751, Staatsanwalt beim Landgericht Bremen, Akte »Katz/Plaut«.

Noch einmal Bremen

Ich saß noch ein letztes Mal im Staatsarchiv Bremen. Sehr nette Mitarbeiter, dachte ich und schaute gedankenverloren durch die große vertraute Glaswand. Mir wurde plötzlich unwohl. Es war einfach zu viel. Ich schlug die Aktendeckel zu. All diese verdammten Lügen. Ich fieberte und beschloss, ich dürfe in diesem Zustand nicht mehr Fahrrad fahren. Also schob ich mein kleines englisches Brompton-Faltfahrrad bei der Bürgermeister-Smidt-Straße über die große Straßenkreuzung. Das blöde Brompton fing an zu wackeln. In Wirklichkeit schwankte ich, ließ das Fahrrad los, es schepperte neben mir auf den Bürgersteig, den ich gerade so eben noch erreicht hatte. Ich fiel oben drauf, schmerzhaft bohrte sich der Lenker in meine linken Rippen. So lag ich da in diesem verfluchten kalten Bremen auf der zugigen Straße. Zwei junge Frauen und ein junger Mann tauchten über mir auf. »Können wir Ihnen helfen?«, fragten freundliche Bremer Stimmen. Offensichtlich Studenten. Ich lächelte verwirrt, aber dankbar. »Vielen Dank! Geht schon wieder. Muss mich nur noch einen Moment hier unten ausruhen.« »Wir holen den Notarzt.« »Nein, nein, nicht nötig«, nuschelte ich stabreimend. Aber schon tippte die eine junge Frau in ihr Smartphone. Wenige Minuten später kam mit großem Getöse ein Notarztwagen auf dem Bürgersteig zum Stehen. Und schon hielt auch ein Polizeiwagen mit Blaulicht und Geheule. Kräftige Rotkreuzmenschen halfen mir hoch, setzten mich in ihren Wagen, untersuchten mich. »Alles ist gut. Ich hab nur eine Erkältung.« Sie setzten mich auf eine nahegelegene Parkbank, stellten das »Brompton« und die Fahrradtasche daneben und brausten zusammen mit der Polizei wieder davon. Dann verabschiedeten sich auch die sympathischen jungen Bremerinnen und Bremer.

Ich war wieder allein. Nein, dachte ich, die Stadt Bremen ist nicht kalt. Sie ist jung und warm, voller Mitgefühl und voller Leben. Meine Rippe schmerzte und ich bekam Schüttelfrost. So erreichte ich meinen Freund Christoph Schminck-Gustavus in Bremen-Schwachhausen. Es gab ein wunderbares Essen. Er schenkte mir sein Buch »Feuerrauch. Die Vernichtung des griechischen Dorfes Lyngiádes am 3. Oktober 1943«.[17] Ich fing an, es im Gästezimmerbett zu lesen, und schlug, wie immer, den Schlusssatz auf. »Keiner meiner Zeugen ist heute noch am Leben. So widme ich dieses Buch ihrem Andenken in der Hoffnung, es möge den Nachgeborenen eine Mahnung sein.« Ein guter Schluss, dachte ich, kroch fiebermatt unter die Bettdecke, die linke Brustseite vermeidend, der fatale Fahrradlenker brachte sich in Erinnerung. Morgen früh würde ich die Nachfahren meiner kommunistischen Werftarbeiter besuchen, die damals, 1940, den Gestapo-Schwager Bruno Nette fast in die Grube auf dem Friedhof Riensberg gestoßen hätten, in der Theda Nette in ihrem Sarg aus Fichtenholz lag. Mein armes totes Großmütterchen. Über dir wälzte 20 Jahre später die böse Tante Mieze gleichsam tonnenschwer die eheherrliche Urne Brunos.

---

[17] Schminck-Gustavus 2013, S. 333.

Meine aufrechten sozialdemokratischen und kommunistischen Verwandten! August Schumann und Martha Lange, geborene Schumann, und Käthe Albrecht, geborene Nienstädt, ihr teiltet euer Brot mit den Sklavenarbeitern auf den Bremer Werften. Carsten Nienstädt, du ludest in der Mühle von Kirchseelte die kriegsfangenen »Russen« zum Abendbrottisch ein. Dann fiel mir mein Vater ein. War Günther Nette ein Nazi gewesen? Hatte er seine Aufnahme in die Partei beantragt? Lange hatte ich mich geweigert, die Wahrheit herauszufinden. Jetzt war mein Buch fast fertig. Nur noch diese eine Leerstelle, dachte ich, tu's endlich, fahr in das Hamburger Staatsarchiv, bestell den verdammten Doppelbogen, lies ihn und hör ein für allemal auf mit diesen Familiengeschichten. Dann schlief ich ein.

Endlich, inzwischen war der November 2015 herangekommen, lag Günther Nettes brüchiger Hamburger Entnazifizierungsfragebogen vor mir.[18] Just in diesen Tagen war Altkanzler Helmut Schmidt gestorben. »Schmiddel« nannte meine Mutter den ehemaligen Wehrmachts-Oberleutnant. Sie kannte Schmiddels Freund Karl Wilhelm »Willi« Berkhan, der ebenfalls ehemaliger Wehrmachts-Oberleutnant gewesen war, gut. Mein Vater und er hatten sich in gemeinsamen Studienzeiten angefreundet, beide waren ursprünglich Maschinenbauschlosser, bevor sie in den 1950er Jahren als Lehrer an der Hamburger Gewerbeschule Nr. 1 für Maschinenbau arbeiteten. Willi wurde später Wehrbeauftragter des Deutschen Bundestages. Er starb 1994, Günther 2002 und Schmiddel 2015. Die Generation der Weltkriegsleutnants verstummte endgültig. Sie alle hatten »die große Scheiße«, so Schmiddel, ja nur körperlich überlebt. Hamburgs Bürgermeister Olaf Scholz, sonst nicht zu Übertreibungen neigend, hatte im Hamburger Michel Schmiddel als »Giganten« in quasireligiöse Sphären versetzt. Das war wohl eine Frage der Perspektive. Der zehn Jahre jüngere Ralf Dahrendorf erinnerte sich auch an Willi Berkhan und Helmut Schmidt, die, so Dahrendorf, in den 1950er Jahren im Hamburger Sozialistischen Deutschen Studentenbund (SDS) zu den »Offizieren« gehörten. »Damals wusste ich nicht, dass der junge Oberleutnant Schmidt den Prozess meines Vaters vor dem Volksgericht von der Zuschauertribüne beobachtet hatte. Er war dorthin abgeordnet worden, was indes nichts ändert am Unterschied unserer Perspektiven.«[19]

Schließlich gab ich mir einen Ruck. Denn hier war er nun, der Fragebogen mit der gefürchteten Seite zwei. Am 10. Dezember 1950 hatte Günther Nette ihn ausgefüllt. »Organisationen, denen Sie angehörten«. Ich überflog die Zeilen. Nur zweimal ein handschriftliches »ja« in der wohlbekannten, väterlich akkuraten Handschrift. Hitlerjugend? Ja, 1934-1939. Mitglied im Nationalsozialistischen Studentenbund? Ja, 1940-1941. Aber NSDAP? Nein! Oder SS? Nein und nochmals nein!

Der Sohn des Bremer Gestapobeamten hatte sich verweigert. Lächelnd gab ich das Dokument zurück.

---

[18] Der Staatskommissar für die Entnazifizierung und Kategorisierung der Hansestadt Hamburg: Fragebogen Günther Nette vom 10.12.1950. Staatsarchiv Hamburg, Bestandsnummer 221-11, Signatur/Archivguteinheit: 83882.

[19] Dahrendorf 2002, S. 116.

Anhang

Archive

Staatsarchiv Bremen (SAB)

4, 66-I, Senator für politische Befreiung. Akte Bruno Nette 1887/12/22, Bd. 1-4
4, 89/3-7, Oberstaatsanwalt beim Landgericht Bremen, Akte »Katz, Karl«
4, 89/3-751 und 3-1118: Staatsanwalt beim Landgericht Bremen: Klage der Israelitischen Gemeinde Bremen gegen Max Plaut (Katz versus Plaut)
4, 66-I-10733-10736, Akte Franz Stapelfeldt

Staatsarchiv der Freien und Hansestadt Hamburg (STA HH)

Der Staatskommissar für die Entnazifizierung und Kategorisierung der Hansestadt Hamburg: Fragebogen Günther Nette. Bestandsnummer 221-11, Signatur/Archivguteinheit: 83882.

Privatarchiv Bernhard Nette

Familienunterlagen, Dokumente und Fotos
Günther Nette: Interview mit Bernhard Nette, Oktober 2002, Tonbandaufnahme und maschinenschriftlich transkribierter Text
Rudolf Nette: Interview mit Bernhard Nette, 2012-2015
Rudolf Nette: Text für meine Kinder. Schönebeck, April 2012 (maschinenschriftliches Manuskript)
Irmgard Lange: Interview mit Bernhard Nette, 2015
Jarck, H. (Pastor): Trauerrede für den Kriminalobersekretär Bruno Nette (1960). Hektografiertes Exemplar

Literatur

Adams, Bianka J. (2009): From Crusade to Hazard. The Denazification of Bremen, Germany. Plymouth

Alexijewitsch, Swetlana (2014): Die letzten Zeugen. Kinder im Zweiten Weltkrieg. Überarb. und aktual. Ausgabe, Berlin

Apel, Linde/Bajohr, Frank (2005): Die Deportationen von Juden sowie Roma und Sinti vom Hannoverschen Bahnhof in Hamburg 1940-1945, in: Zeitgeschichte 2004. Nachrichten aus der Forschungsstelle für Zeitgeschichte in Hamburg, S. 21-63

Apel, Linde (Hrsg.) (2009): In den Tod geschickt. Die Deportationen von Juden, Roma und Sinti aus Hamburg 1940 bis 1945. Ausstellungskatalog, im Auftrag der Behörde für Kultur, Sport und Medien; in Zusammenarbeit mit der Forschungsstelle für Zeitgeschichte in Hamburg und der KZ-Gedenkstätte Neuengamme, Hamburg.

Architekturkammer der Freien Hansestadt Bremen (und andere) (1988): Architektur in Bremen und Bremerhaven. Worpswede

Arendt, Hannah (2004): Eichmann in Jerusalem. Ein Bericht von der Banalität des Bösen. München/Zürich 2004

Aschenbeck, Nils (1996): Bremen 1860-1945. Ein photographischer Streifzug. Bremen
Ausplündern und Verwalten (2014): Das Finanzamt Bremen stellt sich seiner NS-Vergangenheit. Broschüre zur gleichnamigen Ausstellung der Senatorin für Finanzen im Haus des Reichs. Bremen
Balcar, Jaromir (Hrsg.) (2014): Raub von Amts wegen. Zur Rolle von Verwaltung, Wirtschaft und Öffentlichkeit bei der Enteignung und Entschädigung der Juden in Bremen. Bremen
Balz, Hanno (2004): Die »Arisierung« von jüdischem Haus- und Grundbesitz in Bremen, Bremen
Banville, John (2014): Im Lichte der Vergangenheit. Köln
Barfuß, Karl Marten u.a. (Hrsg.) (2008): Geschichte der Freien Hansestadt Bremen von 1945 bis 2005, Bremen
Bauer, Yehuda (2013): Der Tod des Schtetels. Frankfurt a.M.
Beevor, Antony/Vinogradova, Luba (2007): Ein Schriftsteller im Krieg. Wassili Grossman und die Rote Armee 1941-1945. München
Blatman, Daniel (2011): Die Todesmärsche 1944/45. Das letzte Kapitel des nationalsozialistischen Massenmords. Reinbek b. Hamburg
Braunbuch (1968): Kriegs- und Naziverbrecher in der Bundesrepublik und in Westberlin. Staat, Wirtschaft, Verwaltung, Armee, Justiz, Wissenschaft. Hrsg. vom Nationalrat der Nationalen Front des Demokratischen Deutschlands, Dokumentationszentrum der Staatlichen Archivverwaltung der DDR. 3. Auflage, Berlin (DDR)
Brinkhus, Jörn (2013): Die Novemberpogrome 1938 im Land Bremen. Kleine Schriften des Staatsarchivs Bremen. Heft 48, Bremen
Browning, Christopher (2009): Ganz normale Männer. Das Reserve-Polizei-Bataillon 101 und die Endlösung in Polen. 5. Aufl., Reinbek bei Hamburg
Bruss, Regina (1983): Die Bremer Juden unter dem Nationalsozialismus. Veröffentlichungen aus dem Staatsarchiv der Freien Hansestadt Bremen, 49. Bremen
Burghardt, Peter (2015): Letzter Blick in die Hölle. In: Süddeutsche Zeitung, 18./19.4., S. 6
Dahrendorf, Ralf (2002): Über Grenzen. Lebenserinnerungen. München
Deutsch-russisches Museum Berlin Karlshorst (2014): Katalog zur Dauerausstellung. Berlin
Drechsel, Wiltrud Ulrike (Hrsg.) (2011): Geschichte im öffentlichen Raum. Denkmäler in Bremen zwischen 1435 und 2001. Bremen
Drecoll, Axel (2009): Der Fiskus als Verfolger. Die steuerliche Diskriminierung der Juden in Bayern 1933-1941/42, München
Dünzelmann, Anne E. (1995): Juden in Hastedt. Zur Geschichte jüdischen Lebens in Bremen seit 1782. Bremen
Fricke, Dieter (1998): »... musterhaft, die Reinlichkeit tadellos« – Das Gefangenenhaus am Ostertor zu Bremen. Delmenhorst
Friedmann, Jan (2011): Jagd an der Heimatfront. In: Der Spiegel, 10.1.
Giordano, Ralph (1987): Die zweite Schuld oder Von der Last Deutscher zu sein. Hamburg
Goebbels, Joseph (1992): Tagebücher. Band 4, 1940-1942. München
Grossman, Wassili (2007): Leben und Schicksal. 2. Aufl., Berlin
Grossman, Wassili/Ehrenburg, Ilja (1994): Das Schwarzbuch. Der Genozid an den sowjetischen Juden. Reinbek bei Hamburg
Grün, Lili (2014): Mädchenhimmel! Gedichte und Geschichten. Hrsg. von Anke Heimberg. Berlin

Gumpert, Georg (1999): Zu Besuch im Viertel Klein Mexiko in Bremen um 1930. Interview (geführt von Jan Frey) in: Klein Mexiko, Alltag in der Vorstadt. Nr. 2; Bremen, August, S. 16-21

Haffner, Sebastian (2002): Geschichte eines Deutschen. Die Erinnerungen 1914-1933. Stuttgart/München

Hannover, Heinrich (1998): Die Republik vor Gericht 1954-1974. Erinnerungen eines unbequemen Rechtsanwalts. 2. Aufl., Berlin

Hans, Julian (2014): Russland – Kampfplatz der Geschichte. In: Süddeutsche Zeitung, 10./11. Mai (Kommentar)

Hauffs Märchen (2012): Vollständige Ausgabe, Köln

Heine, Heinrich (1844): Deutschland, ein Wintermärchen. München 1997

Herbert, Ulrich (2014): Geschichte Deutschlands im 20. Jahrhundert. München

Hesse, Hans (2005): Konstruktionen der Unschuld. Die Entnazifizierung am Beispiel von Bremen und Bremerhaven 1945-1953. Bremen

Hiller, Kurt (1969): Leben gegen die Zeit. Erinnerungen. Hamburg, 2 Bände

Hirschberg, Heinrich (2009): Meine letzten Tage in Deutschland. Aus: Oldenburger Jahrbuch, Bd. 85 (1985). Abgedruckt in: Günther Rohdenburg: Die frühen Deportationen 1938. In: Ders. (Hrsg.): »Judendeportationen von Bremerinnen und Bremern während der Zeit der nationalsozialistischen Gewaltherrschaft. 2. überarb. Auflage, Bremen, S. 21f.

Jalowicz Simon, Marie (2014): Untergetaucht. Eine junge Frau überlebt in Berlin 1940-1945. Bearbeitet von Irene Stratenwerth und Hermann Simon. Frankfurt a.M.

Karasek, Hellmuth (2014): Anstoßen und Anstoß nehmen im Kalten Krieg. In: Hamburger Abendblatt, 3./4.5.

Kárný, Miroslav (2000): Theresienstadt 1941 bis 1945. In Gedenkbuch Theresienstadt. Die Opfer der Judentransporte aus Deutschland nach Theresienstadt 1942-1945. Prag

Katz, Carl (1958): Interview am 9.11., Radio Bremen. Online verfügbar: /www.radiobremen.de/mediathek/audio99676-popup.html (letzter Abruf 16.2.2017)

Kellermann, Bernhard (1920): Der 9. November. Berlin

Knost, Friedrich August/Lösener, Bernhard (1936): Die Nürnberger Gesetze über das Reichsbürgerrecht und den Schutz des deutschen Blutes und der deutschen Ehre nebst den Durchführungsverordnungen sowie sämtlichen einschlägigen Bestimmungen und den Gebührenvorschriften. Berlin

Köhn, Michael (2013): Vergessene Kollegen – Berufsverbot, Emigration und Verfolgung Berliner Zahnärzte nach 1933. In: Deutsche Gesellschaft für Zahn-, Mund- und Kieferheilkunde (Hrsg.), Deutsche Zahnärztliche Zeitschrift, 2013, Heft 3, S. 186. Online verfügbar: www.dgzmk.de/fileadmin/user_upload/editors/PDFs/AK_GZ/Ergaenzt_am_10.12.2014/GES_AK_Geschichte_Koehn_Teil_2_DZZ_03_2013.pdf (letzter Abruf 3.2.2017)

Kornfeld, Walter (2012): Verbrechen der Einsatzgruppen, Diplomarbeit, Universität Wien. Online verfügbar: http://othes.univie.ac.at/20438/1/2012-04-05_9809793.pdf (letzter Abruf 17.11.2016)

Krippendorff, Ekkehart (2008): Ich bitte um die Freiheit für mein Buch. Güte. Wassili Grossmans gewaltiges Kriegsepos »Leben und Schicksal« und seine Kriegstagebücher. Rezension in: Freitag, 28.3.

Kutschka, Constanze/Landau, Debora (2005): Ein Gründungsdilemma der deutschen Erinnerungskultur: Das Massaker von Gardelegen am 13. April 1945 und seine Folgen.

In: Forum Ritualdynamik (Ruprecht-Karls Universität Heidelberg), Nr. 10.
Leiser, Erwin (1968): »Deutschland erwache!« Propaganda im Film des Dritten Reichs. Hamburg
Lindemann, Ingbert (2009): »Die H. ist Jüdin!« Aus dem Leben der Aumunder Juden nach 1933. Bremen
Loewenstein, Karl (1956): Minsk. Im Lager der deutschen Juden, in: Politik und Zeitgeschichte, Beilage zur Wochenzeitung »Das Parlament, vom 7.11., S. 705-718
Mann, Heinrich (1964): Der Untertan. München
Mann, Thomas (1919): Betrachtungen eines Unpolitischen. Berlin
Marßolek, Inge/Ott, René (1986): Bremen im 3. Reich. Anpassung – Widerstand – Verfolgung. Bremen
Meier-Hüsing, Peter/Dirk Otten (2003): Handbuch der religiösen Gemeinschaften in Bremen. Bremen
Mendelson, John (1982): The Holocaust, Selected Documents in Eighteen Volumes. New York/London
Meyer, Beate (2002): »Jüdische Mischlinge« – Rassenpolitik und Verfolgungserfahrung 1933 bis 1945. 2. Aufl., Hamburg
Meyer, Beate (Hrsg.) (2007): Die Verfolgung und Ermordung der Hamburger Juden 1933-1945. Geschichte, Zeugnis, Erinnerung. 2. Aufl., Hamburg (Landeszentrale für politische Bildung Hamburg)
Meyer, Beate (2011): Tödliche Gratwanderung. Die Reichsvereinigung der Juden in Deutschland zwischen Hoffnung, Zwang, Selbstbehauptung und Verstrickung (1939-1945). Göttingen
Meyer, Beate (Hrsg.) (2017): Deutsche Jüdinnen und Juden in Ghettos und Lagern (1941-1945). Hamburg (Landeszentrale für politische Bildung Hamburg)
Middelberg, Mathias (2015): »Wer bin ich, dass ich über Leben und Tod entscheide? Hans Calmeyer – »Rassereferent in den Niederlanden 1941-1945. Göttingen
Montaigne, Michel de (1998): Essais, Erstes Buch. (Bordeaux 1580). Neue Übersetzung, hrsg. von Hans Magnus Enzensberger (Die andere Bibliothek). Frankfurt a.M.
Müller, Ingo (2014): Furchtbare Juristen. Die unbewältigte Vergangenheit der deutschen Justiz. Berlin
Pauer-Studer, Herlinde/Fink, Julian (Hrsg.) (2014): Rechtfertigungen des Unrechts. Das Rechtsdenken im Nationalsozialismus in Originaltexten. Berlin
Pedron, Anna-Maria (2010): Amerikaner vor Ort. Besatzer und Besetzte in der Enklave Bremen nach dem Zweiten Weltkrieg. Veröffentlichungen aus dem Staatsarchiv der Freien Hansestadt Bremen, Bd. 70, Bremen
Petzhold, Stefan (o.J.): Juden in Bergedorf: Die nationalsozialistische Verfolgung 1933-1945. Schlossheft Nr. 8, Museum für Bergedorf und die Vierlande, Hamburg
Quack, Sybille (2012): Rezension »Beate Meyer: Die Reichsvereinigung der Juden in Deutschland«. In: H-Soz-Kult, online verfügbar: www.hsozkult.de/review/id/rezbuecher-17675 (letzter Abruf 17.11.2016)
Remarque, Erich Maria (1928): Im Westen nichts Neues. Berlin
Rohdenburg, Günther (Hrsg.) (2009): Judendeportationen von Bremerinnen und Bremern während der Zeit der nationalsozialistischen Gewaltherrschaft. 2. überarb. Auflage, Bremen
Rohdenburg, Günther (2009): Die letzten 26 Tage in Bremen. In: Ders. (2009): Judende-

portationen, a.a.O., Bremen, S. 27-46
Rohdenburg, Günther (2009): Deportationen nach Theresienstadt 1942 und 1945. In: Ders. (2009): Judendeportationen, a.a.O., Bremen, S. 129-144
Rohdenburg, Günther (2009): Die Beteiligung der Juden an den Deportationen – das Problem der »Helfershelfer«. In: Ders. (2009): Judendeportationen, a.a.O., Bremen, S. 151-158
Rohdenburg, Günther/Sommer, Karl-Ludwig (Bearb.) (2006): Erinnerungsbuch für die als Juden verfolgten Einwohner Bremens. Kleine Schriften des Staatsarchivs Bremen, 37, Bremen
Rose, A.W. (1934): Der 4. Februar 1919. Bremens Befreiung. Ein Grundstein der Errettung Deutschlands. Bremen
Rübsam, Rolf (1988): Sie lebten unter uns. Bremen
Rübsam, Rolf (1992): Die Brombergers. Schicksal einer Künstlerfamilie. Bremen
Schminck-Gustavus, Christoph U. (2010): Winter in Griechenland. Krieg, Besatzung, Shoah 1940-1944. Göttingen
Schminck-Gustavus, Christoph U. (2013): Feuerrauch. Die Vernichtung des griechischen Dorfes Lyngiádes am 3. Oktober 1943. Bonn
Schneider, Karl (2011): »Auswärts eingesetzt«. Bremer Polizeibataillone und der Holocaust. Essen
Schulgeschichtliche Sammlung Bremen (Hrsg.) (2002): Am Roland hing ein Hakenkreuz. Bremer Kinder und Jugendliche in der Nazizeit. Bremen
Sielmann, Jürgen/Flamme, Paul (1995): Hamburger jüdische Opfer des Nationalsozialismus. Gedenkbuch. Hamburg (Staatsarchiv der Freien und Hansestadt Hamburg)
Später, Erich (2014): Der Dritte Weltkrieg (19). In: Konkret 7/2014, S. 38f.
Staatsarchiv Bremen (Hrsg.) (2007): Occupation, Enclave, State. Die Wiederbegründung des Landes Bremen nach dem Zweiten Weltkrieg. Dokumente zu Politik und Alltag. Bremen
Steinbach, Stefanie (2015): Gegnerforschung im Sicherheitsdienst des Reichsführers SS. Rosa-Luxemburg-Studienwerk, Jahrbuch 2015. Hamburg
Strohmeyer, Arn (1993): Der gebaute Mythos. Das Haus Atlantis in der Bremer Böttcherstraße – Ein deutsches Missverständnis. Bremen
Stuckart, Wilhelm/Schiedermair, Rolf (2014): Rasse und Gesetzgebung (1938). In: Herlinde Pauer-Studer/Julian Fink (Hrsg.): Rechtfertigungen des Unrechts. Das Rechtsdenken im Nationalsozialismus in Originaltexten. Berlin
Thiemann, Rainer (2014): Die Vernichtung der jüdischen Gemeinde auf Korfu. In: VVN-BdA, Landesverband Bayern, online verfügbar: http://bayern.vvn-bda.de/2014/03/19/die-vernichtung-der-judischen-gemeinde-auf-korfu/ (letzter Abruf 17.11.2016)
Timm, Angelika/Dünzelmann, Anne/Rathjen, Wilhelm D. (1990): Hastedt. Ein Dorf wird zum Stadtteil. Herausgeber: Nachbarschaft Hastedt e.V., Bremen
Verein Walerjan Wróbel Verein Zwangsarbeit e.V. (2007): Vergessene Opfer. Kleine Schriften des Staatsarchivs Bremen, Heft 40, Bremen
Voltaire (1964): Zadig. Oder: Das Schicksal. Eine orientalische Geschichte. Frankfurt a.M./Hamburg
Voth, Hans Joachim/Voigtländer, Nico (2015): »Nazi indoctrination and Anti-Semitic beliefs in Germany«, in: Proceedings of the National Academy of Sciences of the United States of America«, Review, Juni, online verfügbar: www.ncbi.nlm.nih.gov/pmc/

articles/PMC4491745/
Welzer, Harald (2006): Täter. Wie aus ganz normalen Menschen Massenmörder werden. 4. Aufl. Frankfurt a.M.
Wette, Wolfram (2014): Seit hundert Jahren umkämpft: Die Kriegsschuldfrage. In: Blätter für deutsche und internationale Politik 9/2014, S. 91-101, online verfügbar: www.bv-opfer-ns-militaerjustiz.de/uploads/Dateien/Presseberichte/wetteBlaetter204109.pdf (letzter Abruf 17.11.2016)
Wildt, Michael (2002): Generation des Unbedingten. Das Führungskorps des Reichssicherheitshauptamtes. Hamburg
Wildt, Michael (2003): Generation und Institution. Überlegungen zur Tätergeschichte des Holocaust. Vortrag zum Dies Academicus der Universität Bremen anlässlich des Holocaust-Gedenktages am 27. Januar, hektografiertes Exemplar im Besitz des Autors
Willenberg, Samuel (2009): Treblinka. Lager, Revolte, Flucht, Warschauer Aufstand. Münster
Wollheim, Norbert (1959): Bewährung in der Prüfung. In: Max Plaut: Festschrift zum 60. Geburtstag von Carl Katz, 14. September 1959. Bremen
Wrochem, Oliver von (2006): Erich von Manstein. Vernichtungskrieg und Geschichtspolitik. Paderborn
Zobeltitz, Louis Ferdinand von (2001): Die Gedenkreise von Bremen nach Minsk 1991. In: Günther Rohdenburg (Hrsg.): Judendeportationen von Bremerinnen und Bremern während der Zeit der nationalsozialistischen Gewaltherrschaft. 2., überarb. Auflage, Bremen, S. 96-128

Bildnachweis

Privatbesitz Bernhard Nette: S. 2, 13, 14, 25, 26, 32, 34, 37, 42, 46, 48, 51, 53, 57, 62, 63 l., 65, 66, 71, 74, 76, 79, 91 u., 93 u., 118, 142, 145, 146, 155, 156, 159, 160, 165, 208, 218, 222, 227, 234, 241, 243, 251, 268, 282, 296, 333
Ingbert Lindemann: S. 198, 206
Karl Schneider: S. 87
Staatsarchiv Bremen: S. 19, 29, 63 r., 100f., 153, 161, 187, 190f., 194, 197, 212, 233, 237, 270, 278, 281, 299, 301, 311, 323
Bundesarchiv/TASS: S. 55 (Bild 183-R0906-500)
Staatsarchiv für Film- und Fotodokumente (RGAKFD) (Krasnogorsk): S. 112
Diepholzer Kreiszeitung: S. 91 o.
Werkstatt der Erinnerung/Archiv der Forschungsstelle für Zeitgeschichte, Hamburg: S. 97, 294
Yad Vashem, Jerusalem: S. 185
Imperial War Museum: S. 245

Leider konnten in wenigen Fällen die Bildquellen nicht vollständig ermittelt werden. Wir bitten gegebenenfalls um Nachricht.

VSA: Zeitalter der Extreme

Stefan Romey
Ein KZ in Wandsbek
Zwangsarbeit im Hamburger Drägerwerk
Erweiterte Neuausgabe
Herausgegeben vom Freundeskreis der KZ-Gedenkstätte Neuengamme und der Arbeitsgemeinschaft Neuengamme
248 Seiten | € 19.80
ISBN 978-3-89965-707-4

Stefan Romey hat seit den 1980er Jahren die nach dem Zweiten Weltkrieg weitgehend vergessene Geschichte des KZ-Außenlagers in Wandsbek erforscht. Die Neuauflage nimmt aktuelle Erkenntnisse auf und schildert den weiten Weg zu einem würdigen Gedenkort.

L. Joseph Heid
Peter Blachstein
Von der jüdischen Jugendbewegung zur Hamburger Sozialdemokratie. Biographie eines Sozialisten (1911-1977)
Herausgegeben von der Galerie Morgenland/Geschichtswerkstatt Eimsbüttel
392 Seiten | Hardcover | mit Fotos | € 29.80
ISBN 978-3-89965-612-1

Die politische Biographie erinnert an einen Hamburger Sozialdemokraten mit jüdischen Wurzeln, der es verdient, stärker im historischen Gedächtnis verankert zu werden. Joseph Heid gelingt es, erstmals ein eingehendes Bild seines Werdegangs zu zeichnen und diese Darstellung anschaulich in den zeitgeschichtlichen Zusammenhang einzubetten.

Frank Deppe
Politisches Denken im 20. Jahrhundert
Das Paket
4 Bände in 5 Büchern
2184 Seiten |
Statt € 170.00: € 125.00
ISBN 978-3-89965-726-5

Zum 75. Geburtstag von Frank Deppe erschien sein Grundlagenwerk über das Politische Denken in neuer Ausstattung. Die Bände können natürlich auch einzeln bezogen werden.
Band 1 umfasst die Jahrhundertwende von der Belle Époque bis zur Katastrophe des Ersten Weltkrieges.
Band 2 behandelt die Zwischenkriegsperiode vom Ersten bis zum Ende des Zweiten Weltkrieges.
Die Bände 3.1 und 3.2 umfassen die Zeit der Befreiungskämpfe gegen Imperialismus und Rassismus ebenso wie die der dynamischen Wachstumskonstellation des »Golden Age«.
Band 4 behandelt konservatives, liberales und sozialistisches politisches Denken bis heute.

Prospekte anfordern!

VSA: Verlag
St. Georgs Kirchhof 6
20099 Hamburg
Tel. 040/28 09 52 77-10
Fax 040/28 09 52 77-50
Mail: info@vsa-verlag.de

VSA: Kritische Geschichte

Hans Coppi/Sabine Kebir
Ilse Stöbe: Wieder im Amt
Eine Widerstandskämpferin in der Wilhelmstraße
Mit einem Vorwort von Gregor Gysi und einer Würdigung von Frank-Walter Steinmeier
Eine Veröffentlichung der Rosa-Luxemburg-Stiftung
240 Seiten | 2. akt. Aufl. | Halbleinen, mit Fotos | € 16.80
ISBN 978-3-89965-660-2

Ilse Stöbe ist wieder im Auswärtigen Amt! Am 10. Juli 2014 ehrte der damalige Außenminister Frank-Walter Steinmeier die ehemalige Mitarbeiterin durch Aufnahme in die Gedenktafel. Gemeinsam mit ihrem Vorgesetzten Rudolf von Scheliha kämpfte Ilse Stöbe im kommunistischen Widerstand und wurde im Dezember 1942 hingerichtet.

Gine Elsner/Gerhard Stuby
Wehrmachtsmedizin & Militärjustiz
Sachverständige im Zweiten Weltkrieg: Beratende Ärzte und Gutachter für Kriegsgerichte der Wehrmacht
200 Seiten | € 16.80
ISBN 978-3-89965-517-9

Soldaten, die sich im Zweiten Weltkrieg den Kriegsdienst entzogen, drohte die Todesstrafe, »Selbstverstümmeler« und »Simulanten« kamen vor das Kriegsgericht. Entdeckt wurden sie von Ärzten. Es waren die behandelnden Ärzte an der Front, die meldeten, und es waren die beratenden Ärzte, die begutachteten. Zu den Beratern gehörten während der Nazizeit alle, die in der Medizin Rang und Namen hatten. Das überraschende Ergebnis: Die Ärzte beurteilten die Selbstverstümmelung rigoroser als die Kriegsrichter. Das ärztliche Ethos wurde den militärische Zielen untergeordnet. Dabei blieb die Humanität oft auf der Strecke.

Gine Elsner
Als Betriebsarzt bei Adler, Opel oder Hoechst
Arbeitsmediziner während der NS-Zeit in Hessen
424 Seiten | Hardcover, mit Fotos | € 29.80
ISBN 978-3-89965-655-8

Das System von staatlichen Gewerbeärzten und Betriebsärzten wurde im Nationalsozialismus ausgebaut. Es diente der Leistungssteigerung der Beschäftigten – insbesondere unter den Vorzeichen der Kriegswirtschaft. Betriebsärzte waren zuständig für Zwangsarbeiter und für KZ-Häftlinge in den Fabriken. Exemplarisch wird in diesem Band an Biografien von Ärzten für die Region Hessen dargestellt, inwieweit diese Mediziner in das NS-Regime verstrickt waren. Gezeigt wird zudem, dass ein Neubeginn 1945 ausblieb.

VSA

Prospekte anfordern!

VSA: Verlag
St. Georgs Kirchhof 6
20099 Hamburg
Tel. 040/28 09 52 77-10
Fax 040/28 09 52 77-50
Mail: info@vsa-verlag.de